蒙阴青龙山、叟虎寨山既是《山海经》中"君子之国"北面的两大地理坐标"虹虹""天吴"，也是"龙山"和"昆吾"

青龙山东部形似鳄鱼、蜥蜴，是龙的原型，即《山海经》中"吴"西"雷泽"中的"雷神"

俗称"虎头崖，万丈高"的叟虎寨山（西北侧面）是"吴""虞"的原型

叟虎寨山东南侧面酷似卧虎，五官清晰可见

叟虎寨山"老叟"面孔，"人面虎身"是君子国之神"天吴"和昆仑之神"陆吾"
的特征

环绕叟虎寨山的两条源于蒙山的河流在《水经注》中称为"叟崮水"，即昆仑之丘"弱
水之渊环之"

蒙阴叟虎寨山、青龙山北面的东汶河古称汶水、桑泉水，既是黄帝之昌意降居、黄帝之孙颛顼诞生地"若水"，也是黄帝所居之"洛水""姬水"，"赤泽水""雷泽""虞渊""瑶池""颛顼之池"皆在其中

蒙阴汶水岸边的"东三山"、"西三山"是"第四纪红棕色砂质黏土"丘陵，既是"赤埴坟""陶丘"，也是羽人所居"丹丘""羽山""寿丘"

"西三山"中的"九名洞、响石山"位于叟虎寨山以北，山体是赤色粘土和卵石，被古人视为"赤玉"（璇、瑶、玄圭），山有九洞是凤凰所出的"丹穴之山""玄丹之山"，山下之水即"赤泽水"（赤水）

"九名洞，响石山"顶原有一巨石，现滚落在山下，当地有一古老传说其为天上的"星"，即北辰第二星"天璇"，叟虎寨山（吴）是北辰第一星"天枢"

"九名洞，响石山"西面的水渊即《山海经》中"颛顼之池""羽渊""虞渊"，也是西王母所居的"瑶池"

叟虎寨山东南颛臾风国即《说文》昆仑之丘东南"中邦之居"，桃墟即"姚墟"，吕家庄遗址即陆吾"东向立于昆仑之上"所司"帝之下都"，蒙山即东南"桃都山"

《山海经·海内北经》记载"帝尧台、帝喾台、丹朱台、帝舜台，各二台，台四方，在昆仑东北"是指蒙阴东北部的"岱崮地貌"

《山海经·海内北经》记载"蟜"在"昆仑虚北所有"或指蒙阴、新泰交界处形似蚕虫的"峇山"，或是《史记》记载的黄帝所葬"桥山"

蒙阴叟虎寨山、青龙山下的颛臾庙遗址

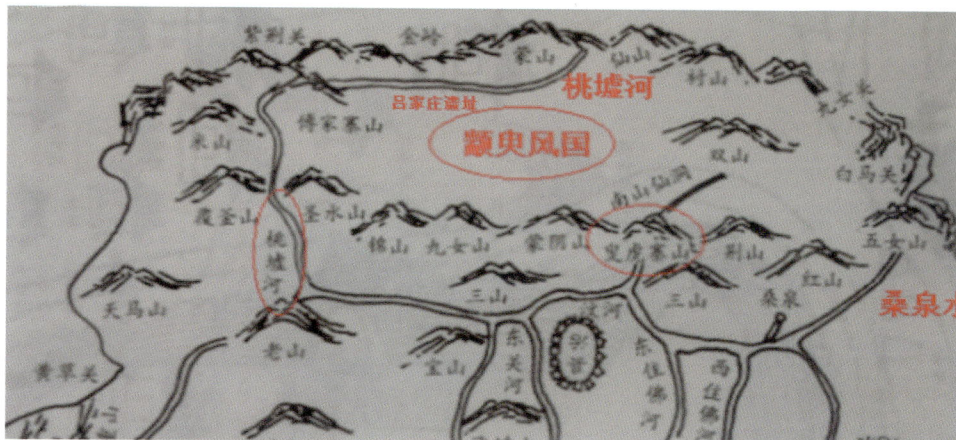

《蒙阴县志·康熙廿四年》中蒙阴南部地图（上南下北）

形似中国版图的蒙阴蒙山"中国瀑布"

青龙山上的"凤凰"形象

《山海经》古图中心区域复原图

昌县　东海　庐山断裂带　临沂

沂山 东岳　沂水　临朐

江水邹　汤　谷　汤头

沂南　四渎"东为江"沂闻　扶桑　《大荒东经》日出之山

沂源　鲁山 北岳　淄川　北齐之国

盖　沭水　云蒙湖　桑野

岱崮地貌　柽河　蒙阴　泰三山　北辰七星

羽人所居 丹丘、寿丘　轩辕之丘　西三山

丹穴之山 丹穴之国　大蟹　双虎蒙山 天吴

颛顼之国　昆仑之丘　建木　颛顼之国

景柱 蒙山南岳　费县

东方君子之国　昌意庄遗址（颛都 姚墟）

北海　章丘 龙山遗址　莱芜　新泰

四渎"北为齐"　北齐之国

牟汶河　鲧山（桥山·鲧）　瑶池　鲧殛之池

赤水之国　大峪　鲧窃之山　夜水、若水

钟馗山　朝阳之谷　赫胥山　十二鳖陵（盘古）

济南　泰山 西岳 泰安　四渎"西为河" 大汶河

镇像山　大汶口遗址　富泽蒙谷（朝阳之谷）

青龙山　桑泉水 若木　柴汶河

雷泽之"大迹"　鸟脚类恐龙足迹化石

曲阜　女娃山 蓥石山　《大荒西经》日入之山

白马关　若木　泗水　平邑

四渎"南为淮" 淮水　西海　河　南海

临沂

·8·

凤出东方

出

东方

古代华夏『君子之国』『昆仑之丘』考论

武纪东　刘岚　武凯旋◎著

【上册】

新华出版社

图书在版编目（CIP）数据

凤出东方：古代华夏"君子之国""昆仑之丘"考论 / 武纪东, 刘岚, 武凯旋著.
北京：新华出版社, 2021.10
ISBN 978-7-5166-6050-8

Ⅰ.①凤… Ⅱ.①武… ②刘… ③武… Ⅲ.①蒙阴县－地方史－研究
Ⅳ.①K295.24

中国版本图书馆CIP数据核字（2021）第195793号

凤出东方：古代华夏"君子之国""昆仑之丘"考论

作　　者：武纪东　刘　岚　武凯旋

责任编辑：庆春雁		**封面设计**：刘宝龙

出版发行：新华出版社
地　　址：北京石景山区京原路8号　　　邮　　编：100040
网　　址：http://www.xinhuapub.com
经　　销：新华书店、新华出版社天猫旗舰店、京东旗舰店及各大网店
购书热线：010－63077122　　　　中国新闻书店购书热线：010－63072012

照　　排：六合方圆
印　　刷：三河市君旺印务有限公司

成品尺寸：170mm×240mm　　　字　　数：630千字
印　　张：42.25　　　　　　　　彩　　插：8页
版　　次：2021年11月第一版　　　印　　次：2021年11月第一次印刷

书　　号：ISBN 978-7-5166-6050-8
定　　价：128.00元（上下册）

序言一

进入二十一世纪以来，我们已经走过五分之一的历程，似乎我们昨天还在畅想未来，今天时间已经匆匆走过，诚如子在川上，曰："逝者如斯夫！不舍昼夜。"

依然，令我们难以忘怀的流淌的时间，穿越的空间，缠绕于我们脑海中美好的记忆——历史，构成我们的昨天、今天，还有明天。

当年，司马迁著《史记》，以《五帝本纪》为书首，"亦欲以究天人之际，通古今之变，成一家之言"，自今日言之，可谓开启中华文明五千年之先河；稍晚，司马贞补《史记》阙云，以《三皇本纪》为开篇，"然君臣之始，教化之先，既论古史，不合全阙"，自今日言之，由五千年上溯一万年，展现中华文明历史渊源，借用《文言》的话说，可谓"'见龙在田'，天下文明"。

现在，我们大家越来越多的把目光聚焦于中华文明探源过程中，越来越多的把精力投身于中华文明探源进程中，追随司马迁的足迹，从夏商周断代工程推进到中华文明探源工程，承继司马贞的遗志，从五帝时代考索到三皇时代探究，我是谁？我从哪里来？我要到哪里去？始终是我们挥之不去的历史之问，时代之问，未来之问。

武纪东先生的大作《凤出东方》一书，以考古资料为基础，以文献资料为依归，自觉运用"二重证据法"原则，注重传说资料与历史事实的对读，注重地理优势与人文历史解读，在前人研究的基础上，以自己独特的方式，从多学科、多层面、多视角，探讨颛臾古国前世今生，发现"东方伊甸园"——"东方君子之国"及"昆仑之丘"，本是古代华夏帝王的"封君之地"，本是古代华夏诸神所居之地，构成我们今天华夏民族和华夏文明的起源之地。

我们觉得，这里有两点不可忽略的基本特质，一是作者不虚言、不空实，结合现有的考古资料和文献资料，辨彰学术，考镜源流，以为华夏民族的历史记忆源自大汶口文化，"三皇五帝"传说实际上就是大汶口人关于祖先的传说，这些历史记忆的主要传承者都是黄帝之孙颛顼的后裔：秦嬴、楚人和太史公家族，主要载体是《山海经》《楚辞》和《史记》；二是作者不虚美、不空玄，通过对鲁中南山区，尤其是沂蒙山区的地理环境、山川名称和古城古国等历史遗存的田野调查，以为位于沂蒙山区腹地桑（东汶河）、梓河流域的"颛臾风国"就是《山海经》中记载的"颛顼之国""君子之国"，也就是古籍记载的"东方君子之国"，是华夏民族龙凤图腾的原型地，是华胥氏、伏羲、女娲的风姓祖国。

其实，我们所要讨论的问题，乃是中华文化的母题，也是中华文化的解题。换言之，即以昆仑丘或昆仑山为主脉的地域文化，也就是昆仑文化。

上下几千年来，我们始终求索昆仑文化，她的地理坐标方位，她的文化价值取向，从静态的自然地理到动态的人文地理，不断地寻找、不断地挖掘、不断地丰富、不断地发展，形成了独具特色的中华昆仑文化，她是创世的历史，也是创世的神话，历史被神话所笼罩，神话也被历史所认知，相互交融，合为一体，构成我们中华乃至世界上古文明的创世文化，或曰创世文化体系。

如何探讨昆仑文化，如何解读昆仑文化，也始终是摆在我们面前亟待解决的重大学术问题。

武纪东先生是我多年的老朋友，秉性纯良，聪慧好学，热爱家乡，热爱中华优秀传统文化，善于发现问题，勇于创见新识，在反复研读先秦典籍和专家学者著作的基础上，经过多次田野调查，历经 5 年冥思苦索与分析论证，终于发现蕴含在先秦典籍和神话传说中有关华夏民族和华夏文明之起源秘密，在其妻弟、妻妹及爱人同学、同事和生前好友的大力支持下，与其从事教育工作的胞弟武凯旋、弟妹刘岚一起撰写出两本共计89万字的专著：《凤隐于林——"桃花源"考论》和《凤出东方——古代华夏"君子之国""昆仑之丘"考论》，前者已由中国人民大学出版社出版并发行，后者也即将付梓，我为他们的辛劳，感到由衷高兴，更为他们的执着追求，无比佩服。正如作者所言，能够复原先秦典籍的记载和相关神话传说，权当抛砖引玉，为我们深入研究华夏民族和华夏文明起源提供线索和参考，为传承华夏民族优秀文化尽绵薄之力。

写到这里，我还想补充说一句，有一个不争的历史事实，在中华民族发展史上，从来还没有像今天这样，我们如此地重视历史、研究历史、借鉴历史，阐释中华优秀传统文化的内涵，传承中华优秀传统文化的精神，它不仅是时代发展的需求——中华民族伟大复兴，也是历史传统的必然——五千多年文明，我们按照习近平总书记的要求，要特别重视挖掘中华五千年文明中的精华，弘扬中华优秀传统文化，把中华优秀传统文化与马克思主义立场、观点、方法结合起来，坚定不移走中国特色社会主义道路，努力构建中国特色社会主义文化。

以史为鉴，开创未来！

以上，承蒙武先生厚爱，写下如此文字，权当学习体会。

宫长为

2021年10月8日于京东北运河

序言二

　　中华民族创造了并创造着中华文化，中华文化养育了并养育着中华民族。从哲学的高度，有关中华民族的起源，乃至人类的起源问题，中国的哲学和先人早就给出了答案。诸君如若不相信，就请读一读老子五千言的《道德经》，其中有言"无，名天地之始；有，名万物之母"（也可断句为"无名天地之始；有名万物之母"），"道生一，一生二，二生三，三生万物""天下万物生于有，有生于无"。道生万物，虚空之中生万物：这是中国道家的至高哲学思想和至高哲学境界，而西方哲学似乎并没有达到这样的高度，我认为。不但我这样认为，也有其他著名学者持有同样的观点："老子之所以可贵，是因为他提出了宇宙本源论。老子从现象界看到始源问题、演化的问题，看到了万物的'本根'"（陈鼓应，2021）。另外一个不可否认的现象是，西方自近代以来以实证见长的科学研究，包括达尔文据此提出的自然进化学说，包括近代以来中西方的考古发现和成果，似乎都在不断证明着老了的高妙。因此，我们要感谢科学的昌明，使我们进一步认识到老子的伟大，道家的高明。

　　我们的先人从茫茫洪荒中（即道家的"无"）走来，他们从结绳记事，到刻岩画壁，到图像、图形、文字，再到以文字表述思想、记录万事万物、书写并传承自己的历史，这是多么艰辛而又美妙的进化过程和多么伟大的逻辑设计！

自从有了文字，人类文明进化的大剧就由此进入全新的阶段。在公元前500年左右，世界文明跃进到"轴心时代"，东西方同时出现了一批光耀时空的思想家、哲学家。在西方以毕达哥拉斯、赫拉克利特、苏格拉底、柏拉图、亚里士多德为代表，在东方则以中国的诸子百家为代表，而诸子百家的代表，则非孔子之莫属了。

孔子的最伟大之处，不在于他终生没有发表任何核心论文，也不在于他终生没有撰写什么惊天专著，而在于他孜孜矻矻，自觉主动地、系统地、条理地、逻辑地（以他的时代的逻辑而不是今天的逻辑）、创新创造地爬梳、整理、保存下来了六经（《诗》《书》《礼》《乐》《易》《春秋》），这六经，包括上述老子的《道德经》和记录孔子言行思想的《论语》等典籍，记录和保存了中华文明、中华文化、中华历史的源头。清代史学大家章学诚独具匠心和慧眼之"六经皆史"的论断石破天惊，是对孔子保护、传承中华文明、文化和历史贡献的最好肯定。

如果说老子是哲学上的开创者，那么孔子则是文化上的保护者、传承者和创造者。孔子编述的六经，其中蕴含着大量的、丰富的有关华夏民族人文始祖群体（人神一体）的信息，这些人文始祖群体就是我们通常所说的三皇五帝。三皇是指伏羲、女娲、神农，五帝是指黄帝、颛顼、帝喾、尧、舜。"自从盘古开天地，三皇五帝到如今"。有关华夏民族人文始祖群体的起源、身份、活动，他们在华夏文明初始构建中的起例发凡、制度草创、规范人伦等等内容的研究，几年来一直是学界的热点，因为这些研究关乎中华文明的起源、性质、地域、时空，关乎中华文明对世界的影响、贡献和其在全球的地位。在当今中国面临百年未有之大变局、中华民族伟大复兴不可逆之际，这方面的研究就更加有意义。

如今，来自孔子故乡、齐鲁大地的三位朋友武纪东、刘岚和武凯旋对于上述问题进行了有益的探讨，他们经过数年的艰苦努力，撰写了《凤出东方——古代华夏"君子之国""昆仑之丘"考论》一书。

《凤出东方——古代华夏"君子之国""昆仑之丘"考论》主要论述

了以下几个方面的内容：

第一、考证了沂蒙山区是华夏民族记忆中的"桑梓之地"，指出华夏民族和华夏文明起源于东方大汶口文化。在史前大洪水时代背景下，西部裴李岗——早期仰韶文化的一支为躲避洪水迁徙到鲁中南山区西部，与东方本土文化融合产生了北辛文化，之后继续融合产生了大汶口文化和华夏民族。华胥、伏羲、女娲都是风姓，都是以凤凰为图腾的大汶口文化早期的部族首领，华夏民族起源于风族所在地。沂蒙山区蒙阴境内的颛臾风国是祭祀太皞的古国，是太皞部落的祖地，是华夏文明的发祥之地。

第二、考证了颛臾风国就是《山海经》记载的"君子之国""颛顼之国"。作者指出华夏民族的世界观、历史观蕴含于《山海经》《楚辞》（主要是《楚辞·天问》）之中，《山海经》始源于"大禹治水，伯益记物"，《楚辞》是楚人之作，伯益、楚人的祖先都是黄帝之孙颛顼。也就是说华夏民族的世界观形成于汤谷、蒙谷之间的"桑梓之地"颛臾风国。颛臾风国具有"君子之国"的人文地理特征，君子之国之人"衣冠带剑，食兽，其人好让不争"，颛臾风国环境优越，民风淳朴，以"仁寿"著称，是孔子心目中的"君子之国"。

第三、考证了"昆仑之丘"是君子之国天文观象台"天吴"。作者指出，"昆仑之丘"是大汶口先民崇拜的神山，"昆仑之丘"是君子之国的"天文观象台"，是太皞和虞代五帝"历象日月星辰"之处，人面虎身的"昆仑之丘"是君子国之神"天吴"，也就是蒙阴"叟虎寨山"。《拾遗记·颛顼》中记载，黄帝之子昌意降居"若水"，昌意之子颛顼诞生时"北辰下，化为老叟。"作者认为"若水"即蒙阴桑泉水，化为"老叟"是说北辰（北斗）七星第一星"天枢"化为叟虎寨山，与《山海经·大荒西经》记载的"大荒之中，有山名曰日月山，天枢也。吴姬天门，日月所入"相吻合，叟虎寨山即"吴"，叟虎寨山下的桑泉水（若水）即黄帝所居的"姬水"。叟虎寨山及蒙阴"东三山""西三山"分别对应北斗七星，是《尚书》记载的考察七星运行规律的"璇玑玉衡"。天上北斗构成"轩辕"图形，与之对应的即黄帝所居的"轩辕之丘"。作者还认为，叟虎寨山下面的"十二城子"是伏羲太皞以"木星十二年一周天"用于纪年的十二个聚落，即"成纪"。

第四、考证了"君子之国"是虞代诸帝的"封君之地"。先秦典籍以"虞夏商周"并称上古四代,司马迁在《史记·五帝本纪》中称"自黄帝至舜、禹皆同姓"。作者认为《五帝本纪》即《虞本纪》,"虞"即君子之国"天吴","君子之国"是虞代五帝"封君之地",因虞帝禅让帝位故称"衣冠带剑,好让不争",虞都"穷桑""姚墟"即昆仑之神陆吾所司"帝之下都",虞都"穷桑"因"穷山""桑野"而得名。

第五、考证了"三星堆"文明的源头在"君子之国""昆仑之丘"。作者认为"三星堆"文明是太皞之后"巴人",黄帝、颛顼之后"苗民"创造的文明。"三星堆"出土铜人最为突出的耳朵和眼睛,其原型就是在"昆仑之丘"大耳"能听协风",重瞳能"观天象",司"历正"之职的凤鸟氏虞帝;"三星堆"神树即"汤谷"(蒙山以东,郯庐断裂带上的"温源谷")之"扶木"、"昆仑"之"建木"、"蒙谷"之"若木",都是观测日影制定历法的"表木",其上面的神鸟显然就是"知天时"的凤鸟。"三星堆"的原型即蒙阴叟虎寨山北面与北斗星对应的"三山",当地至今仍有"三山"是天上落下来的"星"的古老传说。西南地区古代有崇拜"虎"的"昆人""叟人"和今天仍然自称为"蒙"的族群,有"开明国""昆明"和岷(蒙)山、若水、赤水、汶川等地名,皆带有蒙山汶水之间君子之国、昆仑之丘("开明兽")的印记,是古代"族迁名随"的证据。

先秦典籍有"虞夏商周""虞夏二千年"之说,司马迁说"天下文明,始于虞帝",足见华夏文明始于5500年前"虞"代,源于"虞"山之下汶水流域的君子之国、昆仑之丘。虞代始帝黄帝居"姬水"之上"昆仑之丘"初创文字、开始文明,故有"汶水""开明兽"之称。作者认为,"华夏"之名始源于凤凰圣地"东方君子之国","中国"之名始源于昆仑之丘东南的"中邦之居",君子之国、昆仑之丘是华夏民族的宗教神话中心。

作者的结论建立在掌握多重材料和证据,之后进行综合分析判断的研究方法之上。作者挖掘、汇集、研判了一众的典籍资料、考古资料、田野调查资料,从权威专家学者的相关论述中探赜索隐,挖掘出微言大义,言前人未尽言,发前人未能发。例如作者引用了王国维先生"自上古以来,帝王之都皆在东方";引用了吕思勉先生汉族起源于东方,昆仑之丘是东方神山,黄帝之子昌意降居"若水"是东方"桑水"的观点;引用了杨向奎先生"早夏时代夏民族居于东方,晚夏时代始西迁中原";引用了童书业先生"'五帝'同属虞代,黄帝是虞代始帝";引用了傅斯年先生的观点"《史记·五帝本纪》所记是可信的,颛顼和嬴秦起源于东方,嬴(今莱芜)、费(今费县)是秦嬴先祖伯益之子所居之地";引用了王献唐先生"蒙在东方,故言东蒙人,合地名氏名证伏羲,知伏羲为蒙古族。……羲皇为东方之人,……此以历代名号知其为东方民族之君主也",颛臾是凤族、风姓之故土,蒙阴是伏羲之"旧壤";引用了高广仁、栾丰实先先生"目前已经有条件把大汶口文化的材料与先秦文献中的有关传说相结合来复原上古历史";引用了刘宗迪先生在《失落的天书——<山海经>与古代华夏世界观》一书中所言,"华夏民族宇宙观、历史观的基础"来源于古东夷地区一个方圆百里的"蕞尔小国",昆仑之丘是大汶口先民最初的天文观象台。这些翔实的资料,使得作者的结论持之有故而言之成理。

追寻中华人文始祖的过程,就是在时空中还原历史的过程,就是不断求索并加强文化自信的过程,它表现在我们对人文始祖众神们的敬畏、追怀、书写和记忆里,这个过程没有止境,绵绵无尽,生生不息;这种文化自信使我们永葆慎终追远、忠信孝悌、自强不息、厚德载物等古圣先贤所传的初心,使我们始终以昂扬而不张扬的意志、进取而不掠取的精神,去从容应对一切风险挑战而不断走向成功。我想这就是本书内容的主要意义之所在。

我与武纪东先生等作者是老朋友。我感佩他们的执着、勤奋、努力、本真,感佩他们对家乡和中华文化的热爱,而应邀写下对书稿的上述心得,权作读后感,并请方家指正。

鞠方安

2021 年 10 月 13-17 日于中国人民大学

前　言

　　中华文明源远流长，中国文化博大精深，龙与凤是中华民族的两大文化图腾，是中华民族的象征。中华文明之所以成为世界四大文明之中唯一延续至今的文明，是因为中华文明有一个共同的源头——"东方君子之国"及其天文观象台"昆仑之丘"，中华民族有一个共同的身份认同——凤之后裔，龙的传人。

　　在先秦文献记载和传说中，盘古开天地之后为三皇、五帝，伏羲太皞是三皇之首，黄帝是五帝之首，三皇五帝是华夏民族共同的人文始祖，也是传说中的众神。典籍中记载，华胥在"雷泽"履"大迹"而生伏羲，黄帝生于"寿丘"，黄帝之孙颛顼生于"若水"，"昆仑之丘"是众神所居之地。显然，"雷泽""寿丘""若水""昆仑之丘"是华夏民族和华夏文明的地理坐标。典籍记载，华胥、伏羲、女娲都是风姓，"风"与"凤"在古文中相通，由此可见，凤凰是华夏民族的第一图腾，以凤凰为图腾的凤族是华夏民族的源头所在。

　　《说文解字》：凤，神鸟也。……出于东方君子之国，翱翔于四海之外，……见则天下大安宁。

　　《山海经·海内西经》：（昆仑之虚）开明兽守之，百神之所在。……开明兽身大类虎而九首，皆人面，东向立昆仑上。开明西有凤凰、鸾鸟，……开明北有凤皇、鸾鸟皆戴蔽。

"君子之国"始见于《山海经》中,《大荒东经》记载"君子之国,其人衣冠带剑"。自古以来,很少有人论证"君子之国"的真实含义和地望所在,也从来没有学者将"君子之国"与《山海经》中记载的"昆仑之丘"联系在一起进行考证。笔者发现,凤凰是"东方君子之国"和"昆仑之丘"的共同特征,"君子之国"是古代华夏帝王的"封君之地",而"昆仑之丘"则是古代华夏诸神所居之地。《山海经》中的诸神就是历史典籍中的诸帝,"君子之国"和"昆仑之丘"是华夏民族和华夏文明的起源地。

关于华夏族的起源问题,历来有东、西两说。20 世纪初,王国维先生提出运用现代考古发现的出土文物与史书记载互相验证的"二重证据法",并主张华夏族起源于东方。他在《殷周制度论》一文中说:"自上古以来,帝王之都皆在东方……虞夏商皆居东土。"后来,杨向奎先生在《夏民族起于东方考》一文中也说:"古代兖州一带河济流域实为中国文化的发源地。"吕思勉先生认为,汉族缘起,必在震方(东方),中国文化起于黄河下游,华夏民族的人文始祖伏羲和神农都在今山东东南部,黄帝、颛顼、帝喾、尧、舜的踪迹仍在东方,夏朝自禹以后,逐渐西迁。王献唐先生说:"蒙在东方,故言'东蒙',合地名氏名证伏羲,知伏羲为蒙古族。……羲皇为东方之人,……此以历代名号知其为东方民族之君主也。"

学者们的上述判断越来越得到考古新材料的验证,20 世纪 30 年代,考古工作者在山东城子崖发现了龙山文化遗址。李济在《城子崖发掘报告》序言中说,"上古的传说,并不能算一篇完全的谎账",城子崖的发掘收获"给我们一个强有力的暗示,构成中国最早历史期文化的一个最要紧的成分,显然是在东方——春秋战国时的齐鲁国境——发展的"。20 世纪 50 年代,考古工作者在山东泰安大汶口发现并命名了大汶口文化,高广仁、栾丰实在《大汶口文化》一书中说:"目前已经有条件把大汶口的材料与先秦文献中的有关传说相结合来复原上古历史,……复原出有血有肉的历史活剧来。"

除了传世文献和出土文物二重证据之外,郑文光先生在《中国天文学源流》一书中说,天文学方面的材料"对于探索中国上古史,这是不无益处的"。刘宗迪先生在《失落的天书——〈山海经〉与古代华夏世界观》一书中直言，东夷地区一个方圆百里蕞尔小国的天文历法知识"播化为弥纶天地、光照千秋的华夏知识原型，成为华夏民族宇宙观、历史观的基础"。

在上述学者论证的基础上，笔者通过查阅先秦典籍和历史文献资料，搜集了大量关于华夏民族、华夏文明起源的信息资料，这些信息资料实际上就是华夏民族关于自身历史的记忆碎片，将这些零散的信息碎片与大汶口考古资料结合在一起，就会发现华夏民族的历史记忆源自大汶口文化。"三皇五帝"传说实际上就是大汶口人关于祖先的传说，这些历史记忆的主要传承者都是黄帝之孙颛顼的后裔：秦嬴、楚人和太史公家族，主要载体是《山海经》《楚辞》和《史记》。《山海经》是大汶口文化的产物，始源于"大禹治水，伯益记物"，《山海经》描述的地域实际上就在大汶口文化区范围之内，《楚辞》与《山海经》同源异流，共同记载了华夏民族远古历史传说，这些传说经司马迁"择其尤雅者"著《五帝本纪》。

笔者依据文献记载和现代考古成果，通过对鲁中南山区，尤其是沂蒙山区的地理环境、山川名称和古城古国等历史遗存的田野调查，认为位于沂蒙山区腹地桑（东汶河）、梓河流域的"颛臾风国"就是《山海经》中记载的"颛顼之国""君子之国"，也就是古籍记载的"东方君子之国"，是华夏民族龙凤图腾的原型地，是华胥氏、伏羲、女娲的风姓祖国，是刘宗迪先生所言作为华夏民族历史观、世界观基础的"蕞尔小国"。

《左传·僖公二十一年》：颛臾，风姓也，实司太皞与有济之祀，以服事诸夏。

《论语·季氏将伐颛臾》：孔子曰："夫颛臾，昔者先王以为东蒙主，且在邦域之中，是社稷之臣也。……盖均无贫，和无寡，安无倾。夫如是，故远人不服，则修文德以求之。"

《汉书·地理志》："蒙阴，禹贡蒙山在西南，有祠。颛臾国在蒙山下。莽曰蒙恩。"

笔者考证，蒙阴境内"曳虎寨山"的两个侧面形似两只大虎，就是《山海经》记载的君子之国的"两大虎"，曳虎寨山上的一座山峰酷似一个老叟的面孔，就是人面虎身的君子国之神"天吴"。

《山海经》：有君子之国，其人衣冠带剑。……有神人，八首人面，虎身十尾，名曰天吴。

笔者进一步研究发现，"昆仑之丘"实际上就是古代华夏君子之国的"天文观象台"，因其为观天、通神之地而成为华夏民族崇拜的神山。刘宗迪先生在《失落的天书——〈山海经〉与古代华夏世界观》之《昆仑考》一章中说，"泰山与昆仑皆为天下之中，表明昆仑最初可能就是指泰山"，"东泰山当是泰山之前身，……东夷民族的天文观测活动中心原本可能是在此地"。笔者认为，"东泰山"就是蒙阴叟虎寨山，是《大荒西经》中记载的天枢之"吴"，也就是人面虎身的昆仑之神"陆吾"。

《山海经》：大荒之中，有山名曰日月山，天枢也。吴姖天门……以行日月星辰之行次。有人反臂，名曰天虞。

《山海经》：昆仑之丘，是实惟帝之下都，神陆吾司之。其状虎身而九尾，人面而虎爪；是神也，司天之九部及帝之囿时。

笔者研究发现，颛臾风国叟虎寨山就是《拾遗记·颛顼》中所言的"北辰化为老叟"，北辰是天之中枢，也就是《山海经》中的天枢之"吴"。陆吾"司天之九部及帝之囿时"说的就是"历象日月星辰"，"敬授民时"。可见，"天吴""昆仑之丘"都是人面虎身，也都是天枢、地中，因此昆仑之丘毫无疑问就是颛臾风国叟虎寨山。

君子国之神"天吴"即"天虞"，先秦典籍中多以"虞夏商周"四代并称，并有"虞夏两千年"之说，《今文尚书》和《古文尚书》皆分为《虞书》《夏书》《商书》《周书》。笔者认为，蒙阴叟虎寨山即"有虞氏"之"虞"，黄帝等"五帝"皆为虞代之帝，实际上是大汶口文化中、晚期和龙山文化的帝王。故《史记》之《五帝本纪》可以称为《虞本纪》，与《夏本纪》《殷本纪》和《周本纪》并列，颛臾风国是名副其实的虞代封君之地"君子之国"。

本书共有五章和结语六部分。第一章主要论证了大汶口文化是华夏文明的主要源头，华夏民族关于自身历史的记忆主要源自大汶口文化，大汶口人的桑梓之地（故乡）在蒙山、沂水之间的古汶水（桑、梓河）流域，"蒙山""汶水"的名称蕴含文化启蒙和文明起源之义。毛泽东早年曾诗云"埋骨何须桑梓地，人生无处不青山"，考古发现大汶口墓葬头部均指向沂蒙山区"桑梓之地"，说明华夏民族归葬故里、落叶归根的传统始源于大汶口文化。

第二章主要论述蒙阴颛臾风国即《山海经》中记载的"君子之国"。本章首先论述了华夏民族的世界观、历史观蕴藏在《山海经》和《楚辞》之中，始源于大汶口文化，形成于汤谷、蒙谷之间肉眼所及的范围之内，《山海经》描述的地域范围是鲁中南山区及其周边的"四海"。其次论证了蒙阴"叟虎寨山"（又名"叟崮"，俗称"虎头崖"）是《山海经》古图的中心，是《大荒西经》中记载的天枢之"吴"（天虞），是"吴""虞""虚"等字的原型。最后论证了蒙阴叟虎寨山和青龙山就是君子之国北面的"天吴"和"虹虹"，君子之国就是蒙阴境内的颛臾风国。

第三章主要论述"昆仑之丘"是君子之国的"天文观象台"。君子之国的诸帝因"历象日月星辰"而成为昆仑之丘的众神，君子之国人面虎身的"天吴"，就是昆仑之丘人面虎身的"陆吾""开明兽"，其演化过程为：天吴（天虞）—骄吾—陆吾—昆吾—昆仑。《说文解字》中所言"昆仑之丘"东南"中邦之居"即颛臾风国、君子之国。昆仑神话中的"西王母"则是诸帝之母，因居于蒙阴叟虎寨山西南的"五女山"而称"西王母"。

第四章主要论述颛臾风国是龙凤圣地、风姓祖国。凤凰出于东方君子之国、丹穴之山，凤凰的原型是蒙羽之地的五彩雉鸡，"君子之国"即颛臾风国，"丹穴之山"即叟虎寨山北面的丹丘、玄丘。"龙"的原型是大汶口文化时期生存于鲁中南山区水泽中的扬子鳄，具体地讲是特指叟虎寨山（吴）以西，青龙山以北雷泽中的扬子鳄。雉鸡神化为凤凰是因为"雷泽"中的"鸟脚类恐龙足迹化石"，而扬子鳄神化为龙，则是因为青龙山形似鳄鱼、龙。蒙阴青龙山既是女娲之肠，也是伏羲的化身。华胥氏在"雷泽"履"大迹"生伏羲于"成纪"，"成纪"始源于传说中的伏羲以木星纪年，含义是：木星十二年一周天"成一纪"，蒙阴叟虎寨山下的"十二城子"就是岁星之"成纪"。甘肃天水一带盛行的伏羲文化，以及"成纪"地名皆因秦嬴西迁，族迁名随所致。

第五章主要论述黄帝等五帝同属"虞代",君子之国是虞代诸帝封君之地。黄帝生于鲁东北之"寿丘",是指黄帝"封东泰山,禅凡山,然后不死"的"凡山",也就是羽人所居、不死之乡"丹丘";黄帝以"姬水"成,就是指蒙阴汶水,"姬"字源于蒙阴盆地中发现的"鸟脚类恐龙足迹化石"。黄帝之子昌意降居"若水",昌意之子颛顼诞生于"若水","若水"是指蒙阴"桑泉水","颛顼之虚"即"昆仑之虚",即《国语》所言"颛顼之所建、帝喾受之";帝尧诞生于"丹陵"也即"丹丘",虞舜诞生于"姚墟"即"天吴"(天虞)之下的"桃墟",夏禹诞生地、娶妻生子之处同样也在颛臾风国。《山海经》记载的"君子之国,其人衣冠带剑,好让不争",讲的就是虞代禅让制度和礼让风俗。

结语部分主要论述君子之国、昆仑之丘是华夏民族、华夏文明之源,也是华夏宗教神话中心。"华夏"之名源于君子之国,"中国"之名源于昆仑之丘东南的"中邦之居"也即君子之国。中国又称"神州赤县",就是因为君子之国、昆仑之丘是诸帝、众神所居之地,故称"神州",又因昆仑之丘下面有"赤埴坟"(丹丘)和昆仑之"县圃",故称"赤县"。君子之国、昆仑之丘是华夏民族三皇五帝故事发生地,也是华夏民族远古神话传说的发源地。

总之,本书上述观点的得出,是基于6000多年前的史前大洪水背景和鲁中南山区的地理优势;基于海岱地区北辛文化受早期仰韶文化影响而发展成为大汶口文化,大汶口文化在华夏文化萌芽时期领先于其他文化并扩散到"四海"之外的历史史实;基于《山海经》《史记》中巴人、苗人、秦嬴、楚人和太史公都是太皥、黄帝、颛顼后裔的记载;基于沂蒙山区腹地颛臾风国及其境内的叟虎寨山、青龙山、玄丘洞穴和汶水(桑泉水)等历史遗存。

世界各民族均把本民族的祖地视为自己的精神家园。西方文明的发源地是《圣经》中记载的"东方伊甸园",中华文明的发源地是古籍中记载的"东方君子国"。华夏文明历经沧海桑田,生生不息。探索中华民族和中华文明之源,最终目的是保护和传承中华民族的优秀文化,坚定中华民族的文化自信。"问渠那得清如许？为有源头活水来"。无论世界怎样千变万化，经济大潮如何汹涌，如果源头不遭破坏不被污染，就能为后代留下一股清流。总有一天，这股清流会返璞归真，成为主流。

本书研究著作历时5年有余，在武方婷、孙宁谦、武彦霖、武子涵、顾金、贺凤梅、赵佳、陈文婷、刘遥等人的协助下，历经20余稿的补充、修改、完善，从文献学、考古学、天文学、地理地质学和神话学、民俗学等诸多方面进行了多维度、全方位、系统化的论证。拙作成书过程中，得到了中国先秦史学会会长兼秘书长、中国社会科学院中国历史研究院古代史研究所研究员宫长为先生，中国人民大学出版社外语分社社长、历史学博士鞠方安先生，新华出版社综合编辑室主任、历史学博士贾允河先生和临沂大学历史文化学院特聘教授李宜春先生的悉心指导和帮助；得到了原蒙阴县委书记刘宗元，原蒙山管委会党委书记刘桂民，当地党委政府和笔者所在单位领导、同事，以及徐大义、贺宗仪、苗振林等同学和张成海、孙卫东、顾向东、张明、魏中华、张文杰、赵学升、陈华成、秦培昌等亲友的关心和支持。在此，谨致以崇高的敬意和衷心的感谢。

最后郑重声明：本文中笔者的发现和研究结论皆为首创。由于作者研究历史文化的功底和写作水平有限，又力求做到多学科、全方位搜集证据、论证问题，在引用文献、学者论述中难免有理解偏差和断章取义之嫌，本书观点、思路也未必是确当之论，权当抛砖引玉，为学者深入研究华夏民族和华夏文明起源提供线索和参考，为传承华夏民族优秀文化尽绵薄之力。本书如有谬误和不当之处，敬请方家学者批评指正。

作者

2021年5月19日

目　录

CONTENTS

第一章
沂蒙山区是华夏民族记忆中的"桑梓之地"

　　华夏民族的人文始祖，自古以来都认为是伏羲太皞。但是关于华夏民族的起源地，秦汉以后的历史学家却众说纷纭、莫衷一是，至今没有一个被大家普遍接受的说法。其实，从古代典籍中便能寻找到华夏民族起源地的线索：《山海经》和《说文》中记载的东方"君子之国"就是大汶口人的祖地——"太昊之治，伏羲生处"，是夏朝之前华夏民族的封君之地、君主之国，是《左传》中祭祀太皞的颛臾风国，是《论语》中记载的周先王分封的"东蒙主"和孔子称颂的"社稷之臣"。显然，这里就是华夏民族的源头，是孕育华夏文明的摇篮。

　　那么，这个神秘的"东方君子之国"究竟在何处呢？吕思勉先生在《中国通史》中认为，华夏民族的起源地昆仑神山，不在黄河上游而在黄河下游。[①]其在《先秦史》中进一步说："吾国古代，自称其地为齐州，济水盖亦以此得名。……以嵩高为中心，乃吾族西迁后事，其初实以泰岱为中。"[②]王献唐先生在《炎黄氏族文化考》中说："蒙在东方，故言东蒙，合地名氏名以证伏羲，知伏羲为蒙族。……伏羲一族，初为州居水国，实在东方，与九州神州之

---

① 吕思勉：《中国通史》，南京：译林出版社，2015年，第273—276页。
② 吕思勉：《先秦史》，北京：中国文史出版社，2019年，第79页。

义一一符合,条理贯通。"① 柳诒徵先生则在《中国文化史》② 一书中说:"吾谓吾国文明,实先发于山岳。……必具居高临下之势,始可控制四方。……出旸谷,分九河之类,实吾民先居山岭,后沿河流之证。"并为此列举了帝王封泰山,禅云云,禅会稽等实例。综合以上学者的论述,华夏民族的发源地显然在黄河下游的鲁中南山区,华夏民族崇拜的神山也在这一地区。

第一节 华夏民族和华夏文明起源于东方大汶口文化

中华民族的起源,过去长期存在着多元论和一元论、本土说和外来说的争论,也有源于东方说、西部说和夷夏东西说等多种说法。直到 20 世纪 50 年代,特别是 70 年代以来,由于考古学的发展,才对中华民族的早期历史作出了比较科学的认识。

一、大汶口文化考古发现证实华夏民族起源于东方

当代人最早主张华夏族起源于东方的,当是国学大师王国维先生。他在 1927 年发表的《殷周制度论》中说:"自上古以来,帝王之都皆在东方。……故自五帝以来,政治文物所自出之都邑皆在东方。惟周独崛起西土。……虞夏商皆居东土,周独起于西方。"③ 吕思勉先生也在《中国通史》中说:

《尔雅·释言》说:"齐,中也。"《释地》说:"自齐州以南戴日为丹穴,北戴斗极为空同,东至日所出为大平,西至日所入为大蒙。""齐"即今之"脐"字,本有"中央"之义。古代的民族,总是以自己所居之地为中心的,齐州为汉族发祥之地,可无疑义了。然则齐州究在何处呢?我们固不敢断言其即为后来的齐国,然亦必与之相近。又《尔雅·释地》说:"中有岱岳",

---

① 王献唐:《炎黄氏族文化考》,青岛:青岛出版社,2006 年,第 307—353 页。
② 柳诒徵:《中国文化史》,长春:吉林人民出版社,2013 年,第 9—10 页。
③ 王国维:《观堂集林》,北京:中华书局,1959 年,第 45 页。

而泰山为古代祭天之处，亦必和我民族起源之地有关。文化的发展，总是起于大河下游的，埃及和小亚细亚即其明证。与其说中国文化起于黄河上流，不如说其起于黄河下流的切于事情了。[①]

　　1937年，杨向奎先生发表了《夏民族起于东方考》[②]一文，明确提出"古代兖州一带河济流域实为中国文化的发源地"，论证了尧舜禹契等皆生活于河济流域，考证了夏初太康失国之乱的地名鉏、穷石、寒、有鬲、有穷、斟寻、过、有仍、虞、纶等绝大多数在山东，少数在豫东地区。考证了禹会诸侯的会稽山即今山东蒙山。最后得出结论：早夏时代夏民族居于东方，晚夏时代始西迁中原。[③]

　　主张华夏族起源于东方的杨向奎、吕思勉、顾颉刚先生等，都有一个华夏族西迁的假设，过去从未得到考古学的证实。现在，随着考古材料的新发现，得到了充分地证明。一般地说，华夏族的西迁始于大汶口中期，止于山东龙山晚期，前后延续千余年。

　　大汶口文化以1959年发现的泰安大汶口遗址命名，它的发现是中国史前考古发展史上的一个里程碑。它的发现，突破了上世纪30年代形成的黄河流域只有仰韶文化和龙山文化两大板块（或两大系统）以及50年代出现的仰韶文化、龙山文化两大阶段的研究格局。大汶口文化的渊源、特征及其发展道路的研究成果，雄辩地证明了中国史前文化的多源性以及大汶口在中国史前时代所具有的主体性地位。

　　大汶口文化以泰山周围的山前平原、丘陵和与之相连的胶东半岛为其生存、发展的舞台，在公元前4300—前2600年，逐步创造了辉煌的文化成就，其社会发展曾走在黄河、长江流域史前文化各大区系的前列。大汶口文化的若干基因成为后世灿烂的中国三代文明的主要源头。[④]

　　大汶口文化发源于鲁中南山区腹地，呈现出向四面逐步发展扩散的趋

① 吕思勉：《中国通史》，南京：译林出版社，2015年，第276页。
② 杨向奎：《夏民族起于东方考》，《禹贡》7（6）-（7）。
③ 景以恩：《华夏文明崛起于东方考》，《管子学刊》2013年第1期。
④ 高广仁、栾丰实：《大汶口文化》，北京：文物出版社，2004年，第2页。

势。大汶口文化与北方的交往，主要表现为胶东半岛对辽东半岛的强大影响。早在大汶口文化前期，胶东半岛已进入大汶口文化分布范围，大汶口文化的一些显著的、突出的因素由此再通过渤海庙岛列岛传入辽东半岛南部，在辽东的郭家村下层文化中就看到了大汶口文化的这些因素，甚至在辽西的"后红山文化"中也能看到大汶口文化的影响。[①]

大汶口文化发展的总趋势是从东往西、往南，一直到达洛阳和信阳地区。如果我们把大汶口特有的陶鬶作为文化信使，从陶鬶的传播可以看到海岱区大汶口—龙山文化系统对外交往的积极主动性。

（一）大汶口文化向南发展影响良渚文化

大汶口文化沿沂沭河发展到鲁南、苏北地区，不可避免地与长江中下游地区的河姆渡文化（前5000—前4400）、马家浜·崧泽文化（前4300—前3300年）、良渚文化（前3300—前2200年）产生交往。

考古发现，在所有的文化信息中，以尉迟寺的刻文大口尊最为珍贵。它不仅说明"尉迟寺人"是大汶口人的分支，而且明确显示他们和一个以现今莒县陵阳河、大朱村为生存中心的部落集团有着血统上、文化上的亲缘关系。他们共同的祖籍可能就在海岱区的南部，后来从鲁南苏北某地分道，各奔东西。他们分手的时间，大致在公元前3000年前后。其分迁的原因，或是人口增殖、血缘集团的正常分裂，或是为了掠夺邻人的财富，更不能排除另一可能，就是受到江淮地区北上的良渚系统集团的武装压力。

上世纪90年代，地处江淮之间的江苏高邮市龙虬庄发掘取得了重大成果。该遗址主要堆积年代为公元前4500—前3500年，大致与大汶口文化前期相当。它既有自身的特征，又在某些器物上显现出与淮北大汶口文化、江南宁镇地区北阴阳营文化、太湖地区崧泽文化有明显的联系。龙虬庄文化所表现的这种中介性质，说明大汶口文化前期与南方交往的主要对象和渠道是江淮地区东部的龙虬庄文化。大汶口文化前期给予江淮地区，并间

---

① 高广仁、栾丰实：《大汶口文化》，北京：文物出版社，2004年，第151—153页。

接地给予江南地区原始文化以较大的影响,不仅表现在拔牙、人工枕骨变形、殉狗、殉猪、死者手握獐牙等方面,而且还存在小股大汶口人南下的可能。而到了大汶口文化后期,与南邻的交往势头却发生了逆转,良渚文化大举北上,构成了对大汶口文化南部族群的严重威胁。也许正是良渚文化族群的强大攻势,导致鲁南苏北的另一些大汶口部落逆淮河西迁或转向鲁东南地区。[①]

良渚文化虽然在大汶口文化后期对其构成了严重威胁,但在龙山文化时期却突然衰落消亡。究其原因可能是自然灾害,包括气候恶化、特大洪水等;也可能是北方龙山文化时代青铜器的使用和城堡的出现,以及向周围地区的扩展,使得良渚文化受到冲击而衰落。[②]

（二）大汶口文化向西扩散至中原地区

河南位于华夏腹地,从原始社会、奴隶社会,到封建社会留下了丰富的遗迹和遗物。上世纪以来发现了千余处新石器时代的各类遗址,展示了原始社会晚期的繁荣景象。

河南境内大汶口文化的发现可追溯到50年代荥阳点军台遗址、郑州林山寨遗址、信阳阳山遗址的考古发掘。此后,进行了大量的田野调查和考古发掘,地区遍及黄河以南的商丘、周口、许昌、平顶山、郑州、洛阳、南阳、信阳和驻马店等9地市。其中不少大汶口文化遗存,与仰韶文化或龙山文化甚至屈家岭文化交织在同一处遗址内。这些考古发现为研究大汶口文化在河南的分布 、文化面貌和特征,为确定仰韶文化、大汶口文化、屈家岭文化和龙山文化之间年代的发展序列,为研究上述文化之间的相互交流和影响,提供了重要的实物资料。

考古发现,大汶口文化前期,主要表现为较多的吸纳河南仰韶文化的

---

① 严文明:《胶东原始文化初论》,《山东史前文化论文集》,济南:齐鲁书社,1986年;佟伟华:《胶东半岛与辽东半岛原始文化的交流》,《考古学文化论集(2)》,北京:文物出版社,第78—95页。

② 石兴邦:《良渚文化研究的过去、现状和展望——纪念良渚文化发现六十周年国际学术讨论会小结》,《良渚文化研究》,北京:科学出版社,1999年,第5—6页。

因素，这是由北辛文化延续下来的历史传统。河南郑州大河村一、二期中的白衣多彩陶盆等的造型与圆点勾叶、花瓣、八角星形的纹样，在鲁中南一带遗址里多有发现，并由此传播到海岱区东部。同时，大河村遗址里也能见到釜形鼎之类由东方而来的因素。[①] 在后期，除了与西北方的邻人（今豫北、冀南的仰韶文化"大司空村"类型）有所接触外，[②] 主要表现为大汶口文化向西施加影响，以及大汶口人以相当的规模沿地势高于鲁西豫东的淮河北岸向西迁移，进入皖北，再进入河南中南部。[③] 在郑州大河村、偃师滑城、平顶山市寺岗、商水章华台等地发现了大汶口人的墓葬，并形成了大汶口文化的"颖水类型"。[④]

　　总之，山东大汶口文化早中期，曾受到仰韶文化的影响并吸收了仰韶文化的某些因素，得到了充实、发展。中后期深入到河南境内，对仰韶文化晚期有强烈的影响。这无疑促进了中原地区古文化向更高的层次发展，率先进入文明时代，并在华夏大地形成了一种强大的民族凝聚力，使周边各地区与中原的联系更加紧密，最终形成了我国统一的民族文化。[⑤]

　　（三）仰韶时代晚期大汶口文化占据主导地位

　　随着仰韶文化的繁荣与衰落，中原与海岱地区的文化交流分成了两个阶段：新石器早期和中期随着中原仰韶文化的兴起和壮大，中原对东部海岱地区文化影响占据上风；进入仰韶时代晚期，随着大汶口文化的兴起，中原和海岱地区文化交流的趋向发生逆转，大汶口文化逐渐向西传播，海岱对中原地区的影响占主导。在河南境内的段寨遗址和水灌台遗址均出现牙齿被拔除的葬俗，这与山东大汶口文化墓葬中拔牙的习俗相似。同时河南境内出土的文物都具有山东大汶口文化典型特征。

---

① 郑州市博物馆：《郑州大河村遗址发掘报告》，《考古学报》1979 年第 3 期。
② 《大汶口》图版 106，北京：文物出版社，1974 年。
③ 伍人：《山东地区史前文化发展序列及相关问题》，《文物》1982 年第 10 期。
④ 武津彦：《略论河南境内发现的大汶口文化》，《考古》1981 年第 3 期。
⑤ 孙广清：《河南境内的大汶口文化和屈家岭文化》，《中原文物》2000 年第 2 期。

　　栾丰实在《试论仰韶时代东方与中原的关系》一文中认为，海岱地区和中原地区，是目前我国新石器文化谱系研究最为清楚的地区，也是古代文献记载最丰富的地区。新石器时代以来，两个地区之间一直保持着文化上的往来与交流，其中既有单纯的文化交流和影响，又有人口的往来与迁徙。他在文章的最后，对两地区之间的文化交往与影响的趋向归纳如下：

　　裴李岗时代（距今约8500—7000年），两地区之间已存在联系。裴李岗文化的一支东徙至海岱地区，与后李文化会合后形成一种新的文化——北辛文化。

　　仰韶时代早期，两地区互有往来，在交流的趋向上，似以中原地区仰韶文化对东方北辛文化影响稍占上风。

　　仰韶时代中期前段，东方大汶口文化对中原地区的影响略有上升。但维持时间不长，就被以庙底沟为代表的发达仰韶文化取代，这种现象到本期后段达到高峰。

　　仰韶时代晚期，中原地区仰韶文化的势力衰退，而东方的大汶口文化迅速崛起。这种力量对比上的消长，在文化影响和传播的进退上得到了反映和证明。大汶口文化对中原地区的文化传播和影响加强，进而发展到人口迁徙逐渐形成一股潮流。这种趋势到龙山时代早期后段，即距今4800—4600年达到高潮。大汶口人这一西进大潮不仅大大地拓展了海岱文化区的范围，而且对中原地区龙山时代文化的发展和夏王朝的形成都有不容忽视的作用和贡献。此后，一直到二里岗下层商文化之初，海岱地区对中原地区的文化影响，始终占据主导地位。[1]

二、中华文明前夜大汶口文化领先于其他文化

　　上世纪30年代龙山文化遗址和50年代大汶口文化遗址的发现与研究，为复原先秦古籍记载与传说提供了依据，中华文明起源于东方的观点越来越为学者们所接受。

---

[1]　栾丰实：《试论仰韶时代东方与中原的关系》，《考古》1996年第4期。

（一）大汶口文化确立前的史前考古研究

1921年秋，瑞典地质学家安特生对河南省渑池县仰韶村遗址进行发掘，提出了仰韶文化的命名。由于仰韶村及其他相关遗址都发现了相当数量且极具特色的彩陶纹样，故仰韶文化又称为彩陶文化。包括安特生在内的一些学者，将仰韶文化与中亚安诺、欧洲特里波列彩陶进行了比较研究，认为两者多有相似点，进而得出仰韶彩陶可能来自西方的结论。这一研究使得"中国文化西来说"再度在中外学术界泛起，但是中国的考古学者并不认为史实就是如此。然而，中国人向来引以自豪的三代文明，特别是20年代末已确立的小屯商文化与仰韶文化之间差别太大，两者显然谈不上直接的渊源关系。于是，在追寻中国文化来源的思路指导下，人们把目光投向了东方沿海及其邻近地区。

1930年和1931年，在吴金鼎多次调查的基础上，中央研究院历史语言研究考古组发掘了山东章丘县龙山镇城子崖遗址。证明在中国东方地区存在着一个以带有光泽的黑色陶器和卜骨等为特征的古代文化，它与此前所知的以彩陶为特征的仰韶文化完全不同，因此很快就被梁思永命名为龙山文化。由于龙山文化与小屯商文化之间存在许多相似的文化因素，故不少学者认为终于找到了殷墟文化的来源。

1931年，梁思永发掘了安阳后岗遗址，第一次从层位学上确定了仰韶文化至少在安阳地区要早于龙山文化。由于仰韶文化多在中原及其以西地区发现，而龙山文化则主要见于东方地区，所以认为它们是内涵不同、分布区域有别的两个文化系统，并以为仰韶文化自西向东发展，而龙山文化则是由东向西发展。这种仰韶、龙山分居东西的史前文化二元说，一段时间内在中国考古学界和史学界占据了主导地位。

50年代在黄河流域全境和长江中下游多处发现了以灰、黑陶为共同特征的所谓"龙山文化"遗址，引起了学者的思考。他们认为仰韶文化与龙山文化是前后相继的两个文化，把泛称为"龙山文化"的遗存分辨入围"庙底沟二期文化""后岗二期文化""客省庄二期文化"和"典型龙山文化"，并认为"典型龙山文化"与黄河中游的龙山文化可能来源不同。这无疑是史前研究的一个进步。而1959年大汶口遗址的发掘及随后大汶口文化的确立，证实了典型龙山文化是一支有独立来源的文化，而且为重建更加符合史实的上古史框架和文化发展脉络开辟了新局面。大汶口文化的发现和研究在中国史前考古发展史上具有里程碑的意义。①

（二）大汶口文化后期是中华文明的前夜

近半个世纪的大汶口文化研究，不仅使海岱的上古史变得日益清晰，而且为中国文明的起源研究提供了不可或缺的可信史源。关于大汶口文化的社会性质，主要有两种基本的观点：

第一种观点主张，大汶口文化已经进入了文明时代，主要以著名古文字学家唐兰为代表。往复讨论的三四篇论文中，唐兰坚持认为大汶口文化已经进入了初期文明时代，并将中国的文明史提前到距今6000年之前。唐兰的观点令人耳目一新，其中不乏经得住历史检验的见解。但是唐兰关于中国已有6000年文明史的推断，受到了许多学者的驳议。其中最严重的失误在于，他把多数属于大汶口文化中晚期才出现的社会现象，如图像文字、木椁墓、贫富悬殊、男女合葬等，冠上了大汶口文化早期的年代。②

第二种观点认为，大汶口文化经历了约2000年的发展，社会经济、文化在不同的时期有较大的变化，故其间的社会性质发生了阶段性的变化。一般认为，大汶口早期尚处于母系氏族社会后期；中期处于由母系向父系的过渡时期，或认为私有制业已产生，社会已经进入了父系氏族社会；大汶口文化晚期属于父系氏族社会阶段，或认为已进入军事民主制时期，社会正处于文明时代的前夜。③

（三）大汶口文化后期率先进入文明时代

公元前4300年前后，以北辛文化为主根系发展起了大汶口文化，其年

① 高广仁、栾丰实：《大汶口文化》，北京：文物出版社，2004年12月，第6—8页。
② 高广仁：《大汶口文化的社会性质与年代——兼与唐兰先生商榷》，《光明日报》1978年4月27日。
③ 高广仁、栾丰实：《大汶口文化》，北京：文物出版社，2004年，第22页。

代约相当于公元前 4300—前 2600 年。根据考古材料所反映的社会发展程度，大汶口文化以公元前 3500 年为界，粗分为前、后两期。大汶口文化后期，在诸多方面都有了长足的进步，走在了同时期其他文化的前列。

一是农业及其副业进一步发展。在大汶口文化后期，以粟为主的农业中，无疑有了稻作，可能还增加了种豆。猪的饲养有了很大的发展，如果说前期的葬俗中，随葬猪仅仅是作为祭食，那么在后期的各个墓地上，随葬猪头、猪下颌骨已经蔚然成风，有了更深刻的社会意义，猪已成为私有财富的象征。

二是住房营建技术更加先进。大汶口文化居住遗址发现的并不多，只在建新、野店、呈子、南兴埠、大汶口等地发现了比较完整的房基，还发现了一口大汶口时期的水井。在海岱区外围的安徽蒙城尉迟寺，发掘、钻探出一处保存相当完整、布局清楚的大型聚落遗址，从整体布局上可以看到当时聚族而居的生活场景。

三是手工业独立发展与社会分工深化。大汶口文化前期的制陶业已成为独立经济门类，后期的制陶业有了长足的发展，主要表现在快轮技术的应用，新材料的开发与新器类的增多。继制陶业之后，制玉业、象牙骨雕业等，也适应社会上层的需要，相继发展、独立起来。大汶口文化的"玉料"，不限于现代矿物学界定的"真玉"，殷周时期所盛行的葬玉，可能即源自于大汶口文化。

四是在社会形态方面，早在大汶口文化前期，氏族内部已经出现了贫富分化，导致了私有制的萌芽。到后期，贫富分化日益加剧。其后果之一，就是拥有私有财产的社会上层首领、巫师、个别勇士的富有家族作为氏族的分裂力量崛起、壮大。氏族内部已经分裂为相对稳定、彼此对立的阶级，私有制的发展已经成为不可逆转的历史潮流。

五是形成新的社会意识形态。私有制的萌芽，使男性无论在社会上，还是在家族内逐渐居于主导地位。私有制的进一步发展，私人财富的继承就成了新的、重大的社会问题，财产的继承是父系世系确立的主要原因。

在谈到山东文化的先进性时，考古学家们几乎众口一词地称赞东方文化在全国的领先地位和先进性。中国社科院资深研究员高广仁、邵望平先生说："公元前三千年的前期,大汶口文化的经济水平和社会发展状况,在黄河、长江两河流域诸文化大系中居于领先地位。"[1] 严文明先生将东方文化与全国考古文化进行了对比:"东方的经济文化在一些重要方面,逐步超过了中原,在全国也处在领先地位。"[2] 石兴邦先生的话最切中要害:"中原地区早期文明社会中渗透了东方文化的因素,在山东地区解决中国国家早期构成形态是很有希望的。"[3] 这无异于向人们说,只有在山东才能见到最早的夏朝和尧舜禹方国联盟。[4]

总之,"多数学者认为,大汶口文化时期,家庭形态从对偶婚走向一夫一妻制;社会结构从母权制过渡到父权制;所有制形态由氏族所有制转向家族所有制。社会正处于大变革时期,社会生产力得到了空前发展,已显露了中国文明的曙光。"[5]

三、大汶口文化陶文刻符是中国象形文字的源头

大汶口文化后期,除了生产、生活方式和社会形态的进步使其率先迈入文明时代之外,社会共识意符的出现更使其领先于其他同时期文化,从而成为影响中华民族记忆的主流文化。

(一)龟甲卜辞始源于大汶口人的龟甲崇拜

从现已发掘的资料看,最早发现龟甲当始于距今 7000 多年前的北辛文化时期,在滕县北辛遗址发现的动物骨骼中就有龟甲片。不过,当时的龟还是作为食用的动物出现的,尚未发现墓葬里埋葬的龟甲。把龟甲真正作

① 高广仁、邵望平:《海岱文化对中华文明形成的贡献》,见蔡凤书、栾丰实主编:《山东龙山文化研究文集》,济南:齐鲁书社,1992 年,第 290 页。
② 严文明:《夏代的东方》,见中国先秦史学会:《夏史论丛》,济南:齐鲁书社,1985 年,第 165 页。
③ 石兴邦:《山东地区史前考古方面的有关问题》,见《山东史前文化论文集》,济南:齐鲁书社,1986 年,第 30 页。
④ 景以恩:《华夏文明崛起于东方考》,《管子学刊》2013 年第 1 期。
⑤ 见《新中国考古五十年》,北京:文物出版社,1999 年,第 239 页。

为随葬品埋入墓中，是从大汶口文化时期才开始的。

大汶口遗址发掘墓葬133座，出土龟甲20块，出土于11座墓中。古脊椎动物与古人类专家研究认为："在龟壳的背腹甲上共有8个显然是人工痕迹的钻孔。……很可能这些具有美丽花纹的龟类甲壳，是被他们当做装饰或殡葬品来使用的。"[①] 泰安大汶口墓地出土的龟甲，经古脊椎动物和古人类学家鉴定，认为是地平龟的甲壳。"所有地平龟属化石种都只限于北美，现生种则分布于北美、中美两处，美洲以外的其他大陆上，从未有过化石种和现生种的记录。所以，我国这次山东大汶口地平龟壳的发现，是该类动物在亚洲大陆的首次出现，因而不论在地理分布或动物迁徙史上都具有重大的意义。"[②]

其他的大汶口遗址中也都有随葬的龟甲出现。从葬龟甲墓的一些共同情况看，这是一种有意识、有目的的埋葬习俗。既然如此，那么埋葬龟甲有什么意义呢？ 在远古人类的心目中，龟和龟甲不是一般的动物和物品，而是一种"通神灵""知吉凶"的"神物"。逄振镐在《东夷文化研究》一书中说：

大汶口文化时期东夷人埋葬龟甲的习俗，很可能是东夷人从事医巫占卜者身份的标志，把龟甲作为知吉凶祸福的神灵物、占卜物而系于腰间，是龟灵崇拜的一种反映。这可能就是埋葬龟甲习俗的真正意义。[③]

安徽省含山县凌家滩遗址是新石器晚期重要的大型原始聚落，遗址出土的玉版、玉鹰和玉龟尤为考古界所关注，从这些经典的玉器来看，凌家滩人对太阳、鸟和龟十分崇拜，并将其融入宗教信仰之中。在一座大墓的墓主人腰部中间放置有3件龟形器，玉龟和玉版在出土时是放在一起的，根据玉龟、玉签和玉版等组合形式和上面的图形等来看，学者推测：

---

① 山东省文物管理处、济南市博物馆编：《大汶口——新石器时代墓葬发掘报告》，北京：文物出版社，1974年，第159页。

② 山东省文物管理处、济南市博物馆编：《大汶口——新石器时代墓葬发掘报告》，北京：文物出版社，1974年，第159—160页。

③ 逄振镐：《东夷文化研究》，济南：齐鲁书社，2007年，第326—336页。

　　这是一组占卜工具，它们的发现表明凌家滩遗址所处的远古时期，占卜和原始八卦在上层社会已经普遍运用，反映出当时人们对于天体、宇宙等的认识。人们崇拜神灵，利用长寿的龟作为人与天沟通、交流的载体，而拥有占卜工具和手段的人（巫）代表了神的意志，也就能够维持其统治权力。……印证了古代文献中有关龟、八卦和占卜的记载确有史实依据。[①]

　　金荣权教授在《论凌家滩文化与东夷文化的关系》一文中认为，凌家滩文化的主流与古老的东夷文化关系密切，从史前传说和考古发现来看，凌家滩文化的核心成员当为东夷部族的一支。按照凌家滩文化的年代推算，凌家滩文化略晚于传说中的伏羲时代。伏羲是原始东夷部族中的杰出领袖人物，传说中伏羲与白龟有不解之缘，又发明了八卦，这些传说虽乏史籍可证，但从考古发掘来看，伏羲与龟的关系、伏羲与占卜的发明并非空穴来风。生活在大汶口文化时期的伏羲将大汶口文化中的龟灵崇拜与占卜术进一步总结、发展，从而为后世八卦理论的形成奠定了基础。当伏羲部族中的一支西迁至河南周口淮阳一带留下平粮台文化之时，东夷部族的另一支也南迁至皖中含山地区创造了凌家滩文化。[②]

　　大汶口人的龟甲崇拜是商代甲骨卜辞的源头，甲骨卜辞中的"龟"地即在泰山东南方的汶水上游，其地与《诗经》《左传》等先秦文献所记载之"龟蒙""龟阴之田"有关。[③]

（二）大汶口出土的"象牙梳"是八卦祖形

　　原始八卦的起源，至今还是历史上的一个谜，学术界意见纷纭。不过，随着考古事业的发展，地下出土资料的渐趋丰富，此问题的解决似乎有了一点线索。

　　1950年泰安大汶口墓地M26出土一件非常特殊又极精致的象牙梳，其

① 张敬国：《安徽含山县凌家滩遗址第五次发掘的新发现》，《考古》2008年第3期。
② 金荣权：《论凌家滩文化与东夷文化的关系》，《信阳师范学院学报》（哲学社会科学版）2016年第5期。
③ 陈絜、田秋棉：《卜辞"龟: 地与武丁时期的王室田猎区》，《故宫博物院院刊》2018年第1期。

上镂刻着特殊的图案。图案的中心部位，镂刻着由 15 个"三"组成的一个大"S"形。逄振镐认为：这 15 个"三"中有的与八卦的最基本卦形极为相似。如：乾卦。"⊥丅"即"上下"。上为天，下为地，似为天地阴阳变化之意。通过祭示、占卜，可使天地、阴阳、上下相通，亦即"仰则观象于天，俯则观法于地，观鸟兽之文与地之宜，近取诸身，远取诸物，于是始作八卦"。上下相通，"以通神明之德，以类万物之情"。这个象牙梳的图案可能就是八卦卦徽的祖形。出土象牙梳的 M26 墓主生前身份非同一般，或有可能是我国原始八卦的最早创立者，随太皞部落西进而入中原地区的河南一带，并在那里又进一步将原始八卦完善、系统化。中原地区的原始居民，不知八卦的最早起源，只知是太皞部落带去的八卦，于是便出现了伏羲"始作八卦"的传说和记载。大汶口墓地的 M26，属大汶口文化中期，在时间上也是相符的。①

（三）大汶口文化的陶文是中国的原始文字

中国象形文字是华夏民族智慧的结晶，是世界上最早的文字，也是最形象、演变至今保存最完好的一种汉字字体。从伏羲画卦、仓颉造字的古老传说到 100 多年前甲骨文的发现，历代中国学者一直致力于揭开汉字起源之谜。现代学者认为，汉字真正起源于原始图画。一些出土文物上刻划的图形，很可能与文字有渊源关系。

大汶口文化后期，社会的一大进步是社会共识意符的出现。这种意符，区别于一般私人记事刻符。它具有明确的表意，并在一定的社会群体中得到广泛的共识，有人称之为"原始文字"②。栾丰实将大汶口文化的"图像文字"分了 6 类 9 种。参考他的分类，我们推测，一类呈"冠"形的意符与氏族、部落首领有关；一类有象征太阳的圆形及或山或云或火或月等自然、天象的意符与主持祭天、祭太阳神的巫师有关；一类表示农具的意符与主持祈年、

---

① 逄振镐：《东夷文化研究》，济南：齐鲁书社，2007 年，第 389—390 页。
② 李学勤：《论新出大汶口文化陶器符号》，《文物》1987 年 12 期。

祭地神的巫师有关。还有两类，其含义不得而知[①]。

第一位论及大汶口文化陶文刻符的是于省吾先生。他在 1973 年一篇关于中国古文字研究的论作里，谈到文字起源，并引述 1960 年陵阳河发现的一件陶尊上的符号。这个标本即"日、月、山"组成的符号，他将这个符号释为"旦"字。认为是"用三个偏旁构成的会意字"，说明当时已有由更早的简单独体字演化成的复体字，所以"是原始文字由发生而日趋发展的时期"。[②]

大汶口发掘报告问世后，1977 年唐兰先生认为，释书中列举的 5 件陶尊符号"炅""斤""戌"等字，他说"这种文字在大汶口文化区域里已广泛使用"，其"笔画整齐规则，尤其是三个炅字，出于两地，笔画结构，如出一手，显然，这种文字已经规格化"。他还根据"炅"字有是否从"山"的不同，提出当时"已经有简体字，说明它们是已经很进步的文字"。[③]唐先生的论文在学术界引起了很大反响，往复讨论都已收入 1981 年印行的《大汶口文化讨论集》。文集中有些文章不同意唐说，或以为大汶口陶器符号是"处在原始阶段的象形文字"，或以为是作为文字萌芽的"图画文字"。[④]李学勤先生说：

研究这种陶器刻划符号，有必要与其他史前文化的陶器符号对比。于省吾在论文中提到西安半坡所出仰韶文化陶器的符号。1978 年，裘锡圭同志对此有系统的论述。他认为与汉字形成有关的考古资料有两种，"一种是原始社会晚期的仰韶、马家窑、龙山和良渚等文化的记号，一种是原始社会晚期的大汶口文化的象形符号。"前者对汉字有影响，但不是原始文字；而后者"跟古汉字相似的程度是非常高的，它们之间似乎存在着一脉相承

---

① 高广仁、邵望平：《海岱文化与齐鲁文明》，南京：江苏教育出版社，2005 年，第 100—103 页。
② 于省吾：《关于古文字研究的若干问题》，《文物》1973 年第 2 期。
③ 唐兰：《从大汶口文化的陶器文字看我国最早文化的年代》，见《大汶口文化讨论文集》，济南：齐鲁书社，1981 年。
④ 李学勤：《论新出大汶口文化陶器符号》，《文物》1987 年第 12 期。

的关系，是原始文字"。持类似见解的学者还有几位。……总之，十几年来多数学者认为大汶口陶器符号是文字，只是对所处发展阶段的估计不同。

李学勤先生特别提出："大汶口陶器的刻划符号有几个值得重视的特点：（1）同后世的甲骨文、金文形状结构接近，一看就产生很象文字的感受；（2）只见于特定器种，而且在器外壁的一定位置上，与金文在器物上的位置类似；（3）象形而有相当程度的抽象化，不是直接如实的描画；（4）与装饰性的花纹不同，不能分解为若干图案单元。"①

邵望平在《远古文明的火花——陶尊上的文字》一文中认为，大汶口陶尊是用于祭祀的礼器，陶文刻符是与农事、天象有关的刻文，与《尚书·尧典》"乃命羲和，钦若昊天，历象日月星辰，敬授人时。分命羲仲，宅嵎夷，曰旸谷，寅宾出日，平秩东作"，以及《史记》《山海经》《淮南子·天文训》《楚辞·天问》中记载的日出之处"汤谷"的传说有关。这一传说的大意是，早在夏王朝之前，帝尧的时代已经有了专职的天文官从事观象授时。羲仲在东方嵎夷汤谷之地，专司祭祀日出，以利农耕。他说：

> 我们无意用考古发现来替《尧典》作注，然而这种巧合，对于探讨中华远古文明的起源来说，比单凭《尧典》或只靠陶文要来得有力。陶文的出现，说明当时不仅有了记录天象的社会要求，而且已见诸于文字。陶文的出现，说明社会上已产生了既能祭天、观象又能刻文画字的"知识阶层"。大汶口文化的陶文是闪现在我们眼前的远古文明的火花。……相信经过辛勤的劳动，在我国的东方，在黄海之滨最先迎接日出的地方，将会找到中华远古文明的曙光。②

1993年，考古工作者在对济宁程子崖遗址进行第二次发掘的过程中，也发现了陶文。发掘报告称："这块陶片应为龙山文化遗物，从器形上看似为一陶盒的球片。文字是先烧后刻的，与山东邹平丁公遗址出土的龙山文化陶文的情况相同；但其字体近楷书，与丁公陶文又有所不同。这一发现为早期

---

① 李学勤：《论新出大汶口文化陶器符号》，《文物》1987年第12期。
② 邵望平：《远古文明的火花——陶尊上的文字》，《文物》1978年第9期。

陶文的研究提供了新的资料。"①1994—1996 年，在发掘阳谷景阳岗龙山文化城址时又发现一件刻文陶片，年代距今约 4300—4100 年。总之，景阳岗城址刻文，"从形体看，与甲骨文也较接近"，"应与甲骨文有渊源关系"。②

逄振镐在《东夷文化研究》一书中论述了图象文字到甲骨文的演变过程，他说：

在山东，从大汶口文化时期的图象文字和利用龟甲随葬，到龙山文化卜骨和陶文的发现，再到岳石文化刻字卜骨的发现，最后，在桓台同一地区商代地层和祭坑中卜骨的发现，直到安阳殷墟成熟的甲骨文，这个过程是一脉相承的。其渊源则是来自于东夷人的发明创造。由此证明，东夷族也是我国较早创造使用文字的古老民族之一。东夷族为我国古文字的发展史做出了杰出的贡献。③

从大汶口陶文刻符到甲骨文有着明显的传承关系，反观仰韶文化半坡类型的陶器刻划符号则不具备这种关系。高明认为这些刻划符号并没有按照文字的发展规律向前发展，足以证明它不属于文字的范畴。④

综上所述，大汶口文化遗址中出土的 12 个陶文刻符及其随葬的甲骨，既是甲骨文的源头，也是中国象形文字的渊源。正如唐兰先生所言"我国象形文字是从大汶口地区创造的"，⑤即汉字与汉语根源于大汶口文化，因此大汶口文化区内的河流多以"汶"相称。

四、继大汶口文化之后，龙山文化成为华夏文明主体

龙山文化泛指黄河中下游地区新石器时代晚期的一类文化遗存，是铜石并用时代文化，因发现于山东济南章丘龙山镇而得名，距今约 4350—

---

① 济宁市文物考古研究室：《山东济宁市程子崖遗址第二次发掘》，《考古》1999 年第 7 期。
② 王守功：《景阳岗城址刻文陶片发现的意义》，《中国文物报》1998 年 1 月 14 日，第 3 版。
③ 逄振镐：《东夷文化研究》，济南：齐鲁书社，2007 年，第 266 页。
④ 参见严文明：《仰韶文化研究》，北京：文物出版社，2009 年，第 376 页。
⑤ 唐兰：《中国奴隶社会的上限远在五、六千年前》，见山东大学历史系考古教研室：《大汶口文化讨论文集》，济南：齐鲁书社，1979 年，第 138 页。

3950年。大部分龙山文化遗址分布在山东地区，河南、陕西、河北、辽东半岛、江苏等地区也有类似遗址的发现。龙山文化上承大汶口文化，下续岳石文化，是黄河下游地区直接承袭大汶口文化发展起来的古文化之一，它的发掘对研究中国新石器时代文化起了重要的作用。

（一）龙山文化考古发现过程及重大意义

20世纪30年代初，山东省历城县龙山镇城子崖黑陶文化遗址的发现震撼了国内外学术界。当初，"中国文化西来说"在学术界一度十分流行，有些学者虽然怀疑，但在没有考古证据的情况下，一时难以提出有力的新说。

城子崖黑陶文化遗址发掘取得了重大成果，一种前所未识的漆黑光亮的薄胎陶片引起了考古学者的重视。根据考古学命名的惯例，后来把这种以黑陶（称"蛋壳陶"）为突出特征的文化遗存称为龙山文化。1934年出版了发掘报告《城子崖》，傅斯年、李济为该报告所写的两篇序言阐述了龙山文化发现的重大历史意义及学术价值。

李济说，"要是我们能把城子崖的黑陶文化寻出它的演绎的秩序及所及的准确范围，中国黎明期的历史就可解决一大半了"，"由这遗址的发掘我们不但替中国文化原始问题的讨论找到了一个新的端绪，田野考古的工作也因此得了一个可循的轨道。与殷墟的成绩相比，城子崖的虽比较简单，却是同等的重要"，"有了城子崖的发现，我们不但替殷墟一部分文化的来源找到一个老家，对于中国黎明期文化的认识，我们也得了一个新阶段"。如作为殷墟文化最重要因素的龟卜及骨卜，"就那一切技术说，已到极成熟的时期，故殷商时代这种习俗必具极长期之历史背景。这种历史的背景在那中国北部及西部分布极广的石器时代仰韶文化遗址中，毫无痕迹可寻；但在城子崖遗址，却找了出来。因此，（我们）至少可以说，那殷商文化最重要的一个成分，原始在山东境内"。城子崖文化遗址发掘的意义由此可见。①

---

① 李济：《中国考古报告集之一·城子崖发掘报告序》，张光直、李光谟编：《李济考古学论文选集》，北京：文物出版社，1990年，第189—193页。

（二）龙山文化成为中原地区主流文化

龙山文化分布广泛，遍布山东和中原地区，西到陕西，南到浙江，北到河北。泛龙山文化类型很多，海岱龙山文化称为典型龙山文化、山东龙山文化。目前，学界对龙山文化的主流观点是：龙山文化最初发源在山东，之后由东往西发展，而扩展到其他地方。①

海岱龙山文化由大汶口文化发展而来，龙山文化与大汶口文化是传承关系，这是学界的一致观点。海岱龙山文化时期，随着人口的增加，自然环境的改善，征服自然能力的提高以及征战的需要，海岱区的"龙山人"继承"大汶口人"传统，也向外进行开拓，施加积极的影响（见图1-1）。

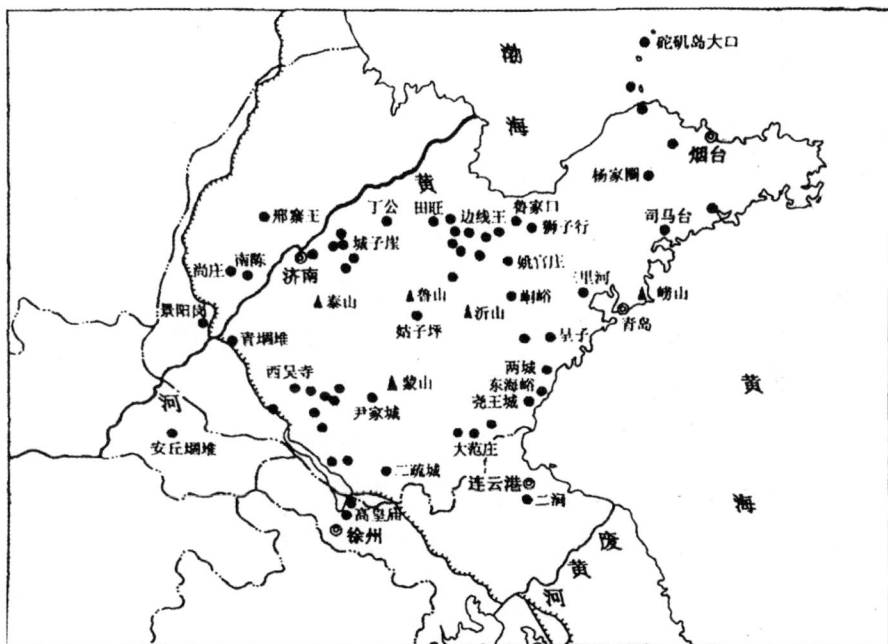

图1-1　海岱龙山文化遗址分布图②

海岱区的西部邻境，即原先低洼卑湿的鲁西、豫东一带，虽在公元前3000年左右"大汶口人"已开始涉足其间，但居民点极其稀少。直到公元

---

① 张学海：《龙山文化》，北京：文物出版社，2006年，第2—30页。
② 高广仁、邵望平：《海岱文化与齐鲁文明》，南京：江苏教育出版社，2005年，第122页。

前 2600 年左右进入龙山文化时期之后，才得到大规模开发。考古工作者在今山东菏泽地区一带，发现了为数不少俗称"堌堆"的遗址①，少数时代较早，绝大多数是龙山文化时期形成的。这些"堌堆"实际上是为适应低湿的环境，而在平原地区地势稍高处或沿河流的自然堤上，人工堆筑营造的台形聚落遗址。由于这一地区开发较晚，因而成了西来"中原族群"和东去"海岱族群"竞相开发、共同开发的地区；作为东西两支文化交汇、交锋的前沿地带，文化面貌上呈现你中有我、我中有你的特色，形成了一个新的龙山文化亚区。海岱龙山文化的影响远不止于此，它的若干文化因素在黄河、长江中下游都留下了踪迹。海岱区的龙山文化向北有两条开拓路线：一条是在鲁西北拓展至原德州、惠民及聊城地区，其影响可及冀东平原；另一条是海路，通过渤海中的庙岛列岛达于辽东半岛的南端。海岱龙山文化的南下虽然受到北上的良渚文化的阻挡，但在两个文化区中也呈现双向交流与汇合。②

上面主要分析海岱龙山文化的向外扩散。除此之外，其他地区的龙山文化则是受大汶口文化的影响而形成的龙山文化。大汶口文化发展的总趋势是从东往西、往南，最后到达洛阳和信阳地区。③

根据考古发现，龙山文化的分布范围遍及整个华北平原地区，海岱龙山文化是大汶口文化的直接继承者，其他地区的龙山文化则是大汶口文化扩散所至，除了接受大汶口文化的影响之外，还保留了原有文化的特点，总之，大汶口文化是所有龙山文化的渊源。在龙山文化时期，海岱龙山文化又进一步与中原地区其他龙山文化交融，先进的东方文化进一步成为中原文化的主流文化。"中原族群"更多地保留了大汶口人的基因，也更多地保留了大汶口人对于祖先和祖地的原始记忆。

无论是黄河中游的仰韶文化，还是长江流域的良渚文化都有一个由盛到衰的过程，只有大汶口文化一直传承了下来，从龙山文化、岳石文化，

---

① 郅田夫、张启龙：《菏泽地区堌堆遗址的时代》，《考古》1987 年第 11 期。

② 高广仁、邵望平：《海岱文化与齐鲁文明》，李学勤、范毓周主编：《早期中国文明》，南京：江苏教育出版社，2005 年，第 120—135 页。

③ 武津彦：《略论河南境内发现的大汶口文化》，《考古》1981 年第 3 期。

再到殷商文化,足见其具有强大的影响力、生命力、传承力。

(三)龙山文化兴起与其他文化的消亡

新石器时期黄河中游和下游存在东西相对的两个文化区,在长江中下游同样也存在着相对的两个文化区。在这几大文化源头中,只有大汶口文化得以传承下来,那就是龙山文化,成为之后中国文明的主根。

黄河中游新石器文化的序列是:前仰韶文化(前6000—前5400年)—仰韶文化(前5000—前3000)—河南龙山文化(前2900—前2000年)。因仰韶文化以彩绘陶器著名,曾被称为彩陶文化。仰韶文化分布以渭、汾、洛诸黄河支流域的平原地区为中心,北达长城沿线,南抵湖北西北部,东至河南东部,西达甘青接壤地区。公元前3000年当仰韶文化在黄河中游地区突然衰落时,黄河下游的文化即向西扩张,继仰韶文化出现的是河南龙山文化。虽然考古学者认为河南和山东的龙山文化具有地区性的区别,但中游地区在文化上受到下游文化的汇聚和交融是明显的。[①]

长江下游的文化区以太湖平原为中心,南达杭州湾,西至苏皖接壤地区。其文化序列大体是:河姆渡文化(前5000—前4400年)—马家浜·崧泽文化(前4300—前3300年)—良渚文化(前3300—前2200年)。良渚文化大体上和河南龙山文化年代相当,文化特征也与山东龙山文化有密切的联系。[②]

长江流域当时最发达的良渚文化,却因无法确定的原因突然衰亡。归纳学者有关良渚文化衰落原因的讨论,主要有两种意见:一种意见认为是一场大洪水给良渚文化带来灭顶之灾;另一种意见则认为良渚文化对外扩张的失利是导致其衰落的主要原因。当然,将天灾人祸两个原因同时用于良渚文化衰落的解释,就显得更具说服力。……但从另一个方面看,既然良渚文化的衰落是一个迅速的过程,因此极有可能确实存在过触发这个过

---

① 费孝通:《中国文化的重建》,上海:华东师范大学出版社,2014年,第6页。
② 费孝通:《中国文化的重建》,上海:华东师范大学出版社,2014年,第6页。

程的某种突发事件。①

长江中游新石器文化以江汉平原为中心，南包洞庭湖平原，西尽三峡，北抵河南南部。其文化序列分歧意见较多，大体是：大溪文化（前4400—前3300年）—屈家岭文化（前3000—前2000年）—青龙泉文化（前2400年），因其受中原龙山文化的影响亦称湖北龙山文化。长江中游和下游相同的是，其后期原有文化都各自受黄河下游龙山文化的渗入，而处于劣势地位。②

费孝通先生在梳理了新石器时代黄河、长江中下游的四个文化序列之后说：

从公元前5000年到前2000年之间的3000年中还是分散聚居在各地区，分别创造他们具有特色的文化。这是中华民族格局中多元的起点。

在这多元格局中，同时也在接触中出现了竞争机制，相互吸收比自己优秀的文化而不失原有的个性。例如，在黄河中游兴起的仰韶文化，曾一度向西渗入黄河上游的文化区，但当其接触到了比它优秀的黄河下游山东龙山文化，就出现了取代仰韶文化的河南龙山文化。考古学者在龙山文化前加上各个地方的名称表示它们依然是从当地原有文化中生长出来的，实际上说明了当地各族团间文化交流的过程，从多元上增加了一体的格局。③

从以上专家学者的论述看，夏之前，大汶口文化、龙山文化已经渗入到了黄河中游和长江中下游地区，成为一种先进的、强势的文化，其他文化或因不明原因衰落，或为大汶口文化、龙山文化所覆盖。龙山文化成为主流文化，也就是费孝通先生所言的"一体格局"中的主体。因此，大汶口人对祖先和祖地的记忆成为中华民族共同的记忆。

五、华夏文明与华夏民族源自于东方

正如前文所言，进入龙山文化时代后，全国各大区系都出现了文明的

---

① 赵辉：《良渚文化的若干特殊性——论一处中国史前文明衰落原因》，浙江省文物考古研究所编：《良渚文化研究》，北京：科学出版社，1999年，第5、105页。
② 费孝通：《中国文化的重建》，上海：华东师范大学出版社，2014年，第6页。
③ 费孝通：《中国文化的重建》，上海：华东师范大学出版社，2014年，第7页。

因素，对中国文明的形成都做出了贡献。但是，在全国诸文化大系中，黄河流域的东方有一个主流文化，这便是以黄帝为首的、包括夏商周族在内的华夏文明。

在原始社会中后期，黄河流域存在着两大文化圈，即下游的大汶口文化圈和中游的仰韶文化圈。从考古和古史传说资料看，华夏族最有可能诞生于东方大汶口文化圈。考古工作者说："公元前第三千年的前期，大汶口文化的经济水平和社会发展状况，在黄河、长江两河流域诸文化大系中居于领先地位。"① 至大汶口文化中期阶段已进入了父系氏族社会②。公元前第三千年正是黄帝诞生时代，业已以父系计世系的黄帝一定会诞生于先进的父系氏族社会的东方，而绝不可能诞生于相对落后的母系氏族社会的中原地区。就传说史料论，黄帝在曲阜、泰山一带的传说远远多于其他地方。如黄帝生于曲阜寿丘，为战胜蚩尤曾于泰山上受玄女兵法，黄帝诛蚩尤后，曾称为"泰山之稽"。更值得注意的是，自太昊伏羲氏起，神农、炎帝、黄帝及黄帝的后裔颛顼、帝喾、尧、舜、禹等皆封禅于泰山，说明泰山实为华夏族祖根之山。黄帝族若非山东土著民族，焉能一代代封禅于泰山。③

景以恩说，华夏族及夏商周西迁得到考古资料的充分证明，夏王朝西迁不过是继大汶口时代西迁的继续而已。华夏精英的大批西迁对中国远古文化造成的影响是巨大的。原来处于全国领先地位的东方文化由于华夏族的西迁，在进入岳石文化之后，突然变得衰落了。这是由于大批帝王贵族和高水平手工业者的西迁，不但使精美器皿失去了市场，而且也没有多少人能做出像蛋壳黑陶这样的产品了。从此，中国的政治、经济、文化中心遂由东方转移到中原地区。华夏族三代同源说越来越受到学术界的重视，三代同祖同源并起于东方，从古史学、考古学、民族学、古文字学诸方面看，

① 高广仁、邵望平：《海岱文化对中华古代文明形成的贡献》，见《山东龙山文化研究文集》，济南：齐鲁书社，1992年，第282页。

② 中国大百科全书出版社《考古学辞典》编写组：《考古学辞典》，北京：知识出版社，1991年，第68页。

③ 景以恩：《夏商周同祖同源考》，《齐鲁学刊》2000年第1期。

都是有根据的，是合乎历史真实情况的。[①]

第二节　沂蒙山区"桑梓之地"是大汶口文化的发祥地

从中国地形图上看，鲁中南山区耸立于华北平原之中，是黄淮下游流域和华北平原上的唯一一处高地。从地质学上讲，鲁中南山区是华北克拉通破坏和郯庐断裂带地震造成的鲁中南地区的隆起；从其地理位置、地貌特征和历史文化上讲，鲁中南山区恰似孕育中华民族之母体，犹如华夏文明之摇篮。

一、"鲁中南古岛"是华夏先民的"东方伊甸园"

中国华北地区处于北半球中纬度区，在漫长的历史岁月中，华北地区经历了多次冰期、间冰期的交替。随着气候的变化和海平面的升降，鲁中南山区周边低洼平原曾经历"沧海桑田"，鲁中南山区也曾经几度成为学者们所称的"鲁中南古岛"，相对独立又极其安全的地理环境成为旧石器时期古东夷人的长期栖息地。考古发现表明，地处鲁中南山区腹地的沂蒙山区是旧石器时期遗址的集中发现地，也是新石器文化的发源地。

（一）"鲁中南古岛"是古东夷人的栖息地

我国老一辈地理学家丁骕先生在《中国地形》（1954年，台北）一书中，根据华北平原黄土沉积速率与海平面升降变化推算，认为距今7900年"海平面高于今日（华北平原）30公尺黄土沉积，华北平原为一海湾，其中正在加积"。丁骕先生据此复原了公元前5500年华北地区的海岸线，认为鲁中南山区四周都是浅海，从而形成了面积非常大的、独立的大岛，称为"鲁中南古岛"（见图1-2）。[②] 丁骕先生复原的公元前5500年海岸线，虽然与

---

① 景以恩：《夏商周同祖同源考》，《齐鲁学刊》2000年第1期。
② 苏秉琦主编：《考古学文化论集（一）》，北京：文物出版社，1978年，第168页。

现代一些学者复原的海岸线存在一定差异，但并不影响鲁中南山区周边环境的定性。

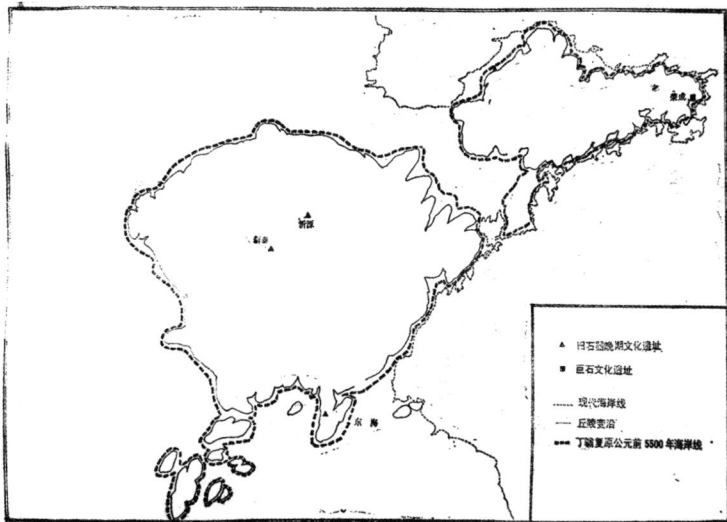

图 1-2　丁骕复原公元前 5500 年海岸线和沂源、新泰旧石器遗址

现代专家学者对第四纪古环境的多学科综合研究成果表明，距今 18000—17000 年前为更新世末次盛冰期，海面比今日低 150 多米。当时，华北平原是一片大陆，山东半岛与辽东半岛，甚至与朝鲜半岛连成一片。以距今 10000 年作为全新世底界，此后气温、海平面迅速回升，渤海湾形成。[1]

学者们认为，距今 10000 年左右，地球史发展进入了第四纪末期（冰后期），这一时期又被称为全新世。在全新世中期出现了最为温暖湿润的时期，在距今 8000—3000 年，这一时期也被西方学者称为"全新世气候最适宜期"。施雅风院士在《中国全新世大暖期气候与环境》[2] 一文中认为，中国全新世大暖期出现于距今 8500—3000 年，与全新世大暖期的气温变化相对应，历史上曾有过三次大规模的温暖期和海平面上升期，时间分别为距今 8000—7000 年，距今 4000—3500 年，距今 3000 年（见图 1-3）。

① 高广仁、邵望平：《海岱文化与齐鲁文明》，南京：江苏教育出版社，2005 年，第 2 页。
② 施雅风：《中国全新世大暖期气候与环境》，北京：海洋出版社，1992 年，第 1—15 页。

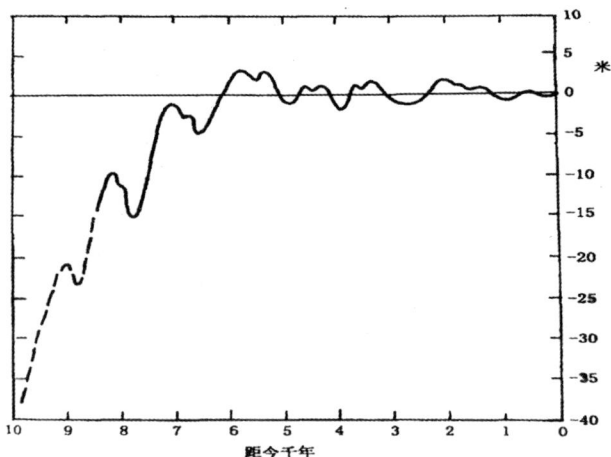

图 1-3　中国沿海全新世海平面变化曲线 [1]

赵希涛在《中国一万年来海平面变化及其与温度变迁关系学术讨论会在北京召开》一文中说：

来自地质、地理、气象与气候、天文、海洋与湖泊、生物与古生物、大地测量与地球物理、科技史、经济学等十多个学科的科学家共 53 位代表参加了会议。与会代表一致认为，我国近一万年来海平面是有波动的。多数代表赞成全新世中期存在着高海面的观点。研究表明，从珊瑚礁、海滩岩、贝壳堤、牡蛎礁、海相地层等古海面遗迹的分布，可以看出在 6000 年前我国东部海面比现今高大约 2—3 米。有的代表认为当时海面可能还要高些。[2]

全新世时期的海平面升降，直接后果就是海岸线的变迁。早在上世纪 60 年代，丁骕就参照当时已知的山东史前考古发现，试图复原全新世渤海西南海岸线的变迁，1965 年他发表了复原设想图。巫鸿利用丁骕的研究结论，通过山东地区古代地形变迁和地理分布资料，对环境与文化发展的关系进行了有益的探讨，在关于大汶口文化的论述中，尤为强调传播和文化影响

---

① 高广仁、邵望平：《海岱文化与齐鲁文明》，南京：江苏教育出版社，2005 年，第 3 页。
② 赵希涛：《中国一万年来海平面变化及其与温度变迁关系学术讨论会在北京召开》，《地球科学信息》1988 年第 4 期。

的作用①。

从现代科学研究和学者的论述来看，从距今 10000 年前后开始，气温、海平面迅速回升，到距今 6000—5000 年达到最高水平，高于现在的海平面，加之华北平原黄土堆积层低，华北平原成为海湾，鲁中南山地丘陵成为孤立于浅海之中的岛屿。鲁中南山地丘陵成为四面临海的古岛之时，正是中华文明的萌芽之时大汶口时期，考古学家们说大汶口文化材料能够复原先秦传说，刘宗迪说"《山海经》是大汶口文化的产物"。②王建军教授在《甲骨文所见的"水灾"及其相关问题》中说：

大汶口文化分布于黄河中下游环泰山的丘陵地区以及各平原交界的狭长地带，考古发现，其许多聚落遗址都曾遭受过水灾。当浩浩洪水侵袭时，聚落蒙受灭顶之灾的惨景也被深刻地记录下来。……在远古荒蛮岁月里，虽然生产力极其低下，先民遭受滔滔洪水的威胁或侵袭，首先是抗争，然后才是洪水之劫在先民心理上所留下的不可磨灭的屐痕凝固为"种族记忆或集体无意识的显现形式。"③

鲁中南山区是华北平原上唯一的一处高地，具有极其安全稳定的地理地貌环境，与华北平原的黄泛区形成了鲜明的对比（见图 1-3）。因此成为古东夷人的长期栖息地，并在这里孕育了一脉相承的东夷文化。

高广仁、邵望平两位学者在《海岱文化与齐鲁文明》一书中说，"鲁南石灰岩低山地带上分布的岩溶洞穴为早期人类生存提供了适宜的条件"，④并对海岱地区的旧石器文化遗址进行了分析和论证。

海岱区旧石器时代和中石器时代的文化遗址虽然保存较好的不多，经过发掘的更少，出土遗物也不甚丰富，大多是旧石器、细石器采集点，但却涵盖了旧石器早、中、晚三个时期，其地点大多集中在鲁中南山地丘陵

① 高广仁、栾丰实：《大汶口文化》，北京：文物出版社，2004 年，第 192 页。
② 刘宗迪：《失落的天书———〈山海经〉与古代华夏世界观》，北京：商务印书馆，第 435 页。
③ 王建军：《甲骨文所见的"水灾"及其相关问题》，《殷都学刊》2019 年第 2 期。
④ 高广仁、邵望平著：《海岱文化与齐鲁文明》，见李学勤、范毓周主编：《早期中国文明》，南京：江苏教育出版社，2005 年，第 1 页。

的中心地带（见图1-4）。

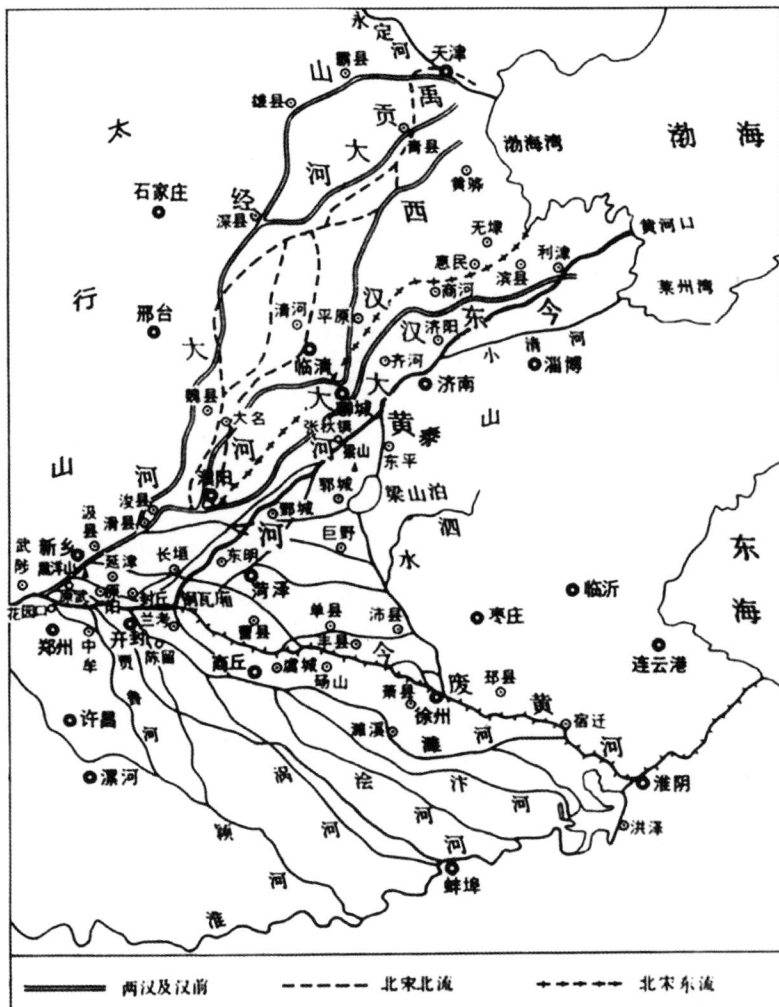

图1-4 历代黄河下游变迁略图

（二）"沂源猿人"及旧石器早期文化

海岱区年代最早的人类化石是"沂源人"。1981年在沂源土门镇骑子鞍山东麓一处石灰岩裂隙中发现了一块直立人头盖骨化石，其后又陆续发现了眉骨2块，肱骨、股骨、肋骨各一块，牙齿6枚，分属于两个成年直立人个体。他们具有与北京人相似的原始特征，如颅顶正中有明显的矢状脊，额骨低平，眉骨粗壮等。只发现了一件石制品，与沂源人共存的还有 10 多种哺乳动物化石。根据"沂源人"的体质特征及共存的动物群推定其年代为距今四五十万年。"沂源人"的发现填补了中国境内直立人地理分布上的一大空白，同时也把海岱区历史提前至四五十万年前。[1]

海岱地区"鲁中南古岛"上旧石器时代早期的文化遗存主要发现于南洼洞、秦家官庄、西水旺三处。

南洼洞洞穴遗址位于沂水县西北诸葛镇范家旺村西南山上，西北距"沂源人"发现地点约 45 公里。在近洞壁的原生堆积中，保存有鹿角化石，经鉴定为葛氏斑鹿。葛氏斑鹿是华北中更新世的典型动物。斑鹿角角柄和表面都有明显的砍砸痕迹，与当时人类活动有关。1983 年、1984 年两次调查，采集到石制品 7 件：石核 3 件、石片 3 件、砍砸器 1 件。由于这些石制品上还附着有棕色土，经鉴定认为属于旧石器时代早期。这一发现，表明这一带在中更新世时曾有古人类活动过。这是山东省首次发现的旧石器时代早期文化遗存。[2]

西水旺石器地点位于沂水县城南沂河支流南岸西水旺村的小岭上，高出河床 10 余米。1984 年从小岭的一层砾石层中采集到石制品 18 件。石料主要为脉石英、石英岩，以锤击法打片，以单面修理为主，以刮削器为主要类型，这些石制品是"产自中更新世形成的巨砾层中，可知这批旧石器应属旧石器时代早期文化"。[3]

（三）"新泰智人"与旧石器晚期文化

旧石器时代晚期的"新泰智人"化石发现于新泰市刘杜镇乌珠台村一处洞穴之中。1966 年 4 月，新泰县刘杜公社乌珠台村农民为寻找水源，在村南约 700 米的中寒武纪灰岩形成的溶洞中发现了化石，并报告山东省博物馆（以

---

[1]　高广仁、邵望平：《海岱文化与齐鲁文明》，见李学勤、范毓周主编：《早期中国文明》，南京：江苏教育出版社，2005 年，第 5 页。
[2]　徐淑彬、马玺伦、孔凡刚：《山东省沂水县南洼洞发现旧石器》，《考古》1985 年第 8 期。
[3]　龙玉柱等：《山东沂水西水旺旧石器时代地点调查简报》，《人类学学报》第 16 卷第 1 期。

下简称省博），省博的孟振亚在这些化石中辨认出一颗人类牙齿。中国科学院脊椎动物与古人类研究所闻讯后，即派吴新智和宗冠福与省博的工作人员赴现场勘察，又发现了一些哺乳动物化石。所有标本由孟振亚送到中科院古脊椎所，研究认为：人牙化石为左下第1或第2臼齿，咬合面有5个齿尖，齿沟呈"Y"形排列，磨蚀1度，尺寸不大，可能属于一个女孩。牙齿没有齿带，颊面基部不鼓出，咬合面副脊不发达，齿前部宽小于后部宽，牙齿不粗壮，形态比较接近于智人。动物化石属于虎、马、猪、鹿和披毛犀。该动物组合中，除披毛犀限于生活在更新世外，其他种类都可以延续到全新世，因此时代应为晚更新世，估计年代距今两三万年。新泰乌珠台晚期智人化石是山东地区人类化石的首次发现，开启了在该地区寻找和研究古人类的先河[1]。

海岱区旧石器时代晚期遗址主要分两类：一类为洞穴遗址，位于沂源县土门乡的上崖洞、千人洞，这两处洞穴遗址是保存较好的居住遗址；另一类为山地丘陵旷野遗址，位于沂水县湖埠西、平邑县南武阳城、蒙阴县的六处地点等。除此之外，海岱区迄今已经发现120多处以细石器为突出特征的"中石器时代"遗存，主要分布于两大区，即沂沭流域和汶泗流域。

二、沂蒙山区腹地孕育了大汶口文化

"沂蒙地区"是一个历史人文地理概念，是从考古文化的角度，依据考古遗址的分布及其内涵承继关系圈定的一个较大的人文地理单元。从自然地理位置看，这一区域的大体范围是：鲁中泰沂山系以南向东至海，苏北黄河古道以北，南四湖和大运河以东。在考古文化区系的分类中，高广仁先生把它归入"海岱文化区"。[2] 苏秉琦先生把这一区域称之为"鲁西南考古文化"地块，"这里的北辛文化—大汶口文化—龙山文化自成体系。"[3]

---

① 孙承凯：《山东地区古人类化石研究》，《中国博物馆》2010 年第 2 期。
② 高广仁，邵望平：《中华文明发祥地之一——海岱历史文化区》，《史前研究》1984 年第 1 期。
③ 苏秉琦：《中国文明起源新探》，上海：上海三联书店，1999 年。

（一）"盘古开天地"的东方鸿蒙之野

《五运历年记》曰："元气鸿蒙，萌芽兹始。遂分天地，肇立乾坤。启阴感阳，分布元气。乃孕中和，是为人也。"是说在天地开辟之前宇宙一片混沌，世间万物便从这里开始萌芽滋长。天地慢慢分开，乾坤才得以确立。阴浊的事物下沉，阳清的事物上升，人类在天地中间孕育而生。[①]

"鸿蒙"从时空上讲既指远古人类的蒙昧时代，也指古人类的栖息地东方鸿蒙，鸿蒙之野即东方日出之地。[②] 也就是《诗经·小雅·大东》和《诗经·鲁颂·閟宫》之中"奄有龟蒙，遂荒大东"之中的"大东"，同样也是《山海经》的"大荒东经"。傅斯年先生说："大东所在，即泰山山脉迤南各地，今山东境，济南泰安迤南，或兼及泰山东部，是也。……据《鲁颂》之词，荒大东者周公之孙，地乃龟蒙。"傅斯年认为，"东"泛指齐鲁和东夷，"大东"具体在泰山以东、以南之区域（见图1-5）。[③]

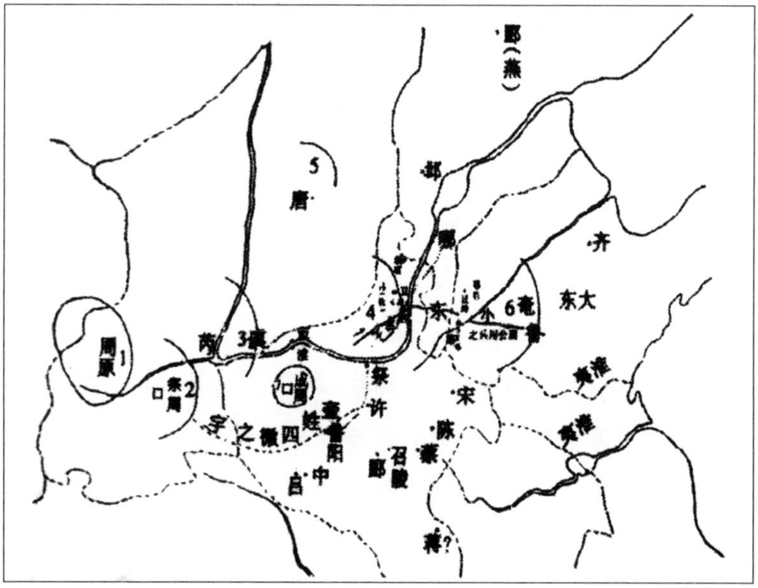

图1-5 傅斯年先生标注的"大东"在沂蒙地区腹地

---

① 吕思勉：《先秦史》，北京：中国文史出版社，2019年，第108页。
② 陈广忠译注：《淮南子》，北京：中华书局，2012年，第84页。
③ 傅斯年：《民族与古代中国史》，上海：上海三联书店，2017年，第96—108页。

《诗经》里的描写和傅斯年先生的论证及图示都能够证明，"鸿蒙之野"和"大东"都是指泰沂山脉以南、蒙山山脉以北沂蒙山区腹地。武汉大学历史学院教授郑威先生进一步论证说，从现代地图上看，在泰山以南的山东南部地区，最显著的山岳地理景观，非沂蒙山脉莫属，龟蒙、蒙山、羽山均在今沂蒙山脉，两者指代的是同一山岳地区。①

在人类社会的童年，不论是哪个民族，总有些关于天地开辟的幻想性质的东西从神话里反映出来，因而提出了世界构成的问题。早在 2000 多年以前，屈原就在《天问》中一连串问道：

邃古之初，谁传道之？上下未形，何由考之？冥昭瞢暗，谁能极之？冯翼惟像，何以识之？明明暗暗，惟时何为？阴阳三合，何本何化？圜则九重，孰营度之？惟兹何功，孰初作之？②

郭沫若在《屈原赋今译》里翻译此诗的大意说："请问，关于远古的开头，谁能够传授？那里天地未分，谁能够考证？那时混混沌沌，谁能够弄清？……阴阳二气，渗合而生，它们的来历又从何处？"屈原所提的问题，就是盘古开天辟地的问题，在秦汉时期没有一个圆满的答案。

《三五历纪》：天地混沌如鸡子。盘古生其中。万八千岁，天地开辟。阳清为天，阴浊为地。盘古在其中，一日九变。神于天，圣于地。天日高一丈，地日厚一丈，盘古日长一丈。如此万八千岁，天数极高，地数极深，盘古极长。后乃有三皇。数起于一，立于三，成于五，盛于七，处于九。故天去地九万里。③

《五运历年纪》：元气鸿蒙，萌芽兹始。……首生盘古。垂死化身：气成风云，声为雷霆，左眼为日，右眼为月，四肢五体为四极五岳，血液为江河，筋脉为地里，肌肉为田土，发髭为星辰，皮毛为草木，齿骨为金石，精髓为珠玉，汗流为雨泽，身之诸虫，因风所感，化为黎甿。④

---

① 郑威：《〈禹贡〉徐州篇与〈鲁颂·閟宫〉所见地理景观比较分析》，《中国历史地理论丛》第 26 卷第 1 辑，2011 年 1 月。

② 林家骊译注：《楚辞》，北京：中华书局，2010 年，第 80 页。

③ 吕思勉：《先秦史》，北京：中国文史出版社，2019 年，第 108 页

④ 吕思勉：《先秦史》，北京：中国文史出版社，2019 年，第 108—109 页。

　　《盘古开天辟地》神话，自三国时徐整开始有记录，但此种神话最初产生于何时，已不可考。近人杨宽、吕思勉认为盘古神话"演变自中国神话中的'烛龙'故事"。

　　《山海经·海外北经》：钟山之神，名曰烛明，视为昼，瞑为夜，吹为冬，呼为夏，不饮，不食，不息，息为风，身长千里。其为物，人面，蛇身，赤色，居钟山下。【注释】郭璞云："烛龙也，是烛九阴，因名云。"①

　　《山海经·大荒北经》：西北海之外，赤水之北，有章尾山。有神，人面蛇身而赤，直目正乘，其瞑乃晦，其视乃明，不食不寝不息，风雨是谒。是烛九阴，是谓烛龙。②

　　郭璞、袁珂都认为，《海外北经》中的"烛明"，就是《大荒北经》中的"烛九阴""烛龙"，袁珂以为"钟山"即"章尾山"。③温玉春在《古九州方位在泰沂山系一带——九州考》一文中称，章尾山即钟山，又名春山、东山，是当今蒙山④。笔者认为，章尾山即蒙山西麓的"陪尾山"：

　　《水经注校证》：泗水 出鲁卞县北山，……《山海经》曰：泗水出鲁东北。余昔因公事，沿历徐、沇，路迳洙、泗，因令寻其源流。水出卞县故城东南，桃墟西北。……《博物志》曰"泗出陪尾"。⑤

　　泗水"出卞县东南，桃墟西北"是指蒙山之阴的桃墟，"泗出陪尾"是指泗水县城东50里，属阴山系的陪尾山。⑥显然"章尾山"就是蒙山西麓之"陪尾山"。

　　刘宗迪在《失落的天书——〈山海经〉与古代华夏世界观》一书中论及"烛龙"名义之来历时认为，"烛"字最初可能就是大火或龙星，"烛"繁体作"燭"，

①　袁珂：《山海经校注》，北京：北京联合出版公司，2014年，第209页。
②　袁珂：《山海经校注》，北京：北京联合出版公司，2014年，第369页。
③　袁珂：《山海经校注》，北京：北京联合出版公司，2014年，第209、369页。
④　温玉春：《古九州方位在泰沂山系一带——九州考》，《岱宗学刊》2000年第1期。
⑤　陈桥驿：《水经注校证》，北京：中华书局，2013年，第566页。
⑥　郑晓峰译注：《博物志》，北京：中华书局，2019年，第33页。

实则《诗经·东山》"蜎蜎者蜀,烝在桑野"句中所谓的"蜀"。[1] 东山即蒙山,蜀山也在蒙阴(详见后文),因此"烛龙"在蒙阴桑野,烛龙即盘古。由此可见盘古开天辟地的神话传说源自于东蒙。

章尾山之北便是绵延数十公里的青龙山,是"龙"和"伏羲"的原型(详见第四章),显然盘古也就是烛龙即指"蒙阴盆地"之中的青龙山。

《山海经·西山经》:钟山,其子曰鼓,其状如人面而龙身,是与钦邳杀葆江于昆仑之阳,帝乃戮之钟山之东曰瑶崖。[2]

"钟山"即蒙山,蒙山绵延百余公里,像一条龙,而钟山之子曰"鼓",其状"人面而龙身"。笔者认为"鼓"之名源于《山海经》记载的"雷泽有雷神,龙身而人头,鼓其腹。在吴西","鼓"即"雷神",即蒙阴青龙山(详见第四章),而"鼓"又与"昆仑"在一起,"昆仑"即蒙阴叟虎寨山(详见第三章),因此,"钟山"无疑就是蒙山。

考古学者在青龙山西段、新泰境内发现有"新泰智人"。这充分说明蒙阴盆地、青龙山一带是古人类的栖息地、活动地,也说明"盘古开天"的神话传说源自于"沂源猿人""新泰智人"的后裔大汶口人对于远古时期的记忆,这种记忆中的情形实际上来源于远古时期地壳运动造成的地震和火山爆发,"盘古开天"的神话背景大概就是郯庐地震断裂带在远古时代的剧烈活动。

郯庐断裂带是华北地区乃至东亚地区最活跃的地震、火山带,自古以来地震、火山频发。从最近几百年华北地区发生的大地震情况来看,都位于郯庐断裂带两侧,尤其是1668年临沂8.5级大地震,其情形犹如天塌地陷。可以想像得到,在远古时期,也就是三皇五帝之前的旧石器时期,这一地区的地壳运动更加剧烈、频繁,每次火山爆发和大地震都如同世界末日一般,天地再造、人类重生,因此给古人留下了深刻的印象。也就是说中华民族

---

① 刘宗迪:《失落的天书——〈山海经〉与古代华夏世界观》,北京:商务印书馆,2016年,第196—197页。

② 袁珂:《山海经校注》,北京:北京联合出版公司,2014年,第38页。

史前文明和虞夏商周四代的活动区域内，只有鲁中南山区具备"盘古开天地""女娲补天"神话传说的地质、地理条件和真实历史背景（见图1-6）。

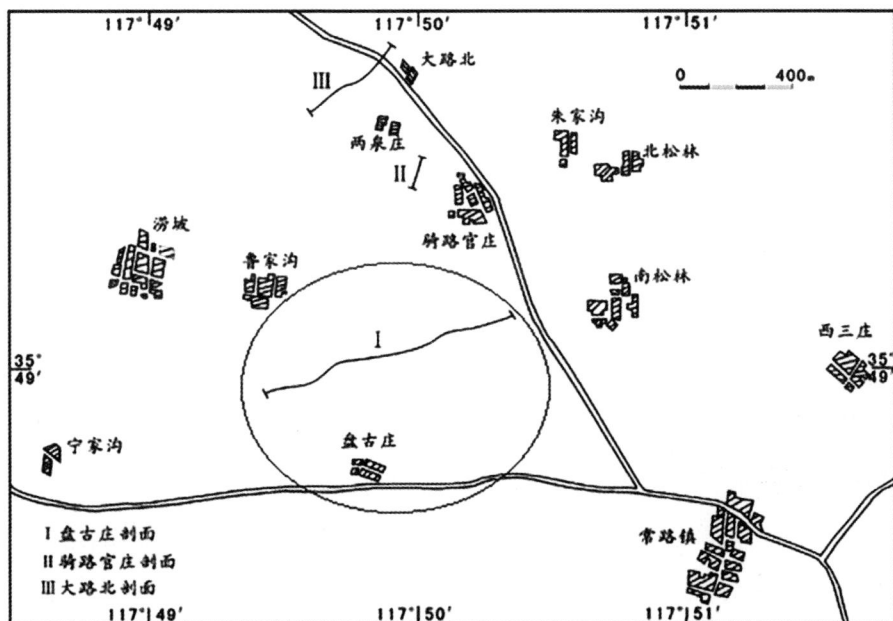

图1-6　蒙阴盆地剖面图位于蒙阴青龙山"盘古庄"①

"盘古开天"属于宇宙和人类起源的神话，与东方鸿蒙相伴相随。它主要讲的是原始人解释宇宙与万物最初来源的故事，具有幻想性与超自然的性质，虽想象幼稚、荒诞，却蕴含着某种科学的内核，保留着原始的记忆和经历。

（二）沂蒙地区是史前人类主要栖息地

沂蒙地区起伏的山地、低缓的丘陵、开阔平坦的冲积平原，温暖湿润的气候，茂密的森林植被以及众多的动物种群，为原始人类在沂蒙地区的生存提供了优越的环境。因此也使得沂蒙地区成为目前山东史前人类遗址

---

① 杨景林、王睿、谢安：《山东蒙阴盆地常路组二段（古新世——早始新世）介形类化石》，《微体古生物学报》2015年第4期。

发现最多，发展序列最为清晰，内涵最为丰富的区域。且从史前遗址的分布可以看出，沂蒙史前文化产生、发展与环境有密切的关系。

从沂蒙地区史前遗址的分布，可以看出史前文化与环境之间的关系特征：旧石器时代早期，原始人类生存在沂沭河上游的中低山地带，这主要与早期人类完全依赖自然环境提供的条件生存有关。四五十万年以前，原始人类征服自然的能力有限，他们必须选择有利于生存的自然环境。首先，鲁中山地石灰岩发育形成了众多的溶岩洞穴，成为沂源猿人理想的栖息场所。其次，鲁中山地是沂沭汶泗的发源地，山地中河流穿行，温暖湿润的气候生成了茂密的原始森林，森林和河流中蕴藏着丰富的食物资源，为沂源猿人从事采集和渔猎经济提供了便利的条件。

旧石器时代晚期，人类开始向地势较低的地带移动，由于鲁中山地山河相间，这一时期的人类在靠近河谷的同时，依然没有脱离对山地的依赖，所以已发现的这类遗址，主要集中在中部山地的两侧临河靠山的地带，以及沭东丘陵相对优越的地区。造成这种现象的原因有二：一是原始群落的扩大，原有的生存空间不能满足生存的需要；二是人类征服自然能力的提高，有力量开拓新的家园。到细石器时，与沂源猿人时期的遗址相比差别较大，反映出生活在这一地区的原始人类在逐渐由山地走向丘陵，靠近河谷台地，顺沂沭河与汶泗河向更低平地区扩散，在两流域留下了密集的细石器遗址。

细石器时代过后，沂蒙地区正处在"仰韶温暖期"的开始阶段，适宜的气候条件加上良好的地理环境为这一地区农业的产生提供了充分的条件。北辛文化是这一地区农业文明的开端，农业经济的特点决定了人类必须选择适宜农业发展的地理环境。因此，与细石器时代相比，人类已经较远地离开山地，来到了适合种植的河边台地上。随着农业在这里的发展，原始人群的居住范围也越来越广，历经大汶口文化、龙山文化和岳石文化时期，这一地区已经布满了人类的足迹。目前已经发现的这一时期的遗址，广泛地分布在汶泗河流域、沂沭河流域以及下游的苏北平原上。相比之下，新石器时代早期的遗址在沂沭河流域上游地区则发现的较为稀疏，这种局面一直延续到大汶口文化中后期。

　　从沂蒙史前文化遗址的分布格局，我们可以得出这样的结论：良好的自然环境是早期人类在这一地区创造出发达的史前文化的必要条件。原始人类之所以能够在这一地区长期繁衍生息，很大程度上是由这一地区的自然环境决定的。河流发源于中部山地，然后沿低缓的丘陵流淌，在湿润的气候环境下，山地和丘陵布满了茂密的森林和草地。河流有着充分的水源，各种动物出没山林和草地，河流中有着丰富的鱼类。这种自然生态环境不仅适合于早期人类的渔猎采集经济的发展，更适合于原始农业。在气候相对温暖湿润，山区植被完整的情况下，极少出现严重的水旱灾害，即使出现水旱灾害也基本是可以进退自如。因为，在原始农业产生以后，原始经济并非是单纯的农业经济，实际上依然是农业与渔猎、采集相结合的经济形式，农业受到灾害影响的情况下，森林和河流仍然能提供所需的食物，渔猎与采集同样能保证原始人类的生存。因此，研究早期人类文化的起源，不能忽视环境的作用[①]。

（三）沂蒙山区腹地是旧石器遗址集中地

　　王献唐先生在《炎黄氏族文化考》一书中说，"技术或渔业未发明以前，原始民族多就高原居处，为世界各民族通例。"[②]中国科学院古脊椎与古人类研究所研究员裴树文在《旧石器时代旷野遗址形成过程研究综述》一文中说：

　　人类起源与进化是晚新生代地球演化历史的重要组成部分，而人类化石及其遗物则是提示早期人类体质演化及其行为发展历程的重要材料。这些材料埋藏于不同的地貌和沉积环境，主要包括岩溶洞穴、裂隙和岩厦等石灰岩发育区，以及有水动力条件参与形成河湖相沉积区……中国地处欧亚大陆的东端，在研究早期人类起源、演化与技术发展领域具有重要和特殊的地位。[③]

---

① 　许汝贞：《自然环境与沂蒙史前文化》，《临沂师范学院学报》2005 年第 5 期。
② 　王献唐：《炎黄氏族文化考》，青岛：青岛出版社，2006 年，第 319 页。
③ 　裴树文：《旧石器时代旷野遗址形成过程研究综述》，《人类学学报》2019 年第 1 期。

岩洞穴是人类最早的栖息地之一，近代，以周口店猿人洞为代表的洞穴考古和洞穴文化研究举世瞩目。①

中国可溶岩分布广泛，加上新近纪以来构造抬升运动以及雨热同期的气候条件，使中国成为世界上洞穴资源最为丰富的国家。山东是黄河中下游地区洞穴最多、最为集中的省份，共有洞穴 340 余个，主要集中在鲁中南山区。②

山东的可溶性岩石出露面积约 16200 平方公里，绝大部分分布在鲁中南地区，故溶洞也主要分布在鲁中南山地丘陵区的泰山、鲁山、沂山、蒙山一带。利用天然洞穴作为居所是早期古人类的一种重要生活方式，因此在一些溶洞的沉积层中就可能保留有史前文化遗存。迄今为止，海岱区发现的旧石器遗址和地点，大都处于相对较高的山区洞穴、山间谷地、坡地或丘陵地带的山丘上。茂密的山林可以提供给原始人类多样的天然食物；洞穴与高地较之无遮挡的平原地区更利于防寒遮雨、躲避洪水猛兽的袭击，有更多的回旋余地。穴居野处也是劳动能力低下的远古先民所作的一种不得已选择。③ 孙承凯在《山东地区古人类化石研究》一文中说：

山东中部的沂蒙山区，山地和平原交汇，洞穴、河流发育，具有环境和资源的多样性，能满足远古人类和动物生存的多项条件。前人的工作表明这些洞穴、裂隙堆积多数发现有动物化石，少数有石器发现。山东地区目前发现的旧石器地点达十余处，它们是古人类在山东活动的间接证据，提供了寻找人类化石的线索，为实现在该地区取得新的重要古人类发现展示了光明的前景。④

赵建在《山东溶洞文化管窥》一文中说，从山东的情况看，连接古人

---

① 陈伟海、朱德浩、戴爱德：《中国岩溶洞穴数据库建设研究》，《国土资源信息化》2005 年第 1 期。

② 张远海、朱德浩：《中国大型岩溶洞穴空间分布及演变规律》，《桂林理工大学学报》2012 年第 1 期。

③ 高广仁、邵望平：《海岱文化与齐鲁文明》，南京：江苏教育出版社，2005 年，第 22—23 页。

④ 孙承凯：《山东地区古人类化石研究》，《中国博物馆》2010 年第 2 期。

类遗存发现地点，恰构成一个三角形地区，各边长为 60—80 公里，沂源、沂水及新泰分别处于此三角形的北、东南和西南角上，这一面积不太大的地区内古人类遗存集中，且各地点相距都不远，因此是非常有希望找到新的古人类遗存的重点地区。此外，这个地区也是山东省内喀斯特溶洞最为发育的地区，在史前文化遗存的探寻中应当对溶洞予以重点关注。①

蒙阴位于沂蒙山区腹地喀斯特溶洞发育最好的区域之内，又位于沂源、沂水、新泰古人类遗址的中心地带，必然是旧石器时期古人类活动的中心。已经发现的两处溶洞中的遗存物证明了这一点：一是蒙阴长山文化遗址，位于蒙阴城西完庄村长山溶洞，1995 年，经考古发现古人类用火痕迹及部分石器，在附近 10000 平方米的探方内发掘出 60 余块古脊椎动物化石，石化程度 100%。二是蒙山之阴桃墟镇孙家麻峪文化遗址，1998 年发现一处石炭岩洞穴，洞口土层堆积有大量古脊椎动物化石，石化程度 100%（见图 1-7）。上述石器、化石现存蒙阴县文管所，经考古专家初步鉴定，上述两处文化遗址，均为古人类生活遗址，年代约在 20 万—30 万年。

图 1-7　山东省可溶岩分布区、已发现有史前文化遗存溶洞分布②

① 赵建：《山东溶洞文化管窥》，《中国岩溶》2006 年第 3 期。

② 赵建：《山东溶洞文化管窥》，《中国岩溶》2006 年第 3 期。

蒙阴已发现的旧石器遗址，采集到 60 余件石制品，主要有单台面、双台面、多台面石核，石片和石器，均用锤击法制作。石器类型以刮削器为主，砍砸器和尖状器次之，其他类型较少见。石器的修理以单面加工为主。石器品的原料主要为石英岩砾石，约半数的石制品上保留了砾石面。考虑到石制的打片技术是以旧石器时代常见的锤击直接打法，未见间接打击或压制技术的出现，石器的本身又显示出了旧石器特征，附近又不见晚期文化遗物共存，推测这批石器可能为旧石器时代遗物（见图 1-8）。[1]

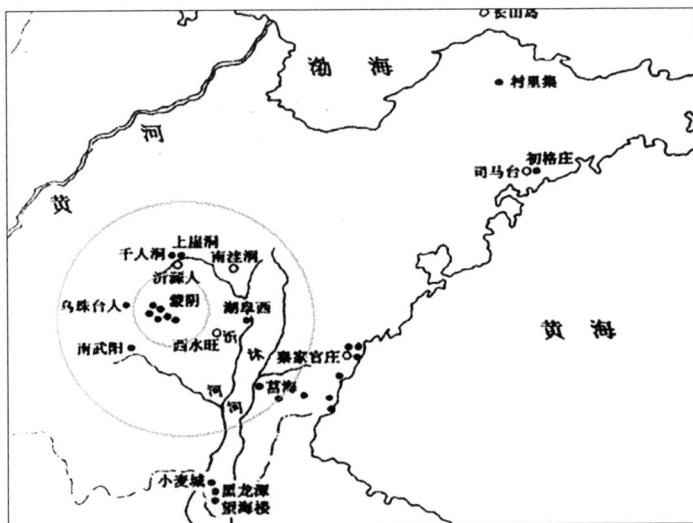

图 1-8 海岱地区旧石器早期、晚期文化遗存分布于沂蒙山区 [2]

综上所述，无论从可溶岩分布，还是旧石器文化遗址分布，都可以看出，泰山、鲁山、沂山、蒙山环绕之中的低山丘陵是最适宜古人类生存的地方，这一带的史前文化遗存值得重点关注。旧石器中、晚期，鲁中南山区的古人类在蒙山沂水之间寻到了一处适合长期繁衍生息的最佳之处：沂蒙丘陵和蒙阴盆地。正如王永波、王传昌两位学者在《山东古城古国考略》绪论中说"考

---

[1] 徐淑彬：《山东蒙阴县发现旧石器地点》，《人类学学报》，1987 年第 1 期。

[2] 高广仁、邵望平：《海岱文化与齐鲁文明》，李学勤、范毓周主编：《早期中国文明》，南京：江苏教育出版社，2005 年，第 23 页。

古资料显示,旧石器时代晚期,远古人类已开始了从山地、林地,向山前平原、河谷盆地的积聚。"①

海岱地区迄今为止已经发现120多处以细石器为突出特征的"中石器时代"遗存,主要集中在沂沭河上游和汶泗河流域。沂沭地区不仅是海岱地区,也是华北地区中一个最发达、最活跃的"中石器时代"文化区。汶泗流域的细石器遗存见于44处地点,它们集中分布于泰山西南侧的低山丘陵向平原过渡的地带上。汶泗流域的细石器与沂沭流域的有所不同:石料以黑色燧石为多,少数为石英、玛瑙等,这些细石器均已失去原生地层,有可能是从汶河、泗河上游或地势较高处搬运而来的。无论如何,汶泗区细石器地点群的发现具有重要的学术意义,它不仅证明了距今10000年前后,鲁中南地区已经存在着以细石器为重要特征的文化,而且表明当时海岱区内已形成了不同的文化小区,至少有沂沭区和汶泗区两大文化群体(见图1-9)。②

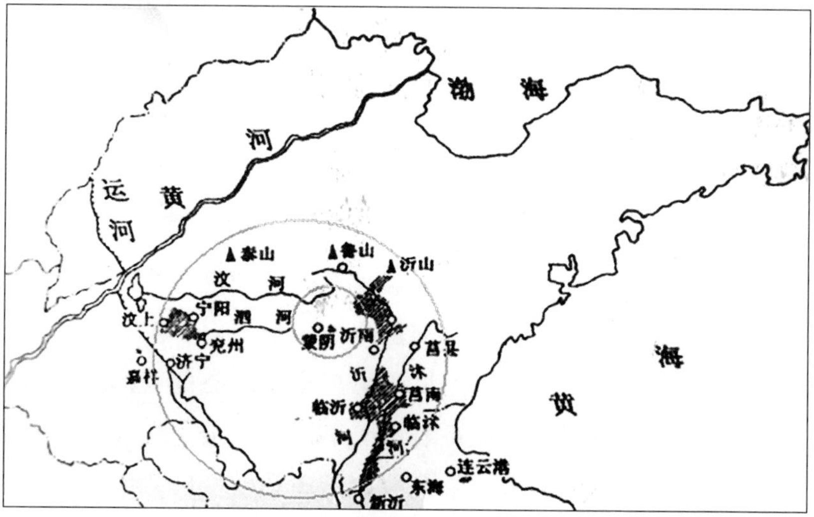

图1-9   鲁中南地区细石器地点多集中在汶泗、沂沭上游地带 ③

---

① 王永波、王传昌:《山东古城古国考略》,北京:文物出版社,2016年,第1页。
② 高广仁、邵望平:《海岱文化与齐鲁文明》,李学勤、范毓周主编:《早期中国文明》,南京:江苏教育出版社,2005年,第34—36页。
③ 高广仁、邵望平:《海岱文化与齐鲁文明》,李学勤、范毓周主编:《早期中国文明》,南京:江苏教育出版社,2005年,第33页。

从沂沭区和汶泗区两个细石器时期文化遗存的分布来看，其源头显然都在沂蒙山区腹地，也就是沂河、汶河、泗河的发源地蒙山及蒙山以北丘陵地区，这一地区是旧石器时期古人类的长期栖息地。随着人类体质及劳动技能不断发展改进，人口必定逐步地增殖。所以必然有一部分需要向外迁徙寻找更多的栖息地，也必然会沿着河流顺流而下。因为所到地方自然条件的不同，必然会在文化上出现差异。

海岱历史的童年与整个人类历史的童年一样，漫长而艰苦。以考古工作开展得较多的临沂地区为例，已发现的旧石器时代晚期的遗址比旧石器时代早期的多，中石器时代遗址又比旧石器时代晚期的多得多。从图1-9看，蒙阴一带仍然保存有细石器时代的遗存，汶泗河流域的细石器来自于上游地区，显然是指蒙阴一带。这充分说明在新石器来临之际，沂蒙山区腹地仍然是古人类文化发展的中心。

（四）沂蒙山区腹地是大汶口文化的起源地

沂蒙山区不但在新石器早期是文化中心，而且在大汶口文化时期和龙山文化时期，都是海岱文化的源头地和核心区，这一点从大汶口文化和龙山文化的分布情况能够看得出，从大汶口遗址的墓葬形式上也能得到印证。

中国社科院考古研究所研究员吴汝祚（1921—2016年）先生是中国史前史研究专家，他在《大汶口文化的墓葬》一书中说，墓葬是社会发展到一定阶段才产生的，它的葬俗，是属于思想意识形态的一部分。思想意识形态的产生，是与社会存在相联系着的。不同的社会，在人们的思想意识上就有不同的反映。因此，考古学研究原始氏族社会阶段的社会性质，对墓葬的分析研究，是不可缺少的一部分资料。他在对各个大汶口文化类型的墓葬进行分析后说："沂蒙山区是大汶口文化居民的起源地。"

在三里河遗址的墓葬中，发现了随葬的海鱼，头向均向东，指向为黄海的胶州湾，是海鱼老家所在的方向。而人的头向，若是与海鱼头向的观念相一致的话，那末，大汶口文化墓葬的头向，有可能表示传说中大汶口文化居民起源地的方向。大汶口文化类型的墓葬头向东，三里河类型的头向西，地处这两个类型（东西）之间的是沂蒙山区；大墩子类型的墓葬头向北或东偏北，也是正对沂蒙山区。因此，沂蒙山区一带可能是传说的大汶口文化居民的起源地。①

综上所述，泰山以东、蒙山以北的沂蒙丘陵地区即是旧石器时期沂源猿人、新泰智人的长期栖息地，也是新石器时期大汶口人文化居民（东夷族群）的起源地。如下图所示，大汶口类型墓葬头部指向东，三里河类型墓葬头部指向东，大墩子类型头部指向北，三种类型的大汶口文化墓葬均指向蒙山、沂水之间的桑、梓河流域（见图1-10）。

图 1-10　大汶口文化遗址分布范围及墓葬头部指向

三、蒙山、汶水之名蕴含文明的起源

学者们认为，在鲁中南、鲁东南两个地区内有可能最先完成了由野蛮时代向文明时代的过渡，最先出现了国家。甚至可以说在大汶口文化后期

---

① 吴汝祚：《大汶口文化的墓葬》，《考古学刊》1990年第1期。

已经进入文明时代。①从地理上讲，鲁中南山区腹地属古汶水流域，是大汶河、洙泗河、沂河的源头，也是黄河与淮河的分水岭。从人文上讲，鲁中南山区腹地是大汶口文化的发祥地，大汶口文化居民的起源地，是东夷文化的源头。位于大汶河下游的泰安大汶口文化遗址，出土了大量的新石器时期文物，证实了大汶口文化时期城市、阶级、礼器、象形字的出现，为"三皇五帝"之说提供了充分的想象空间。

传世文献中记载了远古时期诸多的历史信息，先秦传说中也蕴含着中华民族和中华文明童年的记忆。这些记载和记忆，似乎都与东方日出之地有关，近代以来的考古发现和出土的新材料更证明了传世文献与先秦传说的真实性。诸多的人文地理信息可以相互印证，也能在现实自然遗存中找到相应的坐标。比如东方鸿蒙之野、东方神木扶桑、日出之地汤谷、日落之处蒙谷等等，这些流传了数千上万年的地名，都能够在大汶口人的祖居之地蒙山及蒙阴一带找到。蒙、汶、桑、蜀等都源自于大汶口人的祖居地，从这些地名的分布便能知道大汶口人迁徙的范围。

（一）"蒙山"是大汶口人的启蒙之山

"蒙"，虽然有多种含义和词组，但根本的含义却都与蒙山有关。

《诗·豳风·东山》：我徂东山，慆慆不归。我来自东，零雨其蒙。【注释】东山，亦名蒙山，是诗人远征之地。②

《汉书·扬雄传下》：天降生民，倥侗颛蒙，恣于情性，聪明不开，训诸理。【注释】颜师古注引郑氏曰："童蒙无所知也。"③

蒙山，又称东蒙、东山，主峰龟蒙顶海拔高度达 1156 米，是山东省第

---

① 参见张学海：《城子崖与中国文明》，《纪念城子崖遗址发掘60周年国际学术讨论会文集》，济南：齐鲁书社，1993 年；栾丰实：《东夷考古》，第 193 页；高广仁、栾丰实：《大汶口文化》，南京：江苏教育出版社，2005 年，第 84—98 页。
② 程俊英、蒋见元：《诗经注析》，北京：中华书局，2017 年，第 326 页。
③ 《汉书》，北京：中华书局，2007 年，第 872 页。

二高峰。山脉呈东南、西北走向，绵延百里，^①是山东乃至华北地区起伏程度最大的山脉，有崆峒、鸿蒙之势，是"东海之外"海岱之间的第一大山，也是名符其实的"东方日出之山"。

《庄子》一书多次提及远古时代的"至德之世"，并对当时人类无知无欲、无争无斗、生活富足、快乐自在的生存状况和智力水平作出了相当精细的描绘。

《淮南子·俶真训》：至德之世，甘瞑于溷澜之域，而徙倚于汗漫之宇，提挈天地而委万物，以鸿蒙为景柱。【注释】高诱注："鸿蒙，东方之野，日所出，故以为景柱。"^②

从上面的引文中可以得知，"鸿蒙"处在东方之野，是日出之处，伏羲之前的人们便以"鸿蒙"为景柱分辨时间的早晚。远古人类之所以"以鸿蒙为景柱"，首先说明这座山高大宏伟，能够产生日影。《汉书·扬雄传上》："鸿濛沆茫，竭以崇山。"颜师古注："鸿濛沆茫，广大貌。"《淮南子·鸿烈传》："鸿，大也。"由此可见，"鸿蒙"不仅是指"东方之野"，而且是指"东方之野"上的一座高山。其次，"鸿蒙"之所以称为景柱，是因为它能够记录太阳一天的行程，从早上到晚上都可以作为时间的参照物，由此可见这座山必然是一座东西走向的，相对独立的山脉。第三，既然以"鸿蒙为景柱"，说明古人类长期栖息于"鸿蒙"的北面，可以看见太阳从山上经过的过程。

从地理和自然环境方面看，"蒙"描述的是蒙山一带的气象和黎明的景象。从历史文化角度看，"蒙"既代表了旧石器时代沂蒙山区古人类的蒙昧，又代表着新石器时代文化的启蒙。从人文特征看，"蒙"更代表着沂蒙山区人民原始的淳朴和忠厚。

（二）"汶水"是大汶口人的文化之河

地理位置和地形地貌对人类文明发展产生重要影响，其中河流所起的

---

① 曹光杰、单婉婉、苟佃达：《蒙山地质旅游资源及其开发利用》，《国土与自然资源研究》2017 年第 6 期。

② 陈广忠译注：《淮南子》，北京：中华书局，2012 年，第 83—84 页。

作用更为关键。古人类"逐水草而居",沿河川迁徙,古代文明无不是在河水充沛的地方孕育发展的。距今六七千年前,由于气候变暖、海平面升高、雨水充沛,鲁中南山地、丘陵几乎孤立于四海之中,成为黄河中下游地区古人类躲避洪水灾害的安全岛。岛内植被茂盛,物产丰富,众多的河流将山岳分割为"九州",汇集成"四渎"流入"四海"之中。优越而安全的地理环境和气候条件孕育出了先进的大汶口文化,之后随着洪水的消退向四面扩散,成为中华文明的主要源头。这一历史事实不但记载在先秦古籍和传说中,也被近代以来的考古发现所证实。令人称奇的是,这些至关重要的远古历史信息,就镶嵌在鲁中南山区山川河流的名字中:发源于这一带的河流大多被称为"汶河",有"五汶""三汶"之称,其中最著名的当属"大汶河",而最古老的当属蒙山之阴的"汶水"。"汶水"有两源,南源发源于蒙山之阴的桑野,古称"桑泉水",北源发源于北部丘陵称为"梓河",说明"汶水"流域以"桑梓"著称。

考古发现诸多汶河发源地是旧石器时期遗址聚集地和大汶口文化发祥地,故以"汶"相称。"汶水"(东汶河)流域以"桑梓"著称,是大汶口人的祖地,故华夏民族以"桑梓"代指故乡。

鲁中南山区汶泗洙沂流域是中华文明的主要发源地,中华文明的起源始于太皞时期,也就是大汶口文化的早期。大汶口文化遗址位于泰安东南、大汶河三汶交汇处,以大汶口命名大汶口文化可谓是名副其实。

大汶河源头在蒙山以北的丘陵地区,这里是祭祀中华民族人文始祖伏羲太皞的宗子之国——颛臾风国。伏羲太皞诞生于此,以蒙山为"景柱","仰观天象,俯察地理",始"创文字、画八卦、定婚制、正姓氏","丝桑为瑟,灼土为埙",从而由鸿蒙到启蒙,率先进入文明萌芽时期。"汶"字也成为这一带河流的专用字,汶河、汶水,顾名思义是文化、文明之水,这难道不是直白的告诉我们中华文明、中国文字的源头在汶水之源吗?

汉字源远流长,它既是世界上最古老的文字之一,又是至今硕果仅存的一种象形文字。汉字起源于图画,是可读出来的图画,称为"文字图画"或"图画文字"。有些单一简单的图画演变成了文字,有些表达复杂和连贯意思的图画则因为理解错误演变成了神话人物或动物，《山海经》据说最早是伯益跟随大禹治水时画的《山海图》，以图示意是真实的反映。后来的《山海经》是对《山海图》的注释和说明，就如同看图说话一样，因此出现了让人难以理解的人物、动物和景物。

"文"是象形字。甲骨文像一个正立的人，胸前刻有美观的花纹。金文的形体基本上同于甲骨文。小篆则把胸前的花纹省略了。隶变后，楷书写作"文"。

《说文·文部》："文，错画也。象交文。凡文之属皆从文。""文"的本义是文身。如《礼记·王制》："东方曰夷，被发文身，有不火食者矣。"①

《正字通》："文。《说文》错画也。《增韵》华也。《广韵》美也。善也。又理也。"②

《康熙字典》："《尚书序》：古者伏羲氏之王天下也，始画八卦，造书契，以代结绳之政，由是文籍生焉。……《山海经》放皋之山有兽焉，其状如蜂，岐尾，反舌，善呼，曰文文。"③

从古籍记载和字典解释来看，"文"的本义是文身，而东方夷人的习俗便是"被发文身"，从而说明文字之"文"描述的是东方夷人。而"东"字出于蒙阴扶桑，大汶口人的故乡在东蒙，东蒙是东夷的源头，被发文身的习俗也起源于东蒙。因此"文"字最早出现在大汶口人的祖地。

古籍之中又记载，太皞伏羲氏始画八卦，发明了文字，《山海经》又说"放皋之山，……有木焉，其叶如槐，黄华而不实，其名曰蒙木，服之不惑。有兽焉，……其名曰文文"，④学者们认为"皋"字即太皞之"皞"，⑤笔者经过考证认为"皋""皞"源于大汶口文化遗址中出土的陶文刻符"日月山"，"日月山"即蒙山，因此《山海经》所谓的"放皋之山"有兽名曰"文文"，

---

①　《说文解字》，沈阳：辽海出版社，2015 年版，第 720 页。

②　北京师范大学"汉字研究与现代应用实验室"：《汉字全息资源应用系统》。

③　北京师范大学"汉字研究与现代应用实验室"：《汉字全息资源应用系统》。

④　方韬译注：《山海经》，北京：中华书局，2011 年，第 166—167 页。

⑤　傅斯年：《民族与古代中国史》，上海：三联书店，2017 年，第 58 页。

可能是对太皞伏羲氏作"鸟兽之文"以代替"结绳纪事"的误解。

《史记·周本纪》:"长子太伯、虞仲知古公欲立季历以传昌,乃二人亡如荆蛮,文身断发,以让季历。"① 裴骃集解引应劭曰:"常在水中,故断其发,文其身,以象龙子,故不见伤害。"

司马迁在《史记·周本纪》说吴太伯、虞仲为了让季历继位而主动避让到了荆蛮之地,而且文身断发。是因为周的先祖诞生于东蒙"吴"和"虞"之地(详见第四节),"文身断发"是吴太伯和虞仲先祖的传统习俗。应邵和裴骃解释说,"文身断发"是因为人们经常在水中活动,所以要剪掉头发,在身上刺上花纹,就像蛟龙的儿子,这样在水中就可以免遭侵害。这也与大汶口人经常在青龙山下的"雷泽""虞渊""蒙汜"等虞地的水泽中活动有关。

笔者认为,远古时期东夷人以渔猎、采集为生,赤身裸体奔跑于山川之间,穿行于树木之中,或上山狩猎或下河捕捞,难免会被石块、树木划伤皮肤,留下错画的交文,身上的伤痕成为狩猎英雄的标志,而受人崇敬。后来便有意识的用树枝刺在胸前文身,成为"被发文身"的源头。

栖息于鲁中南山区腹地的东夷人,从最初的"被发文身"到太皞时期作"鸟兽之文"发明了图画文字,因此发源于此地的水、河称之为"汶""浸"。笔者通过《汉字全息资源应用系统》查询到关于汶和汶水的相关信息如下:

图 1-11　小篆的"汉"字

《说文》:汶,水出琅邪朱虚东泰山,东入潍。从水文声。桑钦说:汶水出泰山莱芜,西南入泲。

《康熙字典》:"汶,古文:浸,水名。"

---

① 《史记》,北京:中华书局,2006 年,第 18 页。

《书·禹贡》："浮于汶，达于济。"

《正字通》：汶水，今一统志列为三，曰堑汶，徐汶，青汶。章本清曰：入济之汶，见《禹贡》，《论语》。……入沂之汶，见《水经》。……《述征记》：泰山郡水皆名汶，有北汶、嬴汶、柴汶、牟汶，皆源别而流同，又在三文之外。①

从古籍字典中可以看出，"汶"是一个专用字，专用于发源于鲁中南山区的河流。从"汶"字构成和形状看，是人在河中、水边，"汶"字是"水"与"文"的组合，显然汶水之源即文明之源，是中华民族人文始祖太昊的诞生地和大汶口文化的发祥地。

《水经注》：桑泉水北出五女山。……又东南迳蒙阴县故城北，王莽之蒙恩也。又东南与叟崮水合，水有二源双会，东导一川，俗谓之汶水也。②

《蒙阴县清志汇编·康熙廿四年版》：汶河，发源在城西北四十里复安社巨围山下，即《水经注》所谓巨围水者也。……桑泉水入焉；……又东行至城南，叟崮水与南竺院泉汇流入焉……桃墟河入焉。惟桃墟汇流之处，方广数丈，严冬不冻，即八景中之一，所谓汶水拖蓝者是也。……复折而东□□入沂水界，与沂河合而入于运。③

《水经注》记载，蒙阴境内的"桑泉水"与"叟崮水"合，东导一川，俗谓之"汶水"，即《蒙阴县志》中记载的"汶河"。笔者认为，鲁中南山区虽然有诸多以"汶"相称的河流，但蒙阴境内的"汶水"是最初"汶水"，蒙阴"汶水"最早的名称是"若水""洛水"，因"洛出书"而称"汶水"（详见第四章、第五章）。

据笔者考证，蒙阴叟虎寨山（又名"叟崮"，俗称"虎头崖"）即昆仑之神"开明兽"（详见第三章），"开明"顾名思义为"开始文明"，

---

① 以上信息均见于北京师范大学"汉字研究与现代应用实验室"：《汉字全息资源应用系统》。
② 陈桥驿校证：《水经注校证》，北京：中华书局，2013年，第580页。
③ 蒙阴县地方史志编纂委员会：《蒙阴县清志汇编》，北京：中华书局，1999年，第235页。

与启蒙之山、文化之河异曲同工。

四、蒙阴桑、梓河流域是大汶口人的"桑梓之地"

"桑梓"一词最早见于《诗经》，至于为何以"桑梓"代指故乡，"桑梓"之地在何处则不得而知。蒙阴东汶河古称"汶水"，由"桑泉水"和"梓河"汇集而成，由此可见"汶水"流域古代遍布桑林和梓树，中华民族以"桑梓"代指故乡可能始源于大汶口文化。

（一）蒙阴是"桑野""若水""蜀山"始源地

根据《淮南子》的叙述，太阳"出于汤谷"之后，"拂于扶桑"时天蒙蒙亮，"登于扶桑"时天大亮，午饭的时候太阳"至于桑野"。笔者经过分析认为"汤谷"是蒙山以东的沂河河谷，因位于郯庐断裂带上而形成了众多的自流式"温泉"，故称"汤谷"。"扶桑"在蒙山东麓，那么"桑野"位置正好在蒙山之阴（详见第二章）。除此之外，还可以从《诗经》和《禹贡》中找到相同的答案。

《诗经·豳风·东山》：我徂东山，慆慆不归。我来自东，零雨其蒙。我东曰归，我心西悲。制彼裳衣，勿士行枚。蜎蜎者蠋，烝在桑野。敦彼独宿，亦在车下。……【注释】徂，往。东山，亦名蒙山。殷商时在奄国境内，是诗人的远征之地。蜎蜎，软体动物蠕动之貌。蠋，蜀的俗字，三家诗作蜀，虫名。烝，久。郑笺："久在桑野，有似劳苦者。"这是诗人触物起兴，不免产生三年征战劳苦的感慨。[1]

"东山"即蒙山，今人杨伯峻《孟子译注》就明确指出："东山，当即蒙山，在今山东省蒙阴县南。"[2] "我徂东山"，不但交待了征战的目的地是东山，还描写了在蒙山三年征战的感受。反复交待了蒙山"零雨其蒙"的气候环境和景象，反复描写了蒙山的"桑野"和蜎蜎的"蠋"（蚕虫），

---

① 程俊英、蒋见元：《诗经注析》，北京：中华书局，第314—329页。

② 杨伯峻：《孟子译注》，北京：中华书局，2008年，第347—348页。

把身在异乡的自己比作桑林的野蚕。

"我徂东山"还交待了往返蒙山的路径。"徂"是一个非常生僻的字，《说文》："徂，往也。齐语。"① 除此之外，"徂"还专指位于泰山与蒙山（东山）之间的"徂徕山"。徕，也是一个生僻字，《正韵》解释说："徕，至也，还也，及也。"② 徂徕是往返之意。由此可见，"徂徕山"是大汶口人从蒙山到鲁西平原的往返通道，自然也是周公东征往返的通道。

《诗经·鲁颂·閟宫》："奄有龟蒙，遂荒大东。……徂徕之松，新甫之柏。"③

《诗经·鲁颂·閟宫》是与《诗经·豳风·东山》同期的作品，它叙述了周的始源、发展以及鲁国的建立，突出颂扬了周的祖先后稷和周公，也说明了龟蒙、大东、徂徕、新甫都在鲁国之内。

武庚受封之地必然是其祖先的发祥地，这是远古时期的惯例。殷商是东夷的后裔，殷商以玄鸟为崇拜物，玄鸟即凤凰，这也是专家学者一致的看法。殷商的先祖是以凤凰为图腾的凤夷，凤夷、风姓的祖地在东蒙、龟蒙一带，因此，武庚受封以续殷祀的地方应当就在"奄"之龟蒙。另外，周灭商纣之后，将"奄"的西部曲阜一带封给周公，武庚受封续殷祀之处也只能在"奄"地的东部龟蒙一带。因此，武庚叛乱之后，周公率将士"我徂东山"。

傅斯年先生在《民族与古代中国史》中对《诗经》中的"东山"和"大东"进行了考证，认为《诗经·小雅·大东》中的"大东"即《诗经·鲁颂·閟宫》中"奄有龟蒙，遂荒大东"之"大东"，即在龟蒙（蒙山）一带。④

"蜀山"和"若水"在远古历史上是非常重要的两个地理标识，据《史记·五帝本纪》记载，黄帝之子昌意"降居若水，娶蜀山氏女"而生帝颛顼。在人们的印象中，巴蜀之地在现今的重庆、四川，若水也是四川的一条河流，殊不知这是因为远古时期人类迁徙、族迁名随所致。

---

① 北京师范大学"汉字研究与现代应用实验室"：《汉字全息资源应用系统》。
② 北京师范大学"汉字研究与现代应用实验室"：《汉字全息资源应用系统》。
③ 程俊英、蒋见元：《诗经注析》，北京：中华书局，第 769—771 页。
④ 傅斯年：《民族与中国古代史》，上海：三联书店，2017 年，第 96—108 页。

徐祥法在《琐议江水、少昊与莱芜关系》一文中说，商代甲骨文卜辞中多有"蜀"之记载，如"蜀受年？蜀不其受年（《殷墟文字乙编》5082）""癸酉卜，□贞，至蜀，亡祸（《殷墟文字乙编》1811）"等等，说明蜀地在商朝控制范围内，不可能在四川。四川的三星堆文化与东夷文化有许多相似之处，显示出古蜀文化与东夷文化的内在联系。蜀最早并非发祥于四川，而是源出于东方的泰山一带。[1] 黄绵树在《三苗、蜀五王、三星堆特殊青铜器考析》一文中说："约在 5000 多年前，东夷太昊、少昊和蚩尤三部落联盟，……渐徙入蜀，曾先后建立了五代王朝，成为古蜀国的主体民族。于商周间，继承和发展了山东龙山文化的冶铜技术，创造了辉煌的三星堆青铜文化。"[2]

蒙山的"扶桑""桑野"是独特的地理标志，又有空桑之山，《诗经·豳风·东山》对蒙山一带的景象描述"蜎蜎者蠋，烝在桑野"。"蜎蜎"是形容幼虫蜷曲的样子，而蠋则是一种野蚕。由此可见，蒙山、蒙阴一带以桑蚕著称，是养蚕丝织的发祥地。

《尚书·禹贡》：济、河惟兖州，……桑土既蚕，是降丘宅土。……厥贡漆丝，厥篚织文。

海、岱惟青州，……厥篚檿丝。浮于汶，达于济。

海、岱及淮惟徐州，淮、沂其乂，蒙、羽其艺……厥篚玄纤、缟。浮于淮、泗，达于河。[3]

《史记·货殖列传》：泰山之阳则鲁，其阴则齐。……齐带山民海，膏壤千里，宜桑麻，……沂、泗水以北，宜五谷桑麻六畜。……齐、鲁千里桑麻。[4]

蒙阴地属兖州，又处兖、青、徐三州的中心位置，境内主要河流东汶

---

① 徐祥法：《琐议江水、少昊与莱芜关系》，宋镇豪主编：《嬴秦文化与远古文明》，北京：中国文史出版社，2018 年，第 79 页。

② 黄锦树：《三苗、蜀五王三星堆特殊青铜器考析》，《韩山师范学院学报》2014 年第 1 期。

③ 王世舜、王翠叶译注：《尚书》，北京：中华书局，2012 年，第 58—63 页。

④ 《史记》，北京：中华书局，2006 年，第 754—755 页。

河古称"桑泉水"，因源于蒙山之阴"桑野"而得名，可见蒙阴是"桑土既蚕"、盛产"屦丝"之处，是养蚕织丝的发源地。司马迁在《史记·货殖列传》中对全国各地的物产进行了记载，反复交待齐鲁之地以桑麻著称，这是其他地方所没有的。尤其是说"沂、泗水以北"，也就是蒙阴一带"宜五谷桑麻六畜"。高广仁在《大汶口文化》中说：

> 早在 30 年代李济就指出："殷墟文化是多源的……出土品中确可指为原始于东方的为骨卜、龟卜、蚕桑业、文身技术、黑陶、戈、瞿、戚、璧、瑷、琮等……。"①

笔者在前人研究的基础上，发现扶桑、桑野也在蒙阴，蜀山的原型在蒙山，"蜀族"居于蒙山一带。② 显然与蜀山同在一地的"若水"也必在蒙阴，是颛顼的诞生之地。正如刘宗迪先生所言：

> 若水出自空桑，当亦在鲁。……实际上，蜀山在鲁地，《山海经》提供了最直接的证据。……獨山、泰山、空桑之山相距还远。……综上所述，颛顼与若水、蜀山之关系，正足以证明颛顼居东方。③

（二）蒙阴桑泉水、梓河流域即"桑梓之地"

吕思勉、王献唐等史学泰斗均证明"若"即为桑，"若木"即为扶桑（榑桑），"若水"即为桑水，这些地方都不可能在四川，而应当在东方。吕思勉先生认为"若水"在蜀山，基本确定在蒙阴境内，④ 王献唐先生则说"若水"是指"泗水"，并以颛臾风国为证。⑤ 显然两位学者虽然知识渊博，但他们并不知道在颛顼故里颛臾风国有一条古老的河流就叫"桑泉水"，而

---

① 李济：《安阳最近发掘报告及六次工作之总估计》，《安阳发掘报告》第 4 期，1936 年；高广仁：《大汶口文化》，北京·文物出版社，2004 年，第 171 页。
② 温玉春：《古九州方位在泰沂山系一带——九州考》，《岱宗学刊》2000 年第 1 期。
③ 刘宗迪：《失落的天书——〈山海经〉与古代华夏世界观》，北京：商务印书馆，2016 年，第 426 页。
④ 吕思勉：《先秦史》，北京：中国文史出版社，2019 年，第 172 页。
⑤ 王献唐：《炎黄氏族文化考》，青岛：青岛出版社，2006 年，第 332 页。

且它就发源于蜀山桑野之中。

《水经注》：（蒙阴）西五女山在县西南四十五里，则桑泉水所出也。《水道提纲》谓之东汶河。东南流，巨围水注之。水出巨围之山，东南注于桑泉水。……桑泉水又东南，堂阜水入焉，其水导源堂阜，……桑泉水又东南径蒙阴县故城北，……又东南与（山叟）崮水合。水有二源双会，东导一川，俗谓之汶水也。……桑泉水又东南，右合蒙阴山水。①

《蒙阴县清志汇编·康熙二十四年版》：桑泉，在城西南二十里，北流入汶河。②

《蒙阴县清志汇编·清宣统三年版》：五女山，此指西五女山，在保安社，距城西南五十五里，《水经注》桑泉水发源于此。③

从上面节录的《水经注》引文来看，蒙阴东汶河古代确实称为"汶水"，其南部源头是出自蒙阴西南蒙山之阴的"桑泉水"，发源于"五女山"，流经蒙阴"叟崮"（即蒙阴县志载"叟虎寨山"，俗称"虎头崖"）。王瑞功在《古史传说中的沂蒙——沂蒙文化刍议之一》一文中说：

吕思勉先生引清人王筠的观点，"若"即"桑"字，"若水"即"桑水"。此桑水或为某一河流之古称，或即《水经注》所言之桑泉水，在今蒙阴一带，待考。④

王瑞功虽然提及了桑泉水或为"若水"，但却说"在今蒙阴一带，待考"，可见其没有进一步考证颛臾风国在华夏文明起源中的"君子之国"地位，因此不能确定蒙阴"桑泉水"即为颛顼的出生地"若水"。"桑泉水"——"若水"，"颛臾"——"颛顼"，如此显而易见的线索和答案，反而成为古今学者们论而不及、千古未解的问题，实属不该。

笔者实地考察发现，桑泉水发源于蒙阴西南部的冠石山，汇集了蒙山之阴古颛臾风国地域的诸水，而成为"桑泉水"，由此可见，历史典籍记

① （清）杨会贞按《水经注》；陈桥驿：《水经注校证》，北京：中华书局，2013年，第580页。
② 蒙阴县地方史志编纂委员会：《蒙阴县清志汇编》，北京：中华书局，1999年，第237页。
③ 蒙阴县地方史志编纂委员会：《蒙阴县清志汇编》，北京：中华书局，1999年，第469页。
④ 王瑞功：《古史传说中的沂蒙——沂蒙文化刍议之一》，《临沂师范学院学报》2001年第3期。

载、《山海经》描述和历史遗存是完全相符合的，蒙阴颛臾风国"桑泉山"确为黄帝之子昌意降居和颛顼降生的"若水"。

梓河是古汶水的北源，发源于蒙阴西北部山区（古称临乐山）一带，与大汶河的两条主要源头柴汶河、牟汶河同源。

《蒙阴县清志汇编·康熙二十四年版》：梓河，发源于沂水之甄家疃摩天岭西回峰涧良疃庄，流经蒙阴之上汪村，与楼山前后诸水，并卢川水，汇于坦埠之东方，曰梓河。由坦埠庄东里许，向西南行至著善庄，著善河入焉；又西南行由朱夏村、北楼村、旧寨村至沙崮堆岭，洗砚泉水入焉；又折而东行经谢庄之南，复东南行，由荆汶庄之东又东南行，直趋重山，与汶合流，俱入沂水县境。此蒙邑干河之道也，凡诸枝水另载于后。[①]

因为行政区划变动，《清志》中所描述的梓河源头及流经地点与现在的实际情况存在差异，但其源头在蒙阴北部丘陵，其上游流域包括蒙阴北部和东部、沂水西北部是准确无误的。其之所以称为"梓河"是因为蒙阴、沂水一带自古以来以种植梓树而著称，至今蒙阴坦埠中山寺林场仍保留有大面积的梓树。梓树不但是一个树种，还有着深厚的文化意义，古籍中早有记载：

《说文》："梓，楸也。"

《周礼·考工记》："攻木之工，轮、舆、弓、庐、匠、车、梓。"

梓树也称楸树，在北方是十分珍贵的树种，通常用于建筑和制造珍贵物器之用。梓有很多代指，如：梓人、梓匠、梓师、梓器等。梓，最为通常的代指是故乡，如：梓里（故乡）；梓乡（故乡）。

古籍中虽然没有关于梓河的专门记载，但在《拾遗记·少昊》一文中可见，"穷桑之浦"与"梓"有着密切的关联：

《拾遗记·少昊》：少昊以金德王。母曰皇娥，处璇宫而夜织，或乘梓木而昼游，经历穷桑沧茫之浦。时有神童，容貌绝俗，称为白帝之子，……穷桑者，西海之滨……帝子与皇娥并坐，抚桐峰梓瑟。……璇宫夜静当轩织，桐峰

---

① 蒙阴县地方史志编纂委员会：《蒙阴县清志汇编》，北京：中华书局，1999年，第235—236页。

文梓千寻直，伐梓作器成琴瑟。……有山盘纡亦如屈龙之势，故有龙山、龟山、凤水之目也。亦因以为姓，末代为龙丘氏，出班固《艺文志》；蛇丘氏，出《西王母神异传》。①

少昊即降居江水的黄帝之子玄嚣，"江水"即沂水，"穷桑"在蒙阴（详见后文），由此可见与穷桑之浦密切相关的"梓"也盛产于蒙阴一带。

"梓童"是皇帝对皇后的称呼，张成材在《"梓童"考释》中说，"梓童"不但是皇后的称呼，更早也是"仙女"的称呼。②孟昭泉在《释"梓童"》③一文中说，"梓"是桑梓的简省。"童"是孩童、幼童之意。"梓"与"童"合起来，意即皇帝与皇后是青梅竹马、两小无猜而联姻的结发夫妻。高媛在《双"梓"辨源——"梓童"与"梓宫"》一文中说，皇后何以称为"梓童"，研究者各执一端，学界莫衷一是。④常洪在《小童·子童·梓童》⑤一文中说，梓为百木之长，可谓木中之贵者，用在后妃称谓上，亦不失后妃的高贵身份。至于仙女也使用这一称谓，是因为神权原高于人权，"帝""后"等词对神仙均可使用，故仙女称"梓童"自不足怪。王汉民在《释"梓童"》⑥一文中说，"梓童"是王母及仙女的自称，相当于"我""俺"之意。如《紫微宫》杂剧传言玉女曰："梓童及玉帝殿前传言玉女是也。"

综合上述学者的论述，可知"梓童"的来历尚无定论，笔者以为，既然皇后称为"梓童"，必然有其出处。结合上面所见《拾遗记·少昊》中少昊之母皇娥"抚桐峰梓瑟。……璇宫夜静当轩织，桐峰文梓千寻直，伐梓作器成琴"的记载，笔者认为颛臾风国是《山海经》中记载的"君子之国""女子之国"，众帝之母、之妻皆出自颛臾风国（详见后文），颛臾风国又在梓河、桑水流域，因此称帝妻、皇后为"梓童"。

---

① 王兴芬译注：《拾遗记》，北京：中华书局，2019年，第23—27页。
② 张成材：《"梓童"考释》，《商洛学院学报》2012年第5期。
③ 孟昭泉：《释"梓童"》，《文史知识》1982年第4期。
④ 高媛：《双"梓"辨源——"梓童"与"梓宫"》，《广州广播电视大学学报》2014年第5期。
⑤ 常洪：《小童·子童·梓童》，《文史知识》1988年10月期。
⑥ 王汉民：《释"梓童"》，《古汉语研究》1998年第3期。

蒙阴一带远古时期多种植桑树、梓树，这种习俗可追溯到太皞时期，可谓源远流长，故蒙阴两大河流分别称为桑泉水、梓河，这两个河流不但名称古老，而且在全国也是独一无二的，说明其有着特殊的意义（见图1-12）。

图 1-12　青龙山位置与桑泉水、梓河、柴汶河、东汶河流域

中国古代社会以农业为主，土地是人们生存的根本，也是人们精神的寄托，由此繁衍出中华民族的乡土本色。中国人历来有着安土重迁的传统，这是长期的农业文明沉淀的结果。农业社会和家族宗法传统，土地的固定性，家族聚居，农业技术代代传承的需要，更加深了对祖先的崇拜。桑树和梓树成为家庭副业的重要来源之一，体现出浓厚的农业文明特色和乡土气息。因此，"桑梓"相比"故乡"，具有更浓的文化色彩。①

第三节　桑梓之地"颛臾风国"是大汶口人的祖国

大汶口文化发祥于沂蒙山区腹地的蒙山之阴、汶河之源、桑梓之地。大汶口人的人文始祖是太皞，太皞之名号源于大汶口文化的陶文刻符"日

---

① 龙朝阳：《转喻双音词"桑梓"的语义及其认知阐释》，《现代语文（学术综合版）》2013年第3期。

月山","日月山"即蒙山,蒙阴颛臾风国的职责是祭祀太皞。据此,笔者认为大汶口人视颛臾风国为自己的祖国。

一、颛臾风国在华夏民族历史上具有特殊地位

颛臾风国在古籍中虽然出现的次数不多,但在华夏民族史上却具有极其特殊的地位。《论语·季氏将伐颛臾》记述了孔子与其弟子冉有就"季氏将伐颛臾"一事的对话,孔子称颛臾为社稷之臣,又将其比拟为"椟中龟玉"。另外,较早记录颛臾国的还有《左传》,称颛臾风国负责祭祀华夏民族的人文始祖太皞——"以服事诸夏"。

(一)颛臾风国是祭祀太皞的宗子之国

学者们通过考古研究发现,在经历了大汶口文化后期社会经济大发展、社会结构大改组之后,"鲁中南、鲁东南两个地区有可能最先完成了由野蛮时代向文明时代的过渡,最先出现了国家。甚至可以说在大汶口文化后期已进入文明时代。"[①]刘宗迪教授在《失落的天书——〈山海经〉与古代华夏世界观》一书中,通过对《大荒经》的研究发现颛顼出现的次数达15次之多,因此称颛顼是诸"国"之祖。又通过对穷桑和若水的研究分析,认为颛顼是东方之神。[②]由此可见,位于鲁中南山区腹地的颛臾风国即是大汶口文化后期,在华夏大地上最早出现的"国家",是诸"国"之祖。

《汉书·地理志》:昔在黄帝,作舟车以济不通,旁行天下,方制万里,画壄分州,得百里之国万区。是故易称"先王(以)建万国,亲诸侯",

---

① 参见张学海:《城子崖与中国文明》,《纪念城子崖遗址发掘60周年国际学术讨论会文集》,济南:齐鲁书社,1993年;栾丰实:《东夷考古》,第193页;高广仁、邵望平:《海岱文化与齐鲁文明》,南京:江苏教育出版社,2005年,第97—98页。
② 刘宗迪:《失落的天书——〈山海经〉与古代华夏世界观》,北京:商务印书馆,2016年,第423—424页。

书云"协和万国"，此之谓也。①

从考古学上讲，最初形成的国家，只是以王权所在的都城为中心，领有都、邑、聚三层结构，纵横均不过数十公里的城邦式古国。海岱龙山文化时期，这种古国星罗棋布，呈万邦林立之势。也就是《汉书·地理志》开篇所言的"得百里之国万区"。在这些林林总总的万邦之中，颛顼（颛臾）之国不仅是诸"国"之祖，而且地位和作用特殊。

《左传·僖公二十一年》：任、宿、须句、颛臾，风姓也，实司大皞与有济之祀，以服事诸夏。【注释】杜预注："司主也。大皞，伏羲。四国，伏羲之后，故主其祀。任，今任城县也。颛臾在泰山南武阳县东北。须句在东平须昌县西北。四国封近于济，故世祀之。"②

由此可以看出，颛臾与任、宿、须句是4个风姓国家，都是伏羲（大皞、太皞）的后裔所建，负责对其祖先太皞的祭祀。杜预说"四国封近于济，故世祀之"，笔者认为，在这4个风姓国家中，任、宿、须句都靠近济水，因此负责祭祀济水。而颛臾则远离济水，其职责必然是专司太皞之祀。也就是说，在这4个风姓国家中，只有颛臾是专门祭祀太皞的国家。

《左传·成公十三年》中的"国之大事，在祀与戎"，反映了古人对于祭祀祖先的重视程度。远古的祭祀文化也有严格的规则，即"神不歆非类，民不祀非族"（《左传·僖公十年》）。《礼记》中则有"支子不祭，祭必告于宗子"的礼制规定。由此可见，居于颛臾风国司伏羲太皞之祀的必然是太皞一族的嫡系后裔，也就是说颛臾风国是伏羲太皞的"宗子之国"。

甲骨文中"风"与"凤"相通，曹定云先生说"甲骨文中'风'均借'凤'为之。'风''凤'二字，实代表同一种动物——'凤凰'。"这就是说颛臾风国原是以凤为图腾的部族后裔。"凤凰"是风夷部落图腾，太皞（伏羲氏，风姓）得名于母系部落风夷部落。故颛臾是祭祀中华民族人文始祖太皞（伏羲氏、风姓）的风姓宗子之国。

---

① 《汉书》，北京：中华书局，2007年，第279页。
② 杜预注：《左传》，上海：上海古籍出版社，2016年，第201页。

（二）颛臾风国源于伏羲太皞西迁之时

蒙为鲁邑……今蒙阴县西南，南有蒙山，接费县界。……东方九夷，一为方夷，一为风夷，均为伏羲氏。……蒙在东方，故言东蒙，合地名氏名以证伏羲，知伏羲为蒙族。……伏羲奉祀四国，颛臾在费县西北，……地为伏羲旧壤，故以本地之族裔奉其明祀，立国为颛臾。其他三国之在济宁等处，亦以地为羲族散布之区，以本族之人祀之，与颛臾正同。①

由此可见，费县西北、蒙阴境内的颛臾风国是"伏羲旧壤"，颛臾立国就是为了祭祀伏羲太皞，太皞是大汶口人的首领，蒙阴"桑梓"之地是大汶口人的故乡契合。

《伏羲庙残碑》："东迁少典君于颛顼，以奉伏羲之祀。"少典奉祀伏羲，知为伏羲裔。……而古帝颛顼，亦即颛臾，生长于此，以地为名者也。……高阳居处颛臾，因以地名呼之，字作颛顼。②

据典籍记载，伏羲太皞之子为少典，少典之子为黄帝、炎帝，黄帝之子昌意降居"若水"，娶蜀山氏女生高阳，是为帝颛顼。③ 由此可知，颛臾即为颛顼，伏羲之子即东迁君于颛臾，黄帝之孙颛顼因生长于颛臾而呼之颛顼。

从考古学方面的研究成果看，也与典籍中的记载相契合，杜金鹏在《大汶口文化颍水类型为太皞文化考》一文中说，河南大汶口文化的墓葬中，人的头向与大汶口类型一样朝向东方。

颍水类型是大汶口类型迁往中原地区的一个分支，在当地发展成的一种新的地方类型。毫无疑问，颍水类型来源于大汶口类型，颍水类型之主人与大汶口类型之主人，原本应同宗同祖。④

远古时期祭祀天神和祖先称为"柴祭"，据学者研究大汶口文化遗址出土的刻有"日月山"字符的陶尊即为柴祭的礼器。而甲骨卜辞中的"柴"

---

① 王献唐：《炎黄氏族文化考》，青岛：青岛出版社，2006年，第325页。
② 王献唐：《炎黄氏族文化考》，青岛：青岛出版社，2006年，第329页。
③ 《史记》，北京：中华书局，2006年，第1页。
④ 杜金鹏：《大汶口文化颍水类型为太皞文化考》，《史学月刊》1993年第2期。

地即在大汶河南源柴汶河上游。① 甲骨卜辞的研究成果进一步证明，柴汶河上游的颛臾风国确是大汶口人祭祀上天和祖先之所在。

综上所述，颛臾是在伏羲太皞一族西迁之时立国。也就是大汶口人沿蒙阴青龙山、柴汶河向大汶口一带迁徙之时，在祖地设立颛臾国奉祀祖先。

（三）战国时期颛臾风国为齐国所吞并

颛臾风国始于伏羲太皞，历经黄帝、颛顼，一直延续到夏、商、周三代，一直到春秋时期仍是孔子所谓的"社稷之臣"。可见颛臾国在原始部落首领直至夏、商历代王朝天子心目中的地位之重要。颛臾国小势弱，到春秋初期虽然变成了鲁国附庸国，但仍然受鲁国尊崇与保护。

《论语·季氏将伐颛臾》：孔子曰："夫颛臾，昔者先王以为东蒙主，且在邦域之中矣，是社稷之臣也。"②

由此可以得知，西周时期，周先王不但没有消灭颛臾国，而且赋予其代表周天子祭祀蒙山的职责，加封为东蒙主。此时齐鲁两国边界以泰沂山脉为界，蒙阴全境为鲁国地界，鲁国东北只有颛臾国，因此西周初期的"东蒙主"颛臾国包含了蒙山和蒙阴全境（见图 1-13）。

---

① 陈絜：《卜辞中的柴祭与柴地》，《中原文化研究》2018 年第 2 期。
② 陈晓芬、徐儒宗译注：《论语》，北京：中华书局，2011 年，第 197—198 页。

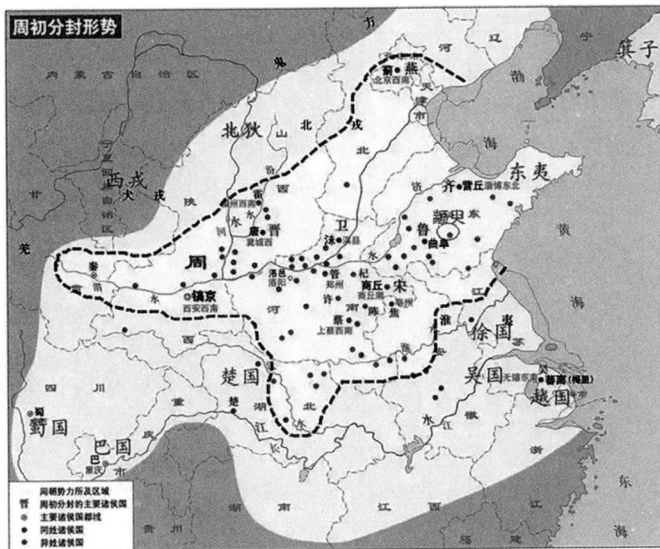

图 1-13　西周初期分封地图

　　鲁国是周朝的一个姬姓诸侯国，为周武王的大弟周公旦的封国。西周初年周公旦留周以辅佐天子，乃以嫡长子伯禽前往曲阜就封，建立了鲁国。在周代的众多邦国中，鲁国是姬姓"宗邦"，诸侯"望国"，故"周之最亲莫如鲁"。鲁国成为典型周礼的保存者和实施者，世人称"周礼尽在鲁矣"。由此可见，颛臾附庸于鲁国，既受到鲁国保护和周礼影响，又能保持着颛臾原始本真的淳朴与善良。

　　至于颛臾国存续的时间，可以从《左传》《论语》等记载中推算如下：

　　《左传·鲁定公十年》(公元前500年)："齐人来归郓、谨、龟阴之田。"[①]

　　"郓"指东郓，在沂水县北，汶阳在新泰、汶南一带，龟阴之田显然是蒙山(龟蒙)之阴，蒙阴盆地之中颛臾之地。也就是说公元前500年之前，齐国曾一度侵占蒙山以北的颛臾之地(龟阴田)，后又交还给鲁国以谢过。

　　《论语》中"季氏将伐颛臾"未载明时间，但据《史记·孔子世家》载："定公十三年夏，孔子言于定公曰：'臣无藏甲，大夫毋百雉之城。'使仲由为

---

① 杜预注：《左传》，上海：上海古籍出版社，2016年，第965页。

季氏宰，将堕三都。于是叔孙氏先堕郈，季氏将堕费。"定公十三年是公元前497年，季氏都于费，以仲由为季氏宰。由此可见此时颛臾国仍存在于费北，季氏将伐颛臾肯定是以后发生的事情。

《史记·孔子世家》：鲁哀公三年……（季）桓子卒，（季）康子代立。……康子曰："则谁召而可？"曰："必召冉求。"于是使使召冉求。冉求将行，孔子曰："鲁人召求，非小用之，将大用之也。"①

鲁哀公三年即公元前492年，这一年季康子召冉求去鲁，也说明《论语》中冉求去向孔子陈述季氏伐颛臾也是公元前492年之后的事情。《史记·仲尼弟子传》载有季康子向孔子询问季路、冉有才能的事，也不著年代。据推断季氏将伐颛臾一事当发生在鲁哀公初年，大约在公元前493—前490年。后世注家以为是子路、冉有向季氏转达了孔子的意见，季氏惧祸而止。从季康子后到整个战国，存世史料再未提及颛臾国。

颛臾何时灭国，说法不一。杨岩在《千年古国颛臾》一文中考证说，光绪《费县志》载"秦始灭其国"，康熙《蒙阴县志》载"为齐所并"。季氏最终有没有伐颛臾，史籍中没有明确记载，后人多以"孔子深责之，季氏乃止"或"事而不克"解释。但从季康子（？—前468年，即季孙肥，春秋时期鲁国的正卿）后到整个战国末，所有史料未再见提及颛臾，这从一个侧面说明颛臾国已被吞并。据此推测，颛臾国当于春秋末期或战国中期被他国所灭。②

笔者认为，颛臾风国是在战国中期被齐国所灭。公元前332年前后，齐国占领鲁国的南武城。南武城在平邑县南约45公里的郑城镇南武城村，春秋时期属于鲁国武城邑的治所。战国初，季氏据费为国，一度为鄫国所属。齐国占据后，改称南城，亦称南武陵。

《史记·田敬仲完世家》：威王二十三年，与赵王会平陆。二十四年（前355年），与魏王会田于郊。……威王曰："寡人之所以为宝与王异，吾臣

---

① 《史记》，北京：中华书局，2006年，第326页。
② 杨岩：《千年古国颛臾》，《春秋》2018年第3期。

有檀子者，使守南城，楚国不敢为寇东取，泗上十二诸侯皆来朝……。"①

颛臾风国最终为齐国所占，时间大约在战国中期。这与《史记·蒙恬列传》载"蒙恬者，其先齐人也。恬大父蒙骜，自齐事秦昭王，官至上卿"②的记载相吻合。蒙恬故里在蒙阴，蒙氏是颛顼的嫡系后裔，世代居于颛臾风国，祭祀太皞、颛顼，因居蒙山而得蒙姓。蒙氏与秦嬴同源于颛顼，颛臾风国是秦嬴先祖伯益"主虞"之地，战国时期与齐国抗衡的只有秦国，因此，颛臾风国被齐国吞并之后，世代守护颛臾风国的蒙骜（？—前240年）"自齐事秦昭王（公元前306年—前251年）"，无论从事由，还是时间上都是吻合的。

鲁国先后传二十五世，34位君主，历时873年。鲁顷公二十四年（公元前256年），鲁国为楚列王所灭。以蒙山为界，以北为齐国，以南为楚国。从此，始源于远古时期，存续数千年的颛臾消失在历史长河之中，颛臾国祭祀中华民族人文始祖的神圣职责和祭祀习俗随着"蒙族"迁徙而扩散，这种地名、人名和习俗"随族而迁"的文化现象，使得中华民族和中华文明的源头逐渐模糊起来，从而造成了今天各地的人文始祖之争，中华民族人文始祖的共同源头"东方君子之国"和"封君之地"反而很少有人去考证认可。

二、颛臾风国在蒙阴"桑梓之地"

关于颛臾国的地属有多种说法，古代蒙阴县志、费县县志以及现在的平邑县志均有记载。然而，对颛臾国的地属最具权威的记载，当属西汉时著名历史地理学家班固的《汉书·地理志》，以及西晋时期杜预对《左传》的注解。综合起来看，颛臾风国在"泰山东南、泗水以东，南武阳县东北、费县西北"，各县的记载虽有出入，但其地望在蒙山以北是十分明确的。从原始部落居住环境来分析，伏羲之世以蒙山为景柱，说明其核心区域只能在蒙山之阴，绝对不会处在蒙山以南。

---

① 《史记》，北京：中华书局，2006年，第317页。
② 《史记》，北京：中华书局，2006年，第531页。

（一）《汉书·地理志》记载"颛臾国"在蒙阴

中国古代在正史中专列《地理志》是从班固的《汉书·地理志》开始的。其正文主要写西汉政区，以郡为纲，以县为目，详述西汉地理概况。孙关龙在《中国地理学史上的一次大断裂——兼评〈汉书·地理志〉》一文中说，先秦地理学有着考察自然、研究自然的传统，而且在这方面取得了辉煌的成就。而班固著《汉书·地理志》则赋予"地理"另一种含义，即"以记述疆域、政区的建置和沿革为主，把山川等自然知识作为附庸，使以后的中国古代地理学走上侧重地理沿革考证、记述社会历史和社会状况之路"。[1]

《汉书·地理志》为我国保留了一大批极有价值的人文地理资料，被以后的正史地理志、全国地理总志和大量的地方志沿用，它是从事中国疆域政区沿革研究的基础，是研究我国疆域地理必读的书。西汉郡县制的设立是统一后的中国最完整的一次行政区划，因此，《汉书·地理志》记载内容具有很高的权威性和原始性，可信程度远非其他著作可比。

《汉书·地理志上》：泰山郡，高帝置。属兖州。……县二十四：……南武阳，冠石山，治水所出，南至下邳入泗，过郡二，行九百四十里。……牟，故国。蒙阴，《禹贡》蒙山在西南，有祠。颛臾国在蒙山下。莽曰蒙恩。华，莽曰翼阴。[2]

《汉书·地理志》："东海郡，高帝置。……费，故鲁季氏邑。都尉治。莽曰顺从。"[3]

《汉书·地理志下》："鲁国……下，泗水西南至方与入沛……。汶阳，莽曰汶亭。"[4]

《地理志》非常明确的记载了蒙阴境内有祠，颛臾国在蒙阴蒙山下。而在记述蒙阴周边的"柴""卞""南武阳""费""华""东平阳"等县、邑时均未提及"颛臾国"及"祠"。

----

① 孙关龙：《中国地理学史上的一次大断裂——兼评〈汉书·地理志〉》，《地球信息科学》2004 年第 4 期。
② 《汉书》，北京：中华书局，2007 年，第 291 页。
③ 《汉书》，北京：中华书局，2007 年，第 292 页。
④ 《汉书》，北京：中华书局，2007 年，第 305 页。

《左传·僖公二十一年》：任、宿、须句、颛臾，风姓也。实司太皞和有济之祀。【注释】杜预注："颛臾在泰山（郡）南武阳县东北。"①

西晋时期，蒙阴县撤县，蒙阴西南部属南武阳县辖区。这一区域包括现在蒙阴县城关、联城、桃墟等，属于颛臾国的中心地带，在当时南武阳县的东北（见图1-14）。因此，杜预称"颛臾在泰山（郡），南武阳县东北"。

图1-14　西汉时期地图蒙阴及相邻县 ②

《论语·季氏将伐颛臾》是所有古籍中对"颛臾"的描述最为详尽和具体的，通过孔子与其弟子的对话把"颛臾国"社会地位和形态生动的展现了出来。

---

① 杜预注：《左传》，上海：上海古籍出版社，2016年，第201页。
② 马其骧主编：《中国历史地图集》，北京：中国地图出版社，1982年。

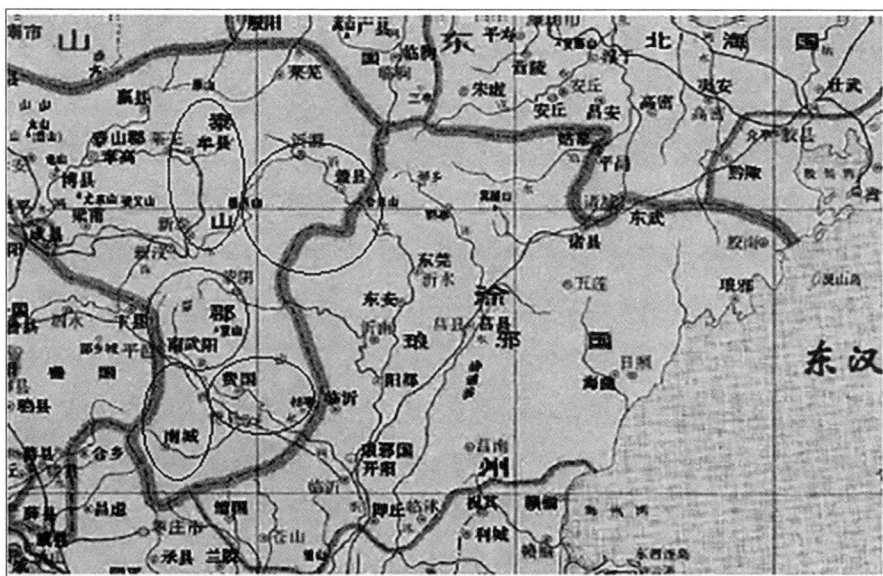

图 1-15　东汉时期，蒙阴分属南武阳、牟、盖三县

《论语·季氏将伐颛臾》：冉有曰："今夫颛臾，固而近于费。今不取，后世必为子孙忧。"①

从这段话中可知，颛臾国地理位置不在季氏的采邑"费"地之中，而是"近于费"。《国语·楚语上》称"鲁有弁、费"，弁、费是季氏之邑。②，"弁"即"卞"，在蒙阴西南；费邑、费国在蒙山南，也就是说蒙山西部和南部都是季氏之邑。汉、晋时期的南武阳县，今平邑县春秋时期地属费邑、费国。显然颛臾"固而近于费"，是说颛臾不在蒙山以南的"费"而是在与费一山之隔的蒙阴。

① 陈晓芬、徐儒宗译注：《论语》，北京：中华书局，2011 年，第 198 页。
② 陈桐生译注：《国语》，北京：中华书局，2013 年，第 606—607 页。

图 1-16　颛臾风国地形图

（二）蒙阴有重要的颛臾风国文化遗存

《汉书·地理志》中所说的"蒙阴，有祠"即指颛臾风国祭祀太皞的"颛臾庙"。颛臾庙遗址在蒙阴县城西南，坐落在青龙山和叟虎寨山（又名"叟崮"，俗称"虎头崖"）南面，目前颛臾庙遗迹依稀可见，尚存数千年古树一株。颛臾风国祭祀伏羲太皞的祠庙之所以设在此地，就是因为伏羲太皞诞生于此，青龙山是伏羲的原型，叟虎寨山是君子之国的地理坐标（详见后文）。

颛臾风国虽然早在战国中期就已灭亡，但蒙阴一带祭祀太皞的文化却源远流长。颛臾庙虽然历经风雨，但在当地民众和历代官府的维护下完整的保留至上世纪中叶，至今仍有遗址存在。颛臾国和颛臾庙的历史在明、清重修颛臾庙碑记中略见一斑：

《重修颛臾庙碑记》

清 乙沛恩

余摄蒙篆，下车谒庙，无所谓颛臾庙也。祀曲载之，访土人，

邑西南十数里，邻接十二连城，有庙已剥落。春秋致祭，久以僚属代。窃欲有所变通，以肃秩祀，尚未之及。兹本年谷顺成，政通人和，致力于神其宜矣。冬月，类家城子等庄绅董，以重修颛臾庙请，并呈明万历壬辰岁蒲坂张君创修碑记。

爰率僚佐捐白镪，有绅董又勉为记，不得不有以应，今非族之祀多矣，神其歆之乎？颛臾庙其然哉！风姓伏羲之后，周先王封国子爵，附庸于鲁，与任、宿、须句祀太皞暨有济。夫有国之君，即其国山川土地人民主。考《地志》，颛臾主泰山南武阳县东北，又谓在费县西北，此有名山，所谓东蒙。龟蒙为鲁所奄有，蒙阴当为颛臾故国。孔子曰："昔者先王以为东蒙主。"殆省文也。名宦乡贤之祀，国家并重，伏羲为五帝首后裔可求，先王封以国，使奉祀者，可屈指数。颛臾聚国族于斯，终春秋世，其国犹存。蒙阴之民受其庇荫者，不知几历年所。况奉祀太皞，而灵爽实式凭之。宜乎孔门问答，圣人历言所以。然罔敢干大典以取戾。群言淆乱，衷诸圣颛臾庙之修，较名宦乡贤等祠为尤重。此之重修，可谓知本。然后以此载祀典，泂犹五典之在天壤也。特聪明正直为神，愿后宰是邑者，与绅民勉为正直之行，庶为神所歆享而锡之以福，讵谓颛臾庙云尔哉。

时光绪十九年。[1]

据《蒙阴县志》记载，乙沛恩是江苏海州人，光绪十九年代理蒙阴知县。他在来蒙阴赴任的途中，就下车谒拜颛臾庙，可见颛臾闻名于世。他根据《祀曲》的记载，又访问当地的村民，才在邻近十二连城的地方找到了破败的颛臾庙。乙沛恩在《重修颛臾庙碑记》中写明了几点：一是当时尚存有明万历年间蒲坂张君创修碑记；二是考证了颛臾国在蒙阴境内；三是历史上以国奉祀者，屈指可数；四是特别希望以后来这里主政的人，要与乡绅民众共"勉为正直之行"，永远传承颛臾之地淳朴善良的民风。

《重修颛臾庙记》

明奉直大夫陕西巩昌府阶州知州功加一级邑人王询撰

《礼》曰："诸侯祭名山大川之在其境内者。"我夫子亦有言曰："夫颛臾，昔者先王以为东蒙主。"按世系，颛臾为颛顼之裔，封于周，附庸于鲁，而祠墓松柏郁郁苍苍，城子村岿然在望焉。今乃庙貌倾圮，金碧剥蚀，委顿

---

[1]　蒙阴县志编纂委员会办公室：《蒙阴县志》，济南：齐鲁书社，1992年，第634—635页。乙沛恩，江苏海洲人，光绪十九年代理蒙阴知县。

于凄风苦雨、寒烟衰草之间。过而睨之者，无不凭吊兴叹曰："是古颛臾祠也，何以崩颓若是也！"

邑诸生类儒琏与居民边环礼，环堵而居其侧，怵惕日久。因年稍顺成，遂请于四方士君子，与凡居蒙之麓，日取材于山者，各捐赀力，以图修复，而故殿轮奂一新，亦斯民美报之盛举也。然又有说焉，考之掌故，凡境内有古先帝王、圣贤、功臣、节义者，皆得春秋致祭。姑以山左论，如闵子骞之在东莞，王休征之在琅琊，颜鲁公之在费，高堂生、羊太傅之在平阳，固然宜然。况颛臾系神圣之后，而又载在圣言，煌煌可据。倘有上告礼官而请于朝，载在祀典，或亦考礼者之不废也。即不然，为之主者，令一二文学耆老，春秋备牢醴馈奠，为山灵生色，为斯民祈福，亦礼失求诸野之遗意也。故因叙述而并属望焉。

顺治十三年春日记 [1]

在王询撰写的这篇重修颛臾庙记中，考证了颛臾是颛顼的后裔，颛臾庙即古颛臾祠，虽然"今乃庙貌倾圮，金碧剥蚀"，但"祠墓松柏郁郁苍苍，城子旧村岿然在望焉"，说明了颛臾祠和城子旧村历史久远，是远古时期颛顼帝的后裔和颛臾国的遗存。

颛臾风国是在原始公社氏族部落的基础上发展起来的，是苏秉琦先生所言的"联合城邦制"国家。邦国时代是指距今 5000 年前后出现的高于部落以上的、稳定的、独立的政治实体。蒙阴颛臾庙遗址四周有诸多"城子"古村，以大城子为中心，边家城子、宋家城子、类家城子、禹家城子、姚家城子、崔家城子、杨家城子等十二个城子并称"联城"，是这种"联合城邦制"国家形式的遗存。

在蒙阴联城、桃墟一带的大庄、大庙、吕家庄子等都发现有远古时代的文化遗址。其中 1977 年发现的位于联城吕家庄村的古文化遗址，总面积 37 万平方米，文化层厚度为 1—2.5 米。经专家鉴定该遗址年代自大汶口文化、龙山文化时期，延续至商周、秦汉、唐宋时期。出土文物证明，早在半耕

---

[1] 蒙阴县地方史志编纂委员会：《蒙阴县清志汇编》，北京：中华书局，1999 年，第 133—134 页。

半猎的大汶口文化时期，蒙山北麓先民已形成氏族部落。尤其是石钺的出土，说明当时已经拥有部族领袖。土城的残迹，证明远古时期这里已经形成古城，成为最早的政治、经济、文化中心（详见第五章）。

综上所述，最初的颛臾国在蒙阴蒙山下以联城、桃墟为中心的区域内，都城在联城乡吕家庄村遗址，祭祀太皞的桃庙在十二城子之一的边家城子。

（三）颛臾灭亡后部分居民曾迁至蒙山以南

蒙山以南，今平邑县境在春秋时期属于季氏费邑，不属于颛臾之地。战国中期，蒙山以北的颛臾国和颛臾城被齐国占据，部分颛臾居民被迫迁徙至蒙山以南，因此在今平邑县北部地区留下了颛臾村等历史文化遗迹。

杨岩在《千年古国颛臾》一文中说：关于颛臾故城的位置，过去一直认为位于平邑县柏林镇固城村北，并于 1979 年 8 月被平邑县革命委员会定为第一批县级重点文物保护单位，1992 年被批准为山东省重点文物保护单位。但最新的考古成果证明此处并非颛臾古城所在地：

2016 年 8 月，临沂市沂州文物考古研究所应邀对位于柏林镇固城村北的颛臾故城遗址进行了考古勘探，地表和文化层中发现了周、汉、宋、元各时期的遗物，以汉代居多，最早的为少量东周时期陶器，不见西周遗物。考古结论：该城始建于战国或汉代，沿用至东汉晚期或宋代之前，城已废弃。这与颛臾国的历史明显不符。由此可见，此处不应为颛臾故城的遗址所在。

颛臾国既然为祭祀而建，必然有祭祀的场所。东汉班固《汉书·地理志》记载："泰山郡……蒙阴，《禹贡》蒙山在西南，有祠。颛臾国在蒙山下。"说明此地西汉时即有祠，但均未言祠名。按照常理，颛臾王祭祀其祖先伏羲（太皞）的主祭场所，离颛臾城不会太远，也就是说应在今临沂平邑县颛臾村附近。[①]

从杨岩的论述中可以得知，40 年前确定的平邑柏林颛臾故城与颛臾国的历史明显不符，而杨岩又将颛臾国故城认定为颛臾村。实际情况并非如此，

---

① 杨岩：《千年古国颛臾》，《春秋》2018 年第 3 期。

正如杨岩所言"颛臾王祭祀其祖先伏羲（太皞）的主祭场所，离颛臾城不会太远"，同样，颛臾城必在颛臾国内，而《汉书·地理志》明确记载蒙阴县有"祠"，颛臾国在蒙阴蒙山下，显然无论是颛臾国、颛臾城，还是祭祀太皞的场所都在蒙阴县境。因此，笔者认为蒙阴"颛臾庙"就是《汉书·地理志》记载的蒙阴境内的"祠"。而颛臾国有"双城"，即所谓的"蒙双"，一城在靠近蒙山的吕家庄大汶口、龙山文化遗址，另一城即在虎头崖下的十二联城之中。

三、颛臾风国是大汶口人的祖国

大汶口文化是我国东方地区的一支史前时代考古学文化，它主要分布在山东和苏、皖北部及河南的颖水中上游和伊、洛下游地区。杜金鹏在《大汶口文化颖水类型为太皞文化考》一文中说，根据40年来的考古发掘与调查获知，河南境内颖、伊、洛流域的大汶口文化遗存的分布十分密集，称之为"大汶口文化颖水类型"。在颖水类型的墓葬中，墓主的头向与大汶口类型相同，通过比较可以看出，颖水类型的文化内涵与大汶口类型非常接近，其年代相当于山东地区大汶口文化的中、晚期，其绝对年代，根据一系列的碳十四估定为公元前3700—前3200年。杜金鹏据此推断说："颖水类型之主人与大汶口类型之主人，原本应同宗同祖。"[1]

唐兰先生在多篇论文中反复指出，大汶口文化就是少皞文化。[2] 吴汝祚先生认为山东境内的太皞、少皞均是大汶口文化的创造者。[3] 邹衡先生认为少皞文化应包括在大汶口文化和山东龙山文化之内。[4] 杜金鹏认为，"大汶

---

① 杜金鹏：《大汶口文化颖水类型为太皞文化考》，《史学月刊》1993年第2期。
② 山东大学历史系考古教研室：《大汶口文化讨论文集》，济南：齐鲁书社，1979年，第81页（唐兰：《从大汶口文化的陶器文字看我国最早文化的年代》），第90页（唐兰：《再论大汶口文化的社会性质和大汶品陶器文字》），第120页（唐兰：《中国奴隶社会的上限在五、六千年前》）。
③ 吴汝祚：《大汶口文化——东夷族的早期史略》，《东岳论丛》1983年2期。
④ 邹衡：《夏商周考古学论文集》，北京：文物出版社，1980年，第246页。

口文化是两皞文化说大体上是可信的，而大汶口文化颖水类型是太皞文化说，也有一定的根据。"颖水类型与大汶口类型同宗同祖，因此大汶口文化类型应当就是太皞文化。

那么，大汶口类型和中原颖水类型之主人的祖国在哪里呢？大汶口类型、颖水类型墓葬的头部都指向东方，就能说明其祖地就在泰安大汶口的东方，即大汶河的上游。

综上所述，沂蒙山区是大汶口文化的发祥地，蒙山之阴、汶河之源、桑梓之地是大汶口人的故乡，位于蒙山之阴的"颛臾风国"即是大汶口人的祖国。

第二章
颛臾风国是《山海经》记载的“君子之国”

颛臾风国是沂蒙山区腹地、桑梓河流域的一个蕞尔小国，是大汶口人的祖国，是华夏民族记忆中的“桑梓之地”，也就是始见于《山海经》中的“君子之国”。颛臾风国虽然方圆只有百里，又在群山环抱之中，却占据着《山海经》古图的中心，华夏先民们在这里形成的天文历法知识，“播化为弥纶天地、光照千秋的华夏知识原型，成为华夏民族宇宙观、历史观的基础。”[①]

第一节　《山海经》《天问》世界观源于颛臾风国

世界观是人们对整个世界，以及人与世界关系的总的看法和根本观点。历史观（社会历史观）主要是研究“社会”和“人”这两个核心的要素，人们对社会历史观的根本观点、总的看法，是世界观的组成部分。世界观和历史观是人类自身生活实践的结果。时间和空间是人类社会实践活动的基本依据，也是人类领会世界的基本直观形式。

时间观和空间观最初始的和最根本的表现形式就是天文历法。因为有了历法，浩瀚的星空、苍茫的大地、悠悠的逝水流年，才不再是一团混沌。

---

① 刘宗迪：《失落的天书——〈山海经〉与古代华夏世界观》，北京：商务印书馆，2016年，第650页。

正是在此意义上，制作历法的先王，在神话中才被传诵为开天辟地、开物成务的创世者。而古史传说中的三皇五帝最主要的丰功伟业就是制历授时。在古人看来，观象授时，制定历法，是成为王者的必要条件，"谁能把历法授予人民，他便有可能成为人民的领袖……人民奉谁的正朔，便意味着承认谁的统治。"①

前文中论述了蒙山、沂水是大汶口文化的发祥地，是华夏民族记忆中的故乡，因此华夏民族的世界观、历史观必然始源于"桑梓之地"。华夏民族的世界观、历史观体现于《山海经》和《楚辞》两部先秦著作之中，作者都是颛顼的后裔，反映的内容都源于颛臾风国。两部著作可谓是同源异流，异曲同工。

一、《山海经》《天问》作者同祖、内容趋同

《天问》与《山海经》中所载神话颇多启承之处，两者都保留了华夏民族对远古历史的记忆。从两部著作的内容来看，具有高度的趋同性。笔者认为这种趋同性是因为其作者的同源性，也就是说蕴含于《天问》和《山海经》中的华夏民族世界观、历史观始源于楚人和秦嬴共同的祖先和祖地。

（一）《山海经》和《楚辞》的作者都是颛顼后裔

古代学者认为《山海经》出自"大禹治水，伯益记物"（详见后文）。从《史记》记载来看，秦嬴的先祖大费（柏翳，又称伯益）是颛顼后裔。笔者根据典籍记载和现代学者基于考古发现的相关论述，认为伯益"佐舜调驯鸟兽"之地即在蒙阴。

《史记·秦本纪》：秦之先，帝颛顼之苗裔孙曰女脩。女脩织，玄鸟陨卵，女脩吞之，生子大业。大业取少典之子，曰女华。女华生大费，与禹平水土。……乃妻之姚姓玉女。大费拜受，佐舜调驯鸟兽，鸟兽多驯服，是为柏翳。

---

① 【英】李约瑟：《中国科学技术史》，天学卷，第一册，第45页。

舜赐姓嬴氏。①

　　"楚辞"是以屈原为代表的战国诗人所创作的一种文体，"楚辞"之
名是汉人对楚地文学作品的泛称。楚人作为华夏族的一支，与东方夷人集
团也有密切联系。东夷族以凤鸟为图腾，楚先人也以鸟为图腾，楚远祖祝融、
重黎属东夷太阳鸟图腾。楚文物里飞廉（风神鸟）造型之多见，鸷鸟践蛇、
鹿角神凤御虎之类造像的繁美不能不说是夷文化浸润的结果。②

　　《史记·楚世家》：楚之先祖出自帝颛顼高阳。高阳者，黄帝之孙，
昌意之子也。高阳生称，称生卷章，卷章生重黎。重黎为帝喾高辛居火正，
甚有功，能光融天下，帝喾命曰祝融。共工氏作乱，帝喾使重黎诛之而不尽。
帝乃以庚寅日诛重黎，而以其弟吴回为重黎后，复居火正，为祝融。

　　吴回生陆终。陆终生子六人，坼剖而产焉。其长一曰昆吾；……六日季连，
芈姓，楚其后也。③

　　《大戴礼·帝系》：黄帝……产青阳及昌意……昌意降居若水，……产
颛顼。颛顼……产老童。……产重黎及吴回。吴回产陆终……其六日季连，
是为芈姓。④

　　《史记·楚世家》和《大戴礼·帝系》的上述记载可谓大同小异，不
同之处是《史记》记载颛顼之子是"卷章"，《大戴礼》记载颛顼之子是"老
童"。相同之处是两部著作都记载"吴回"是颛顼之孙、楚人之祖。相似
的记载还出现于《山海经》中：

　　《山海经·大荒西经》：颛顼生老童，老童生重及黎，帝令重献上天，
令黎邛下地。⑤

　　《大荒西经》记载老童生"重"及"黎"二子，与《史记》中"卷章

①　《史记》，北京：中华书局，2006年，第29页。
②　纪晓建：《〈楚辞〉〈山海经〉神话趋同的文化学意义》，《南京师范大学文学院学报》
　　2011年第2期。
③　《史记》，北京：中华书局，2006年，第257页。
④　黄怀信译注：《大戴礼记》，上海：上海古籍出版社，2019年，第174—175页。
⑤　袁珂：《山海经校注》，北京：北京联合出版公司，2014年，第339—341页。

生重黎",吴回为重黎弟不符,也与《大戴礼》记载的"老童产重黎和吴回"不符,而且此段文字中又不见"吴回"之名。笔者认为其原因是错简造成的,记载"吴回"的简散落到了别处,实际上"吴回"就在《大荒西经》中:

《山海经·大荒西经》:"有人名吴回,奇左,是无右臂。"郭璞云:"吴回,祝融弟,亦火正也。"郝懿行云:"吴回者,《大戴礼·帝系篇》云:'老童产重黎及吴回。'"①

郭璞、郝懿行等古代学者均认为《大荒西经》此处的"吴回"就是《史记》等典籍中楚人的祖先"吴回"。由此可见,楚人和屈原的祖先是颛顼、吴回,"吴回"即源于颛臾风国之"叟虎寨山"。何浩在《祝融、火正与火师》一文中说:

据文献和考古资料,祝融为楚族先祖。……1987年荆门包山二号楚墓出土的卜筮祭祷竹简中,记有"举祷楚先老童、祝融、鬻熊"的文句。……芈姓熊氏楚人与祝融的关系,显然是无可怀疑的。

楚先祖祝融所出,文献也有明确记载。《左传》昭公二十九年谓"颛顼氏有子曰犁,为祝融。"……《国语·郑语》韦昭注:"祝,始也。融,明也。大明天明,若历象三辰也。厚大地德,若敬授民时也。光照四海,使上下有章也。"②

楚人的祖先是颛顼之孙火正、祝融,其职责是"历象三辰""敬授民时"。楚国贵族出身的屈原在其作品《离骚》中自称是"帝高阳之苗裔",③故其《楚辞·天问》中的宇宙观、历史观及天文历法知识均源于其祖地。

《楚辞·天问》:遂古之初,谁传道之?……十二焉分?日月安属?列星安陈?出自汤谷,次于蒙汜。……昆仑县圃,其居安在?④

显然,屈原《天问》中的"汤谷""蒙汜""昆仑"等地名和神山都源于楚人的祖地。

---

① 袁珂:《山海经校注》,北京:北京联合出版公司,2014年,第348页。
② 何浩:《祝融、火正与火师》,《求索》1992年第3期。
③ 林家骊译注:《楚辞》,北京:中华书局,2010年,第3页。
④ 林家骊译注:《楚辞》,北京:中华书局,2010年,第80—83页。

综上所述，《楚辞》《山海经》是颛顼后裔之作，这两部先秦著作保留了华夏民族的原始记忆，它们所呈现的华夏民族世界观、历史观基础源自于楚人和秦嬴的故里——颛臾风国。

（二）《天问》与《大荒经》同源异流、异曲同工

屈原在《离骚》中对其身世进行了追忆，涉及尧舜到夏禹的历史人物和传说，这些人物和传说也记述于《九歌》和《天问》之中。袁珂先生对《天问》神话曾这样精辟地论述道：

《天问》提出了一百七十多个奇兀的问题，上天下地，神话、历史、传说……无所不包。最为瑰丽宏博，如女娲、羿、鲧、禹、河伯、尧、舜、启、稷、羲和、王亥等名字和事迹均已见于该篇，足以和《山海经》所记载的相互印证。……有些神话还是首见，成为最早的原始记录。①

人类学者们普遍认为，《楚辞》尤其是其中的《天问》一篇和《山海经》一样，是现存先秦典籍中保存神话材料最丰富的两部书，其神话材料也最具原生特色。这两部书中的神话材料既各具特色，又有明显的趋同性，即有着众多相同、相合、相似、相近之处，从而使它们能够相互印证、相互注释、相互补充。《天问》研究始于汉代，王逸的《楚辞章句·天问》则是目前所能见到的出现时间最早、保存最完善的《天问》研究文献。其序曰：

《天问》者，屈原之所作也，何不言问天？天尊不可问，故曰天问也。屈原放逐后，忧心愁悴。彷徨山泽，经历陵陆。嗟号昊旻，仰天叹息。见楚有先王之庙及公卿祠堂，图画天地山川神灵……仰见图画，因书其壁，何而问之，以泄愤懑，舒泻愁思。楚人哀惜屈原，因共论述，故其文义不次序云尔。②

王逸认为，屈原创作《天问》是据楚先王祠庙中的壁画内容而作。关于《山海经》与《天问》产生的先后关系问题，王逸的《楚辞章句》和洪兴祖的《楚辞补注》中，多以《山海经》故事来注解屈原的《离骚》《天问》等作品，

---

① 袁珂：《神话学论文集》，上海：上海古籍出版社，1982年，第102页。
② 洪兴祖：《楚辞补注》，北京：中华书局，1983年，第85页。

说明其认为《山海经》先于《天问》。而与此相反，宋人朱熹在《楚辞辨证》中首先提出屈原的《天问》并非依《山海经》而作，倒是《山海经》与《淮南子》是为解《天问》所作：

大抵古今说《天问》者，皆本此二书（《山海经》《淮南子》），今以文意考之，疑此二书本皆缘解此《问》而作，而此《问》之言，特战国时俚俗相传之语。①

对于古代学者的以上两种观点，现代学者大多认为《山海经》古图早于《天问》。蒙文通先生认为《天问》所依据的壁画就是《大荒经》之图，②吕子方先生认为"屈原的《天问》取材于《山海经》，而不是《山海经》缘解《天问》之作"，他也说《山海经》便是"楚国先王庙里壁画的脚本"。③

闫德亮先生在《〈山海经〉与屈赋关系考》一文中说，朱氏（朱熹）认为《山海经》是为解《天问》而作，把《山海经》与《淮南子》放在同一时代，大大推后了《山海经》的成书年代。④陈子展在《〈天问〉解题》一文说：

《天问》所问，其中许多可能根据了古本《山海经》或《山海经》同类的文献，这固然不是出于作者个人的天才创造、幻想虚构，也决不是作者仅仅根据了当时所见楚先公先王的祠庙壁画；便是壁画，也当是根据了《山海经》一类出自所谓'史巫'或'巫祝'之手的古史资料来画的。"⑤

萧兵先生《楚辞文化》一书中则说，这些观点和《山海经》源自《楚辞》之说一样苦于证据不足，萧兵先生称之为"一个很难证明的假设"。⑥

从以上学者的论述来看，在《山海经》与《天问》的先后关系问题上，仍然没有一个统一的说法。笔者认为，《山海经》和《天问》根本不存在

---

① 朱熹：《楚辞集解》，上海：上海古籍出版社，1979年，第192页。
② 蒙文通：《略论山海经的写作年代及其产生的地域》，《中华文史论丛》（第一辑），1962年，第6页。
③ 萧兵：《楚辞文化》，北京：中国社会科学出版社，1990年，第455页。
④ 闫德亮：《〈山海经〉与屈赋关系考》，《中州学刊》2005年第4期。
⑤ 陈子展：《天问解题》，《复旦大学学报》1980年第5期。
⑥ 萧兵：《楚辞文化》，北京：中国社会科学出版社，1990年，第455页。

谁先谁后的问题，之所以两者内容趋同，是因为两者本是"同源异流，异曲同工"。

姜亮夫先生在他的《楚辞学论文集》中引《史记·楚世家》为证，他说："楚始居在汉，后乃居于江。"①阎文儒先生在他的《风嬴部族与南三苗同源说》一文中也有"祝融源于少暤故八姓诸国俱西徙于江河之间"之说。②这样一来，源于两种不同民族的奇书与奇文所载神话相通就不难理解了，因为都与中华民族的主流文化一脉相承。③

纪晓建先生在《〈楚辞〉〈山海经〉神话趋同的文化学意义》一文中说：

从人类文化学角度考察，《楚辞》《山海经》神话材料趋同揭示了这两部典籍在文化渊源上的同源关系，它反映了同一文化源头民族共同的原始神话思维。能够显示这种共同原始思维的原始文化就是以夏文化为核心的中原文化。④

纪晓建还说：作为我国一部难得的上古时代的百科全书、上古神话材料总汇的《山海经》，不但有诸多的神话材料与《楚辞》相同相类，可以互证，亦有不少神话材料可补《楚辞》之缺，解释《楚辞》（特别是《天问》）神话之意义。我们不仅能从《山海经》中发现《楚辞》某些神话的原型，而且也能从中厘清《天问》诸多问题的解答。同时，我们也可以运用《山海经》中的一些神话材料来纠正前人对《楚辞》的种种错误解释，从而促进我们对《楚辞》神话更加准确、更加深刻、更加全面的理解。⑤

综上所述，《山海经》与《楚辞》之所以内容趋同，是因为两者均为颛顼后裔之作。《山海经》古图出自颛顼后裔、秦嬴先祖"伯益"，《楚辞》

① 姜亮夫：《姜亮夫全集·楚辞学论文集》，昆明：云南人民出版社，2002年，第215页。
② 阎文儒：《风嬴部族与南三苗同源说》，《社会科学战线》1988年第4期。
③ 强韵嘉、单芳：《〈天问〉与〈山海经〉的神格化意象互证》，《社会纵横》2012年第6期。
④ 纪晓建：《〈楚辞〉〈山海经〉神话趋同的文化学意义》，《南京师范大学文学院学报》2011年第2期。
⑤ 纪晓建：《〈山海经〉对〈楚辞·天问〉神话材料之补正》，《内蒙古大学学报》（哲学社会科学版）2011年第3期。

则出自颛顼后裔、楚人先祖"吴回"。伯益所主之"虞"即吴回之"吴"。秦嬴西迁而楚人南迁形成了"同源异流，异曲同工"的《山海经》和《楚辞》，成为了华夏民族世界观、历史观的基础。正如顾颉刚先生所言：

> 熊、嬴两族都是一大群东方的旧国……秦人西迁以后，在和东、西各族长期斗争和融合的过程中，……完成它统一全中国的历史任务。其后为了它过度使用暴力专制的政策，……结果楚人又占了上风，建立了汉帝国，而政治制度则大体因秦不改。我们即此可以看出，熊、嬴两族在一部中国历史里所占的地位是如何地重要，所起的作用又是如何地巨大！[①]

由此可见，熊、嬴两族都源于颛顼，秦嬴西迁经过长期的奋斗完成了统一中国的历史任务，而南迁的楚人最终又取代秦嬴建立汉帝国，但仍然承袭秦制，可以说熊、嬴两族不仅同源，而且是大一统中国的建立者和继承者，是华夏文化的创造者和传承者。

二、《山海经》始源于"大禹治水，伯益记物"

《山海经》在古代一直被作为地理书看待，因为其通篇皆是关于山川方国、珍奇博物的描写。但是，自汉迄清，任凭学者们上下求索，却谁也说不清书中那些山在何方，水在何处。现代学者因为受西方神话学的影响，又见书中充斥着荒诞怪异的言论，因此又将此书视为神话，对于那些所谓神话的解释也是众说纷纭，到头来，《山海经》还是一个不解之谜。刘宗迪教授在《失落的天书——〈山海经〉与古代华夏世界观》一书中列举了历代学者关于《山海经》及其作者的说法：

> 汉代学者刘歆、王充相信此书是大禹和伯益在治理九州、周游天下时记载山川风土的地理风俗志；东晋学者郭璞认为此书是荟萃方外珍奇、阐发要道妙论的博物之书；朱熹称此书是依托《楚辞·天问》凑合之作，又称此书与《天问》一样，是摹写图画而成；明代学者胡应麟视此书为古今语怪之祖，纯为战国好奇之士搜采异闻诡物编造而成；明代学者杨慎说此书记载的是

---

① 顾颉刚：《鸟夷族的图腾崇拜及其氏族集团的兴亡》，《史前研究》2000 年。

禹贡九鼎上那些魑魅魍魉的图像；清代学者毕沅、吴承恩、郝懿行都把《山海经》当成地理书解读。毕沅实地勘查西北地理，欲把《山海经》中的山川风物落实到实处，吴承志则兼采史传与传闻，把《山海经》的地域扩展到当时的四夷边疆。

……古人眼界有限，故一直将《山海经》的世界局限于华夏九州。现代人视野宏阔，因此，说起《山海经》来也没了遮拦：卫聚贤说《山海经》是印度人写的；苏雪林则称《山海经》是古巴比伦人作的，书中的"海内""海外"的"海"就是现在的黑海、里海、地中海、阿拉伯海、印度海。当代学者更是放眼全球，雄心勃勃地用《山海经》征服全世界。如今，随着人类把探险的疆域拓展到太空，关于《山海经》的想象也摆脱了万有引力的束缚和尘世常识的羁勒而神游宇宙，于是，《山海经》就成了外星人留在地球上的"X 档案"，而《山海经》中记载的华夏诸神则是曾经涉足人间的天外来客。……《山海经》越来越被说得天花乱坠，《山海经》研究成了妖怪手中的乾坤袋，什么都装得下，什么都掏得出，竟比《山海经》还"山海经"了。①

《山海经》中的神话资料为我国传世典籍之最，袁珂先生称赞《山海经》"非特史地之权舆，亦乃神话之渊府"。《山海经》的神话资源固然丰富，它的史学价值也不应被忽视。今天的学术界，越来越重视《山海经》作为信史的一面。《山海经》里关于上古社会的传说往往含有中华文明起源的追忆，尤其是在《海内经》中，详细叙述了炎帝、黄帝、舜的世系，这对我们研究上古文明更是有着不可估量的价值。② 笔者认为，要解开《山海经》这个千古之谜，首先要研究《山海经》的始作者及其文化属性。

（一）《山海经》起于"大禹治水，伯益记物"

伯益著《山海经》之说在汉代学者中得到了普遍认可。西汉末年刘歆

① 刘宗迪：《失落的天书——〈山海经〉与古代华夏世界观》，北京：商务印书馆，2016 年，第 2—3 页。
② 方韬译注：《山海经》，北京：中华书局，2011 年，第 3 页。

的《上山海经表》是有关《山海经》的一篇重要文献，该文献涉及《山海经》四个方面的问题：卷数，成书时间，作者，性质。

《上山海经表》曰：侍中奉车都尉光禄大夫领校、秘书言校、秘书太常属臣望所校《山海经》凡三十二篇，今定为一十八篇，已定。《山海经》者，出于唐、虞之际。昔洪水洋溢，漫衍中国……鲧既无功，而帝尧使禹继之。禹乘四载，随山刊木，定高山大川。益与伯翳主驱禽兽，命山川，类草木，别水土。……禹别九州，任土作贡，而益等类物善恶，著《山海经》。皆圣贤之遗事，古文之著明者也。其事质明有信。①

按照刘歆的说法，《山海经》出自尧舜时期，大禹治理洪水，益与伯翳主驱禽兽（案：学者们普遍认为益与伯翳实为一人，伯翳实为伯益），伯益类物善恶，《山海经》记载圣贤之遗事。东汉时期的学者皆认为《山海经》为禹、益所作，诸如王充（字仲任）《论衡》、赵晔（字长君）《吴越春秋》等。②自汉代之后，历代学者都有研究《山海经》的著作，较为著名的有晋代的郭璞，清代的郝懿行和毕沅等。郭璞在其《山海经序》中云：

此书跨世七代，历载三千，虽暂显于汉而寻亦寝废。其山川名号，所在多有舛谬，与今不同，师训莫传，遂将湮泯。③

郭璞的这段话有四层含义：第一，《山海经》从晋代上溯七代三千年，也就是说成书于夏代。第二，《山海经》在汉代较为显著。第三，《山海经》中的山川名号大多与现名不同。第四，《山海经》历来没有传授，自汉代之后逐渐失传，至晋代行将湮灭。

清代学者毕沅《山海经新校正序》经过具体考证，认为《山海经》的作者是禹和伯益，并认为《山海经》各部分的成书时间并不相同。他说：

《山海经》作于禹、益，述于周秦，其学行于汉……禹与伯益主名山川，定基秩祀，量其道里，类别草木鸟兽。今其事见于《夏书·禹贡》《尔雅·释

---

① （汉）刘秀：《上山海经表》，袁珂：《山海经校注》（附录），北京：北京联合出版公司，2014年，第398页。

② 袁珂：《山海经校注》（附录），北京：北京联合出版公司，2014年，第403页。

③ 袁珂：《山海经校注》，北京：北京联合出版公司，2014年，第400页。

地》。①

有大量史料记载，伯益是东夷人，生活于舜帝、大禹和夏启时期，也就是大汶口文化晚期和山东龙山文化时期。陈新在《伯益考略》一文中说，伯益是虞夏时期著名的东夷部落首领。舜时"虞"即是掌管山林的官。禹立而"举益，任之政"，禹崩时"以天下授益"。但经过一场夺权斗争，禹子启代益践天子职，由此，天下从禅让制变成了世袭制。近四十年的考古收获，尤其是大汶口文化和龙山文化的考古成果，为先秦史中过去认为是"传疑"的不少问题

提供了物证，使之成为信史，学者们普遍认为伯益在历史上实有其人。②

关于伯益的历史功绩，现代学者根据典籍记载各抒己见。何汉文认为有三大功绩：助禹治水有功，驯鸟兽为禽畜，发明凿井术。③ 柳明瑞认为有四，即在以上三者之外，还有首创畜牧业。④ 雍际春认为有五：佐禹平治水土，为舜执掌山林川泽，佐禹平三苗之乱，有占岁、凿井和造箭之功，倡德治法度、勤政爱民等等。⑤ 除此之外，有学者认为伯益还有两大事迹，第一，伯益是"大同世界"禅让制的最后一个坚守者，具有重要的历史意义；第二，伯益著述《山海经》之说，对远古文学和文化流播至今同样意义深远。⑥

古今学者均认为《山海经》是"大禹治水，伯益记物"所著，而且认为《山海经》缘于传说和古图。晋代大诗人陶渊明就有"流观山海图"的名句。清代郝懿行在《山海经笺疏叙》中云：

《山海经》古本三十二篇，……古之为书，有图有说，《周官》地图，各有掌故，是其证已。《后汉书·王景传》云："赐景《山海经》《河渠图》《禹贡图》。"是汉世《禹贡》尚有图也。郭注此经而云："图亦作牛形"，

---

① 王平：《从〈山海经〉序跋看其成书与性质》，《蒲松龄研究》2013年第3期。

② 陈新：《伯益考略》，《禹城与大禹文化文集》2002年。

③ 何汉文：《嬴秦人起源于东方和西迁情况初探》，《求索》1981年第4期。

④ 柳明瑞：《嬴姓溯源——兼论嬴秦根在东方》，北京：中国文史出版社，2003年，第233页。

⑤ 雍际春、王宏谋：《秦人先祖伯益事迹考略》，《西安财经学院学报》2014年第02期。

⑥ 蒲向明、安奇贤：《伯益始秦与其著〈山海经〉之说申论》，《广西社会科学》2015年第10期。

又云："在畏兽书中"，陶徵士读是经诗亦云："流观《山海图》"，是晋代此经尚有图也。……今《禹贡》及《山海图》遂绝迹不复可得。①

就现代学者而言，袁珂先生对于《山海经》研究最系统、最全面，他认为《山海经》是大禹和伯益治水时的经历传说：

> 书名《山海经》，根据我的研究，"经"不是"经典"的意思，而是"经历"的意思；……如果说处于原始社会的禹、益是实有其人，而他们的身份又都是酋长而兼巫师的话，则可说此书的大部分神话内容很可能是由禹口授给他的徒辈再一代代承传下来的。②

《山海经》是上古先民对自己经行世界的一次记述，但说全书皆为虞夏之物显然是证据不足，认为《山海经》并非作于一人一时，而是经过漫长的时间才不断增益成书。杨兴慧、罗大和在《〈山海经〉之作者析考》一文中说：

> 从相关典籍来看，伯益一族确实有条件写出《山海经》。《尚书·舜典》载"畴若予上下草木鸟兽？"佥曰："益哉！"帝曰："俞，咨！益，汝作朕虞。"所谓"虞"，是掌管山泽保护和开发的官，专门与河流、草木鸟兽打交道。这不正是为著《山海经》做准备吗？无怪乎刘歆要说："禹别九州，任土作贡，而益等类物善恶，著《山海经》"。

> 看来《山海经》的作者非伯益莫属了。但是，伯益之时有成熟的文字吗？郭沫若先生根据殷墟甲骨文中已经出现不少形声字的情况，认为甲骨文已经是成熟文字，并以此为据，推论文字的出现应该在盘庚迁殷之前1500年，也就是黄帝时期。这刚好与黄帝的史官仓颉造字的传说相吻合。……但仅仅靠初创时期的文字来记录像《山海经》这样的鸿篇巨制，显然是办不到的。由此不得不承认，刘歆的说法有其不严密之处，他应该把"著"改为"述"，即"而益等类物善恶，述《山海经》。"也就是说《山海经》是由伯益口述（或者有简单的文字提纲）并由其族人口传心授流传下来，最终在某个

---

① 袁珂：《山海经校注》，北京：北京联合出版公司，2014年，第403—405页。
② 袁珂：《中国神话通论》，成都：四川人民出版社，2019年，第1—4页。

时候编辑成书。……到周初时，由宅皋狼或衡父成书，并由造父献给周穆王，从而流传于世。①

刘宗迪先生在《失落的天书——〈山海经〉与古代华夏世界观》一书中认为，隐藏在《海经》背后的文本是一幅图画，《海经》是对这幅图画的叙述。② 他说：

《山海经》其书，自古传为禹、益所作，今人多以此说不足凭信，并考证此书成于战国。禹之时代，尚无文字，因此也不可能有《山海经》这样完整的著述，此自不待言，《山海经》文本最早成书于战国，亦已为学术界之共识。但是，《山海经》其书是缘图以为文，先有图而后有书，其书晚出，却并不妨其图来历甚古。……古人关于禹、益作《山海经》的说法虽不可信，但可能也不是空穴来风，战国时人所见的《大荒经》和《海外经》所据古图很可能确为夏代东夷先民遗篇。③

综上所述，《山海经》始源于尧舜时期"大禹治水，伯益记物"，伯益是东夷部族的首领，《山海经》最初是一幅古图，配以简单的原始文字，《山海经》文本最早成书于战国，所据古图是夏代东夷先民遗篇，记述的是原始社会末端东夷地区的山川物产和远古史事。

（二）《山海经》是大汶口文化的产物

关于《山海经》所反映之地域，诸说虽异，但其思路却大同小异，都是从考证《山海经》地名入手。先把其中的一些地名和地貌与历史或现实中某地的地理相牵合，然后据此推断《山海经》地域。但沧海桑田，山川巨变，今古地名的变迁头绪纷纭，歧义丛生，再加上研究者的地方观念和知识素

---

① 杨兴慧、罗大和：《〈山海经〉之作者析考》，《西南民族大学学报》（人文社科版）2016 年 10 期。

② 刘宗迪：《失落的天书——〈山海经〉与古代华夏世界观》，北京：商务印书馆，2016 年，第 4—6 页。

③ 刘宗迪：《失落的天书——〈山海经〉与古代华夏世界观》，北京：商务印书馆，2016 年，第 651—652 页。

养所导致的偏见，往往专注一点，不及其余。诸如此类的历史地理学的考据就很难做到客观公允，常常流于穿凿附会。

研究《山海经》中的地域和地名，首先要明确《山海经》的时代背景和文化属性。《大荒经》中的帝俊就是古史传说中著名的舜。帝喾、帝舜与帝俊之同一关系，王国维、郭沫若、陈梦家等早有确论。[①]杨宽在《中国上古史导论》第七章《舜与帝俊、帝喾、大皞》中综合王国维、郭沫若、陈梦家之说，举证尤详。[②]刘宗迪认为，舜居东方之说，屡见典籍，舜是东夷之人当属毋庸置疑。而舜亦即帝俊，表明《大荒经》实为东方文化之产物。[③]他说：

《海经》文本中记载的神族谱系大多源于东夷文化，像少皞、帝俊、帝喾在典籍中明确被归于东夷族群的诸神，在《大荒经》中具有至高无上的地位，是证明《大荒经》神话与东夷关系的有力线索；《海经》古图所反映的天文历法制度与山东大汶口文化遗址出土的陶器刻符所反映的天文历法制度一脉相承，表明《海经》所据古月令图所反映的历法制度可以追溯到公元前 2500 年左右的大汶口文化，而文献上的东夷文化和考古学中的大汶口文化在年代和地域上正相吻合……表明《海经》与东夷文化的渊源关系，其文明源头可以上溯到大汶口文化晚期。[④]

公元前 2500 年前的大汶口时代可能还没有成熟的文字，如何会有《山海经》这样复杂的著述呢？刘宗迪先生说：公元前 2500 年前当然不会有《山海经》其书，作为文本的《海外经》和《大荒经》成书于战国时期，这是

---

① 参见王国维：《殷卜辞所见先公先王考》，《观堂集林》卷九；郭沫若：《卜辞通纂》，北京：科学出版社 1983 年版，第 259 片；陈梦家：《商代的神话与巫术》，《燕京学报》1936 年第 20 期。

② 参见杨宽：《中国上古史导论》，《古史辨》，第七册（上），上海：上海古籍出版社，1982 年，第 228 页。

③ 刘宗迪：《失落的天书——〈山海经〉与古代华夏世界观》，北京：商务印书馆，2016 年，第 408—413 页。

④ 刘宗迪：《失落的天书——〈山海经〉与古代华夏世界观》，北京：印务印书馆，2016 年，第 634 页。

毋庸置疑的，但是，在它们的背后，却有着一个古老的文化传统，这个文化传统可以追溯到大汶口文化。①

《大荒经》四方风和四方神与殷墟卜辞四方风和四方神的同一性，证明《大荒经》的历法制度和殷商一脉相承。而《海经》与殷商文化联系，非仅"四方风"之说而已。除此之外，《大荒经》之神系和其中流露出的浓厚的崇鸟习俗，皆足以提示出其与殷商文化的渊源关系。

《山海经·大荒东经》：有人曰王亥，两手操鸟，方食其头。王亥托于有易、河伯仆牛。②

王国维先生认为"王亥"就是殷墟卜辞中的高祖亥。③ 陈梦家《殷虚卜辞综述》同意王说，并进一步论证，王亥即史书上殷之始祖契，亦即少暤。④ 郭沫若、胡厚宣亦认为少暤即契。⑤ 殷发祥于东方，以鸟为图腾，文献中有明确记载。殷商为东方鸟夷之族，现代学者多有述说。东方鸟夷文化也在《海外经》和《大荒经》中留下了明显的印记，整个《海经》古图中到处是羽类荟萃、凤飞鸾舞，俨然是一幅神鸟翔集的壮观画卷。

《山海经·海内经》：鸾鸟自歌，凤鸟自舞，灵寿实华，草木所聚。爰有百兽，相群爰处，此草也，冬夏不死。……有鸾鸟自歌，凤鸟自舞。凤鸟首文曰德，翼文曰顺，膺文曰仁，背文曰义，见则天下和。⑥

《山海经·海内经》包含着华夏民族起源的信息，所呈现的草木所聚、百兽相群，鸾鸟自歌、凤鸟自舞的景象就是虞舜令伯益"主虞"之地的景象：

《史记·五帝本纪》：舜曰："谁能驯予上下草木鸟兽？"皆曰益可。

① 刘宗迪：《失落的天书——〈山海经〉与古代华夏世界观》，北京：商务印书馆，2016年，第445—446页。
② 方韬译注：《山海经》，北京：中华书局，2011年，第292—293页。
③ 参见王国维：《殷卜辞所见先公先王考》，《观堂集林》卷九，第415—418页。
④ 参见陈梦家：《殷虚卜辞综述》，第339—340页。
⑤ 参见郭沫若：《中国古代社会研究》，北京：人民出版社，1954年，第251页。胡厚宣：《甲骨文商族鸟图腾的遗迹》，《历史论丛》第1辑，北京：中华书局，1963年，第134页。
⑥ 袁珂：《山海经校注》，北京：北京联合出版公司，2014年，第374—384页。

于是以益为朕虞。①

《海内经》所言"凤凰首文曰德。……见则天下和"与典籍中记载的凤凰"出于东方君子之国，见则天下大安宁"如出一辙，显然，作为《山海经》之核心的《海内经》叙述的范围就是"东方君子之国"，《山海经》古图就是伯益协助大禹治水和"主虞、驯鸟兽"之时的杰作。

（三）大禹治水的范围在黄河下游大汶口文化区内

袁轲先生在《中国神话通论》一书中说，《山海经》就是"山和海之所经历"或"所经历的山和海"。②也就是说，是大禹和伯益所经历的山和海，即古籍中所说的大禹和伯益治水的经历。

从考古学意义上看，尧舜禹时代是大汶口文化晚期和龙山文化时期，从《史记》等典籍的记载来看，治水是尧舜时期最重要的职责和政绩。

《史记·五帝本纪》：尧又曰："嗟，四岳，汤汤洪水滔天，浩浩怀山襄陵，下民其忧，有能使治者？"皆曰鲧可。尧曰："鲧负命毁族，不可。"岳曰："异哉，试不可用而已。"尧于是听岳用鲧。九岁，功用不成。……舜曰："嗟，然！禹，汝平水土，维勉哉。……唯禹之功为大，披九山，通九泽，决九河，定九州，各以其职来贡，不失厥宜。"③

《史记·夏本纪》：于是帝尧乃求人，更得舜。舜登用，摄行天子之政，巡狩。行视鲧之治水无状，乃殛鲧于羽山死。天下皆以舜之诛为是。于是舜举鲧子禹，而使续鲧之业。……禹乃遂与益、后稷奉帝命，命诸侯百姓兴人徒以傅土，行山表木，定高山大川。禹伤先人父鲧功之不成受诛，乃劳身焦思，居外十三年，过家门不敢入。薄衣食，致孝于鬼神。卑宫室，致费于沟淢。陆行乘车，水行乘船。左准绳，右规矩，载四时，以开九州，通九道、陂九泽，度九山。令益予众庶稻，可种卑湿……。④

---

① 《史记》，北京：中华书局，2006年，第4—5页。
② 袁珂：《中国神话通论》，成都：四川人民出版社，2019年，第1页。
③ 《史记》，北京：中华书局，2006年，第2—5页。
④ 《史记》，北京：中华书局，2006年，第7—9页。

《史记·夏本纪》中，司马迁以多半的篇幅叙述了大禹和益治水的过程，另外在《殷本纪》《秦本纪》中也记载大禹、契、伯益治水成功之后，虞舜封赐的情况。

自春秋始，古代学者均认为大禹治水为历史上真实发生过的一件重大事件。但20世纪20年代，以顾颉刚先生为首的疑古派兴起，疑古派由辨伪书发展到辨伪史，从根本上改变了人们对先秦史——尤其是夏代史的原有看法。

顾颉刚认为大禹只是神话中的人物，是主管山川田土的神，"无论如何，遍治四方名山一事，在禹的时代决计不是人力所能的。"[1]丁文江先生说："禹治水之说绝不可信。""就是要用现代的技术来疏导长江，都是不可能的。石器时代的禹如何有这种能力？"[2]杨宽受此影响亦认为"我们从进化过程看来，禹那时也绝没有平'浩浩怀山襄陵'的洪水本领"。[3]持此说的还有岑仲勉[4]、王宇信[5]等。

疑古派对大禹治水持怀疑否定态度，传统经学派则据理力争。赵光贤先生在其《关于大禹治水的传说》一文中即指出禹确实曾带领民众进行过治理洪水的工作，并发挥了无比力量。金景芳、吕绍刚先生也认为"大禹其人，治水其事，是有文献可征的"。[6]

钱穆、吕思勉、徐旭生等人虽然认为禹治水的范围不像《禹贡》所记那么广，却承认禹曾治水这一传说。沈第云先生更是明确指出禹治水是信史。他说，历史上，在夏代或夏代以前，我国中原大地上确实发生过不止一次的洪水。大禹因治水成功获得各氏族部落的拥护，后来做了虞夏部落联盟

---

① 顾颉刚：《九州之戎与戎禹》，《古史辨》第7册下，上海：上海古籍出版社，1982年，第121页。

② 丁文江：《论禹治水说不可信书》，《古史辨》第1册，上海：上海古籍出版社，1982年，第208页。

③ 杨宽：《禹治水传说之推测》，《民俗周刊》第116—118期合刊。

④ 岑仲勉：《黄河变迁史》，北京：人民出版社，1957年，第73页。

⑤ 王宇信：《由〈史记〉鲧禹的失统谈鲧禹传说的史影》，《历史研究》1986年第6期。

⑥ 金景芳、吕绍刚：《尚书·虞夏书新解》，沈阳：辽宁古籍出版社，1996年，第289页。

的首领。①

综合上述专家学者的观点，疑古派否定大禹治水的观点无非就是怀疑当时治水的能力。因此，如果说大禹治水是信史的话，就其时代背景和能力而言，其治水的范围应当大大缩小，方可令人信服。随着大汶口和龙山文化的发现，结合当时气候和地理环境的变化，能够去伪存真复原大禹治水的历史背景和治水范围。

现代学者大多从自然科学的角度来解释大禹治水。王清《大禹治水的地理背景》一文则从天文学角度出发，阐述了4000多年前洪水暴发的可能性，再叙之与大禹的关系。②吴文祥、葛全胜在《夏朝前夕洪水发生的可能性及大禹治水真相》一文中，首先根据古文献学、考古学以及天文学等多学科交叉研究的成果，认为夏朝建立前夕的史前大洪水是真实发生过的，而大禹治水成功得益于以后的气候好转而并非人力之所为。研究结果较好地解释了多数学者对史前发生洪水的相信但却对大禹治水能否成功的怀疑之间的矛盾。③

大禹治水之所以成功，并非完全是人力所为，其主要原因是公元前2000年前后，气候进入干凉期，雨量和洪涝灾害减少，海平面也随之下降。这为大禹治水提供了有利时机，为龙山文化向中原地区发展，并成为中原主流文化提供了有利条件，从而使大汶口人的文化记忆和族群基因深深的植入中华民族的血脉之中。

根据现代专家学者的研究成果，7000多年前华北平原还没有诞生，那时的海岸线距今天的太行山、大别山并不遥远。随着黄河源源不断地将黄土高原的泥沙带到下游，华北平原才逐渐淤积形成。④高广仁、邵望平在《海岱文化与齐鲁文明》一书中指出，距今4600—4000年，正处于第三次新高

① 沈长云：《论禹治洪水真象兼论夏史研究诸问题》，《学术月刊》1994年第6期。
② 王清：《大禹治水的地理背景》，《中国历史地理论丛》1994年第1期。
③ 吴文祥、葛全胜：《夏朝前夕洪水发生的可能性及大禹治水真相》，《第四纪研究》2005年第6期。
④ 《中国国家地理》，2008年第5期卷首语。

温期，气温比现在高出 2—1.5 摄氏度，当时的海面高于现在的海面。[①] 在这种背景下，华北平原曾经有过一次经久不息的暴雨和洪水灾害，鲁中南山区周围低洼之处成为浅海。

大禹治水的时代，古籍记载为距今 4500 年左右的虞舜时期，这与历史上气候变化的研究结果是一致的。但是，关于大禹治水的地域范围则存在着非常大的争议。徐旭生先生在《中国古史的传说时代》中详细的论述了尧舜禹时期的活动范围、洪水情况和治理洪水的能力，最后总结说：

洪水的发生区域主要的在兖州，次要的在豫州、徐州境内。余州远洪水。禹平水土遍及九州的说法是后人把实在的历史逐渐扩大而成的。[②]

曹定云先生直言："大禹当年治水时，无论是'疏九河'，还是'瀹济漯'，均在黄河下游，即今日河北东南（古黄河以东），山东之西北，恰是《禹贡》所述之兖州。因此，'大禹治水的重点在兖州'这一结论是可信的。"[③]

专家学者论证大禹治水的重点在兖州，其次在豫州、徐州境内，这些地区正是鲁西北、鲁西南、鲁南地区，这些地区也正是大汶口文化时期向西、向南扩散的区域，更是龙山文化时期向中原一带发展的通道。就其河流来讲向兖州方向的是大汶河，豫州方向的是洙泗河，徐州方向的是沂河，显然大禹治水首先是治其活动区域的水，然后随着治水的成功向中原地区发展。此外，关于禹葬会稽的问题，杨向奎先生认为会稽山即山东的蒙山，因为夏族部分人曾南迁到浙江，所以把本来在山东的会稽随之而南迁浙江。[④]由此可以证明，大禹治水治理的就是发源于鲁中南山区的诸多河流，其中最主要的是连接蒙山与泰山之间的大汶河及其上游支流"柴汶河"。

三、《山海经》地域范围在大汶口文化区内

中国的许多神话是附着在古史的传说上的，是古史的一部分。

---

① 高广仁、邵望平：《海岱文化与齐鲁文明》，南京：江苏教育出版社，2005 年，第 2 页。
② 徐旭生：《中国古史的传说时代》，南宁：广西师范大学出版社，2003 年，第 187 页。
③ 曹定云：《大禹治水与大禹分黄河》，《禹城与大禹文化文集》2002 年。
④ 杨向奎：《夏本纪及越王勾践世家地理考实》，《禹贡》1935 年 3 卷 1 期。

　　诚如徐旭生先生所言："掺杂神话的传说与纯粹神话是不一样的，中国古史传说并不是纯粹的神话。"《山海经》是我国神话资料的传世典籍之最，同时又是我国最早的一部人文地理著作。纵观中华五千年文明史，这样的奇书实在是独一无二的，它对于我们认知和研究上古文明起着举足轻重的作用[①]。

　　前文中论述了《山海经》是大汶口文化的产物，始源于"大禹治水，伯益记物"，"大禹治水"范围在鲁中南山区及周边地区，显然"伯益记物"的范围也局限于上述地区，这一地区正是大汶口文化区内，故始源于伯益之手的《山海经》古图记述的必然是远古时期大汶口文化区内的人文地理。显然《山海经》所描述的范围不会超出夏王朝实际控制的区域。

（一）"四海"是鲁中南古岛四周的"海"

　　《山海经》所呈现的世界四面环海，诸如《南山经》云"《南山经》之首曰鹊山。其首曰招摇之山，临于西海之上"。《海外南经》云"地之所载，六合之间，四海之内，照之日月"。《海内南经》云"海内东南陬以西者"。《大荒东经》云"东海之外大壑，少昊之国"等。《海内经》更是包含了北海、南海、东海和西海。关于《山海经》描述的范围，刘宗迪在《昆仑何在？——〈山海经〉昆仑地理考》和《四海之内：〈大荒经〉地域考》中分别说：

　　《山海经》的地域范围远远小于人们的想象。人们有鉴于中国只有东、南方有海，北、西方无海，而《大荒经》《海外经》所呈现的世界都是四面环海，所述皆为四方"海外"的景观，故将其地域想象的非常辽阔。其实，在上古时期，中国版图内部就有一个四面环海之地，即山东地区。……上古时期，山东地区确实是一片四面被水包围的陆地，《大荒经》以及《海外经》所呈现的四面环海、群山环峙的地理景观，只能是上古山东地区。[②]

　　上古时期，山东确是四面环海之地。山东中部，鲁中群山高高隆起。

---

①　方韬译注：《山海经》，北京：中华书局，2011年，第1页。

②　刘宗迪：《昆仑何在？——〈山海经〉昆仑地理考》，《民俗研究》2019年第4期。

正是这一特殊的地理形势，使上古山东地区成为一个以鲁中山区为中心，四面环水，对外相对独立、对内自成一体的地理单元。四面环海、群山列峙的"大荒世界"，反映的就是上古山东地区这一自成一体的地理景观。也就是说，整个大荒版图的北、东、南三方，地域不出山东半岛的北、东、南海岸线，以此类推，《大荒西经》中所记载的"西北海""西海""西南海"必为泰山以西的湖泊沼泽。①

刘宗迪先生说上古时期鲁中山区四面环水，就是《山海经》中的"四海"，景以恩在《华夏神话传说源于山东考》一文中则将范围稍微扩大，说"四海"之内包括山东全境和苏北地区，真正的"四海"是环绕山东半岛的黄海、渤海和山东西部的"巨野泽"。他说：

不少人认为《山海经》中所讲的地名远在祖国四方，甚至跑到北美去，是不对的。仅就《大荒四经》与《海外四经》而论，大体不出山东全境和苏北部分地区。譬如古籍中经常出现的"四海"，汉代的人就到祖国四面边陲去寻找，总是不得要领，矛盾百出。实际上，四海的真正位置应于山东九州四面去寻找。山东是一个半岛兼内陆地区，在山东东部的半岛地区，有真正的海——黄海与渤海（古称南海、东海、北海）环绕其三面，构成了四海的基调；在山东的西部又有西海——即渤海（即巨野泽）……再加上南淮北济，与东面三海基本上形成了"四海"环绕。因此，"四海"是山东九州特有的地理形势，并非子虚乌有。由"四海"确证夏地理实为山东地区。②

丁骕先生认为，公元前5500年鲁中南山区四周都是浅海，从而形成了面积非常大的、独立的大岛，称为"鲁中南古岛"（详见第一章）。公元前2300年大禹治水时期，"鲁中南古岛"除西部为沼泽之外，其余三面仍为浅海。

综上所述，起源于大禹、伯益治水的《山海经》中的"四海"，实为鲁中南古岛四周的浅海和大面积的水泽。

---

① 刘宗迪：《四海之内：〈大荒经〉地域考》，《文史哲》2018年第6期。

② 景以恩：《华夏神话传说源于山东考》，《民间文学论坛》1996年第1期。

（二）"四渎"源于鲁中南山区流入"四海"

"四渎"是个古老的词，最早见著于《尔雅·释水》："江、河、淮、济为四渎。四渎者，发源注海者也。"[1] 现代辞书也都说：四渎，是古代对中国长江、黄河、淮河、济水的合称。对此大家似乎都没有什么异议。但"四渎"的初始含义真的就是这样吗？答案完全不同。

要弄清"四渎"的初始含义，就必须弄清它的产生时代。"四渎"最初见著于《尔雅》，但绝非是《尔雅》时代的产物。《尔雅》最早可能产生于战国。而其收录的"四渎"一定要早于战国，甚至可以追溯到大禹治水之前的造字时代。

《史记·殷本纪》：古禹、皋陶久劳于外，其有功乎民，民乃有安。东为江，北为济，西为河，南为淮，四渎已修，万民乃有居。后稷降播，农殖百谷。[2]

从《史记》记载来看，"四渎"是大禹治水的重点，四渎已修则万民有居。笔者认为，大禹治水的范围在鲁中南山区及周边地区，《山海经》描述的范围也在这一地区，显然大禹所修的"四渎"也在这一范围之内。《汉书·郊祀志》云："四岳各如其方，四渎咸在山东。"[3] 笔者认为所谓"四渎"是发源于鲁中南山区，分别流向东、北、西、南四海的四条主要河流。

1. "东为江"是指沂水

"东为江"，笔者认为应该从三个方面去理解：一是"江在东面"，二是"江向东流"，三是"江流入东海"。显然长江只符合后面两个条件，而不符合首要的条件。范留明在《再读"四渎"之含义》一文中说：

《尔雅》作为最古老的文献辞书，它所收录的应该是濒临失传的更为古老的词汇。那时长江还远没进入中国（中原）的视野，因此"四渎"也应该与长江没有关系。[4]

石泉先生著文认为，上古时期"江"不是长江的专称，而是山东东部

---

① 北京师范大学"汉字研究与现代应用实验室"：《汉字全息资源应用系统》。

② 《史记》，北京：中华书局，2006年，第13页。

③ 《汉书》，北京：中华书局，2007年，第179页。

④ 范留明：《再读"四渎"之含义》，《河南水利与南水北调》2016年第8期。

的沂河。① 笔者认为，沂河完全符合"东为江"上述三个条件：发源于鲁中南山区东部，在大汶口文化区的东部，向东流入鲁中南古岛的"东海"。

2. "北为济"是指齐水

济水，现在一般来说是发源于河南"济源"的一条河，与黄河走向基本平行，济源、济宁、济阳、济南皆与济水有关。但笔者认为，最初《汤诰》所言的"北为济"并非发源于现在济源的"济水"，而应当是从鲁中南山区北部齐地流向北海的一条河流，因其发源于齐地而称"济"。吕思勉先生在《先秦史》一书中认为，汉族起源于东方齐州，因此以齐州为中，齐州即齐国之地。他说："可见吾国古代，自称其地为齐州。济水盖亦以此得名。"②

吕思勉先生在《中国通史》下篇第十九章《中国民族的由来》中说："'齐'即'脐'字，本有'中央'之义。……然则齐州究在何处？我们固不敢断言其即后来的齐国，然亦必与之相近。"③

《山海经·大荒北经》：有北齐之国，姜姓，使虎、豹、熊、罴。大荒之中，有山名曰先槛大逢之山，河、济所入，海北注焉。其西有山，名曰禹积石。④

《大荒经》的中心是"吴"，也就是蒙阴境内的叟虎寨山，《大荒西经》描述的地域就是"吴"北面的地域（详见后文），在这个地域之内有"北齐之国"，有河、济所入的"先槛大逢之山"。由此可见，济水是因发源于《大荒西经》中的"北齐之国"，故名济水，注入北海故称"北为济"。笔者认为，大禹治水（海平面下降）之后，发源于河南"济源"的一条河与发源于鲁中南山区北部"北齐之国"的济水并流入海，大汶口人沿此河溯流而上西迁至中原地区，济水之名带至西部。

3. "西为河"是指柴汶河

"西为河"，现代人理所当然的认为是指黄河，因为其恰在鲁中南山

---

① 石泉：《古文献中的"江"不是长江的专称》，《古代荆楚地理新探》，武汉：武汉大学出版社，1988年，第57—73页。景以恩《共工氏考》，《济宁师范专科学校学报》2000年第5期。

② 吕思勉：《先秦史》，北京：中国文史出版社，2019年，第79—80页。

③ 吕思勉：《中国通史》，南京：译林出版社，2015年，第276页。

④ 袁珂：《山海经校注》，北京：北京联合出版公司，2014年，第357页。

区的西部。但是黄河与济水几乎并行，为什么会区分为"北为济""西为河"呢？笔者认为最初的"河"并非指黄河，而是指发源于鲁中南山区西部，向西流入西海的一条河，而这条河非大汶河莫属。从上文所引《大荒北经》的记载中可见，河、济皆源于"北齐之国"，足以证明"河"是发源于鲁中南山区西北部的河流，这条"河"在《海内北经》《海内西经》中均有记载：

《海内北经》：阳汙之山，河出其中；凌门之山，河出其中。王子夜之尸……舜妻登比氏，生宵明、烛光，处河大泽，二女之灵能照此所方百里。一曰登北氏。【注释】郭璞云：阳汙之山，凌门之山，皆河枝源所出之处也。袁珂案：王子夜，殷王子亥。二女，此二妃皆为尧女，所谓娥皇、女英。①

从《海内北经》的记载中可知，河有两源，分别出自阳汙之山和凌门之山，这两座山名虽无从考证，但这两源却正是大汶河的两源：北源牟汶河（发源于蒙阴与莱芜交界处），南源柴汶河（发源于蒙阴西部）。王子夜是王亥，即《海外东经》中记载的君子之国北面的"竖亥"，而《尚书·尧典》中记载尧"厘降二女于妫汭，嫔于虞"。"虞"即指虞舜，又指"虞"地，是指蒙阴叟虎寨山（详见后文），舜妻"处河大泽"显然就是指"柴汶河"。

《海内西经》：海内昆仑之虚，在西北，……河水出东北隅，以行其北，西南又入渤海，又出海外，即西而北，入禹所导积石山。②

《尚书·禹贡》："导河积石，至于龙门。"③

昆仑之虚的"虚"字"从虍从丘"，"昆仑之虚"就是一座虎形的丘，即蒙阴叟虎寨山（详见后文）。由此可见所谓"西为河"最初确实是指"柴汶河"，"柴"即源于远古时期祭祀祖先和日月山川的"柴祭"。笔者认为，所谓"积石山"是指柴汶河下游北岸的徂徕山，远古时期因郯庐断裂带大地震造成徂徕山山体滑坡，堵塞了柴汶河河道，这就是传说中的"共工怒撞不周山"，而"龙门"则是青龙山西端与徂徕山之间的柴汶河河谷。

① 袁珂：《山海经校注》，北京：北京联合出版公司，2014年，第276—277页。
② 袁珂：《山海经校注》，北京：北京联合出版公司，2014年，第258—260页。
③ 王世舜、王翠叶译注：《尚书》，北京：中华书局，2012年，第81页。

柴汶河与牟汶河在大汶口处并流而成为大汶河,大汶河西流北上汇入黄河,大汶口人又沿黄河向西迁徙,将"河"之名命名到了黄河之上,因黄河之水呈黄色而称"黄河"。石朝江考证说苗族的祖先是"东蒙人",在苗族传说中祖先居住的地方有一条清水河,一条浑水河,笔者认为指的就是大汶河和黄河。

4. "南为淮"是指泗水

"南为淮"最初亦不是指现在的淮河,因为当时淮河流域可能还在一片汪洋之中,对鲁中南山区而言是"南海",所以"南为淮"显然是指发源于鲁中南山区南部,向南流入"南海"的泗水。后来,海平面降低,淮河成形之后,泗水成为淮河的一大支流,淮河之名被淮河主流使用。

《说文》:"渎,沟也。一曰邑中沟。《尔雅》曰:'江、河、淮、济为四渎。'"[1]

《释名》:"渎,独也,各独出其所而入海也。"[2]

从《说文》和《释名》的解释来看,"渎"并非指大江大河,而是独立的发源于"邑中沟"而流入海的水。所以,古代"四渎"绝非现在的长江、济水、黄河、淮河,而是发源于鲁中南山区,分别向东、北、西、南流入鲁中南山区四面之海的沂水、济(齐)水、大汶河(最初指柴汶河)和泗水。鲁中南山区丘陵是大汶口文化和龙山文化的发源地,大汶口人及其之后的龙山人主要沿"四渎"向"四海"之外迁徙,因此又是大禹、皋陶、伯益治理的四条主要河流,故有"四渎已修,万民乃有居。后稷降播,农殖百谷"之说。

(三)"四岳"是泰山、沂山、蒙山、鲁山

传说中的尧舜禹时期亦即考古学上的新石器时代晚期,"洪水茫茫","洪水横流,泛滥天下"。在此特定的历史地理背景下,人们自然选择地势较

① 北京师范大学"汉字研究与现代应用实验室":《汉字全息资源应用系统》。
② 北京师范大学"汉字研究与现代应用实验室":《汉字全息资源应用系统》。

高的地方居住、生产生活，胡厚宣、钱穆曾分别提出"古人居丘说"①及"中国古代山居说"。②山岳对于中国远古时期人类的生活和文化发展发挥着至关重要的作用，由此产生了对山岳的崇拜，山岳成为中国先民祭祀的对象。四岳、五岳观念的发生，便是源于中国早期的山岳崇拜。古代文献记载，在五岳名称固定之前，先秦时期已有四岳之称。

《国语·周语下》：其在有虞，有崇伯鲧，播其淫心，称遂共工之过，尧殛之于羽山。……工之从孙四岳佐之，高高下下，疏川导滞，钟水丰物……祚四岳国，命以侯伯……以养物丰民人也。③

《国语·周语下》两次提到"四岳"，具体所指为传说中尧舜禹时期的四方侯伯。《左传》襄公十四年亦有"我诸戎是四岳之裔胄"的记载。④然《左传》昭公四年却又以四岳为地名：

《左传·昭公四年》：恃险与马，而虞邻国之难，是三殆也。四岳、三涂、阳城、大室、荆山、中南，九州之险也，是不一姓。⑤

周书灿说："囿于材料的缺乏，该段文字中所说九州之险之一的'四岳'究竟是四座山还是一座山，现在无法知晓。"⑥《国语》《左传》中有关四岳的传说，到战国时期，在儒家经典《尚书》开篇《尧典》中不断丰富：

《尚书·尧典》：帝曰："咨！四岳，汤汤洪水方割，荡荡怀山襄陵，浩浩滔天。"……帝曰："咨！四岳。朕在位七十载，汝能庸命巽朕位？"岳曰："否德忝帝位。"曰："明明扬侧陋。"师锡帝曰："有鳏在下，曰虞舜。"……厘降二女于妫汭，嫔于虞。……

正月上日，（舜）受终于文祖。……望于山川，遍于群神……觐四岳群牧，

---

① 胡厚宣：《卜辞地名与古人居丘说》，《甲骨学商史论丛初集》，成都：齐鲁大学国学研究所石印本，1944 年。

② 钱穆：《中国学术思想史论丛》卷 1《中国古代山居考》，合肥：安徽教育出版社，2004 年。

③ 陈桐生译注：《国语》，北京：中华书局，2013 年，第 112 页。

④ 杜预注：《左传》，上海：上海古籍出版社，2016 年，第 542 页。

⑤ 杜预注：《左传》，上海：上海古籍出版社，2016 年，第 723 页。

⑥ 周书灿：《中国早期四岳、五岳地理观念析疑》，《浙江学刊》2012 年第 4 期。

班瑞于群后。①

　　远古时期，神话与历史杂糅，人神不分，人名、地名、官职名混为一体。尽管战国时期已经朦胧形成以四座天下名山为"四岳"的地理观念，但《尧典》作者并没有具体提出"岱宗"外的其他三座名山的名称和所在。

　　《礼记·王制》：天子祭天下名山大川，五岳视三公，四渎视诸侯。②

　　《周礼》《礼记》等典籍在先秦时期固有的"四岳"观念基础上，又有"五岳"之称，但和早期先秦文献所言"四岳"类似，并没有具体所指。直到秦始皇完成天下统一，才"令祠官所常奉天地名山大川鬼神可得而序"：

　　《史记·封禅书》：于是自淆以东，名山五，大川祠二。曰太室，嵩高也。恒山，泰山，会稽，湘山。水曰济，曰淮。……自华以西，名山七，名川四。曰华山，薄山。薄山者，衰山也。岳山，岐山，吴岳，鸿冢，渎山。渎山，蜀之汶山。③

　　秦始皇时期是历史上第一次对天下名山、大川进行整理，但"犹无所谓'五岳'也"。④直到汉宣帝时期，五岳最终通过诏书被确定下来。

　　《汉书·郊祀志》：自是五岳、四渎皆有常礼。东岳泰山于博，中岳泰室于嵩高，南岳灊山于灊，西岳华山于华阴，北岳常山于上曲阳。⑤

　　值得思考的是《尔雅·释地》更有"中有岱岳"之说，著名历史学家蒙文通先生认为："上世华族聚居偏在东北，故泰山为中。……惟见我华族之自东而西。"⑥著名历史学家吕思勉先生似乎也指出："以嵩高为中，乃吾族西迁后事，其初实以泰岱为中。"⑦刘宗迪先生在《失落的天书——〈山海经〉与古代华夏世界观》一书说：

---

①　王世舜、王翠叶译注：《尚书》，北京：中华书局，2012年，第13—18页。

②　胡平生、张萌译注：《礼记》，北京：中华书局，2017年，第259页。

③　《史记》，北京：中华书局，第167页。

④　顾颉刚：《史林杂识初编》，第42页。

⑤　《汉书》，北京：中华书局，2007年，第190页。

⑥　蒙文通：《古史甄微》，《中国现代学术经典·廖平蒙文通卷》，石家庄：河北教育出版社，1996年，第365—366页。

⑦　吕思勉：《先秦史》，上海：上海古籍出版社，1982年，第31页。

以嵩高为中岳，实为周人定鼎河洛之后才能有的观念。……嵩高空据中岳之尊位，却从来没有泰山那般的尊贵，后世帝王封禅仍大多在东岳泰山而不到嵩山，泰山历史之古老，由此可见一斑。

总之，泰山当为最初之中岳，不仅为五岳之尊，而且为天下之中，而在上古想象地理学中，昆仑亦被视为天下之中，……泰山与昆仑皆为天下之中，表明昆仑最初可能就是指泰山。①

综上所述，尧舜禹时期的"四岳"概念既是"四方诸侯"，也是"四方山岳"。"五岳"是在"四岳"的基础上形成的，虽然最早出现于春秋时期，但当时并无具体所指，到秦始皇统一中国之后"五岳"仍无确定，直到汉代才形成现在众所周知的"五岳"。学者根据《尔雅》"中有岱岳"的记载，结合传世文献和考古发现，以为"中岳"的概念因华族自东向西迁徙而西迁，最初的"中岳"是泰山。笔者根据典籍记载和学者的上述论述，进一步认为，最初的"中岳"并非是现在的泰山，而是最初的"东泰山"。

《尚书·尧典》记载的舜"岁二月，东巡守，至于岱宗，柴，望秩于山川。肆觐东后，协时月正日，同律度量衡"，其中的"岱宗"并非现在的泰山，而是其前身"东泰山"。

《史记·封禅书》：公王带曰："黄帝时虽封泰山，然风后、封巨、岐伯令黄帝封东泰山，禅凡山，合符，然后不死焉。"天子既令设祠具，至东泰山，东泰山卑小，不称其声，乃令祠官礼之，而不封禅焉。②

刘宗迪先生在引用《史记·封禅书》的上述记载之后，认为东泰山是泰山的前身，他说：

此东泰山当是泰山之前身，齐地方士既有黄帝封禅东泰山的传说，则东夷民族的天文观测活动中心原本可能是在此地。……"泰山"的字面意义无非是指大山、神圣之山，因其山为观天、通神之地，故以其山为神山，

---

① 刘宗迪：《失落的天书——〈山海经〉与古代华夏世界观》，北京：商务印书馆，2016 年，第 529—530 页。

② 《史记》，北京：中华书局，2006 年，第 178 页。

故名之为泰山。①

笔者认为，"东泰山"即蒙阴曳虎寨山，是《山海经》之《大荒经》的天枢之"吴"（天虞）。"吴"是"天之枢纽"又是天下之中，故为"中岳""吴岳"。

确定了蒙阴曳虎寨山即天下之中的"吴岳"（中岳），那么尧舜禹时代围绕"吴岳"四周的大山即为"四岳"。显而易见这"四岳"就是景以恩先生在《炎黄虞夏根在海岱新考》中所说的"西岳泰山，东岳沂山，南岳蒙山，北岳鲁山"。② 从而解决了《尧典》中只有四岳而无中岳，令历代学者百思不得其解的历史悬案。

（四）"九州""九河"是鲁中南山区的洲、河

"九州"之说来源甚古。古代学者多认为《禹贡》九州是禹时的九州，现代学者否定了这一看法，认为它是春秋战国时的地理形势，非禹时九州。

《尚书·禹贡》：禹敷土，随山刊木，奠高山大川。冀州：既载壶口，治梁及岐。……济、河惟兖州。……海岱惟青州。……海岱及淮惟徐州。……淮海惟扬州。……荆及衡阳惟荆州。……荆河惟豫州。……华阳黑水惟梁州。……黑水西河以雍州。……东渐于海，西被于流沙，朔南暨声教，讫于四海。禹锡玄圭，告厥成功。③

吕思勉先生在《先秦史》中说，洪水的灾害最远大概可以追溯到炎帝、黄帝时期。《禹贡》中说大禹治理水患，足迹遍及长江、黄河两个流域，其他各家书中论述大禹的事迹时都随意展开，其实那些都不是事实。事实上，大禹只是在一个区域之内治水，上文中所说的"九山""九川"以及"九州岛"的情形都是后人夸张的说法。"州"是水中可以居住的陆地，古代唐尧统治天下时，洪水泛滥成灾，百姓只能住在高出水面的陆地上，后来人们便称

① 刘宗迪：《失落的天书——〈山海经〉与古代华夏世界观》，北京：商务印书馆，2016年，第530—531页。

② 景以恩：《炎黄虞夏根在海岱新考》，北京：中国文联出版社，2001年，第38—41页。

③ 王世舜、王翠叶译注：《尚书》，北京：中华书局，2012年，第55—91页。

之为九州岛。古代没有"岛"字，"洲"和"岛"的意思相同。"州"和"洲"是异体字。由此可见，中华民族古代本来是居住在水中的高地上的。兖州原本是汉族的发祥地，《尚书·禹贡》中"降丘宅土"，意思是水患解除后，百姓从丘陵下来，居住在平原地区。[①]

从"州"的甲骨文字形来看，"州"是象形字，自上而下的三条曲线表示河流，中间的小圆圈表示水中的陆地。

《说文·川部》：州，水中可居曰州，周绕其旁，从重川。昔者尧遭洪水，民居水中高土，或曰九州。[②]

"水中可居曰州"，可知其本意当与《诗经·周南·关雎》中"在河之洲"中的"洲"字略同。古时降水丰沛，人们往往居于傍水的高丘之上，因而"州"又成为居住区域的名称，所以从本意上讲，"九州"决非指九个大型的行政区划，而是众多有河流环绕的高地（山丘）的总称。

顾颉刚先生考证《禹贡》中提到的地名、山川名，都是战国时代才出现的，因此认为《禹贡》成书于战国，《禹贡》所载禹划九州应是附会之说。[③] 较《禹贡》九州出现较晚而内涵绝不相同的，还有《淮南子》与《纬书》之九州。

《淮南子·地形训》：何谓九州？东南神州曰农土，正南次州曰沃土，西南戎州曰滔土，正西弇州曰并土，正中冀州曰中土，西北台州曰肥土，正北泲州（济州）曰成土，东北薄州曰隐土，正东阳州曰申土。[④]

《纬书》之《河图括地象》：昆仑之虚，下洞含石，赤县之州，是为中则。东南神州曰晨土，正南迎州曰深土，西南戎州曰滔土，正西弇州曰并土，正中冀州曰白土，西北柱州曰肥土，北方玄州曰成土，东北咸州曰陷土，正东扬州曰信土。[⑤]

《淮南子》与《河图括地象》所描述的九州内容相似。景以恩先生在《炎

---

① 吕思勉著：《先秦史》，北京：中国文史出版社，2019年，第175—179页。

② 《说文解字》，沈阳：辽海出版社，2015年，第55页。

③ 参见杨栋、曹书杰：《大禹传说研究百年回眸》，《历史文献研究》总第29期。

④ 陈桐生译注：《淮南子》，北京：中华书局，2012年，第194—195页。

⑤ 景以恩：《炎黄虞夏根在海岱新考》，北京：中国文联出版社，2001年，第44页。

黄虞夏根在海岱新考》一书中说,有学者认为《淮南子》前五篇(包括《地形训》)为战国时的作品,几乎与现代学者认为的《禹贡》成书年代同时,但《淮南子》九州所包容的内涵却比《禹贡》九州古老的多。因为:

在《河图》九州中有"昆仑墟"之名,而昆仑墟是与古老的山东史前泰山文化联系在一起的,因此,这个九州正是虞夏时的九州。其次,此九州既是山东九州,当与前述四岳、四渎重合而形成一个完整的山东地理系统。四渎既是大禹所治之水,四岳又是大舜所巡守的四岳,那么,处在四渎之中的九州当然也就是大禹所划的九州了。①

吕思勉先生则认为:"古代交通不便,又各部族之间,多互相敌视,本部族以外的情形,就茫昧不明。"所谓"九州"只不过是唐尧时期发洪水时,老百姓经常迁居的几个山坡,那几个山坡就是九州的初始来源。②

《山海经·海内经》:祝融降处于居江水,生共工。……共工生后土,后土生噎鸣,噎鸣生岁十有二。洪水滔天,鲧窃帝之息壤以埋洪水,不待帝命。帝令祝融杀鲧于羽郊。鲧复生禹。帝乃命禹卒布土以定九州。③

上面所引《海内经》记载的"噎鸣生岁十有二"和禹定九州之处就是《大荒西经》记载的天枢之"吴",也就是"昆仑之丘"——蒙阴叟虎寨山(详见后文),也就是说九州就是以"吴"(虞)为中心划定的,所谓"九州"就是诸多河流分割而成的"洲"。正如王献唐先生所言:

蒙在东方,故言东蒙,合地名氏名以证伏羲,知伏羲为蒙族。……伏羲为人皇。……《始学篇》:"人皇九头,兄弟各三百岁,依山川土地之势,裁度为九州,各居一方,因是而区别。"……皇古之州,略如今世之岛,山崖土邱,特为高起,水不能入,绕流为州,地又宽广,足容多人,故可特成部落。……东方民族所居既多为邱山绕水之区,凡此地形,胥名为州,人皇兄弟九人,各居一区,故为九州,……伏羲一族,初为州居水国,实

---

① 景以恩:《炎黄虞夏根在海岱新考》,北京:中国文联出版社,2001年,第44页。
② 杨栋、曹书杰:《大禹传说研究百年回眸》,《历史文献研究》总第29期。
③ 袁珂:《山海经校注》,北京:北京联合出版公司,2014年,第394—395页。

在东方，与九州神州之义一一符合，条理贯通。①

王献唐先生认为，人皇即伏羲，起源于东蒙，伏羲兄弟九人各居一区，故为九州。笔者认为，蒙阴颛臾风国是"伏羲生处，太皞之治"（详见后文），可见，最初的"九州"实为以颛臾风国为中心，鲁中南山区腹地的九处山丘。

《禹贡》一篇除了"九州"之外，还有两处记载"九河"之说，"九河"也出现在战国时期的诸子著作中。《孟子·滕文公上》载："禹疏九河，瀹济、漯而注诸海。"②《荀子·成相》载："禹有功，抑下鸿……北决九河。"③《墨子·兼爱中》载：禹"东方漏之陆，防孟诸之泽，洒为九浍"（"东方漏之陆"或为"东方漏大陆"，"九浍"即"九河"）。④可见战国时期禹疏九河之说已较为盛行。

"九河"之说虽然较为盛行，但是关于九河的更多信息却无处查找。《汉书·沟洫志》记载西汉成帝时，九河"既灭难明"，⑤而许商给出了九河的其中三条河名：徒骇、胡苏、鬲津。⑥《尔雅·释水》更是备列九河名：徒骇、太史、马颊、覆釜、胡苏、简、絜、钩盘、鬲津。⑦这是把后世的九条河附会为《禹贡》九河，并不可信。6 世纪出现的又一部地理学名著《水经注》指出九河故迹已不知其所。⑧至清代，胡渭著《禹贡锥指》，他细加考究，得出结论："九河所在，后人率多附会""然而求九河者正不必尺寸皆合禹之故道，亦不必取足于九。"⑨杨守敬也说："'九'者，极数也，言其甚多，不必限以'九'也，此当以汪容甫《释三九》之义诠之。"⑩古人常以三九

---

①　王献唐：《炎黄氏族文化考》，青岛：青岛出版社，2006 年，第 307—353 页。

②　《十三经注疏》，北京：中华书局，1980 年，第 2705 页。

③　王先谦：《荀子集解》，北京：中华书局，1988 年，第 463 页。

④　吴毓江：《墨子校注》，北京：中华书局，1993 年，第 160 页，第 169—170 页。

⑤　《汉书》，北京：中华书局，2007 年，第 319 页。

⑥　《汉书》，北京：中华书局，2007 年，第 320 页。

⑦　《十三经注疏》，北京：中华书局，1980 年，第 2620 页。

⑧　陈桥驿校证：《水经注校证》，北京：中华书局，2007 年，第 136 页。

⑨　【清】胡渭著，邹逸麟整理：《禹贡锥指》，上海：上海古籍出版社，2006 年，第 69 页。

⑩　杨守敬：《禹贡本义》，《杨守敬集》第一册，武汉：湖北人民出版社，1988 年，第 65 页。

言数,汪中《释三九》,对此有详尽的考辨。他认为"三者,数之成也""九者,数之终也"。数有虚实之分,"实数可稽也,虚数不可执也"。[1] 历史上儒生不知古人用三、九数字虚实的习惯,发生了许多的误解与附会。考之《禹贡》,"三江""九江""九河"等皆为虚数,后世之人强加指实,有违《禹贡》的原指。[2]

研究《禹贡》九河的首要问题是能否将其指实,"九河"不可确指在学界已大致取得共识。在此基础上,笔者认为再将《禹贡》"九河"限定于"四海"之内鲁中南山区之中,并结合相关出土文物和"九河神女"等相关传说,便能找到"九河"的踪迹。

《禹贡》:济、河惟兖州。九河既道,雷夏既泽,灉、沮会同。桑土既蚕,是降丘宅土。[3]

从《禹贡》记载中可知,"九河"在兖州,清代胡渭在《禹贡锥指》中解释"九河既道"如下:

传曰:河水合为九道,在此州界平原以北是。正义曰:河从大陆东畔北行,而东北入海。冀州之东境至河之西畔,水分大河东为九道,故知在兖州之界,平原以北是也。[4]

胡渭所言"河水合为九道"可能是说黄河合并了九河,但笔者认为《禹贡》及后世之人皆将"河"理解为黄河,实际上是错误的。尧舜禹时期的"西为河"实际上是指"柴汶河",故"九河既道"是说九河汇入兖州平原北面、蒙阴盆地中柴汶河和东汶河之间的"雷泽"。《山海经》记载"雷泽有雷神,在吴西",笔者认为"吴"是蒙阴境内叟虎寨山,"雷泽"是蒙阴盆地中的古湖泊(详见后文),所谓"九河"即汇入到汶水之中的数条河流。

《上博简·容成氏》:舜听政三年,山陵不处,水潦不浴(谷),乃

---

① 汪中:《释三九》,《汪中集》,台北:中研院中国文哲研究所,2000年,第73页。

② 张兴照:《〈禹贡〉"九河"与黄河分流》,《首都师范大学学报》(社会科学版)2020年第6期。

③ 王世舜、王翠叶译注:《尚书》,北京:中华书局,2012年,第58页。

④ 【清】胡渭著,邹逸麟整理:《禹贡锥指》,上海:上海古籍出版社,2006年,第67页。

立禹为司工（空）。……决九河之滧（遏），于是乎夹州、徐州始可处。禹通淮与沂，东注之海，于是乎竞（青）州、莒州始可处也。[1]

从《容成氏》的记载来看，禹"决九河"，"通淮与沂"使夹州、徐州、青州、莒州可处。《禹贡》云："海岱及淮惟徐州。淮、沂其乂，蒙、羽其艺。大野既猪，东原底平。"[2]可见，九河在淮沂、蒙羽之间。

《禹贡》：导河积石，至于龙门；南至于华阴，东至于底柱；又东至于孟津，东过洛汭，至于大伾；北过降水，至于大陆；又北播为九河，同为逆河入于海。[3]

《拾遗记·夏禹》：禹尽力沟洫，导川夷岳。黄龙曳尾于前，玄龟负青泥于后。……禹凿龙关之山，亦谓之龙门。[4]

《禹贡》所言"导河积石，至于龙门"，并非黄河之积石、龙门，而是青龙山西端、柴汶河下游河道中的"积石"。笔者认为，"积石"的形成是因郯庐断裂带大地震产生泥石流。禹清理积石，凿开龙门使偃塞湖湖水下泄。"又北播为九河，同为逆河入于海"，实际上是说柴汶河水系与东汶河水系同源但逆向而行，柴汶河入西海，东汶河入东海。

《拾遗记》所言禹尽力沟洫，"黄龙曳尾于前，玄龟负青泥于后"，实际上就是柴汶河南岸的青龙山、龟山。龙关、龙门也指青龙山西端。可见"九河"就是汇入到蒙阴盆地中的众多河流。

《楚辞·河伯》：与女游兮九河，冲风起兮横波。乘水加兮荷盖，驾两龙兮骖螭。登昆仑兮四望，以飞扬兮浩荡。……与女游兮河之渚，流澌纷兮将来下。[5]

《楚辞·离骚》：吾令丰隆乘云兮，求宓妃之所在。【注释】丰隆：

---

[1] 单育辰：《新出楚简〈容成氏〉研究》，北京：中华书局，2016年，第27页。
[2] 王兴芬译注：《尚书》，北京：中华书局，2019年，第63页。
[3] 王世舜、王翠叶译注：《尚书》，北京：中华书局，2012年，第81页。
[4] 王兴芬译注：《拾遗记》，北京：中华书局，2019年，第66—67页。
[5] 林家骊译注：《楚辞》，北京：中华书局，2010年，第68—69页。

神话传说中的雷神。宓妃，神话传说中的洛水女神。①

楚人和屈原都是颛顼的后裔，《楚辞》中的诸多历史、天文和地理知识皆来源于其祖地和祖先。因此《楚辞》中的诸多山河，诸如九河、昆仑、丰隆（雷泽之雷神）、洛水（东汶河，详见后文）都源于楚人的祖地。

综上所述，华夏民族最初的"九州"并非后来《禹贡》中所记的"九州"，而是华夏民族初居之地、四海之中由"九河"分割而成的，可以供古人居住的"九洲"。

四、华夏民族世界观形成于汤谷、蒙谷之间"桑梓之地"

刘宗迪先生在《失落的天书——〈山海经〉与古代华夏世界观》一文中认为，《大荒经》所据古图是古人据以观测太阳出没以定时节的标志物，为确定《海经》世界地域范围的广狭奠定了可靠的基础。《大荒经》所载的七对"日月出入之山"是古人据以观测日月运行的天文坐标系统，它们的范围在人的肉眼视力范围之内。这幅古图描述的是古东夷地区一个方圆百里地方的天文历法知识，是华夏民族宇宙观、历史观的基础。②

《楚辞·天问》中记载日、月"出自汤谷，次于蒙氾"。《山海经·大荒东经》载，"有谷曰温源谷，汤谷上的扶木，一日方至，一日方出，皆载于乌。"《淮南子·天文训》载"日出于汤谷，拂于扶桑，……入于虞渊之氾，曙于蒙谷之浦。" 从这些典籍记载中可知，华夏先民看到的日月所出之处是"汤谷"，日月所入之处是"蒙谷"或"蒙氾""虞渊"，也就是说华夏民族原始的世界观即形成于"汤谷"与"蒙谷"之间。笔者认为，刘宗迪先生所言"方圆百里"的地方就在"汤谷"和"蒙谷"之间的桑梓之地。

---

① 林家骊译注：《楚辞》，北京：中华书局，2010 年，第 22—23 页。
② 刘宗迪：《失落的天书——〈山海经〉与古代华夏世界观》，北京：商务印书馆，2016 年，第 634—650 页。

（一）大汶口先民居蒙山之阴以蒙山为"景柱"

蒙山以北古汶水河流域是华夏民族的"桑梓之地"，在大汶口文化之前，也就是伏羲太皞之前，华夏民族的先民将蒙山视为"景柱"来确定劳动和生活作息。

《淮南子·俶真训》：至德之世，甘暝于溷澜之域在，而徙倚于汗漫之宇，提挈天地而委万物，以鸿蒙为景柱，而浮杨乎无畛崖之际。……至世之衰也，至伏羲氏，其道昧昧芒芒然。【注释】鸿蒙：东方之野，日所出之地。景柱：测日影的表柱。①

"至德之世"是指伏羲之前的时期，这个时期的人们以"鸿蒙"为观测日影的"景柱"，也就是说将"鸿蒙"作为分辨时间早晚的坐标和参照物。"鸿蒙"在东方之野，又被作为观测日影的"景柱"，必然是一座东西走向的大山。纵观华北平原、黄河中下游地区的山岳，笔者认为无论是方位、山形、走势，只有蒙山适合用于"景柱"，蒙山又因其鸿大崆峒而称"鸿蒙"。

《淮南子·道应训》：卢敖游乎北海，经太阴，入乎玄阙，至于蒙谷之上……东开鸿蒙之光。【注释】：蒙谷，北方山名，又为日入之处。②

从《淮南子·道应训》的记载可知，日入之处"蒙谷"与"鸿蒙"同在一处。"蒙阴"单纯从字义上来讲，"阴"是日影的意思，蒙阴便是蒙山的日影，故蒙阴是远古人类"鸿蒙为景柱"观测太阳行动的地方，是大汶口人的祖居之地。

《淮南子·俶真训》只是说伏羲氏之前的古人以鸿蒙为景柱，但没有具体描述太阳的运行记录。《淮南子·天文训》则详尽的叙述了太阳从早上升起到黄昏落下的整个过程和经过的地点。

《淮南子·天文训》：日出于旸谷，浴于咸池，拂于扶桑，是谓晨明。登于扶桑，爰始将行，是谓朏明。至于曲阿，是谓旦明。至于曾泉，是谓蚤食。至于桑野，是谓晏食，至于衡阳，是谓隅中。至于昆吾，是谓正中。至于鸟次，是谓小还。至于悲谷，是谓餔时。至于女纪，是谓大还。至于渊虞，是谓高舂。

---

① 陈广忠译注：《淮南子》，北京：中华书局，2012年，第83—85页。
② 陈广忠译注：《淮南子》，北京：中华书局，2012年，第689—690页。

至于连石，是谓下舂。至于悲泉，爰止其女，爰息其马，是谓县车。至于虞渊，是谓黄昏。至于蒙谷，是谓定昏。日入于虞渊之氾，曙于蒙谷之浦，行九州七舍，有五亿成七千三百九里，禹以为朝昼昏夜。夏日至则阴乘阳，是以万物就而死；冬日至则阳乘阴，是以万物仰而生。昼者阳之分，夜者阴之分，是以阳之胜则日修而夜短，阴令胜则日短而夜修。【注释】旸谷：日所出之处。咸池：东方大泽，日浴之处。扶桑：也作扶木、榑木。东方神木。日出之处。晨明：指晨昏朦胧之时。桑野：东方之地。昆吾：日正午所经之处。渊虞：太阳申时所经之处。虞渊：传说日落之处。蒙谷：北方之山名。定昏：天已黑之时。①

　　《淮南子·天文训》记录的太阳从拂晓到黄昏的运行轨迹，是以观察者定居在一处观察太阳运行的，而不是观察者追着太阳去寻找日出日落的，只有这样才可以说太阳到哪个位置吃早饭，到了哪个位置吃午餐，又到了哪个位置吃晚饭。显然，《淮南子·天文训》关于太阳运行轨迹的记载，是栖息于蒙山之阴、以蒙山为景柱的东夷人所看到的日出、日落的真实景象和过程。因此，上面引文中的诸多地名、山名、水名并非是相距遥远的地方，其原型就是居于蒙山之阴的先人们目所能及的蒙山山峰及其东、西两翼的山谷，以及树木、水泽和河谷。

　　《淮南子·天文训》：日出旸谷，……至于虞渊，是谓黄昏。……行九州七舍。【注释】高诱注："自旸谷至虞渊，凡十六所，为九州七舍也。"

　　此日行十六所即十六时，甘肃放马滩秦简甲种《日书》也有相关的记载。②十六时制为天文学家更准确地描述日月运行提供了一套合理的数据，《淮南子·天文训》以十六所为太阳行经之地，已明确阐释了这种时制的性质。③秦嬴的先祖是颛顼之后裔伯益，伯益主"虞"之地在蒙阴颛臾风国，显然天水放马滩秦简《日书》的记载源自于秦嬴故里颛臾风国。

---

① 陈广忠译注：《淮南子》，北京：中华书局，2012年，第145—147页。
② 放马滩秦简整理小组：《天水放马滩秦简甲种〈日书〉释文》，《秦汉简牍论文集》，兰州：甘肃人民出版社，1989年。
③ 冯时：《殷代纪时制度研究》，《考古学集刊》2006年00期。

（二）日出于郯庐断裂带汶水入沂处的"汤谷"

"汤谷"是一个非常著名的地理标志，是东方日出之谷。在《淮南子·天文训》记载"日出汤谷"之前，"汤谷"早已出现在《山海经》《楚辞·天问》等诸多先秦古籍中。

《山海经·海外东经》：下有汤谷。汤谷上有扶桑，十日所浴，在黑齿北。居水中，有大木，九日居下枝，一日居上枝。【注释】郭璞云："谷中水热也。"①

《山海经·大荒东经》：有谷曰温源谷，汤谷上有扶木。一日方至，一日方出，皆载于乌。【注释】郭璞云："温源即汤谷。"②

《尚书·尧典》：（尧）乃命羲和，钦若昊天，历象日月星辰，敬授民时。分命羲仲，宅嵎夷，曰旸谷。寅宾出日，平秩东作。③

先秦典籍和传说中，太阳出于汤谷，入于蒙汜，实际上是大汶口先民观察到的太阳升起和落下的地方，其位置非常明确：大汶口先民栖息地的东面是"汤谷"，西面是"蒙汜"。随着大汶口人西迁至中原，"日出汤谷，入于蒙汜"成为了中华民族的记忆，一直流传下来，并被记录在先秦古籍和秦汉时期的著作之中。

但是，随着时间的推移和华夏民族活动范围的扩大，古人仍然以自己为中心，认为汤谷在自己的东方，蒙汜在自己的西方，忘记了自己的本源所在。学者们已经无法确定"汤谷""蒙汜"的概念及其位置，将其视为神话传说中的地点。后世学者更是将东方日出之地的"汤谷""扶桑"无限扩大到日本、朝鲜，将日落之处"蒙谷""蒙汜"无限扩大至西极。随着近代以来考古发现，尤其是大汶口文化在中华文明形成中的源头地位的确定，学者们已经开始认识到先秦传说的真实性，但对"汤谷""扶桑""虞渊""蒙汜"等地名仍然缺乏认真地考证。

单纯对于"汤谷"而言，有些人认为其在辽西，"今辽西渤海沿岸，

---

① 袁珂：《山海经校注》，北京：北京联合出版公司，2014年，第231页。
② 袁珂：《山海经校注》，北京：北京联合出版公司，2014年，第302页。
③ 王世舜、王翠叶译注：《尚书》，北京：中华书局，2012年，第7页。

早有阳夷、于夷居住"。^①有些人认为"嵎夷""汤谷"在山东半岛东端成山头,后来嵎夷迁至朝鲜半岛,"汤谷"也随之到了朝鲜。^②有的人认为"汤谷"在山东日照。显然,这些观点仍然没有从大汶口先民的祖居地地理特征去领会"汤谷"的真实内涵。

汤谷,又称"温源谷""旸谷""阳谷",是大汶口人对太阳升起的山谷(河谷)的不同称呼。笔者认为"汤谷""温源谷"是指太阳升起之地的地理环境和自然现象;而"旸谷""阳谷"则是因为太阳从"汤谷""温源谷"中升起而得名。

《说文·水部》:汤,热水也。从水。易声。^③

"汤"的本义是热水、开水,专指温泉。如《山海经》"上申之山,汤水出焉",也指热水浴池。^④天然温泉形成的条件有三个:一是地下必须有热水存在;二是必须有静水压力差导致热水上涌;三是岩石中必须有深长裂隙供热水通达地面。^⑤简而言之,温泉既要有"汤",也要有"谷",两者缺一不可。显然"汤谷"是一个特定环境下的地名,这个特定的环境与地质结构有关。

"汤谷"是东方太阳升起之处,与日落之处的"蒙谷"和"虞渊"相对应,"蒙谷""虞渊"在蒙山西麓(详见后文),显然"汤谷"就在蒙山东麓。那么,蒙山东麓为何称为"汤谷""温源谷"呢?显然这与华北克拉通破坏形成的中国乃至亚洲最大的断裂带——郯庐断裂带有关。

郯庐断裂带是我国东部的巨型构造带,蒙山位于郯庐断裂带中部西侧,沂沭断裂带两侧分布有高温热泉,并存在地热梯度异常。^⑥沂沭断裂带地热

---

① 傅朗云、杨旸:《东北民族史略》,长春:吉林人民出版社,1983年;崔向东:《朝阳地名来历与含义的文化解读》,《辽宁师范大学学报》2016年第1期。

② 刘凤鸣:《嵎夷、旸谷地望考》,《中国历史地理论丛》2011年第2期。

③ 《说文解字》,沈阳:辽海出版社,2015年,第602页。

④ 北京师范大学"汉字研究与现代应用实验室":《汉字全息资源应用系统》。

⑤ 何小芊:《中国温泉旅游的历史地理研究》,华中师范大学博士论文,2012年。

⑥ 刘昌铨、祝治平、李捍东、张成科:《连云港—临沂—泗水测深剖面及临沂8.5级地震深部构造背景》,《地震》1983年第3期。

区目前已经发现的 4 个地热田分布在其南段的沂水—临沂一带，温度最高的汤头地热田内的一地热孔孔口水温 74 摄氏度。[①] 汤头温泉自然出露于汤头镇汤河的左岸边、汤山下（古火山口），具有 2600 多年的历史，公元前 86 年即已建村，汉昭帝时封刘安国为温水侯，因处汤水源头，故名"汤头"。北魏水文学家郦道元的《水经注》有"汤泉入沂"之说，《沂州府志》将"野馆汤泉"列为"琅琊八景"之首。[②]

沂沭断裂带是一条深切地壳的断裂带，导致深部地幔物质沿断裂带上涌，在这一区域内高温热泉的分布如下：沂南铜井新旺沟温泉，水温 72 摄氏度。临沂汤头温泉，水温 51—70 摄氏度。东海横沟汤庙温泉，水温 82 摄氏度。沿断裂带两侧有新生代火山活动，临朐、沂水北、昌乐等地有第四纪火山口十余处。[③] 因此，在蒙山、沂河之间形成的凹陷谷地中，自沂水许家湖、沂南铜井，再到临沂汤头，形成了一条沿沂河河谷分布的"汤谷"。

1959 年汤头温泉水温 70 摄氏度左右，泉自流量为每小时 388 立方米。1964 年地热井成井水温 72 摄氏度，1980 年水温 64.25 摄氏度，2000 年时水温则下降至 48—55 摄氏度。[④] 由此可见，汤头温泉无论是水量、水位，还是水温都呈现出逐年递减的态势，这除了过度开采的原因之外，还与断裂带内部地质结构渐趋稳定有关。由此可以向上推算，6000 多年前，这一谷地中温泉的数量、水量要比现在多得多，水温也要比现在高很多。可以想像得到那时的蒙山东麓、沂河河谷是一条常年弥漫着热气，流淌着热汤，名符其实的"汤谷""温源谷"。祖居于蒙山之阴、沂河以西的大汶口人，每天早上看到的景象就是太阳从"汤谷"中升起。

---

① 康凤新、张中祥、徐军祥：《科学开发中国地热资源——科学开发中国地热资源高层研讨会论文集》2008 年。

② 王宏雷、祝丽媛：《临沂市温泉（井）成热机制分析及找热方向研究》，《山东国土资源》2018 年第 10 期。

③ 刘昌铨、祝治平、李捍东、张成科：《连云港—临沂—泗水测深剖面及临沂 8.5 级地震深部构造背景》，《地震》1983 年第 3 期。

④ 董咏梅、李占华、陈士磊：《沂沭断裂带临沂地热资源开发利用与保护》，《资源开发与市场》2009 年第 11 期。

关于"汤谷""温源谷"在《水经注》中也有明确记载。

《水经注》：沂水又南迳阳都县故城东，县，故阳国也。……沂水又南与蒙山水合，水出蒙山之阴，东流迳阳都县南，东注沂水。沂水又左合温水，水上承温泉陂，而西南入于沂水者。①

《水经注》的上述记载，十分准确的界定了蒙山、蒙阴与"汤谷"与"阳都""阳国"的位置。由此可见，古籍记载的"汤谷""温源谷"就是《水经注》中记载的蒙山以东、阳都县南的"温水""温泉陂"。

古籍中还有"日出旸谷""日出阳谷"的记载，这都是由"日出汤谷"演化而来，蒙山以东现沂南境内古代有"阳"邑、"阳国""阳都"，也因"旸谷""阳谷"而得名。

《说文·日部》：旸，日出也。从日，易声。《虞书》曰："旸谷。"【注释】"旸"的本义为日出。如《淮南子·地形训》："旸谷榑桑在东方。"也指太阳。②

旸谷、阳谷是指太阳升起的山谷或河谷，因为"汤谷"是日出之谷，所以又称"旸谷"，也称"阳谷"。"汤谷"位于蒙山以东、沂沭断裂带之上，除了众多的温泉为证之外，还有春秋时期的阳邑、阳国可以佐证，如果再向上追溯的话，还可以溯源到夏禹避于"阳"的"阳都"。

阳都故城位于今沂南县城界湖镇南14公里，东汶河与沂河交汇处南2公里的任家庄与孙家黄疃之间，可见到西周至汉代的文化遗迹。除西周文化遗址外，阳都故城所见的古文化遗存以汉代为主，而汉画像石墓则又是汉代的主要遗存之一。在画像的内容上，故城南孙家黄疃村内的四面画像石、商家黄疃村北画像石墓出露的墓门横额、任家庄村西北汉画像石墓出土的画像石上都见有双凤鸟衔联珠、车骑人物等。故城遗址上发现的诸多瓦当，表明该城即是秦汉时期的琅邪国阳都县城。③该地也是西周时期的"阳"国所在地。④

① 陈桥驿校证：《水经注校证》，北京：中华书局，2013年，第580页。
② 《说文解字》，沈阳：辽海出版社，2015年，第893页。
③ 徐淑彬：《山东沂南阳都故城考古调查》，《东南文化》1993年第1期。
④ 谭其骧主编：《中国历史地图集》，北京：中国地图出版社，1982年，第17—18页。

《淮南子·天文训》中说"日出旸谷，浴于咸池"，咸池是东方大泽，日浴之处。① 东方大泽之所以称为"咸池"，是因为泽中之水是咸水，也就是海水。显然，"咸池"是指"汤谷"以东的海水，然而这片海又不是现在的东海，而是 7000 年前海平面上升时侵入到"鲁中南古岛"东南部、沂沭断裂带低洼之处的浅海。大汶口文化早期的古人们认为，太阳在东方的浅海（咸池）中沐浴完之后，从热气腾腾的"汤谷"中升起来，开始了一天的行程。

（三）日拂于蒙山东麓日月所出之山的"扶桑"

《淮南子·天文训》记载，日出于汤谷，"拂于扶桑，是谓晨明。登于扶桑，爰始将行，是谓胐明。"这句话的意思是：太阳从东方汤谷升起，在扶桑枝下拂过，这时是早晨朦胧之时。太阳升上扶桑枝头，将开始一天的旅程，这时是天将亮时。"扶桑"一词始见于《山海经》《楚辞》等先秦典籍中，在秦汉以后的著作中大多将其注释为东方神木，日所出之处。②

《山海经·海外东经》：汤谷上有扶桑，十日所浴，在黑齿北。居水中，有大木，九日居下枝，一日居上枝。【注释】郭璞云："扶桑，木也。"③

《楚辞·离骚》：饮余马于咸池兮，总余辔乎扶桑。折若木以拂日兮，聊逍遥以相羊。④

《楚辞·九歌·东君》：暾将出兮东方，照吾槛兮扶桑。抚余马兮安驱，夜皎皎兮既明。⑤

东方扶桑，十日并出，都是中国古典神话的重要主题，其最初的出处正是《海外经》。《山海经》是因图以为文，上面的引文表明，在《海外经》所据古图的东方图中，有一棵树（扶桑），树的周围环绕着十个太阳。实际上表示太阳在天空中的"十个"位置，后人却误认为那十个日轮是天上十

---

① 陈广忠译注：《淮南子》，北京：中华书局，2012 年，第 145 页。
② 陈广忠译注：《淮南子》，北京：中华书局，2012 年，第 145 页。
③ 袁珂：《山海经校注》，北京：北京联合出版公司，2014 年，第 231 页。
④ 林家骊译注：《楚辞》，北京：中华书局，2010 年，第 19 页。
⑤ 林家骊译注：《楚辞》，北京：中华书局，2010 年，第 64 页。

日并出的奇观。与扶桑同类的神木建木、若木、扶木之类，自然也是由测日之表这一原型蜕变而来。测日之表一旦被神化为十日所栖的东方神树扶桑，在神话和造型艺术中就会日益被添枝加叶，逐渐蜕却其简单的原初形象而面目全非。①

传说具有变异性，"扶桑"在传承过程中逐渐由树木演变成为地名、国名。如《梁书·诸夷列传》载：

扶桑国者，齐永元年，其国有沙门慧深来至荆州，说云："扶桑在大汉东二万余里，地在中国之东，其土多扶桑木，故以为名。"……慧深又云："扶桑东千余里有女国，容貌端正，色甚洁白，身体有毛，长发委地。"②

自《梁书》问世后，其他史部典籍如《南史》《通典》《册府元龟》《通志》《文献通考》中关于扶桑国的纪事都是承袭《梁书》而来，似乎已成信史。1752 年法国学者德·岐尼看到《文献通考》关于扶桑国的记载，提出扶桑国在墨西哥的美洲说。③

慧深描述说，"扶桑东千余里有女国，容貌端正，色甚洁白，身体有毛，长发委地。"此说实际是指九夷之中的"白夷"。李德山考证说，白夷首见于甲骨卜辞中，如："丑卜、贞寮白人。"此"白人"即"白夷"，《山海经·海外西经》作"白民之国"，《大荒东经》作"白民"。对其名义，古代学者多认为此族服饰尚白，故名。④ 笔者猜测有一种可能是与太阳崇拜有关，大汶口文化遗址出土的陶文"日月山"既是太皞（太昊）的名号，

---

① 刘宗迪：《失落的天书——〈山海经〉与古代华夏世界观》，北京：商务印书馆，2016 年，第 96 页。

② 《梁书》，北京：中华书局，1973 年，第 808 页。

③ 陈再勤：《慧深到的扶桑国与女国》，《荆楚历史地理与长江中游开发》2008 年中国历史地理国际学术研讨会论文集。

④ 李德山：《〈古本竹书纪年〉之白、方、畎、蓝诸夷考略》，《古籍整理研究学刊》1994 年第 5 期。

又是大汶口人的族徽。① 太皞即大白，大汶口人即白夷、白民。由此可见，慧深所描绘的"扶桑国"源自于对《山海经》记载的"扶桑"和"白民之国"的错误理解和演义。

"扶桑"经历了从原始意义上"景柱"之上的"表木"到东方神木的演变，也经历了从树名到地名，再到国名的演变。笔者认为，"扶桑"出自《山海经·大荒东经》和《海外东经》中，其原型实际上是在汤谷以西、蒙山东麓上的"榑桑"，也就是《庄子·外篇·在宥》记载的"过扶摇之枝而适遭鸿蒙"中的"扶摇之枝"。②

王献唐先生在《炎黄氏族文化考》中用很长的篇幅论证了扶桑在东夷地区，扶桑来源于风桑，其地在凤族聚居地。

《炎黄氏族文化考》：东方九夷之区，古有扶桑，扶桑所在，历代史籍及《山海经》《说文》诸书，说多不同。风族业桑，异族因称其桑曰风桑，风音转扶，遂为扶桑，犹后称西番之莲为西番莲，茄为番茄，胡人之琴为胡琴，床为胡床也。扶桑亦作榑桑，……风族散布东方，远出海外，桑于此处者曰扶桑，桑于彼处者亦曰扶桑。扶桑之地之族，后迁他处，沿旧为称，仍曰扶桑。以扶桑地非一处，故各书所载不同。③

根据王献唐先生的论证，凤族业桑，扶桑出自凤族之地，随着凤族迁徙他处，将"扶桑"之名也带到他处。蒙阴颛臾是凤姓宗子之国，又是凤凰图腾的诞生地，因此"扶桑"自然出于东蒙。

"扶桑"在东夷地区，在汤谷之上，到底在何处呢？《山海经·大荒东经》中说其在"孽摇頵羝"。

《山海经·大荒东经》：大荒之中，有山名曰孽摇頵羝，上有扶木，……有

---

① 参见田昌五：《古代社会断代新论》，北京：人民出版社，1982年，第53—54页。饶宗颐：《中国古代东方鸟俗的传说——兼论大皞少皞》，《中国神话与传说学术研讨会论文集》，上册，台北：汉学研究中心，1996年。
② 方勇译注：《庄子》，北京：中华书局，2010年，第165—172页。
③ 王献唐：《炎黄氏族文化考》，青岛：青岛出版社，2006年，第388—389页。

谷曰温源谷,汤谷上有扶木。【注释】郭璞云:"扶木当为榑木。"①

《山海经》之《大荒经》由《大荒东经》《大荒南经》《大荒西经》《大荒北经》和《海内经》五部分构成,呈现出一幅群山环抱的地理景观。在这个峰峦连绵的世界中,最引人注目的是其东方和西方各有七座日月所出之山和日月所入之山。其中《大荒东经》明确记载的日月所出之山有"大言""合虚""明星""鞠陵于天、东极离瞀""猗天苏门"和"壑明俊疾"等6座。

汤谷、扶木(亦即扶桑)在神话中皆为日出之地,因此,刘宗迪先生认为上有扶木、名曰"孽摇頵羝"的山就是另外一座日月所出之山。无独有偶,《大荒西经》则有7座日月所入之山。②

吴晓东先生认为《大荒经》中心有一个"观象台",刘宗迪先生认为《大荒经》中七对日月所出入之山在人的肉眼视力范围之内,笔者认为《大荒经》中间的观象台即蒙阴叟虎寨山(详见后文),故

"扶桑"及上有扶木的"孽摇頵羝"之山即在蒙阴叟虎寨山东面的几十公里、肉眼视力范围之内。

蒙山因山势雄伟鸿大而称鸿蒙。鸿蒙是大汶口先民的"景柱",而蒙山东北部的"扶桑"也因作为日出的参照物而被称为东方神木。《淮南子·天文训》中说:"(日)拂于扶桑,是谓晨明。登于扶桑,爰始将行,是谓朏明。"早上太阳升起于东方扶木之上,这就是"東"字本义(见图2-1)。

图2-1 "东"字的演变

---

① 袁珂:《山海经校注》,北京:北京联合出版公司,2014年,第302页。
② 刘宗迪:《失落的天书——〈山海经〉与古代华夏世界观》,北京:商务印书馆,2016年,第20页。

《云笈七籤》卷 100《轩辕本纪》：东者，动也，日出万物乃动也。东字从日穿木，以日出望之，如穿扶桑之林木也。[1]

《说文·东部》：東，动也。从木。官溥说：从日在木中。凡東之属皆从東。[2]

《正字通》引《说文》曰："东，动也。从日在木中。会意。又郑樵通志：日在木中曰东，在上曰杲。在下曰杳。木若木也。"[3]

对居于蒙山之阴、桑梓之地的大汶口先民而言，"扶桑"所处的位置即东方，"東"字即源于"日拂于扶桑"。与扶桑有关的字还有"杲""杳"二字，《说文解字》"杲。明也，从日在木"，"杳。冥也。从日在木下"。[4]"杲"的意思是太阳升到扶桑树顶上，天大明；而"杳"的意思则是太阳落到"若木"之下天就昏暗下来。

根据以上论证和分析，历史上久负盛名的"汤谷"，"扶桑"之谜终于找到了准确的答案："汤谷"在华北地区最大的地震断裂带（郯庐断裂带）中部，在蒙阴盆地（朝阳之谷）的东端，也就是东汶河汇入沂河之处；而"汤谷之上有扶桑"则是指汤谷以西，《大荒西经》记载的日月所出之山上面的"榑桑"。

（四）日入于蒙山西麓"蒙谷""蒙氾""虞渊"

据《淮南子·天文训》记载，太阳登于扶桑是黎明之时，其后至于曲阿、曾泉，上午九点左右"至于桑野"，接近中午的时候"至于衡阳"，正午时分"至于昆吾"。"曲阿"是山名，"曾泉"是"东方多水之地"，"桑野"是"东方之地"，"衡阳"是山名。[5]对于上述地点，笔者认为"曲阿""曾泉"具体位置虽无从考证，但大体位置必然是在汤谷、扶桑以西；"桑野"则必定是在蒙阴"桑泉水"流域，其位置大约在蒙阴叟虎寨山东南；

---

[1] 《云笈七籤》，北京：中华书局，2003 年，第 2157 页。

[2] 《说文解字》，沈阳：辽海出版社，2015 年，第 19 页。

[3] 北京师范大学"汉字研究与现代应用实验室"：《汉字全息资源应用系统》。

[4] 北京师范大学"汉字研究与现代应用实验室"：《汉字全息资源应用系统》。

[5] 陈广忠译注：《淮南子》，北京：中华书局，2012 年，第 146 页。

"衡"从大,"衡阳"可能是指蒙山主峰。至于太阳中午到达的"昆吾",笔者认为就是蒙阴叟虎寨山,也就是君子之国的天文观象台——"昆仑之丘"(详见后文)。

下午的太阳先后至于"鸟次""悲谷""女纪",这些古老的地名无从考察,但大体位置必然在蒙阴叟虎寨山西南。傍晚时分,太阳"至于渊虞",又经过"连石""悲泉",黄昏之时"至于虞渊",天黑之时"至于蒙谷","日入于虞渊之汜,曙于蒙谷之浦"。

笔者认为《淮南子·天文训》所称的"虞渊之汜"也就是《淮南子》《楚辞》记载的"蒙汜",而"蒙谷"也即夸父逮日景之"禹谷"(虞)。

《楚辞·天问》:出自汤谷,次于蒙汜。自明及晦,所行几里?【注释】蒙汜,或称蒙谷,日落之处。①

《淮南子·览冥训》:凤凰之翔至德也,……翱翔四海之外,过昆仑之疏圃,饮砥柱之湍濑,遭回蒙汜之渚。②

《山海经·大荒北经》:夸父不量力,欲追日景,逮之于禹谷。将饮河而不足也,将走大泽。【注释】郭璞云:"禹渊,日所入也,今作虞。"③

从上述典籍的注释来看,"蒙谷""蒙汜""虞渊""禹渊"都是指日落之处。蒙汜、虞渊,蒙谷、禹谷(虞)可相互指代。笔者认为,典籍中的这些记载绝非巧合,而是因为这些地点同在蒙山西麓、蒙阴叟虎寨山以西。

《尔雅·释地》记载齐州西部"大蒙"是日落之处,显然"大蒙"即指"蒙谷""虞渊"。吕思勉先生认为齐州地域与后来的齐国相近,笔者认为齐州的南界"丹穴"就在蒙阴叟虎寨山(虞)山北邻(详见后文),因此,作为齐州西界的"大蒙"(蒙谷)就在蒙阴叟虎寨山的西面。

---

① 林家骊译注:《楚辞》,北京:中华书局,2010 年,第 80 页。
② 陈广忠译注:《淮南子》,北京:中华书局,2012 年,第 318 页。
③ 袁珂:《山海经校注》,北京:北京联合出版公司,2014 年,第 360 页。

（五）华夏民族世界观始源于蒙阴"桑梓之地"

蒙山、沂水是华夏民族的"桑梓之地"，华夏先民世界观、历史观也必然形成于"桑梓之地"。清代学者陈逢衡早已注意到《大荒经》中日月出入之山的记载，并独具慧眼的指出这一记载与观察日月行度以确定季节的习俗有关。① 《大荒经》和《海外经》所反映的历法制度就是大汶口先民仰望朝日出山，目送落日归山的真实写照。② 《大荒经》中的这七对"日月出入之山"分布于蒙山之阴，"汤谷""蒙谷"之间，也就是蒙阴"桑梓之地"，从而构成了华夏先民的世界观、历史观的原型。正如刘宗迪先生所言：

在人类文明发展史上，历法制度一开始并不仅仅是一种单纯的实用知识。历法以及与之相关的天文学，为人类奠定了时间和空间的尺度，是人们领会宇宙、历史和世间万物的基础，因此，它实际上就是先民的宇宙观、世界观和历史观。③

华夏民族的世界观也体现在"夸父追日"的神话之中，夸父追日经过的地方就是古代华夏认知的世界。"夸父追日"这一壮丽的神话源于何种文化原型或集体记忆呢？夸父追日的世界有多大呢？

冯时先生在《中国古代的天文与人文》一书中认为，夸父追逐的并非太阳，而是日影。殷墟甲骨文中，也有关于"立中"的说法，估计与影长测量有关。④ 郑文光在《中国天文学源流》一书中说：

十分清楚，夸父追的是日影。而古代天文学正是从测量日影开始的。追赶着太阳的运行，不断测量太阳的影子，直至日落西山。从这个意义上说，夸父可说是最早的天文学家。把他神话化了，就变成追逐太阳的巨人。⑤

---

① 刘宗迪：《失落的天书——〈山海经〉与古代华夏世界观》，北京：商务印书馆，2016 年，第 19—21 页。

② 刘宗迪：《失落的天书——〈山海经〉与古代华夏世界观》，北京：商务印书馆，2016 年，第 435—446 页。

③ 刘宗迪：《失落的天书——〈山海经〉与古代华夏世界观》，北京：商务印书馆，2016 年，第 649—650 页。

④ 冯时：《中国古代的天文与人文》，北京：中国社会科学出版社，2006 年，第 9 页。

⑤ 郑文光：《中国天文学源流》，北京：科学出版社，1979 年，第 38 页。

刘宗迪先生认为，夸父是一名历官，其"追日景，逮之于禺谷"，本义并非是说夸父追赶着太阳的影子从东方天边跑到西方天边（禺谷），天本无边，要测量日影一天之内的变化，也无须随着太阳的运行移动观测点，而且为了观测的准确，观测点非但不能移动，而且必须是固定的。"追"字不但有追逐、追赶之义，还有"依据""因循"之义，《集韵·支韵》云："随，《说文》：'从也。'古作追。"因此，所谓"追日景"，不过是说追随着太阳在天穹中的运动，用立于固定观测点的表木测量其投影的角度和长短变化。①

关于"夸父"的族属问题，丁再献、丁蕾在《东夷文化与山东骨刻文释读》一书中论证说：

夸父，东夷族人，山东是东夷夸父族南迁的一个部落，应是一群人的名称。夸父的原型是山东人，夸父族身材高大，东夷有大人国、巨族之称，……而江淮俚语又曰："山东老侉"，均来自"夸父氏"。他们为什么都崇拜太阳神和龙凤，因他们是东方人，即东夷人。"东"的繁体字是由"木"和"日"组成，即日出扶桑。……大汶口男子平均 1.75 米，与同时代的半坡宝鸡组相比高出 5 厘米，这就是山东大汉的由来。②

从上述学者的认述中可知，夸父是东夷族群的一名历官，所谓"夸父追日"实际上是在一个固定的位置测量"日影"。这个位置在何处呢？显然就在"禺谷"，也就是郭璞所云的"今作虞"。刘宗迪先生认为，夸父是在一个固定的位置观测太阳在天穹中运动的轨迹，而不是追赶着太阳去观测。"虞渊"既是一个空间坐标点，又是一个时间坐标点。③

显然，夸父追日"逮之于禺谷"就是在蒙阴曳虎寨山（虞）上观测日影的变化，华夏先民对于宇宙和世界的观点就始源于蒙阴曳虎寨山。

---

① 刘宗迪《失落的天书——〈山海经〉与古代华夏世界观》，北京：商务印书馆，2016 年，第 60 页。

② 丁再献、丁蕾：《东夷文化与山东骨刻文释读》，北京：中国文史出版社，2012 年，第 34—36 页。

③ 刘宗迪《失落的天书——〈山海经〉与古代华夏世界观》，北京：商务印书馆，2016 年，第 61 页。

（六）《大荒经》世界在肉眼视力之内，步行一天之中

刘宗迪先生认为，《大荒经》所载的七对"日月出入之山"是古人据以观测日月运行以确定季节和时日的天文坐标系统。被称为四方之极的四座山则是其据以确定四方方位的基准，因此，它们的范围是在人的肉眼视力范围之内。也就是说，《大荒经》所描述的地域范围不会超出方圆百里的范围。[①] 笔者认为《大荒经》的地域范围不仅在肉眼视力范围之内，而且在人步行一天的距离之中。

《尚书·尧典》：乃命羲和，钦若昊天，历象日月星辰，敬授民时。分命羲仲，宅嵎夷，曰旸谷。寅宾日出，平秩东作。……申命羲叔，宅南交，曰明都。平秩南讹，敬致。……分命和仲，宅西，曰昧谷。寅饯纳日，平秩西成。……申命和叔，宅朔方，曰幽都。平在朔易。……帝曰："咨！汝羲暨和。"期三百有六旬有六日，以闰月定四时，成岁。【注释】羲和：羲与和是同族两氏，分别为重与黎的后代，相传重黎氏世掌天地之官，故尧使其后代中的贤能者继续担负这种职务。

钦：敬。若：顺

嵎夷：东方之处。旸谷：日出之处。

南交：近人曾运乾说："'宅南交'下必实指地名。郑知为'曰明都'三字，必有所据，今未知其审。"

昧谷：笔者案：即蒙谷。朔方：九州的极北处。幽都：指幽州。[②]

据《史记》和《山海经》记载，重、黎是颛顼的儿子，笔者认为其掌天、地，历象日月星辰之处就是颛臾风国"叟虎寨山"——昆仑之丘（详见下文）。尧帝使其后代羲、和"钦若昊天，历象日月星辰，敬授民时"之处，必然还是叟虎寨山。先有重、黎二人，后有羲、和二人在叟虎寨山上"钦若昊天"，从"昊"的字形演变上看是"天上有日"，是太阳正午在"昆吾""昆仑"

---

① 刘宗迪：《失落的天书——〈山海经〉与古代华夏世界观》，北京：商务印书馆，2016年，第635页。

② 王世舜、王翠叶译注：《尚书》，北京：中华书局，2012年，第7—9页。

之上，"昆"的字形是"二人在日下"，这二人就是重、黎，或羲、和。

笔者认为，羲仲"宅嵎夷，曰旸谷"，羲叔"宅南交，曰明都"，和仲"宅西，曰昧谷"，和叔"宅朔方，曰幽都"。这四名历官去的四个地方，虽然因为山势所挡，不在肉眼视力范围之内，但必然要在步行一天的距离之中。否则，他们无法每天向居于《大荒经》中心——蒙阴叟虎寨山（昆仑之丘）的"羲""和"二人汇报，四人之间也无法及时沟通日月星辰的变化情况。也就是说，旸谷（嵎夷）、明都（南交）、昧谷、幽都距离叟虎寨山各不超过 50 里，夸父追日的距离也就是从旸谷到蒙谷（虞渊）百里远。

总之，大汶口人肉眼所及范围、一日所行的距离就是《大荒经》的世界，也是华夏世界观的基础。

第二节　蒙阴叟虎寨山是《大荒经》天枢之"吴"（虞）

"吴"（天吴）和"虞"（天虞）在中国文明史上具有十分重要的地位。古今学者皆认为"吴"即为"虞"，"虞"代表了中华民族的第一个朝代——虞朝。中华民族号称五千年文明史，实际上就是从虞朝开始算起。"吴"因何与"虞"相通？"吴"和"虞"源于何物何处？至今仍是个谜。可以说找到了"虞"的出处，也就找到了华夏文明的源头。

一、蒙阴叟虎寨山是天枢北辰所化"老叟"

蒙阴叟虎寨山俗称虎头崖，不仅山形酷似大虎，而且名字也非常特殊。《水经注》中称其为"叟崮"，而《蒙阴县清志》中则称"叟虎寨山"。"叟"字是一个异体字，不见于典籍之中，也没有其他的用途，显然是叟虎寨山的专用字。叟虎寨山因何而得名？又因何取造一个专用字来命名？典籍中没有任何解释，自古以来当地人也没有人知晓。笔者通过考证发现，这个专用字源于叟虎寨山上的一个酷似老叟形象的山峰，这个山峰早在大汶口文化时期就被视为天枢北辰的化身，故以"山上有老叟"组合成为叟字。叟虎寨山因此被视为人面虎身的君子国之神"天吴"，也同样被视为人面虎身的昆仑之神"开明兽""陆吾"，虞舜之父也因此称为"瞽叟"。

（一）北辰是天之"枢纽"

《史记·天官书》为首的正史中有关天文的记载，在大量记录天象观察记事的同时，也传述了古代王朝的星辰崇拜。位于天球的北极附近，看上去好像是不动的，众星以它为中心而旋转的叫北辰北极星。自古以来，它被认为是最尊贵之星而受人崇拜。天官书称它为天极星，相当于天帝太一神座。

《史记·天官书》：中宫天极星，其一明者，太一常居之；旁三星三公，或曰子属。后句四星，末大星正妃，馀三星后宫之属也。环之匡卫十二星，藩臣。皆曰紫宫。[①]

天极星和它周围的众星而构成的星座紫微宫，被拟为天帝的宫庭。依天人相关之说，天帝太一神同时也是地上帝王的象征，所以认为太一神祭祀不仅关系到帝王个人的命运，对于维持国家安宁也是不可缺少的。[②]冯时先生认为："北极一星天枢曾为史前之极星，而且也是画定璇玑的标准星。"[③]

北辰、北极、北斗，古人常混为一谈。如日本学者麦谷邦夫在《道教与日本古代的北辰北斗信仰》一文中说："距北极约三十度的北斗七星，古来由其斗柄所指的方位判定时刻及季节。为此，自古也把北斗当作北辰。"[④]郭晓燕在《补〈全元文〉陈栎答问遗文八条》一文中引朱子《论语集注》云：

帝都即北极也，天子即北辰也。太一常居者，即天子所履之位也，名虽异，而端居其中，一人而已。……北辰与北斗大不同，北辰自是天之一星，以为万化之枢纽；北斗，乃是天之七星，以为四时标准。……（北）斗之魁，亦曰"天枢"，名虽与北辰之天枢同，而实不同。北辰之天枢，乃三百六十五度，乃三辰五纬十二次二十八宿之枢纽。若斗魁不过斗之枢耳，决不当以斗之

---

① 《史记》，北京：中华书局，2006年，第151页。

② 陈晓芬、徐儒宗译注：《论语》，北京：中华书局，2011年，第15—16页。

③ 冯时：《中国天文考古学》，北京：社会科学文献出版社，2001年，第94页。

④ 麦谷邦夫：《道教与日本古代的北辰北斗信仰》，《宗教学研究》2000年第3期。

枢来混北辰之天枢也。①

　　关于"天帝太一"所指，吴广平《屈原〈九歌·东皇太一〉祀主考辨》一文中认为，楚人崇拜的天神"太一"，其原型就是北极星，也叫北辰、天一。他说：

> 《尔雅·释天》云："北极谓之北辰。"《史记·天官书》云："中宫天极星，其一明者，太一常居也。"……"东皇太一"中的"东皇"与"太一"是既有紧密联系又有区别的。"东皇太一"的"东皇"即东方上帝，具体指的就是楚人信奉与崇拜的天帝颛顼。楚人祭祀颛顼在东郊，故曰东皇。颛顼是楚人至高无上的天神、上帝，其象征为北极星（北辰星）。……因此，我们认为屈原《九歌·东皇太一》是祭祀楚人天帝颛顼高阳氏的祭歌。②

　　从所引典籍和古今学者的论述看，北极，又名北辰，又谓"天枢"。北斗由七星组成，其最外端的一颗星（斗魁）亦名"天枢"，但与北辰之天枢不同。北辰（北极）之天枢是众星（包括北斗七星）围绕运转的天枢，而北斗之天枢仅是北斗的天枢。正如《论语·为政》曰："为政以德，譬如北辰，居其所，而众星拱之。"③

　　（二）颛顼生于"若水"，北辰化为"老叟"

　　"枢纽"一词，屡见于纬书。《诗含神雾》云："黄帝座一星在太微中，含枢纽之神。"《河图》云："中央黄帝，神名含枢纽。"显然，天枢北辰（北极）与黄帝、颛顼有着密切的关联，这种关联通过《史记》《山海经》《帝王世纪》《拾遗记》中的记载可以得到证实。

　　《帝王世纪》：及神农氏之末，少典氏又娶附宝，见大电光绕北斗，枢星照郊野，感附宝，孕二十五月，生黄帝于寿丘，长于姬水，因以为姓。

---

① 郭晓燕：《补〈全元文〉陈栎答问遗文八条》，《古籍整理研究学》2020 年第 3 期。

② 吴广平：《屈原〈九歌·东皇太一〉祀主考辨》，《湖北大学学报》（哲学社会科学版）2012 年第 6 期。

③ 陈晓芬、徐儒宗译注：《论语》，北京：中华书局，2011 年，第 15—16 页。

以土承火，位于中央，故曰黄帝。^①

《帝王世纪》：帝颛顼高阳氏，黄帝之孙，昌意之子，姬姓也。母曰景仆，蜀山氏女，为昌意正妃，谓之女枢。金天氏之末，瑶光之星贯月如虹，感女枢幽房之宫，生颛顼于若水。^②

《帝王世纪》记载的黄帝之母怀孕的原因，就与枢星有关。另外，《路史·后纪五》载，黄帝"母吴枢曰符葆，秘电绕斗轩而震（娠），二十有四月生帝于寿丘，故名曰轩。"^③由此可见，从黄帝之母名曰"吴枢"，怀孕时就与"天枢"有密切关系。从颛顼母亲"女枢"怀孕时的景象来看，也与枢星有关联。

《史记·五帝本纪》：螺祖为黄帝正妃，生二子，其后皆有天下：其一曰玄嚣，是为青阳，降居江水；其二曰昌意，降居若水。昌意娶蜀山氏女，曰昌仆，生高阳。高阳有圣德焉。黄帝崩，葬桥山。其孙昌意之子高阳立，是为帝颛顼也。^④

《山海经·海内经》：黄帝妻雷祖，生昌意，昌意降居若水，生韩流。韩流……取淖子曰阿女，生帝颛顼。【注释】郝懿行云："雷，姓也；祖，名也。西陵氏姓方雷。"^⑤

《史记》和《帝王世纪》记载黄帝生昌意，昌意生颛顼，虽然与《山海经》记载的黄帝生昌意，昌意生韩流，韩流生颛顼有所不同，但昌意降居"若水"，颛顼诞生于"若水"是完全一致的。

《拾遗记·颛顼》：帝颛顼高阳氏，黄帝孙，昌意之子。昌意出河滨，遇黑龙负玄玉图。时有一老叟谓昌意云："生子必叶水德而王。"至十年，颛顼生，手有文如龙，亦有玉图之象。其夜昌意仰视天，北辰下，化为老叟。

---

① 《帝王世纪》，济南：齐鲁书社，2010年，第5页。

② 《帝王世纪》，济南：齐鲁书社，2010年，第11页。

③ 何光岳：《先吴的来源和迁徙》，《宝鸡文理学院学报》（哲学社会科学版）1995年第4期。

④ 《史记》，北京：中华书局，2006年，第1页。

⑤ 袁珂：《山海经校注》，北京：北京联合出版公司，2014年，第372页。

及颛顼居位，奇祥众祉，莫不总集，不禀正朔者越山航海而皆至也。①

《拾遗记》中虽然没有记载黄帝之子昌意的降居之地，却记载了昌意出河滨时见到一"老叟"，告知他生子必为王。而且十年之后，颛顼出生的时候，昌意仰望天空，发现北辰（北极星）飘落下来，化成了一位"老叟"。

综上所述，黄帝之母曰"吴枢"见大电光绕枢星，黄帝之子昌意降居"若水"，遇见一"老叟"，昌意娶蜀山氏女也谓"女枢"，"女枢"生颛顼之时，昌意看见北辰（北极星）飘落下来化为"老叟"。由此可见，黄帝、昌意、颛顼祖孙三代所居之地就是"天枢"北辰之下，此地就在"若水"，而且有一"老叟"作为北辰之下的参照物。

（三）蒙阴叟虎寨山（叟崮）是北辰所化"老叟"

《史记》《山海经》《帝王世纪》等典籍均记载，黄帝之子玄嚣、昌意分别降居"江水""若水"，这一点是毫无疑问的。古代的"江水"是现在的沂水（详见前文）。王献唐、吕思勉等学者认为昌意降居"若水"即"桑水"，其地望不在四川而在山东（详见前文）。笔者认为"若水"即《水经注》中记载的蒙阴"桑泉水"，颛顼的诞生地就在蒙阴颛臾风国，也就是《大荒南经》中记载的"颛顼之国"（详见后文）。

《汉书·地理志》：蒙阴，禹贡蒙山在西南，有祠。颛臾国在蒙山下。莽曰蒙恩。②

《水经注》：沂水又南，桑泉水北出五女山，……桑泉水又东南迳蒙阴县故城北，王莽之蒙恩也。又东南与叟崮水合，水有二源双会，东导一川，俗谓之汶水也。③

《蒙阴县志·清康熙廿四年版》：叟虎寨山，在城南七里，即郡志叟崮。④

---

① 王兴芬译注：《拾遗记》，北京：中华书局，2019 年，第 28 页。

② 《汉书》，北京：中华书局，2007 年，第 291 页。

③ 陈桥驿校证：《水经注校证》，北京：中华书局，2013 年，第 580 页。

④ 蒙阴县地方史志编纂委员会：《蒙阴县清志汇编》，北京：中华书局，1999 年，第 233 页。

《蒙阴县志·清宣统三年版》：叟虎寨山，一名虎头崖，距城西南八里。①

《蒙阴县清志汇编·清宣统三年版》：叟崮水，在城西南七里，源出九仙山，北流入汶河。②

《汉书·地理志》称颛臾国在蒙阴蒙山下，北魏郦道元在《水经注》称蒙阴故城北有"叟崮"，《蒙阴县清志》中称之为"叟虎寨山"，可见此山之名不仅非常独特，而且历史悠久。但是无论是郦道元还是《蒙阴县清志》的编纂者都只知其山名，而不知其因何而得名。

"叟"字是山与叟的组合，可见此山名必与其山体形状有关。笔者通过实地考察发现，从叟虎寨山的西面和南面远看似两只惟妙惟肖的大虎，而登临山顶会发现，其中的一个面朝东的山峰酷似一位老叟的面孔（见卷首彩图）。

《拾遗记》记载昌意降居"若水"见到一老叟，昌意之子颛顼诞生时又见北辰飘落下来化为"老叟"。这一"老叟"显然不是人，而是化为山峰的"神人"，也就是君子之国人面虎身的"天吴"蒙阴叟虎寨山。

古人认为天、地对应，北斗七星分别为天枢、天璇、天玑、天权、玉衡、开阳，摇光。笔者认为除了天枢对应叟虎寨山之外，天璇、天玑、天权三星对应蒙阴叟虎寨山东北、汶河南岸的"西三山"，玉衡、开阳、摇光三星对应"东三山"。

《蒙阴县志·宣统三年版》："三山，一在城东南三里；一在城西南三里，平列三峰，一名笔架山。"（《蒙阴县清志汇编》，北京：中华书局，1999年，第472页。）

《蒙阴县志·康熙廿四年版》："三山，有二：一在城东南三里，一在城西南三里。每山有三巅，故名。又一名笔架山。"（《蒙阴县清志汇编》，北京：中华书局，1999年，第229页。）

---

① 蒙阴县地方史志编纂委员会：《蒙阴县清志汇编》，北京：中华书局，1999年，第470页
② 蒙阴县地方史志编纂委员会：《蒙阴县清志汇编》，北京：中华书局，1999年，第236页。

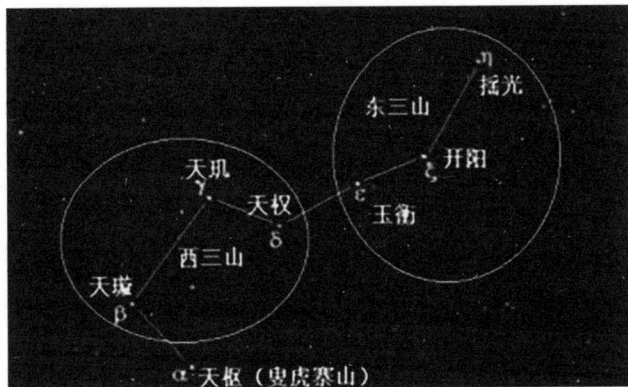

北斗二星"天璇"和北斗三星"天玑"均与玉有关,《说文》:"璇,赤玉也。""玑,珠不圆也。从玉几声。"笔者认为与其对应的"西三山"赤红色卵石有关(详见后文)。蒙阴东西"三山"分别对应着北辰斗魁中的"三星"和斗柄中的"三星",极有可能就是"三星堆"的原型。《尚书·尧典》记载的"璇玑玉衡"实际上就是以北斗七星所在位置来观测天象制定历法。

综上所述,北辰是天之枢纽,古人之所以将北辰天枢对应着蒙阴叟虎寨山,是因为颛臾风国(君子之国)在叟虎寨山东南,也即昆仑之丘东南的"中邦之居"(详见后文)。古人以形象特殊的叟虎寨山为地理坐标,以北斗七星观测天象制定历法,绘制并传说远古时期的历史,因为叟虎寨山上的老叟形象,以为其是北辰天枢的化身,故视其为天枢之神——天吴、昆仑。

二、蒙阴叟虎寨山是《大荒经》天枢之"吴"(虞)

蒙阴叟虎寨山在颛臾风国境内,是北辰(北极)的化身,是天之中枢,也是《山海经》之《大荒经》的中心,是《大荒西经》被称为"天枢之门"的"吴""天虞"。

(一)"吴"和"虞"同义

"吴"和"虞"在华夏民族起源问题上具有标志性的作用,"吴"与"虞"相通,"虞"即"有虞氏"之虞,是先秦典籍中记载的"虞夏商周"之"虞",是华夏文明的第一个朝代。

从《说文》对"虞"的解释来看，"虞"是仁兽，虎形，与"吴"有关。对于"虞"的解释，各种典籍中大同小异，但对于"虞"的出处却都没有具体的说法。

《说文·虍部》：虞，驺虞也。白虎黑文，尾长于身。仁兽，食自死之肉。从虍，吴声。【译注】"虞"的本义，《说文》中解释虞为一种仁兽，从金文字形看来，可视为人戴着兽头面具娱乐歌舞。引申为歌舞娱乐。引申指欢乐、愉悦，使愉悦、使欢乐。①

《说文解字·矢部》："吴，姓也。亦郡也。一曰：吴，大言也。从矢、口。"【译注】"吴"字，会意。从口，从矢（象头的动作），含晃着头大声说话之意。隶变后楷书写作"吴"。汉字简化后写作"吴"。②

除了《说文》上述解释之外，《释名》云："吴，虞也，太伯让位而不归，就封之于此，虞其志也。"③虞、吴两字古音同字通，如《论语·微子》"虞仲"，当即吴仲，清儒刘宝楠说："'虞''吴'通用。仲雍称为吴仲雍，故称虞仲。"④清儒钱大昕说："古文虞与吴通，汉碑亦有'不虞不扬'之文。今《封禅书》作'不吴'，乃后人据毛诗私改。"⑤

从上述典籍和古代学者的论述看，"虞"是虎状的仁兽、神兽，"虞"和"吴"古音同字通，"天虞"就是"天吴"。但是古人对于"虞"和"吴"的原型和出处都没有交待，也没有研究。

晁福林在《说〈山海经〉的"天虞"和"天台"》一文中说：难能可贵的是，殷商卜辞中有以犬祈雨的记载，与《南山经》所云"其祠皆一白狗祈"相合。《南山经》的"天虞之山"，当即《海外北经》及《大荒东经》作为"水伯"的天吴。理由是：其一，虞、吴二字古通；其二，"天虞"被作为水神而被祭祀，要取"白狗"之血以祭。"天吴"作为水神，与天虞是一致的。另外，

---

①　《说文解字》，沈阳：辽海出版社，2015年，第1152页。

②　《说文解字》，沈阳：辽海出版社，2015年，第544页。

③　北京师范大学"汉字研究与现代应用实验室"：《汉字全息资源应用系统》。

④　《论语正义》，北京：中华书局，1990年，第727页。

⑤　钱大昕：《二十二史考异》卷1，上海：上海古籍出版社，2004年，第12页。

晁福林认为，《大荒西经》载"有人反臂，名曰天虞"，应当是祭典上巫师所扮的"天虞"的形象。①

现代学者根据考古发现的新材料，也论证了吴、矢、虞的同源性，如1954年江苏镇江出土的宜侯矢簋，宜侯矢簋铭文完整的记录了西周时期的封册命礼，铭文关键句为"王令虞侯矢曰迁侯至宜"，簋铭涉及的相关史地国族历来为学界所争讼。

黄盛璋在《铜器铭文宜、虞、矢的地望及其与吴国的关系》一文中认为，铭文初称"虞侯矢"，后称"宜侯矢扬王休，作虞公父辛尊彝"。②虞字从虍从矢，最初多释为"虞"，唐兰先生第一次论定为"虞"，并指出此虞为姬姓之虞。③李学勤先生指出矢字与吴、虞二字是孳乳关系，④冯时先生认为矢、吴、虞等字可相通假，⑤陈絜先生、马金霞女士考证认为虞、矢、吴是同字异构的关系。⑥

上海博物馆于1994年从香港两次购得（或获赠）共1200余支楚简。自2001年起，上海博物馆陆续公布了这批竹简的内容。由李零先生整理的上博简《容成氏》发表于《上海博物馆藏战国楚竹书（二）》中。其中简5、简6是叙述尧之前的一位远古帝王的事迹，简文中有一段话："有吴迵。匡天下之政十有九年而王天下，三十七年而终。"何琳仪先生指出"'又吴'读作'有虞'，马承源先生在《子羔》篇中已提及"。⑦郭永秉先生认为"有

---

① 晁福林：《说〈山海经〉的"天虞"和"天台"》，《历史教学》2015年第11期。
② 黄盛璋：《铜器铭文宜、虞、矢的地望及其与吴国的关系》，《考古学报》1983年第3期。
③ 唐兰：《宜侯矢簋考释》，《考古学报》1956年第2期。
④ 李学勤：《叔虞方鼎试证》，上海博物馆编：《晋侯墓地出土青铜器学术研讨会论文集》，上海：上海书画出版社，2002年。
⑤ 冯时：《叔矢考》，上海博物馆编：《晋侯墓地出土青铜品学术研讨会论文集》，上海：上海书画出版社，2002年。
⑥ 陈絜、马金霞：《叔矢鼎的定名与西周历史上的矢国》，南开大学历史学院编：《仰止集：王玉哲先生纪念文集》，天津人民出版社，2007年。
⑦ 安徽大学古文字研究室：《上海楚竹书（二）研读记》引何琳仪说，上海大学古代文明研究中心，清华大学思想文化研究所编：《上博馆藏战国楚竹书研究续编》，第432页。

吴迴"当读作"有虞迴"，是尧之前的一位帝王，说明有虞（吴）迴、尧、舜同属虞代。[1]

综合上述典籍记载、学者论述以及出土文物的研究成果，可知在古代"吴"即"虞"，"天吴"即"天虞"。

（二）"吴"和"虞"同源于东夷地区

"吴"和"虞"地名遍布于各地，春秋时期江南有"吴国"，江北有"虞国"，东汉末年"吴国"与魏、蜀并称"三国"，毫无疑问现在的苏州是"吴"文化的兴盛地。但是关于"虞"和"吴"始源于何处，"吴"文化的族属问题却一直是个谜。当代一些学者根据典籍记载和考古发现的新材料，通过考证认为"吴"和"虞"与大汶口文化有关，吴文化的族属为东夷人。

倪祥保在《苏州文化与先吴及吴文化关系新探》一文中系统地论述了涉及吴文化的各个方面，整体地论述了苏州文化与吴文化之间特别的历史逻辑关系，专门界定并区分了"吴"与"先吴"这两个概念。认为《山海经》中的"天吴"、郭沫若《卜辞通纂》中的"王吴"之神均应该指东方之地无疑。倪祥保认为"先吴"之人的族属应该是汉族，其外来移民的原生活地应该主要是黄河流域、长江以北的中华民族发祥地。[2]

董楚平在《吴越文化新探》一书中最先提出宁镇地区本是淮夷人的聚居地。[3]韩康信等人认为，新石器时代人种研究结果也表明宁镇地区与山东大汶口文化应属同一种族类型。[4]邹厚本在《略论宁镇地区青铜文化系列》一文中认为，宁镇地区在新石器时期受到来自三个方面的影响，其中之一

---

① 郭永秉：《楚地出土战国文献中的传说时代帝王系统研究》，上海复旦大学博士学位论文，2006 年。

② 倪祥保：《苏州文化与先吴及吴文化关系新探》，《东吴学术》2019 年第 3 期。

③ 董楚平：《吴越文化新探》，浙江人民出版社，1988 年，第 164—165 页。

④ 韩康信、陆庆伍、张振标等：《江苏邳县大墩子新石器时代人骨的研究》，《考古学报》1974 年第 2 期。

就是东夷人创造的岳石文化的影响。① 林留根、施玉平在《湖熟文化族属研究》一文中明确指出湖熟文化最早的创立者为东夷的一支，中期加入了周民族的因素，晚期更加扩大，又融入了部分越民族，但东夷族的一支始终是湖熟文化的创造者。在早期湖熟文化中，其主要文化因素多与徐淮古夷人文化以及商文化相接近。② 范毓周也认为句吴族可能是东方滨海地区夷人的一支。③ 刘建国、王卫平、谷建祥、周大鸣、王迅、田名利、段天璟等先后撰文主张宁镇地区先吴文化和吴文化的族属为东夷人。④

张敏《有虞与勾吴》一文中认为有虞氏建立了勾吴，有虞氏在进入华夏文明之后的去向应为从豫东沿淮水至江淮东部，再沿邗沟至宁镇地区，从而导致勾吴文明的发端。王油坊类型龙山文化、江淮东部南荡文化和宁镇地区点将台文化解释了有虞氏迁徙的路径。⑤ 叶玉英在《释"□□"——兼谈春秋时期吴国国名》一文中，叙述了学者们对甲骨文中的两个残辞（合集18356、18358）的研究结论，认为其即是吴国国名的来历，吴国人的图腾是虎，东夷人创造的山东龙山文化和岳石文化与宁镇地区先吴的关系备受关注。⑥

袁进在《吴城文化属句吴说》一文中说，东夷人与勾吴的关系在《山海经》中也有记载。《山海经·海外东经》："朝阳之谷，神曰天吴，是

---

① 邹厚本：《略论宁镇地区青铜文化系列》，《东南文化》1990年第5期。
② 林留根、施玉平：《湖熟文化族属研究》，《东南文化》1990年第5期。
③ 范毓周：《略论吴文化的族属与历史渊源》，《铁道学院学报》1992年第3期。
④ 刘建国：《宜侯矢簋与吴国关系新探》，《东南文化》1988年第2期；王卫平：《由"句吴"说到干国的历史与族属》，《学术月刊》1990年第8期；谷建祥：《论宁镇地区古文化的演进》，《东南文化》1990年第5期；周大鸣：《论宁镇地区古代文化与其他文化的关系》，《南方文化》1992年第1期；王迅：《东夷文化与淮夷文化研究》，北京：北京大学出版社，1994年，第81、122—123页；田名利：《试论宁镇地区的岳石文化因素》，《东南文化》1996年第1期；段天璟：《宁镇地区夏时期的考古学文化结构——兼谈江淮地区的文化变迁》，《东南文化》2011年第4期。
⑤ 张敏：《有虞与勾吴》，《江海学刊》1995年第4期；张敏、韩明芳《虞舜南巡狩与勾吴的发端》，《南京大学学报》（哲学·人文科学·社会科学），1999年第3期。
⑥ 叶玉英：《释"𠂤𠂤"——兼谈春秋时期吴国国名》，《古文字研究》2014年00期。

为水伯，在工虫北两水间。其为兽也，八首人面，八足八尾，皆青黄。"
又《大荒东经》："有神人，八首人面，虎身十尾，名曰天吴。"天吴就
是商先公王吴。① 袁进认为新干商墓所出之双尾虎即天吴的形象。② 叶文宪
认为《山海经》里记载的天吴是吴人的图腾或祖神。③ 俞权中认为此"君子国"
便是吴太伯南迁后的勾吴国。④ 后世称吴王阖闾之墓为"虎丘"，亦可为
吴人崇虎的证据。⑤

　　虽然为数众多的学者认为"虞"和"吴"源于东夷地区，与大汶口
文化和山东龙山文化关系密切，但也有一些学者误认为"虞"和"吴"
出自陕西宝鸡的"吴山"和山西"虞山"。例如，何光岳先生在《先吴
的来源和迁徙》一文说："吴部落氏族源远流长，早在炎帝、黄帝之前
业已存在。……远古就有天吴、吴权、吴枢、吴妲、吴将军、吴回等记载。"⑥
认为吴回的初居地是陕西陇县，并描述了吴回后裔迁徙的经过：

　　吴回的另一支族裔于唐虞之前，随着夏族的东迁，也沿渭水北岸，渡
过黄河，迁到今天山西平陆之吴山，……历山与吴山，同系中条山脉中的
邻近两个山头，……即舜帝之历山，舜帝姚姓，系东夷族，他占居吴地之后，
吴字才加上"虍"头成为"虞"字，以后便称舜帝为有虞氏。

　　吴回的族裔，又有一支沿黄河而下，迁到今河南新郑一带，被称为祝
融之墟，吴回死后也葬在那里。他的后裔便称为吴，成为强大的方国。曾
东迁到今濮阳雷泽以西，故《山海经·海内东经》载："雷泽有雷神，龙
身而人头，鼓其腹，在吴西。"

　　在商代有一支吴人东迁山东，另一支留在平陆吴山，到周国兴起，周

① 愈权中：《中国上古文化的新大陆——〈山海经·海外经〉考》，哈尔滨：黑龙江人民出版社，
　　1992年，第467—469页。
② 袁进：《吴城文化属句吴说》，《南方文物》1993年第2期。
③ 叶文宪：《吴国历史与吴文化探秘》，北京：文物出版社，2007年，第3页。
④ 愈权中：《中国上古文化的新大陆——〈山海经·海外经〉考》，哈尔滨：黑龙江人民出版社，
　　1992年，第467—469页。
⑤ 叶玉英《释"𠃌"——兼谈春秋时期吴国国名》，《古文字研究》2014年00期。
⑥ 何光岳：《先吴的来源和迁徙》，《宝鸡文理学院学报（哲学社会科学版）》1995年第4期。

文王时，"三分天下有其二"，吴地也被周所并，周文王的伯父虞仲便封于此地，仍因袭吴的故号，他的后裔称为虞公，秦于此置虞县……虞仲的另一支族裔则向东南远徙到今江苏常州西的虞山，另建起吴国。

柳诒徵《说吴》云："必先有吴字，而复被以虎头。明乎虞之本字为吴，……吴之名起于吴山，一曰吴岳（《周官·职方氏》正西曰雍州，其山镇曰岳山。郑注：岳，吴岳也。

谢忱《勾吴王族——太伯族源的辨析》，[1] 全草、仲明《"吴"之源流浅探》，[2] 也都认为"吴回"初居陕西吴山、吴岳，其后裔迁徙至山西、江南，山西有虞山，江南有吴国。笔者认为，这种说法存在本末倒置之嫌疑。究其原因是他们没有考证"吴山""吴岳"的起源，也没有考证"吴回"是楚人的祖先，颛顼的后代。

从目前研究来看，吴国的族属问题比较复杂。有"吴为周后"说，"荆蛮"说，"夷人"说等，但都与虎图腾有关。"吴为周后"说认为，太伯受封于吴山时，以驺虞为图腾。在主张"吴为荆蛮"的学者中，童书业认为吴、越王室是楚的支族，[3] 尹盛平认为"荆蛮"是巴族的一支，巴族的图腾是虎[4]。

笔者认为，何光岳先生和谢忱等学者的上述论证虽然有本末倒置之嫌，但也提供了极其重要的线索。《史记》记载和现代考古学研究发现，已经证实虞舜是颛顼六世孙，秦嬴的祖先伯益是颛顼的后裔，楚人的祖先"吴回"也是颛顼的后裔，而颛顼的诞生地"若水"不在西南的巴蜀，而在东夷地区，显然"虞"和"吴"同义同源于东夷地区。"天虞"即《山海经》中的君子之国"天吴"，君子之国又称"东方君子之国"，因此，"吴"和"虞"的源头在东夷地区的"君子之国"，其原型必定出在"君子之国"。

---

① 参见谢忱：《勾吴王族—太伯族源的辨析》，《常州工业技术学院学报》1999年第3期；
② 全草、仲明：《"吴"之源流浅探》，《民主》1993年第2期。
③ 童书业：《春秋史》，上海：上海古籍出版社，2003年，第135页。
④ 尹盛平：《关于太伯、仲雍奔"荆蛮"问题》，《吴文化研究论文集》，广州：中山大学出版社，1988年，第95—101页。

晋侯墓地所出之叔矢（虞）鼎铭共铸铭文 120 余字，对此，学者们分别释文如下：

陈梦家释文："惟四月辰才丁未，□□斌王、成王伐商图，遂省东或图。王□于宜，齐侯□鄉（向）。王令虡侯矢召□侯于宜。……宜侯矢扬王休，作虡公父丁尊彝。"①

唐兰释文："惟四月辰才丁未，（王）省武王、成王伐商图，遂省东或图。王卜于宜入土，南迺。王令虞侯矢曰：□侯于宜。……宜侯矢扬王休，作虞公父丁尊彝。"②

李学勤释文："惟四月辰才丁未，（王）省斌王、成王伐商图，（遂）省东或图。王卜于宜□土南□。王令虞侯矢曰：迁侯于宜。……侯矢扬王休，作虞公父丁尊彝。"③

曹锦炎释文："惟四月辰才（在）丁未，王省斌王，成王伐商图，征省东或（域）图。王立（位）于宜宗土（社），南鄉（向）。王令，虎侯矢曰：迁侯于宜。……宜侯矢扬，王休，作虎公父丁尊彝。"④

宜侯矢其身份究竟为何，要结合宜侯矢徙宜地之前的虞侯身份。白川静、曹锦炎将虞字释为"虎"，认为宜侯矢是由"虎侯"改封为"宜侯"。⑤唐兰认为虞本就是吴，其差别是因为方言导致的，实际上吴和虞是一样的。⑥关于宜侯矢的身份，学界争论较多，杜勇认为宜侯矢为殷遗民。⑦关于宜侯的地望，陈絜说："考订宜地地望，目前看来最好的线索还在铭文本身。窃以为，'王省武王、成王伐商图，诞省东域图'一句，最为关键。"并通过论证认为"东域"的主体一定是在山东，其核心地带是在鲁中的汶水

① 陈梦家：《西周铜器断代》，北京：中华书局，2004 年。
② 唐兰：《宜侯矢簋考释》，《考古学报》1956 年第 2 期。
③ 李学勤：《宜侯矢簋与吴国》，《文物》1985 年第 7 期。
④ 曹锦炎：《关于"宜侯矢簋"铭文的几点看法》，《东南文化》1990 年第 5 期。
⑤ （日）白川静：《金文通释》卷一下，百鹤美术馆；1956 年《关于"宜侯矢簋"铭文的几点看法》，《东南文化》1990 年第 5 期。
⑥ 唐兰：《宜侯矢簋考释》，《考古学报》1956 年第 2 期。
⑦ 杜勇、沈长云：《金文断代方法探微》，北京：人民出版社，2002 年。

流域。"宜侯吴簋应该是山东莱芜一带的旧器，今江苏镇江丹徒断非其原始铸造地。"①

根据曹锦炎、杜勇和陈絜的上述论证，笔者认为，宜侯矢（吴）是东夷地区的殷商遗民，其地望在鲁中汶水流域。周武王、成王伐商的路径是沿徂徕山、柴汶河东进到蒙山一带，有《诗经·东山》"我徂东山，零雨其蒙"为证。因此，笔者认为，宜侯矢（吴）簋铭文所言"王令虞侯矢曰：迁侯于宜"，即将蒙阴之虞（虎）侯迁于宜，而称宜侯。

（三）"吴""虞"是《大荒经》天枢"日月山"

刘宗迪先生认为认为"《大荒经》所描述的地域范围不会超出方圆百里的范围"。②吴晓东先生在其专著《〈山海经〉语境重建与神话解读》和《颛顼神及其在〈山海经〉里的记载》中，详细论证了《大荒经》的叙事场景与叙事方式。他认为《大荒经》的中间是一个"观象台"：

《大荒经》是观测者站在中间的观测点借助四周的山作为参照进行的叙事，其四周的山对于他来说是一个包围着他的圆圈，为了叙事方便，叙事者将整个圆圈分为东、南、西、北四部分，对东边事物的叙述构成了《大荒东经》，对南边事物的叙述构成了《大荒南经》，西、北亦然。③

笔者认为，刘宗迪所言的方圆百里的"蕞尔小国"就是《大荒经》中作为诸国之祖的"颛顼之国"，④也就是蒙阴境内的颛臾风国。而吴晓东先生所言《大荒经》中间的那个"观象台"，显然就是《大荒西经》中的"天枢"日月山，也就是位于天门的"吴"（天虞）。

---

① 陈絜：《宜侯吴簋与宜地地望——莱芜古国古族考之一》，宋镇豪主编：《嬴秦文化与远古文明》，北京：中国文史出版社，2018年，第173—183页。

② 刘宗迪：《失落的天书——〈山海经〉与古代华夏世界观》，北京：商务印书馆，2016年，第635页。

③ 吴晓东：《颛顼神及其在〈山海经〉里的记载》，《贵州民族大学学报》（哲学社会科学版）2020年第3期。

④ 刘宗迪：《失落的天书——〈山海经〉与古代华夏世界观》，北京：商务印书馆，2016年，第423页。

《山海经·大荒西经》：大荒之中，有山名曰日月山，天枢也。吴姬天门，日月所入。

有神，人面无臂，两足属于头山，名曰嘘。颛顼生老童，老童生重及黎，帝令重献于上天，令黎邛下地，下地是生噎，处于西极，以行日月星辰之行次。有人反臂，名曰天虞。

有女子浴月。帝俊妻常羲，生月十有二，此始浴之。①

刘宗迪先生认为，这段文字所叙述的内容在经文中属于前后相连的上下文，在《大荒经》古图中当属一个互相联属的画现。"日月所入""以行日月星辰之行次""生十二月"云云表明这个画面描绘的是一个天文观测场面。②

刘宗迪先生认为，《山海经》古图所反映的天文历法制度与山东大汶口文化遗址出土的陶器刻符（见图 2-2）所反映的天文历法制度一脉相承。③王树民认为这一符号象征了大汶口先民山头纪历的原始历法制度。④

图 2-2　大汶口陶文刻符

田昌伍认为这是一个族徽："明显地是一个氏族部落标志，完整地作日月山，月上有太阳。"他进一步指出："在古代传说中，除金、木、水、

---

① 袁珂：《山海经校注》，北京：北京联合出版公司，2014 年，第 341—342 页。

② 刘宗迪：《失落的天书——〈山海经〉与古代华夏世界观》，北京：商务印书馆，2016 年，第 53 页。

③ 刘宗迪：《失落的天书——〈山海经〉与古代华夏世界观》，北京：商务印书馆，2016 年，第 634 页。

④ 参见王树明：《谈陵阳河与大朱村出土的陶尊"文字"》，载于《山东史前文化论文集》，济南：齐鲁书社，1986 年，第 251 页。

火、土诸神外，唯有夷人有日月神。"① 刘斌认为中间的图形为月牙，"以月牙的内弧接近于太阳的这种日月形图案，则应是对日月合朔之际的天文历象的一种记录，亦即历法的一种反映。"② 徐凤先也从天文学的角度对大汶口文化遗址中大约 5000 年前的这种刻画符号文字进行了研究，认为这个符号既表示天象，也是"昊"即"皞"字，是东夷部落的族徽。它与"昊"这个古老部族的天文观测传统有关，代表了中国早期天文观测与早期文明发展的一个阶段。③ 刘宗迪说：

实际上，这个陶符形象生动逼真，惟妙惟肖，一眼就可以看出是对自然景观的写照，这个符号的最初创造者和使用者一定亲眼目睹了这种"山峦并峙，日月同辉"的壮丽景象，才创造这一图案。……只要了解了《大荒经》所载"日月出入之山"反映的原始天文观测方法和历法制度，这个图案的图像构成和象征意义就迎刃而解了。……这一符号表明，早在新石器时代，大汶口文化的先民们就已经掌握了《大荒经》和《尧典》中描述的天文观测方法。④

由此，笔者认为大汶口文化遗址出土的陶文刻符"日月山"，就是《大荒西经》中的天枢"日月山"。

（四）"吴""虞"的原型是蒙阴"叟虎寨山"

从上面的论述中可以看出，"天吴"即"天虞"，是神化了的一种类似虎的仁兽，其所在位置在东夷地区。那么"虞"和"天吴"的原型是什么呢？

笔者认为，无论是"虞"还是"天吴"其原型绝非真正的大虎、白虎、

---

① 田昌伍：《古代社会断代新论》，北京：人民出版社，1982 年，第 53—54 页。

② 刘斌：《大汶口诶陶尊上的符号及与良渚文化的关系》，《青果集》，北京：知识出版社，1993 年，第 114—123 页。

③ 徐凤先：《从大汶口符号文字和陶寺观象台探寻中国天文学起源的传说时代》，《中国科技史杂志》2010 年第 31 卷第 4 期（总 129 期）。

④ 刘宗迪：《失落的天书——〈山海经〉与古代华夏世界观》，北京：商务印书馆，2016 年，第 439—440 页。

驺虎，因为作为自然界中的虎分布很广，绝非一个地方特有的动物，也绝对不会固定在一个地方不动。因此，无论是"虞"还是"天吴"，其原型只能是一座形似大虎的山体。

叟虎寨山为什么会成为"虞"和"天吴"的原型呢？如果不实地考察很难想像这座山的真实存在，也不会将这座山与华夏民族的起源联系在一起。

泰山山脉和蒙山山脉之间的盆地通称"蒙阴盆地"群，《山海经》中称之为"朝阳之谷"，也是东汶河和柴汶河河谷，这条河谷是大汶口先民由鲁西平原往返鲁中南山区"桑梓之地"的唯一通道。沿这条河谷进入蒙阴，就会发现有一座形似大虎的山体伏卧在蒙阴盆地之中，侧头面向西北守护着蒙阴盆地中的山泽草木，恰似"矢"形状，这座山就是蒙阴"叟虎寨山"，又称"虎头崖""卧虎山"（见图 2-3）。

图 2-3 西向而立的叟虎寨山，形似"天吴"

图 2-4 "吴"和"虞"字的演变

居于蒙山之阴、颛臾风国的人们看到的是"叟虎寨山"的另一个侧面，从这个侧面看是一只面向东南的大虎，其五官清晰可见，面部表情惟妙惟肖，像是一只慈祥的仁兽、驺虞（见图2-5）。

蒙阴叟虎寨山一山两面皆酷似大虎，而且是两只形态不同的大虎，故《山海经》中说君子国"使两大虎在旁"，君子国即颛臾风国，"两大虎"绝非自然界中的虎，其来源必然是《山海经》古图或大汶口先民口耳相传的叟虎寨山的两个侧面。

图 2-5 东向而立的叟虎寨山，虎的五官清晰可见

三、蒙阴叟虎寨山既是"天枢"又是地中之"吴岳"

吕思勉先生说："古代的民族，总是以自己所居之地为中心的。"[1]蒙阴颛顼风国是大汶口人的祖国，因此，蒙阴叟虎寨山被大汶口先民视为天枢之"吴"，同样也被视为地中之"吴岳"。

---

① 吕思勉：《中国通史》，南京：译林出版社，2015年，第276页。

（一）"吴"四周有北齐、西周、少昊、颛顼四国

蒙阴叟虎寨山是"吴"和"虞"的原型，《大荒经》以"吴"为圆心分为《大荒东经》《大荒南经》《大荒西经》《大荒北经》。

《大荒东经》记载，"东海之外大壑，少昊之国。少昊孺颛顼于此，弃其琴瑟"。[1]笔者认为，"少昊之国"在"吴"的东方，"少昊"即《史记·五帝本纪》中记载的黄帝之子玄嚣,玄嚣降居江水,江水即现在的沂水（详见第五章）。

《大荒西经》记载"有西周之国，姬姓，食穀。"郝懿行云："《说文》（十二）云：'姬，黄帝居姬水，以为姓。'"[2]笔者认为，"西周之国"在"吴"西北"雷泽"，"姬水"就是蒙阴汶水（详见第五章），"姬"就是"吴姬天门"之"姬"。

《大荒北经》记载"有北齐之国，姜姓，使虎、豹、熊、罴。"郝懿行云："《说文》（十二）云：'姜，神农氏姜水以为姓。'《大荒西经》有西周之国，姬姓，此有北齐之国，姜姓，皆周秦人语也。"[3]笔者认为，"北齐之国"与齐州、齐国地域相同，在"吴"之北，"姜水"即"江水"，在沂水的发源地（详见第五章），北齐之国、西周之国皆源于秦嬴传说。

《大荒南经》记载"有国曰颛顼，生伯服，食黍。"[4]《大荒经》四经之中均有关于颛顼的记载，出现的次数有十五处之多,颛顼是诸"国"之祖。[5]笔者认为，此颛顼之国就是"吴"东南的蒙阴颛臾风国。

《海内经》：有朝云之国、司彘之国。黄帝妻雷祖，生昌意，昌意降居若水，生韩流，……生颛顼。[6]

---

① 袁珂：《山海经校注》，北京：北京联合出版公司，2014 年，第 289 页。

② 袁珂：《山海经校注》，北京：北京联合出版公司，2014 年，第 331 页。

③ 袁珂：《山海经校注》，北京：北京联合出版公司，2014 年，第 357 页。

④ 袁珂：《山海经校注》，北京：北京联合出版公司，2014 年，第 320 页。

⑤ 刘宗迪：《失落的天书——〈山海经〉与古代华夏世界观》，北京：商务印书馆，2016 年，第 423 页。

⑥ 袁珂：《山海经校注》，北京：北京联合出版公司，2014 年，第 371 页。

笔者认为,《海内经》描述的是《大荒经》的中心地域。"朝云之国"即"吴"所在的"朝阳之谷";"司彘之国"就是伯益"主虞","驯予上下草木鸟兽"之地,"司彘"即驯养"猪","蒙"字即草木中有"豕";"若水"即颛臾风国"桑泉水"。

通过分析《大荒经》记载的上述四国的地望所在,可知《大荒经》的中心地域就是蒙阴颛臾风国,中心观测点就是蒙阴叟虎寨山,叟虎寨山既是"天枢",也是大荒之"地中"。

（二）叟虎寨山既是卜辞之燎"岳"也是"吴岳"

"岳"字最早见于殷墟甲骨文中（见图2-6）,字形从山,是一种神灵,本源是山,实为山神,它是地位崇高的被祭祀的山,且具有自然神色彩的祖神。[①]

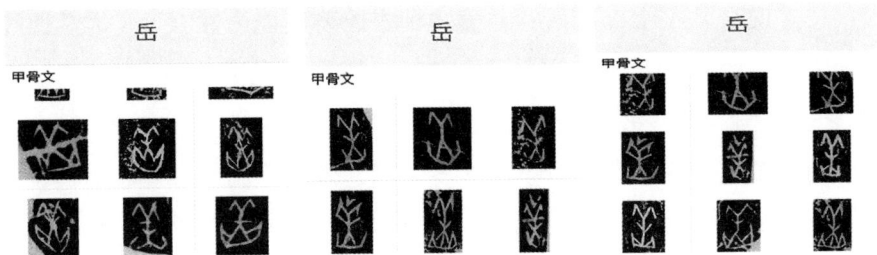

图 2-6 "岳"字的演变

那么岳是指哪座山呢?这就需要从"岳"的字源进行探析。徐山在《释"岳"》一文中说:

"岳"字的甲骨文形体分为上中下三个部分,其上方为重峦叠嶂状,中间为树枝,下方为"火"。中间和下方两部分为燎祭仪式中用火燃烧树状。"岳"的字形上方表现了"岳"的高大的山的自然特点,而字形中间和下方用火燃烧树状则反映了在"岳"举行燎祭的文化特点。……卜辞中有许

---

① 朱凤瀚:《商人诸神之权能与其类型》,吴荣曾主编:《尽心集》《张政烺先生八十庆寿论文集》,北京:中国社会科学出版社,1998年。

多在"岳"举行燎祭的记载："丙卜，古贞：燎于岳。""己酉贞：辛亥其燎于岳，雨。""岳燎，不遘雨。"①

徐山认为"岳"分为上中下三部分，代表着对山的燎祭，这座山显然不是普普通通的山，而是殷商一族的神山。王晖在《殷商十干氏族研究》一文中说：

> 先商时期的帝喾、河、岳、王亥等先公的祭日一般为辛日，正好印证了文献中所说的从帝喾开始的先商为"高辛氏"时代，商代的历代商王均是高辛氏之后。②

王晖先生认为殷商是帝喾高辛氏的后代，故对帝喾、河、岳、王亥（殷商的高祖）的祭日一般为辛日。同时，也说明"河""岳"的地望在殷商先祖帝喾所居之地。

《国语·周语下》：星与日辰之位，皆在北维。颛顼之所建，帝喾受之。我姬氏出自天鼋。"③

《史记·殷本纪》：殷契，母曰简狄，有娀氏之女，为帝喾次妃。三人行浴，见玄鸟堕其卵，简狄取吞之，因孕生契。④

笔者通过论证认为，"颛顼所建，帝喾受之"就是蒙阴叟虎寨山（北辰）下的颛臾风国，殷契之母简狄行浴之处就是位于叟虎寨山北面的"颛顼之池"（详见后文），因此，殷墟甲骨卜辞中燎祭之"河""岳"既是殷商的祖先，也是殷商祖地的自然神。

笔者认为，"河"即"四渎"之中的"西为河"，也就是蒙阴盆地中的"柴汶河"，"柴汶河"之名的来历即源于烧柴燎祭"河"（详见前文和第四章）。而"岳"显然就是燎祭颛顼、帝喾所处的神山——天枢之"吴"。

古代对山川之神要进行望祭，河、岳在甲骨文中受到隆重的走望之祭。

---

① 徐山：《释"岳"》，《信阳师范学院学报（哲学社会科学版）》2007 年第 2 期。
② 王晖：《殷商十干氏族研究》，《中国史研究》2003 年第 3 期。
③ 陈桐生译注：《国语》，北京：中华书局，2013 年，第 145 页。
④ 《史记》，北京：中华书局，2006 年，第 12 页。

连劭名在《商代望祭中的河与岳》^①一文中说：

卜辞中有"使人于河"与"使人于岳"，例如：

乙酉卜，宾，贞使人于河，沈三羊，册三牛。三月。《合》5522

燎于岳，使人于岳。入若。贞使人雨岳。入若。《合》5518

贞使人于岳。贞勿使人于岳。贞王勿入。《合》5521

商王确曾多次派人祭祀河与岳，例如：

贞 [惠] 辛未酒岳。乎吴取。贞惠辛未酒岳。《合》8843

贞今丙辰其雨。贞惠般乎取。贞有于岳。《合》14410

乎师般 [取].贞方告于东西。乎师般取。贞方告于东西。乎师般取。贞
有于河。《合》8724

卜辞中有"往于岳"与"往于河"，也是望祭。例如：

□□卜，其往于岳，惠三大牢。《合》30422

贞往于河。往于河，亡□，从雨。《合》8333

贞往于河，有雨。《合》8329

望祭河神的卜辞，有时卜问"有来"与"来"，是与"往"相对的概念。
例如：

贞乎往见于河，有来。《英》1165

贞羽，卯乎往于河，有来。《合》8332 反

乎目于河，有来。《合》8326、147878

连劭名先生列举的上述卜辞说明，殷商时期帝都已经迁徙到中原地区，
但还要定时往返于祖地，对"河""岳"进行隆重的走望之祭。

《周逸书·度邑解》：维王克殷国，君诸侯……我南望过于三塗，我
北望过于有岳。^②

《周逸书》中的此段话所述即武王灭商之后所看到的情景。武王南望

---

① 连劭名：《商代望祭中的河与岳》，《殷都学刊》2011 年第 1 期。

② 《周逸书》，济南：齐鲁书社，2010 年，第 45—46 页。

过于三塗，杨向奎先生认为"今蒙山即古涂山"，[①]向北方称岳，显然就是叟虎寨山。

综上所述，甲骨卜辞中的"岳"就是殷商祖地的神山"吴"，笔者认为"岳"字上部的两个山峰即昆仑之丘的"丘"字，原型就是颛臾风国北面的叟虎寨山、青龙山构成的地形（详见后文）。

吴山，又称吴岳、岳山，位于今陕西省宝鸡市陈仓区。吴山被认为是周初时的国之西岳，郑玄注《周礼·大司乐》："五岳，岱在兖州，衡在荆州，华在豫州，岳在雍州，恒在并州。"此处雍州之"岳山"即吴山。[②]顾颉刚先生在《鸟夷族的图腾崇拜及其氏族集团的兴亡》一文中认为，"雍"及"凤翔"等地名均为秦嬴西迁将东方之名带至西部。[③]笔者认为，"吴山""吴岳"之名更是直接由秦嬴先祖伯益"主虞"之地随迁到宝鸡去的，甚至"宝鸡"之名亦源于"凤凰"。

陕西历史博物馆杨东晨先生在《宝鸡吴山简论》一文中认为，"吴山"是因颛顼帝后"吴回"氏族迁住于此而得名。[④]陕西师范大学历史文化学院王琪教授在《西汉吴山郊祀述略》一文中说："吴山郊祀肇始于秦。"[⑤]"吴回"和秦嬴都是颛顼的后裔，从"吴山"的得名和吴山郊祀起始于秦来看，显然就是秦嬴西迁将祖地的"岳"号带至了宝鸡。

综上所述，最初的"岳"即指"吴岳"，是华夏民族燎祭的天枢神山，是尧舜时期"四岳"之中的"中岳"。

（三）叟虎寨山位于齐州之南、冀州之北

叟虎寨山的中心地位还可以从齐州和冀州的地望考证中得到证实。

根据《释地》对齐州地域四界的描述，齐州的南界为"戴日为丹穴"。

---

① 杨向奎：《夏民族起于东方考》，《禹贡》七卷六、七期合刊。
② 沈寿程：《隋唐时期的吴山信仰》，《南方文物》2019 年第 3 期。
③ 顾颉刚：《鸟夷族的图腾崇拜及其氏族集团的兴亡》，《史前研究》2000 年 00 期。
④ 杨东晨：《宝鸡吴山简论》，《宝鸡社会科学》1999 年第 03 期。
⑤ 王琪：《西汉吴山郊祀述略》，《陇东学院学报》2019 年第 01 期。

"戴日"有两种解释，一是指敬奉太阳，另一层意思是"顶日"即太阳之下。笔者认为，蒙阴叟虎寨山是天枢"日月山"。既是"历象日月星辰"的天文观象台，也是敬奉太阳的神山。从"顶日"的含义讲，叟虎寨山即"昆吾"（详见后文），《淮南子·天文训》云：日"至于昆吾，是谓正中"，可见叟虎寨山即在正午的太阳之下，故曰"戴日"。齐州的南界是"丹穴"，"丹穴"就在叟虎寨山北面的山脚下，是凤凰所出的"丹穴之山"（详见后文）。

"齐"为天下之中，"齐州"的南界是叟虎寨山，看似叟虎寨山不是天下正中，而是偏南。但是称为天下之中的不止"齐州"，另外还有被称为正中"中土"的"冀州"。

景以恩先生以《淮南子》九州为主，参照《河图》九州，逐州作出考证，其中关于冀州的地望，他认为：

冀州自古便是华夏族的中心之州。但冀州有两个：一个在山东中部地区，属《淮南子》九州中之中心之州；一个山西汾水流域，属《禹贡》九州中心之州。……但是山西冀州并非虞夏时的冀州，夏之冀州当在东方。泰山既为华夏族中心之山，那么，作为山东中心之州的冀州当指以泰山为中心的南北地区，特别是泰山之南与曲阜之北、蒙山之西与大野泽以东地区。[1]

笔者认为，学者们大多以为泰山是华夏族中心之山，故景以恩先生将正中中土冀州确定在泰山、蒙山、曲阜、大野泽范围之内。实际上泰山、曲阜、大野泽应当在"正西弇州"地域之内，弇州即兖州。

笔者认为，真正的"正中冀州"仅限于蒙山以北，"天枢"叟虎寨山以南，也就是《说文》中所说的"昆仑之丘"东南的"中邦之居"。《说文》中解释"丘"从"北"，"北"字即叟虎寨山与青龙山的构图形象（详见后文）。"冀"字的上面是"北"，甲骨文中也是两个山岳的形状。

综上所述，齐州、冀州皆被不同的典籍记载为天下之中，而天枢之"吴"又处于齐州、冀州的中心，是正中之中。

---

[1] 景以恩：《炎黄虞夏根在海岱新考》，北京：中国文联出版社，2001年，第45页。

四、蒙阴叟虎寨山是虞舜命伯益"朕虞"的中心坐标

蒙阴叟虎寨山是天枢之"吴"的原型，也是先秦典籍记载的"虞夏商周"四代之首"虞"的原型。以"虞"为中心的蒙阴盆地是虞代诸帝的诞生地、成长地，颛臾风国则是虞代诸帝的"封君之地"，因此称为"君子之国"，因此，以"虞"为中心地理坐标的蒙阴盆地被虞代视为"王畿之地"，也即昆仑之丘的"帝之囿"。

（一）"虞"是虞舜命伯益"主虞，驯鸟兽"的中心坐标

伯益除了协助大禹治水之外，另外一大贡献就是"主虞，驯鸟兽"。

《尚书·尧典》：帝曰："畴若予上下草木鸟兽？"佥曰："益哉！"帝曰："俞！咨益，汝作朕虞。"益拜稽首，让于朱虎熊罴。帝曰："俞！往哉，汝谐。"【注释】"畴若予"句：意即命其担任山泽之官。上，指山上。下指低洼有草有水的地方。虞：官名。负责掌管山泽。①

《史记·五帝本纪》：舜曰："谁能驯予上下草木鸟兽？"皆曰益可。于是以益为朕虞。益拜稽首，让于诸臣朱虎、熊罴。舜曰："往矣，汝谐。"遂以朱虎、熊罴为佐。……益主虞，山泽辟。②

从《尚书》和《史记》记载来看，虞舜时期的"虞"是指一处山泽相间、草木茂盛、鸟兽众多的特定地域。虞夏之后，直至周代才以"虞"代指管理山泽的官职。虞舜以伯益"朕虞""朕"是帝王的自称，"朕虞"说明"虞"为"王畿"，因此要由自己信任的人来管理。

《史记·五帝本纪》：虞舜者，名曰重华。重华父曰瞽叟，叟父曰桥牛，桥牛父曰句望，句望父曰敬康，敬康父曰穷蝉，穷蝉父曰帝颛顼。③

《史记·秦本纪》：秦之先，帝颛顼之苗裔孙曰女脩。女脩织，玄鸟陨卵，女脩吞之，生子大业。大业取少典之子，曰女华。女华生大费，与禹平水土，

---

①　王世舜、王翠叶译注：《尚书》，北京：中华书局，2012年，第27页。

②　《史记》，北京：中华书局，2006年，第4—5页。

③　《史记》，北京：中华书局，2006年，第3页。

已成，帝锡玄圭。禹受曰："非予能成，亦大费为辅。"帝舜曰："咨尔费，赞禹功，其赐尔皂游。尔后嗣将大出。"乃妻之姚姓之玉女。大费拜受，佐舜调驯鸟兽，鸟兽多驯服，是为柏翳。舜赐姓嬴氏。①

从《史记》记载来看，虞舜和秦嬴先祖伯益（柏翳）皆为帝颛顼之后，可谓同祖同源。伯益与禹平水土，有大功而不自居，虞舜以为其后必有大作为，因此，赐予本族姚姓玉女并赐其嬴氏。从中也可看出，伯益是"佐舜调驯鸟兽"，进一步说明"虞"地是虞代"王畿之地"。那么"虞"在哪里呢？从伯益后裔的分布与迁徙中可以发现宝贵的线索：

《史记·秦本纪》：大费生子二人：一曰大廉，实鸟俗氏；二曰若木，实费氏。其玄孙曰费昌，子孙或在中国，或在夷狄。费昌当夏桀之时，去夏归商，为汤御，以败桀于鸣条。……以佐殷国，故嬴姓多显，遂为诸侯。②

顾颉刚先生在《鸟夷族的图崇拜及其氏族集团的兴亡》一文中说：

嬴姓之族本是居东方，看没有迁徙的莒、郯、葛，已经灭亡的菟裘便可知道。……嬴为齐地，也即说明这一地是嬴姓一族的旧居。其地汉置嬴县，属泰山郡；《清一统志·山东·泰安府》："故城，今莱芜县西北四十里，北汶水之北，俗名'城子县'。"③

曹定云先生在《论"嬴秦"的西迁与西迁后的东方秦国》一文中说：

古代山东莱芜一带，有"嬴"地。莱芜城子县村就叫"嬴"，就在莱芜西北；秦汉的嬴县，春秋时期也叫"嬴"。……古地名是历史的"印迹"，莱芜一带古代叫"嬴"，说明这一带是古代"秦嬴"的聚居之地。这为"秦出东方"提供了有力的佐证。④

蒲向明、安奇贤在《伯益始秦与其著〈山海经〉之说申论》一文中说：

---

① 《史记》，北京：中华书局，2006年，第29页。
② 《史记》，北京：中华书局，2006年，第29页。
③ 顾颉刚：《鸟夷族的图腾崇拜及其氏族集团的兴亡——周公东征史事考证四之七》，《史前研究》2000年00期。
④ 曹定云：《论"嬴秦"的西迁与西迁后的东方秦国》，宋镇豪主编：《嬴秦文化与远古文明》，北京：中国文史出版社，2018年，第44页。

　　从古文献载录看，伯益封地不只费地一处。《古本竹书纪年》记载："（夏启）二年，费侯伯益出就国。"《路史·后纪七》云："伯翳知其（鸟兽）话言以服事虞夏，始食于嬴，为嬴氏。"西汉桓宽《盐铁论·结和》载："伯益之始封秦，地为七十里。"可见，伯益不仅封于费，为费侯，而且还封于嬴、秦等地。①

　　雍际春、王宏谋等人认为"费为伯益固有居地，该地为其二儿子若木'实费氏'所继随，故氏为'费氏'；嬴乃伯益获姓受封之'始食'地"。②陈新在《伯益考略》一文中说：

　　伯益一名大费，今本《竹书》称费伯，推考伯益必起于费地。……伯益之后大廉一支迁徙中原，若木一支则留居东夷世守费地，以费为氏。《左传·僖公元年》"公赐季友汶阳之田及费"之费是也，春秋时的鲁国季氏费邑在今费县西北，距曲阜仅约 70 公里。费又作郣、胇，知费即伯益出生和初起之地。③

　　陈新引《太平寰宇记》卷十六"泗州"引《都城记》曰："伯益有二子，大曰大廉，封鸟俗氏，秦为其后也；小曰若木，别为费氏，居南裔为诸侯。"认为若木居费为费侯，世守费地，为费氏，是伯益之"南裔"。陈新认为，"古嬴国地处泰山之左，左前与古牟毗邻，正南遥对古穷桑、偃（奄）、颛臾、费、郯等故都，与'南裔'费地直线距离 120 公里，正是伯益及其乃祖乃宗肇始的历史文化名区。"④

　　以上学者根据典籍记载和地名遗存，充分论述了秦嬴始源于东方，秦嬴先祖伯益的两个儿子分居于古嬴县（今莱芜）和古费邑（今费县），也就是说伯益之后，北裔居于"嬴"，南裔居于"费"，两地相距大约 120 公里。

　　但是，学者们在以地名论证秦嬴的祖地时，忘记了一个更原始的地名"虞"，究其原因是古往今来的学者并不知道"虞"的原型是什么，更不

①　蒲向明、安奇贤：《伯益始秦与其著〈山海经〉之说申论》，《广西社会科学》2015 年第 10 期。
②　雍际春、王宏谋：《秦人先祖伯益事迹考略》，《西安财经学院学报》2014 年第 2 期。
③　陈新：《伯益考略》，《禹城与大禹文化文集》2002 年会议。
④　陈新：《伯益考略》，《禹城与大禹文化文集》2002 年会议。

知道伯益"主虞"之地有"虞"——蒙阴叟虎寨山。

《越绝书》中说"荐益而封之百里",伯益的封地最初仅有百里,而"嬴"和"费"之间相距120公里,显然"嬴"和"费"是伯益二子的另封之地。因此,笔者认为《史记》中虞舜命伯益"朕虞""主虞"之地,是以蒙阴"叟虎寨山"为中心的方圆百里的地方。也就是说"虞"在古嬴县以南、古费邑以北蒙阴县境内,正如"虞"在"汤谷"和"蒙谷"之间。

至此,从人文地理的各个方面都可完全确定"虞"就是蒙阴"叟虎寨山","虞"和"吴"是"虞代"的地域中心,是伯益"主虞"的中心,也就是《大荒经》的中心,是大汶口先民,也是秦人、楚人和华夏民族原始记忆中的天地之中枢。

随着大汶口文化的扩散和伯益一族的西迁,"有虞氏""吴姓"等姓氏和吴山、虞山等山名地名也扩散到了四面八方(见图2-7)。但是无论迁徙到何地,对于故乡的记忆却依稀可见,正如顾颉刚先生所言:

图2-7 颛臾风国和蒙阴叟虎寨山地形

舜把"姚姓之玉女"嫁给大费，我们已经知道舜是"东夷之人"，他姓姚，似乎在鸟夷中姚与赢是通婚的两个支族。这件事在《赵世家》记载中也有征兆可寻。世家载赵简子生病，梦到上帝那里，上帝告他："今余思虞舜之勋，适余将以其胄女配而七世之孙。"后来传到赵武灵王，有一夜他梦见美女鼓琴而歌，觉而言其状，吴广闻之，因进其女孟姚。《索隐》："虞、吴音相近，故舜后亦姓吴。"因为赵是赢姓，在东方的时候已常和姚姓通婚，所以其后虽已迁到了西方，而梦魂中系念着东方的旧事还这般地亲切。[①]

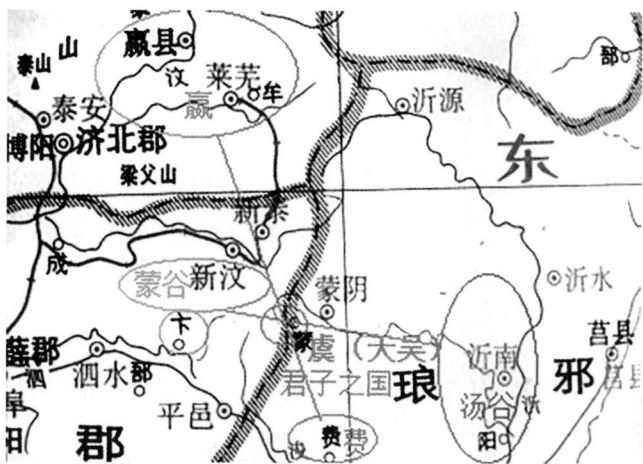

图 2-8　蒙阴及叟虎寨山在"赢""费""汤谷""蒙谷"中心

（二）"虞"演化为掌管山泽和"帝之囿"的官职

"虞"一开始并不是掌管山泽的官职，而是山泽中一座形似巨虎的山体，因为特殊的形状成为一个地方永恒的地理坐标。

《尚书·正义》：《书传》以舜年尚少为之说耳。"虞，氏；舜，名"者，舜之为虞，犹禹之为夏。《外传》称禹氏曰有夏，则此舜氏曰有虞。颛顼以来，

---

① 顾颉刚：《鸟夷族的图腾崇拜及其氏族集团的兴亡——周公东征史事考证四之七》，《史前研究》2000 年 00 期。

地为国号,而舜有天下,号曰"有虞氏",是地名也。王肃云:"虞,地名也。"①

虎历来被称为山中之王,蒙阴"叟虎寨山"从两个不同的侧面看都如同体形巨大的卧虎,守护着蒙山之阴的山泽林田,因此被大汶口先民视为神兽,并作为部落崇拜的图腾。

何光岳先生在《先吴的来源和迁徙》一文说:"《韩诗》曰:驺虞,天子掌鸟兽官。贾谊《新书》驺者,天子之囿也;虞者,囿之司兽者也。《舜典》益作朕虞,周有山虞、泽虞,大田猎,莱田泽之野,则虞者虞人也。由驺虞而衍为官名,可见上古时代驺虞尽为人所知,且在周代用为官名,如黄帝以兽为官名、炎帝以龙为官名、少皞以鸟为官名一样。一直到宋代尚有都虞候之官。"②

蒙阴颛臾风国青龙山、叟虎寨山一带既是伯益"主虞"驯鸟兽之地,也是甲骨卜辞中的"龙囿"和《山海经》中记载的昆仑之神开明兽陆吾所司的"帝之囿"(详见后文),随着大汶口人的西迁和华夏民族地域的扩大,原始于山泽之中的"虞"演化为管理山泽的官职。

第三节　颛臾风国是《山海经》中的"君子之国"

"君子"一语,广见于先秦典籍,最初本义多指"君主之子"。《说文》:"君,尊也。从尹;发号,故从口。"(君,尊贵。从尹,表示治理的意思;发号司令,所以从口。)"君"的本义是上古执笔写字的官,是指君主、统治者,引申指封建制度的一种尊号,尤指君主国家所封的称号或封号。③后来,"君子"一词赋予了道德的含义,指人格高尚、道德品行兼好之人,指地位高的人,是对统治者和贵族男性的通称。

"君子国"或"君子之国"出自《山海经》之《海外东经》和《大

①　《尚书正义》,上海:上海古籍出版社,2007年,第60页。

②　何光岳:《先吴的来源和迁徙》,《宝鸡文理学院学报(哲学社会科学版)》1995年第4期。

③　《说文解字》,沈阳:辽海出版社,2015年,第560页。

荒东经》之中，其国民"衣冠带剑"，而且"好让不争"，具有高度发达的文明程度。因此，后来的典籍中对"君子之国"加以详细叙述并加入更多美好的成分，《后汉书》中说"东方曰夷，天性柔顺，易以道御，至有君子不死之国焉"，《太平御览》引《王子年拾遗记》说君子国"……其人不死，厌世则升天"，《博物志》云"君子国人，衣冠带剑，使两虎，民衣野丝，好礼让不争"等等。

一、《山海经》中的"君子之国"在东蒙地区

自古以来，学者们或认为"君子之国"是虚构的国度，或认为"君子之国"不在中国而在海外，究其原因是《山海经》的神话色彩和对《山海经》描述范围的误读造成的。因此，要想探寻"君子之国"之所在，首先要回归到《山海经》中，更要从《山海经》作者经历及其描述的范围开始溯源。

前文中论述了《山海经》是大汶口文化的产物，那么始见于《山海经》的"君子之国"必然也在大汶口文化区内，也就是东夷地区。王献唐先生在《炎黄氏族文化考》一书中认为，东夷君子之国即为山东，凤鸟出于君子之国，亦即出于山东。他说：

凤族之女，后生伏羲，伏羲以母氏为姓，因为凤姓。……《说文》引天老说曰：凤"出于东方君子之国，翱翔四海之外，过昆仑，饮砥柱，濯羽弱水，暮宿风穴，见则天下大安宁"……其言"出于东方君子之国"者，指东夷而言。

……《淮南子·地形训》："凡海外三十六国，自东南至东北，有君子之国。"《玄中记》："君子之国，地方千里。"《外国图》："君子国多槿华，人民食之。""古琅邪三万里上有君子国，在东方海外。"而如"地方千里"、食木槿华、去琅邪三万里求之，其国绝不可得。

……然儒家者流，出于东鲁，讲礼修让，称仁义，说君子，衣冠带剑，正即夷仁之流风遗俗。……若是，东夷君子之国既为山东，凤鸟出于君子国，

亦即出于山东。①

王献唐先生的论证,将君子之国确定在东夷、山东,进一步确定在东鲁、凤地,驳斥了君子之国在海外的谬论。对于君子之国的所在地,贵州省社会科学院副院长石朝江先生经过长期的研究,认为"东蒙"是华夏文明的重要源头,认定"君子之国"就是上古时期的"东蒙"人:

> 先秦文献记载,东方君子国好礼让而不争,天性柔顺,通情达理,民风清淳。所以《山海经》《淮南子》《后汉书》等古籍称东方人为"君子国"或者"大人国""君子不死之国"。"凤,出于东方君子之国"。"凤"是东方人风姓集团特有的标记,与黄帝发生战争的蚩尤,就出自上古"东蒙"人的风姓集团。故知史籍记载的"君子之国"就是上古时期的"东方蒙人",且就是风姓诸国的部落群团。因为"仁义"是"东蒙"人的礼俗,这也是"东方君子国""大人国"或"不死国"名称的由来。②

傅斯年先生在《大东小东说》一文中对《诗经》中记载的"大东""小东"的地域范围进行分析论证之后说:"据《鲁颂》之词,荒大东者周公之孙,地乃龟蒙。"③

根据以上论证,笔者认为,《诗经·鲁颂·閟宫》所言的"奄有龟蒙,遂荒大东"与《大荒经》所指的区域是一样的,就是蒙山(龟蒙)以北,以叟虎寨山为中心的方圆百里的区域范围之内,记载于《大荒经》中的君子之国也在这一地域之中。

二、"天吴"和"虹虹"是君子之国两大地理地标

"天吴"是"君子之国"的主要地理坐标,其他人文地理坐标还有"两大虎""虹虹""朝阳之谷""青丘国""薰华草"等。

《山海经·大荒东经》:大荒之中,有山名曰合虚,日月所出。有东

---

① 王献唐:《炎黄氏族文化考》,青岛:青岛出版社,2006年,第366—367页。
② 郑文丰:《中华文明中华民族的两大历史源头》,《贵州日报》2018年1月26日。
③ 傅斯年:《民族与古代中国史》,上海:三联书店,2017年,第96—108页。

口之山。有君子之国，其人衣冠带剑。……有神人，八首人面，虎身十尾，名曰天吴。大荒之中，有山名曰鞠陵于天、东极、离瞀，日月所出。①

《山海经·海外东经》：君子国在其北，衣冠带剑，食兽，使两大虎在旁，其人好让不争。有薰华草，朝生夕死。虹虹在其北，各有两首。一曰在君子国北。朝阳之谷，神曰天吴，是为水伯。在虹虹北两水间。其为兽也，八首人面，八足八尾，皆青黄。②

《山海经》之《大荒经》和《海经》中有诸多的"国"，大多数"国"只提其名，不记其事。但是对"君子之国"的地理位置、人文特征则表述的非常具体，而且特点鲜明，成为考证君子之国地望的人文地理坐标。

（一）叟虎寨山是君子之国"天吴"和"两大虎"

从《山海经》的记载来看，"天吴""两大虎"是君子之国最主要的标识。

君子国北面"朝阳之谷"有神人"天吴"，"其为兽，八首人面，八足八尾，皆青黄"。显然就是前文中论述的天枢之"吴"，即叟虎寨山。

《水经注》：桑泉水又东南迳蒙阴县故城北，王莽之蒙恩也。又东南与叟崮水合，水有二源双会，东导一川，俗谓之汶水也。③

---

① 袁珂：《山海经校注》，北京：北京联合出版公司，2014 年，第 294—297 页。
② 袁珂：《山海经校注》，北京：北京联合出版公司，2014 年，第 226—229 页。
③ 陈桥驿校证：《水经注校证》，北京：中华书局，2013 年，第 580 页。

图 2-9

　　"天吴"在朝阳之谷，两水之间，朝阳之谷即东汶河河谷，两水就是《水经注》中所言的叟崮水。

　　笔者认为，君子国之人"使两大虎在旁"，绝无可能是两只自然界的真虎、活虎，而是蒙阴叟虎寨山西、南两个侧面，叟虎寨山这两个侧面的山形恰似两只形态不同的大虎。

　　（二）青龙山是君子之国北面的"工虫"（虹虹）

　　《山海经》记载："{工虫}々在其北，各有两首。一曰在君子国北。"从《山海经》先有图后有书的成书过程分析，在《山海经图》中君子国的北面画有一个类似甲骨文的虹字的图像，两端有首，但是后人无法知道{工虫}々到底叙述的是天边的彩虹呢，还是描写一只有两个头的怪物。

　　笔者认为，古代书籍皆为竖版，{工虫}乃上工下虫，"工"与"巨"古同字，"工虫"即"巨龙"，也就是颛臾风国以北与"天吴"相对而卧的"青龙山"，青龙山东端的山形犹如一只巨大的鳄鱼，鳄鱼是龙的原型（详见后文）。这个"工虫"也就是后面各章中论证的"大虹""青虹""虹"，均为"帝母"感应怀孕时看到的景物。

（三）蒙阴盆地有"朝阳之谷"和"青丘之国"

蒙阴盆地北面是泰沂山脉，南面是蒙山山脉，是典型的"两山间流水之道"，称为"谷"。蒙阴盆地东端是日出之"汤谷"，西端是日入之"蒙谷"，因此整个盆地称为"朝阳之谷"，从地名遗存上看，新泰境内现有"谷里镇"，莱芜境内古有"夹谷"。

蒙阴有"九省通衢"之称，通衢，也叫通渠。清康熙年间，一位籍贯韩城的基层官员陈朝君留下记录自己从政其间的笔记《莅蒙平政录》，在笔记中，陈朝君多次提到九省通衢、九省之冲："蒙阴当南北九省之冲，粮不满万，丁近六千。每日之间，东南饷鞘，络绎如云；西北车辆，轮蹄若雨。""卑职查得蒙以蕞尔之区，地当九省之冲。""查得蒙邑，地当九省通衢。"[①]从古代官员的从政笔记中可知，蒙阴盆地、朝阳之谷的地位之重要。

《山海经·海外东经》：青丘国在其北，其狐四足九尾。一曰在朝阳北。帝命竖亥步，自东极至于西极，五亿十万九千八百步。竖亥右手把算，左手指青丘北。[②]

《山海经》记载"青丘国"在"朝阳北"。竖亥在这里步量东极至于西极的距离。相似的记载还出现在《淮南子·天文训》：

日"至于蒙谷，是谓定昏。日入于虞渊之汜，曙于蒙谷之浦，行九州七舍，有五亿万七千三百九里，禹以为朝、昼、昏、夜。[③]

对比以上两处典籍的记载可知，其内容大同小异，可能出自同一族群的知识或传说。可见《山海经》记载的"朝阳之谷""青丘之国"就是"虞渊""蒙谷"，也就是说"朝阳之谷"的"天吴"，就是"蒙谷"中的"虞"。从而证实，"天吴""朝阳之谷""工虫"以南的颛臾风国就是"君子之国"。

---

① 参见《大地理馆》博文：《"县级"的滕州、定远、正定、蒙阴为何成为中国的"九省通衢"？》2020 年 1 月 28 日。

② 袁珂：《山海经校注》，北京：北京联合出版公司，2014 年，第 226—229 页。

③ 陈广忠译注：《淮南子》，北京：中华书局，2012 年，第 145 页。

三、颛臾凤国具有"君子之国"的人文地理特征

《山海经》等古籍中除了记载君子之国的地理坐标外，还记载了君子之国的诸多物产、习俗等人文地理标识，这些标识也都与蒙阴颛臾凤国的风土人情相吻合。

《山海经·大荒东经》：君子国"衣冠带剑，食兽，二大虎在旁，其人好让不争。有薰华草，朝生夕死。"[1]

《说文解字》："唯东夷从大。大，人也。夷俗仁，仁者寿，有君子不死之国。"[2]

《后汉书·东夷列传》：王制云："东方曰夷。"夷者，柢也，言仁而好生，成物柢地而出。故天性柔顺，易以道御，至有君子、不死之国焉。夷有九种，曰畎夷，于夷，方夷，黄夷，白夷，赤夷，玄夷，风夷，阳夷。故孔子欲居九夷也。昔尧命羲仲宅嵎夷，曰旸谷，盖日之所出也。……东夷率皆土著，憙饮酒歌舞，或冠弁衣锦，器用俎豆。所谓中国失礼，求之四夷者也。[3]

从上述摘录的古籍记载来看，君子之国有"薰华草"和"两大虎"，具有"衣冠带剑""天性柔顺""好让不争""仁而好生""长寿不死"等人文特征。这些特征既是东夷之人的普遍特征，更是东方君子之国独特的人文标识。

（一）君子之国"衣冠带剑，食兽，其人好让不争"

"衣冠"：衣服和帽子，借指体面而有地位的人。颛臾国乃君子之国，是"有圣德"的人文始祖太皞的嫡系后裔，因此君子之国的人必然都是有礼教、有地位的名门世族。

"带剑""食兽"说明君子之国以狩猎为生。蒙阴东、北、南三面环山，西面有汶泗河谷，中间为起伏的丘陵，旧石器时期这里的先民以狩猎为生，是狩猎之场。新石器时期这里是天然的"帝王之囿"，也就是驯养鸟兽的

---

[1] 方韬译注：《山海经》，北京：中华书局，2011年，第249页。

[2] 北京师范大学"汉字研究与现代应用实验室"：《汉字全息资源应用系统》；王献唐：《炎黄氏族文化考》，青岛：青岛出版社，2006年，第366—367页。

[3] 《后汉书》，北京：中华书局，2007年，第826页。

地方（详见后文）。"衣冠带剑"是指文明、礼制，代表君子之国文明程度；"食兽"是指君子之国是驯养鸟兽的"帝之囿"，代表畜牧业的发达程度；"使两大虎在旁"是君子之国的地理标志。《山海经》先有图后成书，《山海经》图出自大费（伯益）协助大禹治水时所见所闻所画，因此，伯益描述的君子之国的地形地貌、风土民俗是真实可信的。

《博物志》中描写的君子国与《山海经》中的描写几乎一样，差别在于除了说君子国人"衣冠带剑"外，还提到了"民衣野丝"，也就是说那里的人不但穿着制式上有君子形象，而且衣服的面料也都是野蚕的丝织成的。

《博物志》：君子国，人衣冠带剑，使两虎。民衣野丝，好礼让，不争。①

前文中论证了《诗经·东山》中所言的"东山"即蒙山，"蠋"（野蚕）产自蒙阴"桑野"，蒙阴是桑蚕的发源地。由此可见，君子国人"民衣野丝"是用蒙山桑野中的野蚕丝织成的。《拾遗记·春皇庖牺》记载"春皇者，疱牺之别号。……丝桑为瑟，灼土为埙"，②利用桑野蚕丝是太皞伏羲的一大贡献。蒙阴既是"野丝"的发源地，又是"伏羲生处，太皞之治"（详见后文），故君子国即太皞故里颛臾风国。

君子之国"衣冠带剑"，其人"好让不争"一方面是描述的是君子国之人的形象，更重要是描述记载了"虞代"五帝封君和禅让帝位的传说（详见第五章）。

（二）君子之国"薰华草"是"舜华""舜草"

君子国有"薰华草，朝生夕死"，"薰华草"到底是指什么草呢？中国神话学会主席袁珂先生考证说："东方的君子国……人人寿命都很长，他们除了吃家畜或野兽之外，更把国内盛产的木槿花蒸来当做日常食品。……吃了短命的花的他们，人人却又都长寿。这或者不关于花，而关于他们那种作

---

① 郑晓峰译注：《博物志》，北京：中华书局，2019年，第48页。
② 王兴芬译注：《拾遗记》，北京：中华书局，2019年，第5页。

为君子品德的仁爱的胸怀吧。据说仁爱的人寿命都很长的。"①

除了袁珂先生，王献唐先生及一些著名专家学者也都考证过君子之国在东夷，君子之国的薰华草是指木槿花，但是他们都没有论证过木槿花即是"舜华"之花，更没有将舜华与虞舜、有虞氏和君子国联系在一起考证，所以没有明确认定虞舜与君子国的关系，因此没有发现君子之国即颛顼、虞舜之故里——地处蒙阴境内的颛臾风国。

"舜"的现代释义：（1）传说中的上古帝王。如：尧舜。尧天舜日喻太平盛世。（2）"木槿"的别称；颜如舜华（喻女子容貌美丽）。

《说文》："舜，艸也。蔓地连华。象形。从舛，今隶变作舜。"

《正字通》："有虞氏号，又木槿名。《诗·郑风》：'有女同车，颜如舜华。'《说文》作蕣。"君子国"多薰华之草"，薰，通"舜"。②

《吕氏春秋·仲夏纪》："木堇荣"，高诱注云："木堇，朝荣暮落，……一名蕣。《诗》云'颜如舜华'是也。""薰"与"蕣"音近通假。③

舜花多色艳，朝开暮落，犹如昙花一现，因此称为"舜华"。木槿花可以作为中药使用，同时可以食用，因此能够使人长寿。

君子之国"薰华草"除了上述解读之外，还可以与"蒙双民"与"神鸟""不死草"联系在一起。君子国之人的这些特征与蒙双氏的特征相符。

《博物志》：蒙双民，昔高阳氏有同产而为夫妇，帝放之北野，相抱而死。神鸟以不死草覆之。七年男女皆活，同颈二头、四手，是蒙双民。④

《搜神记》：昔高阳氏，有同产而为夫妇，帝放之于崆峒之野。相抱而死。神鸟以不死草覆之，七年，男女同体而生。二头，四手足，是为蒙双氏。⑤

在蒙姓族谱中记载，蒙姓得姓于蒙阴蒙双氏，蒙阴是蒙氏的发源地，

---

① 袁珂：《中国古代神话》，北京：中华书局，1960 年版，第 244 页。
② 北京师范大学"汉字研究与现代应用实验室"：《汉字全息资源应用系统》；
③ 郑晓峰译注：《博物志》，北京：中华书局，2019 年，第 49 页。
④ 郑晓峰译注：《博物志》，北京：中华书局，2019 年，第 60 页。
⑤ 马银琴译注：《搜神记》，北京：中华书局，2012 年，第 308 页。

又是颛顼之国，[1] 故颛顼将"蒙双氏""蒙双民"放之北野、崆峒之野，显然是指蒙山之阴的鸿蒙之野。《说文》"凤，神鸟也。出于东方君子之国"，显然救"蒙双民"的神鸟应是凤凰。

"不死草"又指何物呢？除了可以解释为"薰华草"之外，也可能是称为"蒙"的菟丝子，或者"薰华草""舜华"并非木槿花，而是称为"蒙"的"舜草"，也就是"王女"。

《说文解字》："蒙，王女也。从艸，冡声。"蒙是形声兼会意字。小篆从艸，从冡（覆盖），会缠绕覆盖寄生草本植物之意，冡兼表声。隶变后楷书写作"蒙"。"蒙"的本义是菟丝草。《说文解字注》："（蒙）王女也。王或作玉，误。又云，唐蒙、女萝。女萝、菟丝。"《尔雅》云："蒙、荒，奄也，唐、蒙，女萝，菟丝，王女。"[2]

典籍中对于"蒙"解释为"王女"，也就是菟丝草，菟丝子，别名禅真、豆寄生、黄丝、黄丝藤、金丝藤、无根草等，为一年生寄生草本。茎缠绕，黄色，纤细、无叶。花序侧生，少花或多花簇生成小伞形或小团伞花序。生长于海拔200—3000米的田边、山坡阳处，通常寄生于豆科、菊科等多种植物上，种子药用，是一味平补肾、肝、脾之良药。菟丝子甘、温，具有滋补肝肾、固精缩尿、安胎、明目、止泻之功效，始载《神农本草经》，被列为上品。[3]

"蒙"即为菟丝子，为何又称为"王女"或"玉女"呢？笔者认为，应当与虞舜有关，虞舜之女为"王女"，《史记·秦本纪》载，伯益协助大禹治水成功之后，虞舜"妻之姚姓玉女"并赐姓嬴氏。[4] 虞舜生于蒙阴虞地桃墟，又称姚墟（详见第五章），因此得虞氏、姚姓，其故里蒙阴之女故称"姚

---

① 《中华蒙氏渊源》（线装大字版），香港：百姓源·缘（香港）文化传播机构，2007年，第1—14页。

② 《说文解字》，沈阳：辽海出版社，2015年，第503页；北京师范大学"汉字研究与现代应用实验室"：《汉字全息资源应用系统》。

③ 《菟丝子》，《中草药》2020年第2期。

④ 《史记》，北京：中华书局，2006年，第29页。

姓玉女",亦为"王女",又有舜华、舜草之名,故"蒙"又别名"王女"。笔者认为,菟丝子的形态更符合《说文》中所说的"艸也。蔓地连华。象形。从舛,今隶变作舜。"舜以孝著称,故《述异记》说:"舜草,今之孝草也。"

综上所述,将君子之国"天吴"和虞舜之名联系在一起,不难发现君子之国的"薰华草"即虞舜故里之"舜华",或者说虞舜因"虞"地有"舜华"而称虞舜。

（三）颛臾风国环境优越、民风淳朴以"仁寿"著称

"夷俗仁,仁者寿,故有君子不死之国""其人不死,厌世则升天",仁而寿是君子国最主要的特征。远古时期的人类寿命很短暂,平均寿命在二三十岁,这主要因为疾病、生存环境和自然灾害造成的。中国的西部、北部地区干燥寒冷,气候恶劣,南方地区长年温暖湿润易发瘟疫,中原一带则洪灾多发,因此,远古时期这些地区的氏族部落人均寿命普遍较短。

《帝王世纪》:黄帝生于寿丘,在鲁城东门之北。居轩辕之丘,于《山海经》云"此地穷桑之际,西射之南"是也。①

古籍中说黄帝生于"寿丘","寿丘"在鲁城东门之北,其方位即指向蒙阴颛臾风国,"寿丘"和"轩辕之丘"即君子之国——颛臾风国一带的丘陵地带（详见第五章）。

《大荒经》是"看图说话",经文是对一幅画的解说叙述,但并非《大荒经》中所记载的所有内容都是画面所见。就像小学生作看图说话练习会根据自己的理解添枝加叶一样,《大荒经》作者在讲述画面内容时,也会引用他知道的故事对画面的意思加以解释。②通过上述论证,笔者按照刘宗迪先生的思路,通过对蒙阴颛臾风国地理环境进行田野调查,发现了《山海经》中记载的"君子之国"之"朝阳之谷""工虫"和"天吴",从而复原了《大荒经》古图的核心部分（见图2-10）。

---

① 《帝王世纪》,济南:齐鲁书社,2010年,第9页。
② 刘宗迪:《神话与星空:"绝地天通"的天文学阐释》,《中原文化研究》2020年第4期。

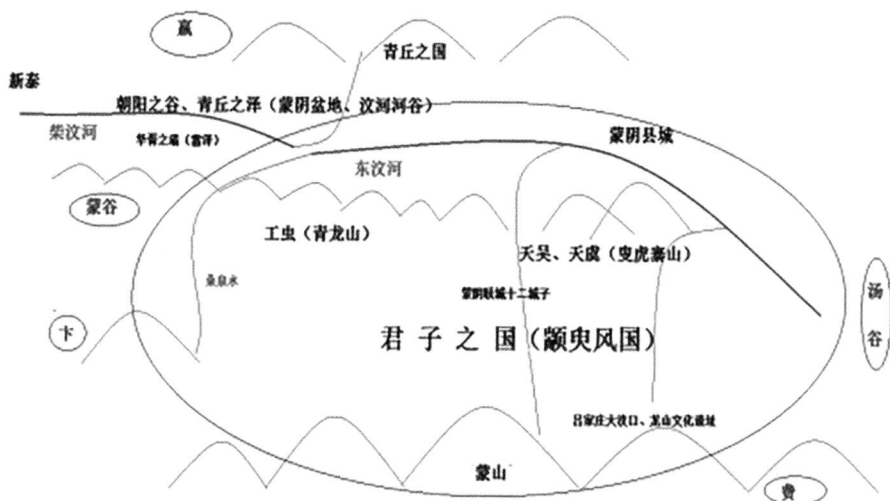

图 2-10　《山海经》中君子之国地图

《山海经》中除了《大荒东经》和《大荒西经》中记载的"君子国""君子之国"外,《大荒南经》还记载有"颛顼"之国:

《山海经·大荒南经》:有国曰颛顼,生伯服,食黍。……昆吾之师所浴也。[1]

前文中论述了《大荒经》的中心是蒙阴叟虎寨山(吴),《大荒南经》所描述的就是"吴"以南的情景,因为"吴"位于《大荒经》古图的中心,所以处于中心区域的景物、方国就会出现重叠或错乱,因此,"颛顼"国出现在《大荒南经》中,天枢"吴"及颛顼生老童之处则出现在《大荒西经》中,而"天吴"和君子之国又出现在《大荒东经》中,这就足以说明君子之国、颛顼之国就在《大荒经》中心"吴"偏东南的位置,也就是《汉书·地理志》记载的颛臾国在蒙阴蒙山下的位置。[2]

鲁中南山区气候宜人,四季分明,适合远古人类的生存发展和文明发

---

① 袁珂:《山海经校注》,北京:中华联合出版公司,2014 年,第 320 页。

② 《汉书》,北京:中华书局,2007 年,第 291 页。

祥。东蒙地处鲁中南山区腹地，境内丘陵和缓起伏，有利于躲避洪涝灾害，蒙山"零雨其蒙""其上多木，其下多水"，自然环境十分优越，具备君子之国长寿、其人不死的条件。

蒙阴以金银花为代表的中草药多达上百种，远古时期中草药对于治疗疾病、延长寿命起着至关重要的作用，古代生活在这里的部落日常采食食药同源的野果、野菜，能够强身健体预防疾病，这都是成为传说中君子不死之国的原因。据《帝王世纪》记载，伏羲"乃尝味百药而制九针，以極夭枉焉"。[①] 蒙阴颛臾风国是伏羲诞生之地，也是伏羲太皞之治（详见后文），由此可知，伏羲在颛臾风国遍尝百草而制九针，解救人们的疾病痛苦，延长了人的寿命。

古籍中之所以称东方夷人为不死国不死民，是因为那里的人类文明程度相对比较高，生产力相对发达，并发明医药治疗人的疾病，因此，人的寿命相对比较长。相对于其他部落人均寿命二三十年来说，鲁中南山区尤其是蒙阴一带的人寿命要高出一倍甚至更长，所以在其他地方的人看来如同不死之国。

四、颛臾风国是孔子心目中的"君子之国"

《左传》和《论语》关于颛臾的记载各有一条，但却让我们知道了颛臾风国是先秦时期祭祀中华民族人文始祖太皞的"社稷之臣"，是古人珍藏在"椟"中的"龟玉"，龟代表着国家重器，玉代表着凤凰和君子，所以将颛臾视为"社稷之臣"和"椟中龟玉"就说明其是古人公认的"东方君子之国"。

《论语·季氏将伐颛臾》：冉有、季路见于孔子曰："季氏将有事于颛臾。"

孔子曰："求！无乃尔是过与？夫颛臾，昔者先王以为东蒙主，且在邦域之中矣，是社稷之臣也。何以伐为？"

冉有曰："夫子欲之，吾二臣者皆不欲也。"

孔子曰："求！周任有言曰：'陈力就列，不能者止。'危而不持，颠而不扶，则将焉用彼相矣？且尔言过矣，虎兕出于柙，龟玉毁于椟中，

---

① 《帝王世纪》，济南：齐鲁书社，2010 年，第 3 页。

是谁之过与？"

冉有曰："今夫颛臾，固而近于费，今不取，后世必为子孙忧。"

孔子曰："求！君子疾夫舍曰欲之而必为之辞。丘也闻有国有家者，不患贫而患不均，不患寡而患不安。盖均无贫，和无寡，安无倾。夫如是，故远人不服，则修文德以来之。既来之，则安之。今由与求也，相夫子，远人不服，而不能来也；邦分崩离析，而不能守也；而谋动干戈于邦内。吾恐季孙之忧，不在颛臾，而在萧墙之内也。"①

孔子称颛臾为社稷之臣绝非凭空而论，而是基于对颛臾国历史和人文地位的高度尊崇和全面了解。颛臾起始于远古时期的原始聚落，形成于文明萌芽时期的部落邦国，历经夏商承担祭祀太昊以服事诸夏的重要使命。

西周时，周先王分封姬姓诸侯国，为何保留了风姓颛臾国？就是因为颛臾风国是华夏民族人文始祖太皞的祖国，是虞朝五帝的封君之地，也是周天子姬姓的祖地。西周初年，周公辅佐天子周成王，东征殷商旧属国，分封周公长子伯禽于其中的奄国故土建立鲁国，都于曲阜。颛臾风国自此附属于鲁国，受鲁国的保护，代表周天子祭祀先祖和蒙山，担负着国家社稷的重要使命，成为社稷之臣。同样，孔子将颛臾风国比喻为"椟中龟玉"，也是因为颛臾风国是龟玉崇拜的源头所在。

《礼记·玉藻》：卜人定龟，史定墨，君子定体。②

《礼记·玉藻》：执龟玉，举前曳踵，蹜蹜如也。③

从上述引文中可知，龟玉是华夏民族崇拜的神物，从史籍记载、考古发现和学者的相关论述中可以得知，中原地区新石器晚期的龟玉崇拜源自于大汶口文化，拥有占卜工具和手段的人（巫）代表了神的意志，也就能够维持其统治权力。由此可见，自先秦时期起，古人视龟甲是国家的重器，也指对国家有重大贡献的人。

---

① 陈晓芬、徐儒宗译注：《论语》，北京：中华书局，2011 年，第 197—199 页。
② 胡平生、张萌译注：《礼记》，北京：中华书局，2017 年，第 565 页。
③ 胡平生、张萌译注：《礼记》，北京：中华书局，2017 年，第 597 页。

美玉既是国宝又代指君子,只有帝王和有社会地位的君子才可以拥有。

《说文解字》:玉,石之美。有五德:润泽以温,仁之方也;腮理自外,可以知中,义之方也;其声舒扬,专以远闻,智之方也;不桡而折,勇之方也;锐廉而不技,洁之方也。象三玉之连。①

《礼记·聘义》:孔子言:"夫昔者君子比德于玉焉:温润而泽,仁也;缜密以栗,知也;廉而不刿,义也;垂之如坠,礼也;叩之,其声清越以长,其终诎然,乐也;瑕不掩瑜,瑜不掩瑕,忠也;孚尹旁达,信也;气若白虹,天也;精神见于山川,地也;圭、璋特达,德也;天下莫不贵者,道也。《诗》云'言念君子,温其如玉'。故君子贵之也。"②

"君子比德于玉",孔子把玉作了仁、知、义、礼、乐、忠、信、天、地、德、道11个方面的高度概括。龟是国家重器,玉即为君子,孔子以颛臾比作龟玉,是指颛臾国具有社稷之臣的地位,又具有美玉一般的君子形象。

《论语》:子曰:"凤鸟不至,河不出图,吾已矣夫!"……子欲居九夷,或曰:"陋,如之何?"子曰:"君子居之,何陋之有?"③

孔子对政治失望至极,便萌生了"居九夷"的想法。孔子说九夷虽然偏远、闭塞,但是有君子住在那里,怎么会鄙陋呢!"陋"是指偏远、闭塞的地方。颛臾风国地处鲁国西北边境,相对于孔子所处的鲁国都城曲阜来说,地理位置最为偏远。因此,孔子所言"君子居之"的"陋地"就是指蒙阴的颛臾风国。

五、"颛顼""颛臾"字义与蒙阴、君子有关

颛臾风国具备了东方君子之国的所有要素:东方、凤凰、君子。除此之外,单纯从"颛臾"二字的字义上也可以直接得出结论:东蒙颛臾风国即是凤出东方的君子国。

《说文》:"头颛颛谨貌。"又《韵会》:"颛,蒙也。又古帝号。"④

---

① 北京师范大学"汉字研究与现代应用实验室":《汉字全息资源应用系统》。

② 胡平生、张萌译注:《礼记》,北京:中华书局,2017年,第1225页。

③ 陈晓芬、徐儒宗译注:《论语》,北京:中华书局,2011年,第101—104页

④ 北京师范大学"汉字研究与现代应用实验室":《汉字全息资源应用系统》。

《玉篇》："昌意生高阳，是为帝。颛顼，颛者，专也。顼者，正也。言能专正天之道也。"①

《正字通》："颛，《说文》颛颛谨貌。又颛蒙，又颛顼帝高阳之号，颛者专也。顼者，正也。言能专正天下之道也。又颛臾国名。又姓。《神仙传》有太玄女，颛顼和。又颛孙复姓。"②

《广韵》臾：善也，亦须臾。又姓。《集韵》："善也。"又指肥沃的土地，后作"腴"。如《管子》："管子对曰：'郡县上臾之壤守之若干，下壤守之若干。'"③

除了上述典籍对颛、臾二字的解释外，《搜狗百科》和《在线新华字典》对"颛"字的释义是：字从专，从页，专亦声。"耑"意为"轮廓线和缓起伏的山丘"。"页"指人头。"耑"与"页"联合起来表示"圆头胖脑"。本义：圆头胖脑的中年贵族。引申义：体面和守法的人，忠厚善良的人。颛的组词有：颛蒙，颛民（善良的百姓），颛顼（上古时期的帝王）。

从颛臾释义来看，我们还可以得到三点直接的提示：一是指地形地貌，颛臾二字本义是指和缓起伏的丘陵、肥沃的土地，这种地形地貌显然就是蒙山以北、东汶河流域的丘陵地带，也就是春秋时期齐国先是侵占，后又因孔子出任鲁国相而归还的"龟阴田"，因此颛臾国的主要领地在蒙山以北，这与古籍记载是完全相符的。二是指君子之国，颛臾二字都有善良的含义，是指有知识、有地位、有教养、体面的、受尊敬的人，也就是原始意义上的"君王之子"和孔子所言的君子，因此说明了颛臾即君子之国。三是指颛顼之臾，颛是生僻字，颛臾、颛顼、颛蒙、颛民，只有这些组词和解释，都与蒙有关，因此颛臾应当为颛顼之臾，也就是说颛臾是五帝之一的颛顼的故里。

关于"颛臾风国"的记载最早出现在《左传》之中，它记载了颛臾是祭祀太皞的风姓之国，古代"祭必告于宗子"，因此颛臾国历史地位特殊，

---

① 北京师范大学"汉字研究与现代应用实验室"：《汉字全息资源应用系统》。
② 北京师范大学"汉字研究与现代应用实验室"：《汉字全息资源应用系统》。
③ 北京师范大学"汉字研究与现代应用实验室"：《汉字全息资源应用系统》。

是无可替代的宗子之国。

据《路史·国名纪一》载，太皞之后的风姓国共 19 国，依次分布在太皞从发祥地向西迁徙建都宛丘（今河南淮阳地）的路径上，其中在今山东境内有 7 国，包括《左传》所言的任、宿、须句和颛臾。《左传》虽然笼统的讲颛臾等 4 个风姓古国负责祭祀太皞和"有济"（济水），但是他们的分工却因所处的位置又有所不同。"颛臾"则远离济水，其职责显然不是祭祀济水，而只能是祭祀太皞。为什么要在颛臾这个地方祭祀太皞呢？只能说明这个地方是太皞的诞生地和太皞部落的祖地。

在中华民族的记忆中，华胥氏、伏羲和女娲都是风姓，是中华民族共同的人文祖先。古籍中记载，继太皞（伏羲氏，风姓）之后自黄帝起的"五帝"也都是一个世系，正如司马迁在《史记》中所言："自黄帝至舜、禹，皆同姓而异其国号，以章明德。"①

黄帝等"五帝"出自一个世系，有一个共同的祖地，都诞生、成长在这个祖地。而且成年之后在这里行"冠礼"，袭"封君之地"，这个地方就是《山海经》中的"君子之国"，黄帝等"五帝"都是"虞"代的帝王，"虞"的原型就是颛臾风国"叟虎寨山"，所谓"君子之国"就是虞代五帝的"封君之地"。

---

① 《史记》，北京：中华书局，2006 年，第 5 页。

第三章

"昆仑之丘"是君子之国天文观象台"天吴"

　　"昆仑"又称昆仑山、昆仑之丘、昆仑之虚，是中国古代地理学中著名的山丘，在中国古代神话中有着至高无上的地位。言古代地理者，必言昆仑；言古代神话者，也必言昆仑。昆仑对于华夏民族而言，"是一个有特殊地位的神话中心，也是一个民族的宗教中心，在宗教史上有它永恒的价值"。①

　　关于"昆仑"的言说从一开始就云山雾罩，昆仑究竟是一座什么样的山？究竟在什么地方？又因何被尊崇为华夏民族的神山？自汉武帝按古图将昆仑山命名于青藏高原之后，仍然有众多古今中外的旅行家、使节、地理学家和历史学家或实地勘查，或按图索骥，孜孜不倦地上下求索昆仑之所在，却至今仍是众说纷纭、莫衷一是。

第一节　"昆仑之丘"是大汶口人历象日月星辰的神山

　　"昆仑之丘"之所以成为古代华夏第一神山，是因为它是众神所居之山。华夏民族的上古帝王之所以成为众神，是因为他们"仰观天文，俯察地理"，通晓天文知识，掌握着制定历法的权力。因此，学者们认为"昆仑之丘"实际上就是古代帝王用于"观象日月星辰之行次"的天文观象台。

---

① 顾颉刚：《古史辨自序》，石家庄：河北教育出版社，2000年，第734页。

一、千古之谜"昆仑之丘"

学界对于昆仑神话的研究大都聚焦在两个方面:一是对"昆仑"词语的语义与语源研究,一是对"昆仑"地理的梳理与考察。尤其是对"昆仑"真实地理所在地的考辨,更是众说纷纭,莫衷一是。苏雪林更是直接名之为"昆仑之谜"。

中国古代历史与地理,本皆朦胧混杂,如在一团谜雾之中。昆仑者亦此迷雾中事物之一也。而昆仑问题比之其他,尤不易董理。……故学者对此每有难于措手之感。而"海外别有昆仑"(晋郭璞语),"东海方丈,亦有昆仑之称"(后魏郦道元语),"昆仑无定所"(元金履祥语),"古来言昆仑者,纷如聚讼"(近代顾实先生语),种种叹息,胜于论坛。又有所谓大昆仑,小昆仑焉;东昆仑,西昆仑焉;广义昆仑,狭义昆仑焉。近代外国学者之讨论南洋民族及非洲黑人者,因中国古书有"古龙"及"昆仑奴"之说,遂亦堕入昆仑谜障,昆仑岂惟中国之大谜,亦世界之大谜哉![1]

寻找昆仑的努力从汉代就已经开始,然而,昆仑究竟在哪里?就国内之昆仑而言,或以为昆仑在新疆,或以为昆仑在青海,或以为昆仑在甘肃,或以为昆仑即帕米尔高原,或以为昆仑即天山,或以为昆仑是祁连山,或以为昆仑是冈底斯山,或以为昆仑是巴颜喀拉山,或以为昆仑是喜马拉雅山,几乎中国西部所有的大山都曾被指定为昆仑,现代地图上则干脆将绵延于塔里木盆地和青藏高原之间、从帕米尔高原直到岷山的庞大山系称为昆仑山脉。

昆仑所在之所以如此众说纷纭,是由于不同时代的人们对于古书中关于昆仑的地理记述理解不同。而古书中关于昆仑的记载,归根到底都是源自《山海经》。《山海经》是最早记述昆仑的古书,也是古今所有昆仑说的唯一源头。

(一)"昆仑之丘"始源于《山海经》

昆仑神话起源甚早,关于其发源地与最初性质,学者也有不同说法。

---

[1] 苏雪林:《昆仑之谜》,台北,"中央"文物供应社,1956年,第1页。

但有几点是可以肯定的：一是从文献上看，昆仑神话最早的系统记载见于《山海经》。[①] 二是昆仑区"是一个有特殊地位的神话中心，也是一个民族的宗教中心，在宗教史上有它特殊的价值"。[②]《山海经》中的昆仑位处西北，又赋予了它空间意义上的"中央"义——《河图括地象》将其称为"天门"。

《山海经》中关于昆仑的记述，见于《西山经》《大荒西经》和《海经》各篇。除《山海经》之外，其他古籍中也有不少关于昆仑的记载：其中，《楚辞》言及昆仑共有5处；《尚书·禹贡》言及昆仑1处；《尔雅》言及昆仑3处；《周逸书·王会解》言及昆仑1处；《竹书纪年》也言及"昆仑丘"和"西王母"。除此之外，《穆天子传》言昆仑4条8处，《庄子》有4处说到昆仑，《列子》有2条3处，《管子》亦记昆仑为国家或部落名。刘宗迪在《昆仑何在？——〈山海经〉昆仑地理考》一文中说：

故古书中关于昆仑的记载，归根到底都是源自《山海经》，《山海经》是最早记述昆仑的古书，也是古书中所有昆仑说的唯一源头。这些书的作者在转述《山海经》的记述时，就已经基于各自的时代背景、出于各自的诉求而对昆仑的记述做出了各自不同的阐释、改写乃至误解，因此导致后人对昆仑的理解歧说丛生，莫衷一是。……汉武帝更是直接将新疆玉田市南的一座山命名为"昆仑"。[③]

（二）汉武帝按古图书考定西域"昆仑山"

《山海经》关于昆仑景观和地理环境的记述尤其具体而详细，可见，昆仑虽然不乏神秘色彩，但确实是一座真正存在的神山，而不仅是一个虚无缥缈的神话。据史料记载，历史上首先考证"昆仑"之所在者，非汉武帝莫属。汉武帝为我国历史上具有雄才大略的皇帝，汉武帝实定昆仑山事件的经过

---

① 参见刘宗迪：《昆仑原型考——〈山海经〉研究之五》，《民族艺术》2003年第3期；刘宗迪：《西王母信仰的本土文化背景和民俗渊源》，《杭州师范学院学报》2005年第3期。

② 顾颉刚：《〈山海经〉中的昆仑区》，《中国社会科学》1982年第1期。

③ 刘宗迪：《昆仑何在？——〈山海经〉昆仑地理考》，《民俗研究》2019年第4期。

见于《史记·大宛列传》：

> 大宛之迹，见于张骞。……曰："大宛在匈奴西南，在汉正西，去汉可万里。……于窴之西，则水皆西流，注西海；其东水东流，注盐泽。盐泽潜行地下，其南则河源出焉。多玉石，河注中国。……安息长老传闻条支有弱水、西王母。……初，汉使至安息，安息王令将二万骑迎于东界。……汉使还，而后发使随汉使来观汉广大，以大鸟卵及黎轩善眩人献于汉。及宛西小国驩潜、大益，宛东姑师、扜𪂗、苏薤之属，皆随汉使献见天子。天子大悦。"

> 而汉使穷河源，河源出于窴，其山多玉石，采来，天子案古图书，名河所出山曰昆仑山。①

《史记》记载，张骞第一次出使回来向汉武帝汇报了西域的情况，他只考察到了黄河的源头，并没有在河源处发现有神仙居住的仙山昆仑。第二次汉武帝又派遣"汉使"至安息仍然没有找到。汉武帝便根据张骞所言情况和使者们进献的玉石，参照古籍图书将于窴南边的大山命名为昆仑山。对于汉武帝命名的昆仑山，司马迁当时就持怀疑态度。

《史记》：太史公曰："禹本纪言'河出昆仑。昆仑其高二千五百馀里，日月所相避隐为光明也。其上有醴泉、瑶池'。今自张骞使大夏之后也，穷河源，恶睹本纪所谓昆仑者乎？故言九州山川，尚书近之矣。至禹本纪、山海经所有怪物，余不敢言之也。"②

司马迁所言的意思是，《禹本纪》所言"河出昆仑"，但是张骞出使大夏，到了黄河之源没有看到所谓的昆仑。所以说九州山川，《尚书》中的记载比较可信。至于《禹本纪》《山海经》所有怪物，"余不敢言之也"。

今人贾强在《汉武帝实定昆仑山事件的意义探析》一文中以为，汉武帝实定昆仑山事件的发生并非偶然。先秦以来，随着昆仑神话的发展和传播，到汉武帝时期，昆仑山被抬高至"通天门户"的高度；而另一方面，汉武

---

① 《史记》，北京：中华书局，2006年，第714—718页。
② 《史记》，北京：中华书局，2006年，第720页。

帝正致力于对内强化皇权和对外开拓疆域。正是在这种背景下，汉武帝试图借助昆仑山的神话效应，以实定昆仑山的方式，来达到威慑西域和神化皇权的双重目的，另外，这也是其求仙欲望的表现。①

（三）古今中外关于"昆仑"之争论

对于汉武帝多次遣使西域寻找"昆仑"未果，仅按古图书所言就将黄河之源、青藏高原上的一座山指定为"昆仑山"的草率、武断做法，司马迁并不认可，于是在《大宛列传》结尾处说了上面一段抗议的话。汉武帝与司马迁之间关于"昆仑山"的争议，因为后代人都不知道昆仑究竟在何处，无法做出评判，所以汉武帝所指定的昆仑山也就延续了下来，成为现在地图上所标注的，位于中国与巴基斯坦边界处的昆仑山山脉。②苏雪林说：

所谓"昆仑山脉"四字实乃外国地质学者代我所撰，此人即十九世纪初德国地质学家洪博德（A von Humboladt）也。彼分亚洲山脉为四大山系，一曰阿尔泰山系，二曰天山系，三曰昆仑山系，四曰喜马拉雅山系。盖十七八九世纪西洋地理家言中国地理者，多根据中国地理书，震于昆仑之大名，不敢不为其留一位置，且汉武帝定于阗某山为昆仑，彼中人士亦耳熟能详，故惟有自新疆南部丛山，割取一段，强名之为"昆仑山脉"。

通过对汉武帝考定昆仑的各方面条件的分析，苏雪林在《昆仑之谜》"汉武帝考定昆仑公案"一节中最后说，"故曰审判此案之法官，若有现代地理知识者，武帝之失败无疑"。③

汉代以后，学者关于昆仑之说众说纷纭，清代史学家万斯同在《昆仑辨》一文中，综合了诸家昆仑说 10 余种。认为自《汉书》以下诸家昆仑说，皆因载记之有西方大山昆仑而附会，均不可从。万氏另有《禹贡昆仑辨》一文，认为古籍关于昆仑的说法，可取者惟有《山海经》和《史记》载汉武帝之说，

---

① 贾强：《汉武帝实定昆仑山事件的意义探析》，《中华文化论坛》2018 年第 5 期。

② 谭其骧主编：《中国历史地图集》，北京：中国地图出版社，1982 年，第 1—2 页。

③ 苏雪林：《昆仑之谜》，台北，"中央"文物供应社，1956 年，第 11、25 页。

然汉武帝所案古图书，当即用《山海经》之文。① 也就是说诸多言及昆仑山的著作中，可信者实只有《山海经》一家，历史上错综纷乱之昆仑山说，追根溯源正在《山海经》一书。当代学者刘宗迪认为：

> 《史记·大宛列传》所言汉武帝"按古图书，名河所出山曰昆仑山"，其所依据的"古图书"非《山海经》莫属。《山海经》明确记载河出昆仑，但是张骞、汉武帝误将新疆的塔里木河认作黄河上游，他们所指定的位于今新疆和田市南的昆仑实与《山海经》的昆仑风马牛不相及。《山海经》是昆仑概念的最初且唯一源头所在，古往今来关于昆仑的种种漫无边际、异想天开之论，追本溯源，无非是从《山海经》的昆仑说而生发繁衍，有鉴于此，要真正探明昆仑的所在，必须回归到《山海经》。②

二、"昆仑之丘"是大汶口先民崇拜的神山

（一）"昆仑"是泰山之说

昆仑之源在《山海经》之中，那么《山海经》所描写的范围又有多大呢？笔者在前文中已经根据地质、气象学家和历史考古学家的论证，论述了最初《山海经》所谓的"四海"为鲁中南山区周边的浅海，那么华夏民族的神山"昆仑"显然即在四海之中的鲁中南山区。现代以来很多学者的观点也是如此，越来越多学者从华夏民族的起源（历史）与山岳崇拜（宗教）两个方面论证泰山即昆仑。

吕思勉先生在《中国通史》一书中认为，华夏民族的起源地昆仑神山不在黄河上游而在黄河下游。③ 其在《先秦史》进一步说："吾国古代，自称其地为齐州，济水盖亦以此得名。……以嵩高为中心，乃吾族西迁后事，其初实以泰岱为中。"④ 柳诒徵先生则在《中国文化史》一书中说："吾谓吾国文明，

① 谭其骧编：《清人文集地理类汇编》卷一，杭州：浙江人民出版社，1988年，第560—561页。
② 刘宗迪：《昆仑何在？——〈山海经〉昆仑地理考》，《民俗研究》2019年第4期。
③ 吕思勉：《中国通史》，南京：译林出版社，2015年，第274—277页。
④ 吕思勉：《先秦史》，北京：中国文史出版社，2019年，第79页。

实先发于山岳。……必具居高临下之势，始可控制四方。……出旸谷，分九河之类，实吾民先居山岭，后沿河流之证。"并为此列举了帝王封泰山，禅云云、会稽等诸多山丘崇拜的实例。[①] 综合两位中国史学泰斗的论述，华夏民族的发源地显然即在黄河下游的鲁中南山区，华夏民族崇拜的神山也即在这一地区。

1956 年，台湾著名女学者苏雪林女士在《昆仑之谜》一文中，首先提出了古昆仑就是泰山的观点。她例举了中国境内之昆仑：青海西宁、敦煌、酒泉、阿尼马卿山、天山、于阗南山、喀喇科龙山、冈底斯山、葱岭、兴都库什山之大雪山，又例举了海外之昆仑：普罗康多儿岛、昆仑国、非洲之昆仑。认为中国之昆仑在古代之齐州，她说：

齐，中也……腹脐之脐，作齐。……泰山古名天中，言其居天下之中，是则泰山在古时盖亦居于昆仑地位。中国、希腊、希伯来、阿拉伯均以其宗教策源地，大神圣坛，政治中心之京都为世界中心，且不约而同均有"脐"之一语。天下无心暗合，固亦不堪奇诧，吾人虽欲否认其为同出一源，又乌可得哉？[②]

苏雪林的看法与吕思勉先生的观点极其相似，明确了泰山所具有的昆仑之地位，可谓是一个凿破鸿蒙之说，似乎解开了几千年来的古昆仑之谜。

何幼琦先生在《〈海经〉新探》一文中，认为《山海经》由《山经》和《海经》两部份组成，内容各不相同，笔调也相去很远，表明它们是相互独立而平行的两种书籍。据说《淮南子》的前五篇是战国时的遗文，在《地形篇》中，就有两段文字酷似《海经》的摘要，而根本没有类似《山经》的文字。何幼琦认为，《海经》的山川、疆域，就是泰山周围的山东中部地区，并根据《山海经》和《淮南子》等古籍关于昆仑周边河流的描述，总结出昆仑虚的特点：

（1）它的周围有赤水、河水、洋水、黑水、青水、弱水和流沙等七条河川，流往不同的方向，分别注入厌光之东、羽民之南的南海。

（2）河水流经它的北面，西南进入渤海，出海后又"即西而北"，入

---

① 柳诒徵：《中国文化史》，长春：吉林人民出版社，2013 年，第 9—10 页。

② 苏雪林：《昆仑之谜》，（台湾）"中央"文物供应社，1956 年，第 86—87 页。

积石山附近的海。

（3）弱水环绕它的三面，形成"匚"形。

何幼琦先生认为，"用这三个条件衡量后世的各种昆仑，任何一个都不具备，都不够格"。他说：

如果是统一的考虑上述三个条件，除了对于河水的"出"字另作解释以外，只要不怀成见，实事求是地印证一下华北的地图，便不难理解，昆仑虚就是泰山，《海经》的山川、疆域就是山东省中部的地区。

何幼琦认为，赤水就是现在的沂水，流沙就是现在的泗水，弱水就是现在的大汶河，青水就是肥河，黑水就是小清河，洋水现在叫沭水。关于"河水出东北隅"的"出"字，何幼琦认为有两种含义：一是发源，二是流经。何幼琦说这里的"出"字，骗得汉武帝和一些地理学者，硬是要把河源之山当做《海经》的昆仑。有的学者，由于不能理解这点，将引文擅自改为"河水出昆仑西北隅"。何幼琦先生根据上述水系的分析，得出昆仑即泰山的结论。①

何新在《诸神的世界》一书中非常赞同吕思勉、何幼琦的上述观点，他认为典籍中记载的昆仑至少三处：

（1）《山海经》所记先秦人心目中的昆仑山，其地应在天地正中。

（2）西汉人心目中的昆仑山，其地在甘肃临羌西北酒泉市南，其山今称祁连山。祁连山界于甘、青两省之间，由汉代匈奴人所命名。

（3）唐代以后的昆仑山，亦即后人认为是黄河河源所出的昆仑山，地点在新疆、西藏的交界处。

值得注意的是，这三座昆仑山显示了一种不断向西北迁扩的趋势。这种趋势不但反映出古代中国人天地地理观念的不断扩大，而且这里还有极为重要的一点，这就是，在中国古人的心目中，昆仑山不仅是天地中心之山，而且是黄河河源所出之山。昆仑山的西北迁移，是与古人追索黄河之源的

---

① 何幼琦：《〈海经〉新探》，《历史研究》1985 年第 2 期。

认识和实践的发展过程相一致。①

　　昆仑是华夏文明的起源地，是华夏民族崇拜的神山，这是确定无疑的。昆仑之谜与昆仑之争历经数千年，这一问题一直困扰着历代专家学者。随着考古发现、尤其是大汶口文化的研究，以及现代科学对古代地理气候和天文知识的研究，神秘的"昆仑"似乎离现出原型已经不远了。通过上述专家学者的论证，可以得出如下结论和线索：

　　（1）"昆仑"始源于《山海经》之《海经》，《海经》是一幅古图。

　　（2）"昆仑"是天地之中，地处西北，"河出昆仑"有"弱水绕之"。

　　（3）华夏先民起源于黄河下游、鲁中南山区，古昆仑是华夏民族的神山——泰山。

　　（4）"昆仑"有多处，显现出自东向西迁移的趋势。

　　（二）"昆仑之丘"是大汶口人崇拜的神山

　　"昆仑之丘""昆仑之山"是华夏民族崇拜的第一神山，这种崇拜源自于大汶口文化。也就是说"昆仑之丘"出自东夷地区，本来是大汶口人崇拜的神山，因大汶口文化占据了华夏文明的主源地位，而成为华夏民族共同崇拜的神山。刘宗迪先生在《失落的天书——《山海经》与古代华夏世界观》一书中说：

　　实际上，不管最初的泰山究在何处，不管泰山是否就是昆仑，不管在漫长的历史上是否还有其他高山做过泰山或昆仑，《山海经》中的昆仑，最初的昆仑，只能是东方神山，而与西方毫不相干，不可能是西方的什么山，因为《山海经》完全是东方文化的产物。②

　　古代的探险家们孜孜不倦地在西方寻找昆仑，但是他们谁也没有找到，并不是因为他们走得不够远，而恰恰是因为他们走的太远，实际上他们走得

① 何新：《诸神的世界》，北京：中国出版集团现代出版社，2019年，第270—277页。
② 刘宗迪：《失落的天书——《山海经》与古代华夏世界观》，北京：商务印书馆，2016年，第530—534页。

越远，离真正的昆仑山就越远。神话中的昆仑原本就不在西方，而是在东方，是东夷民族的一座观测日月星辰的"观象台"。笔者认为昆仑之丘的天文观象作用体现在昆仑之神"陆吾"的神职上：

《山海经·西次三经》：昆仑之丘，是实惟帝之下都，神陆吾司之，其神状虎身而九尾，人面而虎爪；是神也，司天之九部及帝之囿时。【注释】郭璞云："主九域之部界，天帝苑囿之时节也。"①

从《山海经》的上述记载来看，昆仑之神陆吾"主九域之部界，天帝苑囿之时节"，与《尚书·尧典》"钦若昊天，历象日月星辰，敬授民时"②异曲同工，是说根据日月星辰的运行情况来制定历法，用于天帝苑囿的耕作时节。由此可见，"昆仑之丘"的确是用于观测日月星辰运行规律的天文观象台，因其山为观天通神之地，故以其山为"神山"。

综上所述，昆仑之丘始见于《山海经》中，《山海经》又是大汶口文化的产物，因此作为大汶口先民天文观象台的"昆仑之丘"必然就在大汶口人的"桑梓之地"。

三、"昆仑之丘"是君子之国"天文观象台"

在大汶口文化的器物群中，陶尊的数量不多。这种大型陶尊似乎总与社会上受尊敬者、富人或权贵结有不解之缘。陶尊并非日常生活用具，可能与死者生前的地位有关，更可能与祭祀有关，是一种礼器。邵望平对于陶尊上的陶文刻符解释说：

我们曾推想陶尊是用于祭祀的礼器，现在又在这礼器之上发现了与农事、天象有关的刻文，而且有的刻文上又特意涂上红色。那么，这几件陶尊会不会是用来祭日出、求丰收的呢？写到这里，不禁想起一段古史传说。《尚书·尧典》："乃命羲和，钦若昊天，历象日月星辰，敬授人时。分命羲仲，宅嵎夷，曰旸谷，寅宾出日，平秩东作。"……在《山海经》《淮

---

① 袁珂：《山海经校注》，北京：北京联合出版公司，2014年，第42、43页。
② 王世舜、王翠叶：《尚书》，北京：中华书局，2012年，第7页。

南子·天文训》《楚辞·天问》中，都以汤谷为日出之地。这一传说的大意是，早在夏王朝之前，帝尧的时代已经有了专职的天文官从事观象授时。……《尧典》所载正是文明时代之初的追忆。……我们无意用考古发现来替《尧典》作注，然而这种巧合，对于探讨中华远古文明的起源来说，比单凭《尧典》或只靠陶文要来得有力。[①]

对于大汶口陶文刻符的构成与象征意义，刘宗迪先生认为，只要了解了《大荒经》所载"日月出入之山"反映的原始天文观测方法和历法制度，这个图案的图像构成和象征意义就迎刃而解了。他说：

这个图案不正是《大荒经》所谓"日月所出之山"的生动写照吗？这一符号表明，早在新石器时代，大汶口文化的先民们就已经掌握了《大荒经》和《尧典》中描述的天文观测方法。可以说，这个"日月出山"的图案就是"大荒经图"或"望秩于山川图"的雏形。华夏民族的文化记忆源远流长，不能不令人叹为观止。[②]

田昌五先生认为该图像"是一个氏族部落标志，完整地作日月山，山上有明月，月上有太阳；简单地作日月而省去山，其意应是太皞和少皞之皞字，有如后来的族徽"。[③]

从以上学者的论述中可知，大汶口文化遗址出土的陶文刻符"日月山"即尧舜时代"历日月星辰"之山，也是太皞、少皞的族徽。《左传》记载颛臾风国的职责是祭祀伏羲太皞，前文中论证了《大荒西经》记载的天枢"日月山"就是蒙阴叟虎寨山。显然，大汶口陶文刻符的"日月山"就是《大荒西经》中的"日月山"：

《山海经·大荒西经》：大荒之中，有山名曰日月山，天枢也。吴姖天门，日所出入。有神，人面无臂，两足反属头。山名曰噓。颛顼生老童，老童生重及黎。帝令重献上天，令黎邛下地。下地是生噎。处于西极，以

---

① 邵望平：《远古文明的火花——陶尊上的文字》，《文物》1978年第9期。
② 刘宗迪：《失落的天书——〈山海经〉与古代华夏世界观》，北京：中国文史出版社，2016年，第440页。
③ 山东省博物馆：《专家笔谈丁公遗址出土陶文》，《考古》1993年第4期。

行日月星辰之行次。有人反臂,名曰天虞。【注释】以行日月星辰之行次:郭璞云:"主察日月星辰之度数次舍也。"①

从《山海经》关于"日月山"的"天枢"地位,可知其与"昆仑之丘"的地位相符;从颛顼生老童,老童生重及黎,黎"下地生噎",主察日月星辰之度数次舍的职责看,"日月山"就是一座天文观象台,其位置就是颛臾凤国。也就是说"昆仑之丘"即君子之国的天文观象台。

(一)大汶口文化遗址未见完整的地平历观测系统

人类在文明的早期对天文现象的关注远远超过现在。从新石器时代开始,天文观测对人类生产生活产生了深刻的影响。人们通过天文观测定季节、定方向,并由此建立起时空秩序,从而能够进行有组织有计划的活动,为文明的发展奠定了必不可少的前提。考古天文学利用天文学原理对古代文化遗存进行研究,揭示考古遗存中包含的天文学内涵,认识古文明中的天文学。这一学科在西方开始于19世纪末,20世纪60年代以来,随着对英国巨石阵研究成果的发表而渐趋成熟。

上世纪80年代中国学者开始提出"考古天文学"的说法,但总体上看,过去对考古遗迹的天文意义重视不够,主流学者认为天文学是高深的科学,不太可能为史前的先民所掌握,因此忽视了遗址可能存在的某些天文功能。基于上述情况,中国科学院"陶寺史前遗址的考古天文学研究"课题组成员5人,于2009年对一些遗址进行了考察,其中包括山东烟台龙山市归城遗址、莱山月主祠,威海荣成市成山头,青岛胶南市琅琊台遗址,日照东港区两城遗址、莒县大朱家村和陵阳河遗址。通过对山东境内古代疑似天文遗址的考察,考察队初步认识到:

没有证据能够证明大汶口文化使用完整的地平历观测系统,只有春分和秋分的观测是不能建立哪怕是最简单的历法体系的。因而大汶口文化的春分(秋分)观测日出,天象崇拜宗教意义远远大于天文历法意义。而山

---

① 袁珂:《山海经校注》,北京:北京联合出版公司,2014年,第339—341页。

东龙山文化似乎也不使用地平历观测系统，其天象崇拜主要的对象仍是一个悬而未决的问题，本次考察未能解释这一问题。[①]

中国科学院"陶寺史前遗址的考古天文学研究"课题组对山东地区现已发掘的大汶口文化和龙山文化遗址的实地考察，未发现完整的可用于"历象日月星辰"的地平历系统，也就是说没有找到大汶口文化陶文刻符"日月山"的原型和出处。

（二）大汶口人"桑梓之地"具有完整的地平历系统

中国科学院"陶寺史前遗址的考古天文学研究"课题组通过对山东大汶口文化和龙山文化的考察，得出了大汶口文化、龙山文化直至秦汉时期，都没有形成完整的"地平历"系统的结论，这一结果是非常遗憾的，也是与大汶口文化在古代华夏天文观测方面的地位不相符合的。

不过，课题组成员之一的徐凤先在《从大汶口符号文字和陶寺观象台探寻中国天文学起源的传说时代》一文中，从天文学的角度对大汶口文化遗址中大约5000年前的一种刻画符号文字进行了研究，似乎接近发现大汶口人最初的天文知识的来源。徐凤先在对古籍记载的太昊、少昊两个部落首领进行比较后说：

太昊在中国古史上并非神话人物，而是有自己地望的历史人物，是一个部族首领的名字或该部族首领世代沿用的称号，在春秋时代有任、宿、须句、颛臾四个小国为太昊的后裔。……太昊也见于传说系统，《山海经·海内经》中有两段记载："有木，青叶紫茎，玄华黄实，名曰建木……太皞爰过，黄帝所为。""太皞生咸鸟，咸鸟生乘釐，乘釐生后照，后照始为巴人。"

"建木"在中国天文史上也有特殊意义，《淮南子》有："建木在都广，众帝所自上下。日中无景，呼而无响，盖天地之中也。"《吕氏春秋》："建木之下，日中无影，呼而无响，盖天地之中也。"两种文献都认为建木之

---

① 孙小淳、何驽、徐凤先、高江涛、黎耕：《中国古代遗址的天文考古调查报告——蒙辽黑鲁豫部分》，《中国科技史杂志》第31卷，2010年第4期。

下无影，是为天地之中。

少昊在古文献中也作"少皞"，在先秦到两汉的文献中记载较太昊多，其中《左传·昭公十七年》的内容与天文学关系很大。记载少皞的职官系统中，有了专司历法的"凤鸟氏"和司"分、至、启、闭"的历官。

总的来说，大汶口文化是太昊和少昊文化，太昊和少昊都是东夷族，之间有着很近的亲缘关系。……大汶口文化的符号既是对日出山头的描绘，也是太昊或少昊本人之名和其部族的族徽。……"昊"之名号正是其观测日出之德的象征。

近年的考古发现揭示出，在公元前 5000 年前中国文明开始迅速发展，中国文明的重要特征多是在这个时期形成的，因而中国天文学的源头也应该在这期间的文明中去寻找。把天文学史、古文献和考古发掘结合起来思考，将会发现更多值得深入研究的问题。[①]

顾颉刚先生在《鸟夷族的图腾崇拜及其氏族集团的兴亡》一文中认为，东方民族有崇拜太阳的传统文化，太昊、少昊都是介乎神与人之间的人物。他说：

蒙山在今蒙阴县南四十里，颛臾国在山下。蒙山广大，有高峰数处，俗以在东者为东蒙，中央者为云蒙，在西北为龟蒙，其实一山。……少昊既因凤鸟至而以鸟名官，太皞一族又以凤为姓，可见他们两位同在鸟夷之中。……太昊、少昊的活动中心在古济水之南和沂蒙山区一带。[②]

根据徐凤先、刘宗迪等学者从天文考古学角度论证的结论和顾颉刚先生关于太皞、少皞活动中心在济水之南、沂蒙山区的论述，笔者认为，大汶口文化遗址中出土的既表示天象，也是"昊"字的陶文刻符，其下部的"山"既不是沂沭河以东、王树明认为的"寺堌山"，也不是济水流域小的丘陵，而是沂蒙山区东西走向的大山，即顾颉刚先生所说的"有高峰数座，俗以

---

① 徐凤先：《从大汶口符号文字和陶寺观象台探寻中国天文学起源》，《中国科技史杂志》2010 年第 4 期。

② 顾颉刚：《鸟夷族的图腾崇拜及其氏族集团的兴亡》，《史前研究》2000 年。

在东者为东蒙，中央者为云蒙，在西北为龟蒙，其实一山"之蒙山。

蒙山是"景柱鸿蒙"，蒙山东有"汤谷"是日出之处，蒙山西有"蒙谷"是日落之处，蒙阴蒙山下有颛臾风国，颛臾风国叟虎寨山即君子之国之"天吴"，是太皞、黄帝、颛顼、尧舜时代的天文"观象台"。蒙阴东西两侧又有诸多的丘陵，是《大荒东经》《大荒西经》中记载的七对"日月出入之山"，从而构成了大汶口先民自太皞到虞代五帝"历象日月星辰"的完整的"地平历"观测系统（见图3-1）。蒙阴境内的这一地平历观测系统不但应用于大汶口文化和龙山文化时期，而且通过世代传说和一幅原始的古图，世代传承下来，这就是刘宗迪先生所说的《海经》古图。

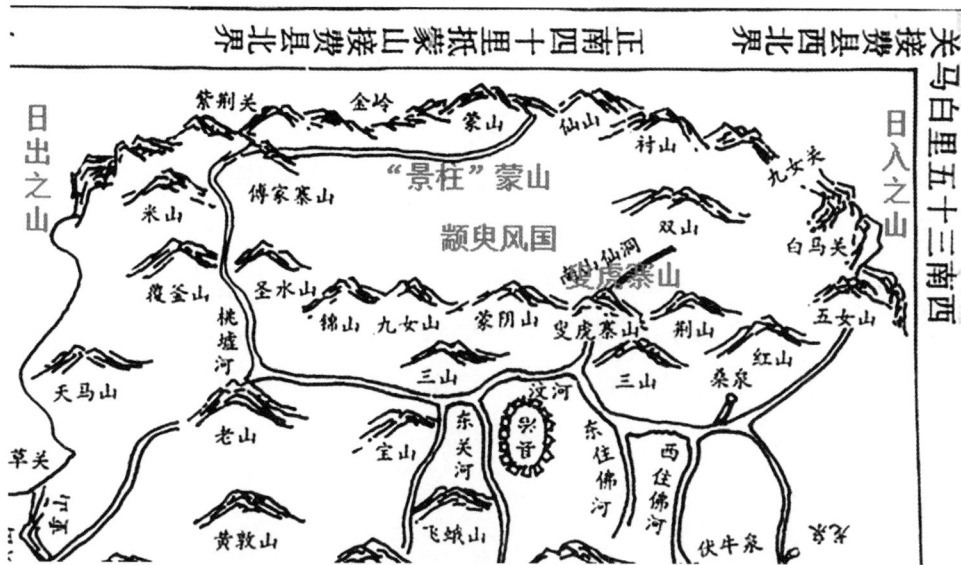

图3-1 《蒙阴县清志汇编·清康熙廿四年版》蒙阴南部地图[①]

位于《大荒经》图东、西方的七对"日月出入之山"，恰恰说明大荒世界的空间尺度不可能无限广大。这七对日月出入之山和四座四极之山，构成一个地平圈天文坐标系，古人据以观察日月出入之行次，判断节气和日期。

古代没有超视距的观测手段，一切天文观测只能凭肉眼直观，这一系

---

① 蒙阴县地方史志编纂委员会：《蒙阴县清志汇编》，北京：中华书局，1999年，第193页。

列山峰组成的天文坐标系，只有在能够被立于一地的观察者同时尽收眼底时才能有效发挥作用。因此，绘于"大荒图"边缘的这七对日月出入之山和四座四极之山，其所限定的空间，肯定不会超出古人肉眼视力之极限。刘宗迪认为：

> 这一系列山峰，构成了大荒世界的天文坐标，也因此成为我们判断大荒世界空间尺度的确切依据，它表明"大荒经"所呈现的仅仅是中国域内某个局部地区的地理景观，其范围远远小于华夏九州的范围，更不可能超出中国的疆域，前人关于《大荒经》地域的种种无限夸大之辞和煞有其事的考证，无异痴人说梦。①

综上所述，蒙阴颛臾风国处于群山环绕之中，南有东西走向的蒙山山脉，蒙山诸峰可作"景柱"（日景）；东、西两侧山峰即为《大荒东经》《大荒西经》中的七对"日月出入之山"，太阳从不同的山峰出入可以区分一年四季；叟虎寨山位于群山之中，是观测日月星辰行动规律的最佳地点，因此被视为"天枢"，叟虎寨山下面遗存有"十二城子"，可能与远古时期木星纪年有关。

大汶口人的桑梓之地得天独厚的地理环境，构成了完整的"地平历观测系统"，为大汶口先民"历象日月星辰"制定历法、"敬授民时"向农业文明过渡创造了有利条件，使大汶口文化晚期发展成为先进文化，进而成为华夏文明的主流，大汶口人在祖地形成的天文历法知识构成了华夏民族的知识原型。

（三）凤鸟氏居"东方君子之国"司"历正"之职

大汶口人最初的天文观象台在蒙阴颛臾风国，这一推断有一个强有力的证据，那就是郯子所言的"少皞氏以鸟名官"。

> 《左传·昭公十七年》：秋，郯子来朝，公与之宴。昭子问焉，曰："少皞氏鸟名官，何故也？"郯子曰："吾祖也，我知之。……我高祖少皞挚之立也，凤鸟适至，故纪于鸟，为鸟师而鸟名。凤鸟氏，历正也。玄鸟氏，司分者也。

---

① 刘宗迪：《四海之内：〈大荒经〉地域考》，《文史哲》2018 年第 6 期。

伯赵氏，司至者也。青鸟氏，司启者也。丹鸟氏，司闭者也。……自颛顼以来，不能纪远，乃纪于近。为民师而命以民事，则不能故也。"[1]

上段记载表明，少皞时代曾经设置了五鸟、五鸠、五雉、九扈等四类24 种官职，它真实反映了当时东夷族居住的地区的确存在许多以鸟命名的氏族部落。石兴邦先生说：

这些记载，不是向壁虚造，而是以真实的鸟图腾历史为基础的。24 种官职，无一非鸟，这是保持鸟图腾制最完备的记述。从这个叙述探知少昊部落中，大图腾中包括小图腾集团，形成了一个鸟图腾氏族部落社会的 3 个部组织，即部落（少皞）、胞族（五鸟、五雉）和氏族（24 种官职）……。

"凤鸟氏"居于首位。"凤鸟氏，历正也"，杜预注曰："凤鸟知天时，故以名历正之官。"因为凤鸟具有知天时的能力，才被少皞氏用为主历之官，其下属四官分别掌管分、至、启、闭。从中可以看出，凤鸟氏及其下属四官与《尚书·尧典》中记载的羲和下属四子掌管春分、秋分、夏至、冬至，历象日月星辰的职责是完全对应的。[2]

常正光在《商族鸟图腾探源——物候学与中国古代文化》一文中说：

少皞氏是凤图腾，而大皞的风姓又是以凤鸟为原始名称的读音，这也说明少皞和大皞虽然在称呼上有小大之分以外，但它们族属的图腾则是同一的。它们的地望也是同一的。[3]

颛臾风国是太皞风姓之祖国，学者们普遍认为少皞是太皞的后裔，继承了伏羲"仰观天文，俯察地理"的职责，王献唐先生说：

《左传·昭公十七年》："凤鸟氏，历正也。"凤鸟以地为氏，地名凤鸟，因呼此名。凤鸟氏即凤氏，亦即风氏、风族之人也。凤鸟说见前，殆伏羲后裔知历，因以为历正。[4]

---

① 杜预注：《左传》，上海：上海古籍出版社，2016 年，第 823—824 页。

② 石兴邦：《山东地区史前考古方面的有关问题》，载于《山东史前文化论文集》，济南：齐鲁书社，1986 年，第 32 页。

③ 常正光：《商族鸟图腾探源——物候学与中国古代文化》，《贵州民族研究》1983 年第 1 期。

④ 王献唐：《炎黄氏族文化考》，青岛：青岛出版社，2006 年，第 367 页。

少皞是太皞伏羲氏，风姓的后裔，可见少皞本身就是凤鸟氏，因此"凤鸟氏"为"历正"理所当然，主管"玄鸟氏，司分者也。伯赵氏，司至者也。青鸟氏，司启者也。丹鸟氏，司闭者也"，也是名正言顺。太皞（伏羲氏，风姓）的后裔知历，太皞之祖国颛臾风国的叟虎寨山又是大汶口人乃至华夏民族最初的天文"观象台"，因此，少皞"凤鸟氏"居于颛臾风国之昆仑之丘，主管天文观测和历法。

四、颛臾风国是太皞和虞代五帝"历象日月星辰"之处

旧石器时期，居于鲁中南山区的人类尚处于洪荒、蒙昧时代，也没有农业生产可言，过着狩猎、采摘、穴居的生活。显然不具备"历象日月星辰"的必要和能力，只是以"鸿蒙为景柱"判断每天的早晚。进入新石器时代，颛臾风国独特的天文观测条件才为大汶口先民所利用，成为自伏羲太皞到虞代五帝创制历法、敬授民时的场所。

（一）伏羲太皞以岁星纪年、始画八卦

中华民族的文化启蒙和文明萌芽始于伏羲时代，即大汶口文化的早期，伏羲太皞是中华民族的人文始祖。《淮南子·俶真训》在描述了"至德之世，以鸿蒙为景柱"之后，紧接着对伏羲氏之世的情况进行了描述：

《淮南子·天文训》：至伏羲氏，其道昧昧芒芒然。吟德怀和，被施颇烈，而知乃始昧昧眜眜，皆欲离其童蒙之心，而觉视于天地之间，是故其德烦而不能一。[1]

以上这段引文的意思是说，到了伏羲氏时代，人们虽然还保持着淳厚的本性，但却开始用智巧开启似懂非懂、似明未明的追求，想觉察明白天地之间的某些道理。

《拾遗记·春皇庖牺》：春皇者，庖牺之别号。所都之国，有华胥之洲。神母其上，有青虹绕神母，久而方灭，即觉有娠，历十二年而生庖牺。……或

---

[1] 陈广忠译注：《淮南子》，北京：中华书局，2012年，第85—87页。

人曰：岁星十二年一周天，今叶以天时。……于时未有书契，规天为图，矩地取法，视五星之文，分晷景之度。①

晷景是指晷表之投影，与景柱之日影是一个概念。从上面引文中可以得知，伏羲氏在"至德之世，以鸿蒙为景柱"的基础上，开始"欲离童蒙"；在"未有书契"的情况之下，开始"规天为图，矩地取法，视五星之文，分晷景之度"，进一步深化蒙山作为景柱、扶桑作为表木的作用，利用木星十二岁一周天的规律，发明了木星纪年法，并在蒙山之阴置有十二个原始聚落（城子），与天上木星十二年的位置相对应，是为"成纪"，因此木星称为岁星，伏羲太皞称为木帝（详见第五章）。

《易·系辞传》：古者包牺氏之王天下也：仰则观象于天，俯则观法于地；观鸟兽之文，与地之宜；近取诸身，远取诸物；于是始作八卦，以通神明之德，以类万物之情。作结绳而为网罟，以田以渔，盖取诸《离》。②

这段引文的意思是说，上古的圣人包牺氏治理天下时，抬头仰望天空中的天象，俯身观察形成地形的法则，观看飞鸟、走兽身上华丽的文饰，以及与地情相适宜的种种动物、植物，在近处则从身体上取其象征，在远处则从各类事物中取其象征，于是创立了八卦，用来会通神明的美德，用来归类天下万物的情态。包牺氏发明了编结绳子并用其编织成罗网，用它来打猎和捕鱼，这大概是吸取了《离》卦之中虚外实的形象特征。包牺氏就是伏羲氏，伏羲氏"观物取象"画出了八卦。"一画天地开"，使人类从混沌中走出来，走进了文明觉悟的时代。

刘宗迪在《失落的天书——〈山海经〉与古代华夏世界观》中认为，"仰观天象"之说，隐约流露出伏羲作八卦与原始天文学之间关系的消息。③ 八卦的作者《系辞下》以为是伏羲，前人多信而不疑。伏羲太皞是大汶口人的首领，泰安大汶口文化遗址出土的象牙梳具有八卦的原始图案证明了伏羲画

---

① 王兴芬译注：《拾遗记》，北京：中华书局，2019年，第2—5页。

② 杨天才、张善文译注：《周易》，北京：中华书局，2011年，第4页。

③ 刘宗迪：《失落的天书——〈山海经〉与古代华夏世界观》，北京：商务印书馆，2016年，第184页。

卦的记载与传说,而泰安大汶口墓葬头部朝向为东方,进一步证明大汶口人的"桑梓之地"是伏羲"规天为图,矩地取法,视五星之文,分晷景之度""始画八卦"之处(详见第四章)。

(二)黄帝举"风后"制"黄帝历"

古籍中有黄帝使臣下制历法,举风后制历的记载。黄帝历出现于数千年前,后随时代更迭内容逐渐增加,其主要是农事节气与日常生活宜忌等内容,所以说黄历是大众常用的一种记时生活工具。《春秋内事》曰:"黄帝师于风后,风后善于伏羲氏之道,故推演阴阳之事。"[1]

《史记·五帝本纪》:黄帝"举风后、力牧、常先、大鸿以治民。顺天地之纪,幽明之占,死生之说,存亡之难。"[2]

《后汉书·张衡传》:浑元初基,灵轨未纪,吉凶纷错,人用瞳朦。黄帝为斯深惨。有风后者,是焉亮之,察三辰于上,跻祸福乎下,经纬历数,然后天步有常,则风后之为也。[3]

《淮南子·览冥训》:昔者黄帝治天下,而力牧,太山稽辅之,以治日月之行律,治阴阳之气,节四时之度,正律历之数。[4]

从上面引文中可以看出,黄帝制历,主要依靠风后,又包括力牧,太山稽。另外《世本·作篇》记载,"黄帝使羲和占日,常仪占月,臾区占星气,伶伦造律吕,大桡作甲子,隶首作算术,容成综此六术,著调历"。[5]由此可见,黄帝之臣几全部参加了制历之事,可见黄帝制历乃一大事。

《史记·历书》:盖黄帝考定星历,建立五行,起消息,正闰馀,于是有天地神祇物类之官,是谓五官。各司其序,不相乱也。民是以能有信,神是以能有明德。民神异业,敬而不渎,故神降不嘉生,民以物享,灾祸不生,

---

① 肖娴:《从传统黄历看文字信息图形化设计》,《大众文艺》2011年第9期。

② 《史记》,北京:中华书局,2006年,第1页。

③ 《后汉书》,北京:中华书局,2007年,第560页。

④ 《淮南子》,北京:中华书局,2012年,第321页。

⑤ 《世本》,济南:齐鲁书社,2010年,第65页。

所求不匮。①

《史记·封禅书》：黄帝得宝鼎宛朐，问于鬼臾区，鬼臾区对曰：黄帝得宝鼎神策，是岁己酉朔旦冬至，得天之纪，终而复始，于是黄帝迎日推策，后率二十岁复朔旦冬至，凡二十推，三百八十年，黄帝仙登于天。②

马王堆帛书《十大经·立命》："数日，历月，计岁，以当日月之行。"③乃谓黄帝制历之事，且所制为阴阳合历。从《史记·历书》与《史记·天官书》的记载中可以发现，黄帝所制为五行历法，天文历法被用于吉祥星占的性质。《封禅书》亦见黄帝制历之传闻，鬼臾区所言，大多是历法术语，是黄帝制历之事。④

风后擅长伏羲氏之道，说明风后是伏羲之后裔。王献唐先生说："黄帝臣有风后，风为羲族，后皇一事，犹言风皇，以为风地君主，故言风后。"⑤据此，笔者认为风后来自于东蒙颛臾风国，颛臾风国是太皞（伏羲氏，风姓）的祖国，风夷的祖地，风夷是中华民族的母系部落，黄帝因梦所得的风后是颛臾风国的女酋长。黄帝之"风后"出自东方颛臾风国，虞舜东巡守觐见的"东后"也指颛臾风国之女性酋长（详见下文）。

黄帝的另外一个参与制历的重臣是"鬼臾区"，又称臾区、大鸿。《史记·封禅书》："鬼臾区号大鸿，死葬雍，故鸿冢是也。"《辞海》释"鬼臾区"曰"传说黄帝时名医"。历代史书对于大鸿的记载较为零散，大鸿其人其事亦较为模糊，从其"臾区""大鸿"名号及参与制历之事，以及黄帝为虞朝之始帝来看，很有可能也是出自鸿蒙之野、颛臾风国。

（三）颛顼命重、黎"绝地天通"改革历法

《颛顼历》源于颛顼帝时代，顾名思义是颛顼所创之历法。《山海经·大

---

① 《史记》，北京：中华书局，2006年，第139页。
② 《史记》，北京：中华书局，2006年，第173页。
③ 马王堆汉墓帛书整理小组：《马王堆汉墓帛书经法》，文物出版社，1976年，第46—47页
④ 葛志毅：《黄帝对上古文明的创制贡献》，《湖南科技学院学报》2017年第3期。
⑤ 王献唐：《炎黄氏族文化考》，青岛：青岛出版社，2006年，第313页。

荒西经》中记载的非常清楚,颛顼令其两个孙子重、黎"以行日月星辰之行次"之处,就在颛臾风国之"天虞"(详见前文)。

《国语·楚语下》:及少昊之衰,……颛顼受之,乃命南正重司天以属神,命火正黎司地以属民,使复旧常,无相侵渎,是谓绝地天通。①

《史记·太史公自序》:昔在颛顼,命南正重以司天,北正黎以司地。唐虞之际,绍重黎之后,使复典之,至于夏商,故重黎氏世序天地。……太史公既掌天官,不治民。有子曰迁。②

《汉书·律历志上》:历数之起上矣。传述颛顼命南正重司天,火正黎司地,其后三苗乱德,二官咸废,而闰馀乖次,孟陬殄灭,摄提失方。③

《大荒西经》记载"帝令重献上天,令黎邛下地",反映的是历法的改革,司马迁引用重、黎"绝地天通"故事叙述历法的源流,表明这一历法变革是由颛顼完成的。刘宗迪先生说:

"绝地天通"精辟地道出了这次历法改革的实质。颛顼命重、黎辨方正位,据以观测日月、考定星历、观象授时,用天文历取代了物候历。天文历不再像物候历那样要因地而异,而是放之四海而皆准,历法摆脱了对地域的依赖,无需观察地上气候、草木的变化就可以准确地知道时令。历法与物候相独立,天文与地理相独立,天与地分家,这就叫"绝地天通"。④

笔者认为,颛顼进行历法改革的地方,就在《山海经·大荒西经》记载的天枢之"吴",也就是蒙阴叟虎寨山。历法是宇宙观的基础,制作历法的先王,在神话中被传诵为开天辟地创世者。颛顼改革历法制度奠定了《颛顼历》的基础,也同时奠定了其仅次于黄帝的历史地位。

在古代有《黄帝》《颛顼》《夏》《殷》《周》及《鲁历》六种历法,称为"古六历"。春秋列国对古六历的应用,武家璧先生认为比较明确的

---

① 陈桐生译注:《国语》,北京:中华书局,2013年,第623页。
② 《史记》,北京:中华书局,2006年版,第758页。
③ 《汉书》,北京:中华书局,2007年,第115页。
④ 刘宗迪:《重黎"绝地天通"与上古历法改革》,《长江大学学报》(社会科学版)2016年第7期。

大致有：东周朝廷和鲁国用《周历》和《鲁历》，三晋用《夏历》，楚用《颛顼历》，秦采用改进的《颛顼历》。[1] 笔者认为，楚和秦使用《颛顼历》实际上与楚、秦祖先都是帝颛顼高阳氏有关。

（四）颛臾风国是帝尧"历象日月星辰"之处

除《山海经》之外，尧舜禹的传说最早出现在《尚书·尧典》之中。《尚书》各篇最早当成于史官之手，并作为档案被各代政府保存下来。范文澜先生以为《尧典》"大概是周朝史官掇拾传闻，组成有系统的记录"。春秋战国时人，尤其是儒墨两大学派，都推崇取法这三个古帝，因此关于他们的传说，似乎比黄帝以下诸帝，较富有真实性。[2]

《尚书·尧典》：乃命羲和，钦若昊天，历象日月星辰，敬授民时。分命羲仲，宅嵎夷，曰旸谷。寅宾日出，平秩东作。日中，星鸟，以殷仲春。厥民析，鸟兽孳尾。申命羲叔，宅南交，曰明都。平秩南讹，敬致。日永，星火，以正仲夏。厥民因，鸟兽希革。分命和仲，宅西，曰昧谷。寅饯纳日，平秩西成。宵中，星虚，以殷仲秋。厥民夷，鸟兽毛毨。申命和叔，宅朔方，曰幽都。平在朔易。日短，星昴，以正仲冬。厥民隩，鸟兽氄毛。帝曰："咨！汝羲暨和。"期三百有六旬有六日，以闰月定四时，成岁。允厘百工，庶绩咸熙。[3]

上述引文的大体意思是，尧帝让羲和去敬顺昊天，计算日月星辰，使人们能够掌握农时。命羲仲居"旸谷"观察日出；命羲叔居南面的"明都"，观察太阳从南向北移动的情况；命和仲居"昧谷"观察日落；命和叔居北面的"幽都"，观察太阳从北向南移动的情况。因此，计算出一年366日，有误差时以闰月调整4个季节。

上述古籍记载的地点和对应的星宿名称中，有两个最关键的地点能够

① 武家璧：《简论楚〈颛顼历〉》，《长江大学学报》（社会科学版）2019年第4期。
② 范文澜：《中国通史简编》，上海：华东师范大学出版社，2014年，第9页。
③ 王世舜、王翠叶译注：《尚书》，北京：中华书局，2012年，第7页。

在东蒙一带得到确认,这就是蒙山东面的"日出旸谷"和蒙山西部的"日入蒙谷"。从这两个基准点的位置就能确定帝尧"历象日月星辰"之处就是颛臾风国。

《尧典》中关于尧的故事并不多,上面关于"历象日月星辰"之事占了几乎一半多的篇幅,看来他的主要功绩就在于此。除此之外就是关于治水之事和禅让帝位于虞舜之事。

《尚书·尧典》:帝曰:"咨!四岳,汤汤洪水方割,荡荡怀山襄陵,浩浩滔天。下民其咨,有能俾乂?"佥曰:"於!鲧哉。"帝曰:"吁!咈哉,方命圮族。"岳曰:"异哉,试可乃已。"帝曰:"往!钦哉。"九年,绩用弗成。[①]

"汤汤洪水方割,荡荡怀山襄陵"是说洪水包围了大山和丘陵,说明了帝尧时期的统治范围仅限于一片山区丘陵之中。而帝尧在治理洪水和选择继位人选的时候,都是征求"四岳"的意见,也说明这四岳是在洪水包围之中的山区丘陵地带,这一山区丘陵显然就是距今 5000 年左右大汶口文化晚期的鲁中南山区。而这一地区"历象日月星辰"的最佳位置非天枢之"吴"莫属。

(五)虞舜"肆觐东后,协时月正日"修定历法

自古以来关于虞舜的传说很多,舜耕历山是虞舜传说的核心。"舜耕历山"的记载最早见于《墨子·尚贤下》,后来《史记·五帝本纪》等古籍中也都有同样的记载。

《史记·五帝本纪》:舜耕历山,渔雷泽,陶河滨,作什器于寿丘,就时于负夏。舜父瞽顽,母嚚,弟象傲,皆欲杀舜。[②]

《吕氏春秋》:夫舜遇尧,天也。尧葬谷林,舜耕于历山,陶于河滨,

---

① 王世舜、王翠叶译注:《尚书》,北京:中华书局,2012 年,第 12—14 页。
② 《史记》,北京:中华书局,2006 年,第 3 页。

渔于雷泽。①

　　古籍中对于"舜耕历山"的记载是一致的,但至于"历山"是指哪一座山,自古以来都是个谜。历代以来,各地为了争取舜之故里而考证出了很多个所谓的"历山"。然而,对于历山的来历,因何名历山,古籍文献却没有给出答案,古代学者也没有人去认真加以论证。如果不从历山的真实来历加以考证,那么众山皆可称历山,众山也皆非历山。

　　现代辞典中对于"历"的解释是推算年、月、日和节气的方法,记录年、月、日和节气的书、表、册。

　　《说文》:"歷,过也。从止厤声。曆,历象也。从日厤声。《史记》通用歷。"《集韵》:"曆,说文曆象也,通作歷。"②

　　根据"历"字释义,可以得知历山之"历"为历法之历,历象之历。远古时期没有记录年、月、日和节气的书、表、册,所以只能用山来推算和记录,因此称"历山"。现代有的学者已经发现历山这一名称极为特殊,可解释为历法之山,如尹荣方说:"历山不就是产生历法的山的意思吗?"③中国社科院民族文学研究所吴晓东说:

　　我们可以设想,在古代,天文观测者在某一座高山之巅设立一个天文台,白天观测日出日落,夜晚观测月升月没,以及斗转星移。这里是制定历法的山,故名历山。这在文献中也能找到依据,《搜神记》关于舜耕历山的记载是这样的:"虞舜耕于历山,得玉历于河际之岩。舜知天命在己,体道不倦。"这一记载十分奇怪,舜在历山上耕作,没说收获五谷杂粮,却道获得玉历。从这一民间传说版本中可窥视出舜耕历山的原型。④

　　但是吴晓东先生却没有沿着这一思路去考察历山的所在地,而是否定了舜的真实存在,认为舜是太阳,舜耕历山乃是舜更历山的演变,是说太阳在历山上更替轮换。

---

① 陆玖译注:《吕氏春秋》,北京:中华书局,2011年,第443页。
② 参见北京师范大学"汉字研究与现代应用实验室":《汉字全息资源应用系统》。
③ 尹荣方:《社与中国上古神话》,上海:上海古籍出版社,2012年,第68页。
④ 吴晓东:《"舜耕历山"到"舜更历山"的传说演变》,《民间文化论坛》2016年第2期。

吕子方《读〈山海经〉杂记》明言《大荒经》中七对日月出入之山，是"远古农人，每天观察太阳出入何处，用来定季节以便农耕的资料，这是历法的前身"。[①] 天文史学者郑文光亦持此说。[②]

以上学者通过研究发现了《大荒经》中日月出入之山与古代历法的密切关系，也提出了历山即历法之山的观点，但却没有进一步考察历山的确切位置。

逄振镐在《东夷文化研究》中论证了东夷人发明了以山纪历的原始纪历方法。他说："东夷人就是利用一年四季日、月从不同的山头出、入来纪历，这与他们东部沿海一带的山地丘陵地带有关。"并认为这些日月出入的山峰在莒县一带。[③] 他的这一结论，已经被天文考古学者实地考察后否定了。山东境内其他地区的大汶口、龙山文化遗址也不具备完整的天文观测条件（详见前文）。那么，虞舜时期的"历山"在哪里呢？

《尚书·虞书·尧典》：（虞舜）岁二月，东巡守，至于岱宗，柴，望秩于山川。肆觐东后，协时月正日，同律度量衡。【注释】柴：是一种祭祀的礼节，马融说："积柴加牲其上以燔之也。"望：是祭祀山川的礼节。东后：指东方之国君。[④]

"协时月正日"，是根据对天象的观察，使月日的纪时，与自然运行的实际情况相符。

从《尚书·虞书·尧典》的这段记载可以得知，虞舜东巡狩到了岱宗，依次祭祀东面的山川，并觐见了东方的国君，根据对天象的观察，使月日纪时与自然运行情况相符合，也就是修定"历法"。笔者在前文论证的基础上，分析这段文字并得出如下结论：

1."柴"是祭祀的仪式，连接岱宗与蒙山的大汶河支流"柴汶河"因此而得名，是虞舜前往祖地祭祀山川、日月的必经之路，因此而得名。

---

① 吕子方：《中国科学技术史论文集》下册，成都：四川人民出版社，1984年，第27页。
② 郑文光：《中国天文学源流》，北京：科学出版社，1979年，第52页。
③ 逄振镐：《东夷文化研究》，齐鲁出版社，2007年版，第392、393页。
④ 王世舜、王翠叶译注：《尚书》，中华书局，2012年1月，第18—19页。

2. 虞舜觐见"东后"，"协时月正日"修订历法，与黄帝举"风后"制订历法，显然都是泰山以东、蒙山以北的颛臾风国（东方君子之国）的国君，"风后""东后"可能都是黄帝、虞舜的"母后"。

《尚书·虞书·尧典》：五载一巡守。群后四朝，敷奏以言，明试以功，车服以庸。肇十有二州，封十有二山，浚川。[①]

从虞舜开始，出现了东巡守的记录。而且每隔五年巡守一次，与四岳共商国事。其历史背景是大汶口文化晚期或龙山文化早期，随着大禹治水成功，东方部族首领将都城西迁，地域范围也从"四岳"到十二州，封十二山。因此，才有了东巡守，返回祖地与四岳共商国事，修定历法之说。

根据古籍记载、考古发现和专家学者的相关论证，可以确定包括黄帝在内的上古五帝均为大汶口人的首领，是先秦古籍中记载的"虞夏商周"之虞帝，"虞"原型在大汶口人的桑梓之地。古籍记载虞舜"生于桃墟，耕于历山"，此"桃墟"即是《水经注》中记载的鲁国卞县东南之"桃墟"，[②]此"历山"即尧舜"历象日月星辰"之山——蒙阴叟虎寨山。

五、卑小的"叟虎寨山"是最初的会稽山、泰山

自黄帝起到夏禹都是"虞朝"之帝，其所处的年代是大汶口文化中晚期到龙山文化时期，其活动范围早期以蒙山以北蒙阴盆地为中心，后期向西发展成为以泰山为中心，也就是《史记》所言：

昔者三代之居皆在河洛之间。故嵩高为中岳，而四岳各如其方，四渎咸在山东。[③]

笔者认为，"昔者三代"非指"夏商周"三代，而是指"虞夏商"三代；"河洛之间"并非指现在的黄河、洛河，而是指蒙阴盆地"汤谷""蒙谷"之间的柴汶河、东汶河；"中岳"非嵩高，而是指"吴岳"，"四岳"

---

① 王世舜、王翠叶译注：《尚书》，北京：中华书局，2012年，第19—20页。

② 陈桥驿校证：《水经注校证》，北京：中华书局，2013年版，第566页。

③ 《史记》，北京：中华书局，2006年，第167页

即指泰山、蒙山、沂山和鲁山。

古籍中记载的华夏民族最初作为"历象日月星辰"的神山，必然就在大汶口人的"桑梓之地"。

（一）夏禹致群神之"会稽山"在蒙阴

前文中论证了从伏羲到虞代五帝"历象日月星辰"之地皆在蒙阴。那么，典籍中记载的夏禹致群神之山是否也在蒙阴呢？

《史记·历书》：盖黄帝考定星历，建立五行，起消息，正闰余，于是有天地神祇物类之官，是谓五官。……颛顼受之，乃命南正重司天以属神，命火正黎司地以属民。……尧复遂重黎之后，不忘旧者，使复典之，而立羲和之官。……年耆禅舜，申戒文祖，云"天之历数在尔躬"。舜亦以命禹。由是观之，王者所重也。①

从引文可知，黄帝考定了星历，建立了五行，颛顼进行了"司天""司地"的分工，尧恢复了黄帝、颛顼所建立的历法制度，尧在将帝位禅让于舜时，云"天之历数在尔躬"，专门将"天之历数"之职责托付给虞舜。同样，舜禅让帝位于夏禹时，亦将此重任"命禹"。

由此可见，历象日月星辰，考定星历是"王者所重"，世代相传，因此，夏禹受命此任必然与虞舜"肆觐东后，协时月正日"的方式和地点相同，也就是说夏禹时期"观天、通神之地"，致群神于会稽之山也在颛臾凤国。这一点现代专家学者已经有了不少的共识。

《国语·鲁语》：昔禹致群神于会稽之山，防风氏后至，禹杀而戮之……客曰："敢问谁守为审？"仲尼曰："山川之灵，足以纪纲天下者，其守为神；【注释】韦昭注："主山川之君。为群神之主，故谓之神。②

《史记·夏本纪》：十年，帝禹东巡狩，至于会稽而崩。以天下授益。……夏

---

① 《史记》，北京：中华书局，2006年，第139页
② 陈桐生译注：《国语》，北京：中华书局，2013年，第227—228页。

后帝启，禹之子，其母涂山氏之女也。①

　　从以上古籍记载的情况看，会稽之山与夏禹关系密切，可能就在夏禹的祖地，所以他才会致群神于此，葬于此。会稽之山本来不叫会稽，是因大禹与群神"会稽"于此而得名。孔子（仲尼）所言"群神"是守护四方山川的诸侯；"会"指大禹召集群神会议、会商之"会"；"稽"是稽核、稽查、稽考之"稽"。

　　董楚平著《防风氏的历史与神话》一书中引用《国语·鲁语下》有关防风氏的叙述，证明了古会稽有三处，以山东为最早，辽西会稽和江南会稽皆从山东迁出。春秋晚期，越国（相传其王室为夏禹后裔）兴起，江南的"会稽"独传于后世，禹杀防风氏的地点也盛传在江南会稽。②

　　陈桥驿在《论衡与吴越史地》一文中引用了汉代王充《书虚篇》中的观点。王充认为，"禹到会稽，非其实也"。在王充看来，夏禹是继承唐虞国界的。一位衣冠冕旒的中原大国之君，怎么可能巡狩到他国界以外，与化外之区会稽诸侯呢？③

　　安徽大学历史系教授李修松先生在《涂山会考》一文中说，《管子》卷五十有"封禅"篇，除封泰山之外，所禅之地共有五处，有"梁父""云云""亭亭""社首""会稽"。据古人集解前四处均在泰山以东，唯有"会稽"不知何处。索隐引晋灼云："本名茅山。《吴越春秋》云，禹巡天下，登茅山，群臣乃大会计，更名茅山为会稽。亦曰苗山也。"这个会稽当在泰山附近。因为历代帝王所封之地和所禅之地均相距不远。何独禹在鲁泰山"封"，而到吴越会稽"禅"？对于禹在泰山封天到吴地会稽禅，元代书法家、诗人邓文原也质疑，以禹所禅在吴地会稽之说为非。李修松先生在文末总结道：

　　徐吾之戎（徐吾氏）又称茅戎，当来源于其祖籍今山东之茅山（实即蒙山），由此进一步证明了涂山氏山岳崇拜的源头在山东！④

①　《史记》，北京：中华书局，2006年，第10页。
②　李尚英：《试述杨向奎教授的学术贡献》，《中国社会科学院研究生院学报》2001年第4期。
③　陈桥驿：《论衡与吴越史地》，《浙江学刊》1986年第1期。
④　李修松：《涂山会考》，《中国史研究》1999年第2期。

杨向奎说："古人迁徙往往把旧居的地名也放在新居,有些山川河流的名称亦可以任意搬迁。"①他在《夏本纪及越王勾践世家地理考实》一文中,认为夏族部分人曾南迁到浙江,大禹杀防风氏的故事也随之南下。这不仅是一种神话传说,而且是有真实意义的历史事实。②经杨向奎考证,会稽山又名涂山、茅山、苗山,即今之蒙山。

《国语·鲁语》所言"禹致群神于会稽山"及《史记·封禅书》引《管子》语"禹封泰山禅会稽"即指蒙山。《吴越春秋》卷四:"禹巡天下,……更名茅山为会稽山,亦曰苗山。"征诸古音,苗山或茅山之"苗""茅"与蒙山之"蒙",乃一音之转,本字相同。所以山东之蒙山(在蒙阴县南,接费县界)即最初之会稽山或涂山。③

景以恩在《齐地炎黄虞夏史迹钩沉》一文中认为,杨向奎先生"此说极是"。他说:

《左传·哀公七年》:"禹合诸侯于涂山。"《国语·鲁语》:"禹致群神于会稽之山。"学界一致认为会稽山即涂山。《尚书·皋陶谟》:"禹娶于涂山,生子启。"《墨子·节葬》:禹死"葬会稽之山。"禹在蒙山娶妻生子、会诸侯,死后又葬于蒙山,可知蒙山确为禹根据地也。④

景以恩先生认为"大禹会盟诸侯及祭之山必在泰山脚下,绝非远至江南,而在蒙山方近合理"。⑤

根据以上学者的论述,夏禹时期的活动中心仍然在泰山、蒙山一带,也就是"河洛之间","四岳""四渎"之中。夏禹致群神之会稽山即蒙山,但笔者认为"会稽山"并非指蒙山,因为蒙山是山东第二大山,夏禹不可

① 杨向奎:《评傅孟真〈夷夏东西说〉》,中国先秦史学会编:《夏史论丛》,济南:齐鲁书社1985年版,第156、158、152页。
② 杨向奎:《夏本纪越王勾践世家地理考实》,《禹贡》1935年3卷1期。
③ 杨向奎:《夏民族起于东方考》,《禹贡》七卷六、七期合刊,1937年。
④ 景以恩:《齐地炎黄虞夏史迹钩沉》,《管子学刊》1999年第4期。
⑤ 景以恩:《华夏族源于东方新探》,《复旦学报》1999年1期;又见《炎黄虞夏要有海岱新考》,《管子学刊》1997年3期。

能到极难攀登、野兽出没的深山之中会稽群神，夏禹会群神的主要目的仍然是修订历法，显然其地点仍然是指蒙阴叟虎寨山，也因此称为"会稽山"。

（二）古帝最初"封泰山、禅云云"皆在蒙阴

封禅专指中国古代帝王在泰山举行的祭祀天地神祇的仪式，在中国古代文化史上有着重要地位。《史记·封禅书》开篇就说："自古受命帝王，曷尝不封禅？"《正义》释曰："此泰山上筑土为坛以祭天，报天之功，故曰封。此泰山下小山上除地，报地之功，故曰禅。"① 可知封禅是一种祭祀天地的活动，且必须是"受命帝王"才有资格举行，其特定的活动地点是泰山及泰山脚下的小山丘。

《管子·封祥》卷十六第五十：管仲曰："古者封泰山，禅梁父者，七十二家，而夷吾所记者，十有二焉。昔无怀氏封泰山，禅云云。虑羲封泰山，禅云云。神农氏封泰山，禅云云。炎帝封泰山，禅云云。黄帝封泰山，禅亭亭。颛顼封泰山，禅云云。帝喾封泰山，禅云云。尧封泰山，禅云云。舜封泰山，禅云云。禹封泰山，禅会稽。汤封泰山，禅云云。周成王封泰山，禅社首。皆受命然后得封禅。"②

刘宗迪在《失落的天书——〈山海经〉与古代华夏世界观》一书中认为，泰山虽然由原来的中央之山沦落为偏居一方的东岳，但即使如此，岱宗仍一直被视为五岳独尊。嵩山据中岳之尊位，却从来没有泰山那般的尊贵，后世帝王封禅仍大多在东岳泰山而不到嵩山，泰山历史之古老，由此可见一斑。③

有学者撰文认为："夏商周时期，禹的祖先是黄帝和颛顼，泰山东侧的蒙山又名东泰山，是夏族的发祥地，一直被三代祭祀……无怀氏、伏羲、神农、炎帝、颛顼、帝喾、尧、舜封泰山禅云云，禹封泰山禅会稽（即今蒙山），

---

① 《史记》，北京：中华书局，1975 年，第 1355 页。
② 李山、轩新丽译注：《管子》，北京：中华书局，2019 年，第 732 页。
③ 刘宗迪：《失落的天书——〈山海经〉与古代华夏世界观》，北京：中国文史出版社，2016 年，第 530 页。

汤封泰山禅云云，周成王封社首。"① 不仅蒙山有泰山之称，而且"云云山"也在蒙阴：

《蒙阴县志·清康熙廿四年版》：云云山，在城东北三十里。李奇曰："云云山在梁父东"，晋灼曰："下有云云亭，管子封泰山、禅云云。"即此。②

《蒙阴县志·清宣统三年版》：云云山，一名司马寨，距城东北三十里。李奇曰："云云山在梁父东"，张子建书堂于山麓，下有洗砚泉。③

王瑞功《古史传说中的沂蒙——沂蒙文化刍议之一》一文中说：蒙山即会稽、涂山，大禹治水的指挥部就在蒙山，他的妻族亦即居于蒙山一带的部落。王瑞功在论文中还认为，古帝封禅的"泰山"和"云云山"也都在蒙阴：

云云山，《史记集解》引李奇说在梁父东，无具体地点；《史记索隐》引《括地志》，把云云山、亭亭山视为一地；只有晋灼称云云"山在蒙阴县故城东北，下有云云亭也"。此说具体，可信。……"山有石室，存汉代摩崖碑"，碑"有古篆刻数百字，字径寸余，古文难辨"④。

王瑞功据此说："云云山在今蒙阴，那么，所封之泰山还是岱宗吗？肯定不是，应为蒙山。"王瑞功进一步论证说：蒙山古代俗称大山，亦作太山或泰山。到周朝时天子所封泰山仍为蒙山，有《春秋》与《左传》为证：

《春秋》隐公八年（前715年）经："三月，郑伯使宛来归祊。"《左传》隐公八年载："郑伯请释泰山之祀而祀周公，以泰山之祊易许田。三月郑伯使宛来归祊，不祀泰山也。"⑤……祊地，在今费县城，一说在今费县探沂，都在蒙山下不远处。既然祊地是诸侯参与祭祀泰山的食邑，当距泰山不远，蒙山应即周王所祭之泰山。

蒙山为我国远古、上古时期文化的渊源之山，太昊、炎帝、少昊、黄帝、

① 《泰山世界遗产的特征及其价值》，《齐鲁文史》1996年2期。
② 蒙阴县地方史志编纂委员会：《蒙阴县清志汇编》，北京：中华书局，1999年，第230页。
③ 蒙阴县地方史志编纂委员会：《蒙阴县清志汇编》，北京：中华书局，1999年，第468页。
④ 王瑞功：《古史传说中的沂蒙》，《临沂师范学院学报》2001年第3期。
⑤ 杨伯峻：《春秋左传注》，北京：中华书局，1990年，第56—58页。

颛顼、尧、舜、禹等部族或先或后或同时在这一带生活过。吕思勉先生论证说：华族"其初盖以泰岱为中，故封禅告成功者必于是也。"[1] 泰山，在古文献中很多实指蒙山。泰山、蒙山一带为华夏族之摇篮，当非虚言。[2]

按照以上典籍记载和学者论述，泰山最初是指蒙山，云云山即蒙阴司马寨。笔者认为泰山、云云山皆在蒙阴是可信的，但泰山并非蒙山，应当还是指叟虎寨山。

古帝"封泰山，禅云云"是祭祀天地神祇，笔者认为，此传统应当还是始源于《山海经·大荒西经》中颛顼命重、黎"绝地天通"的记载。

《山海经·大荒西经》：大荒之中，有山名曰日月山，天枢也，吴姖天门……颛顼生老童，老童生重及黎，帝令重献上天，令黎邛下地，下地是生噎，处于西极，以行日月星辰之行次。[3]【注释】"帝令重献上天，令黎邛下地"郭璞云："古者人神杂扰无别，颛顼乃命南正重司天以属神，命火正黎司地以属民。重寔上天，黎寔下地。献、邛，义未详也。"[4]

古今学者对"帝令重献上天，令黎邛下地"中的献、邛难以理解，笔者认为"献"即祭天，"邛"即禅下地，也就是说《山海经》中的这段记载蕴含着"封禅"的内容。由此可见，"叟虎寨山"即是天枢，是"重献上天"的"泰山"，而"黎邛下地"的地方就是蒙阴"云云山"。

从《管子·封禅》中可见，夏禹之前的帝王皆"封泰山，禅云云"（黄帝"禅亭亭"，亭亭或即为云云），而夏禹则是"封泰山，禅会稽"。前文中学者论证了会稽山即蒙山，笔者认为会稽山即叟虎寨山，也就是"泰山"。夏禹之所以"封泰山，禅云云"，是因为夏禹时期的政治中心已经西迁到大汶口、泰山一带，泰山之名号也就带至现在的泰山，故夏禹先"封泰山"，又禅"会稽山"（原泰山）。

① 吕思勉：《吕思勉读史札记》，上海：上海古籍出版社，1982 年，第 13 页。
② 王瑞功：《古史传说中的沂蒙》，《临沂师范学院学报》2001 年第 3 期。
③ 袁珂：《山海经校注》，北京：北京联合出版公司，2014 年，第 339 页。
④ 袁珂：《山海经校注》，北京：北京联合出版公司，2014 年，第 339 页。

（三）卑小的"叟虎寨山"是最初的"泰山"

前文中已经初步论证了叟虎寨山即泰山的前身，这一观点实际上是一种非常古老的说法：

《史记·封禅书》：公玉带曰："黄帝时虽封泰山，然风后、封巨、岐伯令黄帝封东泰山，禅凡山，合符，然后不死焉。"天子既令设祠具，至东泰山，东泰山卑小，不称其声，乃令祠官礼之，而不封焉。[1]

《汉书·郊祀志下》：黄帝时虽封泰山，然风后、封巨、岐伯令黄帝封东泰山。[2]

刘宗迪先生认为，泰山与昆仑皆为天下之中，表明昆仑最初可能就是指泰山，并引《史记·封禅书》上述记载，认为"东泰山"当是泰山之前身，"泰山"的字面意义无非是指大山、神圣之山，因其山为观天、通神之地，故以其山为神山，故名"泰山"。[3]

《水经注》及临朐地方志中所谓的东泰山在朱虚，现代人一般认为是指临朐与沂水县交界处的沂山。笔者认为，"东泰山"在临朐沂山之说是汉代以后地方文人的一家之言，有先入为主之嫌，是完全经不起推敲的。否定这一观点最重要的一条便是"东泰山卑小，不称其声"，这句话的意思是说汉武帝经过实地考察东泰山是一座小山，与其神圣显赫的地位名声不相符，所以没有封。沂山海拔高度1032米，是山东地区屈指可数的一座大山，与"东泰山卑小"完全不符，而且就其地理位置上而言其距离泰山很远，需要翻越整个鲁中南山区丘陵才可到达，显然不具备"东泰山"地理和地形条件。

笔者认为"东泰山"非蒙阴叟虎寨山莫属，其虽然"卑小"，但在大汶口先民的心目中却是神圣的，是观天、通神的神山。《水经注》虽然误将"东泰山"置于临朐，但却给我们留下了"大弇山与小泰山连麓"的信息。这一信息也是古人自古相承之说，只是后人用的地方不对而已。

---

① 《史记》，北京：中华书局，2006年，第178页。
② 《汉书》，北京：中华书局，2007年版，第189页。
③ 刘宗迪：《失落的天书——〈山海经〉与古代华夏世界观》，北京：商务印书馆，2016年，第530页。

　　"大弁山与小泰山连麓"所蕴含的正确信息是"大弁山"和"东泰山"在一个地方，"大弁山"不在临朐而在蒙山西麓、蒙阴西南，即与蒙阴虎头崖"连麓"的"冠石山"。"冠"即为"弁"也称"卞"，先秦时期"冠石山"属卞邑（亦称弁），《汉书·地理志》记载属"南武阳"。由此可见，大汶口人自古相承的传说是可信的。

　　笔者的这一观点在《蒙阴县志》（清康熙二十四年版）和《蒙阴县志》（清宣统三年版）中均有体现："大弁山，《水经注》谓大弁山与小泰山连麓而异名，即此。"[①] 虽然《蒙阴县志》有上述记载，但却没有明确指出大弁山和小泰山的具体位置，说明古代蒙阴一带虽有"大弁山"和"小泰山"连麓的传说，但因时代久远，"冠石山"之名已经湮灭，故"大弁山"和"小泰山"所指何处也无法确定。

　　《汉书·地理志》：泰山郡，高帝置。……南武阳，冠石山，治水所出，南至下邳入泗。[②]

　　《左传·僖公二十一年》：任、宿、须句、颛臾，风姓也，实司大皞与有济之祀。【注释】杜预注：颛臾在南武阳县东北。[③]

　　从上面两处典籍记载和《中国历史地图集》的标注来看，冠石山在南武阳县，而颛臾在南武阳县东北，蒙阴境内，显然"冠石山"就在蒙阴西南，即《水经注》和《蒙阴县清志》中记载的桑泉水的发源地"五女山"。

　　《水经注》：桑泉水北出五女山，东南流……桑泉水又东南迳蒙阴县故城北，王莽之蒙恩也。又东南与叟崮水合，水有二源双会，东导一川，俗谓之汶水也。[④]

　　《蒙阴县志》（清康熙二十四年版）：五女山，此西五女山也，在保安社。

---

①　蒙阴县地方史志编纂委员会：《蒙阴县清志汇编》，北京：中华书局，1999年，第233页、第471页。

②　《汉书》，北京：中华书局，2007年，第291页。

③　陈桥驿校证：《水经注校证》，北京：中华书局，2013年，第201页。

④　陈桥驿校证：《水经注校证》，北京：中华书局，2013年，第580页。

《水经注》谓桑泉水之源出此。叟虎寨山,在城南七里,即郡志叟崮。①

"五女山"位置与古籍中记载的"冠石山"相吻合,"叟虎寨山"即虎头崖,《蒙阴县志》中"五女山"与"叟虎寨山"连贯记载,说明这两座山是相邻的,由此可见,"叟虎寨山"即传说中的"小泰山"。

《汉书·地理志》:琅邪郡,秦置。……朱虚,凡山,丹水所出,东北至寿光入海。东泰山,汶水所出,东至安丘入维。有三山、五帝祠。②

《水经注》沭水出琅邪东莞县西北山,大弁山与小泰山连麓而异名也。……巨洋水出朱虚县泰山,北过其县西。泰山,即东小泰山也。……《地理风俗记》曰:丹山在西南,丹水所出,东入海。丹水由朱虚丘阜矣。……城东北二十里有丹山,世谓之凡山。③

从《汉书》和《水经注》记载来看,朱虚县有东泰山、丹山、丹水、汶水、三山、五帝祠、朱虚丘,所有这些地名、水名和祭祀五帝的传统习俗源自于颛臾风国。朱虚、丹山、三山即蒙阴叟虎寨山北面的"丹穴之山"(俗称"三山子")。

在古代"名随族迁"是普遍现象,蒙阴一带的诸多与华夏文明起源相关的地名,如蒙山、若水、蜀山、汶水、吴岳等散播到了陕甘、荆楚、巴蜀等数千里之外就是实例。距离蒙阴百余公里之外的朱虚、东泰山、汶水、丹山、三山、五帝祠等聚集在一起反而说明了其共同的源头就在蒙阴。

最后,还是引用刘宗迪先生所言作为本节结语:泰山与昆仑皆为天下之中,表明昆仑最初可能就是指泰山。东泰山当是泰山之前身,东夷民族的天文观测活动中心原本可能是在此地。最初的昆仑,只能是东方神山,而与西方毫不相干,不可能是西方的什么山,因为《海经》完全是东方文化的产物。

刘宗迪说昆仑、泰山皆为天下之中,而笔者在前文中论证了蒙阴叟虎

① 蒙阴县地方史志编纂委员会:《蒙阴县清志编》,北京:中华书局,1999年,第233页。
② 《汉书》,北京:中华书局,2007年,第292页。
③ 陈桥驿校证:《水经注校证》,北京:中华书局,2013年,第589—592页。

寨山即《大荒经》的中心——天枢之"吴",故"昆仑之丘"就是前文中论证的泰山的前身——蒙阴叟虎寨山。

第二节 人面虎身的"昆仑之丘"是君子国之神"天吴"

"昆仑"是古代重要的地理与文化空间符号,多见于传世文献中,其中《山海经》论及"昆仑"者,有近20处之多。其中"昆仑"有七则、"昆仑之丘"两则、"昆仑之虚"两则、"昆仑虚"七则、"昆仑山"一则。对于《山海经》及其他典籍记载的"昆仑"形态的演化过程,有学者研究说:

昆仑在《山海经》中以"丘""墟""山"的多种空间形式,发展到纬书地理"柱"的形态,"地之中"的强化以及"山"地理空间形态的确立。"昆仑"在汉魏之后,不断层累迭加,以"山"的地理形貌,取代了《山海经》中的"丘"或"墟"的地理特征,成为"昆仑"最具代表性的地理空间样态。[1]

从《山海经》与其他古籍的记载和学者的论述看,昆仑的地理特征经历了从丘、虚(墟)到山、柱的演化,昆仑形态更是由低至高不断的衍化创造。

在古人看来,大地上的昆仑被视为世界的中心,与天之中心的北极相对。《初学记》卷五引《河图括地象》曰:"昆仑山为天柱,气上通天。昆仑者,地之中也。"刘宗迪先生认为,在《海经》古图中,昆仑虚坐落于画面的中心。他说:

在古人宇宙观和大地观中,昆仑之所以被视为世界的中心,与天之中心北极遥遥相对,是因为昆仑就是明堂,明堂是先王进行天文观测的地方,而北极作为天穹之中心,为天文观测之枢纽,因此,明堂与北极遥遥相望,北极是群星环绕的天之中心……昆仑自然就成了大地的中心。[2]

笔者在前文论述了君子之国"天吴"(天虞)就是《山海经》中记述

---

[1] 高莉芬:《神圣空间的想象与建构:"昆仑"多重空间形态及其象征意涵》,《民俗研究》2019年第4期。

[2] 刘宗迪:《失落的天书——〈山海经〉与古代华夏世界观》,北京:商务印书馆,2016年,第517页。

的天枢之"吴",也就是北辰(北极)的化身——蒙阴叟虎寨山。《说文》:"虚,大丘也。昆仑丘谓之昆仑虚。从丘,虍声。"① 昆仑丘即昆仑虚,"虚"为"从丘,虍声",说明昆仑之丘(虚)具有虎的形象,因此,《山海经》记载的昆仑之神开明兽、陆吾或"身大类虎"或"人面虎身"。笔者根据学者的论述,通过对比发现,"昆仑之丘"就是君子之国的天文观象台"天吴"。

一、"昆仑之丘"在"君子之国"

除了前文中从天文观测的角度论述昆仑之丘是君子之国的天文观象台之外,还有如下证据证明昆仑之丘在君子之国——颛臾凤国。

(一)凤凰是君子之国、昆仑之丘的共同特征

古籍中记载,凤凰出于"东方君子之国",笔者认为"东方君子之国"也就是《山海经》中的"君子之国",笔者发现,在《山海经》记载的"昆仑之丘""西王母之山"也呈现"鸾鸟自歌,凤鸟自舞"的景象,这一点上昆仑之丘、君子之国有着共同的特征。

《山海经·海内西经》:海内昆仑之虚,在西北,帝之下都。……门有开明兽守之,百神之所在。……开明兽身大类虎而九首,皆人面,东向立昆仑上。开明西有凤皇、鸾鸟,……开明北有凤皇、鸾鸟皆戴蛇。②

开明兽身大类虎,即昆仑之神"陆吾",也即君子国之神"天吴"。开明兽西面有凤皇、鸾鸟,就是指蒙阴叟虎寨山西面"蒙汜之渚""青丘之泽"中的凤皇;开明兽北面也有凤皇、鸾鸟,是指蒙阴叟虎寨山北面"丹穴之山"(玄丹之山)的凤凰。

《山海经·大荒西经》:有西王母之山、壑山、海山,有沃民之国,沃民是处,沃之野,凤鸟卵是食,甘露是饮。……鸾鸟自歌,凤鸟自舞,

---

① 《说文解字》,沈阳:辽海出版社,2015年,第1151页。
② 方韬译注:《山海经》,北京:中华书局,2011年,第264—268页。

爰有百兽，相群是处，是谓沃之野。①

《山海经·海外西经》：诸沃之野，沃民是处，鸾鸟自歌，凤鸟自舞。凤皇卵，民食之，甘露，民饮之，所欲自从也。百兽相与群居。在四蛇北，其人两手操卵食之，两鸟居前导之。②

昆仑神话与西王母神话同出一源，昆仑之丘和西王母之山也同在一处，呈现出"凤鸟卵是食，甘露是饮"，"鸾鸟自歌，凤鸟自舞，爰有百兽，相群是处"，人与自然和谐共处的景象。这些景象正是《海内经》中黄帝之子昌意降居之地，昌意之子颛顼诞生之地"若水"一带的景象。

《山海经·海内经》：黄帝妻雷祖，生昌意，昌意降处若水，生韩流。……取淖子曰阿女，生帝颛顼。……鸾鸟自歌，凤鸟自舞，灵寿实华，草木所聚。爰有百兽，相群爰处。此草也，冬夏不死。南海之内，黑水青水之间，有木名曰若木，若水出焉。③

《山海经·海内经》：有鸾鸟自歌，凤鸟自舞。观鸟首文曰"德"，翼文曰"顺"，膺文曰"仁"，背文曰"义"，见则天下和。④

颛顼诞生地"若水"（蒙阴"桑泉水"）呈现"鸾鸟自歌，凤鸟自舞"的景象，与古籍记载的凤凰"出于东方君子之国，见则天下大安宁"相吻合，也与"西王母之山"和"昆仑之丘"的景象一致，说明"昆仑之丘"就在"君子之国"。

（二）昆仑"轩辕说"和"穹隆说"均指向颛臾风国

有学者认为，"昆仑"即"轩辕"，也有学者说"穹隆"二字是昆仑的语源。笔者发现这两种说法均与颛臾风国存在着关联。

丁山先生在《中国古代宗教与神话》一书中，通过考察梵语与日本吴音，认为：

"轩辕""昆仑"，其音一也，不过汉字写法特异耳。Kuru 在中国古代

---

① 方韬译注：《山海经》，北京：中华书局，2011年，第314—315页。
② 方韬译注：《山海经》，北京：中华书局，2011年，第235页。
③ 方韬译注：《山海经》，北京：中华书局，2011年，第342——345页。
④ 方韬译注：《山海经》，北京：中华书局，2011年，第348页。

还有一个重要的音译，就是轩辕。按日本的吴音，"轩辕"读为 ken-en，"昆仑"读为 kon-rin，显然都与 kuru 的语根相近。换言之，"轩辕""昆仑"，其音一也，不过汉字写法特异耳……战国诸子，尚知昆仑之丘本是黄帝的神宫。①

按照丁山先生的说法"轩辕"即"昆仑"，昆仑之丘本是黄帝的神宫。那么"轩辕"又在何处呢？郭沫若先生在上世纪 30 年代提出了"轩辕"为"天鼋"的观点。《国语·周语下》云："星在天鼋，星与日辰之位，皆在北维。颛顼之所建，帝喾受之。我姬氏出自天鼋。"②笔者认为"天鼋"就是颛臾风国，"姬水"即蒙阴"汶水"（详见第五章），显然"昆仑"即"轩辕"，其最终所指在颛臾风国。

刘宗迪先生在《失落的天书——〈山海经〉与古代华夏世界观》一书中，引用王孝廉和吕微等对"昆仑"的考证，对"昆仑"进行了释义：

> 王孝廉和吕微等神话学者对"昆仑"一名语义的流变有精到的考证。王孝廉概括诸家对"昆仑"语源的解释云："昆仑的语源，L.de saussure 教授认为是指'天之穹隆的球状'。《康熙字典》说：'凡物之圜浑者曰昆仑。'《晋书·天文志》说：'天形穹隆，如鸡子……'这'穹隆'二字就是昆仑的语源。……吕微亦列举"昆仑"有浑沌、圆满、浑圆、旋转、天穹等含义，《集韵》："昆仑天形。"……故苍穹称昆仑。③

刘宗迪先生引用上述学者关于"苍穹称昆仑"的结论后认为，"昆仑"一名有时就指明堂以及祭天的神坛。笔者认为，被称为昆仑的"苍穹"可能就是指《山海经》中的"穷山"或"空桑之山"，实指"君子之国"北面的"虹虹"，也就是蒙阴青龙山（详见第六章）。"穷"的繁体字是"窮"，有苍穹之形，"虹虹"形状也是"穹隆"，正是"昆仑"之语源。

《独异记》：昔宇宙初开，只有女娲兄妹二人，在昆仑山，而天下未有人民，议以为夫妻，又自羞耻。兄即与其妹上昆仑山。咒曰："天若遣

① 丁山：《中国古代宗教与神话》，上海：龙门书店，1961 年，第 417—418 页。
② 陈桐生译注：《国语》，北京：中华书局，2013 年，第 145 页。
③ 刘宗迪：《失落的天书——〈山海经〉与古代华夏世界观》，北京：商务印书馆，2016 年，第 522 页。

我兄妹二人,而烟悉合;若不,使烟散。"于烟即合。其妹即来就兄,乃结草为扇,以障其面。今时人取妇执扇,象其事也。①

在古代传说中,华胥氏、伏羲、女娲都是风姓,华胥在"雷泽"履大迹而怀孕生伏羲,又生女娲,伏羲、女娲兄妹结婚住在昆仑山上。笔者研究发现,《山海经》记载"雷泽有雷神,在吴西"所指就是蒙阴叟虎寨山西北、青龙山下的古湖泊,颛臾风国就是华胥氏、伏羲氏、女娲氏风姓之祖国(详见后文)。可见,"昆仑"就在君子之国——颛臾风国。

二、人面虎身的昆仑之神"陆吾"即君子国之神"天吴"

在原始信仰与崇拜中,人们往往把虎当作敬畏、效法和同化的对象,当作辟邪驱害的保护神。《说文·虍部》:"虎,山兽之君。从虍,虎足像人足。象形。"因而,在我国典籍中,带有"虎"字的一般含有凶猛威武之意。苟世祥在《〈山海经〉的原始思维特征初探》一文中说:

原始思维是以直觉思维为基础,首先就表现为对自然界的经验材料的大量直观占有。……天吴人面虎身显然表明了不同存在物之间的神秘互渗;而水神天吴作为人的特征一面有"八首",作为虎的特征一面有"八足八尾"或"十尾"。说明是在个别的人和一般的人之间,在个别的虎和一般的虎之间分别进行着个别和一般的神秘的互渗。②

《山海经》中的神人形象有三类:人兽合体类、人兽伴生类和异形个体类。无论哪一类神形,都是先民想象、联想能力的极度展现,都是为了增强人类战胜自然的能力。人虎组合的神人形象是人兽合体类之一,人虎组合,虎赋予人神奇的力量,从而使人具有异常的能力。它真实地反映了先民的世界观。③

---

① 刘宗迪:《失落的天书——〈山海经〉与古代华夏世界观〉,北京:商务印书馆,2016年,第233页。

② 苟世祥:《〈山海经〉的原始思维特征初探》,《社会科学研究》2003年第5期。

③ 梁奇:《〈山海经〉中人虎组合的神人形象考论——〈山海经〉中神人形象研究论文之四》,《美与时代》2011年第1期。

（一）天吴、陆吾、开明兽都是神化的叟虎寨山

《山海经》中，常把虎身、虎尾和虎爪集于一神之身，使其具有虎性。有虎身之神、虎首之神、虎尾之神、虎爪之神、虎齿之神等。其中，君子国之神"天吴"和昆仑之神"陆吾""开明兽"则集虎身、虎尾、虎爪、人面于一身。

《山海经·大荒东经》：有君子之国，其人衣冠带剑。……有神人，八首八面，虎身十尾，名曰天吴。①

《山海经·海外东经》：君子国在其北，衣冠带剑，食兽，使两大虎在旁。……工虫在其北，各有两首。一曰在君子国北。朝阳之谷，神曰天吴，是为水伯。在工虫北两水间。其为兽也，八首人面，八足八尾，皆青黄。②

君子之国、朝阳之谷之神"天吴"即"天虞"，也即天枢之"吴"，都是人、虎的结合体，其原型都是指蒙阴叟虎寨山，叟虎寨山形如巨虎，而山上又有老叟形象。下面再看看《山海经》中关于昆仑之神的记载：

《山海经·西山经》：西南四百里，曰昆仑之丘，实惟帝之下都，神陆吾司之。其神状虎身而九尾，人面而虎爪；是神也，司天之九部及帝之圃时。……西王母其状如人，豹尾虎齿而善啸，蓬发戴胜，是司天之厉及五残。③

《山海经·海内西经》：海内昆仑之虚，在西北，帝之下都。昆仑之虚，……门有开明兽守之，百神之所在。……开明兽身大类虎而九首，皆人面，东向立于昆仑上。④

《山海经·大荒西经》：有大山，名曰昆仑之丘。有神——人面虎身，有文有尾，皆白处之。其下有弱水之渊环之，其外有炎火之山，投物辄然。有人戴胜，虎齿，豹尾，穴处，名曰西王母。此山万物尽有。⑤

我国著名的神话学家袁珂先生认为，开明兽"此神即陆吾，陆吾虎身

① 袁珂：《山海经校注》，北京：北京联合出版公司，2014年，第295—297页。

② 袁珂：《山海经校注》，北京：北京联合出版公司，2014年，第226—228页。

③ 袁珂：《山海经校注》，北京：北京联合出版公司，2014年，第42—45页。

④ 袁珂：《山海经校注》，北京：北京联合出版公司，2014年，第258—261页。

⑤ 袁珂：《山海经校注》，北京：北京联合出版公司，2014年，第244页。

九尾，此则类虎而九首，两者神职又同为昆仑之守，至于'九尾'而为'九首'，亦神话传说之演变。"①。

除了《山海经》记载的开明兽形象之外，在山东、江苏徐州及南阳等地的汉画中常见到这种九头人面虎身兽的形象，且大多与各种神禽瑞兽相处一画中，它应是文献记载的九头开明兽②。开明的九头之形应是人面虎陆吾形象进一步神化的特殊变体，陆吾只长有一个人头，若让它去守护昆仑山的"九部"或"九门"实属不易，为了能让其更好地胜任这一神职，最好的办法就是将陆吾的一头裂变为九头，这样以来，九头便可分工看守九门，在这种合乎"情理"的想象中，人们便进一步塑造出一个怪异的神虎形象——九头开明兽。③

苏雪林在《昆仑之谜》一文中说，昆仑有开明兽守之，开明兽是大虎状，人面，朝东立于昆仑之上，又有凤凰鸾鸟等，如果此类禽兽是指有生命之动物，为什么其所立所坐都有固定的方向，显然其描写的不是活着的动物，而是石像。④笔者认为苏雪林此说极是，这个朝东而立的石像，就是叟虎寨山上的"老叟"形象。

（二）天吴、昆仑都具有观象台作用和天枢地位

昆仑的天文观测作用和天枢地位是非常明确的，《山海经·西山经》中说昆仑之神陆吾"司天之九部及帝之囿时"，实际上就是指 主管"天上的日月星辰"，制定历法"敬授民时"。刘宗迪先生引用下列典籍记载，论证了昆仑的天枢地位：

北斗居天之中，当昆仑之上，运转所指，随二十四气，正十二辰，建十二月。（萧吉《五行大传》引《尚书纬》）

（昆仑山）上通旋机（即璇玑），元气流布，玉衡常理，顺九天而调阴阳（《水经注·河水》引《十洲记》）

① 袁珂：《中国神话传说词典》，北京：北京联合出版社，2013年，第42页。
② 李发林：《山东汉画像石研究》，济南：齐鲁书社，1982年，第78页。
③ 戴建增：《汉画中的虎崇拜》，《南都学坛》2004年第5期。
④ 苏雪林：《昆仑之谜》，台北"中央"文物供应社，1956年，第54页。

天地开辟，万物浑浑，无知无识，阴阳所凭。天体始于北极之野，地形起于昆仑之墟。（宋均注：北极，为天之枢；昆仑，为地之柄。）（《春秋命历序》）[①]

刘宗迪先生认为，在古人宇宙观、世界观中，昆仑之所以被视为世界的中心，与天之中心北极遥遥相对，是因为昆仑是先王进行天文观测的地方，而北极作为天穹之中心，为天文观测之枢纽。

"昆仑"是天之枢、地之中，其地位和作用完全与天枢"吴"相吻合。显然，人面虎身的昆仑之神"陆吾"就是君子国之神"天吴"——蒙阴叟虎寨山，因此昆仑之"虚"，从虎从丘。

三、"天吴"经"陆吾""昆吾"演化为"昆仑"

"昆仑"之名的起源与演化，是古今学者百思不得其解的问题。除了前文引用的丁山、王孝廉和刘宗迪先生的观点外，笔者认为"昆仑"源于"天吴"，经历了从"天吴"（天虞），到"驺虞"（驺吾），再到"陆吾"（昆吾），最后演变为"昆仑"的过程。

（一）"天吴"（天虞）演化为"陆吾"（陆吴、陆虞）

《山海经》中除了"天吴""天虞""陆吾"等人面虎身之神外，在《海内北经》中还记有"大若虎"的"驺吾"，学者们认为"驺吾"就是《诗经》中的"驺虞"。

《山海经·海内北经》：林氏国，有珍兽，大若虎，五采毕具，尾长于身，名曰驺吾。【注释】驺吾：郭璞云"吾宜作虞也。"袁珂："驺吾（虞）神话，《尚书大传》云：'尾倍其身，名曰虞'是此驺虞也。"[②]

《诗经·召南·驺虞》：彼茁者葭，壹发五豝。于嗟乎驺虞！【注释】

---

① 参见刘宗迪：《失落的天书——〈山海经〉与古代华夏世界观》，北京：商务印书馆，2016年，第516页。

② 袁珂：《山海经校注》，北京：北京联合出版公司，2014年，第274页。

驺虞：毛传："驺虞，义兽也。白虎黑文，不食生物，有至信之德则应之。"
鲁说、韩说："驺虞，天子掌马兽官。"①

王春阳、周国林在《"驺虞"考》一文中说，驺虞又名驺吾，从现存文献来看，驺虞之名至少有六种内涵：一为义兽之名，二为职官之名，三为雅乐之名，四为幡旗之名，五为地域之名，六为峙钱之名。关于驺虞的原型，学界又众说纷纭，总的来说，将驺虞原型视为神化之白虎说较具代表性。驺虞本为传说中的神兽或义兽，本不实有其物。作为一种虚拟动物，其形象建构与龙、凤、麒麟等如出一辙。②

笔者认为，《海内北经》中记载有"大若虎，尾长于身"的"驺吾"，《诗经》中记载有"白虎黑文，不食生物，有至信之德则应之"的"驺虞"。从其形态和品质来看与"天虞""天吴"有一定关系，是否就是君子之国的"天虞""天吴"，笔者不敢断言。但是从古今学者的注释来看，"驺吾"亦作"驺虞"，而且驺虞也是"天子掌马兽官"，与伯益"主虞，驯鸟兽"职责相同。

笔者认为，既然古今学者一致认为"驺吾"即"驺虞"，说明"天吴"（天虞）也可写作"天吾"，昆仑之神"陆吾"也可视为"陆吴""陆虞"。陆丽明、邓莹《读〈山海经〉札记》就持这种观点：

吴、吾古音同在模韵，音同字通，"吴"即"虞"之省写。《吕氏春秋·开春·贵卒》："中山之人多力者曰吾丘鸠。"高诱注云："吾丘即虞丘，《汉书》吾丘寿王，《说苑》作虞丘"，是知陆吾即陆虞，《庄子·大宗师》之"肩吾"亦即"肩虞"。③

根据上述典籍记载和学者的论述，吴、虞、吾相通，可以相互替代，从而解决了"天吴"（天虞）到"陆吾"（陆虞、陆吴）的演化问题。也就是说君子国之神"天吴"即昆仑之神"陆吾"。

① 程俊英、蒋见元著：《诗经注析》，北京：中华书局，2017年，第45页。
② 王春阳、周国林：《"驺虞"考》，《古籍整理研究学刊》2014年第1期。
③ 陆丽明、邓莹：《读〈山海经〉札记》，《安徽文学》2012年第2期。

（二）"昆吾"到"昆仑"的演化与"昆"的字源

"昆吾"，是一个古老而神秘的名词，在不同的古籍之中有着不同的含义。既是山名、地名、人名，又是部落氏族名，但都与君子之国"天吴"有关。

《山海经·大荒西经》：大荒之中，有龙山，日月所入。有三泽水，名曰三淖，昆吾之所食也。……大荒之中有山名曰日月山，天枢也。吴姬天门，日月所入。[1]

《大荒西经》的记载来看，"昆吾"是一个神人或神兽，食"三泽水，名曰三淖"，在"龙山"和天枢之"吴"附近。龙山即蒙阴青龙山（详见第四章），"吴"即蒙阴叟虎寨山，"三泽水""三淖"即《水经注》记载的桑泉水与叟崮二水，现在称为"三道河"（见图3-2）。前文中论证"吾""吴""虞"相通，看来"昆吾"就是"昆吴"（昆虞）。

图3-2 "三道河"（三泽水、三淖）在蒙阴叟虎寨山（昆吾）、青龙山下（龙山）下

《淮南子·天文训》：日出于汤谷，浴于咸池，拂于扶桑，是谓晨明。……至于昆吾，是谓正中……至于渊虞，是谓高舂。……至于虞渊，是谓黄昏，至于蒙谷，是谓定昏。[2]

从《淮南子·天文训》的记载来看，"昆吾"是一座山，在"汤谷"与"蒙谷"之间，具体的讲就是"虞"，因为它的西边就是"渊虞""虞渊"。日"至

---

① 袁珂：《山海经校注》，北京：北京联合出版公司，2014年，第337—339页。

② 陈广忠译注：《淮南子》，北京：中华书局，2012年，第145页。

于昆吾，是谓正中"，说明"昆吾"是天之正中，也就是天枢，因此，"昆吾"无疑就是"昆虞""昆吴"，也就是"昆仑"。

《说文·日部》："昆，同也。从日，从比。"徐锴曰："日日比之，是同也。""昆"是会意字。小篆从日，从比，表示二人在日光下并肩行走。[1]

"昆"从日，表示两人在日光之下，说明"昆吾"与太阳崇拜有密切的关联，也可以理解为两人在山丘之上、太阳底下，观测建木（表木）之"日景"（日影）。笔者认为，这项活动就是颛顼的两个儿子"重""黎"（或重黎、吴回）也是尧帝时期重、黎的后代"羲""和"两人所担负的神圣职责（详见前文）。

《尚书·尧典》：乃命羲和，钦若昊天，历象日月星辰，敬授民时。[2]

《尔雅·释地》说"自齐州以南戴日为丹穴"，吕思勉先生说齐州与后来的齐国地域相近，[3] 笔者认为"戴日丹穴"就在《大荒经》中心，"钦若昊天""戴日"都是敬顺上天、日神，颛顼之子重、黎及两支系氏族子孙世代居于昆仑之上，至尧帝时"羲""和"二人仍承担此重任，故有"昆"的会意字形（见图3-3）。

综上所述，昆仑之神"陆吾""开明兽"即君子之国之神"天吴""天虞"。"昆仑"在天地之中，"昆吾"亦在正午的太阳之下，位于进出"天枢之山"的天门之处，因此"昆吾"即"昆仑之神陆吾"的简称、别称。

昆

金文

图3-3 "昆"的金文

[1] 《说文解字》，沈阳：辽海出版社，2015年，第905页。
[2] 王世舜、王翠叶译注：《尚书》，北京：中华书局，2012年，第7页。
[3] 吕思勉：《中国通史》，南京：译林出版社，2015年，第276页。

《史记·楚世家》：楚之先祖出自帝颛顼高阳。……高阳生称，称生卷章，卷章生重黎。……其弟吴回……吴回生陆终。陆终生子六人，坼剖而产焉。其长一曰昆吾……昆吾氏，夏之时尝为侯伯，桀之时汤灭之。[①]

从《史记·楚世家》的记载来看，"昆吾"是一个人名，是颛顼的后代。颛顼之孙是"吴回"，"吴回"之子是"陆终"，"陆终"之子是"昆吾"，吴回—陆终—昆吾，也反映了从"天吴"到"陆吾"再到"昆吾"的过程。

综上所述，人面虎身的君子国之神"天吴"就是人面虎身的昆仑之神"陆吾"，也是身大类虎的"开明兽"。"昆仑"之名源于"天吴"，其演化过程为：天吴（天虞）—陆吾（陆吴、陆虞）—昆吾（昆吴、昆虞）—昆仑。蒙阴叟虎寨山、天吴、昆吾、昆仑都是"地中"，对应着"天枢"北辰（北极）。

四、昆仑之丘在"中邦之居"（君子之国）西北

"昆仑"始见于《山海经》中，是中国古代重要的地理与文化空间符号。在《山海经》中，或直名为"昆仑"，或名"昆仑之丘"或名"昆仑之虚"，其中名之为"昆仑"者为最多，而名之为"昆仑山"者最少，仅有一则。

高莉芬在《神圣空间的想象与建构："昆仑"多重空间形态及其象征意涵》中对"昆仑"的多种形态进行分析，认为："值得注意的是，在《山海经》中'昆仑'以及'昆仑虚'一词大多作为'地标'，而'昆仑之丘'的叙述则明显在其前冠有'曰'或'名曰'，记为曰'昆仑之丘'或'名曰昆仑之丘'。……说明'昆仑之丘'是作为具体的'专用名词''地名'而存在的。"[②]

（一）"九丘八台"在"昆仑之丘"东北

存在于自然界中的"昆仑之丘"在哪里呢？我们暂且将前文中得出的

---

① 《史记》，北京：中华书局，2006年，第257页。
② 高莉芬：《神圣空间的想象与建构："昆仑"多重空间形态及其象征意涵》，《民俗研究》2019年第4期。

结论放在一边，单纯从"丘"字上做一番论证。傅斯年先生在《民族与古代中国史》一书中说：

人类的住家不能不依自然形势，所以在东平原区中好择高出平地的地方住，因而古代东方地名多叫作丘。在西高地系中好择水流平坦地住，因而古代西方地名多叫作原。[1]

从傅斯年先生的论述中，我们可以得知，"丘"这种特殊的地貌名称源自于东方。

张文哲、牛鹏志在《论"丘"及其蕴含的神话色彩》一文中说，丘字用于古地名，以今山东境内为最多，今《春秋》经传所见已有20余处。如渠丘、营丘、祝丘、中丘、成丘、咸丘等。文中认为"丘"这个地理名词的背后包含着丰富的神话色彩和人文风情，在东方文明和上古神话中占据着重要地位。

齐鲁东南方就是上古神话中重要地区甚或中心区域，是上古神话的一大源头。丘本为自然界之高山大丘，因神话色彩的渲染，而成为祭地降神之重要所在，时日浸久，后人遂将丘也看作祭拜的对象，作为东方文化中富有神话色彩和上古风情的一环，丘这个地理观念可能还有更多丰富的人文资源等待挖掘。[2]

从上述学者的论述中可知，"丘"是东方特有的地貌形态，具体的讲"丘"就是指泰山、蒙山、鲁山、沂山环绕之中的沂蒙山区"岱崮地貌"，也就是《山海经》中记载的"九丘八台"。笔者的上述观点，正符合柳诒徵先生在《中国文化史》[3]一文中所说：

世多谓文明起于河流，吾谓吾国文明，实先发于山岳。盖吾国地居大陆，人种之生，本不限一地，其拥部众而施号令者，必具居高临下之势，始可以控制多方。……更以其后言之，则证据尤多：

① 傅斯年：《民族与古代中国史》，上海：三联书店，2017年，第67页。
② 张文哲、牛鹏志：《论"丘"及其蕴含的神话色彩》，《齐鲁师范学院学报》2013年第5期。
③ 柳诒徵：《中国文化史》，长春：吉林人民出版社，2013年，第9—10页。

（一）君主相传号为林、蒸。《尔雅》："林、蒸，君也。"盖古之部落，其酋长多深居山森，故后世译古代林、蒸之名，即君子之义。

（二）唐、虞时诸侯之长尚号为岳。《尚书》四岳之名，说者不一，或谓一人，或谓四方各一人。要皆可证古者诸侯之长，多居山岳，故以岳为朝臣首领也。

（三）巡狩之朝诸侯必于山岳。舜巡四岳，禹会诸侯于涂山（笔者按：当今学者多认为"涂山"即蒙山），即其证。

（四）人民相传号为丘民。《孟子》谓"得乎丘民为天子"。丘民，盖古者相传之称。《禹贡》有"降丘宅土"之文，是洪水以前及洪水时，民多居丘也。

（五）为帝王者必登山封禅。

柳诒徵先生说："此外更有可玩味者，古代诸氏，虽皆后人传说，不尽可凭，然奕祀相传，不谓之某林某蒸，或某君某主，而概称之曰氏，则氏字必有其定义。后世胙土始命之氏，氏之名义，实根于土。诸氏并起于山，故后世傅会名山之古迹，往往有某某之丘，某某之台。"并举《山海经》八台为例。

《山海经·海内经》：有九丘，以水络之：名曰陶唐之丘、有叔得之丘、孟盈之丘、昆吾之丘、黑白之丘、赤望之丘、参卫之丘、武夫之丘、神民之丘。有木，青叶紫茎，玄华黄实，名曰建木。……大皞爰过，黄帝所为。[1]

《山海经·海内北经》：帝尧台、帝喾台、帝丹朱台、帝舜台，各二台，台四方，在昆仑东北。【注释】袁珂案：此"昆仑东北"帝尧、帝喾、帝丹朱、帝舜之台，实《海外北经》（亦见《大荒北经》）所记"昆仑之北""众帝之台"。[2]

《山海经·海外北经》：禹厥之，三仞三沮，乃以为众帝之台。在昆

---

① 袁珂：《山海经校注》，北京：北京联合出版公司，2014年，第377页。

② 袁珂：《山海经校注》，北京：北京联合出版公司，2014年，第272页。

仑之北。①

《山海经·大荒北经》：禹湮之，三仞三沮，乃以为池，群帝是因以为台。
在昆仑之北。②

笔者认为，《海内经》中"有九丘，以水络之"即最早的"九州"，《说文·川
部》中说"州，水中可居曰州，周绕其旁，从重川。昔尧遭洪水，民居水中
高土，或曰九州"。"昆吾之丘"即昆仑之丘，是九丘之一。而《海内北经》
中的"八台"就是《海外北经》《大荒北经》中的众帝之台。笔者认为，"八台"
在"昆仑东北"是指蒙阴"岱崮地貌"，"台四方"是"岱崮地貌"四周陡峭、
崮上平坦的地貌特征。

（二）"昆仑之丘"在中邦之居、君子之国西北

昆仑原本是东方人心目中的"神山"，在《海经》中，它或处南方，
或处西方，或处中央，并未固定于西方。即使昆仑在《大荒西经》和《海
内西经》被提及和叙述，也并不意味着它就是西方之山，因为：

1.《海内西经》的昆仑说所叙述的实为《海外经》古图中央画面的景象，
因此，《海内西经》的昆仑说表明昆仑原是"天下之中"。

2. 至于《大荒西经》中的昆仑说，则似乎明确地将昆仑视为西方之山，
但《大荒经》世界之西方，就华夏疆域而言，仍为东方，因为《大荒东经》
出于东方文化，具体地讲就是东夷，其所叙述的世界是东方一个蕞尔小国
的地域。③

笔者认同刘宗迪先生的观点。《海外西经》的昆仑是"天下之中"，
就是《大荒西经》中的天枢之"吴"。而《大荒西经》中的"昆仑"虽然
是西方之山，但笔者认为其在"君子之国"的西方，君子之国（颛顼风国）
就是刘宗迪先生所言的"蕞尔小国"。也就是说，"君子之国"就是《说文》

---

① 袁珂：《山海经校注》，北京：北京联合出版公司，2014 年，第 211 页。
② 袁珂：《山海经校注》，北京：北京联合出版公司，2014 年，第 261 页
③ 刘宗迪：《失落的天书——〈山海经〉与古代华夏世界观》，北京：商务印书馆，2016 年，
　　第 531 页。

中所言昆仑之丘东南的"中邦之居"。

《说文解字·丘部》：丘，土之高也，非人所为也。从北，从一。一，地也，人居在北（丘）南，故从北。中邦之凥（居），在昆仑东南。一曰：四方高，中央下为丘。象形。凡北之属皆从北。①

《说文解字》关于"丘"字的上述解释，有些地方易懂，而有些地方却令人难以理解，困扰着古今学者。如"土之高也，非人所为也"这句容易懂，是说丘是自然之丘，而非人造之丘；"从北从一。一，地也。"这句是说丘上面是个北字，下面是个一字，一代表土地，"丘"是六书中的会意字。后边的"一曰，四方高中央下为丘"也好懂，是《说文》对丘字的另一种释读：四周高、中间矮的叫做丘。

最令人难以理解的是"人居在丘南，故从北。中邦之居在昆仑东南"这段话，感觉无论从意义上，还是逻辑上都不太通。段玉裁《说文解字注》中对此注解为："释从北之意。嫌人居不必在丘南，故言仓颉造字之初意于此。"②可见段玉裁亦意识到许慎"丘"字解释不妥。桂馥《说文解字义证》③博引《风俗通义》《灵宪》诸篇，明其"人居在丘南"是指人居住在昆仑之南，故从北。"中邦之居在昆仑东南"是说神州赤县等所谓的"中邦之居"均在昆仑的东南。

笔者认为，许慎在编撰《说文解字》之时绝不可能空穴来风的说"人居在北（丘）南，故从北。中邦之凥（居），在昆仑东南"。必然有充分的依据和理由，非常清楚"丘"字的字源及其含义，否则他不会如此肯定的将"丘"确定为"昆仑"，而且将此"丘"和"人""中邦"的相对位置表明的这么清楚无误。

"丘"是象形字，甲骨文像有两个山峰的山丘（见图3-4）。金文像两山之间有一条大沟的形状。小篆承接金文，并整齐化、线条化。隶变后，

① 《说文解字》，沈阳：辽海出版社，2015年，第44、45页。
② 段玉裁：《说文解字注》，杭州：浙江古籍出版社，2006年，第386页。
③ 桂馥：《说文解字义证》，北京：中华书局，1983年，第716页。

楷书写作"丘"。

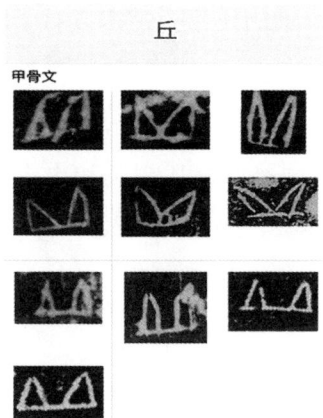

图 3-4 甲骨文"丘"

图 3-5 秦简牍"丘"

让我们来看一下蒙山以北的地形地貌就会一目了然："丘"字的两座相邻的山峰和"丘"字的甲骨文的形状恰恰就是"昆仑"和"龙山"的组合（见图 3-6、图 3-7）。

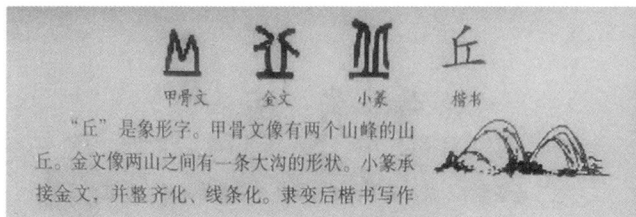

图 3-6 "丘"字的演变

图 3-7 昆仑之丘

学者们论证说，大汶口文化的陶文刻符是甲骨文的源头，大汶口人的祖地在东方君子之国，显然"丘"字源自于大汶口人对祖地神山的记忆。许慎在编撰《说文解字》之时就是依据先秦文字和传说解释的"丘"字：

1. "一曰：四方高，中央下为丘"，是说沂蒙山区腹地总的地理环境是四面是高山，中间是低矮的丘陵。也就是说昆仑之丘的四周有泰山、蒙山、沂山、鲁山四座超过一千米的大山，昆仑之丘位于四座高山之间，又相对较低矮，故为丘。

2. "人居在北（丘）南，故从北"，是说君子之国（颛臾风国）之人居于叟虎寨山和青龙山的南面居住，看到北面的山形。

3."中邦之尻（居），在昆仑东南"，准确的说出了"东方君子之国"的位置在叟虎寨山（昆仑）的东南部。完全符合"工虫"和"天吴"在君子国北的描述。更加有力的证据是，在叟虎寨山（昆仑）东南发现鲁中南山区丘陵唯一的一处大汶口文化和龙山文化城遗址，从规模和出土的文物看，具有都城的规模。说明《山海经》所言的陆吾守护的"帝之下都"和《说文解字》所言的"中邦之居"在昆仑东南是真实的历史记载。

（三）"昆仑之丘"即帝丘、颛顼之虚

"丘"是甲骨文中的文字，说明其非常古老，而其在甲骨文中出现的频率很高，虽然有很多种写法，但却大同小异，都是指两座相邻的山峰，让人一看就懂，这个"丘"字必然是先民居住的地方的一座山的形状。

在甲骨卜辞中记载有"奏丘""奏岳"的仪式，其作用皆与天文历象有关。武家璧在《"奏丘"卜辞的天象与年代》一文中说：

如殷墟甲骨文中有一例"奏丘"卜辞（《甲骨文合集》第20975片），其辞云："壬午卜，扶，奏丘，日南，雨？"……卜辞大意为：贞人扶在壬午这一天占卜，问道：举行奏丘仪式，迎接太阳南至，会下雨吗？

另在小屯南地发掘出土的卜辞中发现一例"奏岳"卜辞，可与上引"奏丘"卜辞互相印证。……其辞曰："乙酉卜，于丙奏岳，从用，不雨。"

按卜辞"岳"字上为丘，下为山，即岳字古文。"奏后面"与前引文例"奏丘"相同。[1]

图 3-8 甲骨卜辞　　　　图 3-9 甲骨卜辞译文

[1] 武家璧：《"奏丘"卜辞的天象与年代》，《殷都学刊》2015年第3期。

看来在商代，"奏丘"或"奏岳"仪式是与天文历象有关的重要活动。古代对山川之神要进行望祭，河、岳在甲骨文中受到隆重的走望之祭，甲骨卜辞中记载商王曾多次派人"往于河""燎于岳"。[①]"河"即指"柴汶河"，"岳"即指"吴岳"（详见前文）。因此"奏丘""奏岳"应是指"昆仑之丘""吴岳"。

蒙阴叟虎寨山是"丘"和"岳"的出处，笔者认为古籍中记载的"颛顼之虚""帝丘"也是指叟虎寨山。《左传》："卫迁于帝丘。"[②]皇甫谧《帝王世纪》记载："《春秋传》曰：'卫，颛顼之虚也，谓之帝丘。'今东郡濮阳是也。"[③]笔者认为，古人此说有误，原因是不知"帝丘"之含义。

《大戴礼记·帝系》：颛顼产老童……老童产重黎及吴回。吴回产陆终。陆终……产六子……其一是樊，是为昆吾；……昆吾者，卫氏也[④]

笔者认为，"卫"地（濮阳）的"颛顼之虚""帝丘"是颛顼后裔昆吾氏迁徙卫地之后带过去的。上博简《容成氏》简13的研究成果证明了笔者的这一推断，《容成氏》简13的内容为：

尧为善兴贤，而卒立之。昔[者]舜耕於 ⿰(歷)丘，陶於河濱，漁於雷澤，孝養父母，以善其親，乃及 ⿰丘 邦子。尧聞之。[⑤]

陈剑先生认为："简文舜所耕的'历山'写作' ⿰丘 '，似乎确实跟颛顼所都的'帝丘'是存在某种联系的。"[⑥]根据上博简《容成氏》的这一记载，舜耕"历山"即"帝丘"，其源头在颛臾风国，"帝丘"即"历山""昆仑之丘"，因虞代诸帝（众神）居之而称"帝丘"（详见第五章）。

笔者认为，"昆仑之虚"即"颛顼之虚"。《说文》："虚，大丘也。

① 连劭名：《商代望祭中的河与岳》，《殷都学刊》2011年第1期。

② 杜预注：《左传》，上海：上海古籍出版社，2016年，第247页。

③ 《帝王世纪》，济南：齐鲁书社，2010年，第11页。

④ 黄怀信译注：《大戴礼记》，上海：上海古籍出版社，2019年，第174—175页。

⑤ 马承源主编：《上海博物馆藏战国楚竹书（二）》，上海：上海古籍出版社，2002年，图版第105页，释文考释第259—260页。

⑥ 单育辰：《新出楚简〈容成氏〉研究》，北京：中华书局，2016年，第103页。

昆仑丘谓之昆仑虚。从丘虍声。"①"昆仑之丘"之所以又称"昆仑之虚",因为"丘""虚"皆源于叟虎寨山,因其为虎身之丘,故"虚,从丘虍声","虚"就是《大荒西经》记载的天枢"有神……名曰嘘"。

《山海经·西山经》:钟山,其子曰鼓,其状人面而龙身,是与钦䲹杀葆江于昆仑之阳。②

温玉春在《古九州方位在泰沂山系一带——九州考》一文中称,"钟山"是当今蒙山。③笔者认为钟山之子"鼓"得名于"雷泽"之雷神"鼓其腹",就是蒙阴青龙山(详见第四章),"昆仑"与"钟山"及其子"鼓"在一起,可见蒙阴叟虎寨山就是"昆仑之丘"。

五、"陆吾"所司"帝之囿"即伯益"主虞"之地

前文中论证了"昆仑之丘"在"东方君子之国",昆仑之神"陆吾"和"开明兽"是君子之国"天吴"(天虞),从而剥去了《山海经》神秘的外衣,去除其神话色彩,复原其人文地理古籍的属性。笔者通过对比《山海经》和《尚书》《史记》的相关记载,结合甲骨卜辞研究的成果,认为《山海经》中记载的昆仑之神"陆吾"所司"帝之囿"和甲骨卜辞中记载的"龙囿",其地域都在《史记》中记载的虞舜"以益朕虞"之地。

《山海经·西山经》:昆仑之丘,是实惟帝之下都,神陆吾司之。其状虎身而九尾,人面而虎爪;是神也,司天之九部及帝之囿时。【注释】郭璞云:"主九域之部界、天帝苑圃之时节。"④

《山海经·海内西经》:海内昆仑之虚,在西北,帝之下都……门有开明兽守之,百神之所在。……开明兽身大类虎而九首,皆人面,东向立于昆仑上。⑤

---

① 《说文解字》,沈阳:辽海出版社,2015年,第1151页。

② 袁珂:《山海经校注》,北京:北京联合出版公司,2014年,第38页。

③ 温玉春:《古九州方位在泰沂山系一带——九州考》,《岱宗学刊》2000年第1期。

④ 袁珂:《山海经校注》,北京:北京联合出版公司,2014年,第42—43页。

⑤ 袁珂:《山海经校注》,北京:北京联合出版公司,2014年,第258页。

《山海经·海内经》：西南黑水之间，有都广之野，后稷葬焉。其城方三百里，盖天地之中，素女所出也。爰有膏菽、膏稻、膏黍、膏稷，百谷自生，冬夏播琴。鸾鸟自歌，凤鸟自舞，灵寿实华，草木所聚。爰有百兽，相群爰处。①

西王母之山与昆仑之丘同在一处，《海内经》描述的"鸾鸟自歌，凤鸟自舞，见则天下和"说的就是"凤凰出于东方君子之国，见则天下大安宁"。从《山海经》的记载来看，在整个《大荒经》的范围之内，呈现出一片山泽纵横、草木茂盛、鸟兽共处的景象，因此被称为"帝之囿"。

《说文·口部》："囿，苑有垣也。从口，有声。一曰：禽兽曰囿。""囿"的本义是带围栏的园林，另外一说：养禽兽的地方叫囿。后来专指古代帝王畜养禽兽的园林。②

蒙阴青龙山、叟虎寨山是两座形态独特的山丘，是甲骨卜辞中"龙囿"和《山海经》中"帝之囿"的地理坐标。

卜辞《合集》9552："乙未卜贞：黍在龙囿香"③

高广仁、邵望平在《海岱文化与齐鲁文明》一书中认为，上面卜辞中的"龙囿"和《左传》中所记的"龙"，其地望均在泰安东南。④陈絜在《卜辞中的紫祭与柴地》一文中，通过对上面卜辞及其他相关卜辞的分析研究，认为"龙囿""桃""柴"地望均在柴汶河上游一线：

龙显然是指龙方，根据笔者的分析，实乃活跃于汶水流域的东土部落。"黍在龙囿香"中的黍，显然作动词使用，指种植黍米之农耕活动。耕作地"香"，原为龙地之"囿"，也即龙族专设的游猎场所。⑤

除了"龙囿"之外，陈絜等人还认为甲骨卜辞中的"龟"地也在泰山东南，

---

① 方韬译注：《山海经》，北京：中华书局，2011年，第343页。

② 《说文解字》，沈阳：辽海出版社，2015年，第580页。

③ 高广仁、邵望平：《海岱文化与齐鲁文明》，南京：江苏教育出版社，2005年，第239页。

④ 高广仁、邵望平：《海岱文化与齐鲁文明》，南京：江苏教育出版社，2005年，第239页。

⑤ 陈絜：《卜辞中的紫祭与柴地》，《中原文化研究》2018年第2期。

汶水上游，龟蒙一带，都是商代帝王的田猎区。^① 由此可见，大汶口人的故乡是"四岳"环绕之中的"桑梓之地"，山泽之中"草木所聚。爰有百兽，相群爰处"，自古以来就以得天独厚的自然环境而著称，是旧石器时期大汶口先民狩猎的绝佳场所，也是新石器时期驯养鸟兽的"帝之囿"。笔者通过对比研究发现，《山海经》中昆仑之神"陆吾"所司"帝之囿"与甲骨卜辞中的"龙囿"都在伯益"主虞"之地。

从《尚书》和《史记》的描述来看，虞舜命伯益"主虞，驯鸟兽"之地"上下草木鸟兽"，与《大荒经》《海内经》："鸾鸟自歌，凤鸟自舞，灵寿实华，草木所聚。爰有百兽，相群爰处。"景象完全一致。虞舜"以益朕虞"，顾名思义就是让伯益管理"帝之囿"。通过对"帝之囿""龙囿"和虞舜"以益朕虞"之地的对比分析，进一步证实了"天吴""天虞"就是"昆仑之丘"。

《淮南子·本经训》："伯益作井，而龙登玄云，神栖昆仑。"高诱注："伯益佐舜，初作井，凿地而求水，龙知将决川谷，灓陂池，恐见害在，故登云而去，栖其神于昆仑之山也。"^②

《淮南子·本经训》中的这一记载肯定不是凭空想象之言，可能是根据当时的传说或尚存的典籍记载，从中可以证明"昆仑"就在伯益佐虞之地。顾颉刚先生在《〈山海经〉中的昆仑区》一文中，虽然也认为昆仑区在西部，但从他的论述中，可以发现"昆仑""虞山"和"帝之囿"的一些关联：

"西次三山之首曰崇吾之山，在河之南，……西望帝之搏兽之山，……有兽焉，其状如禺而文臂，豹虎（？）而善投，名曰举父。……"

丘名"帝之搏兽"即为上帝狩猎之山。"举父"，郭璞《注》："或作'夸父'。"夸父一名，经中常见，《大荒北经》说："夸父不量力，欲追日景，逮之于禺谷，将饮河而不足也：将走大泽，未至，死于此。"禺谷，郭《注》："禺渊，日所入也。今作'虞'。"是夸父逐日已快到日落之处，可能与崇吾山近。^③

① 陈絜、田秋棉：《卜辞"龟"地与武丁时期的王室田猎区》，《故宫博物院院刊》2018年第1期。
② 陈广忠译注：《淮南子》，北京：中华书局，2012年，第390页。
③ 顾颉刚：《〈山海经〉中的昆仑区》，《中国社会科学》1982年第1期。

顾颉刚先生说，丘名"帝之搏兽"即为上帝狩猎之山，"虞"与"崇吾山"近。笔者认为"吾"即"吴"，"崇吾之山"即"虞"，也就是蒙阴曳虎寨山，"西望帝之博兽之山"即指曳虎寨山以西的青龙山，青龙山一带是甲骨卜辞中的"龙囿"，是"龙族专设的游猎场所"。

六、"河出昆仑"之"河"是大汶口人柴祭的柴汶河

"昆仑之丘"最大的特征是"虎身"，除此之外就是"分水岭"地位，《山海经》记述了昆仑虚周围的7条河流，《海经西经》记载了其中的6条河：

海内昆仑之虚，在西北，帝之下都。……门有开明兽守之，百神之所在。……赤水出东南隅，以行其东北。

河水出东北隅，以行其北，西南又入渤海，又出海外，即西而北，入禹所导积石山。

洋水、黑水出西北隅，以东，东行，又东北，南入海，羽民南。弱水、青水出西南隅，以东，又北，又西南，过毕方鸟东。

昆仑南渊深三百仞，开明兽身大类虎而九首，皆人面，东向立昆仑上。开明西有凤皇、鸾鸟，皆戴蛇践蛇，膺有赤蛇。[1]

除上面的赤水、河水、洋水、黑水、弱水、青水外，《大荒西经》还记载昆仑之丘在"流沙之滨"，流沙当为昆仑周边的第七条河流。除此之外，《山经》昆仑也为河水、赤水、洋水、黑水之所出，昆仑之分水岭地位显而易见。

何幼琦、何新都认为古之昆仑虚就是泰山，何幼琦先生对此七水作了考证，认为河水即黄河，赤水即沂水，流沙即泗水，弱水即大汶河，青水即肥河，黑水即大清河（又后说是小清河），洋水即沭水。[2] 王宁在《昆仑七水考》中肯定了何幼琦先生对河水、洋水、赤水的考证，认为黑水是古济水，流沙是大汶河，弱水是泗水，青水是淮河。[3]

[1] 袁珂：《山海经校注》，北京：北京联合出版公司，2014年，第258—261页。
[2] 何幼琦：《海经新探》，《历史研究》1985年第2期；何新：《诸神的起源》，北京：光明日报出版社，1996年。
[3] 王宁：《昆仑七水考》，《枣庄学院学报》2007年第1期。

刘宗迪先生则基于昆仑是明堂,明堂亦即观象台、天文台的观点,认为:

> 环绕昆仑之虚四周的河流及走向:赤水、河水、洋水、黑水、弱水、青水,这种众水绕城的景观令人不禁地会想起护城河。①

学者们在论证昆仑是"泰山"的过程中已经对昆仑四周的水系进行了分析,虽然泰山是鲁中南山区的最高峰,但其位置却处于西部边缘,并不具备"昆仑"所具有的分水岭的地位,鲁中南山区的分水岭恰好在蒙山之阴的丘陵地区,这一地区是鲁中南山区最著名的"汶泗洙沂"的共同的发源地。笔者认为,昆仑七河的源头就在蒙阴叟虎寨山及周边丘陵地区,历经数千年的沧海桑田、河道变迁,昆仑七河已经难以与现在的河流一一对应,但"河出昆仑"仍然能够从大汶口人的"桑梓之地"中,寻找到其历史踪迹。

> 《山海经·海内西经》:海内昆仑之墟,在西北,帝之下都。……而有九门,门有开明兽守之,百神之所在。……河水出东北隅,以行其北。②

> 《山海经·西山经》:昆仑之墟,实惟帝之下都,神陆吾司之,其神状虎身而九尾,人面而虎爪,是神也,司天之九部及帝之圃时。……河水出焉,而南流东注于无达。③

《山海经》这两处记载确定了昆仑之墟的方位在西北,河水出自昆仑之虚的东北隅。从而确定了昆仑的地理方位,也使后人产生了"河出昆仑"的固有印象。2000多年前的汉武帝据此将昆仑定在了黄河之源,司马迁记载了汉武帝确定昆仑山的经过和依据,并且表明了怀疑、否定的态度。

现代专家学者关于泰山乃昆仑之说,得到了大汶口文化考古发现的印证,显然要比汉武帝所考定的昆仑更合乎历史史实。却仍然没有说清楚"河出昆仑"这一关键问题。笔者认为,要解决这个问题并不难,只要转变一下思路就豁然开朗、恍然大悟。"河出昆仑"这个困扰数千年的历史疑问

---

① 刘宗迪:《失落的天书——〈山海经〉与古代华夏世界观》,北京:商务印书馆,2016年,第472页。

② 方韬译注:《山海经》,北京:中华书局,2011年,第264—265页。

③ 刘宗迪:《失落的天书——〈山海经〉与古代华夏世界观》,北京:商务印书馆,2016年,第464页。

就会迎刃而解，昆仑之谜就会彻底破解。

前文中论述，大汶口人的记忆成为华夏民族的共同记忆，大汶口人关于祖先和祖地的传说被神化为华夏民族的远古神话。笔者认为《山海经》中所谓的"河出昆仑"之"河"，就是前文中论述的"四渎"之"西为河"。"河"并非黄河，而是黄河下游主要支流"大汶河"，再进一步讲是大汶河的南源，发源于大汶口人桑梓之地的"柴汶河"（见图3-10）。

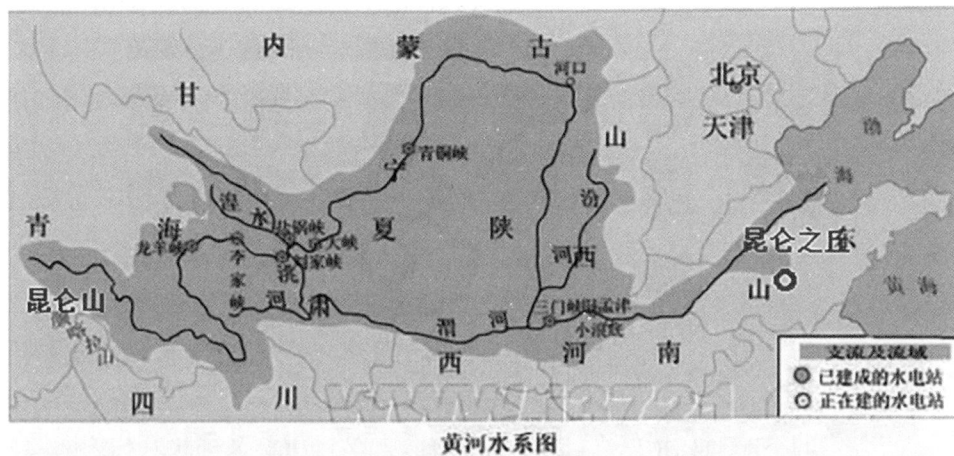

图 3-10 "河"经历了"柴汶河""大汶河""黄河"的演变

大汶口人从祖地沿着柴汶河、大汶河向西迁徙到鲁西平原，后又沿黄河继续迁徙到中原地区，"河出昆仑"就是大汶口人对故乡所在地的记忆。"河出昆仑"在大汶口人中世代相传，后来大汶口人迁徙到大汶河与黄河交汇处，将"河"之名用于黄河之上，"河出昆仑"便发生了方向的逆转，到黄河之源寻找昆仑也就成了南辕北辙。

《释名》："河，下也，随地下处而通流也。"[①]

"河"的本义凡是随地势而下流水道都可以称"河"。柴汶河的上游有两源，南源源于蒙山西麓，北源源于蒙阴北部，两源随地势下流至蒙阴与新泰交界处合流为柴汶河。柴汶河西流到大汶口，与嬴汶河并流为大汶河。

———————————

① 参见北京师范大学"汉字研究与现代应用实验室"：《汉字全息资源应用系统》。

大汶河继续西流，最后并入黄河入海。从形状上看甲骨文中的"河"字就是两源并流的形状，柴汶河是"河"的本源（见图3-11）。柴汶河的"柴"与远古时期祭天的"柴"有关：

　　《说文》：柴，烧柴焚燎以祭天神。从示此声。《虞书》曰至于岱宗，柴。①

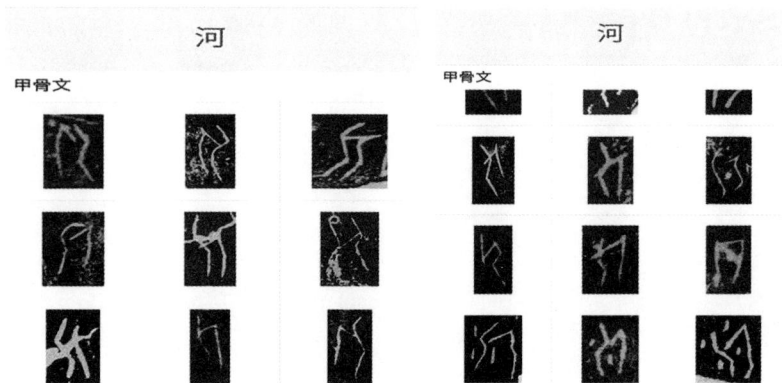

图3-11　甲骨文中的"河"

　　"柴"的本意指烧柴祭天，②蔡运章在《大汶口陶罍文字及其相关问题》一文中说：

　　中国古代有"燔柴"祭天的习俗。《尔雅·释天》说"祭天燔柴"，《周礼·春官·大宗伯》载："以实柴祀日月星辰。""实柴"乃"祀日月星辰"的祭名，是将布帛及牲体放在积柴上焚烧，使其升烟以祭天。《吕氏春秋·季冬纪》也说："以秩薪柴，以供寝庙及百祀之薪燎。"高诱注："燎者，积聚柴薪，置璧与牲于其上而燎之，升其烟气。"③

　　中国古代常在"日出""日落"时，举行祭天的典礼。《礼记·郊特牲》："大报天而主日也。"郑玄注："天之神，日为尊。"宋镇豪先生说，大

　　① 参见北京师范大学"汉字研究与现代应用实验室"：《汉字全息资源应用系统》。
　　② 谷衍奎：《汉字源流字典》，北京：语文出版社，2008年，第1228页。
　　③ 蔡运章：《大汶口陶罍文字及其相关问题》，《山东师范大学学报》（社会科学版）2013年第2期。

汶口陶尊刻符"日月山"的构形"当与本地先民观察日出与日落天象有关"。①
邵望平先生认为,大汶口文化陶尊是一种"祭天的礼器"。②孙敬明先生也说:
这种器皿"尖底不易放置,但又未见器座,其或直接安放于土筑坛台上预
挖的浅坑中,热酒自然蒸发,上闻于天"。因此,它"应是主要用于放置
酒浆而用于郊野、坛台祭祀的"礼器。③

从典籍记载和学者的论述中可知,"柴"即是大汶口人祭天敬日的"燔
柴"。蒙山之阴、桑梓之地的颛臾风国是大汶口人的故乡、祖国,大汶口先
民以蒙山为"景柱",大汶口陶文刻符中的"日月山"即《大荒西经》中
的天枢"日月山"(吴),显然,在远古时期,大汶口人最初"祭天"和"祭
日月星辰"之地就是蒙阴叟虎寨山。即便是大汶口人西迁之后,也会定时返
回祖地举行祭天的"柴"礼,这一点在古籍文献中有记载,在地名中也有遗存。

《尚书·虞书·尧典》:(虞舜)岁二月,东巡守,至于岱宗,柴,
望秩于山川。肆见东后,协时月正日,同律度量衡。【注释】柴:一种祭
祀的礼节,马融说:"积柴加牲其上以燔之也。"④

《汉书·地理志》:泰山郡,高帝置。属兖州……柴,盖,临乐(于)
(子)山,洙水所出,西北至盖入池水。⑤

从《尚书》记载中可知,虞舜"柴"祭山川,觐见东后,观察日月星
辰之地在泰山以东地区,从《汉书·地理志》记载中可知泰山郡有柴县。
陈絜先生在《卜辞中的柴祭与柴地》一文中说:

卜辞中"𣏌"字即后世"柴"字的初文,一用作祭祀动词,即文献之"柴
祭"。殷商柴祭其祭祀的目的以求祐、求雨、求年成为主,祭祀对象不仅
有自然神,还包括祖先神。"𣏌"字的第二种用法即为地名,也即汶水上

---

① 宋镇豪:《夏商社会生活史》,北京:中国社会科学出版社,2005年,第775页。
② 邵望平:《远古文明的火花——陶尊上的文字》,《文物》1978年第9期。
③ 孙敬明:《东方与文明研究举隅》,《东方考古》第1集,北京:科学出版社,2004年。
④ 王世舜、王翠叶:《尚书》,北京:中华书局,2012年,第18页。
⑤ 《汉书》,北京:中华书局,2007年,第291页。

游支流柴汶流经地域柴城，在今山东省新泰境内。[①]

陈絜的论证证明了笔者如下观点：

1. "柴"。既是泰山与蒙山之间的"柴汶河"之"柴"，也是《地理志》所言高帝置"柴"县之"柴"，柴汶河、柴县均因"祭天燔柴"而得名。

2. "柴汶河"发源于蒙山西麓和蒙阴西北丘陵，汇集于蒙阴盆地之中，沿青龙山向西流经蒙阴"常路"，新泰"汶南""谷里"等镇和泰安"徂徕山"前，在泰安市大汶口镇与发源于莱芜南部、蒙阴北部的"嬴汶河"汇集成为大汶河。

3. 蒙阴盆地中的"柴汶河"河谷即《山海经》记载的"朝阳之谷"，是鲁西平原进入鲁中南山区的唯一通道，所谓"常路"即经常走的路，所谓"徂徕"即"往返"之义。显示古人经常往返于泰山大汶口与沂蒙颛臾风国之间。

4. 据古籍记载，从虞舜即位起每五年回祖地巡守一次，柴祭山川，与东方君子之国的国君（东后）和"四岳"会商"协时月正日"之事。这说明虞舜时期大汶口人已经离开祖地，主要向鲁西平原和中原一带发展，为了修订历法、校对闰年闰月必须每五年一次到祖地"历象日月星辰"，柴祭太阳神和神山"昆仑之丘"。

前文中论述了大汶河即"四渎"之一的"西为河"，大汶河的两条主要支流嬴汶河、柴汶河的名称中均蕴含着深厚的历史文化。嬴汶河因发源于"嬴"地而得名，柴汶河则因"柴祭"祖先和日神而得名，显然所谓"河出昆仑"是指"柴汶河"发源于昆仑之丘。

《淮南子·地形训》：河水出昆仑东北陬，贯渤海，入禹所导积石山。[②]

《广韵》：水名，出积石。《山海经》云：河出昆仑西北隅发源，注海。[③]

《尚书·禹贡》：导河积石，至于龙门。[④]

---

① 南开大学历史学院、出土文献与中国古代文明研究协同创新中心，陈絜：《卜辞中的祡祭与柴地》，《中原文化研究》2018 年第 2 期。

② 陈广忠译注：《淮南子》，北京：中华书局，2012 年，第 202 页。

③ 参见北京师范大学"汉字研究与现代应用实验室"：《汉字全息资源应用系统》。

④ 王世舜、王翠叶译注：《尚书》，北京：中华书局，2012 年，第 81 页。

根据上述典籍记载，笔者分析如下：

1. "河水出昆仑东北陬（或西北），贯渤海"，是指柴汶河发源于蒙阴北部丘陵地区，向西南入渤海是指蒙阴盆地中的大泽。

2. 河"又出海外，即西而北，入禹所导积石山"，是说柴汶河流出蒙阴盆地、青丘之泽后，又向西北入禹所导积石山。前文中论述了大禹治水的范围在鲁中南山区及周边平原地区，因此《禹贡》中所谓"导河积石，至于龙门"就在青龙山（《左传》和甲骨卜辞中的"龙"，详见第四章）西部、柴汶河的下游。

笔者认为，所谓"积石山"是因为郯庐断裂带大地震造成山体滑坡，在青龙山尾部的柴汶河河道之中形成"积石"，"共工怒撞不周山"传说即大地震引发的山体崩塌，禹凿龙门、导积石山之传说就是清理河道中的积石。

大汶口先民的祖地在柴汶河的源头，显然大汶口人所崇拜的神山"昆仑"在大汶河的源头，"河出昆仑"是大汶口人对祖地的原始记忆。大汶河是黄河下游最主要的一条支流，大汶口人先是沿大汶河顺流而下来到泰安大汶口，又继续西迁至黄河流域，大汶口文化影响并覆盖了其他文化，大汶口人"河出昆仑"的记忆成为华夏民族的共同记忆。但是，随着时间的推移，后人将"河出昆仑"之河误认为是黄河，昆仑的方位也从君子之国的西北，被后人误认为是中国版图的西北。

七、昆仑之丘"弱水之渊"是指"若水"之"虞渊"

《山海经》中的"昆仑之丘"最主要的地理特征有三个，除了"人面虎身""河出昆仑"之外，另外一个就是"弱水之渊环之"。那么"弱水"在哪里？"弱"的含义是什么呢？这个问题一直困扰着自古至今的学者。

《尚书·禹贡》：黑水西河惟雍州。弱水既西，泾属渭汭。……原隰底绩，至于猪野。……导弱水，至于合黎，余波入于流沙。[1]

---

[1]　王世舜、王翠叶译注：《尚书》，北京：中华书局，2012年，第75—80页。

《淮南子》：弱水源出穷石山，至于合黎，余波入于流沙。①

除历史典籍之外，后期的文学作品中也多以"弱水"为典故，如《西游记》第二十二回唐三藏收沙僧时有诗描述流沙河的险要："八百流沙界，三千弱水深，鹅毛飘不起，芦花定底沉。"②《红楼梦》九十一回，贾宝玉对林林黛玉说："任凭弱水三千，我只取一瓢饮。"③

作为在先秦典籍中就有明确记载的河流，在现实中到底指哪条河流，流经何处，历来众说纷纭。学者们普遍认为，"昆仑之丘"的原始出处是《山海经》，故考证"弱水"何在还是应当回归到《山海经》中。

《山海经·大荒西经》：西海之南，流沙之滨，赤水之后，黑水之前，有大山，名曰昆仑之丘。有神——人面虎身，有文有尾，皆白处之。其下有弱水之渊环之，其外有炎火之山，投物辄然。有人，戴胜，虎齿，有豹尾，穴处，名曰西王母。此山万物尽有。【注释】弱水，郭璞云："其水不胜鸿毛。"④

《山海经·海内西经》：海内昆仑之虚，在西北，帝之下都。……门有开明兽守之，百神之所在。……弱水、青水出西南隅，又北，又西南……开明兽身大类虎而九首，皆人面，东向立昆仑之上。⑤

从《山海经》记载来看，昆仑之丘在"流沙之滨""黑水之前"，"弱水之渊环之"。下面我们再来看《海内经》的记载：

《山海经·海内经》：流沙之东，黑水之西，有朝云之国，司彘之国。黄帝妻雷祖，生昌意，昌意降处若水，生韩流，韩流擢首、谨耳、人面、豕喙、麟身、渠股、豚止，取淖子曰阿女，生帝颛顼。流沙之东，黑水之间，有山名不死之山。⑥

《史记·五帝本纪》：黄帝居轩辕之丘，而娶于西陵之女，是为嫘祖。

① 陈广忠译注：《淮南子》，北京：中华书局，2012年，第203页。
② 吴承恩：《西游记》，北京：人民文学出版社，1980年，第261页。
③ 曹雪芹、高鹗：《红楼梦》，北京：人民文学出版社，1996年，第1270页。
④ 袁珂：《山海经校注》，北京：北京联合出版公司，2014年，第344页。
⑤ 袁珂：《山海经校注》，北京：北京联合出版公司，2014年，第258—261页。
⑥ 袁珂：《山海经校注》，北京：北京联合出版公司，2014年，第372—373页。

嫘祖为黄帝正妃，生二子，……其二曰昌意，降居若水。[①]

《海内经》中记载，"流沙之东、黑水之西"的"若水"是黄帝娶妻生子、昌意降居之地，也是颛顼诞生之地，虽然没有明说"昆仑之丘"和"弱水"就在此地，但因"昆仑之丘"是黄帝所居之地，故"弱水"也就在此地。

笔者认为，环绕昆仑的"弱水"即颛顼诞生地"若水"，典籍中有记载，现代学者也有相关的论述：

《云笈七籤》卷一百《轩辕本纪》：帝之子昌意居弱水，……颛顼高阳氏，黄帝之孙也，有圣德，在位七十年而终，……。【注释】"昌意居弱水"，《史记·王帝本纪》作"昌意降居若水"。[②]

从《轩辕本纪》记载及其注释看，古人视"弱水"为"若水"。吴晓东先生认为，"若水"发源于《大荒经》西南隅的"若木"，"若木"在《淮南子》里是与东方的扶桑对应的一种树，"若木在建木西，末有十日，其华照下地"。若木与扶桑一样，都是太阳停靠的地方，是太阳树。他认为：

"若"字的读音以前应该与"日"同过音。郑张尚芳构拟的"日"上古音为（njig），目前湖南凤凰所说的方言依然把太阳叫（nji）。"匿"读ni，以"若"为声旁，"溺"读ni，其声旁"弱"与"若"同音，由此可见ni与ruo语音的演变关系，即"若"与"日"的演变关系。也就是说，若木在读音上曾经就是日木（太阳木），若水在读音上曾经就是日水（太阳河）。说颛顼生在太阳河，应该与其原型是太阳有关。[③]

王献唐、吕思勉等学者早就考证出"若"即"桑"，"若木"即"桑木"，"若水"即"桑水"。[④] 笔者在此基础上论证"若水"就是《水经注》记载的发源于蒙阴西南"五女山"的桑泉水，正是吴晓东先生论证的《大荒经》

① 《史记》，北京：中华书局，2006年，第1页。
② 《云笈七籤》，北京：中华书局，2003年，第2185—2186页。
③ 吴晓东：《颛顼神及其在〈山海经〉里的记载》，《贵州民族大学学报》（哲学社会科学版）2020年第3期。
④ 参见王献唐：《炎黄氏族文化考》，青岛：青岛出版社，2006年，第332页；吕思勉：《先秦史》，北京：中国文史出版社，2019年，第172—173页。

中间观象台的西南隅（详见后文和第五章）。

《水经注》：桑泉水北出五女山，东南流，……桑泉水又东南迳蒙阴县故城北，王莽之蒙恩也。又东南与叟崮水合，水有二源双会，东导一川，俗谓之汶水也。①

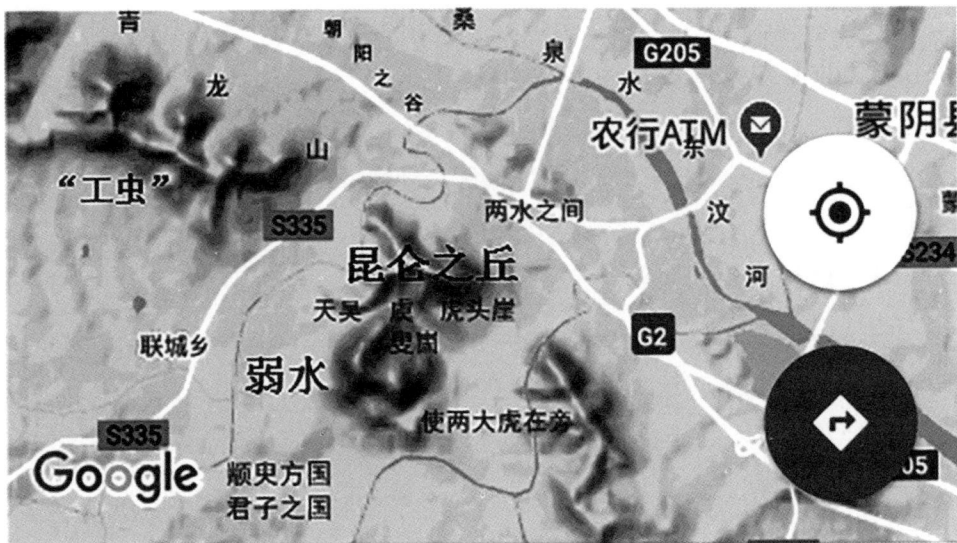

图 3-12　昆仑之丘（天吴）在君子之国西北、弱水之间

桑泉水与叟崮水二水双会，其地就在叟虎寨山和颛臾风国，显然就是颛顼降生之地。前文中论述颛顼降生之时，北辰化为"老叟"，"老叟"就是叟虎寨山之上"人面虎身"的君子之国神"天吴"（虞），因此足以说明，叟虎寨山下的"虞渊"就是环绕昆仑之丘的"弱水之渊"。

笔者认为，"弱水"有两层意思，（1）"弱水"指"弱小的水"。弱，形容力量小，势力差。弱水为何称弱，盖取轻小微弱之义。郭璞云："其水不胜鸿毛。"②《玄中记》云："天下之弱者，有昆仑之弱水焉，鸿毛不能起也。"③（2）"弱水"是"若水"误读误记。笔者的这一观点并非独创，

---

① 陈桥驿校证：《水经注校证》，中华书局，2013 年，第 580 页。
② 袁珂：《山海经校注》，北京：北京联合出版公司，2014 年，第 344 页。
③ 袁珂：《中国神话传说词典》，2013 年，北京：北京联合出版社，第 278 页。

有学者就认为"若水又作'弱水',当为声假字。"①

《淮南子·天文训》记载,"昆吾"以西是"渊虞""虞渊","虞渊"即环绕昆仑之丘的"弱水之渊",也就是蒙阴叟虎寨山下的"若水"(桑泉水)之渊,显然,昆仑就是昆吾,就是蒙阴叟虎寨山。

另外,从《山海经·海内经》的记载来看,在流沙、黑水之间,颛顼诞生的"若水"之处,也就是"昆仑之丘"所在地,有"朝云之国""司彘之国""不死之山"。笔者认为包含以下三个信息:

1."朝云之国"即君子之国北面的"朝阳之谷",大汶口文化陶文刻符"日月山",有学者释为日、云、山的组合,"朝阳之谷""朝云之国"在其北,故有其名。

2."司彘之国"即伯益"主虞,驯鸟兽"之地,也是昆仑之神陆吾所司"帝之囿"。《说文》云:"彘,豕也",即"猪"。大汶口文化遗址墓葬中,猪是主要的随葬品,蒙山的"蒙"字由"上下草木"和"豕"组成,显然"司彘之国"即"虞"和"昆仑之丘"所在地。

3."不死之国"即君子之国、东泰山。典籍记载"东方君子之国"又称"仁者寿,不死之国",《史记·封禅书》记载"黄帝时虽封泰山,然风后、封巨、岐伯令黄帝封东泰山,禅凡山,合符,然后不死焉",②"东泰山"即蒙阴叟虎寨山(详见前文)。显然,昆仑之丘就是君子之国的叟虎寨山。

八、"建木"是扶木和若木之间、昆仑之上的"表木"

自从有了人类,就产生了人类中心论,某些原始部落或种族把自己所处地域,看成天地之中或宇宙的中心、世界的中心,并为此而感到自豪。

---

① 阿波:《若木、建木与扶桑》,《文史杂志》2004年第5期。
② 《史记》,北京:中华书局,2006年,第178页。

这其中的缘由，除了历史地理和政治经济的原因之外，大半出于神话。[①] 在收存中国古代神话较多的《山海经》《楚辞》《淮南子》等典籍中到处可见先民对宇宙的传统想象：昆仑和建木所在的都广之野就是世界的中心。

"建木"一名，最早见于《山海经》之《海内经》和《海内南经》中，《淮南子·地形训》《吕氏春秋》《离骚》也有相关的记载。

《山海经·海内经》：有九丘，以水络之：……昆吾之丘……有木，青叶紫茎，玄华黄实，名曰建木，百仞无枝……大皞爰过，黄帝所建。[②]

《山海经·海内南经》：窫窳龙首，居弱水中，……有木，其状如牛，引之有皮，若缨、黄蛇。其叶如罗，其实如栾，其木若蓲，其名曰建木，在窫窳西弱水上。【注释】建木：郭璞云："建木青叶，紫茎，黑华，黄实，其下声无响，立无影也。"袁珂案："《大荒西经》：'昆仑之丘……其下有弱水之渊环之'即此弱水。"[③]

《淮南子·地形训》：扶木在阳州，日之所晞，建木在都广，众帝所自上下，日中无景，呼之无响，盖天地之中也。若木在建木西，末有十日，其华照下地。【注释】扶木：东方神木名，即扶桑，日所出之地。若木：西方之神木。十日：十个太阳。[④]

黄帝在《山海经》中是中央天帝，他在昆仑之丘上树立一根通天的"建木"，实际上是一个观象台，天文史上称高台地平日晷。闻一多先生说："直立如建表，故曰'建木'，表所以测日影。"[⑤] 表也称圭表，就是立竿测影的立竿。古人做观象授时工作时，白天通过立竿（即建木）观测太阳的东升西落与太阳在中天时的晷影，夜晚通过立竿观测月相变化与星辰起没，古

① 法·皮埃尔·奥热：《现代人类中心》，胡润之译，《第欧根尼》1987年第1期；萧兵：《中国神话里的世界中心——兼论周人"世界中心"之转移》，《淮阴师范学院学报》（社会科学版）1995年第1期；黄世杰《人类学视阈中的昆仑和建木——都广之野》，《宗教学研究》2010年第1期。

② 袁珂：《山海经校注》，北京：北京联合出版公司，2014年，第377页。

③ 袁珂：《山海经校注》，北京：北京联合出版公司，2014年，第245—246页。

④ 陈广忠译注：《淮南子》，北京：中华书局，2012年，第204—205页。

⑤ 闻一多：《天问疏证》，上海：三联书店，1980年，第42页。

代也称"土圭"。《周礼·地官·大司徒》："以土圭之法测土深，正日景，以求地中。日南则景短，多暑；日北则景长，多寒；日东则景夕，多风；日西则景朝，多阴。"这是一年四时对太阳运动观测的简要说明。[1]关于"建木"的位置，《山海经》中虽然没有明说，但通过分析可知其在昆仑之上。从上面的几段引文中可以知道个大概：

《山海经·海内经》中说"九丘"之上有"建木"，虽然没有明言在何丘之上，但通过"大皞爰过，黄帝所建"一语便可知其在"昆仑之丘"，也就是九丘之一的"昆吾之丘"。

《山海经·海内南经》中说："窫窳龙首，居弱水中，……有木，……其名曰建木，在窫窳西弱水上。""弱水"即环绕昆仑的弱水，建木在弱水上，故在昆仑之上。

《淮南子·地形训》中说"扶木在阳州"，"扶木"即《天文训》中的扶桑，在蒙山东麓之"汤谷"，是日出之处。而"众帝所自上下，日中无景，呼之无响，盖天地之中也"的"建木"，其位置必然就在《天文训》中的"昆吾"，曰"至于昆吾，是谓正中"，正是"日中无景"的建木所在地。

《淮南子·地形训》中说，"若木在建木西，末有十日，其华照下地"。"若木"在哪里呢？"其华照下地"就是《天文训》所言，"日入于虞渊之汜，曙于蒙谷之浦"。

《山海经·海内经》：南海之内，黑水青水之间，有木，名曰若木。[2]

吴晓东在专著《〈山海经〉语境重建与神话解读》中详细论证了《大荒经》的叙事场景与叙事方式，认为《大荒经》的中间是一个观象台，观测者以目击到的四周最远处的山峦为参照点，先说有某座山，然后说这座山所对应的方向有什么河流，有什么重要的建筑物，有什么国家，历史上在这个方位发生过什么重大的历史事件。吴晓东以此来考论"若木"的位置：

---

[1] 陆思贤：《以天文历法为主体的宇宙框架》，《内蒙古大学学报》（人文社会科学版）1998 年第 5 期。

[2] 袁珂：《山海经校注》，北京：北京联合出版公司，2014 年，第 376 页。

《海内经》把"生帝颛顼"放在"西海"部分来记述，所以地理位置在西边没有问题，但具体在西边的什么位置却没有明确记载。不过，若水与若木有关，从《海内经》对若木的记载来看，其地理位置应该是在西南。……若木与若水的准确地理位置应是在西南隅。①

笔者认为，吴晓东先生所言《大荒经》中间的观象台，就是《大荒西经》中的天枢之"吴"，也就是蒙阴叟虎寨山。而"若水"就是《水经注》记载的发源于蒙阴西南五十五里"五女山"的"桑泉水"，看来"若木"就在叟虎寨山西南的"五女山"上。

《史记·秦本纪》：秦之先颛顼之苗裔孙曰女脩。……大费生子二人：一曰大廉，实鸟俗氏；二曰若木，实费氏。②

大费即"主虞，驯鸟兽"的伯益，大费生子"曰若木，实费氏"，蒙阴西南"五女山"与古费邑接壤，学者们认为"费邑"即"若木"所居之地，古人多以地为名，可见"若木"就在若水的发源地"五女山"上。

综上所述，"建木"位于蒙山东麓的"扶桑"和蒙山西麓的"若木"之间，在天地之中"昆仑之丘"上，故"日中无景"。其作用就是学者们论证的用于观测"日景"的表木，这一表木经进一步的神化之后，成为了《神异记》中所言的："昆仑之山有铜柱焉，其高入天，所谓天柱也。"建木与扶木、若木都是观测天文的神木，是巴蜀地区三星堆遗址出土的神树的原型。贾雯鹤在《蜀人的圣树崇拜：从乌木到建木》一文中说：

最初作为蜀人圣树崇拜产物的建木……和扶桑、若木一起，成为支撑华夏文化圣树崇拜体系最重要的三根支柱。建木所在的都广之野和昆仑本是一地，它们都是古蜀族以岷山为原型，神化而成的天地的中心，神话的乐园。③

关于建木的所在位置，专家学者有各种猜测意见：第一种意见认为建木和都广之野在西南的四川成都一带，建木神话属于巴蜀人的神话。第二种

---

① 吴晓东：《颛顼神及其在〈山海经〉里的记载》，《贵州民族大学学报》（哲学社会科学版）2020 年第 3 期。

② 《史记》，北京：中华书局，2006 年，第 29 页。

③ 贾雯鹤：《蜀人的圣树崇拜：从乌木到建木》，《中华文化论坛》2004 年第 2 期。

意见认为建木和都广之野在云南的滇池盆地。第三种意见认为建木和都广之野在楚地。第四种意见认为建木和都广之野神话系属于南方越族人的神话。所有这些观点都是对《山海经》地域范围的错误理解。

笔者认为，蜀山、汶水本是大汶口人祖地的山水之名，昆仑与建木亦源自于东方君子之国，为何又广泛流传于西南地区呢？其实这与大汶口人向外迁徙和大汶口文化的对外扩散有直接的关系，西南地区的蜀族是东夷人的后裔，将祖地的蜀山、汶水、昆仑、若木、若水等随迁到了西南地区（详见后文）。蒙文通先生根据《山海经》的记载，认为昆仑就是岷山：

考《海内西经》说："河水出（昆仑）东北隅以行其北。"这说明昆仑当在黄河之南。又考《大荒北经》说："若木生昆仑西"（据《水经注·若水》引），《海内经》说："黑水、青水之间有木名若木，若水出焉。"这说明了昆仑不仅是在黄河之南，而且是在若水上源之东。若水即今雅砻江，雅砻江上源之东、黄河之南的大山——昆仑，当然就舍岷山莫属了。[①]

"岷山"实际上就是"蒙山"，《楚辞·天问》："桀伐蒙山，何所得焉？"蒙山，又名岷山。[②] "河"是指柴汶河，"若水"即蒙阴桑泉水，解决了这些源头性问题，那么蒙文通先生所言的昆仑即岷山之说，也就有了一定的道理。

九、"西王母"是蒙山西麓"五女山"之女、诸帝之母

中国神话中，遥远的西方住着一位女神，就是西王母。历来学者关于西王母的研究甚多，大都认为西王母神话源于西域，虽然对于西王母的具体神格尚存在诸多争议，但西王母"西来说"却似已成定论。虽偶有学者试图想翻案，也因势单力薄，声音微弱而响应者寥寥。

实际上，研究西王母离不开《山海经》，因为《山海经》是最早提到西王母的典籍，而且在《山海经》众神中，西王母也是唯一一个被浓墨重

① 蒙文通：《巴蜀古史论述》，成都：四川人民出版社，1981年，第161—162页。
② 林家骊译注：《楚辞》，北京：中华书局，2010年，第88页。

彩刻画的神灵，西王母神话是昆仑神话的重要组成部分。笔者在前文中根据古今学者的论述，论证了《山海经》的地域范围，以及昆仑之丘的具体所在，在此基础上，笔者进一步研究表明，所谓"西王母"就是昆仑之丘（蒙阴叟虎寨山）西南"五女山"之女，《山海经》中诸神之母，也就是《史记》中的诸帝之母，故称西王母。

（一）西王母"西方说"的由来

除《山海经》外，先秦以及秦汉早期文献中关于西王母地望的叙述并不多，关于西王母"西方说"的来历，主要体现在以下典籍中：

《史记·赵世家》：造父幸于周缪王。造父取骥之乘匹，与桃林盗骊、骅骝、绿耳，献之缪王。缪王使造父御，西巡狩，见西王母，乐而忘归。而徐偃王反，缪王日驰千里马，攻徐偃王，大破之。乃赐造父以赵城，由此为赵氏。[①]

《穆天子传》：丁巳，天子西征。……癸亥，至于西王母之邦。吉日甲子。天子宾于西王母。乃执白圭玄璧，以见西王母，……西王母再拜受之。……乙丑，天子觞西王母于瑶池之上。[②]

刘宗迪先生在《失落的天书——〈山海经〉与古代华夏世界观》一书一一列举了典籍中关于西王母的记载，其对《史记·周本纪》《史记·赵世家》和《史记·秦本纪》关于周穆王（周缪王）事迹进行分析对比之后说：

周穆王西征，见西王母，这是西王母神话"西方说"的重要根据之一。……但是奇怪的是，司马迁尽管在《赵世家》中提到周穆王（周缪王）西征之事，在《周本纪》中叙述周穆王的事迹时对其西征却只字不提，此外，在《秦本纪》中追溯秦人祖先时虽也提到造父御穆王西征之事，但也绝口不提见西王母事。……《史记·赵世家》索隐在造父御穆王"见西王母"下注云："谯周不信此事，"可见前人固已疑之。……这一故事只是口耳相传的民间传说，而非有典可据的历史记载，而且，故事的来源也不

---

① 《史记》，北京：中华书局，2006年，第284页。
② 高永旺译注：《穆天子传》，北京：中华书局，2019年，第88—93页。

是周人，而是赵人，是赵人为了自我标榜而发明出来的。①

　　袁珂先生在《中国神话传说词典》"西王母"条下引《山海经》之《西山经》《大荒西经》《海内北经》以及《淮南子·览冥训》中关于西王母的记载之后，认为《穆天子传》中关于"天子宾于西王母……西王母为天子谣"之叙，是由野史演化为文的开始，后来《神异经》写西王母"会东王公"，《汉武故事》《汉武帝内传》叙汉武帝见西王母事，亦缘《穆天子传》而附会。袁珂在《中国神话史》一书中认为，《穆天子传》和《竹书纪年》中关于穆王西巡的故事同出一源：

　　周穆王西游见西王母，自然还是民间传说，然而有人本之，写进了神话性质的历史小说《穆天子传》；又有人本之，作为历史材料，写进了编年体的历史书《竹书纪年》。②

　　根据典籍记载和古今学者的论述，周穆王西游见西王母的故事完全是根据先秦传说而虚构的，现实世界中怎么可能会有真正长生不老的神仙，所以从根本上说西王母"西方说"是完全站不住脚的。然而这则记载于史册中的故事的源头在哪里呢？

　　顾颉刚先生在《穆天子传及其著作时代》一文中，认为秦、赵同祖，提出《穆天子传》为战国赵人所作的主张。"可见，赵人与《穆天子传》有直接的联系"。③杨兴慧、罗大和在《〈山海经〉之作者析考》一文中说，从相关典籍来看，伯益一族确实有条件写出《山海经》：

　　《山海经》是由伯益肇始、口述（或者有简单的文字提纲），并由其族人口传心授流传下来，到周初时，由宅皋狼或衡父成书，并由造父献给周穆王，从而流传于世。④

---

① 刘宗迪：《失落的天书——〈山海经〉与古代华夏世界观》，北京：商务印书馆，2016年，第540页。
② 袁珂：《中国神话史》，上海：上海文艺出版社，1988年，第49页。
③ 顾颉刚：《穆天子传及其著作时代》，《文史哲》1951年1卷2期。
④ 杨兴慧、罗大和：《〈山海经〉之作者析考》，《西南民族大学学报》（人文社科版）2016年第10期。

从学者们的论述看，赵人与《穆天子传》有直接的关系，《山海经》也是伯益的后裔成书献给周穆王而流传于世。只要我们查一查赵人的先祖就能知道其中的缘由。

《史记·赵世家》：赵氏之先，与秦共祖。至中衍，为帝大戊御。其后世蜚廉有子二人，而命其一子恶来，事纣，为周所杀，其后为秦。[1]

从《史记·赵世家》和《史记·秦本纪》的记载来看，赵人和秦人的祖先都是颛顼。《史记》记载，周的始祖是帝喾，帝喾继颛顼之后为帝，其祖地在东方君子之国，因此，周人、赵人、秦人同祖同源，"昆仑在河之源，昆仑之上有西王母"是他们共同的传说。

（二）"西王母"信仰起始于东方

汉代是西王母信仰的兴盛时期，其信仰所及，有帝王，有读经之文人，也有社会底层民众。西王母信仰第一次浮出民间、引起上层社会的震荡并因而被载入史册，是在西汉末年。西汉哀帝年间，连年大旱，民不聊生，酿成了震动京师的大规模流民运动，而这种流民运动是以"传西王母筹"的形式出现的。

《汉书·哀帝纪》：（建平）四年春，大旱，关东民传行西王母筹，经历郡国，西入关至京师，民又会聚祠西王母，或夜持火上屋，击鼓号呼相惊恐。[2]

《汉书·天文志》：哀帝建平……四年正月、二月、三月，民相惊动，讙哗奔走，传行诏筹祠西王母，又曰"从目人当来"。[3]

《汉书·五行志》：哀帝建平四年正月，民惊走，持稿或棷一枚，传相付与，曰行诏筹。道中相过逢多至千数，或被发徒践，或夜折关，或踰墙入，或乘车骑奔驰，以置驿传行，经历郡国二十六，至京师。其夏，京师郡国

---

① 《史记》，北京：中华书局，2006 年，第 284 页。
② 《汉书》，北京：中华书局，2007 年，第 87 页。
③ 《汉书》，北京：中华书局，2007 年，第 214 页。

聚会里巷阡陌，设祭张博具，歌舞，祠西王母。又传书曰："母告百姓，佩此书者不死。不信我言，视门枢下，当有白发。"至秋止。①

汉建平四年的"传行西王母筹"事件，是一次典型的民间宗教运动。从《汉书》记载来看，这次"传行西王母筹"的方向自东向西"经历郡国二十六"，就暗示了西王母信仰的传播方向。由此足见，西王母信仰的原发地是中国境内的东部而不是西部，更不是中国之外的西域。可以断定，在这种信仰于西汉末年向西传播之前，必定在其原发地经过了漫长的酝酿时期。实际上，最早记载西王母崇拜仪式的诸子文献正是齐人的作品《管子·轻重己》，其云：

以春日至始，数九十二日，谓之夏至，而麦熟。天子祀于太宗，其盛以麦。麦者，谷之始也。宗者，族之始也。同族者人，殊族者处。皆齐大材，出祭王母。天子之所以主始而忌讳也。②

"王母"当即西王母，《管子》是田齐时代稷下学人言论的汇集，夏到祭王母，这可能是战国时代东方西王母崇拜所留下的唯一确凿可凭的文献线索。刘宗迪说：

神话与信仰息息相关，西王母信仰流行之地必定也就是西王母神话流传之域，也就是说，中国东部才是西王母神话的原发地和早期流传区。这一结论正能与我们对《海外经》和《大荒经》地域文化渊源的考证相印合。③

除了"传行西王母筹"能够说明西王母信仰源于东方之外，从汉代画像石画面及分布情况也能分析出类似的答案。在这些西王母画像石中，西王母周围鸾歌凤舞、瑞兽群处，羽人飞翔，仙人来往，灵芝仙草丛生。三青鸟、九尾狐、天吴、玉兔、不死药等也历历在目，呈现出一片安宁祥和、歌舞升平的仙界图景。图中有的西王母则正襟危坐，有的头戴玉胜，正是《山

① 《汉书》，北京：中华书局，2007年，第263—264页。
② 李山、轩新丽译注：《管子》，北京：中华书局，2019年，第1114页。
③ 刘宗迪：《失落的天书——〈山海经〉与古代华夏世界观》，北京：商务印书馆，2016年，第564—565页。

海经》所谓西王母形象的写照。

现在发现的西王母图像，除少数属西汉中晚期之外，大多属于东汉时期，主要分布于山东、苏北、河南、四川、陕北等地区，[①] 其中尤以鲁西南最为密集，其次则是四川的成都平原（见图 3-13）。从分布情况，可以看出西王母神话传说和信仰的源头就在君子之国、昆仑之丘，也能够看出昆仑和西王母神话随着大汶口人及其后裔迁徙的情况：河南南阳和洛阳地区是大汶口文化晚期的迁徙地；长江下游会稽吴地是"天吴"人的迁徙地；巴蜀地区是太皞后裔的迁徙地，也即"昆人""叟人"向西南迁徙的出发地；上郡、西河一带是秦人、赵人的迁徙地，也是祖居蒙阴、自齐事秦的蒙恬大将北拒匈奴、驻守上郡之地。

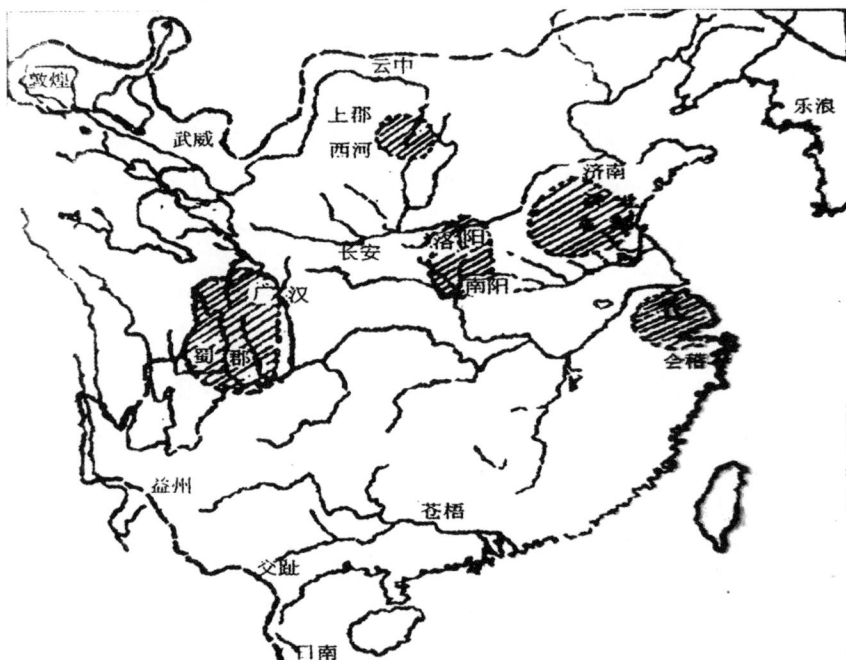

图 3-13　汉代画像石分布 [②]

① 参见李淞：《论汉代艺术中的西王母图像》，长沙：湖南教育出版社，2000 年，第 2 页。
② 刘宗迪：《失落的天书——〈山海经〉与古代华夏世界观》，北京：商务印书馆，2016 年，第 563 页，引李淞：《论汉代艺术中的西王母图像》。

（三）始见于《山海经》的"西王母"是东方神母

刘宗迪先生说："西王母'西方说'的早期文献依据都是靠不住的，同时也表明，西王母'西方说'的源头，正在《山海经》，因此，问题就归结为对《山海经》中关于西王母叙述的分析。"[1]

《山海经·西山经》：又西三百五十里，曰玉山，是西王母所居也。西王母其状如人，豹尾虎齿而善啸，蓬发戴胜，是司天之厉及五残。[2]

《山海经·海内北经》：蛇巫之山，上有人操柸而东向立。一曰龟山。西王母梯几而戴胜杖。其南有三青鸟，为西王母取食。在昆仑虚北。[3]

《山海经·大荒西经》：有西王母之山、壑山、海山。有沃之国，沃民是处。……鸾鸟自歌，凤鸟自舞，爰有百兽，相群是处，是谓沃之野。[4]

《山海经·大荒西经》：有大山，名曰昆仑之丘。……有人戴胜，虎齿，有豹尾，穴处，名曰西王母。此山万物尽有。[5]

从以上《山海经》关于西王母的描述来看，有以下几个重要的线索：（1）西王母居于"玉山"或"龟山"；（2）西王母居于昆仑之丘；（3）西王母带有虎的形象；（4）西王母与凤凰有关。这四条线索都有一个共同的指向：君子之国、昆仑之丘。

1. "玉山"是西王母所居之处的一个地理坐标，笔者认为就是蒙阴叟虎寨山（昆仑之丘）北面的"丹穴之山"，玉是指此山上的卵石，此山如龟，又称"龟山"，在昆仑虚北。

2. 君子之国"天吴"即昆仑之丘，其形状类虎。《海经》是一幅古图，西王母居于类似虎的山上，所以古人在将这幅古图写成书时，看图说话便理解成了"有人戴胜，虎齿，有豹尾，穴处，名曰西王母"。

---

① 刘宗迪：《失落的天书——〈山海经〉与古代华夏世界观》，北京：商务印书馆，2016年，第546页。

② 袁珂：《山海经校注》：北京：北京联合出版公司，2014年，第54页。

③ 袁珂：《山海经校注》：北京：北京联合出版公司，2014年，第266—267页

④ 袁珂：《山海经校注》：北京：北京联合出版公司，2014年，第335页。

⑤ 袁珂：《山海经校注》：北京：北京联合出版公司，2014年，第344—345页。

3.《说文解字·丘部》："中邦之居，在昆仑东南。"也就是昆仑之丘在君子之国的西北，故居于昆仑的"王母"称为西王母。

4.《说文解字》："凤凰，神鸟也，出于东方君子之国。"颛臾风国又是风姓祖国，因此无论是《山海经》，还是汉代画像石中，西王母总是与凤凰相伴相随。

5. 西王母作为原始道教的主要象征，集中体现了道教对长生和世俗幸福的追求。《太平经》卷三十八载道教《师策文》云："乐莫乐乎长安市，使人寿若西王母。"可见，早期道教明确地将西王母视为长寿的象征。[①]《说文解字》："东夷从大人也。夷俗仁，仁者寿，故有君子不死之国。"显然西王母之长寿与君子之国"仁者寿"相吻合。

另外，昆仑之丘、西王母所居之处外有"炎火之山，投物辄然"，郭璞释曰"火山国"。袁珂引《神异记·南荒经》云："南荒外有火山，其中生不尽之木，昼夜火然，得暴风不猛，猛雨不灭。"[②] 笔者认为，此"炎火之山"可能是指蒙山地震火山爆发的原始记忆，蒙阴金钢石矿是中国最大的原生金钢石矿，其生成的原因就是郯庐断裂带上的火山爆发。

综上所述，西王母是昆仑神话的重要组成部分，确定了"昆仑之丘"的地望，西王母所居之处也就迎刃而解了。正如刘宗迪教授所言："所谓西王母，实为东方的西王母，而非西方的西王母。"[③]

（四）"西王母"是君子之国西部"五女山"之女

《山海经》中称在"王母"之前冠以"西"，致使古往今来的学者们一直致力于到西域对西王母神话寻根问源，从一开始就误入歧途了，而将人们引入歧途的正是《山海经》。正如刘宗迪先生所说：

① 刘宗迪：《失落的天书——〈山海经〉与古代华夏世界观》，北京：商务印书馆，2016 年，第 565 页。

② 袁珂：《山海经校注》，北京：北京联合出版公司，2014 年，第 245 页。

③ 刘宗迪：《失落的天书——〈山海经〉与古代华夏世界观》，北京：印务印书馆，2016 年，第 580 页。

西王母神话的最初源头正是《山海经》，而《山海经》中的西王母原本是东方之神，这个土生土长的东方之神之所以被误认为西方之神，其始作俑者也正是《山海经》。[①]

《山海经》古图描述的范围，是刘宗迪先生所言东夷地区一个肉眼视力可见的、方圆百里的地方，所谓昆仑之丘在"西北"，就是指这个方圆百里地方的西北，而西王母也是居于这个方圆百里的西部。由于《山海经》作者没有交待清楚这幅古图的范围大小，致使后人在解读过程中，随着视野的逐步扩大，对这幅古图所描述的范围也无限扩大，昆仑之丘和西王母所居之地也就随之不断向西北方向延伸。

笔者认为，位于昆仑之丘东南的"君子之国"，顾名思义是众帝诞生和封君的"君主之子国"，因此也是"君主之母国"。如果还原西王母神话的历史史实，那么西王母实际上就是众帝之母，即华夏民族母系部落凤夷的化身，是凤夷首领华胥氏、女娲氏、黄帝之母"吴枢"、黄帝之妻西陵之女、颛顼之母蜀山氏女的合体，也是《山海经》中记载的诸多帝妻、帝母的合体。

华胥氏是伏羲之母，其在"雷泽"见"大迹"，履之而怀孕，生伏羲。《山海经》记载"雷泽有雷神，在吴西"，指的就是蒙阴叟虎寨山（吴）以西，青龙山北面的古湖泊。"雷泽在吴西"，故华胥氏有"西王母"之特征。

女娲，始见于《山海经·大荒西经》："有神十人，名曰女娲之肠，化为神，处粟广之野，横道而处。"郭璞注"或作女娲之腹"又云："女娲，古神女而帝者，人面蛇身，一日七十变，其腹化为此神。"[②]笔者认为，女娲之肠也罢，女娲人面蛇身也罢，都是指青龙山横道而处，故也具西王母之特征（详见第四章）。

除华胥、女娲之外，西王母更是"虞代"帝王之母的化身，《山海经》中的诸神就是虞代诸帝，故西王母即虞代帝王之母。简述如下：

① 刘宗迪：《失落的天书——〈山海经〉与古代华夏世界观》，北京：商务印书馆，2016年，第536页。

② 袁珂：《中国神话传说词典》，北京：北京联合出版公司，2013年，第039页。

《帝王世纪》：黄帝有熊氏，少典之子，姬姓也。母曰附宝，其先炎帝。母家有蟜氏之女，……见大电光绕北斗枢星，照郊野，感附宝，孕二十五月，生黄帝于寿丘，长于姬水，因以为姓。[①]

《史记·五帝本纪》：黄帝居轩辕之丘，而娶西陵之女，是为嫘祖。嫘祖为黄帝正妃，生二子，……其二曰昌意，降居若水。昌意娶蜀山氏女，曰昌仆，生高阳……是为帝颛顼也。[②]

《山海经·海内经》：黄帝妻雷祖，生昌意，昌意降处若水，生韩流……取淖子曰阿女，生帝颛顼。【注释】淖子：郭璞引《世本》作濁山氏，蜀，古字通濁，又通淖，是淖子即蜀山子也。曰阿女者。[③]

从上面引文可知，黄帝之母"有蟜氏"之女，黄帝之妻、昌意之母"西陵氏"，颛顼之母蜀山氏，均与桑蚕有关。前文论述蒙阴是"桑梓之地"，《诗经·东山》称蒙山（东山）"蜎蜎者蠋，烝在桑野"，昆仑东有"扶桑"（榑桑），西有"若木"（桑木），故"虞代"帝母都具有"蚕""蜀"的印记。

《水经注》：桑泉水北出五女山，东南流。巨围水注之，水出巨围之山，东南注入桑泉水。……桑泉水又东南迳蒙阴县故城北，王莽曰蒙恩也。又东南与叟崮水合，水有二源双会，东导一川，俗谓汶水也。[④]

《蒙阴县清志·清宣统三年版》：五女山，此指西五女山，在保安社，距城西南五十五里，《水经注》桑泉水发源于此。[⑤]

"五女山"即"若水"（桑泉水）的发源地，也是昆仑之西"若木"所在地，位于"君子之国"（颛臾风国）西部，蒙山西麓，相对于昆仑之丘（叟虎寨山）而言在西南，故"五女山"即西陵（丘陵）。

值得注意的是黄帝之妻为"西陵氏"女，又曰"嫘祖""雷祖"。嫘祖即蚕神，因发明桑蚕而得名，必然在"若木"所在地、若水（桑泉水）

① 《帝王世纪》，济南：齐鲁书社，2010年，第5页。
② 《史记》，北京：中华书局，2006年，第1页。
③ 袁珂：《山海经校注》，北京：北京联合出版公司，2014年，第372—373页。
④ 陈桥驿校证：《水经注校证》，北京：中华书局，2013年，第580页。
⑤ 蒙阴县地方史志编纂委员会：《蒙阴县清志汇编》，北京：中华书局，1999年，第469页。

的发源地。其又称"雷祖"，笔者认为"雷祖"与《山海经》记载的"雷泽有雷神，在吴西"有关，雷祖可能因雷神而得名，"雷泽"在叟虎寨山（吴）西，因以上两个方面的原因，黄帝之妻称为"西陵氏"之女。黄帝是虞代始帝，西陵氏女为虞代之帝母，最有条件称为"西王母"。

综上所述，所谓"西王母"是指出身于昆仑之丘以西、君子之国西部的华胥氏、女娲氏、有蟜氏、西陵氏、蜀山氏五女，故此山称为"五女山"，具体是指虞代始帝黄帝之妻、虞代诸帝之始祖母"西陵氏"之女"嫘祖"。

（五）"醴泉""瑶池"原型是甘水、虞渊、颛顼之池

与西王母有关的地理坐标除了"昆仑之丘"之外，还有"玉山""醴泉""瑶池"之说。"醴泉"和"瑶池"始见于司马迁《史记·大宛列传》：

太史公曰："禹本纪言'河出昆仑。昆仑其高二千五百馀里，日月所相避隐为光明也。其上有醴泉、瑶池'。"[1]

自汉以来因为误将昆仑认定在西域，故"瑶池"所在地也就有新疆天山北麓天山天池说、布伦托海说、巴尔喀什湖说、塞里木湖说，新疆南麓古印度说、昆仑山说、塔什库尔干说，甘肃泾川说、酒泉说等等。[2]

笔者认为，原始的"瑶池"并非大湖、大海，只不过是大汶口人祖地一处不大不小的水渊，这个水渊与华夏民族的起源有着密切的关系，在这个水渊之中发生了一些神秘的故事和传说。笔者发现，这处水渊就在君子之国——颛臾风国，具体而言就是昆仑之丘（虞）以北、玄丘（丹穴之山）以西的"甘水""甘渊""虞渊""颛顼之池"。

《淮南子·天文训》"至于昆吾，是谓正中……至于渊虞，是谓高春。……至于虞渊，是谓黄昏。……日入于虞渊之氾，曙于蒙谷之浦。[3]

《山海经·海内经》：黄帝妻雷祖，生昌意，昌意降处若水，生韩流。

---

① 《史记》，北京：中华书局，2006年，第720—721页。
② 戴良佐：《〈穆天子传〉中的瑶池今地考》，《西北民族研究》2004年第1期。
③ 陈广忠译注：《淮南子》，北京：中华书局，2012年，第145页。

韩流……取淖子曰阿女，生颛顼。【注释】郭璞云：蜀，古通濁，又通淖，是淖子即蜀山子也。①

《山海经·大荒西经》：大荒之中，有龙山，日月所入。有三泽水，名曰三淖，昆吾之所食也。②

从《天文训》记载中可知，"渊虞""虞渊"在"昆吾"以西；从《大荒西经》记载可知，"龙山"和"昆吾"之间有"三泽水"又名"三淖"；从《海内经》记载可知，黄帝之子昌意降处"若水"生韩流，韩流取淖子生颛顼。"昆吾""龙山"分别是蒙阴叟虎寨山和青龙山，"若水"是蒙阴桑泉水，显然"渊虞""虞渊""三泽水"（三淖水，现名"三道河"）就是蒙阴桑泉水与叟崮二水交汇而形成的水渊。这处水渊既是前文中论述的"弱水之渊"，也即"颛顼之池"。

《山海经·大荒西经》：大荒之中，有山名曰日月山，天枢也，吴姬天门。……颛顼生老童，……有人反臂，名曰天虞。有女子方浴月，帝俊妻常羲，生月十有二，此始浴之。有玄丹之山，有五色之鸟，人面有发。……有池名孟翼之攻颛顼之池。③

《山海经·大荒北经》：附禺之山，帝颛顼与九嫔葬焉。……竹南有赤泽水，名曰封渊。有三桑无枝。丘西有沉渊，颛顼所浴。④

从《大荒西经》的记载来看，蒙阴叟虎寨山（吴，天虞）、玄丹之山下是帝俊妻常羲行浴之处，也即"颛顼之池"。笔者认为，"颛顼之池"即《大荒北经》颛顼所浴的"沉渊"。所谓"丘西"即"玄丹之山"（丹丘）以西，所谓"赤泽水"（封渊），是因为水泽在"玄丹之山"（即《禹贡》记载的"赤埴坟"）下而得名。"封渊""沉渊""颛顼之池"就是周绕在"虞"（昆仑之丘）下的"弱水之渊"，也是下文中所见的"甘渊"。

《山海经·大荒东经》：少昊之国。少昊孺颛顼于此，弃其琴瑟。有甘山者，

---

①　袁珂：《山海经校注》，北京：北京联合出版公司，2014年，第372页。
②　袁珂：《山海经校注》，北京：北京联合出版公司，2014年，第337页。
③　袁珂：《山海经校注》，北京：北京联合出版公司，2014年，第339—342页。
④　袁珂：《山海经校注》，北京：北京联合出版公司，2014年，第353页。

甘水出焉,生甘渊。……有君子之国,其人衣冠带剑。【注释】郭璞云:"水积则成渊也。"袁轲注:"所谓甘渊、汤谷(扶桑)、穷桑,盖一地也。"①

从《大荒东经》的记载来看,甘山、甘水、甘渊均在少昊之国(少昊孺颛顼之处)和君子之国之间。

《山海经·海内西经》:开明兽身大类虎而九首,皆人面,东向立于昆仑上。……开明北……有凤凰、鸾鸟皆戴蛇。又有……甘水……②

《山海经·大荒南经》:东南海之外,甘水之间,有羲和之国,有女子名曰羲和,方浴日于甘渊。羲和者,帝俊之妻,生十日。③

《海内西经》明确记载,昆仑之神"开明兽"北有"甘水",《大荒南经》又记载帝俊妻羲和"浴日于甘渊",因此,笔者认为"甘渊"就是《大荒西经》记载的帝俊妻常羲"浴月"的"颛顼之池"。无论是弱水之渊、虞渊、颛顼之池、三淖水、甘渊,都是指蒙阴叟虎寨山北侧由"若水"(桑泉水)与叟崮二水交汇之处所形成的水渊,也就是郭璞所云"水积则成渊",正如袁珂所言"所谓甘渊、汤谷(扶桑)、穷桑,盖一地也。"

袁珂先生认为《大荒南经》中的"甘水""甘渊"应当在《大荒东经》之下,是"乃简策错乱,误脱于彼也"。④笔者认为,"甘水""甘渊"之所以分别出现在《大荒东经》《大荒南经》和《海内西经》中,不是因为"简策错乱",而是因为"甘水""甘渊"就在《大荒经》古图中心"天吴"之下,故而《大荒经》以"天吴"为中心叙述四方事物时才会出现重叠现象。

何为"甘山""甘水"呢?原来,蒙山以北、蒙阴叟虎寨山和青龙山以南,也就是颛臾风国全境都是"麦饭石"矿产地,蒙阴麦饭石以储量高、品质好而闻名于世,是中国三大麦饭石产地之一。⑤麦饭石是一种天然的矿

---

① 袁轲:《山海经校注》,北京:北京联合出版公司,2014年,第289—290页。

② 袁珂:《山海经校注》,北京:北京联合出版公司,2014年,第261—262页。

③ 袁珂:《山海经校注》,北京:北京联合出版公司,2014年,第323页。

④ 袁珂:《山海经校注》,北京:北京联合出版公司,2014年,第289—291页。

⑤ 文科、王辅亚、朱建喜:《齐齐哈尔碾子山麦饭石基础功能性》,《中国矿物岩石地球化学学会第15届学术年会论文摘要集(1)》2015年。

物药石，富含人体所需的微量元素，对生物无毒无害，具有良好的溶出和吸附特性，是一种理想的改善饮用水质的材料。[①] 邓天佐在《麦饭石的医药用途》一文中称麦饭石"其性甘"，用麦饭石浸泡过的饮用水沏茶"浓郁甘冽，益脑提神"，[②] 因此，笔者认为，所谓"甘山"就是指蒙阴颛臾风国的麦饭石矿山，特指由麦饭石矿石构成的曳虎寨山；所谓"甘水"就是发源于蒙山之阴"其性甘"的麦饭石矿泉水；所谓"甘渊"就是由"桑泉水"和"曳崮二水"汇集而成的"虞渊""弱水之渊""封渊""沉渊"。

黄帝之妻为西陵之女，黄帝之子昌意降居"若水"，颛顼浴于"沉渊"，帝俊妻常羲始浴于"颛顼之池"，帝俊之妻羲和浴日于"甘渊"。《史记·殷本纪》记载，帝喾次妃"三人行浴。见玄鸟堕其卵，简狄取吞之，因孕生契"。学者们认为"帝俊"即"帝喾"（详见第五章），"帝俊妻常羲，生月十有二，此始浴之。有玄丹之山，有五色之鸟"，因此，笔者认为"玄鸟"即"玄丹之山，有五色之鸟"的简称，即凤凰的原型蒙阴盆地的"雉鸡"（详见第四章）。

综上所述，"西王母"是西陵之女、帝俊之妻、帝喾之妃等诸多帝母的神化人物，故西王母所居的"瑶池"就是"虞渊""甘渊""颛顼之池"，而所谓的"醴泉"就是"发源于"甘山"的"甘泉"（甘水）。

笔者发现，"颛顼之池"之所以称为"瑶池"，与"玄丹之山"上的似珠似玉的卵石有关。《说文》云："瑶，玉之美者"，《西山经》记载"玉山，是西王母所居也"，"玉山"实际上是指《大荒西经》中记载的"玄丹之山"，昆仑、瑶池之玉并非现代意义上的"玉"，而是"玄丹之山"上的"玄丹色"的卵石，也即开明兽北面的"琅玕"（详见后文）。

（六）蟠桃神话源于夸父之山（虞）"北有桃林"

蟠桃与西王母的关系，见于《汉武故事》《汉武帝内传》等书，《汉武故事》

---

① 郭建新、唐黎华、王隽哲、徐波昌：《麦饭石优化生活饮用水的改性研究》，《矿物学报》2016年第3期。

② 邓天佐：《麦饭石的医药用途》，《地球》1986年第5期。

略云：

七月七日，西王母以降，以仙桃四颗与帝。帝食，辄收其核，欲种之。母曰："此桃三千年一生实，中夏地薄，种之不生。"帝乃止。①

蟠桃是西王母在瑶池会上招待仙客嘉宾的珍异仙果，长期以来，无论是民间广布的传说故事，还是文人辑录的笔记志怪，或者是作家创作的小说戏剧，由蟠桃衍生而来的情节甚多。可以说，不管在民间传说、小说戏曲当中，还是宗教民俗活动当中，蟠桃会都与西王母有密不可分的关系。②至于西王母与桃的渊源关系，笔者认为源于《山海经》中夸父之山北有桃林的记载：

《山海经·大荒北经》：夸父不量力，欲追日景，逮之于禺谷。将饮河而不足也，将走大泽，未至，死于此。【注释】郭璞云："禺渊，日所入也，今作虞。"③

《山海经·中山经》："夸父之山……其北有林焉，名曰桃林"。【注释】袁珂案：桃林，毕说即邓林，是神话中夸父弃杖所化而成林者。④

《山海经·海外北经》：夸父与日逐走，入日。……北饮大泽。未至，道渴而死，弃其杖，化为邓林。【注释】毕沅云："邓林即桃林也，邓、桃音近。"⑤

《列子·汤问》：夸父不量力，欲追日影，逐之于隅谷之际。……道渴而死。弃其杖，尸骨肉所浸，生邓林。【注释】邓林：桃林。⑥

从以上记载可知，夸父追日至于"禺谷"，道渴而死，弃其杖化为"邓林"，夸父之山北有"桃林"，有人操桃棓向东而立。古今学者们均认为"禺谷"即"虞渊"，"邓林"即"桃林"。陈絜在《卜辞中的祡祭与柴地》一文中，通过对卜辞的研究认为，"龙囿""桃""柴"地望均在柴汶河上游一线。⑦

①　袁珂：《中国神话传说词典》，北京：北京联合出版公司，2013年，第370页。

②　黄景春、郑艳：《从蟠桃到蟠桃会》，《民俗研究》2009年第2期。

③　袁珂：《山海经校注》，北京：北京联合出版公司，2014年，第360页。

④　袁珂：《山海经校注》，北京：北京联合出版公司，2014年，第129—130页。

⑤　袁珂：《山海经校注》，北京：北京联合出版公司，2014年，第215—216页。

⑥　叶蓓卿译注：《列子》，北京：中华书局，2011年，第125页。

⑦　陈絜：《卜辞中的祡祭与柴地》，《中原文化研究》2018年第2期。

笔者据此认为，"虞渊"之处的"桃林"是大汶口先民的原始记忆，这种记忆留存在《山海经》中，后人又从《山海经》的这些记载中创造出了西王母在瑶池举办蟠桃会的故事。

十、昆仑、瑶池之玉是玄丹之山似珠似玉的"琅玕"

昆仑之丘、西王母之山多玉之说源于《山海经》的记载，笔者发现昆仑之玉称为"琅玕"，笔者认为"琅玕"是"古琅邪"之名的来源。从而证明昆仑、西王母所居之地就是古"琅邪"。

"琅邪"是中国版图上一个古老而又美丽的名字，古代多作琅邪，又作琅玡等，山东省古代地名，曾有琅琊邑（县）、琅琊国、琅琊郡、琅琊道。秦朝、三国到东晋时期，蒙阴一带即属琅琊郡。

据谭其骧先生考证，秦朝置琅邪郡当包括后来西汉之琅琊、城阳、胶东三郡全境之地，即今日之临沂大部、潍坊东南部、青岛西南部的大片地区。东汉时，琅邪郡改为国，移治所到山东临沂市北，靠近沂水的开阳，所辖比西汉时的琅邪郡略大。西晋时琅邪国一仍其旧，只不过面积略大，北达今蒙阴境。隋时，在全国近200个郡中，琅琊是较大的一个，辖沂水、东安、新泰、颛臾、临沂、费县、莒县诸县。[1]

《晋书·地理志》：琅邪国秦置郡。统县九，户二万九千五百。开阳侯相。临沂、阳都、缯、即丘、华、费鲁季氏邑。东安、蒙阴山在西南。[2]

从典籍记载和《中国历史地图集》中可以看出，无论是秦初置琅邪郡，还是西晋时期的琅邪国，蒙山、蒙阴都包含其中。对比秦置琅邪郡和西晋琅邪国的地域变化，可以发现"琅邪"作为地名应当出自沂蒙地区，而非胶南、即墨（见图3-14、图3-15）。

---

① 孙天胜：《琅琊沿革》，《管子学刊》1999年第2期。
② 《晋书》，北京：中华书局，1974年，第452页。

图 3-14 秦朝琅邪郡地图 ①

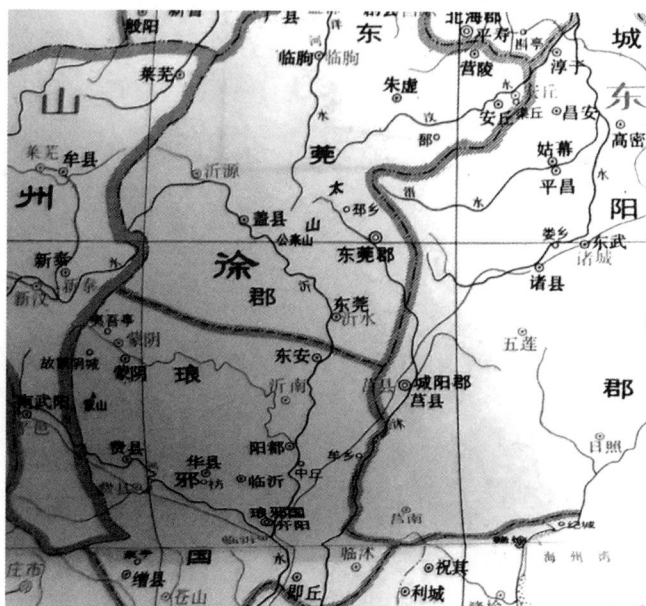

图 3-15 西晋地图琅邪国 ②

---

① 谭其骧主编：《中国历史地图集》，北京：中国地图出版社，1982 年。

② 谭其骧主编：《中国历史地图集》，北京：中国地图出版社，1982 年。

关于琅琊之名的来历，一直没有人深入研究，"琅"本义为似玉的美石或青色的珊瑚。笔者通过对"琅"的字义分析发现，蒙阴不仅隶属于琅邪郡，而且极有可能就是"琅邪"的出处。

《说文》：琅玕，似珠者。从玉良声。

《玉篇》：琅玕，石似玉。

《广韵》：琅玕，玉名。《尔雅》曰："西北之美者，有昆仑璆琳、琅玕焉。"又琅邪，郡名。今沂州也。①

从上面典籍的解释看，"琅"是一种似珠、似玉之石。笔者认为这种似珠似玉之石即"昆仑"之玉。

《山海经·海内西经》：开明北有视肉、珠树……。凤皇、鸾鸟皆戴瞂。开明东……服常树，其上有三头人，伺琅玕树。【注释】琅玕：郭璞云："琅玕子似珠，《尔雅》曰：'西北之美者，有昆仑之琅玕焉。'"②

《山海经·大荒西经》：西有王母之山。……璇瑰、瑶碧、白木、琅玕、白丹、青丹……鸾鸟自歌，凤鸟自舞，爰有百兽，相群是处，是谓沃之野。【注释】璇瑰：郭璞云："璇瑰亦玉名。"青丹：郭璞云："又有黑丹也。《考经援神契》曰：'王者德至山陵而黑丹出。'"郝懿行云："黑丹即下文玄丹是也。"③

《山海经·大荒西经》：有人反臂，名曰天虞。有女子方浴月。帝俊妻常羲，生月十有二，此始浴之。有玄丹之山。有五色之鸟，人面有发。④

《正字通》：天竺出琅玕。李时珍曰："《山海经》云开明山北有珠树，《淮南子》云曾城九重有珠树在其西，珠树即琅玕，在山为琅玕，在水为珊瑚。"⑤

从上面的记载中可以准确的知道，在昆仑之丘（天明兽）的北面有"珠树"，东面有"琅玕"。西王母之山也是"璇瑰""琅玕""黑丹""青丹"，

---

① 以上典籍释义参见北京师范大学"汉字研究与现代应用实验室"：《汉字全息应用系统》。
② 袁珂：《山海经校注》，北京：北京联合出版公司，2014年，第261—264页。
③ 袁珂：《山海经校注》，北京：北京联合出版公司，2014年，第335—336页。
④ 袁珂：《山海经校注》，北京：北京联合出版公司，2014年，第341—342页。
⑤ 以上关于"琅"字的解释均见于汉字研究与现代应用实验室：《汉字全息资源应用系统》。

在"天虞"之下有"玄丹之山"。笔者认为"丹穴之山"即"叟虎寨山"东北方向、汶河岸边的六座褐色山丘，这六座山丘也就是《禹贡》记载的"赤殖坟"，由第四纪褐色黏土和大大小小的玄丹色卵石构成（详见后文）。这些似珠如玉的卵石即是《山海经》中记载的开明北、开明东的"琅玕"，"琅玕"落入玄丹之山西的虞渊，故曰"瑶池"（详见上文）。

《山海经·海内东经》：雷泽有雷神，龙身而人首，鼓其腹。在吴西。……琅邪台在渤海间，琅邪之东。【注释】郝懿行云："琅邪台在今沂州府"。①

从《山海经》记载来看"琅邪台"与"琅邪"并非一地，"琅邪"在西，而"琅邪台"在东。"琅邪台"在沂州府，显然其名源于"琅邪台"西面的"琅邪"。笔者认为，"琅邪"与"雷泽"同时出现在《山海经·海内东经》之中，而且是前后文，显然两地不远，或就在一地。也就是说琅邪之名源于"天虞"（天吴）北面的"琅玕"，后来成为"琅邪"地名、郡名、国名。

叟虎寨山北面的玄丘有"九洞"，即凤凰"又出丹穴之山"之"丹穴"。这座山上的卵石时不时的从山上自然滚下，发出清脆的响声，故当地俗称"响石山"。笔者认为，"琅玕"即"响石山"似珠似玉的卵石。"琅琅"是金石相击声，即源于"响石山"上卵石滚下时相互碰撞的声音。因此，笔者认为，琅琊之名源于君子之国、昆仑之丘，即在蒙阴颛臾风国。

第三节 秦嬴、楚人、巴人和苗民是华夏历史神话的传播者

前文中论述了华夏民族的世界观、历史观集中体现于《山海经》和《楚辞》之中，其作者是颛顼的后裔秦嬴和楚人。典籍记载和现代考古发现，证实了秦嬴西迁和楚人南迁的历史史实。正是秦嬴、楚人继大汶口文化之后的向外迁徙，才使华夏远古历史传说及昆仑神话散播到了长江中下游和黄河中上游地区，最后又共同影响到了长江上游、西南地区。

---

① 袁珂：《山海经校注》，北京：北京联合出版公司，2014 年，第 284—285 页。

一、传世文献与出土文物证明秦赢起源和西迁经过

甘肃天水伏羲庙位于天水市秦城区，又称"太昊宫"，当地百姓俗称"人祖庙"，是目前我国纪念上古"三皇"之一伏羲氏规模最宏大、保存最完整的明代建筑群。2001 年，作为明、清古建筑被国务院批准列为国家级重点文物保护单位。自 1988 年始，天水市政府每年在伏羲诞辰日农历蒲月十三日（传说中龙的诞辰）举办规模隆重的公祭仪式，吸引了众多的海内外炎黄子孙前来拜祭。

（一）《史记》明确记载了秦赢起源和西迁的经过

近现代学者认为"赢秦起源于东方"的观点，最初是由傅斯年先生提出的，他认为《史记·秦本纪》中已经就此事说的很明白。

《秦本纪》：秦之先，帝颛顼之苗裔（傅斯年按：颛顼在古帝系统中应属东系）。孙曰女修。女修织，玄鸟陨卵。女修吞之，生子大业（傅斯年按：此东夷之传说）。大业取少典之子，曰女华。女华生大费，与禹平水土。已成，帝锡玄圭。禹受曰："非予能成，亦大费为辅。"帝舜曰："咨尔费，赞禹工，其赐尔皂游，尔后嗣将大出。"乃妻之姚姓之玉女，大费拜受。佐舜调驯鸟兽，鸟兽多驯服（傅斯年按：此即皋陶谟之伯益故事）。是为柏翳，舜赐姓赢氏。

大费生二子，一曰大廉，实鸟俗氏（傅斯年按：此即所谓少皞以鸟纪官）。二曰若木，实费氏（傅斯年按：鲁有费邑，见《左传》《论语》，当即费氏之故居。曲阜为少皞之墟，费氏之居去之不远也）。其玄孙曰费昌，子孙或在中国，或在夷狄。费昌当夏桀之时，去夏归商，为汤御，以败桀于鸣条（傅斯年按：此盖汤创业时，先服东夷，后克夏后，故费昌在汤部队中）。大廉玄孙曰孟戏，中衍，鸟身人言。帝大戊闻而卜之使御，吉，遂致使御而妻之。自大戊以下，中衍之后，遂世有功，以佐殷国，故赢姓多显，遂为诸侯。其玄孙中潏，在西戎，保西垂（傅斯年按：此盖殷人拓土西陲，东夷之费氏为之守戍，遂建部队于西陲）。生蜚廉，蜚廉生恶来，恶来有力，蜚廉善走，父子俱以材力事殷纣。周武王之伐纣，并杀恶来。是时蜚廉为纣石北方，还无所报，为坛霍太山而报。得石棺，铭曰："帝令处父不与殷乱，赐尔石棺。"

以华氏死，遂葬于霍太山。蜚廉复有子曰季胜。季胜生孟增，孟增幸于周成王，是为宅皋儿狼（傅斯年按：《赵策》，"智伯之赵，请皋狼之地。"盖知伯自大，故请人之皋狼。在汉为县。曰"宅皋狼"者，谓居于皋狼）。皋狼生衡父，衡父生造父。造父以善御幸于周缪王，得骥温骊骅骝騄耳之驷。西巡狩，乐而忘归。徐偃王作乱，造父为缪王御，长驱归周以救乱。缪王以赵城封造父，造父族由此为赵氏。自蜚廉生季胜已下五世至造父。别居赵，赵衰其后也。恶来革者，蜚廉子也，早死，有子曰女防。女防生旁皋，旁皋生太几，太几生大骆，大骆生非子。以造父之宠，皆蒙赵城，姓赵氏。非子居犬丘，好马及畜，善养息之。犬丘人言之周孝王，孝王召使主马于汧渭之间，马大蕃息。孝王欲以为大骆适嗣。申侯之女，为大骆妻，生子成，为适。申侯乃言孝王曰："昔我先郦山之女，为戎胥轩妻，生中潏。以亲故，归周，保西垂。西垂以其故和睦。今我复与大骆妻，生适子成。申骆重婚，西戎皆服，所以为王。王其图之。"（傅斯年按：周人惯呼殷人曰戎，"戎商必克""殪戎殷"，皆其证。则称胥轩为戎者，当亦因其为东方族类也。嬴姓[费氏]为商人置之西垂后，婚于西戎之姜姓，[申为姜姓，则郦山氏亦当为姜姓。]所生之子，在殷周之末，以母系故，归顺周人。所谓"西垂和睦"者，此其义也。）于是孝王曰："昔柏翳为舜主畜，畜多息，故有土，赐姓嬴。今其后世亦为朕息马，朕其分土为附庸，邑之秦，使复续嬴氏祀。"号曰秦嬴，亦不废申侯之女子为骆适者，以和西戎。秦嬴生秦侯。（傅斯年按：秦史记未与六国同亡，太史公所记秦之先世必有所本，且此说正与少皞之其他传说相合。纵使秦有冒充之嫌，其由来已旧矣。）①

《赵世家》：赵氏之先，与秦共祖。至中衍，为帝大戊御。其后世蜚廉，有子二人，而命其一子曰恶来。事纣，为周所杀，其后为秦。恶来弟曰季胜，其后为赵。季胜生孟增，孟增幸于周成王，是为宅皋狼。皋狼生衡父，衡父生造父，造父幸于周缪王。造父取骥之乘匹与桃林盗骊骅骝騄耳献之缪王。

① 傅斯年：《民族与古代中国史》，上海：上海三联书店，2017年，第55—56页；《史记》，北京：中华书局，2006年，第29—30页；

缪王使造御，西巡狩，见西王母，乐之忘归。而徐偃王反，缪王日驰千里马，攻徐偃王，大破之。乃赐造父以赵城，由此为赵氏。①

《史记》的上述记载和傅斯年先生的按语，可以说明以下几个问题：

颛臾风国是秦嬴之祖国。《史记》记载秦之先是帝颛顼之苗裔，颛顼诞生之地和封君之地即颛臾风国。女修吞玄鸟之卵生大业，笔者考证玄鸟即蒙氾之雉鸡，颛臾风国是秦嬴之祖国。

蒙阴 "虞" 地是虞舜赐伯益 "嬴氏" 之地。《史记》记载虞舜命伯益 "主虞，驯鸟兽"，并赐其姚姓玉女和嬴氏。笔者认为 "虞" 即《山海经》中的君子国之神 "天吴"，是蒙阴叟虎寨山，姚姓玉女即舜（有虞氏，姚姓）帝之女，也是蒙阴之女（《说文》《类篇》：蒙，王女也，玉女也），颛臾风国是伯益的封地，是得嬴氏之地，也是顾颉刚先生所言的 "嬴姓与姚姓通婚之地"：

舜把 "姚姓之玉女" 嫁给大费，这事固为别处所未见，但我们已知道舜是 "东夷之人"，他姓姚，似乎在鸟夷中姚和嬴是通婚的两个支族。②

蒙阴北邻 "嬴" 是伯益之子大廉的封地。伯益之子大廉，实 "鸟俗氏"，其玄孙中衍之后 "遂世有功，以佐殷国，故嬴氏多显，遂为诸侯"。笔者认为，大廉为伯益之长子，必居于伯益 "主虞" 之地，也就是虞舜、伯益共同的祖地——颛臾风国，随着大廉一族的兴盛，其封地到达蒙阴以北 "嬴" 地。也就是说 "嬴" 是伯益嬴氏之北裔。

蒙阴南邻 "费" 是伯益之子若木的封地。伯益之子若木，实费氏，若木玄孙费昌。傅斯年说 "鲁有费邑，当即费氏之故居"，笔者认为，"若木" 取自 "若水"（蒙阴桑泉水）的发源地——蒙阴西南五女山（史称 "冠石山"）之桑木。"费" 是伯益嬴氏之南裔。

秦嬴和赵氏是伯益之子大廉（鸟俗氏）的后裔。大廉玄孙曰孟戏，中衍。中衍之后，遂世有功，以佐殷国，故嬴姓多显，遂为诸侯。其玄孙中潏，

---

① 傅斯年：《民族与古代中国史》，上海：上海三联书店，2017 年，第 56 页；《史记》，北京：中华书局，2006 年，第 284 页。

② 顾颉刚：《鸟夷族的图腾崇拜及其氏族集团的兴亡》，《史前研究》2000 年。

在西戎，保西垂。中潏生蜚廉，蜚廉是秦嬴和赵氏共同的祖先。

司马迁所记《秦本纪》必有所本。秦始皇"焚书坑儒"使六国的史书毁于一旦，但秦始皇不可能把自己的史书也焚毁，所以司马迁在写《史记·秦本纪》时，必然见到了秦国《史记》，而且《秦本纪》所记与少皥的其他传说相符合。因此，《秦本纪》所记是可信的。

（二）现代学者依据考古材料证实秦嬴西迁的过程

关于"嬴氏"的西迁是一个很古老的话题，最早可以追溯到夏代。除了傅斯年先生的上述论述外，还有很多专家学者依据史料记载和出土文物，证实了"嬴秦"共经历了两次大规模的西迁过程。

嬴氏的第一次西迁发生在商代后期。伯益是东夷部落的首领，殷商也是东夷的后裔，嬴姓后裔多为殷商诸侯，成为显族，移民到了关中、陇西地区，这些地方商文化的出现，就是这一历史最好的佐证。

对于西垂的理解，历来众说纷纭。王国维《秦都邑考》认为："西垂殆泛指西土，非一地之名。"[①] 殷商的势力范围主要是中原地区，王洪军在《新史料发现与"秦族东来说"的坐实》一文中说："就商人的西部而言，在陕西东部和山西西部即吕梁山和伏牛山一线大抵不错。中潏保殷之西陲，便在这一线以西。"[②]

从《史记》记载和学者的论述来看，嬴氏的第一次西迁是为殷商开拓疆土，是主动西迁。秦嬴的第二次西迁是在"周武王伐纣"和"周公东征"之后。由于"嬴氏"参与了周初"武庚叛乱"，引发了"周公东征"，平定叛乱后，"嬴秦"被迫从祖地西迁，这次西迁带有发配边疆的性质。

《史记·周本纪》："封商纣子禄父殷之馀民。武王为殷初定未集，乃使其弟管叔鲜、蔡叔度相禄父治殷。……武庚作乱，畔周。周公奉成王命，

---

① 王国维：《观堂集林》卷12，第529页；参见王洪军：《新史料发现与"秦族东来说"的坐实》，《中国社会科学》2013年第2期。

② 王洪军：《新史料发现与"秦族东来说"的坐实》，《中国社会科学》2013年第2期。

伐诛武庚、管叔，放蔡叔。"①周武王伐纣之时，蜚廉的儿子恶来在东方，所以被周武王杀死，或者在"周公东征"之时被杀。而恶来之父其时还在北方，所以没有参与殷乱，得以保全了嬴氏家族，成为后来秦嬴和赵氏的祖先。

《孟子·滕文公下》："周公相武王诛纣、伐奄，三年讨其君，驱飞廉于海隅而戮之。"②

顾颉刚先生说，我们在这儿可以知道恶来是纣的近臣，故在武王伐纣时即已被杀；其父飞廉则直至周公东征的最后阶段，才被赶到海边去杀了。《孟子》的这段话与《史记·秦本纪》不符合，我们可以猜想：造父封于赵城，北距霍山不远，因为飞廉是赵的直系祖先，所以赵人就替他装点古迹于霍山，说他独得天佑，寿终在这里，至于恶来则是他们的旁系亲属，就不妨实说他被杀死了。按飞廉是秦和赵的直系祖先，飞廉既被驱、被戮，他的子孙就必然被赶走。③

2008年，清华大学收藏了一批战国竹简，通常称为"清华简"，通过对竹简的保护和整理，初步估计清华简包含书籍63篇。④李学勤先生在《清华简关于秦人始源的重要发现》一文中说：

清华简《系年》第三章有具体记载："飞历（廉）东逃于商盍（盖）氏。成王伐商盍（盖），杀飞历（廉），西迁商盍（盖）之民于邾，以御奴之戎，是秦先人。"⑤

这一条记载是非常重要的史料，它记载了平定"武庚叛乱"和将"秦人"西迁这两件大事的全过程。"飞历（廉）"即蜚廉，是大费嬴氏的宗室后裔，西周初期，飞历参与了商纣王之子武庚叛乱，被周成王所杀，其嬴氏后裔被迫西迁远离了嬴氏的祖地。

① 《史记》，北京：中华书局，2006年，第20页。
② 方勇译注：《孟子》，北京：中华书局，2010年，第120页。
③ 顾颉刚：《鸟夷族的图腾崇拜及其氏族集团的兴亡》，《史前研究》2000年00期。
④ 李学勤：《清华简九篇综述》，《文物》2010年第5期。
⑤ 李学勤：《清华简关于秦人始源的重要发现》，宋镇豪主编：《嬴秦始源》，北京：中国社会科学出版社，2013年，第2页。

二、陕甘地区伏羲与五帝传说源于东方秦赢故里

甘肃天水一带，自秦汉以来关于华胥氏和伏羲、女娲的传说盛行，伏羲文化浓厚，有诸多与之有关的地名遗存，最典型的当为"雷泽"与"成纪"，这些传说与地名实际上是秦赢西迁，族迁名随所致。

（一）甘肃天水是赢氏"居犬丘，好马及畜"之地

甘肃天水在夏商时期属雍州，土地肥沃，水草丰茂，又有盐井，是非常理想的繁畜之地。周孝王时伯益之后裔非子"居犬丘"，为周天子养马有功被封于秦，秦即后世的秦亭，是天水辖区见于史籍的最早地名。

《史记·货殖列传》："天水、陇西、北地，上郡与关中同俗，然西有羌中之利，北有戎翟之畜，畜牧为天下饶。"[1]

卫聚贤先生在《中国民族的来源》中也说："赵在山西赵城，秦在甘肃天水，楚在湖北宜昌，三者距离甚远，但系一个民族，原在山东、河北之间，其南去为楚，初居河南辉卫附近，再至许昌，再至南漳。其西去的至山西太原，由太原南下至赵城的为赵。由太原西去经渭汧而至甘肃天水的为秦。"[2] 杨东晨在《东夷的发展与秦国在西方的复位》一文中说："而赢秦亦以其不屈不挠的精神和擅长养马的特长，终于赢得了周王的封赏，得以重新起用。"[3]

从《史记》记载和学者们的论述可知，赢姓后裔已经迁徙到了甘肃天水犬丘，继续保持并进一步发挥了其先祖"驯鸟兽"的看家本领，"好马及畜，善养息之"，周孝王听说之后，召其在汧渭河流域为天子养马，结果"马大蕃息"，不但养出了好马，而且保持了犬丘和汧渭河流域边疆的安定。

犬丘，即"西犬丘"，是先秦古地名，位于甘肃礼县。西周时，秦国先祖非子所居。据研究，犬丘的地名是随族而走的，"由山东曹县、河南永城县的犬丘，到陕西兴平、甘肃的犬丘，这正是畎夷由我国东方移至我国西

---

[1] 《史记》，北京：中华书局，1982年，第3262页。

[2] 卫聚贤：《中国民族的来源》，《古史研究》第三辑，上海：上海商务印书馆，1934年，第49—51页。

[3] 杨东晨：《东夷的发展与秦国在西方的复位》，《中国民族学院学报》1989年第5期。

方所走过的足迹"。① 东汉郑玄《毛诗·秦谱》云："周孝王使其末孙非子养马於汧渭之间。"汧音千，汧水，今千河流域，发源于甘肃天水市张家川，经千阳县，至陈仓区，入渭水即为渭河。

图 3-16　古代西犬丘与秦汉时期天水、秦安位置

1971 年底，甘肃礼县永兴乡蒙张村掘得一秦墓葬群，在出土文物中，最具历史价值的便是"天水家马鼎"。鼎的盖表、腹上部各阴刻篆隶书十三字："天水家马鼎容三升并重十九斤"，该器被专家学者考证为秦器，"天水家马"鼎的铭文是"天水"一词的第一次出现，由此，"天水"一名的产生至晚可上推到秦代。②

《汉书·百官公卿表》：太仆、秦官，掌舆马，有两丞，属官有大厩、未央、家马三令，各五丞一尉……武帝太初元年，更家马为挏马。③

汪受宽在《两汉凉州畜牧业述论》一文中说："汉代，出于对巴马，尤其是战马的需要，对官营畜牧业，实行太仆—牧师令—牧师苑三级管理。有大厩、未央、家马三令下辖的家马系统，专供皇帝私用。……西汉时在

---

① 段连勤：《关于夷族西迁和秦嬴的起源地族属问题》，《先秦史论文集》，《人文杂志》1982 年增刊。

② 晏波、雍际春：《天水家马鼎的年代及其用途》，《文物世界》2013 年第 2 期。

③ 《汉书》，北京：中华书局，2007 年，第 104 页

天水郡有牧师苑名流马苑，汉简中有骊靬苑之名，如：'……公乘，番和宜便里，年卅三岁，姓吴氏，骊靬苑斗食啬夫，乃神爵二年三月辛……'。此骊靬苑亦应为牧师苑。"①

从《汉书》记载、考古发现和学者论述来看，秦时、汉代尚有"吴氏"主管为皇室养马的骊靬苑，笔者认为汉袭秦制，汉代的家马令、骊靬苑等即源于嬴氏"居犬丘，好马及畜"。

（二）秦嬴"复续嬴氏祀""祠上帝西畤"于天水

嬴氏的宗子后代"非子"继承了祖先"主虞"管理山泽"驯鸟兽"的传统，所以得到了周孝王的器重，因此"邑之秦，使复续嬴氏祀"。天水成为嬴姓封邑，复续嬴氏祭祀伏羲的传统，号曰"秦嬴"。笔者认为，"邑之秦，使复续嬴氏祀"的含义，就是复续嬴氏在颛臾之地祭祀始祖太皞、颛顼、伯益的职责和习俗。

嬴姓西迁至秦地，成为秦地的主流族群，将东方传说、伏羲文化和祭祀太皞、少皞的传统带到了秦地。这个说法还可以从《史记·秦本纪》中得到进一步证实。

《史记·秦本纪》：庄公居其故西犬丘，生子三人，其长男世父。世父曰："戎杀我大父仲，我非杀戎王则不敢入邑。"遂将击戎，让其弟襄公。……西戎犬戎与申侯伐周，杀幽王郦山下。而秦襄公将兵救周，战甚力，有功。周避犬戎难，东徙雒邑，襄公以兵送周平王。平王封襄公为诸侯，赐之岐以西之地。曰："戎无道，侵夺我岐、丰之地，秦能攻逐戎，即有其地。"与誓，封爵之。襄公于是始国，与诸侯通使聘享之礼，乃骊驹、黄牛、羝羊各三，祠上帝西畤。②

从以上引文中可以得知，周平王封秦襄公为诸侯，并赐之岐以西之地，从秦襄公时开始称国，并开始在"西畤"（秦地，天水一带）祭祀包括太皞在内的上帝。也就是说在秦襄公立国之前，西畤乃狄戎之地，根本不可

① 汪受宽：《两汉凉州畜牧业述论》，《敦煌学辑刊》2009 年第 4 期。
② 《史记》，北京：中华书局，2006 年，第 30 页。

能有祭祀太皞等上帝的习俗。因此，天水、成纪一带祭祀太皞伏羲、女娲以及五帝的习俗是随着秦嬴西迁带去的。

《史记·封禅书》：（汉高祖）问："故秦时上帝祠何帝也？"对曰："四帝，白、青、黄、赤帝之祠。"高祖曰："吾闻天有五帝，而有四，何也？"莫知其说。于是高祖曰："吾知之矣，乃待我而具五也。"乃立黑帝祠，命曰北畤。[①]

白帝是少昊，青帝是太皞伏羲，黄帝是轩辕黄帝，赤帝一般称作炎帝，黑帝是颛顼帝。从《史记·封禅书》中汉高祖刘邦的语言之中，我们可以得知，秦时祭祀的上帝包括太皞、少昊、黄帝、炎帝还有颛顼帝，这五帝均出自东夷，而且大部分都出自嬴氏的祖地东蒙一带，因此，嬴氏西迁至西垂秦地之后"复续嬴氏祀""祠上帝西畤"。嬴姓迁秦，主导了秦地的政治、社会、经济和文化，其祭祀习俗也成为了官方行为，故甘肃天水祭祀太皞伏羲的习俗风行，伏羲庙众多。

（三）蒙氏自齐事秦进一步扩大了东方文化的影响

除了秦嬴氏在殷商时期和西周初期西迁至山西、甘肃、陕西一带，将东方的伏羲文化与五帝传说随迁而去之外，战国时期世居蒙阴，与秦嬴同祖同源的蒙氏投奔秦国，在秦国和天水一带成为屈指可数的望族，从而进一步扩大了东方文化在当地的影响。

《史记·蒙恬列传》：蒙恬者，其先齐人也。恬大父蒙骜自齐事秦昭王，官至上卿。秦庄襄王元年，蒙骜为秦将……骜子曰武，武子曰恬。恬尝书狱典文学。始皇二十三年，蒙武为秦裨将军，与王翦攻楚，大破之，杀项燕。二十四年，蒙武攻楚，虏楚王。

始皇二十六年，蒙恬因家世得为秦将，攻齐，大破之，拜为内史。秦已并天下，乃使蒙恬将三十万众北逐戎狄，收河南。筑长城……暴师于外十余年，居上郡。是时蒙恬威振匈奴。始皇甚尊宠蒙氏，信任贤之，而亲近

---

① 《史记》，北京：中华书局，2006年，第168页。

蒙毅，位至上卿，出则参乘，入则御前，恬任外事而毅常为内谋，名为忠信，故虽诸将莫敢与之争焉。①

《史记·白起王翦列传》：秦始皇二十六年，尽并天下，王氏、蒙氏功为多，名施于后世。②

"蒙"姓发源于蒙阴，兴盛于甘肃安定郡，这一史实在司马迁所著的《史记》和《蒙氏族谱》中均有记载。蒙姓是伏羲太皞风姓、黄帝姬姓和颛顼帝的后裔，世居蒙阴，司太皞之祀，与秦嬴同祖，因此才"自齐事秦"。从蒙姓宗祠通用联也可以得知蒙姓的发源与郡望，"望出安定，姓启蒙山""隆基西渭，肇祀东蒙""望出天水，源自蒙域"。

三、秦嬴西迁将东方地名随迁至秦地

秦嬴和蒙姓的西迁，不仅带去了伏羲文化和东方五帝传说，而且将东方祖地的主要山川和重要地名带到了秦地，其中就包括秦国先祖非子所居"犬丘"。③

顾颉刚在《鸟夷族的图腾崇拜及氏族集团的兴亡》④一文中说："嬴秦起源于东方"。秦、赵族属于鸟夷，飞廉这个人，虽然他的时代已到了商末周初，而传下来的他的形状也还是一头鸟。他的子孙非子迁到了渭水流域，为周孝王养马，受封于秦。善于御车的造父，因御周穆王西征有功，被封于汾水流域，是为赵氏。"赵"的一名，恐与郯子所说的"伯赵氏，司至者也"有关，即是以伯劳鸟作为图腾的民族。从这里可以知道，从东方驱走的飞廉一族，秦的一系长期住在今陕西和甘肃，赵的一族始终住在今山西。又可以知道，"秦"本是东方的地名，随着移民而迁到西方，一样地生了根，再也迁不走了。

---

① 《史记》，北京：中华书局，2006 年，第 531 页。
② 《史记》，北京：中华书局，2006 年，第 454 页。
③ 段连勤：《关于夷族西迁和秦嬴的起源地族属问题》，《先秦史论文集》，《人文杂志》1982 年增刊。
④ 顾颉刚：《鸟夷族的图腾崇拜及氏族集团的兴亡》，西安：三秦出版社，2000 年，第 214 页。

除了学者们论述的山水地名之外，还有很多秦嬴故里的山川之名也迁移到了陕甘一带。如"华山""吴山""沂水""桃林""成纪"等。

《汉书·地理志》中记载秦内史（渭南郡）有华阴和沂水，《水经注》中记载华阴在华山之阴。而在《汉书·地理志》中记载蒙阴一带有"华县"，《东观汉记·承宫》中记载蒙阴有山名"华阴山"，《水经注》中记载东汶河流经蒙阴山（华阴山）注入沂水。

《汉书·地理志》京兆尹，故秦内史，高帝元年属塞国，二年更为渭南郡，九年罢，复为内史。……华阴……沂水出蓝田谷，北至霸陵入霸水。[①]

《水经注》：（渭水）又东过华阴县北，……春秋之阴晋也，秦惠文王五年，改曰宁秦，汉高帝八年更名华阴。王莽之华坛也。县有华山。山海经曰：其高五千仞，削成而四方，远而望之，又若华状，西南有小华山也。[②]

《东观汉记·承宫》：承宫，字少子，琅邪姑幕人。……承宫遭王莽篡位，天下扰攘，……建武四年，将妻子之华阴山谷，耕种禾黍，临熟，人就认之，宫悉推与而去，由是显名。"注："华阴山谷，范晔《后汉书·承宫传》作蒙阴山，蒙阴为泰山郡属县，境内有蒙山。[③]

对比上面的引文，可知秦地与东蒙都有华阴和沂水。关于华山的来历，《水经注》说是因为远望若华状，意思是说西岳华山因为其诸峰像一朵莲花而得名。古有华胥氏，其"华"也被认为与早期花崇拜有关。[④]蒙山周围有诸多的以"华"命名的地名，汉代有"华县"，蒙阴城南与虎头崖相邻的一座山现称"蒙阴山"，古称"华阴山"。[⑤]顾名思义，此山位于蒙山（华山）以北故称"蒙阴山""华阴山"。笔者认为"华"字源于东方

---

① 《汉书》，北京：中华书局，第282页。

② 陈桥驿校证：《水经注校证》，北京：中华书局，2013年，第447页。

③ 《东观汉记校注》，北京：中华书局，2008年，第541—542页。

④ 黄怀信：《华夏本义考》，《中原文化研究》2013年第2期。

⑤ 《东观汉记校注》，北京：中华书局，2008年，第541—543页；陈桥驿：《水经注校证》，北京：中华书局，2013年，第580页。

君子之国"薰华草",秦地的"华山""华阴山"源于东方君子国之"华山""华阴山"。

位于陕西宝鸡市陈仓区的吴山,又称吴岳、岳山,被认为是周初时的国之西岳。郑玄注《周礼·大司乐》五岳:岱在兖州,衡在荆州、华在豫州,岳在雍州,恒在并州。此处雍州之"岳山"即吴山。周迁都洛阳后,华山被立为西岳,吴山岳号被夺。唐上元二年,改吴山为华山,华山为泰山,华州为泰州,华阴县为泰阴县。[①]据沈寿程在《隋唐时期的吴山信仰》一文中说,吴山之神是蒙恬,陇州一带正是他生前活跃的地区之一。[②]笔者认为,宝鸡之"吴山"在蒙恬生前活跃的地区,"吴山""吴岳"之名,及对其崇拜即源自于蒙恬故里——东方君子之国的"天吴",因此蒙恬死后成为了"吴山"之山神。吴山所在的雍州、凤翔也正如顾颉刚先生所言,是嬴氏西迁从东方带过去的地名。

顾颉刚先生还对《散氏盘铭》进行了研究,找出了"雍"和"淮"是一字形变的证据,断定陕西省凤翔县境内的"雍山""雍水"包括"凤翔"之名源自于东方。他说"雍水"本即"淮水":

这条水之所以名"淮",即是表示秦族本居淮水流域,他们这一族迁到渭水流域的凤翔,是在作《散氏盘》(《散盘》,郭沫若定为厉王时代作)之前,这些秦人已经把这条出于凤翔流至周至的水称为"淮水"了。为了秦人住在那里有根深蒂固的历史,所以《禹贡》的作者就规定了西河到黑水的这一区域的名称为"雍州"。他万万想不到"雍"即是"淮",这个水名和邑名都是在周公东征之后原来居于淮水流域的鸟夷族西徙后的新名词,在传说的大禹时代是不可能存在的。为着东方民族的大迁徙,恶来这一族被迫迁移到渭水流域,于是本在东方的"淮水"一名西迁了,东方民族所崇奉的上帝和祖先神少皞也西迁了。甚至后起的"凤翔"这个地名也很可能由于秦人的"高祖少皞挚之立也,凤鸟适至"及"凤鸟氏,历正也"

---

① 《新唐书》,北京:中华书局,1975年,第968页。

② 沈寿程:《隋唐时期的吴山信仰》,《南方文物》2019年第3期。

这些古老的传说而来。这同是不忘其本的民族意识的一种深刻的表现。

从《散氏盘铭》的铭文看，包含着"矢""虞""虎"的字样（见图3-17）。

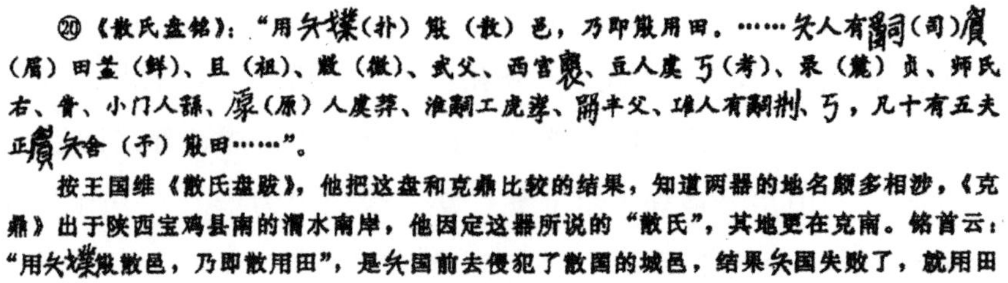

⑳《散氏盘铭》："用矢樸（扑）散（散）邑，乃即散用田。……矢人有嗣（司）虞（眉）田芑（鲜）、且（祖）、敞（微）、武父、西宫襄、豆人虞丂（考）、录（麓）贞、师氏右、曾、小门人禄、原（原）人虞芬、淮翻工虎孳、爾丰父、堆人有嗣荆丂，凡十有五夫正虞矢含（予）散田……"。

按王国维《散氏盘跋》，他把这盘和克鼎比较的结果，知道两器的地名颇多相涉，《克鼎》出于陕西宝鸡县南的渭水南岸，他因定这器所说的"散氏"，其地更在克南。铭首云："用矢樸散散邑，乃即散用田"，是矢国前去侵犯了散国的城邑，结果矢国失败了，就用田

图 3-17　顾颉刚先生论文截图

柳诒徵先生认为"矢"即"吴"即"虞"，笔者认为，这无不与君子之国的"吴""虞"、虎头崖有关。其叙述的可能就是祖居地发生的一个故事，"矢"即颛臾凤国之"天吴"，"淮"即是"四渎"之一的"南为淮"，也就是发源于蒙阴西南"冠石山"南侧的泗水（现淮河支流的源头）。

关于宝鸡市凤翔县之名的来历，宝鸡文理学院历史文化与旅游系主任、西凤市民大讲坛主讲人高强说：

在宝鸡地区发展壮大的秦朝，……传说秦人的祖先是吞了鸟蛋出生的，其第二代祖先大费曾为舜"调驯鸟兽，鸟兽多驯服"。大费的儿子大廉"实鸟俗氏"，大廉的玄孙孟戏、中衍"鸟首人言。"《列仙传》中曾记载："萧史教弄玉吹箫，作凤凰声，凤凰来，止其屋。秦穆公为做凤台。一旦，皆随凤飞去。"这就是著名的萧史弄玉的故事，凤翔因此而得名。[①]

王献唐先生在《炎黄氏族文化考》中说：

蒙族所居之山，既为蒙山，族姓散居他山，亦得沿例而名蒙山。故山西太原县西北亦有蒙山，江西新喻北亦有蒙山，湖北荆门县西、四川雅安县界、广西蒙山县、云南临安县均有蒙山，皆族迁名随，故异地同名，非偶然巧合。……族之所在，地名随之，山水之称，与以俱起，故凡蒙地所在，

---

① 李波：《宝鸡：一座以凤凰为图腾的城市》，《宝鸡日报》2010年12月3日。

即蒙族所在；执地求族，其分布之情势，若指诸掌。[1]

四、巴人和三苗的祖先是伏羲太皥和颛顼

学者们通过对西南地区诸多少数民族迁徙史的研究，发现西南地区的少数民族中流传的"洪水故事"与"兄妹结婚传说"就是伏羲女娲传说，"九黎""三苗"是伏羲太皥的后裔，是西南地区少数民族的祖先，这一结论《山海经》中早有记载，现代考古发现和西南地区少数民族的心史传说也有证明。胡厚宣在《楚民族源于东方考》一文中认为"昊"字金文从天，故"昊"字有"天"意。

东方民族共推其君主为"昊"，即以其为代表太阳之人。"昊"字后又变为"皇"字。……其象太阳之形益显。故太昊亦称"泰皇"，《楚辞》之"东皇""西皇"亦即太昊、少昊；后演变为"三皇"，又演变为所世"皇帝"之通称。知太昊、少昊为传说中之东方帝王，而其所代表乃太阳之意，则东方民族之崇拜太阳可知。[2]

笔者认为，传说中的黄帝与蚩尤之战，实际上是东夷族群内部的帝位争夺战，失败之后蚩尤族群向西南方向迁徙，先期到达楚荆地区，后来发展扩散至整个西南地区，这个族群称"三苗九黎"。

（一）《山海经》中的巴人、苗民出自太皥和颛顼

"巴人"和"苗民"的称谓最早出现在《山海经》中，《尚书》《吕氏春秋》等书中也有记载。

《山海经·海内经》：西南有巴国。大皥生咸鸟，咸鸟生乘釐，乘釐生后照，后照是始为巴人。……有赢民，鸟足。有封豕。有人曰苗民。有神焉，人首蛇身，长如辕，左右有首，衣紫衣，冠旃冠，名曰延维，人主得而飨食之，

---

[1]　王献唐：《炎黄氏族文化考》，青岛：青岛出版社，2006 年，第 296—297 页。

[2]　顾颉刚：《鸟夷族的图腾崇拜及其氏族集团的兴亡》，《古史研究》2000 年。

伯天下。【注释】巴国：郭璞云："今三巴是也。"①

《山海经·海内经》先是说太皞是西南巴蜀之地的巴人的祖先，又接着说"有嬴民，鸟足。有封豕"，笔者认为，"嬴民"即伯益"主虞"的嬴氏之"嬴民"，"鸟足"是指蒙阴盆地中的"鸟脚类恐龙足迹化石"，"有封豕"是说蒙阴一带有大野猪。

"有人曰苗民。有神焉，人首蛇身，长如辕，左右有首，衣紫衣，冠旃冠"，与《山海经》记载的"君子之国，衣冠带剑，工虫在其北，各有两首"异曲同工，都是指蒙阴颛臾风国北部的"青龙山"，"人首蛇身"显然是指太皞（伏羲）和女娲。

《山海经·大荒北经》：西北海外，黑水之北，有人有翼，名曰苗民。颛顼生驩头，驩头生苗民，苗民釐姓，食肉。有山名曰章山。【注释】郭璞云："三苗之民。"②

从《大荒北经》记载来看，颛顼之后裔苗民在"章山"，郭永秉先生在《楚地出土战国文献中的传说时代古帝王系统研究》一文中，对上博简《容成氏》简13云："昔（者）舜耕于'髻丘'，陶于河滨……"简文进行了分析研究，并引陈剑先生《上博楚简〈容成氏〉与古史传说》文中提供的一个重要情况：

《山海经·大荒西经》："故成汤铙夏桀于章山，克之。""章山"即"历山"，"章"字应即"帝"字之形误。若然，这就是一个"历山"确可写作"帝山"的例子。

郭永秉先生认为此例恰好证明"章（帝）山"和"髻丘"都只应读为"历山/丘"。③由此可见，"颛顼生驩头，驩头生苗民"之章山，就是舜耕之"历山"。也就是蒙阴叟虎寨山（详见第五章）。从《山海经》的记载和

① 袁珂：《山海经校注》，北京：北京联合出版公司，2014年，第380页。
② 袁珂：《山海经校注》，北京：北京联合出版公司，2014年，第368页。
③ 参见郭永秉：《楚地出土战国文献中的传说时代古帝王系统研究》，上海复旦大学博士学术论文，2006年。

考古发现的材料来看，西南地区的"巴人"和"苗民"的祖先是太皞及颛顼，其祖地即在东方君子之国——东蒙颛臾风国。

（二）以"蒙"自称的苗族是伏羲太皞的后裔

苗族是一个历史悠久、文化厚重的民族，又是一个人口众多、支系繁杂、分布区域广阔的民族，主要世居在贵州、湖南、云南、广西、四川、重庆、广东、海南、湖北、陕西、北京等地，贵州是苗族分布的中心，占苗族人口近一半；黔东南苗族侗族自治州和湘西土家族苗族自治州是苗族主要聚居区域。数千年来，苗族与我国其他55个民族一道，共同缔造了伟大的祖国，共同创造了伟大的中华文明。

石朝江先生认为，苗族有籍可稽的历史已有7000年，是中国最古老的土著居民之一。苗族发祥于我国黄河、长江、淮河的入海处，源自上古时期"东蒙人"伏羲太昊部落，与炎黄时期的九黎部落，尧舜时期的三苗集团，商周时期的荆蛮南蛮，秦汉时期的武陵五溪蛮，有着一脉相承的关系。[1] 石朝江先生长期从事苗族历史文化研究工作，他根据史籍记载、考古发现以及苗族心史传说资料，得出如下结论：

苗族人自称"蒙"，7000年来，自取的族名始终未变，自认为是东蒙人的后裔，祖先"来自东方"。经过众多学者专家上百年的研究，从大量的史籍记载、考古发现、民族心史传说和民俗印证中也基本可以做出如斯论断。

东蒙人创造的文化已有诸多考古发现，比如：距今约8200—7800年前的后李文化（主要分布在今山东泰沂山系北侧）起，历经北辛文化（距今7300-6400年，主要分布在今山东滕州一带）、河姆渡文化（距今6800年，主要分布在今浙江余姚一带）、大汶口文化（距今6500年，主要分布在今鲁西南和苏北一带）、良渚文化（距今5500年，主要分布在今浙江杭州余

---

[1] 石朝江：《上古的记忆——苗族》，上海：上海锦绣文章出版社，上海文化出版社，2020年，第37页。

杭一带）、龙山文化（距今约 4500 年，主要分布在今黄河中下游地区）等，这些都是上古时期东蒙人所创造出来的不同历史阶段的文化。[①]

石朝江先生在对苗族历史文化深入研究后认为，伏羲是东蒙人族团的首领或酋长。东方夷族、夷人，实际上就是距今 7000 年左右的东蒙人。

（三）苗族"洪水故事"与伏羲、女娲传说

伏羲与女娲兄妹结为夫妇造人的传说，在中国可以说是家喻户晓。石朝江在对苗族三大方言区广泛流传的苗族创世神话《洪水故事与兄妹结婚》的资料进行采集的基础上，引用历史学家的相关论述，认为伏羲与女娲传说是苗族的创世神话。

闻一多在《伏羲考》中，采集了近 50 则西南少数民族关于伏羲、女娲在洪水过后兄妹结婚再造人类的故事和民俗资料，并加以语音训诂，证明伏羲是苗族的祖先神。

民族史家马长寿在《苗瑶之起源神话》中认为：中原神话中的伏羲与女娲原为楚籍，是苗族创世之祖。

人类学、民族学家芮逸夫在《苗族洪水故事与伏羲、女娲的传说》：现代的人类学者实地考察，才得到这是苗族传说。据此，苗族全出于伏羲与女娲。

神话学家袁轲在《中国神话传说》中考证说：伏羲是我们祖宗里一位很有名的人物。传说他和女娲本是兄妹，或者竟是夫妇。这种传说，可说是由来已古，证之于汉代的石刻画像与砖画和西南地区苗瑶侗彝等少数民族民间流行的传说，更足相信。

少数民族史研究学者侯哲安考证说：苗族的远祖先人与伏羲女娲有密切的关系。伏羲女娲都是传说人物。甲骨文、金文没有记载。直到战国时期著作中才把这一传说人物记录下来，而有关的少数民族如苗族、瑶族则

---

① 石朝江：《上古的记忆——苗族》，上海：上海绵绣文章出版社、上海文化出版社，2020 年，第 39 页。

一直流传着他们的故事。这种传说不是没有根据的……江汉流域和西南地区少数民族流传的洪水故事，以苗族、瑶族最为普遍。……苗、瑶等族的洪水故事，正是伏羲女娲传说在少数民族中流传的反映。

苗族三大方言区都广泛流传着《洪水故事与兄妹结婚》的神话传说，黔北《芦笙文化》开篇即为："盘古开天地，洪水滔天……伏羲女娲制人伦。"这就说明在上古时期，苗族还居住在东方时，就已经产生了洪水故事与兄妹结婚的传说。[①]

（四）凿齿、鸟崇拜、羽民在南方民族中的遗存

"凿齿"现象常见于大汶口文化墓葬中，是大汶口先民的习俗，随着大汶口文化向南扩散，即东夷中的"巴人"和"三苗"族群的南迁，这一习俗也影响到了南方，至今贵州等地少数民族仍然保持着这一传统。"凿齿"始见于《山海经》中，证明了《山海经》的内容并非荒诞不经。

《大荒南经》："有人曰凿齿，羿杀之。"[②]

《海外南经》："羿与凿齿战于寿华之野，羿射杀之，在昆仑虚东……。"[③]

"凿齿"在昆仑虚东，也就是在蒙阴叟虎寨山以东，这里是大汶口先民的"桑梓之地"。陈天俊在《〈山海经〉与先秦时期的南方民族》一书中说：

贵州仡佬族的打牙习俗，在《山海经》中找到了历史渊源。……《淮南子·本经训》云："尧乃使羿诛凿齿于畴华之野。"同书《坠形篇》亦有"凿齿民"。凿齿之俗，在原始社会即已出现。大汶口文化的一些头骨口腔内就被拔去两齿。这种凿齿习俗，被我国南方的一些民族沿袭下来。晋代张华在《博物志》中述道："荆州极西南界至蜀，诸民曰僚子，……既长，皆拔去上齿各一，以为身饰"。……而与羿有过争战的部落，可能是东夷的一支。

①　石朝江：《上古的记忆——苗族》，上海：上海绵绣文章出版社、上海文化出版社，2020年，第40—41页。

②　袁珂：《山海经校注》，北京：北京联合出版公司，2014年，第317页。

③　袁珂：《山海经校注》，北京：北京联合出版公司，2014年，第184页。

他们中一些部落在战败后向南、向西迁徙,因而把凿齿习俗带到这些地区,并为其后裔沿袭下来。①

鸟图腾崇拜和羽民、羽人等也是东夷文化的主要特征,陈天俊先生在同一篇论文中,对南方民族中的鸟图腾崇拜和羽饰文化的渊源进行了考证,认为其源头也在东夷地区:

以鸟为图腾的一些东夷部落,逐步移徙到巴国境内,与巴族融合,成为巴国的部族之一。《海内经》说:"西南有巴国。大皞生咸鸟,咸鸟生乘釐,乘釐生后照,后照是始为巴人。""大皞"即"太皞","太皞"是东夷部落。……太皞后裔少皞,便以鸟作图腾。……以虎为图腾的巴人,受鸟崇拜的影响,这反映"降处于巴"的"大皞"后裔,成为"巴人"之一部分,壮大了巴国的势力,使这个在商代即见于甲骨文的巴国,在商末周初成为了中原南部四大势力之一。

……《山海经》还多处记载"羽民国"及其饰羽的习俗,《海外南经》称"羽民国",《海内西经》称"羽民",《大荒南经》称"羽民之国"。……《山海经》中描述的以羽作装饰,在南方民族中尤为普遍。……可能是《海外南经》"其人长头,身生羽",《大荒北经》"有人有翼,名曰苗民"的遗俗。②

陈天俊先生虽然认为"巴人"和"三苗"的鸟图腾崇拜和羽饰文化源于东夷,但却没有研究巴人以虎为图腾的源头所在,笔者认为其源头也在"巴人""三苗"的祖地——叟虎寨山。

五、昆人、叟人和开明、昆明、成都源自君子之国

西南地区少数民族除了以"蒙"自称外,还有以"昆""叟"相称的族群,笔者认为"昆""叟"之名均源于蒙阴"叟虎寨山"。

从全国以虎为名的地域分布来看,当以川西和以川西为中心的西南地区最多。彝族先民曾以虎为图腾,有自命虎族者,如哀牢山彝族以及乌蒙

---

① 陈天俊:《〈山海经〉与先秦时期的南方民族》,《贵州社会科学》1984 年第 4 期。
② 陈天俊:《〈山海经〉与先秦时期的南方民族》,《贵州社会科学》1984 年第 4 期。

山彝族。"哀牢山"在彝语里为"大虎山"之意，"乌蒙山"意即"虎祖的祖先山"。①

段渝在《"古荆为巴"说考辨》②一文中说，虎方首见于武丁时期甲骨卜辞。殷人的祝宗卜史称这一部族为虎方，是因其部族特征而名之。方为方国之意，殷人称方，周人称国。虎，则是这一方国的特征，意为善于捕虎的部族，以田猎为事。西周以后虎方的事迹几乎完全不知，但仍有一部分残留在汉、淮之间，逐渐为淮夷所融合，其后裔至春秋时代便被人们称为"夷虎"，春秋末叶终为楚国所灭。郭沫若曾怀疑虎方即徐方，大约就是因为虎方与徐方地界相近。

老一辈的云南民族史学家方国瑜在 20 世纪 50 年代发表了《略论白族的形成》③一文，他认为，南诏建国以前住在洱海南部的"白蛮"，是由僰道（今四川宜宾）迁来的，这些人主要为僰人和汉人，最后发展为白族。林超民承袭方国瑜白族源于僰人的论点，其在《僰人的族属与迁徙》④一文中，对方国瑜的说法作了阐述和发展，认为西汉时期滇池地区的居民是《华阳国志·南中志》中的"叟人"，又将叟归属于今彝族的先民。王叔武在1985 年发表的《云南少数民族源流研究》⑤一文中认为："叟在南中的分布，根据记载仅有建宁郡和晋宁郡，这是秦汉时期'滇僰'的中心区，亦即滇国在内的'靡莫之属'的所在地。"

《后汉书·刘焉传》：兴平元年，征西将军马腾与范谋诛李傕，焉遣叟兵五千助之。⑥

《尚书正义》：叟者，汉世西南之夷。蜀夷之别名。……是蜀夷有名

---

① 慧绘：《西南先民的虎崇拜》，《文史杂志》2010 年第 1 期。

② 段渝：《"古荆为巴"说考辨》，《贵州社会科学》1984 年第 5 期。

③ 方国瑜：《略论白族的形成》，载于《云南白族的起源和形成论文集》，昆明：云南民族出版社，1975 年。

④ 林超民：《僰人的族属与迁徙》，《思想战线》1982 年第 5 期。

⑤ 王叔武：《云南少数民族源流研究》，《历史研究》1957 年第 4 期。

⑥ 《后汉书》，北京：中华书局，2007 年，第 710 页。

叟者也。①

马曜先生是我国著名的历史学家、民族学家，对云南民族史尤有研究。他在《汉晋时期白族先民族名的演变》一文中认为《华阳国》中的"叟"，在《史记》《汉书》称"劳浸""靡莫"，即滇人，也就是现在的白族人。《尚书正义》中称为"蜀叟"，《后汉书》中曰"后世谓蜀为叟"，证明西汉的"滇"与"昆明"与魏晋时期的"小种曰昆""大种曰叟"有着传承关系。②

马曜先生在《白族异源同流说》③中论证说："叟"的称谓起源很早，叟人原在西北，后迁于蜀。叟人的分布北接天水、略阳，南至巴蜀。在西北称为"氐叟""青叟"，在四川汉嘉、越嶲两郡称为"斯叟"或"徙"的叟人。他们和滇池地区的僰人融合，最后"叟"取代了"僰"之名。三国西晋时，滇东滇中地区成为叟人的世界，称为"叟夷"，其首领则称"叟帅""叟大帅"。巴人与蜀人有密切关系，史籍中往往巴蜀并称，《后汉书·南蛮西南夷列传》说：巴人始祖"廪君死，魂魄世为白虎，巴氏人以虎饮人血，遂以为祠焉。"《蛮书》卷十云："巴氏其祖，击鼓而歌，白虎之后也。"白族先民以虎为图腾，有崇拜虎的习俗。叟人不仅与巴文化，而且与楚文化有密切关系，称其先祖为楚人。楚国令尹子文就是吃虎乳长大的，故乳名"斗榖於（音乌）菟"，"斗"为姓，"榖"为乳，"於菟"为虎。

马曜先生在《云南少数民族中的同流异流和异源同流》④一文中，认为今天云南的 16 个土著少数民族中，只有分布于山区的彝族和主要分布于坝区的白族的先民，在汉晋文献中找到他们的历史名称，如汉代的"昆明"与"滇僰"、魏晋的"昆"与"叟"、唐宋的"乌蛮"与"白蛮"等等。刘弘在《巴虎与开明兽》⑤一文中说，除巴人廪君蛮以白虎为图腾外，蜀人中亦有一支以虎为图腾的民族，那就是统治古蜀国十二世，达 300 余年的开明族。开

---

① 《尚书正义》，上海：上海古籍出版社，2007 年，第 422 页。
② 马曜：《汉晋时期白族先民族名的演变》，《云南社会科学》1997 年第 4 期。
③ 马曜：《白族异源同流说》，《云南社会科学》，2000 年第 3 期。
④ 马曜：《云南少数民族中的同流异流和异源同流》，《广西民族研究》1992 年第 3 期。
⑤ 刘弘：《巴虎与开明兽》，《四川文物》1988 年第 4 期。

明族本为楚人，而楚人称虎谓於菟，吾是於菟的合音，昆仑之丘的开明兽陆吾，实为楚语，意即昆仑山上之虎。

　　陈天俊在《〈山海经〉与先秦时期的南方民族》一文中说："以鸟为图腾的一些东夷部落，逐步移徙至巴国境内，与巴族融合，成为巴国的部族之一。"陈天俊考证说，活动于东夷地区的九夷之一的"畎夷"即"犬夷"。商代，"畎夷"中的一部分西迁，与"戎"人融合，称"犬戎"。"犬戎"（畎夷）又称"昆夷"。《史记》（索隐）云："犬夷"即"昆夷也"。《帝王世纪》云："昆夷（畎夷）伐周（文王），一日三至周之东门，文王闭门修德，而不与战。""昆夷"在战国前期与氐羌族系的其他部落往西南移徙，或又沿其旧称"昆"或"昆明"。"昆明"即"昆夷"，"昆夷"即"畎夷"。"昆明"是黄帝的苗裔。

　　中国社会科学院历史研究所研究员易谋远在《论彝族起源的主源是以黄帝为始祖的早期蜀人》[①]一文中说，彝族是以黄帝为始祖的蜀山氏后裔，昆夷是彝族的另外一支先民，昆夷即昆仑，应是以其所居之古"昆仑山"地名而命族称的。流传在今广西那坡县和云南富宁县彝区的白彝创世古歌《铜鼓歌》一开头就唱道：彝家先辈人，居住在昆仑……古老昆仑山，处处是畜群。昆夷迁徙至西南地区后便在战国、秦汉时期被称为"昆明"。关于彝族的历法，刘尧汉先生在多篇文著中都说，是十月太阳历，乃"渊源于远古虎伏羲氏族部落时代。这就是说，他认定彝族的历数之祖是距今万年前乃至二三万年"的"虎伏羲"。[②]

　　易谋远在《彝族的民族再生始祖笃慕之族属为昆夷试析》一文中直言："颛顼，是古东夷族的一大分支首领。而昆夷，则是颛顼族的后裔。"昆夷和早期蜀人逐渐融合后，在战国秦汉时期称为"昆明"。"昆明"，在隋唐时期又写作"昆弥"。"昆"是族名，"弥"是"明"的一声之转。都是由"昆"这一族称，把他们从东方到西方再到西南，从传说时代的帝颛顼

---

①　易谋远：《论彝族起源的主源是以黄帝为始祖的早期蜀人》，《民族研究》1998年第2期。

②　刘尧汉：《中华彝族十月历和十八月历在世界文明史上的地位》，《炎黄文化与中华民族》，北京：中国人民大学出版社，1996年。

后裔昆吾氏到西北地区的昆夷直到隋唐时期的昆弥，一脉相承联结起来的。唐代史家杜佑称昆弥："其俗与突厥略同。相传云：与匈奴本是兄弟国也。"杜佑此说，出于南诏建国以前，当时昆弥还大略保存了汉代以来的旧俗旧状。彝族先民昆弥相传云其"与匈奴本是兄弟国"之"本"可溯源于古东夷颛顼族后裔的己姓昆吾氏。彝族先民传说，他们的祖先"来自天上"，是"天的儿子"。[①]

可以看出西南少数民族中有"大种为昆，小种为叟"之说，都是以"虎"为崇拜物的外来族群。《山海经》记载："西南有巴国。太皞生咸鸟，咸鸟生乘厘，乘厘生后照，后照是始为巴人。"西南巴蜀地区的少数民族大多是伏羲、女娲和太皞的后裔，其南迁西南地区的原因是黄帝炎帝与蚩尤之间的涿鹿大战。蚩尤一族失败之后，向西南迁徙，成为后来的三苗、九黎。吕思勉先生认为，三苗和九黎其实就是颛顼的子孙后代，昌意娶了蜀山氏的女子为妻，生了颛顼。蜀山就是涿鹿山，是蚩尤氏的故国。[②] 吕思勉先生又说"蜀山氏"在东方，苗民是蚩尤氏的后代。[③]

通过专家学者对西南地区保留至今的地名、族名，以及白族、彝族传说和崇拜习俗的溯源来看，其源头即在东夷，"昆明"源自"昆夷"，"昆夷"源自"昆吾"。"昆夷"与"叟人"同源"昆仑"，其先祖都是东夷颛顼一族，其祖地都在东蒙颛臾风国，"昆仑"与"叟"显然都是指颛臾风国的虎头崖（叟崮、叟虎寨山），"开明国"则源于昆仑之丘"开明兽"陆吾。

《史记·五帝本纪》：舜耕历山，历山之人皆让畔；渔雷泽，雷泽上人皆让居；陶河滨，河滨器皆不苦窳。一年而所居成聚，二年成邑，三年成都。[④]

虞舜诞生于颛臾风国叟虎寨山（虞）下之桃墟，历山、雷泽、河滨皆在蒙阴盆地（详见第五章），上面所言的"成聚""成邑""成都"之地皆在蒙阴。随着虞舜后裔扩散，名随族迁，"成都"便成为了现在的"成都"。

---

① 《西南彝志选》，贵阳：贵州人民出版社，1982年，第46页。
② 吕思勉：《先秦史》，北京：中国文史出版社，2019年，第218—219页。
③ 吕思勉：《先秦史》，北京：中国文史出版社，2019年，第173—174页。
④ 《史记》，北京：中华书局，2006年，第4页。

同样的事例还有伏羲生于"成纪","成纪"随秦嬴西迁成为甘肃的地名（详见后文）。

总之，随着大汶口文化沿沂、沭河向南扩散和巴人、苗民的南迁，除了上述族名、地名随迁之外，沂蒙山区腹地的"江水""若水""赤水"之名也成为了长江及其上游水系之名。

六、"三星堆"文明的文化源头在君子之国、昆仑之丘

三星堆文化的命名，基于 1933—1980、1981 年对四川广汉县三星堆一带若干考古调查和发掘所获资料。1980 年以后的多次发掘中，三星堆遗址考古获得了更加丰富的资料，其中最具震撼力的是 1986 年夏相继发现的两个"祭祀坑"和 20 世纪 80 年代末至 90 年代初发掘并确认的三星堆古城址。大批考古新发现，极大地丰富了三星堆文化的内涵，同时也引起了"三星堆文化"概念的发展演变。

三星堆文化研究涉及面极广，在考古学、历史学、民族学、文化学、艺术以及自然科学等领域都有不少学者加入研究行列。在各个方面都取得了重要进展，新成果不断问世，同时在一些主要问题上也存在不少分歧，如三星堆文化渊源问题，三星堆神树和铜人的文化意蕴等问题，仍然是未解之谜。

笔者认为三星堆文化的源头是大汶口文化，是《山海经》中记载的太皞和颛顼的后裔巴人、苗民南迁之后创造的文化。"三星堆"遗址的神坛、神树、神鸟、神人的原型等诸多问题都会得到合理的解释。

（一）三星堆文化的源头是大汶口文化

三星堆遗址文化年代上限距今 4500 年上下，大致延续至距今 3000 年左右，即从新石器时代晚期至相当于中原夏、商时期。从分期上看，先是把三星堆遗址第一至第四期文化通称为三星堆文化。1990 年代初，学术界注意到三星堆遗址第一期与后三期在内涵和时代上的区别，第一期为新石器时代末期文化，后三期为青铜器时代文化，从而提出三星堆遗址文化的后三期为三星堆文化，而第一期为新石器文化。关于三星堆遗址文化的来

源和族属问题，段渝在《三星堆文化研究的回顾与展望》一文中例举了以下学者的观点：

王仁湘、叶茂林认为，三星堆新石器文化与四川盆地北缘的绵阳边堆山文化有关。徐学书认为，与岷江上游新石器文化的南迁有关。张勋燎认为，三星堆遗址出土的鸟头柄勺与川东鄂西的史前文化有关，来源于溯江而上的一支古代巴蜀地区的文化。俞伟超、范勇认为三星堆文化与江汉地区西迁的三苗有关。孙华认为，三星堆文化的某些因素与山东龙山文化有关，其主体部分应来源于山东（《巴蜀文物杂识》，《文物》1989 年第 5 期）。罗开玉认为，三星堆文化面貌显示出古代西南民族的文化特征，因此以土著成分为主，外来因素为次。林向、段渝认为，三星堆遗址文化经历过突破与变异，第一期以土著因素为主，第二期由于文化内涵的巨大变异而出现突破，但外来文化并不是整体取代了原有文化，而是对原有文化有所承袭，有所融合。至于族属，则有氐羌说、濮人说、巴人说、越人说、东夷说等不同看法。[1]

从学者们关于三星堆文化的渊源与族属的论述看，三星堆文化与巴蜀、三苗、东夷存在着渊源关系。吕思勉先生认为，昌意下封到地方，居住在若水地区，这些地方应该都位于东方。后人错误地将"蜀山氏"的"蜀"看作"巴蜀"的"蜀"。[2]"蜀山"是蚩尤氏的故国，蚩尤被黄帝打败之后，其后代三苗和九黎南迁，将"蜀山"之名随迁至巴蜀一带，苗民也是颛顼的后代。[3]

孙次舟认为，蜀地古无蚕业，"蜀"乃中原古语译音（按：朱氏谓，"蜀"古音近"叟"），古蜀国实属"夷邦"，南迁后为"叟"，与今之彝族相关。[4]从古音来看"蚕"与"蜀"与"叟"的关系非常密切，童恩正引《书·牧誓》伪孔传注"蜀"为"叟"。唐李贤言"叟兵即蜀兵也，汉代谓'蜀'为'叟'"，

---

[1] 段渝：《三星堆文化研究的回顾与展望》，《中国史研究动态》2007 年第 1 期。

[2] 李楠译著，吕思勉著：《先秦史》，中国文史出版社，2019 年版，第 173 页。

[3] 李楠译著，吕思勉著：《先秦史》，中国文史出版社，2019 年版，第 218—219 页。

[4] 参见孙次舟：《读〈古蜀国为蚕国说〉的献疑》，《齐鲁学报》1941 年第 1 期；引见林向：《近 50 年来巴蜀文化与历史的发现与研究》，《巴蜀历史·民族·文化》，成都：巴蜀书社，1991 年，第 4 页。

"所谓蜀，就是指叟或氏而言。"① "叟"与"蜀"对音，"蜀"与"蠋"同音，与蚕的上古音声纽相通。②

徐祥法先生通过对甲骨文卜辞的研究认为，"蜀最早并非发祥于四川，而是源出于东方的泰山一带。"③ 黄绵树在《三苗、蜀五王、三星堆特殊青铜器考析》一文中认为，东夷太昊、少昊和蚩尤三部落联盟，渐徙入蜀，成为古蜀国的主体民族。于商周间，继承和发展了山东龙山文化的冶铜技术，创造了辉煌的三星堆青铜文化。④ 张文《巴蜀古王考》一文中认为：

在山东泰安至曲阜一带有许多以"汶"为名的地方，如汶上、新汶、大汶口等……在川西茂汶至广汉一带也有许多以"汶"为名的地方，如茂汶、汶上、汶川等。这应是原居山东的夷人西迁四川造成的结果。⑤

根据专家学者对"三星堆"研究，笔者认为，既然巴人、苗民的祖先是颛顼，其祖地显然在颛臾风国的蜀山，蜀与叟同音显然也源自于颛臾风国的地理标志"天昊"。因此，三星堆文化的真正源头是大汶口文化，具体而言其源头在东方君子之国、昆仑之丘。

（二）三星堆神树是东方神木：扶桑、若木、建木

1986 年，在四川省成都市北四十公里处的广汉县三星堆遗址发掘了两个祭祀坑。坑中出土铜器、金器、玉器、石器、陶器以及象牙等遗物 1620 余件。由青铜器的形式分析，遗物的埋藏期相当于殷代后期。对照殷墟出土物以及之后的西周出土物，发现有许多不同类型的东西。其中最引人注目的是一号大型铜神树。其通高 3.96 米，由底座、树木、龙三部分组成，

---

① 童恩正：《古代的巴蜀》，《童恩正文集》，重庆：重庆出版社，1998 年，第 62 页。
② 萧兵：《人面烛龙、神树烛龙即蜀龙、蚕龙——三星堆"蟹睛人面"的新研究》，《文化遗产研究》2012 年。
③ 徐祥法：《琐议江水、少昊与莱芜关系》，宋镇豪主编：《嬴秦文化与远古文明》，北京：中国文史出版社，2018 年，第 79 页。
④ 黄锦树：《三苗、蜀五王三星堆特殊青铜器考析》，《韩山师范学院学报》2014 年第 1 期。
⑤ 参见应骥：《试探土家族渊源——兼谈巴人源流》，《中南民族学院学报》（人文社会科学版）1999 年第 3 期；张文：《巴蜀古王考》，《巴渝文化》第三辑，西南师范大学出版社，1994 年。

神树树杆出自山形，垂直向上延伸，树杆分三层布置树枝，每层三根枝杆，共九根树枝。每根枝杆上再分出一根枝稍向上，二根枝稍向下的小枝条，每一个向下小枝条枝头有一回涡纹环形物上附着似桃状的果实上有鸟，树上共为九只鸟。该神树为何物。围绕对它的解释，迄今学术界提出很多见解。该遗物罕见之大，将其看作出现在中国古代神话中的哪一种巨大神树都合适，有人依据《山海经》《淮南子》中所说，提出了扶桑、若木、建木等之说。[①]

《山海经·海外东经》：汤谷上有扶桑，十日所浴……九日居下枝，一日居上枝。[②]

刘宗迪先生认为，扶桑的原型是测日授时之表木，它是古人藉以领会太阳方位和运行的依据。……与扶桑同类的神木如建木、若木、扶木之类，自然也是由测日之表这一原型蜕变而来。

在一些古代美术遗迹中，扶桑树与测日之表的渊源联系亦依稀可辨。如湖北随县战国曾侯乙墓出土的漆器画面中，四株扶桑树分居四方，每株树都有九枝或十枝对称分布在树的两侧，每枝树枝的末梢都结有一个光芒四射的太阳，树的顶端则栖息一只鸟或怪兽。这一画面不正是对《海外东经》"九日居下枝，一日居上枝"的扶桑和《淮南子》"末有十日，其华照大地"的若木的生动再现吗？[③]

三星堆神树即汤谷之"扶桑"，昆仑之"建木"，蒙谷之"若木"，都是测日之表木，而神树上的鸟就是神鸟凤凰。另外，神树上的"龙"和桃状果实等文化元素也都与颛臾风国存在着渊源关系。

停落在二号神树的鸟、三号神树的人面鸟身像的胸部，都有恰似符号般地表现与花果中桃果相同的尖形桃状物，这种表现也可解释为作为天上诸神与其凭靠的，附有灵性的对物与花果的密切结合。

---

① ［日］曾布川宽著，贺小萍译：《三星堆祭祀坑大型铜神树的图像学考察》，《四川文物》2012 年第 5 期。

② 袁珂：《山海经校注》，北京：北京联合出版公司，2014 年，第 231 页。

③ 刘宗迪：《失落的天书——〈山海经〉与古代华夏世界观》，北京：商务印书馆，2016 年，第 111—112 页。

神树右侧有地上龙、左侧有天上神鸟的出现，表示通向天地的两个通道，由此神树就是联系天上世界与地上世界的天梯。……二号祭祀坑出土的铜神坛，……下部的波形山岳表示昆仑式的圣山，……由此可知，铜神坛的圣山被作为山岳形的天梯，大型神树看作是树木形的天梯。[①]

笔者根据学者的论证，认为三星堆文化的源头就在巴人、苗民的祖地颛臾风国，也即昆人、叟人的祖地昆仑之丘。三星堆神树是测日之表木，三星堆神坛和神树的圣山即昆仑之丘——蒙阴叟虎寨山，神树和神坛的原型就是大汶口文化的陶文刻符"社树"（见图3-18中11）。

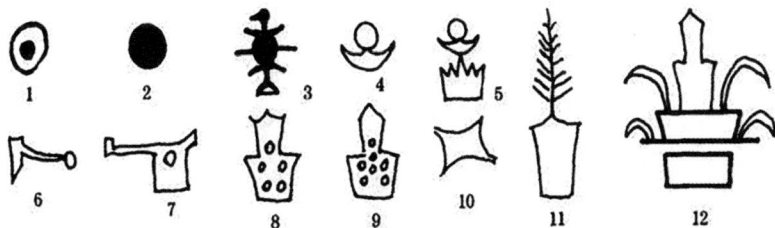

图3-18 大汶口文化出土的图像和图像文字

（三）三星堆铜人是"观天象，听协风"的"虞帝"

三星堆文化另外一个引人注目的文物是宽138公分多的巨大铜人面具上有突出的棒状瞳仁和大耳朵，置于方形台座的通高262公分的大型铜立人像。笔者认为，铜人面且所表现的"纵目人"与世居颛臾风国，担任"观象日月星辰"的"有虞氏"有关，"纵目"表现的可能就是典籍中记载的虞舜"重瞳"形象和观察天文的职能。

《史记·项羽本纪》：太史公曰：吾闻之周生曰："舜目盖重瞳子"，又闻项羽亦重瞳子。羽岂其苗裔邪？[②]

《淮南子·脩务训》：舜二瞳子，是谓重明，作事成法，出言成章。

---

① ［日］曾布川宽著，贺小萍译：《三星堆祭祀坑大型铜神树的图像学考察》，《四川文物》2012年第5期。
② 《史记》，北京：中华书局，2006年，第70页。

禹耳参漏，是谓大通，兴利除害，疏河决江。[①]

《帝王世纪》：帝有虞氏，姚姓，目重瞳在，故名重华。

何谓"重瞳"？史学界众说纷纭。有人按照字面意思将其解释为"一只眼睛中有两个瞳孔"。一些学者根据《荀子·非相》"尧舜参牟子"的记述，认为尧舜的眼睛有异于常人，形成了"三瞳""四瞳""六瞳"之说。[②]有人认为"重瞳"即双眼瞳孔内聚导致目光重叠，俗称"对眼"，[③]还有人称"重瞳"可能是白内障等眼病的早期症状。晋文、赵怡冰在《"重瞳"记载的起源、内涵与转变》一文中，说：

> 在"重瞳"问题上，《史记》与《尸子》《荀子》形成了互证。……除舜与项羽之外，在古代文献资料中还有许多关于重瞳人物的记载，……其中先秦人物4人，接近总人数的三分之一。……被记载为"重瞳"的人物身份均比较崇高，以君王圣贤为主。[④]

除了尧舜"参牟子"，舜有"重瞳"外，《论衡·骨相》中记载黄帝臣仓颉有"四目"，山东沂南北寨汉画像石墓也刻有"仓颉有四目"。[⑤]由此可见，先秦重瞳人物皆为君王圣贤，而且都是"虞代"的君王圣贤。正如曹植在《帝舜赞》所言"颛顼之族，重瞳神圣。"[⑥]

在古代相述书《相目论》记载："天地之大，托日月以为光，日月为万物之鉴。眼乃为人一身之日月也。左眼为日，父象也；右眼为月，母象也。"[⑦]体现了原始思维中眼睛形象的重要含义——其重要性等同于日月，是身体最重要的表征。

---

① 陈广忠译注：《淮南子》，北京：中华书局，2012年，第1135页。
② 潘苇杭：《尧目考辨》，《天水师范学院学报》2013年第6期。
③ 杨振国：《"重瞳"再训》，《内蒙古民族师院学报》1993年第2期。
④ 晋文、赵怡冰：《"重瞳"记载的起源、内涵与转变——从项羽"重瞳"说起》，《中国史研究》2014年第2期。
⑤ 晋文、赵怡冰：《"重瞳"记载的起源、内涵与转变——从项羽"重瞳"说起》，《中国史研究》2014年第2期。
⑥ 《曹植集校注》，北京：人民文学出版社，1984年，第76页。
⑦ 李零：《中国方术概观·相术卷》，北京：中国人民出版社，1993年，第278页。

《山海经·大荒北经》：西北海之外，赤水之北，有章尾山。有神，人面蛇身而赤，直目正乘，其瞑乃晦，其视乃明，不食不寝不息，风雨是谒。是烛九阴，是谓烛龙。【注释】袁珂：《海外北经》中作"钟山"，此作章尾山。郭璞云："直目，目从也，正乘未闻。"袁珂案：此言烛龙之目合缝处直也。[①]

前文中已经论证了"章尾山""钟山"即蒙山，"烛龙"即青龙山，"烛龙"人面蛇身，而且"目直"。"人面蛇身"是伏羲、女娲的形象，而"重瞳"又是"虞代"君王圣贤的形象，巴人、苗民是伏羲太皞和颛顼的后裔，故笔者认为，三星堆"纵目人"即巴人、苗民的祖先，能够"历象日月星辰"的伏羲太皞和虞代帝王。而三星堆铜人的大耳则象征着"虞"帝能听协风。

《国语·郑语》：夫成天地之大功者，其子孙未尝不章，虞、夏、商、周是也。虞幕能听协风，以成乐物生者也。[②]

在古人看来，耳目作为接受外部信息的重要器官，是能够通神的。《世说新语·贤媛篇》说："至于眼目，关于神明。"马王堆帛书《五行》："聪也者，圣之藏于耳者也……聪，圣之始也。"因此，圣人之所以被称为圣人，从来源上讲，是因为精于听声，从功能上讲，是因为能以声知天道。古代律历不分，虞幕、瞽瞍（舜之父）主要靠"听风协律"来定历法，敬受民时，因而成为君主圣贤。

综上所述，三星堆神树是东方之神木——扶木、若木、建木，神树之神鸟是东方君子之国的神鸟——凤凰，有突出的棒状瞳仁和大耳朵的铜人面具则是巴蜀的的祖先：封君于"君子之国"历象于"昆仑之丘"的诸帝、众神。

华夏民族自古就有崇拜祖先、留恋祖地、族迁名随的习惯，随着大汶口人源源不断的向外迁徙，大汶口人关于祖先、祖地的传说和崇凤的习俗传播到了四海之外，大汶口人祖地的天吴、有虞、蒙山、蜀山、汶水、河

---

① 袁珂：《山海经校注》，北京：北京联合出版公司，2014年，第369页。
② 陈桐生译注：《国语》，北京：中华书局，2013年，第570页。

水、洛水、若水、洞庭、昆仑等山水之名，以及"吴""虞""昆""叟"等族群之名，也先后传播到了黄河中上游、长江中下游和西南地区。

《山海经·海内西经》中说"昆仑之虚，在西北"，"高万仞"。《淮南子·坠形训》说昆仑之虚"其高万一千里百一十四步二尺六寸"，《史记·大宛列传》引《禹本纪》云："昆仑其高二千五百余里"。世界上根本没有万米以上的虎形之丘，更没有千里、万里的高山，昆仑之虚"高万仞"是对神山的敬仰和夸张，这一说法仍然在"昆仑之丘"的原型蒙阴叟虎寨山下民间流传至今："虎头崖万丈高，十二联城紧挨着"，"万丈"演化成为"万仞""万里"，能够登天、通神，"十二城子"则用于纪年，构成了完整的天文观测和纪历系统。

凤出东方

古代华夏『君子之国』『昆仑之丘』考论

武纪东 刘岚 武凯旋◎著

【下册】

新华出版社

第四章

"君子之国"是龙凤圣地、风姓祖国

图腾崇拜是原始社会普遍存在的现象。中华民族的龙凤崇拜，历史悠久。闻一多先生指出："把龙凤作为我们民族发祥和文化肇端的象征，可说是再恰当没有了。"[①]龙凤两种神话动物与中华民族的起源密切相关，因此，关于龙凤的原型及其出处，成为研究华夏文明起源的学者们争论的重要问题。

关于龙凤图腾的起源，历史学家范文澜先生说："居住在东方的人统称为'夷族'，太昊和少昊都是东夷中一族的酋长。而这两个部族，分别创造了影响中国人的龙凤图腾文化。"李炳海在《楚辞与东夷族的龙凤图腾》一文中说："太皞和少皞作为东夷部落的两个氏族，一个是蛇图腾，一个是鸟图腾，后来的龙凤图腾，就是在此基础上发展起来的。"[②]

笔者认为不仅典籍记载的凤凰"出于东方君子之国"，而且龙蛇图腾崇拜也源于东夷。学者们之所以将龙蛇图腾的起源地考定在西部，是因为固有的华夏族起源于西部的思维惯性。也就是说找到了华夏民族龙凤图腾的圣地，也就解决了华夏民族的起源问题。

众所周知，华夏民族的母系祖先是传说中的华胥、女娲，相传她们都是风姓，显然是以凤凰为图腾的东夷部落首领。而华夏民族的人文始祖太

---

① 闻一多：《龙凤》，《闻一多全集》，北京：三联书店，1982年，第69页。

② 李炳海：《楚辞与东夷族的龙凤图腾》，《求索》1992年第5期。

皞则是伏羲氏、风姓，伏羲即龙，风即为凤。学者们普遍认为以龙凤为图腾的太皞和以鸟为图腾的少皞都属于大汶口文化。显然龙、凤崇拜是大汶口文化的产物，龙凤图腾的起源地显然就在大汶口先民的祖地。

第一节　凤凰出于东方君子之国、丹穴之山（九名洞山）

龙与凤是华夏民族的两大图腾，但是龙凤图腾的产生也存在着谁先谁后的问题。王大有先生认为中华民族始于风姓的确立，龙凤是风姓所属的两大支系。[①] 常光明《凤凰图腾溯源》一文中说，若按普世公认的原始社会为母系社会的观点，在母系社会的"王母"时代，"凤鸟"应为天下第一图腾。[②] 凤凰是凤鸟氏部落崇拜的图腾，经过数千年漫长的演变过程，凝结着历代中国人的聪明和智慧，寄托着华夏儿女的愿望和理想，积淀传递着千百年来中华民族的共同情感，是华夏文化的精神象征和中华民族的标志。

笔者发现，中华民族的凤凰崇拜源自于大汶口人，大汶口文化遗址中的"鸟"形陶文刻符即"凤"的雏形。

一、以凤凰为图腾的鸟夷族活动中心在沂蒙山区

远古时期，生活在海岱间的东夷人，对鸟的崇拜极甚，史学界和考古界的许多学者都做过深入的研究。童书业先生认为："鸟夷当指以鸟为图腾的部落。"[③] 李学勤先生说，鸟夷部落以各种鸟的崇拜为最多最盛。鸟夷，早在《尚书·禹贡》中就有记载，郑玄释曰："东方之民博食鸟兽者。"[④] 齐鲁师范学院副院长刘德增教授说，东夷人又名"鸟夷"，在《山海经》《史记》等文献中，也可以找到"鸟身""鸟首""鸟喙"之记载。[⑤]

---

① 王大有：《龙凤文化源流》，北京：中国时代经济出版社，2008 年，第 1、34 页。
② 常光明：《凤凰图腾溯源》，《山东英才学院学报》2014 年第 3 期。
③ 童书业：《"鸟夷"说》《中国古代地理考证论文集》，北京：中华书局，1962 年。
④ 李学勤：《十三经注疏·尚书正义》，北京：北京大学出版社，1999 年，第 137 页。
⑤ 《探讨东夷人鸟图腾崇拜》，《中国社会科学报》2018 年 1 月 19 日。

生活在海岱间的东夷人为何将鸟作为自己崇拜的图腾呢？王瑞霞在《东夷人的鸟图腾崇拜及影响》一文中说，在古史传说时代，有许多东夷人祖先吞鸟卵而生的传说。从这些传说中可以看出，东夷人对鸟的崇拜即对自己祖先的崇拜。东夷人将本氏族的图腾——鸟画在身上，做成羽衣穿在身上，将自己使用的器物做成其形，认为这样既是对自己图腾的崇拜，也是让自己的图腾来保护自己。东夷人的鸟图腾崇拜对战国、秦汉的仙人文化影响很大，人们将鸟看成人格化的神，"羽化成仙"可以说是东夷人鸟图腾崇拜的升华。[①]

毫无疑问，鸟夷族是分布在海岱地区的东夷族群，其中心地区在哪里？传世文献中虽然没有明确的记载，但通过古籍记载、考古发现及学者论述能够找到答案。顾颉刚先生在这方面有深入的研究，他在《鸟夷族的图腾崇拜及其氏族集团的兴亡》一文中，根据《山海经》《禹贡》等先秦典籍和秦汉以来的相关文献，结合现代甲骨卜辞和考古发掘的相关资料，得出了鸟夷族的活动中心在济水之南和沂蒙山区一带的结论。

《大戴礼记·五帝德》：蟜牛之孙，瞽叟之子也，曰重华……为天下王，使禹敷土，主名山川，以利于民；使后稷播种，务勤嘉谷，以作饮食。羲和掌历，敬授民时；使益行火，以辟草莱……南抚交趾……东长夷、鸟夷、羽民。【注释】长夷，鸟夷、羽民皆东方古民族。[②]

顾颉刚先生说，按《禹贡》一篇中本有两"鸟夷"，一在冀州，一在扬州，而处在东方的兖、青、徐三州都不见，是不是表示这一族分居南、北两方，偏缺着中间一段呢？得到《五帝德》一证，便可确定东方不但有鸟夷，而且那里正是鸟夷的中心地区。

胡厚宣《甲骨文所见商族鸟图腾的新证据》：王亥的亥字，上端所从，先从鸟，次从雈萑，最后作隹。从祖庚到武乙，五六十年之间，由象形而字化，由繁而简，由鸟而隹，其发展演变的痕迹，灼然可见。其实从鸟从隹，无论有冠无冠，或手操持，都象是一只鸟，王亥之亥而从鸟，乃商族以鸟

① 王瑞霞：《东夷人的鸟图腾崇拜及影响》，《中国文物报》2010年3月19日。
② 黄怀信译注：《大戴礼记》，上海：上海古籍出版社，2019年，第167—168页。

为图腾之确证。[1]

胡厚宣《甲骨文商族鸟图腾的遗迹》：王亥的"亥"字或从"鸟"；或从"隹"，隹亦即鸟；或从"雈"，雈亦即鸟；或从"又"持鸟，更与《山海经·大荒东经》"有人曰王亥，两手操鸟"之说相合。王亥的"亥"字为什么要加一个"鸟"旁呢？我们以为这便是早期商族以鸟为图腾的遗迹。……商朝人为什么要把鸟图腾的符号加在王亥的名字上呢？我们认为这首先因为他是上甲的父亲。……上甲是商代先公、先王中第一个以日为名的人。……王亥之所以名"亥"，也就因为他是畜牧业的创始者。……《说文》说："'亥'为'豕'，与豕同。"[2]

胡厚宣先生通过对甲骨文的深入研究，证实了《山海经》中记载的"王亥"的"亥"从鸟，是商族的先祖。顾颉刚先生据此认为，商族崇拜鸟图腾，所以就在他们看作伟大的先王亥的"亥"字上加一个鸟形，以表示其为图腾的代表人物。这一事实，胡氏引证详备。《山海经·大荒东经》说，"有人曰王亥，两手操鸟"，现在可从甲骨文证明其有据了。

刘敦愿《古史传说与典型龙山文化》：山东是古代东夷族聚居所在，……另一方面，山东又是"典型龙山文化"的主要分布地区，……"典型龙山文化"遗址无论是早期的或晚期的，都是以泰山、济水、汶、泗一带最为密集，数量既多，而出土物也最精美丰富。……陶鼎是"典型龙山文化"的典型器物，出现较晚而分布极广。……此种鼎足也是极易断折，不利于实用，而实际运用却很广泛，似乎也是鸟图腾崇拜使然，否则便难于解释。[3]

顾颉刚先生据此认为，泰山、济水、汶、泗一带正是古史传说太皞、少皞遗裔的立国所在。任、宿、须句、颛臾四国都是风姓，"风"就是"凤"，是古人传说中的神鸟。这二字，小篆固有分别，但在甲骨文中则只是一个字。少昊既因凤鸟至而以鸟名官，太皞一族又以凤为姓，可见他们两位同在鸟夷

---

① 胡厚宣：《甲骨文所见商族鸟图腾的新证据》，《文物》1977 年第 2 期。
② 顾颉刚：《鸟夷族的图腾崇拜及其氏族集团的兴亡》，《史前研究》2000 年 00 期。
③ 顾颉刚：《鸟夷族的图腾崇拜及其氏族集团的兴亡》，《史前研究》2000 年 00 期。

之中。鲁国本身又是少昊之虚，是鸟夷族的一个中心地点，我们知道这些古国全在今山东南部，即古济水之南和沂蒙山区一带。① 齐鲁师范学院副院长刘德增教授说："少昊氏'以鸟为官'，这些'鸟官'以凤鸟为首，共有24种。这个凤鸟部落栖息在今山东中部泰沂山地的周边地带。"②

从文献记载、考古发现到学者的论述，都能确定以鸟为崇拜图腾的鸟夷族分布很广，基本涵盖了大汶口文化和龙山文化区。泰山、济水、汶、泗地区则是大汶口文化、典型龙山文化的中心地区，也是鸟夷族活动的中心区域。就其源头而言，无论是大汶口文化还是鸟图腾崇拜都源自于汶泗源头地区，也就是沂蒙山区腹地。

笔者根据学者们前面论述认为，商人的祖先"王亥"之"亥"从鸟，又由"豕"而来。是因为商人是大汶口人的后裔，而大汶口人的祖地东蒙地区之虞地既是黄帝时期的"帝之囿"，又是虞舜时代的伯益"主虞，驯鸟兽"基地，"雉"和"豕"是最早驯养成功的禽兽，因此崇拜鸟的商族先祖王亥与"豕"同，而"蒙"字之中亦有"豕"，说明其同出一源。以鸟为图腾的商族与"蒙"有着不解之缘，或即为商的渊源。除上述考古发现和学者论述外，还有诸多的证据值得考究。

综上所述，以鸟为图腾的东夷族群的活动范围在山东及周边地区，其中心在鲁中南山区腹地的沂蒙山区，祖地在汶泗河上游的蒙阴盆地，颛臾风国是其历史遗存，鸟夷族群的后裔迁徙至四面八方，因此西边的秦、赵、宋，西南的巴、蜀，江南的楚、荆、越、吴，都保留有鸟崇拜的文化习俗。

二、凤凰出于"东方君子之国"——颛臾风国

凤凰是百鸟之王，是东方鸟夷族崇拜的图腾。关于凤凰的出处，除了《山海经》《楚辞》之外，典籍中有如下记载：

《说文·鸟部》：鳳，神鸟也，天老曰："凤之象也，鸿前麟后，蛇

① 顾颉刚：《鸟夷族的图腾崇拜及其氏族集团的兴亡》，《史前研究》2000年。
② 《探讨东夷人鸟图腾崇拜》，《中国社会科学报》2018年1月19日。

颈鱼尾，鹳颡鸳思，龙文虎背，燕颔鸡喙，五色备举，出于东方君子之国，翱翔四海之外，过昆仑饮砥柱，濯羽弱水，莫宿风穴。见则天下大安宁。"①

《云笈七签》卷100辑《轩辕本纪》：（黄帝）服斋于中宫，于洛水上，坐玄扈石室，与容光等观。忽有大鸟衔图置于帝前，帝再拜受之。……天老曰："……其雄曰凤，其雌曰凰，高五六尺，朝鸣曰登晨，昼鸣曰上祥，夕鸣曰归昌，昏鸣曰固常，夜鸣曰保长，皆应律吕，见则天下安宁。"黄帝曰："是鸟遇乱则去，居九夷矣！出于东方君子之国，又出丹穴之山。"②

《淮南子·览冥训》：凤皇之翔至德也……翱翔四海之外，过昆仑之疏圃，饮砥柱之湍濑，遭回蒙汜之渚，尚佯冀州之际，径蹑都广，入日抑节，羽翼弱水，暮宿风穴。③

从以上三种不同的古籍记载来看，对于凤凰的出处可谓是大同小异，归纳起来有以下几点：

（1）凤凰是吉祥之鸟，见则天下大安宁。

（2）凤凰出于东方君子之国，又出丹穴之山。

（3）凤凰栖息于昆仑、弱水。

（4）凤凰遇乱则去，居九夷，遭回蒙汜之渚。

（5）凤凰是神鸟，是五色备举、高五六尺的大鸟。

"东方君子之国"就是《山海经》中的"君子之国"。古人之所以说凤凰出于东方君子之国，一种可能是基于先秦传说，第二种可能是古人对《山海经》深入研究后得出的结论。

（一）凤凰出于《山海经》中的"君子之国"

凤凰始见于《山海经》中，记载凤凰、神鸟的地方很多，主要见于《海经》，大多在昆仑之丘附近或与昆仑相关，摘要如下：

① 《说文解字》，沈阳：辽海出版社，2015年，第126页。
② 《云笈七籤》，北京：中华书局，2003年，第2157—2161页。
③ 陈广忠译注：《淮南子》，北京：中华书局，2012年，第318页。

《山海经·海内西经》：开明西有凤皇、鸾鸟，皆戴蛇践蛇，膺有赤蛇。开明兽北有……凤皇、鸾鸟皆戴蛇。[1]

《山海经·大荒西经》：颛顼生老童，老童生祝融，祝融生太子长琴，是处榣山始作乐风。有五采鸟三名：一曰皇鸟，一曰鸾鸟，一曰凤鸟。……西有王母之山、壑山、海山，有沃之国，沃民是处。沃之野，凤鸟卵是食，甘露是饮。……鸾鸟自歌，凤鸟自舞，爰有百兽，相群是处，是谓沃之野。[2]

《山海经·海内经》：黄帝妻雷祖，生昌意，昌意降处若水，生韩流。韩流……生帝颛顼……鸾鸟自歌，凤鸟自舞，灵寿实华，草木所聚。爰有百兽，相群爰处。此草也，冬夏不死。南海之内，黑水青水之间，有木名曰若木，若水出焉。[3]

从《海内经》上述记载中可知，"若水"是黄帝生昌意、昌意生颛顼之处，那里"鸾鸟自歌，凤鸟自舞，灵寿实华，草木所聚。爰有百兽，相群爰处"。前文中论证了"若水"即蒙阴古颛臾风国境内的"桑泉水"，显然凤凰就出于颛臾风国。

《山海经·海内经》：有鸾鸟自歌，凤鸟自舞。凤鸟首文曰德，翼文曰顺，膺文曰仁，背文曰义，见则天下和。[4]

同样在《海内经》中，又重复出现了上面这段记载，此处重点说明的是凤凰的祥瑞，具有图腾的意象，此处的凤凰"见则天下和"，与凤凰"出于东方君子之国，见则天下大安宁"如出一辙、异曲同工。由此可见，古人早就注意到《山海经》中记载的"君子之国"就在黄帝之子昌意降居"若水"之处，也是凤凰聚集之处。下文中论证的凤凰出于"丹穴之山"就在"天虞"（天吴、开明兽）的北面，与以上论证可相互佐证。

凤凰所在的"沃之野"，是《山海经》中反复叙述的一个地点，说明远古时期"沃之野"在大汶口人看来地位特殊、作用巨大，是农耕文明的发

---

① 袁珂：《山海经校注》，北京：北京联合出版公司，2014 年，第 261—262 页。

② 袁珂：《山海经校注》，北京：北京联合出版公司，2014 年，第 333—325 页。

③ 袁珂：《山海经校注》，北京：北京联合出版公司，2014 年，第 374—376 页。

④ 袁珂：《山海经校注》，北京：北京联合出版公司，2014 年，第 383—384 页。

祥地,大汶口人对此记忆犹新。笔者认为这处"沃之野"地处蒙阴盆地之中,就在"君子之国"及其北面的"朝阳之谷"之中,也就是春秋典籍称道的"汶阳川、龟阴田"。

(二)颛臾风国是凤鸟所在、凤族所居之地

蒙山以北的蒙阴盆地和丘陵是大汶口人的祖地,太皞(伏羲氏,风姓)是大汶口人的祖先,地处蒙阴的颛臾风国显然是大汶口人祖国,也是太皞(伏羲氏,风姓)的宗子之国。在西迁的大汶口人记忆中,其故乡在东方,因此地处东蒙的颛臾风国即是"东方君子之国",凤凰和风姓都源自此地。

对于凤夷和太皞伏羲氏、风姓的渊源关系,专家学者早有定论,逄振镐先生在《东夷文化研究》中对此进行了详细的论证,并得出结论:

> 在山东境内以鸟为图腾崇拜的鸟夷部落中,最有名的鸟部落是太昊部落,太昊是凤鸟部落的始祖。太昊所处的时代相当于新石器时代的早期,绝对年代约距今 8500 年至 5500 年之间。[1]

王献唐先生早在上世纪 50 年代,就对蒙山周围的文化遗存进行了考察和论证,他在《炎黄氏族文化考》[2]一书中对华胥氏、女娲氏、伏羲氏以及凤鸟、凤族、风姓的渊源关系提出以下观点:

1. 东方九夷,一为方夷,一为风夷,均为伏羲族氏。……蒙在东方,故言东蒙,合地名氏名以证伏羲,知伏羲为蒙族,由牟转,又知为牟族矣。……伏羲即为牟族,其作风姓者,则风地风族所生,是风族即牟族,牟音之转风,有其实证。"(第 306—307 页)

2. 伏羲一族既出东方,其族以风为姓,又为何故?曰:此以族居之地产生凤鸟,因以为号也。古无风字,风皆作凤。初民造字,多象形、指事,风者,无形可象,无事可指,而又为日用必需之字,在所必造,乃以同声之凤假借为用。(第 364 页)

---

① 逄振镐:《东夷文化研究》,济南:齐鲁书社,2007 年,第 92—97 页。
② 王献唐:《炎黄氏族文化考》,青岛:青岛出版社,2006 年,第 296—366 页。

3. 风姓之凤，既当为凤，伏羲诸皇，曷又以凤为姓？曰：原本无姓，姓由地起，为其族人所居之地名凤，以地为号，因并呼其族人亦曰凤，凤即后世所谓氏者也。（第365页）

4. 若是，地以凤名，又为何义？曰：此殆其地古有凤鸟来仪，或曾巢居于此，以凤之所在，呼为地名。初时只为一方，后更漫及周围广野而并称之。（第366页）

5. 蒙阴、蒙山之蒙，亦为牟转，今莱芜、蒙阴地相毗连，为牟族聚居之所，同时亦为凤族杂居之地，二族合居，沿为地名。（第382页）

从王献唐先生的论证看，蒙阴、莱芜、泗水、平邑一带是伏羲族的故地，伏羲是蒙族。蒙阴、莱芜是凤族杂居之地，伏羲之母为凤族之女，凤族因所居之地有凤鸟而称凤族。简而言之，以蒙阴为南北中心的这一区域为凤鸟、凤族（凤夷）和风姓的祖地。

学者研究表明，图腾崇拜产生于旧石器时代后期，至新石器时代前期到达鼎盛，这一时期人们视图腾为亲族或祖先。新石器时代中后期，图腾崇拜"或多或少地向祖先神话、动物及灵物崇拜渗透"，当人类社会进入文明时代后，"图腾崇拜已经是强弩之末。后世作为某种部落、氏族或家族的象征性的图腾装饰，只是遥远回忆的标识，已非原生的或经典的图腾观念的表达。"[1]

（三）凤凰崇拜源于颛臾风国

凤凰起源于远古时期人们对于飞鸟、太阳和风的崇拜，陈勤建先生的《中国鸟文化：关于鸟化宇宙观的思考》认为凤的形象一部分取自鸡，一部分又象征着太阳和风。[2]何新的研究表明，我国上古崇拜太阳神的部落还有以太阳神命名酋长的风俗，以凤鸟为太阳神的象征，这一系是商人的先祖。[3]

---

[1] 晁福林：《先秦社会形态研究》，北京：北京师范大学出版社，2003年，第83—84页。
[2] 陈勤建：《中国鸟文化：关于鸟化宇宙观的思考》，上海：学林出版社，1996年，第143页。
[3] 何新：《诸神的起源》，北京：光明日报出版社，1996年，第61页。

雍际春在《东夷部族的太阳崇拜与嬴秦西迁》[1]一文中说，在我国东方上古存在太阳神崇拜则是不争的事实。

在原始宗教观念产生时期，世界上许多古老的民族，曾大多出现过日神崇拜或太阳崇拜现象。在上古中国，也同样有自己的太阳神崇拜。大汶口文化、龙山文化遗址陶器中有大量与太阳崇拜有关的符号存在，其中最具代表性的就是"日月山"陶文刻符，学者们论证说其就是太昊、少昊的"昊"字。

丁山说太昊之昊无定字，可写作皞、皓、颢、暤、浩等，诸字皆有甚大光明之义，"大昊者，大明也"，与太阳有关的天、日以及人间君主"帝""皇"都与日神有关。[2]吴大澂《字说》谓："皇，从日有光。"张舜徽说："皇，煌也，谓日出土上光芒四射也。"又谓"皇之本义为日，犹帝之本义为日。日为君象，故古代用为帝王之称。"[3]

胡厚宣先生认为，"昊"字在金文中乃从"天"字变来，故"昊"有"天"意，亦指太阳。"知太昊、少昊为传说中之东方帝王，而其所代表乃太阳之意，则东方民族之崇拜太阳可知。"[4]顾颉刚先生说，太昊以风（凤）为姓，少昊以鸟命官，而"昊"义是煌煌的太阳，那就是鸟夷所崇拜的两位太阳神，拉作了自己的祖先。[5]

《山海经·海外东经》：汤谷上有扶桑，十日所浴，在黑齿北。居水中，有大木，九日居下枝，一日居上枝。[6]

《山海经·大荒东经》：有谷曰温源谷。汤谷上有扶木，一日方至，一日方出，皆载于乌。[7]

上古人们把太阳东升西落的运行误以为是"皆载于乌"的飞鸟载日。

---

[1] 雍际春：《东夷部族的太阳崇拜与嬴秦西迁》，《社会科学战线》2017 年第 10 期。

[2] 丁山：《中国古代宗教与神话考》，上海：上海世纪出版股分有限公司、上海书店出版社，2011 年，第 388 页。

[3] 张舜徽：《郑学丛著》，济南：齐鲁书社，1984 年，第 429 页。

[4] 胡厚宣：《楚民族源于东方考》，《史学论丛》第 1 册，北京大学，1934 年。

[5] 顾颉刚：《鸟夷族的图腾崇拜及其氏族集团的兴亡》，《史前研究》2000 年。

[6] 方韬译注：《山海经》，北京：中华书局，2011 年，第 251 页。

[7] 方韬译注：《山海经》，北京：中华书局，2011 年，第 293 页。

后来飞鸟载日又演变为鸟在日中,《淮南子·精神训》说"日中有踆乌",《本经训》记述羿射九日则谓"日中九乌皆死,堕其羽翼"。祝中熹将这种日鸟结合称之为"阳鸟图腾崇拜",认为是一种日图腾部族与鸟图腾部族结合后形成的复合图腾。[1] 王大有先生说:"原始凤鸟亦为阳鸟、踆乌,是远古时代崇拜火和太阳部族的主图腾。"[2] 陈勤建先生考证说:

大汶口75号墓中曾出土一件背壶,背壶正面突出的位置上,用朱彩绘成一个图像,实际上是一个鸟和太阳合一的复合体,立鸟头向一侧,展翅,下有尾,中间有一圆代表日轮。耐人寻味的是它与后世汉石画像的金鸟负日图如出一辙,只是在表现上大汶口背壶彩绘像是一个较为抽象的符号标记,汉石画像图却为写实的描绘。两个内涵一致的金鸟负日图,亦可称为太阳飞鸟图,或太阳鸟图,前后时距三千余年,这种惊人的相似性,正说明了中华先民对太阳鸟信仰刻骨铭心的眷恋,持久坚定的信念。[3]

陈建勤先生认为,在甲骨文中,风就是凤,二字同音、同义、同字,王国维先生的考证,已为甲骨文研究者所共识。郭沫若先生在《卜辞通纂》卷二中曾断言"古人盖以凤为风神"。在初民眼中,太阳的变化,四季转换,都会引起风的变化。郭沫若先生指出,甲骨文中记有"风为帝使"的话,也就是说,古人早有这样的观念,风是太阳的使者,风的威力,无疑是太阳鸟的威严所示。太阳鸟神灵被冠之"凤"的称号,也是理所当然了。[4] 王维堤在《龙凤文化》一书中说,凤的原始性质之一是风神,是主管季风、执掌鸟候历法的神鸟,它起源于东方。甲骨文凤字是商代相风之形,到后代由于观念的改变,变成了三足乌。[5] 顾颉刚先生在《鸟夷族的图腾崇拜及其氏族集团的兴亡》中说:

颛臾国,风姓。……"风"就是"凤",是古人传说中的神鸟。这二字,

---

① 祝中熹:《太阳崇拜与"西"邑的历史地位》,《丝绸之路》1998年学术专辑。

② 王大有:《龙凤文化源流》,北京:中国时代经济出版社,2008年,第35页。

③ 陈勤建:《中国鸟文化——关于鸟化宇宙观的思考》,上海:学林出版社,1996年,第43页。

④ 陈建勤:《中国鸟文化——关于鸟化宇宙观的思考》,上海:学林出版社,1996年,第145页。

⑤ 王维堤:《龙凤文化》,上海:上海古籍出版社,2000年,第73页。

小篆固有分别，但在甲骨文中则只是一个字。卜辞屡云："遘大凤"，实际上乃是碰到大风。《殷虚书契前编》二·三·六："壬寅卜，贞今日王其田客，不遇大凤？其遇大凤？"《后编》上·三○·八："戊午卜，贞今日王其田官，不遇大凤？"都是。反过来看，说他们姓"风"也就是表示他们以"凤"为本族的图腾。……颛臾在今费县西北70里，而鲁国本身又是少昊之虚，是鸟夷族的一个中心，我们可以知道这些古国全在今山东南部，即古济水之南和沂蒙山区一带。[①]

图 4-1

根据上述学者的论述，以太昊、少昊为代表的东夷部族既是一个鸟图腾崇拜部族，也是一个太阳崇拜部族，凤凰的原始形象包含着对太阳神和风神的崇拜。笔者认为，凤凰图腾中对于飞鸟、风、太阳三位一体的崇拜，源自于颛臾风国特殊的地理环境。

前文中论述了蒙阴盆地的东部是日出之处"旸谷"，西部是日落之处"蒙

---

① 顾颉刚：《鸟夷族的图腾崇拜及其氏族集团的兴亡》，《史前研究》2000 年。

谷",《山海经》中记载的君子之国北面的"朝阳之谷"是贯通海岱之间的自然风道,大汶口先民通过对日出"汤谷"之时,凤凰(雉鸡)迎风飞翔景象的观察与思考,形成了对太阳、凤凰和风的认识和崇拜,由此产生了凤凰这种神鸟的形象,并将其作为本部落的图腾,这便是凤夷和太皞、华胥氏、女娲均为风姓的来历,也是古籍所言凤出于东方君子之国的原因。

(四)颛顼后裔楚人保留了崇拜凤凰的习俗

凤是楚人的图腾这一说法最早由童书业先生在 20 世纪 80 年代初期提出,他认为楚民族以鸟为图腾。[①]楚人是颛顼的后裔,《史记》中有明确的记载,楚国具有尊龙崇凤的习俗,这一习俗与楚国祖先崇拜息息相关。

《史记·楚世家》:楚之先祖出自帝颛顼高阳。高阳者,黄帝之孙,昌意之子也。高阳生称,称生卷章,卷章生重黎。重黎为帝喾高辛居火正,……以其弟吴回为重黎后,复居火正,为祝融。吴回生陆终。陆终生子六人,……六曰季连,芈姓,楚其后也。[②]

《山海经·大荒西经》:颛顼生老童,老童生祝融。……大荒之中,有山名曰日月山,天枢也。吴姬天门,日月所入。有神,人面无臂,两足反属于头山,名曰嘘。颛顼生老童,老童生重及黎,……有人反臂,名曰天虞。……有人名曰吴回,奇左,是无右臂。[③]

从《史记》和《山海经》的记载来看,祝融是颛顼的后裔,楚人的祖先。祝融即吴回,吴回之名、吴回的形象都源于颛臾风国的叟虎寨山。也就是说楚人的祖先是颛顼,祖地是颛臾风国。张正明等人根据考证古文献资料,明确指出,楚国崇凤习俗是图腾崇拜的遗迹。楚人相信祝融是自己的祖先,凤是祝融的化身。[④][⑤]李文娟、范铁明也持此说,并强调了楚人的凤图腾崇

---

① 童书业:《春秋左传研究》,上海:上海人民出版社,1980 年,第 248 页。
② 《史记》,北京:中华书局,2006 年,第 257 页。
③ 袁珂:《山海经校注》,北京:北京联合出版公司,2014 年,第 333—348 页。
④ 张正明、滕壬生、张胜琳:《凤斗龙虎图象考释》,《江汉考古》1984 年第 1 期。
⑤ 张正明:《楚史》,武汉:湖北教育出版社,1995 年,第 11 页。

拜有其历史渊源。① 张武提出，楚人崇凤既是一种图腾崇拜，又是一种祖先崇拜。② 屈景昭先生指出，楚人相信，自己的祖先祝融死后，灵魂化身为凤凰，这是一种灵魂返祖现象。③

龙与凤是华夏民族共同崇拜的图腾，在不同的文化区、不同的历史时期，龙与凤的地位高低不同，但是楚人却自始至终都更崇拜凤，更爱以凤自喻。李诚先生说，这是因为楚人将凤视为他们的氏族图腾，且与他们的祖神高阳颛顼有关，这既是一种图腾崇拜，又是一种祖先崇拜。④ 张应斌先生也说，颛顼就是凤神后代，在与凤神相关联的几种远古神话上，楚人是保存最系统和完整的民族之一。⑤ 田冲、陈丽在《东夷尊鸟和荆楚崇凤比较研究》一文中指出凤是一种图腾崇拜，是在东夷部落群鸟图腾崇拜的基础上产生的图腾形象。楚人是东夷人的后代，楚人崇凤正是东夷人尊鸟的取代。⑥ 鄢维新先生的《鸱鸮、楚凤与天梯》认为楚人崇凤与商一脉相承，在商文化中凤是天帝的使臣，到楚文化时期，凤发展成为楚人的图腾。⑦

根据上述古籍记载和专家学者的论述，楚人崇凤既是一种图腾崇拜，又是一种祖先崇拜，而楚人的祖先和祖地也都在颛臾凤国，因此凤凰崇拜的源头在颛臾凤国，凤凰的原型也在颛臾凤国。

三、凤凰原型是伯益"主虞"之地的"羽畎夏翟"

凤是传说中的神鸟，凤的原始形象当然就是鸟，是鸟的神化、美化、理想化。由于凤在现实世界中不存在，古人在塑造或描写它的形象时，难免出现各种变异，致使学者们对于凤凰原型的观点众说纷纭，难有定论。

---

① 范铁明、李文娟：《楚凤造型艺术在楚文化中的映射》，《美苑》2009 年第 5 期。

② 张武：《荆楚凤文化的思想内涵及传承意义》，《湖北社会科学》2015 年第 10 期。

③ 屈景昭：《楚风俗漫议》，《理论月刊》1994 年第 10 期。

④ 李诚：《楚辞文心管窥：龙凤文化研究之一》，北京：文津出版社，1995 年，第 481—487 页。

⑤ 张应斌：《上古的凤神崇拜与凤神文化》，《中国文化研究》2002 年第 1 期。

⑥ 田冲，陈丽：《东夷"尊鸟"与荆楚"崇凤"比较研究》，《三峡论坛》2011 年第 4 期。

⑦ 鄢维新：《鸱鸮、楚凤与天梯》，《中华文化论坛》2004 年第 2 期。

（一）凤凰原型是鸟中之王"五采而文"的雉鸡

对于原始凤形象的文字记载，最早见于《山海经》中：

《山海经·南山经》：丹穴之山，……有鸟焉，其状如鸡，五采而文，名曰凤皇，首文曰德，翼文曰义，背文曰礼，膺文曰仁，腹文曰信。是鸟也，饮食自然，自歌自舞，见则天下安宁。"①

《韩诗外传》：田饶曰："君独不见夫鸡乎！头戴冠者，文也；足傅距者，武也；敌在前敢斗者，勇也；得食相呼者，仁也；守夜不失时者，信也。鸡虽有此五德，君犹日瀹而食之者，何也？"②

从《山海经》上述记载来看，凤凰的形象是"其状如鸡"，从《韩诗外传》记载的鸡的五德来看，也与凤凰五德相类似，可见，在古人看来，凤凰的原型就是鸡。

《山海经·西山经》：有鸟焉，其状如翟而五采文，名曰鸾鸟，见则天下安宁。③

从《山海经》的上述记载来看，凤凰的形象"其状如翟"。"翟"是会意字。金文从羽，从佳（鸟），会鸟尾羽高高翘起之意。

《说文·羽部》："翟，山雉尾长者。从羽从佳。"【注释】"翟"的本义为长尾野鸡。也指野鸡翎。古代乐舞时用作舞具。④

由此可见，凤凰最初的原始形象、基本原型就是"雉鸡"。冯洪钱等在《〈礼记〉中的凤凰原动物考证》一文中说：

徐整《正律》："黄帝时，以凤为鸡。"汉代刘向《孝子传》："舜父夜卧，梦见一凤凰，自名为鸡。"说明黄帝时期鸡和凤是分不开的。……从凤凰与鸡的性能方面来考：西汉李陵记有"凤凰鸣高岗，其翼不好飞。"说明凤凰也与鸡一样，虽然有翼膀，但不会远飞。《桂海禽志》又云："百兽率舞，

① 袁珂：《山海经校注》，北京：北京联合出版公司，2014年，第14—15页。
② 《韩诗外传》，北京：团结出版社，2020年，第68—69页。
③ 方韬译注：《山海经》，北京：中华书局，2011年，第37页。
④ 《说文解字》，沈阳：辽海出版社，2015年，第1164页。

凤凰司晨鸣。"说明凤凰也和鸡一样,也会司晨鸣啼。[①]

陈松长先生提出凤的原型是鸡雉之类的飞禽,并且借助《尹文子·大道上》所记载的楚国百姓视山鸡为凤凰的故事加以佐证。[②]

《尹文子·大道上》:楚人担山雉者,路人问:"何鸟也?"担雉者欺之曰:"凤皇也。"路人曰:"我闻有凤皇,今直见之,汝贩之乎?"曰:"然。"则十金,弗与。请加倍,乃与之。将欲献楚王,经宿而鸟死。路人不遑惜金,惟恨不得以献楚王。国人传之,咸以为真凤皇,贵,欲以献之。遂闻楚王,王感其欲献于己,召而厚赐之,过于买鸟之金十倍。[③]

韩致中先生的《荆楚岁时民俗研究》一文同样认为凤的形象是以山雉和鸡的形象为基础,经过夸张、想象、美化而生成的虚拟生物。[④]周丽娅的《从"楚凤"的形象看楚艺术的审美价值》提出凤是从东方殷族的鸟图腾演化而来的。楚国崇凤是一种图腾崇拜,并提出楚凤的原型是鸟,凤型取众鸟之长,是鸟的升华。[⑤]伏兵先生的《楚文化中凤的造型艺术》亦指出楚人的先民以凤为图腾,同时提出凤的原型应是几种凡鸟的集合体,山雉可能是最主要的一种。[⑥]刘城淮先生说:"雉类是凤凰的最主要模特儿。"又说:"凤凰是以雉类为主体,融合了鹰等许多种鸟的典型形象,是以雉类为代表的鸟族的艺术结晶。"[⑦]

雉鸡在没有驯化之前,古人必然将其归类为飞鸟,雉鸟不但是飞鸟中体态最大的鸟,而且羽色华丽、五彩斑斓,可谓百鸟之王,由于它与众不同,古人将其视为神鸟——凤凰。张富祥先生则认为凤凰与商人关系密切,他说:

"商"字的古音是与"凤"字相近的,故"凤"字可用"商"字表声,

---

① 冯洪钱等:《〈礼记〉中的凤凰原动物考证》,《农业考古》2006 年第 4 期。
② 陈松长:《楚系文字与楚国风俗》,《东南文化》1990 年第 4 期。
③ 参见陈松长:《楚系文字与楚国风俗》,《东南文化》1990 年第 4 期,第 94 页
④ 韩致中:《荆楚岁时民俗研究》,《楚文艺论集》,武汉:湖北教育出版社,1995 年,第 364—368 页。
⑤ 周丽娅:《从"楚凤"的形象看楚艺术的审美价值》,《中南民族大学学报》2006 年第 6 期。
⑥ 伏兵:《楚文化中凤的造型艺术》,《丝绸》1998 年第 3 期。
⑦ 刘城淮:《凤凰的模特儿与始作者考》,《民间文学论坛》1985 年第 6 期。

这点还可用古音学的原理作推求。……商部族本出于东夷,有着久远的鸟图腾崇拜的传统。……卜辞就是直接以雉(野鸡)为凤的:"甲寅卜,呼鸣网雉,获。丙辰,凤获五。(10514)"……可知古人是以雉为凤的。雄雉羽毛华丽,号称"五彩皆备",故古人以为凤属,这在古籍中亦习见。雉为商人网捕的重要鸟类之一,卜辞中有多条"网雉"的记录。[①]

于省吾先生认为,卜辞"甲寅卜,呼鸣网(雉),获凤。丙辰,获五"(甲3112)意思是说:商王指令臣鸣用网捕雉,于丙辰这天捕了五只凤,[②]由此可见商代时所谓的"凤"就是指"雉鸡",而在早期金文《中鼎》铭辞中,我们还可以读到如下一则记载:"......归生凤于王。"郭沫若亦曾断定"生凤"正是指活凤凰。[③]詹鄞鑫、徐莉莉认为:

凤可以网罗,可以献祭,可以馈送,当然是现实中的动物了。尤其是卜辞"网雉获凤"最富有启发意义,它透露出凤是属于雉一类的鸟。[④]

从甲骨文"凤"与"雉"的字形上看,都与雉鸡相似,应当是同一个字源。"凤"的甲骨文写法颇多,变化较大,但基本形象类同,看上去就像一只顶着美丽高傲的花冠、拖着华丽多姿的尾羽的大鸟(见图4-2、图4-3、图4-4)。

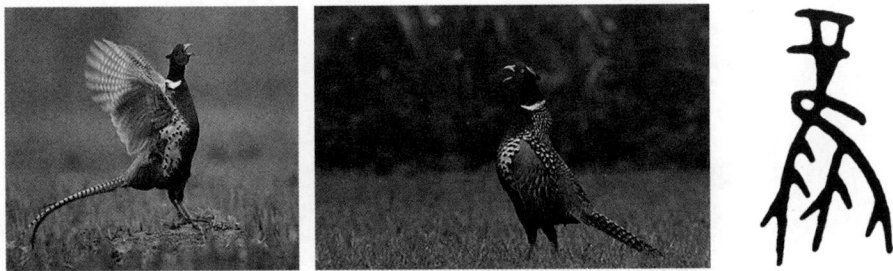

图4-2 雉鸡的两种姿态与甲骨文"凤"相似

---

① 张富祥:《甲骨文"鸟"字释读辨析——兼释〈尚书·尧典〉的"星鸟"等语》,《殷都学刊》2013年第1期。
② 于省吾:《甲骨文字释林》,北京:中华书局,1979年,第324页。
③ 郭沫若:《两周金文辞大系图录考释》(中册),上海:上海书店出版社,1999年,第17页。
④ 詹鄞鑫、徐莉莉:《神秘·龙的国度》,郑州:中州古籍出版社,1990年,第91—92页。

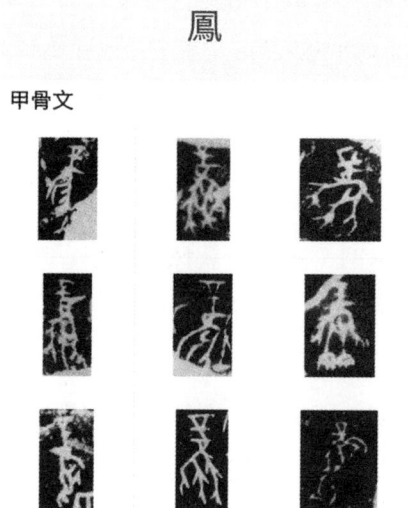

图 4-3 甲骨文中的"凤"

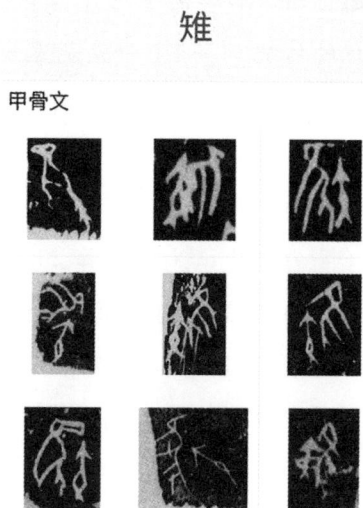

图 4-4 甲骨文中"雉"

"凤凰"雏形由自然界真实的鸟类被神化,直至伦理化、道德化最终成为中华民族的祥瑞符号。《尔雅·释鸟》郭璞注:"鸡头、蛇颈、燕颔、龟背、鱼尾、五彩色,高六尺许。"[1] 当图腾由单一向复合发展的时候,必然会进行道德改造,所以凤凰衍化具有多种动物特征后,其形态与道德联系日益紧密,其美丽的形态与德、顺、义、信、仁等道德相连,进一步神化被认为是祥瑞之鸟,在《礼记·礼运》中凤与麟、龟、龙并称四灵。

（二）凤凰是伯益主虞、蒙羽之地的"羽畎夏狄"

王震中先生《东夷的史前史及其灿烂的文化》中论述,少皞氏与虞舜所处时代是大致相当的,也就是已处于原始社会后期。饲养猪、鸡已成为家庭副业。而家鸡是由野鸡驯化的。少皞氏或许就是首先将野鸡驯化成家鸡的代表人物,故而少皞氏"以鸟名官"。所谓"凤鸟适至",我们可以理解成少皞氏已将野鸡驯化成功。因为鸡是驯良、勤劳的,所以凤鸟形象

---

① 周祖谟:《尔雅校笺》,南京:江苏教育出版社,1984 年,第 147 页。

被塑造得特别美丽温顺，这与东夷族的氏族性格亦相适应。①

前文中论述了以蒙阴叟虎寨山为中心的蒙阴盆地，既是伯益"主虞，驯鸟兽"之地，也是昆仑之神"陆吾"所司"帝之囿"。笔者认为，凤凰既然出于蒙阴盆地"丹穴之山"，其原型必然就是此地的雉鸡，就是《禹贡》记载的"羽畎夏翟"。

《尚书·禹贡》：海岱及淮惟徐州。淮、沂其乂，蒙、羽其艺，大野既猪，东原底平。厥土赤殖坟，草木渐包。厥田惟上中，厥赋中中。厥贡惟土五色，羽畎夏翟……。②

《禹贡》是我国最早的地理著作，主要内容是把全国的情况按九州分别加以介绍。从九州进贡的物品清单看，唯有海岱徐州淮、沂、蒙、羽之地有草木渐包的"赤殖坟"和"羽畎夏翟"。"翟"，长尾雉鸡，也就是说长尾雉鸡是以上地域的著名特产。

至于"羽畎夏翟"之中的"畎"，从字义上讲是"水小流也"，恰似蒙阴虎头崖下的溪水，也可能是所谓的环绕"昆仑之丘"的"弱水"。陈天俊在《〈山海经〉与先秦时期的南方民族》一文中说，夏代活动于东夷地区的颛顼之后裔"昆夷"亦称"畎夷"。"昆夷"在战国前期与氐羌族系的其他部落往西南移徙，或又沿其旧称"昆"或"昆明"。③易谋远先生也有同样的论述。④笔者前文中论述了"昆夷"（畎夷）的名称源自于"昆仑"，也就是蒙阴叟虎寨山（详见第三章），由此可见，"昆夷"即"畎夷"，"畎"就是指叟虎寨山下的地理环境，"羽"是指叟虎寨山北面的"羽山"（详见下文），"羽畎夏翟"就是指以"虞"为中心的蒙阴盆地中的"雉鸟"。

《史记·五帝本纪》：舜曰："谁能驯予上下草木鸟兽？"皆曰益可。于是以益为朕虞。……益主虞，山泽辟。⑤

---

① 王震中：《东夷的史前史及其灿烂的文化》，《中国史研究》1988 年第 1 期。

② 王世舜、王翠叶译注：《尚书》，北京：中华书局，2012 年，第 63 页。

③ 陈天俊：《〈山海经〉与先秦时期的南方民族》，《贵州社会科学》1984 年第 4 期。

④ 易谋远：《论彝族起源的主源是以黄帝为始祖的早期蜀人》，《民族研究》1998 年第 2 期。

⑤ 《史记》，北京：中华书局，2006 年，第 5 页。

《史记》记载"虞"这个地方最大的特征就是"上下草木鸟兽",与《山海经》"草木所聚""百兽相处"和《禹贡》"草木渐包""羽畎夏翟"的描写如出一辙。前文中论述了"羽山"即叟虎寨山北面的"赤殖坟",因此,《禹贡》所记载的"羽畎夏翟"就是蒙阴盆地中的雉鸡。

雉鸡适宜在海拔 1200 米以下低山丘陵的树丛和水泽草丛中栖息。蒙山主峰海拔高度为 1156 米,超过 1000 米的山峰有数座,蒙山雨水充沛,蒙山以北的丘陵地带满山遍野生长着灌木丛,低洼之处是沼泽和草地,溪流河水之中鱼游虾跃,这些自然条件很适合雉鸡繁衍生息。

《山海经·海外西经》:大运山高三百仞,在灭蒙鸟北。大乐之野,夏后启于此儛九代,乘两龙,云尽三层。左手操翳,右手操环,佩玉璜。【注释】袁珂案:舜与伯益盖皆为东方殷民族传说中之祖先神,亦即《诗经·玄鸟》所谓"天命玄鸟,降而生商"之玄鸟,玄鸟再经神话化,又为凤凰。……此处所记"灭蒙鸟"及《海内西经》所记"孟鸟"是也。……固凤属之狂鸟、孟鸟之异名也。①

《山海经·海内西经》:孟鸟在貊国东北,其鸟文赤、黄、青,东乡。海内昆仑之虚,在西北,帝之下都。……门有开明兽守之,百神之所在。②

《博物志》:孟舒国民,人首鸟身。其先主为雪氏,训百禽。夏后之世,始食卵。孟舒去之,凤皇随焉。【注释】孟舒国民:《事类赋》卷十八引《括地图》曰:"孟亏,人首鸟身,其先为虞氏,驯百禽。""雪"为"虞"之讹。③

郭璞、郝懿行、袁轲等古今学者在注释《山海经》时皆认为,"灭蒙鸟""孟鸟"即凤凰,而且与虞舜、伯益"训鸟兽"有关。夏后之世,有虞氏和伯益的后裔"孟舒民""孟亏"仍然是"人首鸟身"形象,仍然训百禽、始食卵"凤凰随焉"。④

---

① 袁珂:《山海经校注》,北京:北京联合出版公司,2014 年,第 191—192 页。

② 袁珂:《山海经校注》,北京:北京联合出版公司,2014 年,第 257—258 页。

③ 郑晓峰译注:《博物志》,北京:中华书局,2019 年,第 55 页。

④ 袁珂:《山海经校注》,北京:北京联合出版公司,2014 年,第 191—192 页;《中国神话传说词典》,北京:北京联合出版公司,2013 年,第 216 页。

笔者认为，《海外西经》所记"灭蒙鸟"所处的"大乐之野，夏后启于此儛九代，乘两龙"的"两龙"是指《山海经》古图中的蒙山山脉和青龙山山脉（详见后文），因此，"灭蒙鸟""孟鸟"即"凤凰"，都出于蒙阴蒙山、青龙山、叟虎寨山（昆仑之丘）一带，都与虞舜、伯益其后裔孟舒民、孟亏"训鸟兽""训百禽"有关。

图 4-5 展翅飞翔中的雉鸡

图 4-6 美术作品中的雉鸡形象

图 4-7 大汶口文化出土的图像和图像文字

大汶口文化遗址出土的图象和图象文字共 12 个，主要有太阳、山和鸟等形象。笔者认为图像文字 3 是指"凤雉"（见图 4-7），是大汶口人祖居之地蒙山一带的雉鸡，这是大汶口人崇拜太阳和飞鸟的证据，也是"凤，出于东方君子之国"的原始出处。古往今来，人们印象中的凤凰展翅飞翔的形象与雉鸡飞翔时的形象几乎是一样的。泰安大汶口文化遗址出土的鸟形图像文字就是雉鸡展翅飞翔时的形象，也是凤凰展翅的形象。

（三）虞舜是凤凰的化身

清代学者胡渭在《禹贡锥指》中引茅瑞徵语说："徐州土五色，雉羽亦五色，物华土产，适相符合。岂天壤灵气有独钟，而禽鸟亦得气之先也与。"① 古人重视雉，羽毛通常用作庙堂祭祀的舞饰，还可用在君王贵族出行的旗帜上。郑玄注《序官·夏采》云："夏采，夏，翟羽色。《禹贡》徐州夏翟之羽，有虞氏以为旞。"② 凤凰出于东方君子之国，君子之国是"虞代"帝王的封君之地（详见第五章），凤凰是有虞氏崇拜的图腾，正如王钟陵《论中国神话特征》一文中所说："凤凰和龙是舜的圣物，舜逢凶化吉的力量源于此。"③

《拾遗记·唐尧》：有吴之乡，有北之地，……羽山之北，有善鸣之禽，人面鸟喙，八翼一足，毛色如雉，行不践地，名曰青翾，其声似钟磬笙竽也。《世语》曰："青翾鸣，时太平。"故盛明之世，翔鸣薮泽，音中律吕，飞而不行。至禹平水土，栖于山岳，所集之地，必有圣人出焉。④

《拾遗记》所记的"有吴之乡"即指蒙山以北的"叟虎寨山"，"有北之地"即指虎头崖与青龙山一带，"羽山之北"即蒙阴"九名洞、响石山"以北，其后所言"青翾鸣，时太平"与"凤凰出于东方君子之国，见则天下大安宁"契合，必有圣人出，则是指虞舜诞生于此地。

《拾遗记》：尧在位七十年，有鸾雏岁岁来集，麒麟游于薮泽，枭鸱逃于绝漠。有抵支之国献重明之鸟，一名双睛，言双睛在目。状如鸡，鸣似凤。【注释】重明：指重瞳。《淮南子·修务训》："舜二瞳子，是谓重明。"《太平御览》卷八一引《尸子》曰："昔者舜两眸子，是谓重明。"此处的重明鸟应该与舜相关的神话。⑤

陈勤建在《中国鸟文化》一书中说重明鸟之双睛与舜之双瞳名"重华"或"重明"暗合；其状如鸡，鸣如凤，又与舜父梦中之凤相合，再联想舜

① （清）胡渭著，邹逸麟整理：《禹贡锥指》，上海：上海古籍出版社，2006 年，第 129 页。
② 郑玄注，贾公彦疏：《周礼注疏》，第 732 页。
③ 王钟陵：《论中国神话特征》，《中国文学研究》1992 年第 3 期。
④ 王兴芬译注：《拾遗记》，北京：中华书局，2019 年，第 41 页。
⑤ 王兴芬译注：《拾遗记》，北京：中华书局，2019 年，第 45—46 页。

遇弟象谋害时，身着彩鸟衣飞离火灾的传说，其种种契合之处，表明舜与"凤鸟"密切相关，舜的图腾就为凤鸟类。

在传说中，舜就是凤凰的化身。据《法苑珠林》卷六十二及《绎史》卷十所引，有一部托名刘向编撰的《孝子传》中，记载了一个民间传说：舜的父亲夜间睡觉，梦见一只凤凰飞来，自称是鸡，口中衔了米来给自己吃，还说："鸡就是你的子孙。"仔细看去，分明是凤凰。……

这都可证明有虞氏是凤崇拜的部族。凤凰是他们祖神或王的化身，一种至高无上王权的象征。①

《拾遗记》所载"柢支之国"献重明鸟，经上述学者论证为以鸡为原型的凤凰，是虞舜的化身。古籍记载"虞舜生于桃墟"，虞舜是颛顼之后裔，笔者论证虞舜生于颛臾风国"虞"山下的桃墟。"柢"，《集韵》："柢，一曰桃也。"②故以上引文中所谓"柢支之国"即指颛臾风国。由此也可得知，虞舜为凤族，崇拜以鸡为原型的凤凰。

四、凤凰出于"丹穴之山"，玄鸟是"玄丹之山，五彩之鸟"

《轩辕本纪》记载，黄帝曰："是鸟（凤凰）遇乱则去，居九夷矣！出于东方君子之国，又出丹穴之山。"③"东方君子之国"无疑是指颛臾风国，那么"丹穴之山"又有何指呢？笔者发现，"丹穴之山"就在君子之国"天吴"（蒙阴叟虎寨山）的北面，就是典籍中记载的玄丘、丹丘，也是《山海经》中记载的玄丹之山。

（一）"丹穴之山"（玄丹之山）在天虞（开明兽）北

"丹穴"是一个地名，屡见于典籍之中，如《尔雅·释地》："岠齐州以南，戴日为丹穴。"吕思勉先生认为齐州为汉族发祥地，其地域与后来的齐国

---

① 陈勤建：《中国鸟文化》，上海：学林出版社，1996年，第152—153页。
② 北京师范大学"汉字研究与现代应用实验室"：《汉字全息资源应用系统》。
③ 《云笈七籤》，北京：中华书局，2003年，第2157—2161页。

相近。① 前文中已经论证了"戴日丹穴"在齐州之南,冀州之北,也就是《大荒经》的中心蒙阴叟虎寨山下的"响石山"(详见第二章)。笔者认为,"丹穴之山"就是《大荒西经》中"天虞"下的"玄丹之山"。

《山海经·大荒西经》:大荒之中,有山名曰日月山,天枢也。吴姬天门。……有人反臂,名曰天虞。有女子方浴月。帝俊妻常羲,生月十有二,此始浴之。有玄丹之山。有五彩之鸟,人面有发。……有池名孟翼之攻颛顼之池。②

《山海经·南次三经》:南次三经之首,名曰天虞之山,其下多水,不可上也。……丹穴之山,……有鸟焉,其状如鸡,五采而文,名曰凤凰,首文曰德,翼文曰义,背文曰礼,膺文曰仁,腹文曰信。是鸟也,饮食自然,自歌自舞,见则天下安宁。③

《说文解字》:凤,神鸟也。天老曰:"凤之象也……五色备举。出于东方君子之国,翱翔四海之外,过昆仑,饮砥柱,濯羽弱水,暮宿风穴。见则天下大安宁。"④

通过对比以上典籍记载可知:

1.《大荒西经》中的"天虞"就是《南次三经》中的"天虞之山"。

2.《大荒西经》中的"玄丹之山"就是《南次三经》中的"丹穴之山",也是《说文解字》所言"风穴"。

3.《大荒西经》中的"五彩之鸟"就是《南次三经》中的"其状如鸡,五采而文"凤凰,也是《说文解字》中的"五色备举"的凤凰。

4.《南次三经》记载凤凰"见则天下和"与《说文解字》所言凤凰"出于东方君子之国,见则天下大安宁"如出一辙,显然"东方君子之国"即《山海经》中的"君子之国","天虞"即君子之国"天吴","丹穴之山""玄丹之山"即"风穴"。

---

① 吕思勉:《中国通史》,南京:译林出版社,2015 年,第 276 页。

② 袁珂:《山海经校注》,北京:北京联合出版公司,2014 年,第 339—342 页。

③ 袁珂:《山海经校注》,北京:北京联合出版公司,2014 年,第 14—15 页。

④ 《说文解字》,沈阳:辽海出版社,2015 年,第 126 页。

5. 在"有人反臂，名曰天虞"之处，有"五彩之鸟"；而《南次三经》之首即"天虞之山"，其后就是"丹穴之山"，也有"五采而文"的凤凰。

"玄丹之山"就是"丹穴之山"，其准确位置就在蒙阴叟虎寨山以北，通过《山海经》的另外一处记载也可证实这一结论：

《山海经·海内西经》：开明兽身大类虎而九首，皆人面，东向立于昆仑上。开明兽西有凤凰……开明北有凤皇、鸾鸟皆戴蛇。[1]

"开明兽"身大类虎，东向立于昆仑上，实际上就是指昆仑之丘"陆吾"，也就是《大荒西经》中的"天虞"，开明北有凤凰，就是说的玄丹之山的"五彩之鸟"，因此，《说文解字》等典籍中记载凤凰"过昆仑，濯羽弱水，暮宿风穴"。

（二）"玄丹之山"是蒙阴盆地内第四纪"赤殖坟"

"丹穴之山"也即"玄丹之山"，在典籍中还有很多类似的名称，如"丹丘""玄丘"等，其基本特征就是"丹""玄"，代表了其山（丘）的外观色调。

《广韵》："丹，赤也。"

《玉篇》："丹，朱色。"

《说文》："黑而有赤红者为玄。"[2]

根据古代典籍对于"玄""丹"二字的解释，可知无论是"丹穴之山""玄丹之山"，还是"玄丘""丹丘"都是指山体呈现"赤色""朱色"或"黑而有赤红色"的山丘。笔者发现，《禹贡》中也有类似的山丘，即"赤殖坟"。

在古徐州北部沂蒙丘陵地区有草木茂盛的"赤殖坟"，其特产是"五色土"和"羽畎夏翟"。"羽畎夏翟"即凤凰原型，而"赤埴坟"和"五色土"是指何物？在何地？又是如何形成的呢？

辛树帜先生在《禹贡新解》一书中专门对《禹贡》所述的壤、坟、墟、

---

[1]　袁珂：《山海经校注》，北京：北京联合出版公司，2014 年，261—262 页。

[2]　参见北京师范大学"汉字研究与现代应用实验室"：《汉字全息资源应用系统》。

塈泥等土壤及其所在区域、地形进行了解释。他说："坟,又分黑坟、白坟、赤埴坟,分布于兖、青、徐各州。古人释坟为土脉坟起,孔颖达称'土黏曰埴',埴坟显指黏质丘陵土壤。"关于"赤埴坟"的形成,辛树帜先生认为非因草木腐殖质的颜色所致,而是"徐为今苏北及皖鲁边区,丘陵地每为发育于第四纪洪积红色黏土层之棕壤,或即所称赤埴坟。"[①] 王世舜、王翠叶在译注《尚书》中引用辛树帜先生的上述观点,并《孔传》说:"土黏曰埴。"《庄子·马蹄》:"我善治埴。"《释文》引司马彪注:"埴土可以为陶器"等。[②]

第四纪洪积红色黏土层的出露,是由于断裂带地震事件造成的。张邦花等在《山东郯城麦坡中更新世地震事件记录》一文中说,第四纪洪积物以红棕色厚层泥质砂土或砂质黏土、暗红色厚层黏土及浅色粉砂岩为主。由于郯庐断裂带是长期活动的深大断裂带,在地质历史中产生了若干强地震事件,并使该断裂带内及其附近不同时代和规模的盆地中的软沉积物发生变形,形成了具有各种各样软沉积物变形构造的震积岩。郯城麦坡地震遗址显露的软沉积物构造就是第四纪红棕色砂质黏土。[③]

卜祥伟在《汉晋时期沂水流域农业经济探析》一书中说,沂水是淮河沂、泗、沭水系中的较大河流,为古泗水的支流。"赤埴坟"为赤色土,因地层关系,它的表土多为黑色或棕色,而心土是红色。据此推测古代的赤色可能是现在的红心土所显露,也即辛树帜先生推测的发育于第四纪洪积红色粘土层的棕壤。

《中国古代土壤科学》指出:"赤埴坟"其肥力也相当可观,适宜农作物的生长。《史记·货殖列传》曰:"沂泗水以北,宜五谷桑麻六畜。"今沂水流域土壤主要为棕壤、褐土、潮土、砂浆黑土和水稻土五大类,而汉晋时期的沂水流域土壤性质与今有一定的差异,这既是历史变迁,又是

---

① 辛树帜:《禹贡新解》,北京:农业出版社,1964年,第128页。

② 参见王世舜、王翠叶译注:《尚书》,北京:中华书局,2012年,第64页。

③ 张邦花、田洪水、祝介旺:《山东郯城麦坡中更新世地震事件记录》,《古地理学报》2016年第5期。

当时洪水泛滥所造成的。[①]

根据上述专家学者的论述，"赤埴坟"和"五色土"是古徐州北部沂泗河上游的丘陵和土壤特征。蒙阴盆地位于郯庐断裂带鲁西、鲁中隆起区内，又处于蒙山断层和新泰垛庄断层之间，随着地台隆起，蒙阴盆地中的软沉积物随之变形、升高，从而形成了辛树帜先生所言由"第四纪洪积红色黏土层之棕壤"构成的丘陵，也即"赤埴坟"。

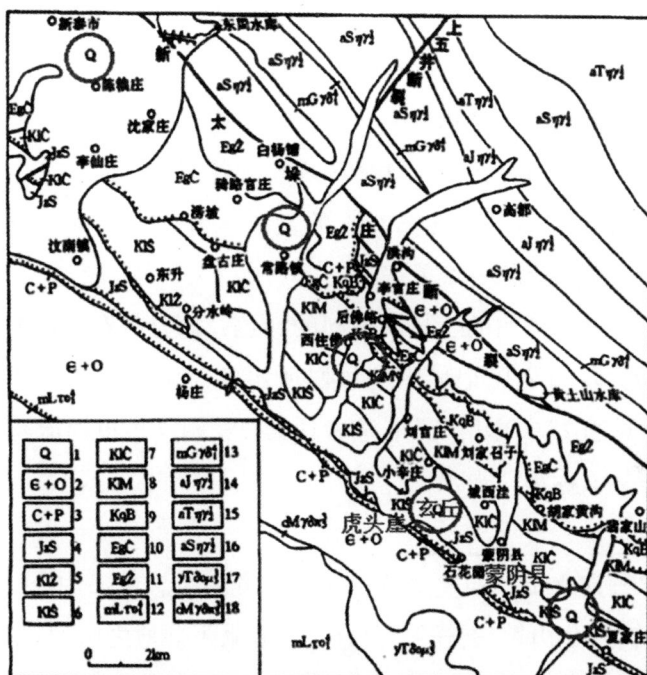

图 4-8 蒙阴盆地地质略图

1—第四系；2—寒武—奥陶系；3—石炭—二叠系；4—侏罗纪淄博群三台组；5—白垩纪莱阳群止凤庄组；6—白垩纪莱阳群水南组；7—白垩纪莱阳群城山后组；8—白垩纪莱阳群马连坡组；9—白垩纪青山群八亩地组；10—古近纪官庄群常路组；11—古近纪官庄群朱家沟组；12、13—新太古代阜平期蒙山超单元孝家楼单元，龟蒙顶单元；14、15、16—古元古代吕梁期傲徕山超单元蒋峪单元，桑花峪单元，松山单元；17、18—中生代燕山晚期沂南超单元铜汉庄单元，苍山超单元磨坑单元

截图自肖丙建等《蒙阴盆地的成生与演化》，圆圈为笔者圈注，所示为第四纪褐红色含砾砂质黏土（玄丘、赤埴坟）。

---

① 卜祥伟：《汉晋时期沂水流域农业经济探析》，《平顶山学院学报》2010 年第 1 期。

蒙阴盆地位于沂蒙山区的新泰、蒙阴、垛庄一带，东南端与郯庐断裂相交，西北端与莲花山断裂相交，两端多为第四系所覆盖。[①] 第四纪地层主要为分布广泛的山前组褐红色含砾砂质黏土。蒙阴盆地第四纪沉积物出露的地点，共有 5 处，分别散布于蒙阴县城东、城西，蒙阴西住佛、常路，以及新泰市城东。[②]

图 4-8 五处标注 Q 的为第四纪褐红色含砾砂质黏土出露点，其中两处分别位于蒙阴县城东、西，蒙阴城东标注 Q 的地点俗称"东三山子"，城西标注 Q 的地点俗称为"西三山子"。

《蒙阴县清志汇编·康熙廿四年版》：三山，有二：一在城东南三里，一在城西南三里。每山有三巅，故名。又一名笔架山。[③]

《蒙阴县清志汇编·清宣统三年版》：三山，一在城东南三里；一在城西南三里，平列三峰，一名笔架山。[④]

这 6 座山丘有着鲜明的、与众不同的颜色，而且处在蒙阴盆地"蒙汜"之中，故成为大汶口先民记忆中的凤凰所出的"蒙汜之渚""玄丘""玄丹之山""丹穴之山""赤埴坟"。笔者认为，蒙阴汶水也因流经"赤埴坟"，故在《山海经》中称为"赤水"。

（三）"丹穴之山"即叟虎寨山北邻"九名洞，响石山"

如果说"玄丹之山""玄丘""丹丘"泛指蒙阴盆地之中的 6 座第四纪"赤殖坟"。"丹穴之山"则是指有洞穴的"玄丹之山"。笔者通过田野调查发现，这座"丹穴之山"就是位于叟虎寨山以北"西三山"中间的那座山，

① 尹延鸿：《山东新泰——垛庄断裂中生代以来的活动特征》，《山东地质》1987 年第 1 期。
② 参见郑德顺等：《鲁西南蒙阴盆地古近系沉积特征及沉积环境》，《河南理工大学学报（自然科学版）》2013 年第 6 期；肖丙建等：《蒙阴盆地的成生与演化》，《山东国土资源》2003 年第 4 期；杜伟：《山东蒙阴盆地金刚石原生矿找矿潜力探析》，《中国石油石化》2017 年第 6 期。
③ 蒙阴县地方史志编纂委员会：《蒙阴县清志汇编》，北京：中华书局，1999 年，第 228 页。
④ 蒙阴县地方史志编纂委员会：《蒙阴县清志汇编》，北京：中华书局，1999 年，第 472 页。

当地人俗称"九名洞、响石山"。

"响石山"是一座赤红色的山丘，山上大大小小形状各异的鹅卵石为赤红色，色泽如玉。因为卵石不时从山上堕下，落入山下的水渊之中，发出很大的响声，故当地老百姓自古以来就称其为"响石山"。这座山的西侧是汶水与叟崮（虞）水汇集而成的虞渊，临水的山体上有九个洞穴，故称之为"九名洞"。笔者认为，"丹穴之山"因此而得名，"玄丹之山"上的"九名洞"即黄帝所居洛水之上的"玄扈石室"。《说文》："名，自命也。从口从夕。夕者，冥也。"① "九名洞"或是颛顼与九嫔的葬处。

《山海经·大荒北经》：东北海之外，大荒之中，河水之间，附禺之山，帝颛顼与九嫔葬焉。爰有……鸾鸟、皇鸟……琅鸟、玄鸟……瑶碧、皆出卫于山。……竹南有赤泽水，名曰封渊。有三桑无枝。丘西有沈渊，颛顼所浴。②

《山海经·海外北经》：在三桑东，渊环其下。务禺之山，帝颛顼葬于阳，九嫔葬于阴。【注释】袁珂案：《大荒北经》附禺之山即此务禺之山。③

从上面记载来看，关于"附禺之山"的解读，笔者认为可参考《大荒北经》夸父"欲追日景，逮之于禺谷"的注释，郭璞云："禺渊，日所入也，今作虞。"④ 既然"禺渊"即"虞渊"，"禺"即"虞"，那么"附禺之山"就是"天虞"下面的"玄丹之山"。

"附禺之山"有鸾鸟、皇鸟、玄鸟、瑶碧，有"赤泽水"，在丘西有沈渊，是颛顼所浴之处，进一步证明"附禺之山"即《大荒西经》天虞下的"玄丹之山"，"沈渊"即"虞渊""颛顼之池"，"瑶碧"也是前文中论证的"瑶池"。

"响石山"由赤褐色的卵石与赤褐色粘土构成，不在可溶岩分布区之上，因此，这九处洞穴并非自然形成的溶洞，极有可能是远古时期人工挖出的用于居住的"穴居"或墓穴。王瑞功在《古史传说中的沂蒙》一文中说，秦

① 北京师范大学"汉字研究与现代应用实验室"：《汉字全息资源应用系统》。
② 袁珂：《山海经校注》，北京：北京联合出版公司，2014年，第353页。
③ 袁珂：《山海经校注》，北京：北京联合出版公司，2014年，第219—220页。
④ 袁珂：《山海经校注》，北京：北京联合出版公司，2014年，第360页。

始皇统一天下后,多次到山东一带巡狩,原因之一是对祖先的凭吊。《汉书·郊祀志》载："于是始皇遂东游海上,行礼祠名山川及八神:……四曰阴主,祠三山。"秦始皇祭祀的八神皆在今山东,足可证明始皇认山东为祖宗所居之地。八神之地除"三山"外,皆有具体所指,唯"三山"未知何处,王瑞功认为秦始皇祭祀阴主的"三山"就是蒙阴县清志中记载的"三山"。[①]

笔者认为,王瑞功先生的上述观点极是,因为秦嬴的祖先是颛顼,秦嬴与殷商都与"玄鸟陨卵"有关,蒙阴叟虎寨山又是秦嬴先祖伯益"主虞"之地。因此,秦始皇祠阴主于"三山"就是祠"帝颛顼葬于阳,九嫔葬于阴"的"三山"。

(四)"玄鸟"是指天虞之下"玄丹之山,五彩之鸟"

古籍记载殷商、秦嬴的祖先都是"玄鸟"所生,殷商、秦嬴的祖先是东夷之人,这是古今学者的一致看法。

《史记·殷本纪》:殷契,母曰简狄,有娀氏之女,为帝喾次妃。三人行浴,见玄鸟堕其卵,简狄取吞之,因孕生契。[②]

《史记·秦本纪》:秦之先,帝颛顼之苗裔孙曰女脩。女脩织,玄鸟陨卵,女脩吞之,生子大业。大业取少典之子,曰女华。女华生大费,与禹平水土。[③]

从《史记》上述记载看,殷契的祖先是帝喾,秦嬴的祖先是帝颛顼,笔者认为颛臾风国是颛顼所建,后由帝喾继承下来,因此帝喾次妃简狄行浴和颛顼苗裔孙女脩所居之地即在颛臾风国,玄鸟堕(陨)卵之处也即在颛臾风国(详见第五章)。

《竹书纪年·殷商成汤》:初,高辛氏之世,妃曰简狄,以春分玄鸟至之日,从帝祀郊禖,与其妹浴于玄郊之水(玄丘之上)。有玄鸟衔卵而坠之,五色甚好。二人竞取,覆之以二筐。简狄先得而吞之,遂孕。胸剖而生契。

① 王瑞功:《古史传说中的沂蒙》,《临沂师范学院学报》2001年第3期。
② 《史记》,北京:中华书局,2006年,第12页。
③ 《史记》,北京:中华书局,2006年,第29页。

长为尧司徒，成功于民，受封商。①

《诗经·商颂·玄鸟》：天命玄鸟，降而生商，宅殷土芒芒。古帝命武汤，正域彼四方。【注释】玄鸟，燕子。色黑，故名玄鸟。王逸楚辞注："简狄，帝喾之妃。玄鸟，燕也。简狄侍帝喾于台上，有飞燕堕遗其卵，喜而吞之，因生契。"②

从《竹书纪年》的记载来看，简狄行浴之处在"玄丘"，玄鸟"五色甚好"。而王逸楚辞注说"玄鸟"是黑色的燕子。由此可见，古人对"玄鸟"的解释是不一样的，"五色甚好"明显是指凤凰，而视"玄鸟"为燕者则是因为将"玄鸟"理解为黑色之鸟。迄今为止，对"玄鸟"的所指有凤凰、燕子、鸱鸮（猫头鹰）三种说法。那么，"玄鸟"到底指的是哪种鸟呢？

中国社会科学院历史研究所常玉芝在《宗教起源与商人图腾崇拜再论》一文中通过对古文献和甲骨文的研究分析，认为燕子的颜色与"黑而有赤色"不太相近，玄鸟不是指燕子。凤鸟又不是"黑而有赤色"的，所以玄鸟也不应是指凤鸟。至于猫头鹰，则是"身体淡褐色，多黑斑"的，它的颜色与"玄"所指的颜色不同；它的长相与甲骨文中加在王亥的"亥"字上的鸟形也相去甚远。因此，玄鸟更不是指猫头鹰。常玉芝最后根据《说文》对"玄"字的解释和甲骨文中加在王亥的"亥"字上的鸟形推断，"玄鸟"应是指"黑而有赤色"的、短尾的、头上有冠的鸟。③

李启良在《玄鸟生商与太阳神崇拜》一文中说，玄鸟即天鸟，犹如玄黄即天地，玄机即天机。确切地说，玄鸟就是在古神话世界中占有重要地位的天神的使者。他说：

小小的燕子毫无神秘之感，不足以视为天鸟，与玄鸟名称的本意及其形体特征相符合的不是燕子。远古之民，长期观察体验太阳的运行规律，而产生丰富的想象，把运行的太阳和飞行的鸟类紧密联系在一起，《山海经·大

① 《古本竹书纪年》，济南：齐鲁书社，2010年，第63页。
② 程俊英、蒋见元著：《诗经注析》，北京：中华书局，2017年，第777页。
③ 常玉芝：《宗教起源与商人图腾崇拜再论》，《中国史研究》2008年第1期。

荒东经》就载有"汤谷上有扶木,一日方至,一日方出,皆载于乌"的神话。《拾遗记·殷汤》:"商之始也,有神女简狄,游于桑野,见黑鸟遗卵于地,……简狄拾之,贮以玉筐,覆以朱绂。夜梦神母谓之曰:'尔怀此卵,即生圣子,以继金德。'狄乃怀卵,一年而有娠,经十四月而生契。"

黑鸟、玄鸟是不同史籍中对载日之神的不同称谓,桑野大致指扶桑的周围地区。有娀氏之女简狄(又作简翟),《淮南子·坠形训》:"有娀在不周北,长女简翟。"翟就是长着漂亮羽毛的雉,是一个以雉鸟为图腾的原始部族。[①]

综上所述,古今学者之所以在"玄鸟"的属性这一问题上争论不休,问题就出在"黑而有赤红者为玄"的释义上,用"黑而有赤红"的条件去比对各种鸟,没有发现与之完全相符的类型,"玄鸟"到底是凤凰、燕子,还是猫头鹰,至今没有定论。

东夷崇鸟,以凤凰为祖图腾,因此,当代专家学者大都认为玄鸟即为凤凰。如杨宽先生在《伯益考》一文中说:"玄鸟古人或释为燕,或释为凤。……凤鸟当即玄鸟之神化者。"[②]笔者认为,玄鸟即凤凰,理由有三:

一是从李启良先生的上述分析看,玄鸟即载日之乌,出于汤谷、扶木、桑野,这些地点都在蒙山一带,太阳鸟即凤凰、雉鸡,鸡叫则日出,故古人认为日"载于乌"。从简狄之名来看,狄即翟,也是雉鸡,雉鸡是凤凰的原型。

二是"玄鸟"是指"黑而有赤红"的鸟。笔者认为凤凰的原型是雉鸡,雄性的雉鸡是"五色之鸟",即"凤";雌性的雉鸡"黑而有赤红",即"凰",也即玄鸟。

三是"玄鸟"并非一定是指"黑而有赤红"的鸟,而是《大荒西经》记载天虞之下"有玄丹之山。有五色之鸟"的鸟的简称,也就是《南次三经》天虞之山"丹穴之山,……有鸟焉,其状如鸡,五采而文,名曰凤凰"。

---

① 李启良:《玄鸟生商与太阳神崇拜》,《东南文化》1995 年第 1 期。

② 杨宽:《伯益考》,《齐鲁学报》1941 年第 1 期。

五、凤凰即"羽蒙"，君子之国即"羽民国""不死国"

凤凰的原型是"蒙羽"之地的雉鸡，《山海经》中有"羽人""羽民""羽民国""不死之国"的记载，《归藏·启筮》中又有"羽蒙"生百鸟的记载，学者们认为"羽蒙"即"羽民"，笔者认为"羽蒙"即出自"蒙羽"之地的凤凰神鸟，羽人所居的"丹丘"即蒙阴玄丹之山，而"羽民国"即凤凰所出的"东方君子之国"。

（一）"羽蒙"是出自蒙阴的神鸟凤凰

《山海经·海外南经》："羽民国在其东南，其为人长头，身生羽。"郭璞云："能飞不能远，卵生，画似仙人也。"郝懿行云："《归藏·启筮》曰：'金水之子，其名曰羽蒙，是生百鸟。'即此也，羽民、羽蒙声相转。"[1]

从上面引文中可以得知，"羽民"能飞不能远，卵生，显然就是指凤凰的原型"雉"。"羽蒙"即羽民，生百鸟，我们都知道，凤凰是百鸟之王的神鸟，它不但生了百鸟，同时也管理和统领着百鸟。因此《启筮》记载的"羽蒙"显然就是指凤凰，"羽蒙"之名即体现了它所在的地域，"羽蒙"就是"蒙羽"之地的神鸟。

《博物志》：蒙双民，昔高阳氏有同产而为夫妇，帝放之此（北）野，相抱而死。神鸟以不死草覆之。七年男女皆活，同颈二头、四手，是蒙双民。[2]

《搜神记》：昔高阳氏，有同产而为夫妇，帝放之于崆峒之野。相抱而死。神鸟以不死草覆之，七年，男女同体而生。二头，四手足，是为蒙双氏。[3]

蒙双民（蒙双氏）是颛顼后裔，蒙姓先祖，王献唐先生在《炎黄氏族文化考》一书中说：

蒙为鲁邑。……《姓纂》云："高阳后封以为蒙双"。《路史·国名纪》引注谓"云有双氏"。知古代为国，后属鲁为邑。汉置蒙阴县，是在蒙山之北，

---

① 袁珂：《山海经校注》，北京：北京联合出版公司，2014年，第175—176页。
② 郑晓峰译注：《博物志》，北京：中华书局，2019年，第60页。
③ 马银琴译注：《搜神记》，北京：中华书局，2012年，第308页。

因以立名。①

据蒙氏族谱记载和王献唐先生的考证，世居蒙阴的蒙氏是颛顼的后裔，得姓于"蒙双"。因此，《博物志》和《搜神记》中均记载颛顼帝将"同产而为夫妇者"放之此野、崆峒之野，即在蒙阴。神鸟以不死草覆之，"不死草"就是出自不死山、不死国的"不死树"，不死国即"君子不死之国"。显然"神鸟"出自蒙阴，此神鸟即出于"东方君子之国"的凤凰，

（二）"羽山"是羽人所居"丹丘"，黄帝所禅"凡山"

《楚辞·远游》：仍羽人于丹丘兮，留不死之旧乡。朝濯发于汤谷兮，夕晞余身兮九阳。吸飞泉之微液兮，怀琬琰之华英。【注释】羽人：神话传说中的仙人。丹丘：传说中神仙所居之地。汤谷：日出之处。九阳：扶桑树上枝有一个太阳，下枝有九个太阳。飞泉：即飞谷，在昆仑西南。琬琰：泛之美玉。②

屈原在《离骚》中自谓"帝高阳之苗裔"，《远游》中记载的丹丘、汤谷、扶桑、昆仑皆在其祖地颛臾凤国。"琬琰"之玉也出自蒙山：

《古本竹书纪年·夏纪》：后桀伐岷山，岷山女于桀二人，曰琬、曰琰。桀受二女，无子，刻其名于苕华之玉，苕是琬，华是琰。③

屈原《天问》："桀伐蒙山，何所得焉？"即指得琬、琰二女之事，蒙山即岷山。④顾颉刚先生在《鸟夷族的图腾崇拜及其氏族集团的兴亡》一文中也说：

《楚辞·天问》："桀伐蒙山，何所得焉？"这蒙山就是《论语》里说的颛臾"昔者先王以为东蒙主"的蒙。《古本纪年》云："后桀伐岷山，进女于桀二人：曰琬，曰琰。……这"岷(min)山"并不是今四川的岷山，

① 王献唐：《炎黄氏族文化考》，青岛：青岛出版社，2006年，第296页。
② 林家骊译注：《楚辞》，北京：中华书局，2010年，第173—174页。
③ 《古本竹书纪年》，济南：齐鲁书社，2010年，第5页。
④ 林家骊译注：《楚辞》，北京：中华书局，2010年，第88—89页。

而只是"蒙"（meng）的声转。①

可知屈原《远游》中的"琬琰"与"丹丘"皆在蒙山之阴颛臾风国。从《远游》的记载来看，在楚人的记忆中，"丹丘"不仅是凤凰的出处，而且是羽人（仙人）所居之地，也是不死之乡。

笔者认为，"丹丘"即风后令黄帝"封东泰山，禅凡山"之"凡山"。

《史记·封禅书》：公玉带曰："黄帝时虽封泰山，然风后、封巨、岐伯令黄帝封东泰山，禅凡山，合符，然后不死。"天子既令设祠具，至东泰山，东泰山卑小，不称其声，乃令祠官礼之，而不封禅焉。其后令带祠候神物。②

封禅是一种祭祀性的礼仪活动，"封"是在山巅上筑土为坛，祭祀天神；"禅"是在所封大山下的小山上扫除一片净土地，祭祀土神。前文中论证了"东泰山"即昆仑之丘，也就是蒙阴叟虎寨山（详见第三章）。笔者认为，"丹丘"既然是羽人所居之地，也就是黄帝"禅凡山，然后不死"羽化成仙之处，也即《禹贡》记载的"蒙、羽其艺"的"羽山"。也就是说"丹丘"即东泰山下的小山——"凡山"。甲骨文中"凡""丹"字形相似（见图4-9、图4-10），赵振华认为：

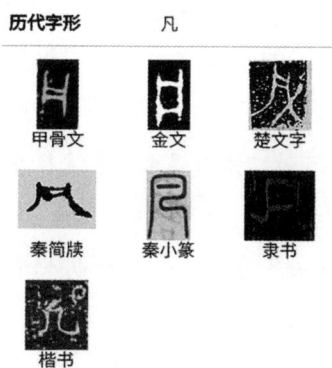

图4-9　"凡"字字形演变　　　图4-10　"丹"字字形演变

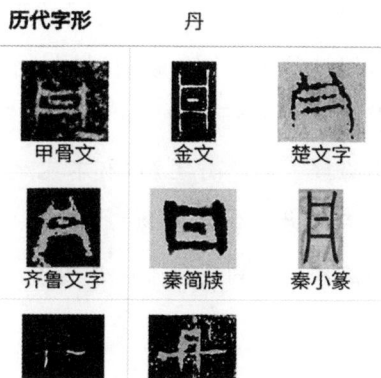

---

① 顾颉刚：《鸟夷族的图腾崇拜及其氏族集团的兴亡——周公东征史事考证四之七》，《史前研究》2000年。

② 《史记》，北京：中华书局，2006年，第178页。

就字形看，丸与九亦与凡、丹相近似，传抄时容易混淆。……《史记》卷一《五帝本纪》叙黄帝"东至于海，登丸山，及岱宗"。刘宋裴骃的《集解》、唐司马贞的《索隐》和张守节的《正义》，三家分别给山东半岛的"丸山"做出注释，或作"凡"，或作"丹"。[①]

综上所述，丹穴之山即玄丹之山、丹丘，也就是《蒙阴清志汇编·康熙廿四年版》所记"三山，有二：一在城东南三里，一在城西南三里"。[②] 既是凤凰的出处，也是黄帝羽化成仙之所"凡山"，故称"羽山"。

（三）"羽民国""不死国"即"东方君子之国"

"羽蒙"即"羽民"，出自蒙阴。蒙阴"三山"是羽人所居不死之乡"羽山"，也是黄帝"封东泰山，禅凡山，然后不死"之地。蒙阴境内"君子之国"显然就是"君子不死之国"，也就是《山海经》中记载的"羽民国""不死国"。

《山海经·海外南经》：地之所载，六合之间，四海之内，照之以日月，经之以星辰，纪之以四时，要之以太岁，神灵所生，其物异形，或夭或寿，唯圣人能通其道。……羽民国在其东南，其为人长颈，身生羽。[③]

笔者认为，上面引文中的前段所言就是《山海经》的天枢之"吴"——蒙阴叟虎寨山，也就是君子之国的天文观象台——昆仑之丘。"羽民国"在其东南就是君子之国、颛顼风国。羽人所居的不死之乡名叫"丹丘"，《山海经》中还有"不死之山""不死树""不死民"，皆在同一地域。

《山海经·大荒南经》：有不死之国，阿姓，甘木是食。【注释】郭璞云："甘木即不死树，食之不老。"[④]

《山海经·海内西经》：开明兽"东向立昆仑上。……开明北有不死树。

---

① 赵振华：《唐代墓志中的"丸都"与"丸山"之辨——兼谈其对于纠正古籍别写之意义》，《郑州大学学报》（哲学社会科学版）2017年第1期。

② 蒙阴县地方史志编纂委员会：《蒙阴县清志汇编》，北京：中华书局，1999年，第228页。

③ 袁珂：《山海经校注》，北京：北京联合出版公司，2014年，第173—175页。

④ 袁珂：《山海经校注》，北京：北京联合出版公司，2014年，第314页

凤皇、鸾鸟皆戴蕺。"[1]

《山海经·海外南经》：不死民在其东……昆仑虚在其东，虚四方。【注释】袁珂案："《博物志·物产》云：'员丘山上，有不死树，食之乃寿，有赤泉，饮之不老。'"[2]

郭璞、郝行云、王逸、袁珂等古今学者均认为，"不死之国"即"羽人之国"，"不死民"即"羽民"，不死之国所食"甘木"即昆仑山上的"不死树"，皆古人心目中之仙乡乐土。袁珂先生说，证以武梁祠石刻画像，其伏羲与女娲交尾图像中所刻飞行云中的小仙人，确均生有翅翼，故郭璞注"羽民国"云："画似仙人"。[3]学者们认为的这方仙乡乐土在何处呢？笔者认为就是伏羲、女娲故事的发生地蒙阴颛臾风国（详见后文）。李炳海先生在《楚辞与东夷族的龙凤图腾》一文中说：

羽人居住的不死之乡名叫丹丘，《尔雅·释地》："岠齐州以南，戴日为丹穴。"丹穴即丹丘，丘有空虚之义。丹穴位于齐地之南，是古人想象的日在头上之处。古代确实有丹穴……羽人和凤凰处在同一地域，仅此传说足以证明，羽人神话是由飞鸟图腾而来，二者之间的渊源关系极为明显。[4]

李炳海先生认为，古代确实有丹穴，羽人和凤凰处在同一地域。笔者认为羽人和凤凰所处的"丹穴"（丹丘）就在君子之国、昆仑之丘、不死之山。

《山海经·海内经》：流沙之东，黑水之西，有朝云之国、司彘之国。黄帝妻雷祖，生昌意，昌意降处若水，生韩流。韩流……生帝颛顼。流沙之东，黑水之间，有山名不死之山。[5]

何幼琦先生在《海经新探》一文中认为"流沙"是泗水，[6]王宁在《昆

---

[1] 袁珂：《山海经校注》，北京：北京联合出版公司，2014年，第261—262页

[2] 袁珂：《山海经校注》，北京：北京联合出版公司，2014年，第182—183页。

[3] 袁珂：《山海经校注》，北京：北京联合出版公司，2014年，第182—183页。

[4] 李炳海：《楚辞与东夷族的龙凤图腾》，《求索》1992年第5期。

[5] 袁珂：《山海经校注》，北京：北京联合出版公司，2014年，第372页。

[6] 何幼琦：《海经新探》，《历名研究》1985年第2期。

仑七水考》一文中则认为是大汶河。①泗水、大汶河之东即蒙阴颛臾风国，也即黄帝之子昌意降处"若水"，生颛顼之处，也即"不死之山"所在之处。

《说文解字注》：夷，东方之人也。……夷俗仁，仁者寿，有君子不死之国。②

从上可知，"不死之山"就在颛臾风国，"君子不死之国"就是羽人所居的"羽民之国"，就是凤凰所出"君子之国"——蒙阴境内的颛臾风国。"不死之山"即丹穴之山、丹丘，也即《博物志》所言的"员丘山"，因"丹丘"在"甘渊"（虞渊）之中，故名"甘木"，也即"不死树"。

《蒙阴县清志·康熙廿四年版》：九仙山，在城南三十五里，与蒙山连麓。世传昔有九仙羽化于此，因名。……仙人洞，在城南五里蒙阴山上，广容百余人，曰南山仙洞。③

《蒙阴县志》中所载的九仙山、南山仙洞之名的来历，是"羽人""羽民之国"和羽化成仙神话的遗存。

六、蒙阴雉鸡因"鸟脚类恐龙足迹化石"而神化为凤凰

雉鸡是凤凰的原型，但是雉鸡的分布范围很广，为什么唯独立"蒙羽"之地的雉鸡被神化为华夏民族崇拜的凤凰呢？笔者认为一方面是蒙阴桑梓河流域是大汶口人的"桑梓之地"，是伯益"主虞，驯鸟兽"的"帝之囿"，雉鸡驯化成功为大汶口人提供了优质的食物，因此产生了对雉鸡的崇拜。另一个更重要的原因是，蒙阴盆地中显露出的"鸟脚类恐龙足迹化石"被大汶口人视为雉鸡留下的"大迹"，因而神化为凤凰。

典籍中记载，华胥氏在雷泽履"大跡"怀孕生伏羲，与《史记·周本纪》中记载的周后稷之母姜原出野所见的"巨人迹"如出一辙。"大迹"并非实

---

① 王宁：《昆仑七水考》，《枣庄学院学报》2007 年第 1 期。
② 《说文解字注》，上海：上海古籍出版社，1981 年，第 493 页。
③ 蒙阴县地方史志编纂委员会：《蒙阴县清志汇编》，北京：中华书局，1999 年，第 228—234 页。

指"大人迹""巨人迹",而是与鸟兽有关的足迹,或为熊迹、龙迹、虎迹,或为鸟禽足迹,古人以此为本氏族的图腾(详见后文和第五章)。笔者认为,华胥氏、伏羲氏、女娲氏皆为风姓,因此华胥氏所见"大迹"实为鸟的"大迹",被古人想像成为凤凰留下的足迹。

在自然界中,雉鸡显然是最大的鸟禽,其足迹也为最大,但是雉鸡不过是四五十厘米的体态,其足迹也不过四五厘米的样子,并没有特别之处,显然不是华胥氏所见的"大迹"。

《轩辕本纪》:(凤凰)高五六尺……黄帝曰:"是鸟遇乱则去居九夷矣!出于东方君子之国,又出丹穴之山。"有臣沮颂苍颉观鸟迹以作文字,此文字之始也。[①]

古人认为凤凰高五六尺,在市制长度单位中一尺约合 33.33 厘米,凤凰五六尺便是雉鸡体态的五六倍,显然其足迹也是雉鸡的五六倍,也就是说凤凰的足迹应当在 30 厘米左右,因此,华胥氏如果见到 30 厘米类似鸟的足迹,必然会认为是神鸟的"大迹"。但是自然界中有没有这么大的鸟迹呢?

笔者考证"雷泽"就是蒙阴盆地中的古湖泊,现代地质学家在蒙阴盆地中发现了 37 厘米左右的"鸟脚类恐龙足迹化石",无论从发现的位置,还是化石的形状、尺寸都符合古人想像中的凤凰的大迹。因此,笔者认为,大汶口先民当时发现了这些类似雉鸟足迹的化石,便将其想像成为"高五六尺"的大鸟的"大迹"并以雉鸡的形态和色彩塑造了凤凰和玄鸟,并视其为本族的图腾物加以崇拜。不仅如此,鸟迹还是伏羲、黄帝时代创造文字的灵感所在,而且是"姬"的字源(详见第五章)。

《山海经·海内经》:有赢民,鸟足。有封豕。有人曰苗民。有神焉,人首蛇身,长如辕,左右有首,衣紫衣,冠旃冠,名曰延维,人主得而飨之,伯天下。有鸾鸟自歌,凤鸟自舞……见则天下和。【注释】长如辕:郭璞云:"大如车辕,泽神也。"延维:郭璞云:"委蛇。"袁珂案:闻一多《伏羲考》

---

① 《云笈七籖》,北京:中华书局,2003 年,第 2161 页。

谓延维、委蛇,即汉画像中交尾之伏羲、女娲,乃南方苗族之祖神,疑当是也。[①]

《山海经·海内经》这一简短的描述,实际上透露出了很关键的历史信息:"有赢民"显然是指伯益之赢氏,[②] 而"鸟足"是其崇拜物,"封豕"是"大猪"显然是指伯益"主虞"而驯化的"豕"。可见,早在数千年前,"鸟足"就已经出现在人们的视野之中,并成为大汶口先民的崇拜物。

"有神焉,人首蛇身,长如辕,左右有首"描述的是伏羲、女娲"人首蛇身",也就是"君子之国"北面的"虹虹",也即蒙阴青龙山。而"衣紫衣,冠旃冠,名曰延维……有鸾鸟自歌,凤鸟自舞……见则天下和"描述的就是"君子之国,其人衣冠带剑",凤凰"出于东方君子之国,见则天下大安宁"。

综上所述,无论是凤凰、玄鸟,"蒙双氏"中的神鸟,还是"生百鸟"的羽蒙,其原型都是"羽飞不能远"的雉鸡,而且是蒙阴盆地"羽山"之雉鸡,其之所以被神化为"高五六尺的凤凰,也是因为蒙阴盆地中发现的巨大无比的"鸟脚类恐龙足迹化石",因此古籍中记载凤凰出于"东方君子之国,又出丹穴之山"。

第二节　龙的原型是"吴"西"雷泽"扬子鳄(雷神)

龙在华夏先民的信仰中具有至高无上的地位,古史传说中最古老的神明如伏羲、女娲、神农、黄帝等很多都是人首龙身。关于龙的神话和故事,早已潜移默化地变成了华夏民族的集体无意识和族类认同感,成为我们民族世代相承、绵绵不断的精神血脉和文化基因,因此探究龙崇拜神话的来龙去脉,对于华夏民族的自我理解至关重要。

迄今为止,龙崇拜的文化渊源仍是一个令人迷惑的问题,甚至连与此相关的一些基本问题都没有解决,如龙是什么? 是一种曾经存在过的真实之物,抑或仅仅是古人凭空捏造的想象之物? 如果是真实之物,这究竟是一种什么

---

① 方韬译注:《山海经》,北京:中华书局,2011年,347—348页。
② 袁珂:《山海经校注》,北京:北京联合出版公司,2014年,第192页。

样的动物？如果是想象之物，那么古人何以要捏造这样一个莫须有的神物？

龙的信仰和神话一直是神话学和民俗学研究中的一个热闹话题。龙是华夏民族的图腾，炎黄后裔的象征，无数学者从不同的角度对它作过种种考证与探索，其中最著名的要算闻一多先生的《伏羲考》。闻一多先生认为龙在古代是一种只存在于图腾而不存在于生物界的虚拟生物，它是由许多不同的图腾糅合而成的一种综合体。王大有先生认为，龙凤是中华民族的两大主图腾，经过无数次多元层累复合演化，至今已有约 7000 年有文物可考的历史。中华民族始于风姓的确立，龙凤是风姓所属的两大支系。①

从学者们研究的结论看，龙图腾崇拜晚于凤凰图腾崇拜，龙族是风姓的分支。笔者认为，中华民族的人文始祖太皞（伏羲氏，风姓）的姓氏中包含着龙（伏羲）、凤（风）图腾的印记，而颛臾风国又是祭祀伏羲太皞的君子之国，因此，有必要从大汶口文化中探究龙崇拜的文化渊源，也有必要在大汶口人的"桑梓之地"探究"龙"的原型。

一、"龙"的祖型是大汶口文化区水泽中的扬子鳄

龙的初始原型是什么？这个千古之谜学术界曾多有探究和推测，有龙为巨蛇、蟒蛇说；有龙为鳄鱼、扬子鳄、食人湾鳄说；有龙为穿山甲、蚯蚓、蚕说；有龙为闪电、云、虹、龙卷风说；甚至还有树神、外星飞碟说等等。②刘宗迪先生则认为，龙作为一种神圣生物，仅仅是一种文化意象，是意识形态，而非自然现象，其来龙去脉只能求之于古代制度和习俗，而不应求之于自然世界。具体地讲龙崇拜源于龙星纪时。③

---

① 王大有：《龙凤文化源流》，北京：中国时代经济出版社，2008 年，第 1、34 页。

② 参见何星亮：《中国图腾文化》，北京：中国社会科学出版社，1992 年，第 356—357 页；高光远主编：《民族与文化》，南宁：广西人民出版社，1990 年，第 589—596 页；闻一多：《神话与诗》，上海：华东师范大学出版社，1997 年，第 25—26 页；庞进：《八千年中国龙文化》，北京：人民日报出版社，1993 年，第 114—192 页。

③ 刘宗迪：《失落的天书——〈山海经〉与古代华夏世界观》，北京：商务印书馆，2016 年，第 177—230 页。

（一）"龙"的祖型是扬子鳄

华夏文化中的龙究竟是"虚拟"动物，还是"实在"动物？始终是个争论不休的问题。仅就持"实在"动物说者来看，上世纪八十年代中期以来，影响最大的是龙的祖型是扬子鳄之说，以何新、王大有二位先生为代表。[①]王大有在《龙凤文化源流》中说：

龙的祖型是扬子鳄，学名中华鼍龙，俗称猪婆龙，即古书上常说的蛟龙、夔龙、水虎、虎蛟等。

扬子鳄是本来意义的龙，也就是原龙、真龙、原始龙、原生态龙、本原龙。原生龙演化为主要以鳄鼍类、蛇、鱼为主体，与鸟、兽复合为图腾的部族徽识。而后，渐渐失去了图腾的意义，演化成为《说文》中所言的"鳞虫之长，能幽能明，能大能小，能短能长，春分而登天，秋分而入渊"的神异动物，其形象大体是鳄头象鼻，鹿角马鬣，蛇躯鳞身，鳄脊鱼尾，鹰爪鼍足，能水中游，云中飞，陆上行，能呼风唤雨，行云播雾，司掌旱涝的神兽。[②]

景以恩先生根据《山海经》《左传》《史记》等古籍记载，认为龙这种生物在古代是有的，但以后确实出现了人工综合的图腾龙，出现了生物龙与图腾龙同时并存的局面。

所谓生物龙是什么动物呢？就它的原型讲，并不像闻一多先生所言是"大蛇"，而是鳄鱼——中国的扬子鳄，俗称"猪婆龙"的。当然，早在综合体的图腾龙未出现以前，扬子鳄就出现在南方、东方甚至中原地区了。不过，它在古代不叫鳄鱼而称"龙"罢了。它曾被华夏人当作图腾崇拜过，当作珍物饲养过，也曾被当作美味食用过。后来，由于它与图腾龙——变了形的神物并存，而龙的名字为图腾龙所独占，它才变名为今天的扬子鳄。

景以恩之所以断定龙的原型是鳄而非蛇，是以《山海经》作根据的。在《山海经》中，龙与蛇并存，龙与其他动物并存，可见龙是一种与其它

① 参见何新：《中国神龙之谜的揭破》，载《何新集》，哈尔滨：黑龙江教育出版社，1989年，第328—343页。
② 王大有：《龙凤文化源流》，北京：中国时代经济出版社，2008年，第34—36页。

动物一样的独立生物，它既非蛇，也非蛇的综合体。《山海经·海外西经》神蓐"左耳有蛇，乘两龙"，《大荒西经》夏后开"珥两青蛇，乘两龙"。进一步证明龙与蛇泾渭分明，两不相混，谁也取代不了谁。

作为生物，龙既非蛇，又怎么证明龙即是扬子鳄呢？景以恩从下面诸多方面进行了论述：

首先，龙是水物。对这点，几乎各种古籍同时加以肯定。如《山海经·海内西经》说，具有"龙身人首"的雷神出于"雷泽"，《左传·昭公二十九年》："龙，水物也。"《国语·鲁语》："龙……秋分而潜渊"等等。总之，龙生长在水中乃是毋庸置疑的事实。这一方面为扬子鳄即龙打下坚实基础，一方面又否定了闻先生推断龙即为大蛇的说法。因为一般讲，蛇是陆地而非水中生物乃是普遍常识。

第二，龙有生死，分雌雄。如《左传·昭公二十九年》称：龙"各有雌雄""龙一雌死，潜醢以食夏后。"《史记·夏本纪》有相同记载。《淮南子》说龙"其雄鸣上风，其雌鸣下风"，龙可分雌雄且有生死之说显系动物而非神物，神龙焉有死？有生死当然不是神物了。

第三，龙有鳞甲，四足而卵生。《说文解字》说，龙为"鳞虫之长"《广雅·积鱼》："有鳞曰蛟龙。"《家语·执辔》："甲虫三百六十，而龙为之长。"《淮南子》："夫蛟龙潜于川而卵剖于陵。"

第四，龙能扑食大动物或食人。《楚辞·王注》云："无角曰蛟，今考蛟状似蛇，……能吞人。"《聊斋志异·猪婆龙》：猪婆龙能"扑食鹅鸭"。

第五，龙鸣叫似鼓如雷。最早见于《山海经·海内东经》"雷泽中有雷神"，"鼓其腹则雷"，字义当是敲击其腹像雷鸣，实际则是鸣叫似雷。这与《辞海》载鼍鼓十分相似："鼍，亦称'扬子鳄'，俗称'猪婆龙'"。晋安《海物记》："鼍宵鸣如桴鼓。今江淮之间谓鼍鸣为鼍鼓。亦或谓之鼍更，更则以其声逢逢然如鼓，而非善夜鸣，其数应更故也。"请看这与"龙身人首"的雷神鼓腹而雷多么相似；这绝非巧合，而恰恰说明龙即鼍、扬子鳄也。

对照以上情况，遍观水中动物，可以看到：鱼有鳞甲而无四足，不会鸣叫，不是龙；龟、鳖类有甲、四足而无龙体之长，且不会鸣叫，不是龙；青蛙、蟾蜍类擅长鸣叫，但鸣声不像敲鼓，且无龙身之长，不是龙。此外，无论鱼、龟、鳖、蛙蟾类均不能对人畜造成伤害，只有扬子鳄不但有较长的鳞身、四条足爪、鸣叫似鼓如雷，且能伤害人畜。[1]

通过以上所列学者的论述，可知当今学者对于龙的原型是扬子鳄的说法是认同的，正如李修松先生在《豢龙、御龙考》一文中说：

众所周知，龙只不过是一种被人们崇拜的图腾，实际上是不存在的，但这种图腾有其原型。关于龙的原型，学术界一个颇有代表性的观点便认为是鳄。[2]

（二）"龙"是大汶口文化区古湖泊中的扬子鳄

我国的扬子鳄分布于长江中下游两岸各支流的湖泊与沼泽地区，现为世界仅存的两种生活在温带的淡水鳄之一。由于人类活动造成的环境改变，种群数量锐减，被联合国列为濒临灭绝和禁运的动物。现国家已在仅有扬子鳄生存的安徽省宣城地区设立扬子鳄繁殖研究中心，对扬子鳄加以保护和繁殖。景以恩先生说：

现代扬子鳄仅生存于安徽等地这一事实，并不否定古代曾经遍布中国东、南方甚至中原地区的可能性。因为中国古代自然环境和气候条件较现在更为适合野生动物生长（气象学家竺可桢说中国夏商时代年气温较现在平均高1—2度），如《孟子·滕文公下》就说："当尧之时，水逆流，氾滥于中国，蛇龙居之。"就是一例。因此，扬子鳄不但生活在安徽、江苏的邻近地区山东省菏泽地区的雷泽是可能的，即使在山西绛郊偶尔见到龙——扬子鳄也是可能的。[3]

丁骕先生认为，公元前5500年前后鲁中南山区四周都是浅海，从而形成了面积非常大的、独立的大岛，称为"鲁中南古岛"[4]。高广仁、邵望平

---

① 景以恩：《龙的原型为扬子鳄》，《民俗研究》1988年第1期。
② 李修松：《豢龙、御龙考》，《东南文化》1993年第5期。
③ 景以恩：《龙的原型为扬子鳄》，《民俗研究》1988年第1期。
④ 苏秉琦主编：《考古学文化论集（一）》，北京：文物出版社，1978年，第168页。

在《海岱文化与齐鲁文明》一书中，根据第四纪古环境的多学科综合研究成果，对大汶口文化所处的环境进行了分析，认为大约在公元前4700—前3800年中国沿海气候处于全新世以来第二新高温期，公元前3800–3000年为第三次新冰期，公元前3000—前2200年为第三次新高温期。距今（以1950年计）6000—5000年间，处于高温、高海面时期，海平面高于现今海面2—4米，气温高于现今2—5摄氏度。[①]

从学者们的研究结论来看，大汶口文化时期高温多雨，鲁中南山区雨量充沛，河流和淡水湖泊众多，地理环境和气候条件适宜扬子鳄的生存。而华北平原南部的很多低洼地带受海浸严重，而且气温高于现在2—5摄氏度，反而不适合温带淡水物种扬子鳄的生存。也就是说现存于安徽一带淡水湖泊中的扬子鳄，极有可能原生地在鲁中南地区，尤其是位于蒙阴盆地"吴西"之"雷泽"中。后来，随着海平面的下降，洪水的消退和气温下降，扬子鳄的栖息地从北向南迁移，成为长江中下游淡水湖泊中的物种。

（三）大汶口文化遗址出土有大量鳄鱼骨骼

北辛文化和大汶口文化遗址发掘和研究表明，远古时期泰沂山脉以南的蒙山一带和大汶河、泗水河流域曾是扬子鳄的栖息地。《〈大汶口〉新石器时代墓葬发掘报告》[②]中说：

一些骨板特别引人瞩目，数量众多，如在墓10出土的就达84枚，……由其大小、厚薄、骨缝的结构及略具矩形的式样观察，很接近我国的扬子鳄腹部前边的骨板，而不同于鲟鱼的。扬子鳄现生活于长江中游，属于南方生活的动物。如果这种鉴定不会太错的话，则由此产生两种可能的情况：一为大汶口一带当时有鳄类生活，仅在最近的时代，鳄类才迁向南方；一为鳄类原来就在南方生活，它的骨板是特意取出作为一种交换品或礼品，

---

① 高广仁、邵望平：《海岱文化与齐鲁文明》，南京：江苏教育出版社，2005年，第2—3页，第60—61页。

② 《〈大汶口〉新石器时代墓葬发掘报告》，北京：文物出版社，1974年版，"附录一"，第158页。

由外地带入大汶口的。[1]

显然当时人们是不大相信鳄鱼曾经在这一带生活过的。但是由于考古工作者在以后的田野考古中又不断发现鳄鱼骨和鳄鱼鳞板，这一问题才被重新加以审视。继大汶口遗址发掘之后，人们又先后在兖州王因遗址、泗水尹家城遗址，均发现了鳄鱼骨和鳄鱼鳞板，尤其是中国社会科学院考古研究所山东考古队，在1989年和1990年，曾两次对汶上县大樾北村北辛文化遗址进行发掘，均发现了鳄鱼骨，其中有一个较为完整的鳄鱼头骨。由此可以断定，在距今8000—6000年这一历史时期中，鳄鱼曾在鲁中南地区栖息生活过。

王杰在《章丘焦家遗址2017年出土大汶口文化中晚期动物遗存研究》一文中说：

章丘市焦家遗址2017年发掘共出土动物遗存18165件，其中就有鳄鱼。在215座大汶口文化中晚期墓葬中，随葬鳄鱼骨板的墓葬仅有一座，为M173，属于A类大墓，共随葬15件鳄鱼骨板。鳄鱼骨板作为比较罕见的随葬动物遗存，只出土于大型墓葬中，是墓葬等级地位的象征。[2]

目前考古资料的研究表明，大约在距今8000年前后，泰沂山脉以南的蒙山和大汶河、泗水河流域，气候比今天要温暖湿润，雨水充沛，这一带的山区丘陵地带生长着茂密的森林，生活着众多的动物种群。[3]宋豫秦在《中国文明起源的人地关系简论》中说：

扬子鳄是生活在亚热带的爬行动物，现在仅分布在长江流域以南。相关研究显示，全新世大暖期时，其分布北界曾达到海岱地区。……海岱地区新石器时代至商代有着基本上与现在长江流域洞庭湖一带相似的气候条件。……海岱地区历史时期河流众多，仅沂水就不止一条。东夷之"夷"，

---

[1] 《〈大汶口〉新石器时代墓葬发掘报告》，北京：文物出版社，1974年版，"附录一"，第158页。

[2] 王杰：《章丘焦家遗址2017年出土大汶口文化中晚期动物遗存研究》，山东大学2019年博硕论文。

[3] 邹逸麟、张修桂主编：《中国历史自然地理》，北京：科学出版社，1982年，第28页。

可能就源于"沂"，这里是海岱地区考古学文化的发祥地，沂源也正是"夷源"。①

王瑞功、许峰在《从龙凤形象的塑造论东夷文化的历史进程》一文中说：

鳄鱼是两栖动物，且很凶猛。闪电之刺眼的光辉，伴随着雷电而来的暴雨，放电雷击而死人，原始人对其亦有畏惧感。在大汶口文化和龙山文化墓葬中出土的随葬品里，鳄鱼鳞板似乎给我们的推测提供了证据。为什么用鳄鱼鳞板陪葬，为什么有鳄鱼鳞板的都是大墓？我们的解释是：墓主应是当时很有身份的氏族部落首领一类的人物。东夷人创造的龙的形象是用互渗律虚构的产物，只有用创造这一形象的真实母体陪葬，才可作为死者身份的象征。②

从上述专家学者的论述中可以得知，大汶口文化时期鲁中南山区不仅气候和环境适宜扬子鳄生存，而且考古发掘中发现了大量的扬子鳄骨骼。这充分说明，扬子鳄曾经相对集中的生存于蒙山和大汶河、泗水河流域的水泽之中，沂蒙山区腹地既是大汶口人的祖地，也是扬子鳄的原生地。

（四）"龙"与扬子鳄名称的替代与演化

龙的原型是扬子鳄，也就是说龙是图腾龙，而扬子鳄是生物龙。景以恩先生认为，在远古时代，它们原是一体的，都称为龙，直到春秋与秦汉，如春秋时的蔡墨仍称扬子鳄为龙。汉代的《述异记》说，汉和帝时大雨，龙坠宫中，帝命作羹赐群臣。西晋张华《博物志》也说，得龙肉鲊，言得醋则生五色。这些被人们食用的龙当然不会是"神龙"，而是鳄鱼，当时的人们是仍称之为龙的。汉以后，则很少见到吃龙肉的记载了，即使有，也多是神话，不足凭信。

景以恩说，正如猪中国古代不叫猪，而称"豕"一样，扬子鳄在古代也不叫"鳄"而称"龙"，同时还称"鼍"。远在西周以前，龙就同时称"鼍"

① 宋豫秦：《中国文明起源的人地关系简论》，北京：科学出版社，2002年，第98—100页。
② 王瑞功、许峰：《从龙凤形象的塑造论东夷文化的历史进程》，《临沂师专学报》1996年第4期。

了,如《诗经·大雅·灵台》"鼍鼓逢逢"。"鼍鼓"这种乐器据说是以木筒为鼓身,以鼍皮蒙鼓,远在夏商时代就有了。如出土于晋西南夏墟的鼍鼓距今已 4400 年,殷墟也出土过鼍鼓。可见龙同时称鼍的时代很早。那时,人们虽然认为它是神异的动物,但还没有敬畏到不敢杀、不敢食的程度,在饲养它的同时,还可以把它的肉做成肉酱供帝王食用;把它的皮制成鼍鼓供帝王享乐。但鼍毕竟不是一般动物,所以秦朝的李斯在《谏逐客令》里称为"灵鼍之鼓"。

春秋战国时,龙的名字与品类就更多了,如"蛟""虬""螭"等。关于"蛟",《说文》云:"龙之属也,池鱼满三千六百,蛟来为之长,能率鱼飞,置笱水中即蛟去。"至于蛟的形态,《楚辞·王逸注》说:"龙无角曰蛟",证明蛟是龙的一种。屈原在《楚辞》里出现了飞龙、蛟龙、青虬、白螭等不同类型的龙名。《广雅·积鱼》:"有鳞曰蛟龙,有翼曰应龙,有角曰虬龙,无角曰螭龙。" 尽管所举龙名甚多,但比较实际的大约只有蛟龙与螭龙,其余会飞的应龙与长角的虬龙不过是人们想象的图腾龙罢了,现实世界并不存在。而"蛟"和"螭"也就是扬子鳄的一种。

"鳄"一名的真正出现最早见于东汉时期许慎的《说文》:"蚖"。"蚖"据《说文》"似蜥蜴,长一丈,水潜,吞人即浮,出日南。"段注:"蚖俗作鳄。"也就是说,"蚖"是鳄的古写。自从"鳄"出现以后,作为生物龙的"鳄"和作为图腾龙的"龙"便彻底分离了,鳄不再称龙了,而在人们心目中的龙则是变化无穷、能行云作雨的综合性虚拟生物。

扬子鳄即龙,还可以从龙的字形演化中得到解释。王笠荃在《龙神之谜》一文中说,龙是鳄的象形字,对照鳄形、龙字、龙纹,一目了然。龙字简要而巧妙地画出鳄的侧面特点。大口露齿,卵形大眼,棘状突、背鬣、长尾,特征昭著。趴在地上,侧面仅露两短足,不显眼,故省略。整体分为两部分,头身向右转向 90 度,全是为了书写的方便。[1]

综上所述,得出如下结论:

---

[1] 王笠荃:《龙神之谜》,《中国文化》1991 年第 2 期。

1. 龙的原型是扬子鳄，龙是鳄的象形字。

2. 在距今 8000—6000 年期间，鲁中南山区的蒙山一带和大汶河、泗水河流域的地理环境和气候条件相当于现在的长江中游地区，适宜扬子鳄的生存，是扬子鳄的栖息地。

3. 大汶河、泗水河流域的北辛文化和大汶口文化遗址出土了大量的鳄鱼骨板，而章丘焦家遗址虽有鳄鱼骨板出土，但数量极少，说明蒙山、泰山、济宁三角地带的水泽是扬子鳄的主要栖息地。

4. 扬子鳄不仅是野生的淡水物种，而且能够在蒙山一带水泽中进行人工饲养，故有"龙囿"和专门饲养龙的御龙氏（详见后文）。

二、"龙"是蒙阴青龙山下"龙囿"中的扬子鳄

无论是典籍记载，还是考古发现都证明蒙阴青龙山即"龙""龙山"，而青龙山北面的"青丘之泽"即大汶口人驯养扬子鳄的"龙囿"。

（一）青龙山是典籍中的"龙"和甲骨卜辞之"龙囿"

《左传》中记载有"龙"的地名，其为鲁邑，在齐鲁交界处，就其位置而言，当在青龙山一带。

《左传》：二年春，齐侯伐我北鄙，围龙。颀公之嬖人卢蒲就魁门焉，龙人囚之。【注释】杜预注：龙，鲁邑。在泰山博县西南。[1]

高广仁、邵望平在《海岱文化与齐鲁文明》对卜辞所见商代东土国族、地名进行了研究，认为卜辞中"黍在龙囿受有年"之"龙囿"即《左传》成公二年"齐侯伐我北鄙，围龙"之龙。其地望即杜预所注"在泰安东南"。[2]

陈絜在《卜辞中的禜祭与柴地》一文中，通过对卜辞《合集》9552："乙未卜贞：黍在龙囿香"的研究认为，"龙囿""桃""柴"地望均在柴汶河上游一线。陈絜说：

① 杜预注：《左传》，上海：上海古籍出版社，2016 年，第 391—395 页。
② 高广仁、邵望平：《海岱文化与齐鲁文明》，南京：江苏教育出版社，2005 年，第 239 页。

龙显然是指龙方，据笔者的分析，实乃活跃于汶水流域的东土部落。"黍在龙圃香"中的黍，显然作动词使用，指种植黍米之农耕活动。耕作地"香"，原为龙地之"圃"，也即龙族专设的游猎场所。①

陈絜、赵庆淼在《"泰山田猎区"与商末东土地理》一文中还说：

商人好游猎，这在殷墟卜辞中多有反映。学者据20世纪90年代以前公布的甲骨资料统计，田猎卜辞已达4500片之多，……不少学人深信，晚商时期存在一个以盂地为中心的"沁阳田猎区"……卜辞中的田猎区位于汶水流域，其中盂地坐落于汶水上游，大致在泰山山脉东南麓的"龟阴之田"一带。②

从上面学者对传世文献和甲骨卜辞的解读来看，"龙""龙圃"即在泰山山脉东南麓、汶水上游的"龟阴之田"一带，龟即指龟蒙、蒙山，显然"龙""龙圃"即是泰山东南、蒙山西北的青龙山。

（二）青龙山是《山海经》中记载的"龙山"

青龙山即"龙"，还可以从《山海经》记载中得到进一步的印证，笔者认为青龙山即《大荒西经》中记载的龙山。

《山海经·大荒西经》：大荒之中，有龙山，日月所入。有三泽水，名曰三淖，昆吾之所食也。……大荒之中，有山名日月山，天枢也。吴姬天门，日月所入。有神，人面无臂，两足反属于头上，名曰嘘。……有人反臂，名曰天虞。③

前文中笔者论证了"昆吾""吴""天虞"都是指蒙阴奂虎寨山。从《大荒西经》的上述记载来看，"龙山"与"昆吾"相邻，"昆吾"所食"三泽水"就是《水经注》中记载的蒙阴桑泉水和叟崮二水（现称"三道河"），而"龙山"显然就是指蒙阴青龙山。由此看来，青龙山早已被华夏先民视为"龙"。

---

① 陈絜：《卜辞中的柴祭与柴地》，《中原文化研究》2018年第2期。
② 陈絜、赵庆淼：《"泰山田猎区"与商末东土地理》，《历史研究》2015年第5期。
③ 方韬译注：《山海经》，北京：中华书局，2011年，第316—320页。

（三）"龙"的原型是蒙阴盆地古湖泊中的扬子鳄

龙的原型是扬子鳄，那么"龙囿"是否就是饲养龙（扬子鳄）的古湖泊呢？从传世文献的记载来看，确有这种可能。

《左传·昭公二十九年》：秋，龙见于绛郊。魏献子问于蔡墨曰："吾闻之，虫莫知于龙，以其不生得也。谓之知，信乎？"

对曰："人实不知，非龙实知。古者畜龙，故国有蓼龙氏，有御龙氏。"献子曰："是二氏者，吾亦闻之，而不知其故。是何谓也？"对曰："昔有飂叔安，有裔子曰董父，实甚好龙，能求其嗜欲以饮食之，龙多归之。乃扰畜龙，以服事帝舜。帝赐之姓曰董，氏曰蓼龙。封诸鬷川，鬷夷氏其后也。故帝舜氏世有畜龙。及有夏孔甲，扰于有帝。帝赐之乘龙，河、汉各二，各有雌雄，孔甲不能食，而未获蓼龙氏。有陶唐氏既衰，其后有刘累，学扰龙于蓼龙氏，以事孔甲，能饮食之。夏后嘉之，赐氏曰御龙，以更豕韦之后。龙一雌死，潜醢以食夏后。夏后飨之，既而使求之。惧而迁于鲁县，范氏其后也。"献子曰："今何故无之？"对曰："夫物物有其官，官修其方，朝夕思之。一日失职，则死及之。失官不食，官宿其业，其物乃至。若泯弃之，物乃坻伏，郁湮不育。故有五行之官，是谓五官。实列受氏姓，封为上公，祀为贵神。社稷五祀，是尊是奉。木正曰句芒，火正曰祝融，金正曰蓐收，水正曰玄冥，土正曰后土。龙，水物也。水官弃矣，故龙不生得。不然，《周易》有之，……"[①]

这是一段中国古代饲养龙的最早的珍贵文献。它记述了自虞舜至夏后孔甲派人饲养龙的故事，有时间地点，有真实人物，完全不象神话，倒是更像历史。指出龙实在没有什么高级的本能，人们照顾它、饲养它，它就来；若不管它，它就不见了。

蔡墨是春秋时晋国的大史，执掌历史文献，熟悉历史情况，他的话当不会是信口开河，而是有坚实的历史资料作根据的。因此，我们应该相信他的话是真的。假如把他所见到、所叙述的龙理解成扬子鳄不但合理，而

---

① 杜预注：《左传》，上海：上海古籍出版社，2016年，第908—909页。

且可能。当今世界上在有鳄鱼生存的地方，大多有人工饲养的习惯，如今各大动物园中都有鳄鱼池。可见，华夏人非常崇拜"龙"的远古时代，有专门的"龙圃"，派专人与专氏族饲养"龙"是十分可能的。

《左传·襄公二十四年》：自虞以上，为陶唐氏，在夏为御龙氏，在商为豕韦氏。[1]

陶渊明《命子》中自述其先祖"御龙勤夏，豕韦翼商"，从李公焕注和《左传》的记载中得知，陶唐氏的庶子奉尧之祀于陶丘，并且世代以养龙为业。虞舜时期为"豢龙氏"，夏为"御龙氏"，商为"豕韦氏"。

《山海经·西山经》：昆仑之丘，实惟帝之下都，神陆吾司之，……司天之九部及帝之圃时。[2]

《说文·口部》："圃，苑有垣也。从口，有声。一曰：禽兽曰圃。"注："圃"的本义为园林。后来专指古代帝王畜养禽兽的园林。[3]

从《山海经》的记载来看，昆仑之丘之神陆吾"其状虎身"，司"帝之圃"，"圃"是帝王用来畜养禽兽的园林。如此看来，《山海经》所言陆吾司"帝之圃"与《史记》所言伯益"主虞，驯鸟兽"如出一辙，而且都在蒙阴盆地之中，"陆吾"即"天吴""虞"。甲骨文卜辞中发现的证据能够直接的证明"帝之圃"就在蒙阴之"虞"地，即甲骨文中的"龙圃"。李修松先生在《豢龙、御龙考》一文中说，如果对某些文献材料仔细分析，也可看出龙的原形就是鳄：

《国语·晋语》："昔者鲧违帝命，殛之于羽山，化为黄熊以入于羽渊。"《山海经·海内经》郭璞注引《开筮》将"化为黄熊"作化为黄龙"。是"黄熊"即"黄龙"。"熊"与"龙"上古时音同。熊，《左传》昭公二十七年《注》云："一作能，三足鳖也。" 鲧的儿子禹为治水凿山，也曾化为"黄熊"。洪光祖补注《楚辞·天问》引《淮南子》云："禹治洪水，通轩辕山，化为黄熊。""化

---

① 杜预注：《左传》，上海：上海古籍出版社，2016年，第602页。

② 方韬译注：《山海经》，北京：中华书局，2011年，第48页。

③ 《说文解字》，沈阳：辽海出版社，2015年，第580页。

为黄熊"是为了凿山导河，三足鳖是做不到的，较为合理的解释只能是，"三足鳖"乃是"三足鼋"之误。鼋是鳄的古称，也就是说，熊的原型是三条腿的鳄鱼。因为鳄在内陆水域里可以说是水中之王，大禹能象勇猛的鳄那样纵横掉阔于水中，所以能降伏洪水，这与传说中大禹化为黄熊的本义是一致的。①

典籍记载鲧是颛顼之子，笔者在前文中论述了"羽山"即蒙阴叟虎寨山（虞）北面的"丹丘"（蒙阴"九名洞，响石山"），显然鲧化为黄熊入于"羽渊"，就是"虞渊"，也就是蒙阴青龙山下的古湖泊。根据传世文献记载和李修松先生的论述，鲧化为黄熊即黄龙，原型就是鳄，说明"虞渊"就是驯养鳄的"龙囿"。李修松先生说：

我们完全有理由说，龙的原形就是鳄。鼋（鳄）形似龙，又称土龙或鼋龙。战国以前一些器物上龙的造型还与鳄相似，可以进一步证明此说的正确性。因此，豢龙氏其实就是驯养鳄的族氏。

上古时期，黄河流域盛产鳄。根据古地理和古气候学的研究，那时该地区气候温暖、湿润，森林茂盛，河湖、沼泽密布，很适合鳄的生长……。

由于大量产鳄，从而为驯养鳄提供了客观条件。……《山海经·海内经》记有："雷泽中有雷神，龙身人首，鼓其腹。"……郭璞注云："雷兽即雷神也。"称雷神为"雷兽"一语道破天机，说明雷神来源于"兽"，《海内经》说雷神"龙身人首"，其实就是鳄的拟人化。雷与龙上古音同。所以，雷神就是龙神，就是鳄神。雷泽在今山东荷泽县东北，原是一片很广阔的沼泽地，最适宜鳄的生存，所以多鳄。鼋鼓之响似雷声，故原始人称这片沼泽地为雷泽，认为是雷神所居之地。②

李修松先生认为，龙的原型是上古时期生存于黄河流域沼泽中的鳄，又认为《左传》记载的"豢龙氏""御龙氏"是驯养鳄鱼的族氏，山东菏泽县东北的沼泽地最适宜鳄的生存，《海内经》中记载的"雷泽"中的"雷

---

① 李修松：《豢龙、御龙考》，《东南文化》1993年第5期。
② 李修松：《豢龙、御龙考》，《东南文化》1993年第5期。

神"就是鳄，也就是说"雷泽"是上古时期驯养鳄鱼的最佳场所。

笔者根据上述典籍记载和学者论述，得知"龙圉""帝之囿"和伯益"主虞"之地，都是上古时期帝王驯养鸟兽的地方，"虞渊"（羽渊）是鲧化为黄龙（鳄）的水渊，"雷泽"是驯养鳄鱼的最佳场所。《山海经·海内经》记载"雷泽，在吴西"，"虞渊""雷泽"都是指蒙阴叟虎寨山以西、青龙山以北，蒙阴盆地之中的古湖泊。也就是说龙的原型始源于蒙阴盆地古湖泊中的扬子鳄。

《吕氏春秋·古乐》：帝颛顼生自若水，实处空桑，乃登帝位。惟天之合，正风乃行，其音若熙熙凄凄锵锵。帝颛顼好其音，乃命飞龙作乐，效八风之音，命之曰《承云》，以祭上帝。乃令鼍（即鳄）先为乐倡。鼍乃偃寝，以其尾鼓其腹，其音英英。[1]

从《吕氏春秋》的上述记载来看，颛顼令飞龙作乐，令鳄鱼以"其尾鼓其腹"，可见龙、鳄鱼与颛顼共处一地，与蒙阴颛史风国有着密切的关联。

《山海经·中次九经》：岷山之首，……洛水出焉，东注于江，……岷山，江水出焉，东北流注于海，其中多良龟，多鼍。【注释】郭璞注："似蜥蜴，大者长二丈，有鳞形，皮可以冒鼓。"珂案：《吕氏秦秋·古乐》云："帝颛顼乃令鼍先为乐倡……"是关于鼍之神话也。[2]

从《山海经》记载和学者的注释中可知，洛水出于岷山，东注于江，江流入东海。顾颉刚先生认为岷山即蒙山，[3] 笔者认为，发源于蒙山西麓的东汶河（桑泉水）即"若水"也即"洛水"（详见第三章"河图洛书"），洛水"东注于江"，石泉先生认为"江"即沂河。[4] 由此可见，蒙阴青龙山下的东汶河（洛水）之中多"鼍"（鳄）。

① 陆玖译注：《吕氏春秋》，北京：中华书局，2011 年，第 150—152 页。
② 袁珂：《山海经校注》，北京：北京联合出版公司，2014 年，第 145 页。
③ 顾颉刚：《鸟夷族的图腾崇拜及其氏族集团的兴亡——周公东征史事考证四之七》，《史前研究》2000 年 00 期。
④ 石泉：《古文献中的"江"不是长江的专称》，《古代荆楚地理新探》，武汉：武汉大学出版社，1988 年，第 57—73 页。景以恩《共工氏考》，《济宁师范专科学校学报》2000 年第 5 期。

三、"龙"是蒙阴叟虎寨山西面"雷泽"之"雷神"

"雷泽"在古代华夏历史上具有地理坐标的作用,华胥氏在"雷泽"履"大迹"怀孕而生伏羲屡见于古籍之中,《山海经》中记载"雷泽中有雷神,龙身而人头",学者们普遍认为"雷神"即为龙。

《山海经·海内东经》:雷泽中有雷神,龙身而人头,鼓其腹,在吴西。[1]

《淮南子·地形训》:"雷泽有神,龙身人头,鼓其腹而熙。"[2]

《山海经·大荒东经》:东海中有流波山,入海七千里。其上有兽,状如牛,苍身而无角,一足,出入水则必风雨,其光如日月,其声如雷,其名曰夔。黄帝得之,以其皮为鼓,橛以雷兽之骨,声闻五百里,以威天下。【注释】郭璞云:"雷兽,即雷神也,人面龙身鼓其腹者;橛犹声也。"[3]

从古代学者的注释看,雷神即雷兽,说明其具有生物特征。王笠荃在《龙神之谜》一文中,在证明龙即鳄之后,认为鳄皮是古今作鼓面的最佳原料,所以黄帝以雷神之皮为鼓,有惊人的音响效果。鳄在天气闷热、气压下降、电闪雷鸣、山雨欲来时,必定吼叫,在北方,鳄早就成了召雨、司雨之神。[4]

雷雨在《"雷神"神话的分析》一文中说,龙原是太皞部落的图腾,是掌管雨水的神,通常春、夏电闪雷鸣后,就会有一阵大雨,这就会让人们认为雨是雷电带来的,而雷和闪电就如同龙一样,雷神的龙身人头的形象也是当时人们联想的产物,雷神就是龙,龙就是雷神。[5]朱任飞在《雷神崇拜和〈庄子〉寓言》一文中说:

至此,我们就可以看到明晰的雷神形象和它产生的脉络以及雷神和龙蛇在形象上几乎三位一体的内在关系,这样就为我们进一步探寻远古雷神的内在意蕴铺平了道路。[6]

---

[1] 袁珂:《山海经校注》,北京:北京联合出版公司,2014年,第284页。

[2] 陈广忠译注:《淮南子》,北京:中华书局,2012年,第225页。

[3] 袁珂:《山海经校注》,北京:北京联合出版公司,2014年,第307—308页。

[4] 王笠荃:《龙神之谜》,《中国文化》1991年第2期。

[5] 雷雨:《"雷神"神话的分析》,《语文学刊》2011年第4期。

[6] 朱任飞:《雷神崇拜和〈庄子〉寓言》,《北方论丛》1997年第5期。

何星亮在《龙与中国文化》一文中说，龙可能是中国历史上最早的雷神形象，史籍中有不少记载，《山海经》记雷神形象为"龙身而人首"，《淮南子》称其为"龙身人首"，《易·说卦》："震为雷，为龙"，亦即雷电如龙。《说郛》卷31《奚囊橘柚》载"轩辕（黄帝）游于阴浦，有物焉，龙身而人头，鼓腹而遨游。问于常伯，伯曰：'此雷神也。'"①

李炳海先生在《东夷雷神话与〈九歌·云中君〉》一文中说，中国古代关于雷的神话甚多，分布地域很广。但是，如果加以梳理，会发现这样一个规律，初期的、原始的雷神话基本都是出自东夷，产生于夷人居住的东部地区。只是到了后来，雷神话才在其他地区普遍出现。他说：

"雷泽中有雷神，龙身而人头，鼓其腹，在吴西"（《海内东经》）这是有关龙神形象的最早记载，是杂糅龙和人的形体特点而创造出来的。这则神话收录在《海内东经》，仅此编排就足以说明，最初的龙神出自东部地区，是东夷文化的产物。②

李炳海先生结合特定地域对伏羲氏部落图腾发展演变过程的动态考察指出：

雷泽的雷神龙身人头，糅合了人和蛇的形体特点，伏羲氏把龙蛇视为自己的男性始祖，认为自己和龙蛇存在血缘关系，实际上是把龙蛇作为图腾对象。

传说华胥在雷泽履大迹而生伏羲，雷泽是雷神栖息的场所，因此，伏羲氏以龙蛇为图腾对象，同时又传说是雷神之子，雷也是图腾对象。太昊伏羲氏是双重图腾，龙蛇图腾和雷图腾是结合在一起的。……于是，太昊氏先民便在想像中把自己的始祖与蛇虫、雷神联系在一起，把它描绘成人首龙身的精灵。③

显然，"雷神"即"龙神"，最早见于《海内东经》中，是东夷文化的产物。

---

① 何星亮：《龙与中国文化》，《宗教信仰与民族文化》2009年00期。
② 李炳海：《东夷雷神话与〈九歌·云中君〉》，《中国文学研究》1992年第1期。
③ 李炳海：《部族文化与先秦文学》，北京：高等教育出版社，1995年，第88—90页。

（一）"雷泽"在"吴西"

关于"雷泽"的地望，袁珂先生在《山海经校注》一书中列举了古代学者以下注解：

> 郭璞云："今城阳有尧冢。雷泽在北也。《河图》曰：'大迹在雷泽，华胥履之而生伏羲。'"《淮南子·地坠训》高诱注云："《地理志》（《汉书》）曰：'《禹贡》雷泽在济阴城阳西北。城阳有尧冢。'"吴承志《山海经地理今释》卷六云："雷泽当作震泽。《汉志》具区泽在会稽郡吴西，扬州薮，古文以为震泽。震泽在吴西，可证。"

袁珂认为，此《海外东经》"在吴西"之雷泽，确当是震泽即太湖，以济阴城阳（今山东省莒县治）比附之。"[1]

从古代典籍和学者的注释来看，"雷泽"地望有二：一是济阴"城阳"，袁珂先生解释说城阳在今天山东莒县界内。一是在会稽郡，指太湖，因为太湖在"吴"西。现代学者对于"雷泽"地望的说法更多：一是山东"雷夏泽"，一是江苏"太湖"，一是山西"蒲泽"，一是甘肃庄浪"朝那湫"。[2] 笔者认为，既然"雷泽"最早出现在《山海经》中，考证"雷泽"地望必然要从《山海经》中溯源。

"雷泽"在何处，因何而得名，其实在《山海经》《尚书·禹贡》和《汉书·地理志》这三部中国古代最古老、最著名的人文地理著作中讲的非常清楚：

> 《山海经·海内东经》：雷泽中有雷神，龙身而人头，鼓其腹。在吴西。[3]
>
> 《尚书·禹贡》："济、河惟兖州：九河既道，雷夏既泽。……"[4]
>
> 《汉书·地理志》：泰山郡，高帝置。属兖州。……蒙阴，禹贡蒙山在西南，有祠。颛臾国在蒙山下。莽曰蒙恩。[5]

---

① 袁珂：《山海经校注》，北京：北京联合出版公司，2014 年，第 284 页。

② 张双锁：《"羲皇故里"考》，《西部学刊》2019 年第 14 期，

③ 方韬译注：《山海经》，北京：中华书局，2011 年，第 283 页。

④ 王世舜、王翠叶译注：《尚书》，北京：中华书局，2012 年，第 58 页。

⑤ 《汉书》，北京：中华书局，2007 年，第 291 页。

《尚书·禹贡》说"雷夏既泽"在兖州,《汉书·地理志》说蒙阴属兖州泰山郡,这就是说"雷夏泽"有存在于东蒙到泰山一带的可能性。

《山海经·大荒东经》云"雷泽中有雷神,在吴西",即明确标定了"雷泽"的位置就在蒙阴叟虎寨山(吴)以西的青龙山一带。古人所言的"雷神"是龙,龙能呼风唤雨,龙能电闪雷鸣,因为"泽"在青龙山下,故说有"雷神",因而称"雷泽"。

《大荒东经》和《海内东经》的"天吴""吴"也就是《大荒西经》中的"吴"和"天虞"。为什么"天吴"会分别出现在《大荒东经》和《大荒西经》中呢?笔者认为与《大荒经》的地域范围和叙事方式有关。吴晓东先生根据《大荒经》的叙事场景与叙事方式,认为《大荒经》的中间是一个观象台。他说:

> 观测者站在中间的观测点借助四周的山作为参照进行的叙事,其四周的山对于他来说是一个包围着他的圆圈,为了叙事方便,叙事者将整个圆圈分为东、南、西、北四部分,对东边事物的叙述构成了《大荒东经》,对南边事物的叙述构成了《大荒南经》,西、北亦然。[1]

笔者认为《大荒西经》所言的"天枢"就是"吴",也就是吴晓东所言的《大荒经》的中心。正因如此,"天吴"才会重复出现在《大荒东经》和《大荒西经》中,《海内东经》是《大荒东经》的另外一个版本,因此《海内东经》所言的"雷泽在吴西",就在蒙阴叟虎寨山、青龙山一带。

(二)"雷泽"是蒙阴盆地青龙山北面的古湖泊

"雷泽",又称"华胥之泽",是中华民族的祖先经过长时间的观察形成的历史地理坐标,它的存在必须是长期而稳定的。

远古时期,黄河中下游地区没有固定的河道,更没有阻挡黄河水的人工河堤。黄河之水裹挟着大量的泥沙,在华北平原包括鲁西南平原上肆意流淌,随时在低洼之处形成"水泽",也随时因河道改变而将旧的"水泽"

---

[1] 吴晓东:《颛顼神及其在〈山海经〉里的记载》,《贵州民族大学学报》(哲学社会科学版)2020年第3期。

湮没并形成新的"水泽"。所以在黄河中下游平原，包括鲁中南平原上都不会有长期存在、水域稳定的"泽"。也就是作为历史地理坐标的"雷泽"不会出现在平原地区，只能出现于不受黄河洪水影响的鲁中南丘陵之中。笔者通过多方考证，认为《山海经》关于雷泽所在地的记载是非常明确的，就是蒙阴叟虎寨山以西（吴西）、青龙山下的古湖泊。

　　无论是"华胥之洲"还是"雷泽""雷夏泽"，只有在山区盆地之中才能形成并长期稳定存在。在山东中部郯庐断裂带西侧，有几个北西向单断箕状盆地，它们属于中生代盆地，由北向南分别为：莱芜盆地、蒙阴盆地、平邑盆地。1923年，谭锡畴以山东省蒙阴县常路乡骑路官庄村命名鲁西南地区的盆地为"官庄系"，蒙阴盆地由东到西分为蒙阴盆地、汶东盆地、汶口盆地（见图4-11）。①

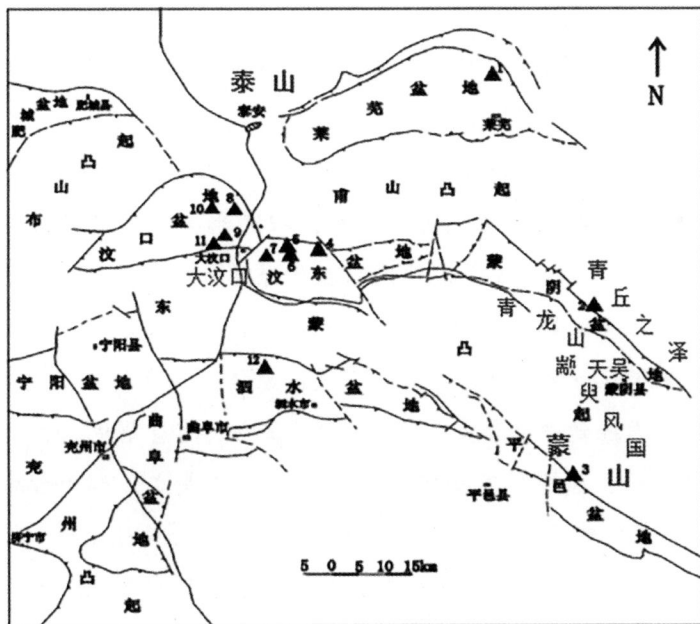

图4-11　蒙阴盆地地图

① 曲日涛、杨景林、王启飞、常国贞：《鲁西南地区官庄群的地层对比及时代讨论》，《地层学杂志》2006年第4期。

　　蒙阴盆地较为封闭，在气候湿润期，盐度相对较小，随着气候干旱，水体蒸发变浅，盐度相对增大，蒙阴盆地古近纪为封闭的山间断陷盆地。[①]地质学家对蒙阴盆地常路组"盘古庄——骑路官庄"剖面的研究发现，蒙阴盆地古近系常路组反映了河流和滨浅湖沉积环境，组成了一个完整的河湖相沉积旋回。[②] 这充分说明地处新泰垛庄断裂和蒙山断裂之间的蒙阴盆地群在远古时期存在面积较大的湖泊，而且从这个湖泊的盐度分析来看，这个湖泊是一个封闭的水体。

　　蒙阴盆地历经沧海桑田，永久性的湖泊已经消失，其中原因无非有自然和人为两个方面。主要的方面是鲁西隆起，但也不能排除"大禹治水"时"夷岳导川"，在汶东盆地青龙山尾部凿开"龙门"使原本封闭的水体，能够在洪水来临时泄洪，蒙阴盆地由原来的河湖变成了东汶河和柴汶河河谷。

　　《山海经》中记载的"雷泽"，即华胥氏履"大迹"怀孕生伏羲之处的"雷泽"，因此又称为"华胥之渚"。王献唐先生在《炎黄氏族文化考》中详细论证了华胥之渚所在的区域。

　　泗水治东北四十五里有华胥山，俗讹为黄粟山，又曰黄山，曰黄山寨。山下东南有黄沟，即古华渚，西有华村，即汉泰山郡之华县旧区，今村割属泰安，《三国志·魏武纪》注：徐州牧陶谦使张闿送曹嵩家属赴泰山郡，被害于华、费之间，即指此华县也。……《路史·太昊记》："伏羲母华胥居于华之渚，……巨迹出焉。华胥决履惟铨之，意有所动，因生伏羲。"《诗含神雾》《孝经钩命诀》及《帝王世纪》诸书，均有是说。惟《诗含神雾》以华渚为雷泽。古人知母不知父，殆后夫妇制度成立，始为古帝王求父，而求不可得。又自黄帝以来，以帝王与天一体，造为神权之说，浸入人心，乃为古帝王之不知有父者，一一演为怪异传述，谓由天神所生。……华胥

① 郑德顺等：《鲁西南蒙阴盆地古近系沉积特征及沉积环境》，《河南理工大学学报》（自然科学版）2013 年第 6 期。

② 郑德顺等：《鲁西南蒙阴盆地古近系沉积特征及沉积环境》，《河南理工大学学报》（自然科学版）2013 年第 6 期。

履迹，亦其怪异传述之一，不足深究。①

王献唐先生所言华胥山、古华渚、泰山郡华县旧区在泗水东北四十五里，认为这一带即古籍中记载的华胥氏感应受孕的华渚、雷泽。但是古籍中记载，蒙阴城南有"蒙阴山"古称"华阴山"，②《汉书·地理志》记载："泰山郡，高帝置，属兖州。……蒙阴，禹贡蒙山在西南，有祠。颛臾国在蒙山下。莽曰蒙恩。华，莽曰翼阴。"③"华县"在蒙山东麓。④

笔者认为，王献唐先生所论证的华渚（雷泽）所处的方向是正确的，地点也没有太大的出入，但其具体位置并非黄粟山、黄粟寨，而是在泗水东北更远一些的蒙山之阴，也就是蒙阴叟虎寨山西面不远之处，是华阴山（蒙阴山）西、青龙山以北的古湖泊，地质学家们在蒙阴盆地古湖泊中发现"鸟脚类恐龙足迹化石"，笔者认为即华胥氏所见"大迹"，更加证明了"雷泽"的地望就在蒙阴盆地之中（详见后文）。

古人关于"雷泽"和"君子之国"的记忆和描述，实际上来源于大汶口人对祖先华胥氏、伏羲氏（君主）诞生地的传说和图画符号。在这个符号上，有形似长龙（雷神）的青龙山脉，有形似卧虎的叟虎寨山（天吴、虞），在两山的北面是蒙阴盆地中柴汶河、东汶河河谷中的"蒙汜""虞渊"，也即《山海经》记载的君子之国与青丘之国中间的"青丘之泽"，是夸父逐日之禺谷（虞渊）、欲饮之"大泽"。

四、青龙山形似鳄而被神化为"虹""雷神""龙"

"雷泽"之"雷神"即龙，"雷泽"又在蒙阴叟虎寨山以西、青龙山以北，而《山海经》中又记载君子之国北面有"虹"，由此可见"龙"即君子之国北面的"虹"。

---

① 王献唐：《炎黄氏族文化考》，青岛：青岛出版社，2006年，第322—333页。
② 东汉·刘珍：《东观汉记校注》，北京：中华书局，2008年，第541—543页；陈桥驿：《水经注校证》，北京：中华书局，2013年，第580页。
③ 《汉书》，北京：中华书局，2007年，第291页。
④ 谭其骧主编：《中国历史地图集》第二册，北京：中国地图出版社，1982年，第19—20页。

何星亮在《龙与中国文化》一文中说，考古资料也可进一步说明龙在古代曾被奉为虹神。在甲骨文中，"虹"字多处出现，像龙、蛇一类的动物，龙身形如弓，如虹状，两端有两个龙头。《说文》云："虹，状似虫，从虫，工声。"段玉裁注："虫者蛇也。虹似蛇在，故字从虫。"司马光等编《类篇》亦云："虹也……虫名。"何星亮说，在考古学和历史学资料中，也有不少虹如动物能饮的记载。甲骨文中有虹饮河水的记载，[①] 陈梦家在《殷虚卜辞综述》论证说"卜辞虹字像两头龙蛇之形"。[②] 郭沫若《卜辞通纂》亦说："凡虹、蜺均从虫，乃视虹为有生之物。"[③]

《山海经》记载："{工虫}々在其北，各有两首。一曰在君子国北。"从《山海经》先有图后有书的成书过程分析，在《山海经图》中君子国的北面画有一个类似甲骨文的虹字的图像，两端有首，但是后人无法知道{工虫}々到底叙述的是天边的彩虹呢，还是描写一只有两个头的怪物。有学者认为"龙的原型来自春天的自然景观"雨后彩虹"，虹是龙的最直接的原型"。因此，可以理解为有一条形似"龙"的山在君子国的北面，其两端各有两个山头，这与颛臾风国北面蒙阴县城西的青龙山位置和形状相吻合。

从字义来看，由于古代书籍皆为竖版，{工虫}乃上工下虫，"工"与"巨"古同字，"工虫"即巨虫，指卧在地上的老虎或巨龙。因此，《山海经》"{工虫}々在其北，各有两首。一曰在君子国北"，正巧符合颛臾国北面有青龙山和虎头崖的地理特征。

伏羲又称伏牺、太皞，从古籍记载的情况看，华胥氏怀孕的地方有一条巨大的蛇，也可能是一条青虹或青龙，因此羲皇太皞有景龙之瑞，是蛇身之神，以龙为图腾。那么华胥氏所见青虹到底为何物呢？太皞为何又称为伏羲呢？这还要从华胥氏怀孕和羲皇出生地的特殊景观说起。

笔者认为，古籍记载的华胥氏"感蛇而孕"，并非是一条真的蛇，因

① 何星亮：《龙与中国文化》，《宗教信仰与民族文化》2009 年。
② 陈梦家：《殷虚卜辞综述》，北京：中华书局，1988 年，第 243 页。
③ 郭沫若：《卜辞通纂》，北京：科学出版社，1983 年，第 388 页。

为真蛇随处可见，是平常之动物，并不具有特别的意义，起不到神化的作用。而"青虹绕神母"则又过分的神化，因为"虹"是七彩色的，绝不可能是青色的，也不可能绕神母。因此，所谓"感蛇而孕"和"青虹绕神母"是一种类似蛇与"虹"，颜色为青色的特殊标志物，这种标志物经过长时间口耳相传，又经历了图画阶段的变异，成为了神化的"青虹"。

笔者认为，华胥氏所见"青虹"实际上就是《山海经》所言"君子之国"以北的"工虫"。字典释义中"工"即巨大，"虫"即为大蛇，因此君子之国北面的"工虫"是一条巨大的龙（蛇），"青虹"即为"青龙"。何星亮在《龙与中国文化》一文中说：

帝舜有虞氏，出生亦与龙有关，相传摄登见大虹（龙的化身）而感生舜，故其"龙颜大口，黑色，身长六尺一寸，有圣德"，则舜亦为龙子。[①]

由此可见，华胥氏所见"青虹"同样也是后来舜帝之母所见"大虹"，"工虫""青虹""大虹"都为古人看到的描写"君子之国"的自然景观，即蒙阴青龙山。因为青龙山似蛇、似龙，故古人在没有发明文字之前只能口耳相传，后来又用符号图画来表示，因此后人将语言中、图画中描绘的青龙山误认为"巨蛇""工虫""青虹""大虹"（见图4-12）。

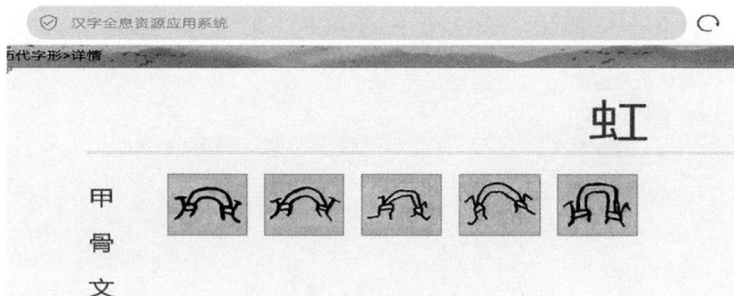

图 4-12 "虹"的甲骨文

君子国北面的这个"工虫"也就是后面各章中论证的帝母怀孕时所见"大虹""青虹""虹"，都是"君主之子"出生时和出生地的标志物。青龙

---

① 何星亮：《龙与中国文化》，《宗教信仰与民族文化》2009 年。

山与虎头崖是大汶口人对于其起源地最具代表性的山体标识，成为其口耳相传或图画文字中描述其祖先英雄事迹常用的坐标（见图 4-13）。

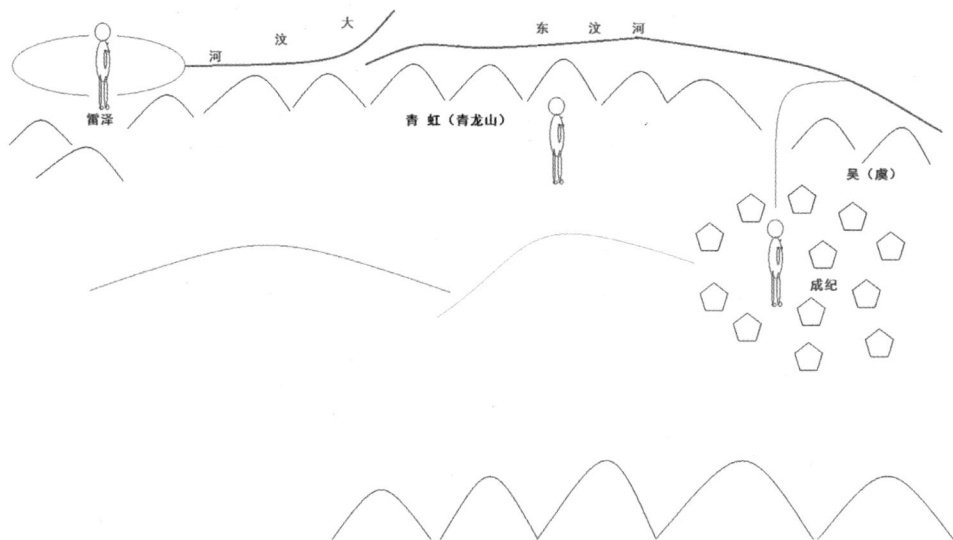

图 4-13　伏羲出生地示意

"龙"的原型是"吴"西"雷泽"中的扬子鳄，扬子鳄之所以被神化为大汶口人崇拜的图腾物"龙"，是因为"雷泽"中不仅有扬子鳄，而且"雷泽"之中的青龙山形似扬子鳄。青龙山成为"龙"和"雷神"的化身。

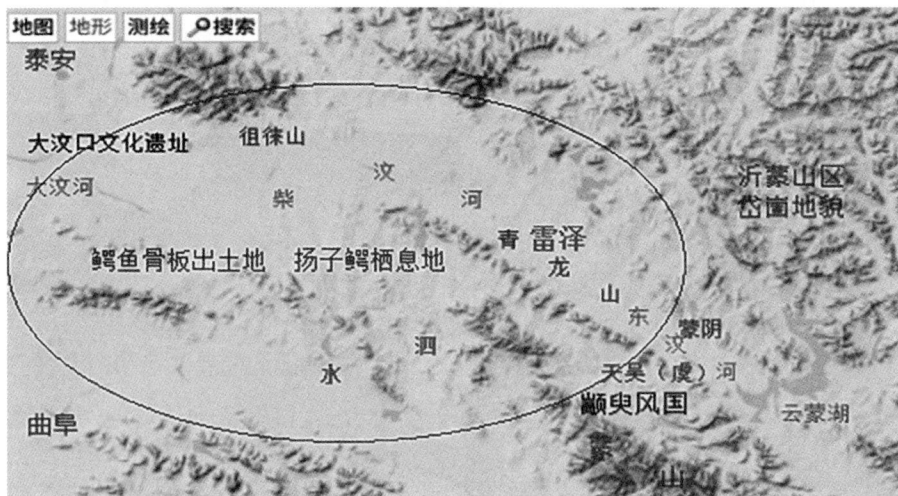

图 4-14　青龙山地形

图 4-14 中显示蒙阴叟虎寨山以西是青龙山，青龙山下是蒙阴盆地和汶东盆地，现在是东汶河、柴汶河河谷。无论从上面的地形图看，还是从图 4-15 看，青龙山都如同一条伏卧的巨龙（工虫）。

如果单纯看青龙山的首部，则完全像是一只巨大的扬子鳄，也像是一条巨大的蜥蜴。青龙山下的雷泽中有雷神（龙）的原型扬子鳄，而青龙山又恰似雷泽中的扬子鳄（见图 4-16），故被古人视为雷泽之中的"雷神"。

图 4-15 青龙山在叟虎寨山以西，与叟虎寨山相对而卧。

图 4-16 青龙山首部恰似扬子鳄

五、蒙山和青龙山是《山海经》中诸神所乘的"两龙"

《山海经》中关于神人乘驾二龙的记载屡见不鲜，《楚辞》《括地图》中也有相似的记载。

《山海经·海外西经》：大乐之野，夏后启于此儛九代；乘两龙，云盖三层。①

《山海经·海外西经》：西方蓐收，左耳有蛇，乘两龙。②

《山海经·海外南经》：南方祝融，兽身人面，乘两龙。③

《山海经·海外北经》：北方禺彊，人面鸟身，珥两青蛇，践两青蛇。【注释】郭璞云："字玄冥，水神也。庄周（《庄子·大宗师》）曰：'禺彊立于北极。'一曰禺京。一本云：北方禺彊，黑身手足，乘两龙。"④

《山海经·海外东经》：东方句芒，马身人面，乘两龙。⑤

《楚辞·九歌·河伯》：乘水车兮荷盖，驾两龙兮骖螭。登昆仑兮四望，心飞扬兮浩荡。⑥

《括地图》：禹平天下，二龙降之，禹御龙行城外，既周而还。⑦

闻一多先生在《伏羲考》一文中，还列举了《左传·昭公二十九年》《汉书·五行志》等典籍中关于二龙的故事，他说：

在传说里，五灵中凤麟虎龟等四灵，差不多从不听见成双的出现过，惟独龙则不然。除非承认这里有着某种悠久的神话背景，这现象恐怕是难以解释的，与这等情形相似的，是古器物上的那些双龙（或蛇）相交型的平面的花纹，或立体的附加部分，……其渊源于某种神话的"母题"，也是相当明显的。……同时它也是那人首蛇身的二皇——伏羲、女娲，和他

---

① 袁珂：《山海经校注》，北京：北京联合出版公司，2014年，第192页。

② 袁珂：《山海经校注》，北京：北京联合出版公司，2014年，第206页。

③ 袁珂：《山海经校注》，北京：北京联合出版公司，2014年，第189页。

④ 袁珂：《山海经校注》，北京：北京联合出版公司，2014年，第223页。

⑤ 袁珂：《山海经校注》，北京：北京联合出版公司，2014年，第235页。

⑥ 林家骊译注：《楚辞》，北京：中华书局，2010年，第68页。

⑦ 参见闻一多：《伏羲考》，上海：上海古籍出版社，2006年，第23页。

们的化身——延维或委蛇的来源。神话本身又是怎样来的呢？我们确信，它是荒古时代的图腾主义的遗迹。[①]

笔者认为，诸神乘"两龙"分别记载于海外"四经"之中，是因为"两龙"位于《山海经》古图的中心，也就是"天吴""昆仑之丘"周边，因此出现重叠现象。夏后启，是夏禹娶涂山氏女所生，涂山即蒙山（详见第五章）；"蓐收"，此神或以为是少皞之子，或为少皞之佐，[②] 少皞是继太皞、黄帝之后的大汶口人的首领，少皞之国的核心区域在蒙阴（详见第五章）；祝融，《大荒西经》云："颛顼生老童，老童生祝融"，其降生地即在蒙阴叟虎寨山（吴）；"禺彊"，人面鸟身，显然是鸟夷族之神，其立于北极则是指蒙阴叟虎寨山；"句芒"，《尚书大传》云：东方"榑木之野，帝太皞神句芒司之"。《吕氏春秋》高诱注云："句芒，少皞氏之裔子曰重，佐木德之帝。"然或又传为少皞之叔，[③] 无论太皞之佐，还是少皞之佐，句芒所司之地皆在颛臾风国"榑木之地"；禹，《史记·夏本纪》记载"禹者，黄帝之玄孙而帝颛顼之孙也"。[④]

总之，乘两龙的诸神皆与太皞、少皞、颛顼有关，皆居于以蒙阴叟虎寨山和颛臾风国为核心的区域范围之内。笔者认为，在《山海经》古图中，"两龙"实际上就是颛臾风国南北两侧的蒙山山脉、青龙山山脉。

《山海经·海外北经》：钟山之神，名曰烛明……身长千里。其为物，人面，蛇身，赤色，居钟山下。【注释】郭璞云："烛龙也，是烛九阴，因名云。"[⑤]

《山海经·大荒北经》：西北海之外，赤水之北，有章尾山。有神，人面蛇身而赤，直目正乘，其瞑乃晦，其视乃明，不食不寝不息，风雨是谒。

---

① 闻一多：《伏羲考》，上海：上海古籍出版社，2006年，第24页。
② 袁珂：《山海经校注》，北京：北京联合出版公司，2014年，第223页。
③ 袁珂：《山海经校注》，北京：北京联合出版公司，2014年，第235页。
④ 《史记》，北京：中华书局，2006年，第7页。
⑤ 袁珂：《山海经校注》，北京：北京联合出版公司，2014年，第209页。

是烛九阴,是谓烛龙。①

袁珂以为"钟山"即"章尾山"。② 温玉春认为"钟山"即当今蒙山。③ 郭璞、袁珂等人的注释中可知,"烛龙"即"烛明"。笔者认为,人面蛇身的"烛龙"就是"雷泽之雷神",也就是蒙阴青龙山(详见第一章和本章前文)。

《山海经·西山经》:钟山,其子曰鼓,其状如人面而龙身,是与钦邳杀葆江于昆仑之阳,帝乃戮之钟山之东曰瑶崖。④

"钟山"即蒙山,蒙山山脉东西近 200 公里,在《山海经》古图中形似一条巨龙。而钟山之子"鼓",也是人面龙身,其名出自龙身而人头的雷神"鼓其腹",也出自帝颛顼令鼍(即鳄)"以其尾鼓其腹",实际上就是指东西长达数十公里的蒙阴青龙山。

从上面的引文和论述中可知,钟山(蒙山)是一条大龙的形状,而钟山之子"鼓"(青龙山)则是相对较小的一条龙的形状,这两条龙与"昆仑"同在一处,昆仑之丘即蒙阴叟虎寨山,是众神所居之地。在《山海经》古图中,众神居于蒙山和青龙山之间,后人缘图而作《山海经》时诠释为"乘两龙"。

综上所述,颛臾风国即东方君子之国,君子之国既是凤的发源地,又是龙的原型地,是名符其实的龙凤图腾圣地,也是虎(天吴、虞)崇拜的起源地。

第三节 "君子之国"是华胥、伏羲、女娲风姓祖国

在华夏民族的神话传说体系中,以华胥、伏羲、女娲的神话故事流传最广、影响最深远,它们是华夏民族远古历史的真实存在,是华夏民族和华夏文明之源。华胥氏生伏羲、女娲,伏羲、女娲兄妹结婚繁衍中华民族的历史故事,如同西方的亚当夏娃故事一样,都是人类创世之神话。随着考

① 袁珂:《山海经校注》,北京:北京联合出版公司,2014 年,第 369 页。
② 袁珂:《山海经校注》,北京:北京联合出版公司,2014 年,第 209、369 页。
③ 温玉春:《古九州方位在泰沂山系一带——九州考》,《岱宗学刊》2000 年第 1 期。
④ 袁珂:《山海经校注》,北京:北京联合出版公司,2014 年,第 206—207 页。

古发现和对出土文献的研究，越来越多的学者认为先秦传说并非空穴来风，而是对祖先和祖地的追忆。伏尔泰在《风俗论》中说：

> 不容置疑，中华帝国是在 4000 多年前建立的。……中国人就是这样一个民族，4000 多年来，每天都在写它的编年。而要掌握人类社会所要求的各种技艺，要做到不仅写而且写得好，那么所需要的时间势必比中华帝国仅从伏羲氏算起存在的时间更长。

伏尔泰不仅相信中国具有 4000 年的文字历史，而且还推断中国历史比伏羲时代更长，因为伏羲时代已经是一个成熟的帝国，而缔造这样的帝国需要更长的年代。也就是说，中国历史绝对超越 6000 多年前的"大洪水"时代。[①] 大洪水时代也就是华胥氏与伏羲、女娲传说中的时代。

一、华夏始祖华胥、伏羲、女娲皆为凤族、风姓

神话传说中的中华民族先祖华胥、伏羲和女娲的出处，先秦古籍记载均显示在东方。关于伏羲、女娲的故乡，早在上世纪 50 年代王献唐先生在《炎黄氏族文化考》就已经充分论证：

> 有巢、伏羲、女娲诸帝，其居处所在，即为东方，知中国民族之土著原在东部，后又分衍他方。……颛臾在山东费县西北，……伏羲族居于斯，子孙承袭，世处其地，故武王兴复其国，使奉伏羲之祀。[②]

华胥氏在雷泽履巨人足迹有娠而生伏羲，说明太皞部落经历了只知其母、不知其父的母系氏族公社阶段。相当于这一阶段的考古学文化则是新石器时代的北辛文化晚期和大汶口文化的早期阶段，年代约距今 8500 年至距今 5500 年之间。太皞部落的聚居地或活动范围在鲁中山区的西部，这一地区正是北辛文化和大汶口文化的中心地带。[③] 确定了太皞（伏羲氏，风姓）的活动范围和所处的时代，对于分析华夏民族和华夏文明的来龙去脉至关重要。

---

① 伏尔泰著，梁守锵译：《风俗论》，北京：商务印书馆，1995 年，第 74 页；参见李天纲《17、18 世纪的中西"年代学"问题》，《复旦学报》（社会科学版）2004 年第 2 期。

② 王献唐：《炎黄氏族文化考》，青岛：青岛出版社，2006 年，第 360—361 页。

③ 逄振镐：《东夷文化研究》，济南：齐鲁书社，2007 年，第 92—93 页。

（一）华胥、女娲为凤族之女，太皞为凤女所生

最早提及华胥氏的文献主要有《竹书纪年》和《庄子》等。《竹书纪年前编》说："太昊之母，居于华胥之渚，履巨人迹，意有所动，虹且绕之，因而始娠，生帝于成纪，以木德王，为风姓。"①

华胥氏，风姓，中国上古时期华胥国的女首领，她是伏羲和女娲的母亲，炎帝和黄帝的直系远祖，誉称为"人祖"，是中华文明的本源和母体，被中华民族尊奉为"始祖母"。关于华胥的记载最早见于《列子·黄帝》，其后上百种典籍均有记载。相传她在雷夏泽踩雷神脚印，感应受孕，生伏羲和女娲，传嗣炎帝黄帝，从而成为中华民族的始祖母。华胥氏处于原始社会母系社会的末期，华夏族的得名，乃由华胥及其嫡系夏人所构成。

伏羲是从渔猎过渡到农业时代的代表人物。传说他结网罟而发明渔猎工具，制作琴瑟等乐器，规划婚姻制度与嫁娶礼仪，始画八卦，用"太极"学说来分析宇宙变化之理，奉"龙"为华夏图腾并最早创造了姓氏等等。因此，太昊伏羲被尊为"三皇之首"和"百王之先"，为中华民族敬仰的"人文初祖"。伏羲族中另一位颇具神话色彩的传奇人物是女娲，她是远古时代的"三皇"之一。相传女娲曾抟土造人，炼五色石补天，断鳌足以立四极，发明笙簧等乐器，为女媒而设置婚姻。②从古籍记载和民间传说来看，华胥氏与伏羲、女娲是密不可分的。

《帝王世纪》：太皞帝庖牺氏，风姓也。母曰华胥。燧人之世，有大人之迹出于雷泽之中，华胥履之，生庖牺于成纪，蛇身人首，有圣德，为百王先。帝出于震，未有所因，故位在东，主春，象日之明，是以称太皞。③

《拾遗记·春皇庖牺》：春皇者，庖牺之别号。所都之国，有华胥之洲。神母游其上，有青虹绕神母，久而方灭，即觉有娠，历十二年而生庖牺。……或人曰：岁星十二年一周天，今叶以天时，且闻圣人生皆有祥瑞。昔者人

---

① 《竹书纪年前编》，上海：光绪乙未年醉经楼校印本。
② 马世之：《华胥氏与伏羲、女娲故里考》，《黄河科技大学学报》2007年第4期。
③ 《帝王世纪》，济南：齐鲁书社，2010年，第2—3页。

皇蛇身九首，肇自开辟。①

伏羲的异名在上古的"三皇五帝"之中是最多的，王献唐先生在《伏羲考》说，伏羲亦作伏牺，《伪三坟》作伏戏；《左传·僖公十一年》释文又作炮牺；《汉书》作包羲；《易·系传》作庖牺；《帝王世纪》《拾遗记》作庖羲；《世本》作虙戏；《管子》《庄子》作虙仪；《诗含神雾》《尸子》作宓牺。戏、牺、仪三字同音，伏羲与包、庖为双声转，皆以音同或音通通用。②古史中最早记载伏羲的是出于战国中晚期的《庄子》，他的事迹在诸多文献中都有体现。

《庄子·大宗师》：伏戏氏得之，以袭气母；……肩吾得之，以处大山；黄帝得之，以登云天；颛顼得之，以处玄宫；……彭祖得之，上及有虞，下及五伯。③

《易·系辞下》：古者疱牺氏之王天下也，仰则观象于天，俯则观法于地，观鸟兽之文，与地之宜，近取诸身，远取诸物，于是始作八卦，以通神明之德，以类万物之情。做结绳而网罟，以佃以渔，盖取诸《离》。④

从典籍中关于华胥氏和伏羲的记载来看，主要内容有四点：一是太皞（伏羲氏，风姓）为华胥氏（风姓）所生。二是华胥氏在"雷泽"因履"大人迹"而怀孕，或因"青虹绕身"有娠。三是伏羲是"蛇身人首"。四是太皞"帝在东方"。古籍中关于华胥氏与伏羲的上述记载，可以从专家学者对大汶口文化考古和《山海经》研究中得到证实。

最早将太昊与伏羲并称一体的是西汉刘歆的《世经》（存录在《汉书·律历志下》）中，他根据当时人们的古史观念，将古帝的代序从黄帝向上推，推出最古的帝王应当是伏羲。从此以后，太昊伏羲开始出现于典籍之中。伏羲的长相，历来说法较多，《列子·黄帝篇》曰："庖牺氏蛇身，人面，牛首，虎鼻。"《路史·后纪》曰："伏羲龙身。"《帝王世纪》曰："蛇身人首。"

① 王兴芬译注：《拾遗记》，北京：中华书局，2019年，第2页。
② 王献唐：《炎黄氏族文化考》，青岛：青岛出版社，2006年，第306页。
③ 方勇译注：《庄子》，北京：中华书局，2010页，第102—103页。
④ 杨天才、张善文译注：《周易》，北京：中华书局，2011年，第607页。

从这些记载中可以得知伏羲是"人头蛇身"。李丹阳在《伏羲女娲形象流变考》一文中说：

> 伏羲的这个形象与伏羲乃雷神之子的传说是一致的。《山海经·海内东经》曰："雷泽中有雷神，龙身而人头。"《淮南子·坠形篇》："雷泽有神，龙身人首鼓其腹而熙。"伏羲应该是居住在雷泽附近的先民信仰的大神，以龙蛇为图腾的部族，其形象是人首蛇（龙）身。[1]

我国的远古历史，传说在盘古之后就是"三皇"时代。"三皇"之说有多种，最通行并为学界所认可的，是《春秋运斗枢》《淮南子》和《路史》等著作里所谓的伏羲、女娲、神农为"三皇"。"三皇"之中尤以伏羲、女娲功业显赫，被认为是创世之神。《淮南子·览冥训》曰："伏戏（羲）、女娲不设法度而以至德遗于后世。"《淮南子·原道训》在谈到天地万物起源时说："泰古二皇，得到之柄，立于中央，神与化游，以服四方。"把伏羲、女娲列为"泰古二皇"。[2]

《山海经》和《楚辞》之中只有女娲的记载，而全不提伏羲，可见女娲传说比伏羲古老。

《山海经·大荒西经》：有神十人，名曰女娲之肠，化为神，处粟广之野，横道而处。【注释】郭璞云："女娲，古神女而帝者，人面蛇身，一日七十变，其腹化为此神。"袁珂案："郭注'其腹化为此神'，《藏经》本腹作肠，《太平御览》卷七八引同。"[3]

《楚辞·天问》：女娲有体，孰制匠之？[4]

《世纪帝王》：女娲氏，亦风姓也。承庖羲制度。亦蛇身人首，一号女希，是为女皇。[5]

《淮南子·说林训》：黄帝生阴阳，上骈生耳目，桑林生臂手，此娲

---

① 李丹阳：《伏羲女娲形象流变考》，《故宫博院刊》2011 年第 2 期。

② 李丹阳：《伏羲女娲形象流变考》，《故宫博物院刊》2011 年第 2 期。

③ 袁珂：《山海经校注》，北京：北京联合出版公司，2014 年，第 328—329 页。

④ 林家骊译注：《楚辞》，北京：中华书局，2010 年，第 88 页。

⑤ 《世纪帝王》，济南：齐鲁书社，2010 年，第 3 页。

所以七十化也。高诱注：黄帝，古天神也。女娲，王天者也。七十变造化也。按，事载《楚辞·天问》。①

《淮南子·览冥训》：往古之时，四极废，九州裂，天不兼覆，地不周载；……于是女娲炼五色石以补苍天。②

《太平御览》卷78引《风俗通》：俗说天地开辟，未有人民，女娲抟黄土做人，剧务，力不暇供，乃引绳于泥中，举以为人。③

《路史·后记二》：（女娲）少佐太昊，祷于神祈，而为女妇，正姓氏，职昏因，通行媒，以重成民之判，是曰神媒……以其载媒，是以后世有国，是祀为皋禖之神。④

女娲是创世之神，不仅补天、立地、息洪水，化育万物，而且"抟土造人"。《山海经》中"女娲之肠"仅有郭璞"（女娲之肠）或作女娲之腹"，⑤历代学者皆默认此解释，未见对此进行专题研究。直至上世纪80年代以来，才有学者认为"女娲之肠"的肠，既是消化系统的肠，也是生殖系统的肠。⑥若以此为据，那么"化为神"之"化"就应是"化生""化育"之意，这种观点更符合女娲人类始祖的身份，以及人类对女性生殖器官的认识。⑦

关于女娲之肠，其功绩和光辉决定了其在我国神话中的始祖母地位。笔者认为，关于"女娲之肠"是生殖器之肠的这种解释更符合"东方君子之国"的地理环境和历史地位。

华胥、女娲、伏羲均为风姓，学者们普遍认为"风"即为"凤"，显然华胥、女娲是凤族之女，是大汶口文化早期母系氏族社会以凤凰为图腾的部落首

---

① 陈广忠译注：《淮南子》，北京：中华书局，2012年，第985页。
② 陈广忠译注：《淮南子》，北京：中华书局，2012年，第323页。
③ 《太平御览》，北京：中华书局，1960年，第364页。
④ 参见陈嘉琪：《南宋罗泌〈路史〉上古传说研究》，北京：中国社会科学出版社，2018年，第241页。
⑤ 袁珂：《山海经校注》，北京：北京联合出版公司，2014年，第328—329页。
⑥ 王增永：《何谓"女娲之肠"》，《民间文化》2001年第1期。
⑦ 谷颖：《满族三女神造人神话与女娲造人神话比较研究》，《古籍整理研究学刊》2014年第5期。

领，也就是九夷之首领部落"风夷"的前身，而太皞（伏羲氏，风姓）则是凤族所生。正如王献唐先生在《炎黄氏族文化考》中所言：

> 伏羲亦作伏牺……蒙阴一带，初皆蒙族聚处之所……所居之地名蒙，所处之山亦名蒙……伏羲后裔，周有密须四国，为东蒙主……知东蒙一带，固伏羲子孙旧壤也。

> 伏羲之后，有东蒙氏……。族以蒙名，所居之地，故以名蒙。蒙在东方，故言"东蒙"，合地名氏名以证伏羲，知伏羲为蒙族。

> 伏羲一族既出东方，其族以风为姓，又为何故？曰：此以族居之地产生凤鸟，因以为号也。古无风字，风皆作凤。……今契文无风，王静安曰："卜辞屡云遘大凤，即遘大风。而凡卜辞之凤，宜均为风，各字均象凤形。"……知周人风亦作凤。

> 风姓之风，既当为凤，伏羲诸皇，曷又以凤为姓？曰：原本无姓，姓由地起，其族人所居之地名凤，以地为号，因并呼其族人亦曰凤，凤即后世所谓氏者也。凤族之女，后生伏羲，伏羲以母氏为姓，因为凤姓。……凤族之女华胥……

> 若是，地以凤名，又为何义？曰：此殆其地古有凤鸟来仪，或曾巢居于此，以凤之所在，呼为地名。初时只为一方，后更涉及周围广野而并称之。湖北鄂城有凤山……甘肃临夏县南有凤林山，……江西丰城县东有凤凰山，……《说文》引天老说曰：凤"出于东方君子之国，翱翔于四海之外……"①

王献唐先生在《炎黄氏族文化考》中从八个方面系统的考证了伏羲、风族出于泗水，但其中最为主要的证据都是祭祀太皞的颛臾风国，很多地名、地形、水名、县名也均在泗水以东几十公里之外的古卞县东北，实际应当是在蒙阴联城、桃墟、常路一带。

当然，也不能完全否定王献唐先生所言，因为历史上地名和区划变动很大，远古时期长期存在的颛臾风国实际上是以蒙阴联城（大城子）为中心，在南北约四五十公里，东西约七八十公里的范围之内，这一区域包括现在

---

① 王献唐：《炎黄氏族文化考》，青岛：青岛出版社，2006年，第290—335页。

的蒙阴县城及东南、西南全部,平邑北部、费县西北部、泗水东北部(古卞县)和新泰东部。如果非要以现今地名为准的话,则颛臾风国即在蒙阴,蒙阴为风夷部落发祥地和伏羲太皞诞生地。可以说千证万证不如颛臾风国这一证,颛臾风国在哪儿,伏羲、风夷便发源于哪里。

（二）颛臾风国是《列子》中的"华胥之国"

历史上对"华胥国"所在地,亦有数说,据杨东晨先生考,盖有山东说、山西说、河南说、陕西说、四川说、青海说等等,不一而足。最具代表性的为《列子·黄帝》:"华胥氏之国在弇州之西,台州之北。"另有佛教的说法,《辩证论》卷四谓"《典略》云:"'黄帝梦游华胥氏之国。'华胥氏者即天竺国也,在佛神游之所。"①

前文中论证了华胥之渚(雷泽)在蒙阴盆地,显然"华胥之国"即在华胥之渚。我们不妨从《列子·黄帝》一文中对华胥之国的社会形态进行分析。

《列子·黄帝》:黄帝即位十有五年,喜天下戴己,养正命,娱耳目,供鼻口,焦然肤色皯黣,昏然五情爽惑。又十有五年,忧天下之不治,竭聪明,进智力,营百姓,焦然肤色皯黣,昏然五情爽惑。黄帝喟然赞曰:"朕之过淫矣。养一已其患如此,治万物其患如此。"于是放万机,舍宫寝,去直侍,彻钟悬,减厨膳,退而间居大庭之馆,斋心服形,三月不亲政事。

昼寝而梦,游于华胥氏之国。华胥氏之国在弇州之西,台州之北,不知斯齐国几千万里,盖非身车足力之所及,神游而已。其民无嗜欲,自然而已。不知乐生,不知恶死,故无天殇;不知亲己,不知疏物,故无爱憎;不知背逆,不知向顺,故无利害。都无所爱惜,都无所畏忌。入水不溺,入火不热。斫挞无伤痛,指摘无痟痒。乘空如履实,寝虚若处床。云雾不硋其视,雷霆不乱其听,美恶不滑其心,山谷不踬其步,神行而已。

黄帝既寤,怡然自得,召天老、力牧、太山稽,告之曰:"朕闲居三月,

---

① 法琳:《辩证论》,《大正新修大藏经》第 52 册,台北《财团法人佛陀教育基金出版社》1990 年。

斋以服形，思有以养身治物之道，弗获其术。疲而睡，所梦若此。今知至道不可以情求矣。朕知之矣！朕得之矣！而不能以告若矣。"

又二十八年，天下大治，几若华胥氏之国，而帝登假。百姓号之，二百余年不辍。[①]

"梦游华胥"记载了黄帝梦游华胥之国的所见所闻，对中国传统文化产生了比较深远的影响。除了它形象地表达了道家思想的内涵之外，对传统文化的发展演变，特别是儒道之间的融合发挥了积极的作用。首先，"华胥"成为政治清明、天下太平的代名词。其次，在为人修养上，通过"华胥"或"梦游华胥"来表达对理想人生的追求，不受名缰利锁的束缚，渴望自由、闲适、恬淡的人生态度。在古代历史文化典籍里，"梦游华胥"呈现出了两种基本面貌：一是幻想和向往华胥氏古国民风淳朴，没有尔虞我诈和礼乐修饰的自然纯朴状态。二是国君无欲无求，使百姓顺其自然发展，休养生息，以达到天下大治的目的。

"梦游华胥"，简单地说，就是对"华胥氏之国"境界的憧憬和向往。实际上，早在魏晋时期，一些学者便不主张"华胥氏之国"有具体的方位，甚至怀疑它的存在。如张湛注《列子》时就有"不必便有此国"的认识。张湛是魏晋玄学发展过程中一位具有代表性的人物，他的这种注解对研究"华胥氏之国"只是一种参考。[②]

从《列子·黄帝》所记载的"华胥氏之国"社会形态来看，它所处的时代显然就是伏羲之前的华胥氏时代，也就是《淮南子·俶真训》中所记载的伏羲氏之前的"至德之世"。

《淮南子·俶真训》：至德之世，甘瞑于溷澜之域，而徙倚于汗漫之宇，提挈天地而委万物，以鸿蒙为景柱，而浮杨乎无畛崖之际。是故圣人呼吸阴阳之气，而群生莫不颙颙然仰其德以和顺。[③]

---

① 叶蓓卿译注：《列子》，北京：中华书局，2011年，第27—29页。
② 陈战峰：《"梦游华胥"意象的文化意义》，《理论导刊》，2009年11期。
③ 陈广忠译注：《淮南子》，北京：中华书局，2012年，第83页。

伏羲之前的人居于东方鸿蒙之野，日出而作，日落而息，过着无忧无虑、恬淡闲适的生活。黄帝所梦"华胥之国"，实际上是大汶口人在迁徙中原之后对"桑梓之地"原始生活的一种怀念。由此可见，黄帝所梦"华胥氏之国"的社会形态指的就是伏羲之前，华胥氏之时的母系氏族社会；"华胥氏之国"所在的位置就在蒙阴盆地中的"华胥之渚"（雷泽），也就是伏羲太皞祖国——东方君子之国。

（三）颛臾风国是《山海经》中的"女子之国"

华胥、女娲是华夏民族的两位最著名的女性人文始祖，华胥是伏羲之母，而女娲则造就了人类。笔者认为，颛臾风国就是《山海经》中的"女子之国"，而华胥、女娲就是"女子之国"的"两女子"，先来看《山海经·海外西经》关于女子国的记载：

丈夫国在维鸟北，其为人衣冠带剑。

女丑之尸，生而十日炙杀之。在丈夫北。以右手鄣其面。十日居上，女丑居山上。

巫咸国在女丑北，右手操青蛇，左手操赤蛇，在登葆山，群巫所从上下也。

女子国在巫咸北，两女子居，水周之。一曰居一门中。

轩辕之国在此穷山之际，其不寿者八百岁。在女子国北，人面蛇身，尾交于首上。

……此诸天之野，鸾鸟自歌，凤鸟自舞；凤皇卵，民食之；甘露，民饮之，所欲自从也。百兽相与群居。[①]

上述记载中，虽然出现了丈夫国、巫咸国、女子国、轩辕之国，看似范围很大，距离很远，实际上这些地方就是以"巫咸国"为中心、方圆百里的范围。

关于"巫咸国"的性质，郭璞注曰："即登葆山，群巫所从上下也。"袁珂则说："则巫咸国者，乃一群巫师组织之国家也……'群巫所从上下'

---

① 袁珂：《山海经校注》，北京：北京联合出版公司，2014 年，第 199—202 页。

者,'上下'于此天梯也。"① 也就是说,郭璞、袁珂等古今学者均认为"巫咸国"即"登葆山",也即《海内南经》记载的"建木,在窦窳西弱水上"。郭璞云:"(建木)其下声无响,立无影也。"袁珂说:

> 《淮南子·坠形篇》云:"建木在都广,众帝所自上下,日中无景,呼而无声,盖天地之中也。"是郭注之所本。建木既"大皞爰过,黄帝所为",又为"众帝所自上下",盖天梯也。②

从上面典籍记载和学者的论述看,"巫咸国"就在"昆仑之丘","众巫"即"众帝"。"巫咸国"南面"丈夫国"其人"衣冠带剑","巫咸国"的北面是"女子国""轩辕之国",有"鸾鸟自歌,凤鸟自舞"景象,显然《海外西经》所描述的就是"君子之国"的地域,"丈夫国""巫咸国""女丑之尸""女子国""轩辕之国"都是"君子之国"不可分割的一部分。"穷山"也在其中,笔者认为"穷山"与"桑野"合称"穷桑",是包括黄帝在内的"虞代"五帝初登帝位之都(详见第五章)。

《山海经·大荒西经》:大荒之中,有龙山,日月所入。有三泽水,名曰三淖,昆吾所食也。有人衣青,以袂蔽面,名曰女丑之尸,有女子之国。【注释】郭璞云:"袂,袖。"③

《大荒西经》的记载,证实了笔者的上述观点,"女丑之尸"和"女子之国"就在"龙山"和"昆吾"的"三泽水"之间,"龙山"即蒙阴青龙山,"昆吾"即"昆仑之丘",太阳正午之所在。"三泽水"就是环绕昆仑的"弱水""虞渊",现在的名称是"三道河"。

《海外西经》记载"女子国在巫咸北,两女子居,水周之。一曰居一门中。"郭璞注云:"有黄池,妇人入浴,出即怀姙矣。"《后汉书·东夷列传》:"或传有神井,窥之即生子。"④"女子国"感应受孕的神话,无不与华胥氏所处的"只知其母,不知其父"母系氏族社会有关。

---

① 袁珂:《山海经校注》,北京:北京联合出版公司,2014年,第202页。
② 袁珂:《山海经校注》,北京:北京联合出版公司,2014年,第246—247页。
③ 袁珂:《山海经校注》,北京:北京联合出版公司,2014年,第337页。
④ 袁珂:《山海经校注》,北京:北京联合出版公司,2014年,第201页。

图 4-17

二、华胥履雷泽"大迹"是"鸟脚类恐龙足迹化石"

华胥氏在"雷泽"履"大迹"怀孕生伏羲的神话，体现了大汶口人对"大迹"的崇拜。这些"大迹"是指什么呢？于省吾先生在《诗"履帝武敏歆"解》说：

在地球中生代，容或有巨大爬虫或巨大兽类，留下了它们足以眩骇后人的巨大足迹。这样的"巨迹"以及相应的传说故事，在国外也多有所闻。例如斯里兰卡的亚当峰之巅顶，便有类此巨迹，竟达一公尺半长、八公寸阔。当地的佛教、印度教和伊斯兰教的信徒，均视为"圣迹"，不辞劳苦地攀登峰顶，对之致敬。[1]

蒙阴盆地的古湖泊（雷泽）历经沧海桑田，永久性的湖泊已经消失，蒙阴盆地中的"雷泽"变成了东汶河和柴汶河河谷。随着洪水的冲刷或湖面的降低，大汶口先民在雷泽中发现了"大迹"，笔者认为这些"大迹"实际上是蒙阴盆地古湖泊中的"鸟脚类恐龙足迹化石"。

（一）华胥所见"大迹"是凤族崇拜的凤凰足迹

典籍中关于华胥氏生伏羲的记载还有很多，如《太平御览》卷七十八引《诗纬·含神雾》："大迹出雷泽，华胥履之，生宓牺。"[2]《帝王世纪》

---

① 参阅于省吾：《诗"履帝武敏歆"解》，《中华文史论丛》第六辑（1965 年 8 月出版）。

② 参见王献唐：《炎黄氏族文化考》，青岛：青岛出版社，2009 年，第 318 页，

记载：

太皞帝庖犧代，风姓也，母曰华胥。燧人之世，有大人之迹出于雷泽之中，华胥履之，生庖犧于成纪，蛇身人首，有圣德，为百王先。帝出于震，未有所因，故位在东，主春，象日之明，是以称太皞，一号黄熊氏。[①]

关于雷泽、华胥之渚的"大迹"或"大人迹""巨人迹"等还见于《竹书纪年前编》等诸多典籍和出土文献中（见前文）。典籍中除了华胥所见"大迹"感应受孕神话外，《史记·周本纪》中也有相似的神话：

《史记·周本纪》：周后稷，名弃，其母有邰氏女，曰姜原。姜原为帝喾元妃。姜原出野，见巨人迹，心忻然说，欲践之，践之而身动如孕者。居期而生子，以为不祥。……初欲弃之，因名曰弃。……封弃于邰，号曰后稷，别姓姬氏。后稷之兴，在陶唐、虞、夏之际，皆有令德。[②]

古籍中记载华胥氏在雷泽见"大迹"与姜嫄出野所见"巨人迹"如出一辙，姜嫄是帝喾元妃，其出野之处也在蒙阴颛臾风国（详见第五章）。这充分说明，远古时期蒙阴盆地中确实存在"大迹"。"迹"即足迹，大迹、巨迹就是指异乎寻常的大足迹。如果将这个传说单纯视为荒诞不经的神话，就没必要对其进行分析、论证。如果将其视为基于史实的传说，那么这个大迹决非是"大人迹""巨人迹"，因为异乎寻常之大的巨人足迹在现实中是绝无可能存在的。

《诗经·大雅·生民》：厥初生民，时维姜原（嫄）。生民如何？克禋克祀，以弗无子。履帝武敏歆，攸介攸止。载震载夙，载生载育，时维后稷。[③]
【注解】：履，践踏。帝，上帝。武，足迹。敏，拇指的假借，大脚趾。歆，心有所感貌。郑笺："时则有大神之迹，姜嫄履之，足不能满，履其拇指之处，心体歆歆然，如有人道感己者也，于是遂有身。"郑玄此笺从三家诗今文说，古文说则谓"帝"为帝喾，姜嫄之夫。历来学者聚讼纷纭，莫衷一是。[④]

关于"大迹""巨人迹"的含义，学术界有着不同的看法，张维慎先生在《关

---

① 《帝王世纪》，济南：齐鲁书社，2010年，第3页。
② 《史记》，北京：中华书局，2006年，第17页。
③ 程俊英，蒋见元著：《诗经注析》，北京：中华书局，2017年，第606页。
④ 程俊英，蒋见元著：《诗经注析》，北京：中华书局，2017年，第606页。

于周人女始祖姜嫄的几个问题》①一文中列举了以下几种观点：

"象征的舞蹈"说或"鸟舞"说。闻一多先生说："履迹乃祭祀仪式之一部分，疑即一种象征的舞蹈。所谓'帝'实即代表上帝之神尸。神尸舞于前，姜嫄尾随其后，践神尸之迹而舞，其事可乐，故曰'履帝武敏歆'，犹言与尸伴舞而心甚悦喜也。舞毕而相携止息于幽闲之处，因而有孕也。"②赵国华先生进一步发挥说："姜嫄履武帝敏，当是在祈求生殖的祭祀上，她跟随着某个男人，亦步亦趋，跳模拟鸟禽以'足''踩蛋'（交尾）的舞蹈。"③

"戴天头"说。杨向奎先生说："'履帝武敏歆'，也就是与天匹配。"又说："姜嫄'其德不回，上帝是依'，依于上帝生子，更是'戴天头'的绝好注解。'戴天头'后生子与婚后生子享有同等地位，后嗣不会被人歧视。"④所谓"戴天头"是指姑娘长到16岁左右时，家长要为她单方面举行婚礼，戴上已婚女子的头饰，她的配偶就是老天爷，因而称为"戴天头"。

"处女生殖"即"丰产巫术"说。朱狄先生说："这个姜嫄履大人之迹的故事实际上与华胥履大迹的故事是完全一致的，它们无疑属于处女生殖的范畴。"他说："所谓履大神之迹，实际上是一种丰产巫术的遗迹，其中心内涵是'地''母'的直接接触，正因为这种接触是非常平凡的，因此就需要一种特殊的'郊禖'仪式去强化这种接触，以便使不娠的妇女像土地长出庄稼那样能生儿育女。"⑤

太阳崇拜说。江林昌先生在《履迹生子观念源于太阳崇拜考》一文中认为，《诗经·生民》："履帝武敏"之"帝"指的是太阳神，而"帝武敏"则是指太阳圣迹。所谓"大人迹""巨人迹""帝迹"，指的即是太阳足迹。⑥

① 张维慎：《关于周人女始祖姜嫄的几个问题》，《广西民族学院学报》2006年（28）；《齐鲁文化研究》2005年。
② 闻一多：《姜嫄履大人迹考》载于《神话与诗》，上海：上海世纪出版集团，2005年，第62页。
③ 赵国华：《生殖崇拜文化论》，北京：中国社会科学出版社，1996年，第274页。
④ 杨向奎：《宗周社会与礼乐文明》，北京：人民出版社，1997年，第270页。
⑤ 朱狄：《原始文化研究——对审美发生问题的思考》，上海：三联书店，1988年，第764页。
⑥ 江林昌：《楚辞与上古历史文化研究——中国古代太阳循环文化揭秘》，济南：齐鲁书社，1998年，第286—301页。

郑晓江先生提出履迹生子是以感日等自然天象而受孕生育现象的衍化形态或变体。[1]

图腾感生说。在中国古代，学者们多认为圣人"感天"而生。于省吾先生对旧说大胆怀疑，他主张姜嫄"履帝武敏歆"生子并非"感神灵或感上帝"，而是表现了"妇女感图腾童胎入居体内而妊娠的虚幻想法"。[2] 徐元济先生说，感应足迹而怀胎生子的神还有：《山海经·海内经》注引《河图》"大迹出雷泽，华胥履之，生伏羲"，《礼记·乐记》疏引《孝经钩命决》"华胥履迹，怪生皇羲"等。"姜嫄不知道自己怀孕是和姬姓的男子交媾所造成的，而认为是姬族祖先图腾足迹入居自己体内的结果"。[3]

关于"大迹"的来源，周庆明先生推断"武敏"是"虎之迹"。[4] 刘夫德先生则认为，这个"人面"的"烛龙"（月）形象就是巨人，应该就是姜嫄履其迹的"大人"（巨人）。[5] 萧兵先生认为，"巨人"是周人的图腾龙。[6] 孙作云认为"周人是以熊为图腾的，巨人迹当是熊之足印"。[7] 王向辉在《姜嫄"履巨人迹"新说》一文中以为，巨人当是猫头鹰，履"巨人迹"乃是描述的一种以猫头鹰为核心的巫术仪式。猫头鹰本是太阳玄鸟，周人其实与商人一样是玄鸟的子孙。[8]

从古今学者关于"大迹"的解读和论述来看，图腾崇拜说越来越受到学者的重视。至于"大迹"是何种图腾，则有虎、熊、龙、玄鸟等多种说

---

[1] 郑晓江主编：《中国生育文化大观》，南昌：百花洲文艺出版社，1999年，第101页

[2] 于省吾：《诗"履帝武敏歆"解》载于《中华文化论丛》第六辑，上海：上海古籍出版社，1965年。

[3] 涂元济：《从母系制过渡到父系制的一场夺子之争——对〈诗经·生民〉神话的一种解读》，《福建师大学报》（哲学社会科学版）1981年第1期。

[4] 周庆明：《"高禖"探源》载《生殖崇拜文化论》，第273页。

[5] 刘夫德：《周人早期的图腾》，《兰州大学学报》1986年第3期。

[6] 萧兵：《姜嫄弃子为图腾考验仪式考》，《南开大学学报》（哲学社会科学版）1978年4—5合刊。

[7] 涂元济：《从母系制过渡到父系制的一场夺子之争——对〈诗经·生民〉神话的一种解读》，《福建师大学报》（哲学社会科学版）1981年第1期。

[8] 王向辉：《姜嫄"履巨人迹"新说》，《西部学刊》2014年第9期。

法，龚维英在《周族先民图腾崇拜考辨——兼说黄帝族、夏族的图腾信仰》一文中则认为"大迹"是黄帝化身"天鼋"踩下的：

> 学者们在追溯原始周人的图腾时，都很重视研究周族肇始的神话，但见仁见智，歧异极殊。例如，闻一多先生由此推论周与犬戎同族，俱伏羲之后，则周为狗图腾。孙作云先生认为"大人迹"乃"熊迹"，姜嫄既然履"熊迹"生下周族男姓始祖弃，则周应为熊图腾族。其实均不确。

> 苏联柯斯文《原始文化》说："图腾主义也导致其它一些概念，如认为生育是由于图腾入居妇女体内，死亡是人返回于自己的氏族。"近世澳大利亚的阿兰达部落之人，认为他们的图腾祖先在石头、树林或水池中内都留下了"拉塔尔"（图腾童胎），如被育龄妇女触及，她们就会怀孕。……简狄吞玄鸟卵生商契是这样，姜嫄履大人迹生周弃也是如此。所以，殷商族先民的图腾为玄鸟，周族先民的图腾为天鼋。[①]

笔者综合分析上述学者关于"大迹"的论述，认为华胥氏（风姓）在雷泽履大迹而伏羲（风姓）与姜嫄出野履大迹而生后稷同出一辙，"大迹"并非虎、熊、龙的足迹，也非王向辉先生所言"巨人当是猫头鹰"，但是他的"玄鸟"之说是接近事实真相的，但"玄鸟"并非猫头鹰，而是"玄丹之山，五色之鸟"的简称，也就是凤凰神鸟。华胥、女娲是以凤凰为图腾的部落首领，伏羲亦为风姓，是凤族之女所生，"雷泽"中的"大迹"能够让华胥氏感应受孕，难道"大迹"还有比凤凰足迹更合理的说法吗？

（二）"大迹"是蒙阴盆地"鸟脚类恐龙足迹化石"

"雷泽"中的"大迹"难道真的是高五六尺凤凰留下的足迹吗？显然是不可能的。但是从典籍记载的情况来看，"雷泽"中似乎真的有"大迹"存在，《诗纬·含神雾》中说"大迹出雷泽"，显然是说"大迹"从雷泽中出露了出来，也就是说这些"大迹"并非新鲜的足迹，而是"固化"了

---

① 龚维英：《周族先民图腾崇拜考辨——兼说黄帝族、夏族的图腾信仰》，《人文杂志》1983 年第 1 期。

的足迹化石，因为洪水的冲刷，或者泽水的枯竭，显露了出来，成为大汶口先民的崇拜物。

结合上述所言雷泽有雷神，雷神即龙，华胥氏所见"大迹""巨迹"必然是指雷泽中经过洪水冲刷之后显现出来的鳄龙类或恐龙类动物的足迹化石，地质学家对蒙阴盆地常路组的野外调查和研究发现证实了笔者的这一判断。

地质学者们认为，山东是中国著名的恐龙之乡，产有许多恐龙骨骼化石，如白垩纪著名的青岛龙和山东龙等。相比之下，恐龙足迹化石发现稀少。他们在对蒙阴盆地进行野外地质调查时，在蒙阴县常路西南三台组发现了恐龙足迹化石（见图4-19），这是山东省境内侏罗纪恐龙足迹化石的首次发现。此次发现的足迹化石有4个，都为三趾型。其中3个是层面凹形，形成一完整的行迹。足迹的长度分别为17.5cm、17cm、16cm；宽分别为12cm、12cm、11.5cm，经初步研究，被认为是小型"鸟脚类恐龙"的足迹化石。[①]

迄今为止，在蒙阴盆地杨庄三台组剖面共发现了5个恐龙足迹化石。2002年发现的是一段3个足迹组成的行迹，目前足迹仍然保存野外。2010年发现并采集了1个足迹。另外，2004年在该化石点还采集到一个散落的三趾型足迹自然铸模。[②]

地质学家们在蒙阴县常路镇驻地西南青龙山下的同一处河湖沉积层中即发现5个鸟脚类恐龙足迹化石，如果对整个盆地进行一次全面普查的话，肯定还会发现更多类似的化石，这些化石的形成与郯庐断裂带、蒙山断裂、新泰垜庄断裂上的地震或火山爆发有关。

专家学者经过考察发现，山东地区恐龙骨骼化石多见，而足迹化石则很少见。笔者认为，动物骨骼化石之所以大量保存下来，是因为骨骼本身不易灭失。而足迹化石之所以少见，是因为动物走过之后留下的足迹很快

---

① 李日辉、刘明渭、松川正树：《山东发现侏罗纪恐龙足迹化石》，《地质通报》2002年第2期。
② 李日辉等：《山东蒙阴盆地中晚侏罗世三台组恐龙足迹化石新材料新认识》，《山东国土资源》2015年第7期。

就会灭失，只有在蒙阴盆地这种地质环境和突发情况下才有可能将动物刚刚走过的足迹保留下来。也就是说，"大迹"是蒙阴盆地特有的，其他地方的水泽则很难具备出现"大迹"的条件。

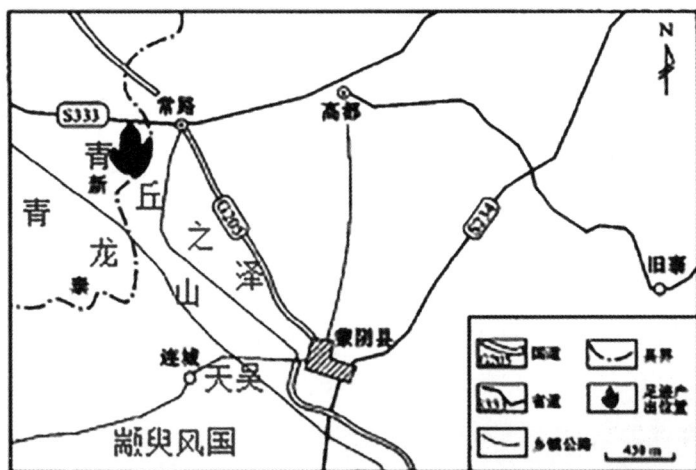

图 4-18 "鸟脚类恐龙足迹化石"发现地在蒙阴盆地、蒙阴县常路镇西南。

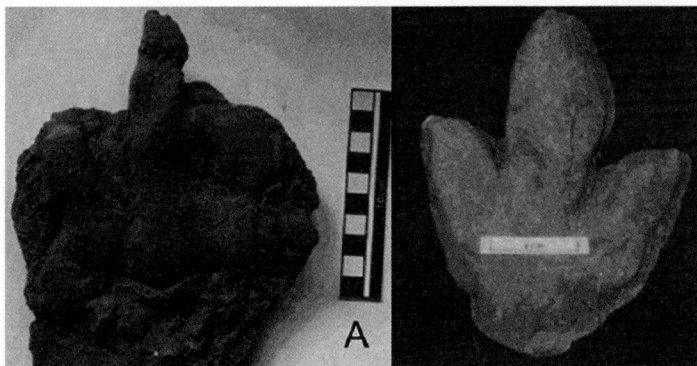

图 4-19 蒙阴盆地发现的鸟脚类恐龙化石足迹

华胥氏时代处于北辛文化晚期或大汶口文化早期，高温多雨、洪水较多，山洪暴发冲刷掉覆盖在岩石上面的淤泥，显现出亿万年前动物在雷泽中留下来的"大迹"化石。可以想像，当华胥氏见到如此之大的鸟的足迹时，难免会惊讶、好奇、兴奋。雉鸡为大汶口人提供了高质量的食物，是大汶口人驯养的最重要的禽兽之一，雷泽中出现的这些巨大的"鸟足"，被大汶口人想象成雄鸟的形象，又通过"鸟脚恐龙足迹化石"和雄鸡足迹大小的对比，将这种类似雄鸡的神鸟视为"高五六尺"的凤凰（详见前文）。

这些"巨迹""大迹"成为大汶口先民崇拜的凤凰留下的"圣迹"，认为帝母接触到"圣迹"就会怀孕产下"有圣德"的帝王。这就是《诗含神雾》"大迹出雷泽，华胥履之，生宓牺"和《路史·太昊记》"伏羲母华胥居于华之渚，巨迹出焉。华胥决履以铨之，意有所动，因生伏羲"的缘起。

通过数千年的传说，后人误将华胥氏所见"鸟脚类恐龙化石"误认为"大人迹""巨人迹"。在《山海经》等典籍记载和"止""姬"的字形演化中也留下了"鸟迹"的痕迹。

《山海经·海内经》：黄帝妻雷祖，生昌意，昌意降处若水，生韩流。韩流擢首、谨耳……豚止，取淖子曰阿女，生帝颛顼。【注释】郭璞云："止，足。"袁珂案："止，甲骨文作□，金文作□，像足迹之形，即足之本字也。"①

甲骨文和金文中的"止"字，形状就像蒙阴盆地中发现的"鸟脚类恐龙足迹化石"，典籍记载伏羲观鸟兽之文创文字，黄帝臣苍颉也是观鸟迹创文字，学者们研究认为黄帝和周的"姬"字即源于"止"（详见第五章）。

（三）姜嫄所见"大迹"被认为是"龙"（鳄）足迹

华胥氏履"大迹"而怀孕只是中国古代感生神话的一例，《说文解字》云："姓，人所生也，古之圣人，母感天而生子，故称天子。因生以为姓，从女生。"②与神鸟和大迹有关的，类似的感生神话还有几例，如《史记·殷本纪》中说："殷契，母曰简狄，有娀氏之女，为帝喾次妃。三人行浴，见玄鸟堕其卵，简狄吞之，因孕生契。"③《史记·秦本纪》"秦之先，帝颛顼之苗裔孙曰女脩，女脩织，玄鸟陨卵，女脩吞之，生子大业"等。④

周的先祖后稷的出生与伏羲出生的原因如出一辙，都是在野外见"大

① 袁珂：《山海经校注》，北京：北京联合出版公司，2014年，第372页。
② 段玉裁：《说文解字注》，上海：上海古籍出版社，1981年，第612页。
③ 《史记》，北京：中华书局，2006年，第12页。
④ 《史记》，北京：中华书局，2006年，第29页。

迹"而孕育。龚维英在《周族先民图腾崇拜考辨——兼说黄帝族、夏族的图腾信仰》一文中认为"大迹"是黄帝化身"天鼋"踩下的，并以为"天鼋"是神化的大龟鳖，或龙。① 杨东晨先生在《华胥氏族在民族和文明史上的重要地位》一文中说，华胥是"神母"，她的子女伏羲、女娲又都是称"皇"的人，所以就说是雷神、彩虹或巨人迹感应，以示与"凡人"不同，"巨人迹"一说是熊足印，一说是恐龙足印。②

笔者认为，凤图腾崇拜是母系氏族社会，也是华胥氏时代的第一图腾，因此，同样是蒙阴盆地中发现的"鸟脚类恐龙足迹化石"，华胥氏认为是神鸟的足迹加以崇拜，是理所当然的。经过太皞时期从母系氏族社会向父系氏族社会的过渡，到了五帝时期（虞代），已经完全过渡到父系氏族社会，龙图腾已经占据了主导地位，因此帝喾元妃周嫄在同一处所见同样的"鸟脚类恐龙足迹化石"，则认为是"雷泽"之雷神的足迹，也就是鳄鱼的足迹，也是可以理解的。

实际上，地质学家们发现蒙阴盆地的恐龙足迹化石后，首先认定为"鸟脚类恐龙足迹化石"，后来又更正为"兽脚类恐龙足迹化石"。③ 当今学者的学识远远超过大汶口先民，尚且不能完全确定恐龙足迹化石的种类，数千年前的华夏先民对这种"大迹"的辨别能力也就可想而知了。

笔者认为，蒙阴盆地的"鸟（兽）脚类恐龙足迹化石"是因为特殊的地质结构，突发性的地震或火山喷发留下的，是其他地方所没有的"大迹"。无论它是鸟类恐龙，还是兽类恐龙，或者就是扬子鳄留下的足迹，都符合"龙凤圣地"的人文地理特征，"雷泽""大迹"、凤凰和龙都出于蒙阴盆地，华胥氏怀孕时所见"青虹"即君子国北面的"虹"——蒙阴青龙山，因此华胥、伏羲、女娲的故事发生地即在蒙阴盆地、颛臾风国是确定无疑的。

① 龚维英：《周族先民图腾崇拜考辨——兼说黄帝族、夏族的图腾信仰》，《人文杂志》1983 年第 1 期。
② 杨东晨：《华胥氏族在民族和文明史上的重要地位》，《人类文化遗产保护》2009 年。
③ 李日辉等：《山东蒙阴盆地中晚侏罗世三台组恐龙足迹化石新材料新认识》，《山东国土资源》2015 年第 7 期。

三、伏羲生于"成纪"源于古代天文学的岁星"成纪"

《帝王世纪》:"燧人之世,有大人之迹出于雷泽之中,华胥履之,生庖犠于成纪,蛇身人首,有圣德。"① 华胥氏在蒙阴盆地"雷泽"履"大迹",见"青虹"绕身而感应受孕,生伏羲于"成纪"。显然"成纪"不在甘肃,而在山东蒙阴。

"成纪"的来历主要有三种观点。第一种观点是以成纲纪。伏羲始画八卦,"通神明之德,类万物之情",继天立极,以成纲纪。《左传》:"太皞氏以龙纪。"伏羲为天地立纲纪,后人为了纪念伏羲,把伏羲的出生地命名为成纪。第二种观点是华胥氏身怀伏羲的时间。传说华胥氏怀孕十二年而生伏羲,古人以木星纪年,十二年为一纪,故以华胥氏怀孕时间来命名伏羲出生的地方。成纪者,成一纪之元。第三种观点是成、纪二族(国)的合称。

对于成纪地名的由来,人们有不同的推测,但无论哪种观点,都认为与伏羲传说有关。其地理位置主要有东西之说。

(一)伏羲生于"成纪"之说源于秦赢故里

成纪是中华上古传说中的地名,秦汉时期,又在天水变成县级行政单位,传说与历史交杂混合,后人不易区分,这也说明古史传说是在历史长河中累积形成的。

《汉书·地理志》:天水郡,武帝元鼎三年置。……县十六:……成纪,……②

成纪之县,为西汉时设立,历史上"成纪县治"有三处:一是甘肃静宁,二是甘肃秦安,三是甘肃天水。纵观成纪县建置,自秦汉至元末,存续将近1000年,其间共有三次迁徙,均发生在唐代,位置移动都在今天水境内,其主体为秦安县。

---

① 《帝王世纪》,济南:齐鲁书社,2010年,第2—3页。
② 《汉书》,北京:中华书局,2007年,第297—298页。

天水成纪的由来，主要有两种观点。一种观点认为，伏羲诞生于天水，成纪自古以来就在天水，主要依据是汉代天水郡成纪县行政区，这也是被历代奉为圭臬的原因。

图 4-20　天水成纪位置

另一种观点认为，成纪地名与伏羲一样，也是从东方迁徙过来的。王献唐《炎黄氏族文化考》如是说：

伏羲生于雷泽，雷泽所在为成阳。成阳，犹城场，汉以置县。……《左传·僖公二十一年》："邾人灭须句，须句子来奔，因成风也。"……其言成风者，成其所出之地，风其母家之氏，犹言成地风氏。此又一成也。……蜀之为国，相传肇自人皇，要为伏羲一族地之所在，今为四川成都，……凡上各省成地，共得八处，除四川一处，或年次稍前，余皆羲族聚居之所，且为伏羲足迹所至。则迁徙路线，由鲁而豫，由豫而陕，由陕而甘，由陕、甘南下，至川为巴。其在鲁之地名成，故迁豫亦为成，迁陕亦为成，徙甘肃亦为成，移至他省亦为成。①

王献唐先生认为，"成纪"与山东地区的古地名"成阳"和"任、宿、

① 王献唐：《炎黄氏族文化考》，青岛：青岛出版社，2006 年，第 334 页。

须句、颛臾"四个风姓古国中的"须句"之"成风"有关,秦襄公、秦文公、秦宣公时,就把东方之神请到西方供奉,出现了"成纪""成"等地名,"殆以故老相传,误以伏羲所至之地为所生之乡"。伏羲是生于山东,然后伏羲部族不断迁徙,到了甘肃天水地区,也将"成纪"等地名带到天水。这种观点很有见地,但是对部族迁徙也有很多不明之处。近年来对早期秦文化研究的深入发展,为早期部族迁徙研究提供了新的证据,也为揭开上古传说谜团另辟蹊径。甘肃的"成纪"在天水郡,天水是秦嬴西迁后的立国"复续嬴氏祀"之地,显然"成纪"与陕甘一带华胥、伏羲、女娲和五帝传说,以及诸多的地名、山名、水名一样都源于东方秦嬴的祖地——伯益"主虞"之地。

对于"成纪"还有一种说法,认为是山东境内的"成""纪"两个古国的合称。张维保在《伏羲与山东蒙山地区的"雷泽湖"与"成纪"》一文中认为,"成纪"实际上是指作为周初诸侯国的"成国"和"纪国","成纪"是两国区域范围的简称,就像今天的齐鲁、冀鲁、沂蒙一样,是一个区域范围的概念。同样,皇甫谧《帝王世纪》"华胥履之,生庖牺于成纪"的"成纪",也不是指两个古代国家,而是意在指示某一个地理区域。

就古代地理而言,"雷泽湖"的位置恰恰处在成国与纪国的结合部。因而,皇甫谧"成纪"一词的使用,不单印证了《尚书·禹贡》的"雷夏既泽"说,还更为具体地点出了伏羲出生和活动的地理区域。可见,"帝""雷泽"均在今山东蒙山地区,"成纪"作为两个古国,也是这一区域,"生庖牺于成纪"即指伏羲出生地在东蒙地区。……这充分证明,伏羲就出生在蒙山地区,山东蒙山乃是中华文明的重要发祥地之一。[①]

综上所述,与伏羲诞生地紧密相连的"成纪"地名,有不同的概念和不同的地望。笔者认为,王献唐先生关于"成纪"在山东,伏羲一族

---

① 张维保、张荣玉:《伏羲与山东蒙山地区的"雷泽湖"与"成纪"》,《周易研究》2016年第5期。

的扩散和秦嬴西迁，地名也随之外迁的观点是正确的，但以上学者对于"成纪"内涵的论证是不充分、不严谨、不正确的，没有理解"成纪"的真正含义。

（二）"成纪"即嘻呜生岁十有二、岁星十二年一周天

关于"成纪"的来历和含义，笔者认为《拾遗记》中的说法最为可信。伏羲生于"成纪"之说，始源于伏羲太皞以木星纪年的传说。木星十二年一周天成一纪，称为"成纪"。根据典籍记载，这种纪年法与伏羲和颛顼有很大的关系。

《拾遗记·春皇庖牺》：春皇者，庖牺之别号。所都之国，有华胥之洲。神母游其上，有青虹绕神母，久而方灭，即觉有娠，历十二年而生庖牺。……或人曰：岁星十二年一周天，今叶以天时。……于时未有书契，规天为图，矩地取法，视五星之文，分晷景之度……以木德称王，故曰春皇。其明睿照于八区，是谓太昊。昊者明也。位居东方，以含养蠢化，叶以木德，其音附角，号曰"木皇"。①

《拾遗记》上述记载的含义是，华胥氏怀孕十二年而生伏羲，木星十二年运行一周，伏羲的出生刚好与木星在天道上的运行规律相契合。伏羲通过观察金木水火土五星的自然现象，来辨别日影长短。伏羲居于东方，与木德相契合，所以被称为木皇。

《史记·天官书》：中宫天极星，其一明者，太一常居也。……岁星出，……岁行三十度十六分度之七，率日行十二分度之一，十二岁而周天。常出东方，以晨；入于西方，用昏。②

古人很早就观测到木星每年所处天空的位置循序移动，约十二年运行一个周天。将星空划分为十二个星区，称为十二星次。这样，观测木星所

---

① 王兴芬译注：《拾遗记》，北京：中华书局，2019年，第2—7页。
② 《史记》，北京：中华书局，2006年，第151—153页。

在的星次，则可以纪年，木星也被称为"岁星"，即为星岁纪年法的起始。①
陈久金先生在《关于岁星纪年若干问题》一文中引《史记·天官书》上述
记载后说：

> 它记载了当时人们对岁星恒星周期的认识，认为正好十二整年运行一
> 周天，每年行经一个星次。当时人们对于木星恒星周期的认识大致是符合
> 实际天象的。因为木星每年移动一个星次，十二年移动一周，正适合于与
> 十二辰相配合，所以人们用它来纪年，称木星为岁星。②

郑文光在《中国天文学源流》一书中说，岁星纪年法，在古代天文学
中至关重要。这点在神话中也有所反映。《山海经·大荒西经》说："帝令
重献于上天，令黎明邛下地，下地是生噎，处于西极，以行日月星辰之行次。"
可见岁星纪年，在我国天文历法史上占有重要地位。③

《山海经·大荒西经》：大荒之中，有山名曰日月山，天枢也。吴姖
天门，日月所入。有神，人面无臂，两足反属于头山，名曰嘘。颛顼生老童，
老童生重及黎，帝令重献上天，令黎邛下地，下地生噎，处于西极，以行
日月星辰之行次。有人反臂，名曰天虞。有女子方浴月。帝俊妻常羲，生
月十有二，此始浴之。【注释】"下地生噎"：郝懿行云："此语难晓。《海
内经》云：'后土生噎鸣。'此经似与相涉，而文有阙脱，遂不复可读。"
袁珂案：此噎即上文之嘘，亦即《海内经》之噎鸣。"以行日月星辰之行次"：
郭璞云："主察日月星辰之度数次舍也。"袁珂案："《国语·楚语》云：
'以至于夏商，故重黎氏世叙天地、而别其分主者也。'"即此经噎处西极
以行日月星辰行次之历史化也。④

《山海经·海内经》：共工生后土，后土生噎鸣，噎鸣生岁十有二。【注
释】郭璞云："生十二子皆以岁名之，故云然。"袁珂案："古神话当谓

---

① 乔治忠：《〈左传〉〈国语〉被刘歆窜乱的一项铁证——历史年代学家刘坦之说申论》，《北
京师范大学学报》2016 年第 3 期。
② 陈久金：《关于岁星纪年若干问题》，《学术研究》1980 年第 6 期。
③ 郑文光：《中国天文学源流》，北京：科学出版社，1979 年，第 26 页。
④ 袁珂：《山海经校注》，北京：北京联合出版公司，2014 年，第 339—342 页。

噎鸣生十二岁或噎鸣生一岁十二月。《大荒西经云：'黎（后土）下地是生噎，处于西极，以行日月星辰之行次'即此噎鸣，盖时间之神也。"①

从《山海经》的记载和古今学者的注释中可知，天枢之"吴"（天虞）是颛顼生重及黎处，重、黎及其后代噎（或噎鸣），帝俊妻常羲，都是"历象日月星辰"的时间之神。无论噎鸣"生岁十有二"，还是帝俊之妻常羲"生月十有二"；也无论噎鸣"生十二岁"，还是"生一岁十二个月"，都是在"天吴"（天虞）之上通过观察"日月星辰之行次"，将天空划分为"十二辰"的结果。

笔者认为，《拾遗记》所谓历十二年而生庖牺，显然与伏羲以木星纪年有关，木星十二年一周天，也就是十二年"成纪"，故有伏羲生于"成纪"之说。

（三）"成纪"是天枢之下、四象之中的"十二城子"

郑文光先生在《中国天文学源流》一书的前言中，引用马克思和恩格斯关于世界天文学起源的论述：

远在人类文明的早期，在埃及、巴比伦、印度、墨西哥和我们中国，都曾经有过璀璨的文化，天文学正是其中重要的组成部分。马克思曾经指出："计算尼罗河水的涨落期的需要，产生了埃及的天文学。"（《资本论》），恩格期则从历史的高度概括了自然科学各部门发展的先后次序，科学地阐明了："必须研究自然科学各部门的顺序的发展。首先是天文学——游牧民族和农业民族为了定季节，就已经绝对需要它。"（《自然辩证法》）。②

古人类很早就对太阳、月亮和各大行星的运行规律进行观察，并以不同的方式进行记录和标定，通常的做法是以自然景观进行观察和测定，然后以人工建筑物的方式进行记载和标定。例如，英国伦敦西南的"巨石阵"（见图 4-21），专家学者论证其为新石器时期观测和记载天文现象的天文台。

---

① 袁珂：《山海经校注》，北京：北京联合出版公司，2014 年，第 394—395 页。
② 参见郑文光著：《中国天文学源流》，北京：科学出版社，1979 年，"前言"第 1 页。

图 4-21　英格兰巨石阵

世界各地已经发现许多诸如英格兰巨石阵一样的，人类文明早期天文学方面的遗存，从而证明了其天文学历史文化的真实性。从传世文献的记载来看，中国天文学有悠久的历史，有极丰富、完整、准确的天象记录，有十分卓越的发明创造。但是由于我国天文考古一直处于落后状态，至今没有发现完整的远古时期用于天文观测的历史遗存。

缺乏考古材料的支撑，一直难以让人信服文献上的天文历法知识是华夏民族的本土知识。因此，有一部分中国和外国研究者认为中国古代天文学知识是来自巴比伦、埃及、印度甚至伊朗。就连对中国古代天文学作出过比较公正评价的李约瑟也认为，中国古代天文学（至少是某些方面）是源自巴比伦的。他说：

恒星和季节之间的这种联系，可能是自古相传的天文知识的一部分，而其渊源则始于巴比伦；如此说来，这种特殊联系就确定可能是属于巴比伦的天文学了。[①]

郑文光先生说，为什么会出现上述推论？主要是看到中国古代天文学与巴比伦、埃及、印度、伊朗等古代天文学在概念上和方法上有相似之处。例如巴比伦天文学把太阳周年的运动路径——黄道分为十二宫，我国古代

---

① 参见郑文光：《中国天文学源流》，北京：科学出版社，1979 年，第 9 页。

把太阳周天分为十二辰，并用十二地支来命名，既然同为十二，就有人主张十二辰和十二支都是从巴比伦黄道十二宫演变而来的。[①]郑文光先生在《中国天文学源流》一书的结语中说：

> 我国天文学的起源是非常早的。过去，研究中国早期天文学的时候，由于历史文献缺乏，而且对文献本身的考证历来就有各家之说，因此争论纷纭，莫衷一是。……我国天文学的萌芽，的确可远溯到新石器时代的原始社会。……《周易》是原始社会与奴隶社会之交的产物，因此，我国天文学史可直溯传说中的尧舜时代。

> ……关于中国天文学源流这个课题，还存在许多困难。这些问题的解决，有赖于历史学界对上古史研究的进展，更有赖于考古发掘的新发现。但是搞天文学史的人，也不能坐享其成，而应该探索着前进。如果在这场探索中有所突破，那末，反过来也可以帮助上古史的研究取得进展。[②]

笔者认为，郑文光先生所言极是，中国天文学溯源离不开历史学和考古学的研究成果，天文考古发现也能解决华夏文明起源的问题。具体的讲，华夏民族的人文始祖诞生地"成纪"即是一个涉及华夏民族起源的地名，也是华夏文明早期天文学萌芽时期的一个"天文学"名词，破解"成纪"之谜，既能解决华夏民族起源的源头地问题，也能解决华夏文明起源的时间问题。

蒋南华在《〈山海经〉天文历法浅说》一文中说，我国的岁星纪年法，至少从6400多年以前的颛顼时代就已施行了。他说：

> 《海内经》云："后土生噎鸣，噎鸣生岁十有二。"《大荒西经》曰："大荒之中，有山名曰日月山，天枢也。吴姬天门，日月所入……颛顼生老童，老童生重及黎。帝令重献于上天，令黎邛下地，下地是生噎。处于西极以行日月星辰之行次。"《大荒西经》还说："大荒之中有龙山，日月所入。有三泽水，又曰三淖，昆吾之所食也。"我们知道，祝融就是重黎和吴回，

① 郭沫若：《释支干》，《沫若文集》第十四卷，第366—465页；参见郑文光：《中国天文学源流》，北京：科学出版社，1979年，第9页。

② 郑文光：《中国天文学源流》，北京：科学出版社，1979年，第284—287页。

而昆吾吴回之孙，陆终之子。由此可见，这个"生岁十有二"的噎鸣就是将一年分为春夏秋冬四季，分一月为上中下旬和察木星（即岁星）十二年行经一周天的神化描述。[①]

顾颉刚先生在《鸟夷族的图腾崇拜及其氏族集团的兴亡》一文中，根据杨宽先生《伯益考》的论证，认为伯益本是鸟夷族所奉的祖先神，他的神职可从《礼记·月令》中仲春祀玄鸟于高禖和生岁十二看出。岁是岁星，即木星，约十二年一周天，古人分天为十二次，因把它作为定年岁的标准。而《山海经·海内经》记载的"噎鸣生岁十有二"之说，也是《左传》所言"凤鸟氏，历正也"之说。[②]

从众多历史学家、考古学家的论述看，颛顼、伯益都是中国历史上的重要人物，也都在中国天文学历史上发挥了重要的作用，而"日月山，天枢也，吴姬天门"也是华夏民族天文观测的源头，但是却没有与伏羲诞生于"成纪"联系起来。

笔者在前文中论证了"日月山"即"天吴"，"天吴"即是天枢"北辰"，也即"君子之国"的天文观象台——昆仑之丘。"噎鸣生岁十有二"，帝俊妻常羲"生月十有二"即天之十二辰，那么有没有与其对应的"十二地支"的遗存呢？笔者认为，"天吴"下面的"十二城子"古聚落就是用于岁星纪年的地上标志物，木星十二年一周天"成纪"，就对应地上的十二城子"成纪"。

《淮南子·天文训》：太阴在四仲，则岁星行三宿。太阴在四钩，则岁星行二宿。……故十一岁而行二十八宿。日（月）行十二分度之一，岁行三十度十六分度之七，十二岁而周。

《淮南子·天文训》注曰：太阴，也叫太岁、岁阴。古代天文学家假设的星名，与岁星相应。但与岁星运行方向相反，每岁行一辰，主要解决

① 蒋南华：《〈山海经〉天文历法浅说》，《贵州社会科学》2004年第6期。
② 顾颉刚：《鸟夷族的图腾崇拜及其氏族集团的兴亡》，《史前研究》2000年。

岁星超辰问题。① 陈久金先生在《关于岁星纪年若干问题》一文中说：

在战国以前，大约浑天概念尚未产生，流行盖天说的观点，人们认为，日月众星在平直的大地以上绕北极旋转。当时人们早已把大地分为十二方位，以十二地支命名，称为十二辰，这十二辰是自东南西北即顺时针方排列的。古人为了以十二辰纪年，曾经设法将岁星的运行与地面十二辰方位结合起来。由于岁星是逆时针运行的，方向相反，于是设想天上的岁星有一个影子称作太阴、岁阴或太岁的，投影在地面，随着岁星的运行而在地面相应作顺时针方向移动，每年移动一个方位，十二年绕行一圈。

当时人们以为，天和地是可以相对应的，地有东南西北四个方位，则人们也将天区分为东方苍龙，南方朱雀，西方白虎，北方玄武。……四方位中的每一个方位有七宿，每个方位有三个星次，中间一个星次为仲，分配三宿，两傍为钩，各配二宿。②

四象，意指"四种神圣的生物"，是一套以动物形态出现的四个神灵。中国传统的天文学体系将赤道附近的星空划分为二十八宿，并分别由四象（神）统辖，这便是东方青（或苍）龙、西方白虎、南方朱雀（或鸟）、北方玄武。四象的确立，标志着古人在观察星空时就已经明确区分出东南西北四个方位。王胜利在《二十八宿的四象划分与四季天象无关》一文中说：

从四象名称上就可以知道，二十八宿分为四象主要与方向有关。中国古代有关天文学的文献一直都把由二十八宿组成的四象与东、南、西、北四方连在一起称呼，不象近代一些中外学者那样把它们称为"春宫、夏宫、秋宫、冬宫"。由此，可以看出，古人当时是根据某一时刻二十八宿排列在空中的地平方位，把它们划分成东、西、南、北四组的。

东汉天文学家张衡在其著作《灵宪》中对二十八宿在天空的这种布局作了生动的描述："苍龙连蜷于左，白虎猛据于右，朱雀奋飞于前，灵龟圈首于后。"其所谓的左右前后是相对观测者面朝南时而言的。根据前述《左

---

① 陈广忠译注：《淮南子》，北京：中华书局，第 115 页。

② 陈久金：《关于岁星纪年若干问题》，《学术研究》1980 年第 6 期。

传·昭公四年》的记载，以及湖北随县曾侯乙墓出土的二十八宿青龙白虎图象，可大致把二十八宿划分为四象的时代定在春秋时期。[①]

王胜利认为，"四象"代表着星空的四个方位，东汉天文学家张衡所言"四象"方位是相对观测者面朝南时而言，但是他仅根据《左传》的记载和一处墓葬的出土材料，就把"四象"划分的时代定在春秋时期是欠妥的，"四象"还要早的多，甚至可以追溯到伏羲时代。

根据前面典籍记载和学者论述，笔者找到了相应的答案：天上的"岁星"是以逆时针运行的，古人假设的"太阴"（太岁）在地面上相应作顺时针方向移动。同样，古人在将天上的"四象"与地上的四个方位对应时，也并非是垂直的对应，而是以投影的方式进行对应关联，即天空中的"东方青龙"，对应地上的西方；天空中的"西方白虎"，对应地上的东方；天空中的南方朱雀（或鸟），对应地上的北方；天空中的"北方玄武"，对应地上的南方。只有这样"太阴"的运行才能与天空中"岁星"的运行相吻合。

笔者惊奇的发现，在蒙阴叟虎寨山（天枢、北极）的下面有十二座古老的"城子"（大城子、边家城子、姚家城子、宋家城子、任家城子、崔家城子、禹家城子、类家城子、公家城子、季家城子等），自古以来号称"十二联城"，民间流传有"虎头崖万丈高，十二联城紧挨着"的俗语。

在这十二座城子的四周环绕着的四座山：青龙山（龙）、丹穴之山（朱雀、凤凰）、叟虎寨山（白虎）、蒙山（龟蒙，玄武）正好是天区"四象"的投影，也就是天空四象的"镜像"。西面的"青龙山"，对应天区的"东方苍龙"；北面的"丹穴之山"（凤凰出于丹穴之山），对应天区的"南方朱雀"；东面的叟虎寨山，对应天区的"西面白虎"；南面的蒙山（龟蒙）对应天区的"北方玄武"。所有这些绝非巧合，而是大汶口先民为我们留下的宝贵遗产，不仅为太昊（伏羲）诞生地提供了确凿的证据，而且为彻底破除中国天学西源说提供了可靠的依据（见图4-22）。

---

① 王胜利：《二十八宿的四象划分与四季天象无关》，《天文学报》1984年第3期。

图 4-22 岁星十二次与十二城子的对应关系

关于分野问题，江晓原在《古埃及天学三问题及其与巴比伦及中国之关系》一文中，通过对古埃及、巴比伦和古代中国星占学对比后，发现它们之间有相似之处。并总结说：

古代中国的分野理论，主要为天区分野。天上有十二次、二十八宿，对应中土的十二国、十二州及各郡，构成非常细密的体系。这是中国分野理论的主流。

古埃及天学历史悠久，……如前所述，其发端可追溯到至今四千余年之前。但埃及的星占学，迄今所见却皆为晚期文献。……其来源又非土生土长，而系由巴比伦输入。……埃及星占学的巴比伦来源既已确定，那么它与中国星占学的相似之处恰可用来证明中国星占学来源与巴比伦有关。主张中国天学源于巴比伦的观点，在当代中外著名学者中仍有支持者，较为突出的可以提到郭沫若和李约瑟（两人都主张中国天学中有重大的巴比伦成份）。例如，郭沫若认为中国的分野理论是来自巴比伦的：分别创制于巴比伦之古代，以十二宫配十二国土。中国之分野说以阏伯、实沈传说最古，大抵当与十二辰同时传来。①

……然而，据笔者之见，这类中国天学西源说到今天实在只剩下一线极小生机——如能论证巴比伦天学早在华夏文明确立过程中即已传入，则其说尚可回避一些无法解释的困难；但这也仅可略成一家之说而已，要想成为定论则几乎是不可能的。②

郭沫若所说的"阏伯""实沈"相传为帝喾（高辛氏）之子。《左传·昭公元年》记载，实沈与其兄阏伯不和，时动干戈。尧因迁之阏伯于商丘，主辰。迁实沈于大夏，主参。③ 郭沫若据此认为中国之分野传说最古即此，由此认为十二辰与分野理论是从巴比伦传过来的。但郑文光、江晓原等学者均认为，郭沫若之说不可信，但又苦于找不到确凿的证据，寄希望于历史学家和考古学家新的研究与发现。

笔者认为，伏羲生于"成纪"蕴含着华夏文明萌芽时期天文学意义，是《山海经》中记载的"噎鸣生岁十有二"，岁星十二年一周天之"成纪"，十二城子即伏羲太皞用于天、地对应的分野。古代"成""城"相通，伏羲太皞用十二城子记录"岁星"所在的位置来纪年，因而称"成纪"，或者说木星（纪星）十二成一纪，故曰"成纪"，后来演变为伏羲生于"成纪"之说。

伏羲生于"成纪"之传说，《山海经》"噎鸣生岁十有二"的记载和蒙阴四象之中的十二城子，说明其为最早的分野，远远早于后来的十二国、州、郡分野理论，充分证明了华夏民族的分野虽然与巴比伦星占学存在相似之处，却远远早于巴比伦。

颛臾凤国"十二城子"给迁徙到西方、南方和西南地区的伏羲、颛顼后代留下了深刻的印象，秦嬴以"伏羲生于'成纪'"命名迁徙之后的地名。而迁徙到西南地区的苗族则认为祖先是从十二个蛋中生出来的，石朝江先

---

① 郭沫若：《释干支》，《郭沫若全集·考古篇》第一卷，北京：科学出版社，1982年，第333页。
② 中国科学院上海天文台，江晓原：《古埃及天学三问题及其与巴比伦及中国之关系》，《大自然探索》1992年第2期。
③ 杜预注：《左传》，上海：上海古籍出版社，2016年，第702页。

生在《苗族文学史》中说：

苗族认为祖先是从十二个蛋中生出来的。苗族认为伏羲是他们的祖先，但这个伏羲也正是古代东方民族的太昊。①

伍新福先生在《中国苗族通史》中说：

所谓伏羲女娲，在苗族民间又俗称"傩公傩母"。至今苗族地区举行"还愿"祭典时，仍于中堂设傩公傩母的木雕衣装神像……史籍还记载，伏羲氏和东夷（蒙）以凤鸟为图腾加以崇拜，而苗族的古歌说，是凤鸟孵化"蝴蝶妈妈"生下的12个蛋，生出了虎豹、蛇虫和人类。②

《左传·昭公十七年》载："大皞氏以龙纪，故为龙师而龙名。我高祖少皞之立也，凤鸟适至，故纪于鸟，为鸟师而鸟名。凤鸟氏，历正也。"杜预注："大皞，伏牺氏，风姓之祖也。凤鸟知天时，故以名历正之官。"③

笔者认为，苗族古歌所谓的凤凰孵化的"12个蛋"即伏羲、女娲建立的用于纪年的"十二个聚落（城子）"，少皞继太皞之制，故有凤鸟氏为历正。

《易·系辞下》曰："古者包牺氏之王天下也，仰则观象于天，俯则观法于地，观鸟兽之文，与地之宜……"④伏羲通过上观天文，俯察地理，发现了木星十二年一周天的运行规律，将星空划分为十二辰，用所居之地的四座山命名星空的四个方位，又在四座山的中间建立了十二个城子（聚落），以这十二个城子对应空中的十二星次来纪年，岁星十二年一周天称为"成纪"。秦嬴西迁之后，在祭祀伏羲太皞的同时，也把故乡的天、地对应，兼具天文、地理内涵的"成纪"之名带到了甘肃天水，演化成为了令后人不可思议的"成纪"地名。

四、伏羲、女娲传说蕴含华夏民族融合的史实

伏羲女娲既是汉族先民的始祖，也被巴人、越人、南蛮后裔苗人奉为

---

① 《中华文明中华民族的两大历史源头》，《贵阳日报》2018年1月26日。

② 伍新福：《中国苗族通史》，贵阳：贵州民族出版社，1999年，第6页，

③ 杜预注：《左传》，上海：上海古籍出版社，2016年，第823—824页。

④ 杨天才、张善文译注：《周易》，北京：中华书局，2011年，第607页。

先祖。袁珂先生说："女娲兄妹结婚的神话，原是一个洪水遗民再造人类的神话，它流传在我国西南苗、瑶少数民族中。"[1]郭沫若在《中国史稿》中说："太皞，号伏羲氏……传说太皞是风姓，应同九夷中的风夷有更直接的关系。风夷在夷人氏族部落中居于首要地位，因而太皞又是所有夷人想像中的祖先。"[2]伏羲、女娲神话是华夏民族的创世神话，其中蕴含着华夏民族融合的历史史实。

（一）史前大洪水是伏羲、女娲传说的历史背景

科学家们认为，世界上许多地方都发生过史前大洪水，当时生活在附近的人们可能目睹了这些事件的发生并口口相传下来。其中最著名的传说有两个：一是西方关于亚当、夏娃故事中诺亚方舟的传说，二是东方伏羲、女娲兄妹结婚的神话传说。

美国人罗伯特·巴拉德是一位考古学家兼水下探险家，他和他的研究团队在土耳其外海的黑海深处找到了大约公元前5000年的一场来势汹涌的大洪水破坏了一个古代文明的证据。他说，大约公元前5600年，冰川因气温上升融化，融水流入海洋，导致世界各地暴发洪水。洪水穿过土耳其的博斯普鲁斯海峡进入黑海，洪水所经之处一切都被淹没。巴拉德认为这次大洪水事件发生的时间与《圣经》中描述的诺亚方舟事件的发生时间正好相符，由此证明《圣经》故事中所描述的大洪水事件可能真实发生过。[3]

史前大洪水另外一个文化遗存即中国古代伏羲女娲兄妹结婚遗传人类的记载和传说。闻一多在《伏羲考》中对伏羲女娲神话做了深入而独到的研究。采集了近50则西南少数民族关于伏羲、女娲在洪水过后兄妹婚配再造人类的故事和民俗资料，证明伏羲、女娲亦是南方苗蛮各族的祖先。发现其中心母题不外兄妹之父与雷公斗争，雷公发洪水，全人类中惟兄妹二人得救，

---

① 袁珂：《神话选择百题》，上海：上海古籍出版社，1980年，第17页。

② 郭沫若：《中国史稿》，北京：人民出版社，1976年，第111页。

③ 乔心月：《史前大洪水之谜》，《大自然探索》2013年第4期。

二人结为夫妇，遗传人类这五个方面。

关于伏羲与女娲的关系问题，一说是兄妹说，次之是夫妇说。夫妇说记载最晚，因此在学者心目中也最可怀疑。直至近世，一些画像被发现与研究后，这一说法才稍得确定。这些图像均作人首蛇身的二人两尾相交之状，据清代及近代中外考古学的考证，确即伏羲、女娲，两尾相交正是夫妇的象征。[①]

传世文献和现代考古发现均表明，在距今 7000 年前后，全球范围内曾因气温升高、冰川迅速融化导致洪水泛滥，海平面升高。这一史前大洪水时期便是西方诺亚方舟圣经故事和东方伏羲女娲神话传说的历史背景。

（二）伏羲、女娲传说蕴含华夏民族融合的史实

黄河中下游地区是华夏文明的发祥地，这是历史学家和考古学家们的一致观点。然而，在华夏文明的起源问题上却存有诸多分歧，具体的讲就是华胥氏、伏羲和女娲的故事发生地之争，以及太暤和五帝诞生地之争，长期以来存在着西方说、东方说、东西两源说和中原说。笔者根据传世文献记载、神话故事传说，以及现代考古发现作出如下判断：伏羲、女娲传说的原型是黄河中下游两大文化和两大族群在鲁中南地区的融合。这一判断的依据是上世纪以来海岱地区考古发现和专家学者们对于后李文化、北辛文化和大汶口文化的研究成果。

1.后李文化是鲁中南山区的本土文化

高广仁、邵望平在《海岱文化与齐鲁文明》一书中说，考古发现表明，海岱地区新石器时代最早的农业文化是公元前 6500—前 5500 年间的后李文化。后李文化发展期间虽经历了较大的气候变动，但基本上属于"大西洋高温期"，它又是在一个地理环境优越的鲁北山前平原上发展起来的，几乎不受某些外部条件（如海平面波动、黄河的变迁等）影响，因而能够独立地、相对稳定地发展成为有一定文化特色的农业文化。后李文化可以说是"鲁

---

① 闻一多：《伏羲考》，上海：上海古籍出版社，2006 年，第 4 页。

中南古岛"上地地道道的本土文化,具有鲜明的本土色彩。①

2. 北辛文化是大洪水时期受仰韶文化影响的文化

考古发现表明,公元前 5400—前 4300 之间的北辛文化主要集中分布在泰沂山区西南侧,在环泰沂山地西北、北部的山前平原也有分布。考古学家们发现,北辛文化的形成可能是多元的。

黄河流域早期农业文化中有一支是分布在黄河冲积扇顶端的裴李岗文化,在地理上与海岱区接近。北辛文化起始年代相当于裴李岗文化之末,大致与仰韶文化早期(如公元前 5000—前 4500 年半坡类型、后岗类型)相当。北辛文化有一些与裴李岗文化贾湖类型相似的因素,……显示着它们之间应有一定的联系。因此,北辛文化很可能是裴李岗文化分流出来的一支。

另一种可能则是,鲁中南地区土著的北辛文化受到了从西南方向来的裴李岗——早期仰韶文化的影响。无论如何,北辛文化表现出了较后李文化明显的进步性、复杂性。它的起点高、地利更好,发展顺利。因此,它的分布范围能够逐渐扩大,向北覆盖了鲁北平原的西部,取代融合了后李文化;向南一直分布到现今江苏淮北地区,取代了当地的万北一期遗存。因而,北辛文化又存在着苏北、鲁中南、鲁北三个小区的差异。……鲁中南小区以北辛、东贾柏、王因、大汶口为代表。②

方拥在《从房址和陶鼎看北辛文化的成因》一文中认为,从物质遗存看,北辛文化接近于地理上较远的裴李岗文化,疏远于地理上较近的后李文化,由此推测,北辛文化是外来文化异地移植的结果。他说:

如果裴李岗文化果真就是深刻影响或异地移植到黄河下游的外来文化,那么我们自然要问:在 7300 年前后的黄河中游,是何种力量迫使一种原本繁荣的文化走上向东迁徙的道路?或者当时在黄河下游,为什么会出现文化上的大转型?首先从人文社会方面着手,可能难以接近合理解答的路径。因

---

① 高广仁、邵望平:《海岱文化与齐鲁文明》,南京:江苏教育出版社,2005 年,第 46 页。
② 高广仁、邵望平:《海岱文化与齐鲁文明》,南京:江苏教育出版社,2005 年,第 52 页。

为在这一时期，地球上各地的人口都不密集，各地之间的贫富差异尚不显著，在相距近千里的两地之间，没有理由发生争夺资源或财富的冲突。鉴于此，合理的答案必须首先从地理和气候方面去寻找。

距今约 8600 年—7600 年，在嵩山和伏牛山东南海拔高程较今天更低的坡地，可能分布着裴李岗文化的大量聚落，这些聚落在黄河洪水的冲刷下首当其冲，必然受到严重影响，……有学者称发现了距今 7800 年前发生过大洪水的直接证据。……大约在这一背景下，黄河中游裴李岗文化聚落中的民众在遭到大洪水的多次侵扰之后，不得不向外迁徙，其中大部分人顺流而下到达泰沂山系的西南。①

3. 伏羲、女娲传说蕴含着北辛文化与大汶口文化融合的历史史实

考古专家和历史学家认为，后李文化是旧石器时期栖息于鲁中南山区腹地东夷人创造的本土文化，北辛文化则是大洪水时期为躲避洪水侵扰沿黄河顺流而下的西部族群创造的文化。综上所述，笔者认为，后李文化与北辛文化的融合是伏羲、女娲传说所蕴含的历史史实。

高广仁、邵望平等学者认为，黄河中游裴李岗文化后期和仰韶文化早期的大洪水背景之下，裴李岗人或早期的仰韶人顺流而下来到鲁中南山区西南侧。前期与本土的后李文化没有太多接触，后期随着西部移民的增多，逐渐深入到后李文化区，与鲁中南山区本土族群融合。② 方拥在《从房址和陶鼎看北辛文化的成因》一文中说，后李文化的聚落分布于泰沂山系的北侧，因而在黄河下游，新来的移民与原住民之间可能开始没有太多的接触，随着黄河中游移民的不断到来，争夺生存空间的冲突开始了。在此之后，1000 年间，中原移民取得了节节胜利，新的文化——北辛文化得以形成，并逐渐延伸到泰沂山系南北各地。直到距今 6300 年前，被大汶口文化取而代之。③

---

① 方拥：《从房址和陶鼎看北辛文化的成因》，《中国历史文物》2010 年第 4 期。
② 高广仁、邵望平：《海岱文化与齐鲁文明》，南京：江苏教育出版社，2005 年，第 52 页。
③ 方拥：《从房址和陶鼎看北辛文化的成因》，《中国历史文物》2010 年第 4 期。

北辛文化在取代后李文化的同时也融合了后李文化的诸多元素和种族基因。在北辛文化后期,也就是距今 6500 年之前,海平面又一次急剧升高,北辛文化区内再次受到洪水的侵扰,而且这次海平面达到了历史峰值,高于现在海平面数米。北辛人不得不更加深入到鲁中南山区腹地以躲避日益加剧的洪水和抬升的水面。

笔者认为,这个时期便是华胥氏和伏羲女娲传说时期,这个传说即发生在北辛文化鲁中南小区,在沿大汶河向鲁中南山区腹地的丘陵迁徙的过程中,与鲁中南山区的本土文化融合,共同创造了大汶口文化,并最终为大汶口文化所取代。正如高广仁、邵望平在《海岱文化与齐鲁文明》一文中说,考古发现还表明,大汶口文化同西邻的仰韶文化存在相当密切的交往。在前期,主要表现为较多的吸纳河南仰韶文化的因素,这是由北辛文化延续下来的历史传统。①

北辛文化虽然源自于黄河中游却在 1000 年的历史长河中已经融合了东方族群的基因,再次与鲁中南山区腹地的东方族群融合,成为兄妹结婚的原型。曹定云先生在《伏羲、女娲图像探源——兼论伏羲、女娲氏族的发源地》一文中说:

> 伏羲、女娲原本是兄妹,后因洪水结为夫妻。这实际是先民由族内婚转变为族外婚的转折点,是先民在婚姻制度上的一次重大进步,对华夏民族的繁衍和发展,起到了不可估量的作用。②

源自于黄河中游的北辛文化与黄河下游鲁中南山区的本土文化融合,实现了两个族群之间的基因交换,极大的提高了智力水平,从而创造了先进的大汶口文化,并由此产生了一位有"圣德"的部落首领太皞(伏羲氏,风姓),华夏文明从而进入到萌芽时期。

---

① 高广仁、邵望平:《海岱文化与齐鲁文明》,南京:江苏教育出版社,2005 年,第 103 页。
② 曹定云:《伏羲、女娲图像探源——兼论伏羲、女娲氏族的发源地》,《海岱学刊》2016 年第 2 期。

（三）"雷泽"和"昆仑"是华夏民族融合之地

前文中论证了典籍中记载的华胥在"雷泽"履大迹而怀孕，生伏羲于"成纪"，显然，"雷泽"即是华夏民族的融合之地。闻一多先生从苗族传说中也发现"雷泽"与洪水故事的关系，他说：

在汉族古籍中发动洪水者是共工，在苗族传说中是雷公，莫非雷公就是共工吗？我们是否能找到一些旁证来支持这个假设呢？较早的载籍中讲到雷公形状的都说是龙身人头。

《海内东经》："雷泽有雷神，龙身而人头，鼓其腹则雷。"

《淮南子·坠形》篇："雷泽有神，龙身人首，鼓其腹而熙。"

共工亦人面蛇身：《淮南子·坠形》篇高《注》："共工，天神，人面蛇身。"

……共工的形状与雷神相似，这可算共工即雷神的一个有力旁证。古字回与雷通，吴雷（《楚公镈》）一作吴回（《大戴礼记·帝系篇》）……此说如其可靠，则共工即雷神，完全证实了。[①]

从典籍记载到民间传说，都证明"雷泽"与史前大洪水和伏羲女娲故事的密切联系。除此之外，"昆仑"也与伏羲女娲传说有着直接的关系

《独异志》：昔宇宙初开之时，有女娲兄妹二人在昆仑山，而天下未有人民，议以为夫妻，又自羞耻。[②]

从《独异志》记载来看，伏羲、女娲故事就发生在昆仑山上，前文中论述了"雷泽"在蒙阴盆地，而"昆仑"就是蒙阴盆地中的叟虎寨山（吴），《山海经》中说"雷泽在吴西"，由此看来蒙阴盆地是华夏民族的融合地，也是华夏民族龙凤图腾的起源地，应是确凿无疑的。

闻一多先生在《伏羲考》一文中，详细考察了洪水背景下的伏羲、女娲传说，并将其《博物志》和《搜神记》中的"蒙双民（氏）"联系在一起，他说：

"同产而为夫妇"，与伏羲、女娲以兄妹为夫妇尤其类似。看来，不

---

① 闻一多：《伏羲考》，上海：上海古籍出版社，2006年，第46—47页。
② [唐]李冗：《独异记》，北京：中华书局，1983年，第79页。

但人首蛇身象的流传很早，连兄妹配偶型的洪水故事，在汉族中恐怕也早就有了。①

高阳氏即帝颛顼，帝将"同产而为夫妇"放于此野显然就是蒙阴颛臾凤国，"蒙双民"即世居蒙阴的蒙氏始祖，由此可见，"蒙双民"神话实际上就是伏羲、女娲神话的延续。"蒙双民"神话中的神鸟、不死草也是"君子之国"的凤凰神鸟和薰华草、舜华、舜草。

五、蒙阴四塞之崮、桑梓之地是伏羲生处、太皞之治

从先秦史籍的原始记载到汉、晋时期的史学研究，关于太皞、伏羲的记载有很多，虽然看上去很杂乱，甚至有相互矛盾的地方，但总的来看却有着共同的历史印记，其源头均指向东方榑木之地——太皞之治。

前文中已对雷泽、吴西的地理位置，大迹的出处，以及蒙阴盆地中的鸟脚类恐龙足迹化石、青虹、雷神、伏羲的原型等作了阐述，下面结合现代专家学者的论述，重点对伏羲太皞所处的"东方之极，日出之次，榑木之地"和"四绝孤立，伏羲生处，太皞之治"等相关问题展开论证。

（一）伏羲太皞是东夷（东蒙）部落首领

关于太皞（伏羲氏，风姓）的族属，主要有西北天水说、南方苗族说和东方东夷说。近代以来，通过考古研究和专家论证逐步形成了以下观点：伏羲太皞是东夷部落集团的首领，西北、西南地区关于伏羲太皞的传说始源于东夷，分别是秦嬴西迁和三苗南迁所致。

郭沫若先生在《中国史稿》一书中认为，伏羲太皞与东夷部落集团中的凤夷有直接关系。

太皞，号伏羲氏。据说："伏羲作卦"，已是父系氏族社会的事了……稍后的记载中说，从黄河下流到江淮流域是东夷和淮夷活动的地方，共有九部：畎夷、于夷、方夷、黄夷、白夷、赤夷、玄夷、风夷、阳夷，合称"九夷"。

---

① 闻一多：《伏羲考》，上海：上海古籍出版社，2006年，第16页。

传说太皞是风姓，应同九夷中的风夷有更直接的关系。风夷在夷人氏族部落中居于首要地位，因而太皞又是所有夷人想象中的祖先。[1]

吕思勉先生在《先秦史》一书中认为伏羲太皞在山东，任、宿、须句、颛臾一带，伏羲生于甘肃成纪的说法与实际情况差的太多了。

《御览》引《诗纬含神雾》曰："大迹出雷泽，华胥履之生伏羲"，……雷泽，盖即《五帝本纪》舜之所渔。《山海经》谓在吴西，吴即虞，二说亦相符。……《左氏》大皞之后，有任、宿、须句、颛臾，虽不中，当不远。……《御览》又引《开山图》曰："仇夷山，四绝孤立，大昊之治，伏羲生处。"仇夷山盖即仇池山，在今甘肃成县。荣氏《注》因谓伏羲生成纪，今甘肃秦安县。则去之弥远矣。[2]

从以上历史学家的论述中可知，伏羲太皞是东夷部落集团的首领，与风夷的关系更为直接，任、宿、须句、颛臾四个小国即太皞（伏羲氏，风姓）的遗存。

顾颉刚先生在《鸟夷族的图腾崇拜及其氏族集团的兴亡》一文中认为，太皞风姓之"风"即为凤，太皞、少皞都是鸟夷族的大神，而鸟夷族的中心就在沂蒙山区：

任、宿、须句、颛臾四国都姓风。……"风"就是"凤"，是古人传说中的神鸟。……少昊既因凤鸟至而以鸟名官，太昊一族又以凤为姓，可见他们两位同在鸟夷之中。为鸟夷人民所崇奉的大神。……鲁国本身又是少昊之虚，是鸟夷族的一个中心，我们可以知道这些古国全在今山东南部，即古济水之南和沂蒙山区一带。[3]

吴锐在《读顾颉刚〈鸟夷族的图腾崇拜及其氏族集团的兴亡〉》一文中对顾颉刚先生的观点总结如下：

泰山、济水、汶、泗一带正是古史传说里太皞、少皞的遗裔的立国所在。

---

① 郭沫若：《中国史稿》，北京：人民出版社，1976 年，第 111—112 页。
② 吕思勉：《先秦史》，北京：中国文史出版社，2019 年，第 136—138 页。
③ 顾颉刚：《鸟夷族的图腾崇拜及其氏族集团的兴亡》，《史前研究》2000 年。

从大汶口等处这些遗物的发见，可以确定他们从原始社会到阶级社会，这个鸟图腾崇拜不但没有改变，而且"晚期益甚"。……古代的鸟夷族大人多，鲁为少昊之虚，它周围的郯、任、宿、须句、颛臾等国都是风姓，风即为凤，是以凤鸟为图腾的民族。少昊、大昊则都是鸟夷族的祖先或神话中的大人物。不仅如此，虞、夏、商、周四代与继之而起的秦、汉王朝多与"鸟夷"有关。经过顾先生的考证，肯定了虞和商同出于鸟夷系。……顾先生认为"熊"即祝融族，南迁为楚，"盈"即嬴，西迁为秦。①

根据上述学者的论述，太皞、少皞都是东夷（鸟夷）族的首领，是东方之大神，鸟夷族的活动中心在鲁中南地区、沂蒙山区，鸟夷族西迁为秦，南迁为楚。学者们的这一结论实际上与《史记》记载的"秦之先"是颛顼，"楚之先"也是颛顼高度一致。

石朝江先生在《苗族源自伏羲东夷新考》《上古'东方夷人'是中华文明中华民族的一个重要源头》等论文中，反复强调伏羲太皞是东夷首领，苗族是伏羲太皞的后裔：

根据上古史资料记载，历史学家的研究，苗族心史传说以及考古印证，苗族源自古氏东夷集团。……伏羲是东夷集团的大酋长、大首领。②

苗族是中国最古老的土著居民之一。中国自有文字以来就有关于苗族的记载。中国史籍将约 7000 年前古苗人称之为"东方夷人"或"伏羲太皞部族"，炎黄时代称为"九黎部落"，尧舜禹时期称"三苗"或"苗民"，夏商周时期称"荆蛮"或"南蛮"，秦汉以后称为"武陵蛮""五溪蛮"。苗族源自上古"东方夷人"，"东方夷人'是中华文明中华民族的一个重要源头。③

我们知道，"蒙"是苗语川黔滇方言这个族群的自称。王献唐先生根据《尚书·禹贡》《诗经·鲁颂》和《左传·哀公十七年》等先秦文献记载，

---

① 吴锐：《读顾颉刚〈鸟夷族的图腾崇拜及其氏族集团的兴亡〉》，《史前研究》2000 年。
② 石朝江：《苗族源自伏羲东夷新考》，《贵州社会科学》2009 年第 8 期。
③ 石朝江：《上古'东方夷人'是中华文明中华民族的一个重要源头》，《西部学刊》，2013 年 11 期。

考证了蒙人的来源，他说'蒙阴一带，初皆蒙族聚处之所……所居之地名蒙，所处之山亦名蒙，……知伏羲为蒙族。'……先秦文献记载的伏羲与女娲，源自苗族的洪水故事与兄妹结婚。苗族与上古时期的伏羲与女娲有密切的关系。①

石朝江先生在研究苗族史的论文中，多次引用王献唐先生在《炎黄氏族文化考》中关于蒙阴一带是伏羲故土，太皞风姓源于凤鸟的观点和结论。

（二）蒙阴"四塞之崮"是伏羲生处

前面论述的华胥氏怀孕、伏羲出生时的景象只是单一的地理标识，缺乏对伏羲出生之处地理位置与地理环境的描述。西汉时期流传着一部关于天下名山、古先、神圣、帝皇发迹肇始之处的书《遁甲开山图》，只可惜此书已经散佚。但书中的一些内容分别为《水经注》《后汉书》《文选》《初学记》《路史》《太平御览》等书所引。其中《太平御览》引用了《遁甲开山图》关于伏羲出生地的地理环境的描写：

《太平御览》引《遁甲开山图》："仇夷山，四绝孤立，太昊之治，伏羲生处。"②

《太平御览》是中国宋代一部著名的类书，被人们誉为辑佚工作的宝山。《遁甲开山图》在宋代尚存，而且为诸多古籍所引用，足以见得其在史学研究中的重要地位和权威程度。

"仇夷山"即九夷所处之山。"夷"字专指东方之人，最初的"夷族"称为九夷，均在鲁中南山区腹地，泰山到蒙山一带是九夷所处的核心地区。太昊是东夷部落的首领，这是学界较为一致的看法，因此，"太昊之治，伏羲生处"的"仇夷山"就在鲁中南山区腹地，而不会在其他地区。

关于"夷"字的来源，宋豫秦等学者在《中国文明起源的人地、关系简论》

---

① 石朝江：《苗族创世神话：洪水故事与兄妹结婚》，《贵州大学学报》（社会科学版），2011 年第 6 期。

② 参见吕思勉：《先秦史》，北京：中国文史出版社，2019 年，第 138 页。

中说，"夷"源自于沂，沂水之源即为"夷源"。

海岱地区历史时期河流众多，仅沂水就不止一条，有的出于东海费县东，西入泗；有的出于泰山武阳之冠石山（按：蒙阴县志载桑泉水所出"五女山"）；还有的出自尼丘山西北。今天的沂水出于沂源县境内的鲁山……众多的沂水、沂河反映了海岱地区先民们与"沂"的不解之缘。东夷之"夷"，可能不源于"沂"。古沂水又得名于海岱地区史前时期习用的生产工具"斤"。商代卜辞中"东方曰析"的说法，也来自东方地区的"以斤破木"。由大汶口文化的"斤"而产生"析""沂"之称，"沂"又演变为"夷"。[1]

沂水之所出沂源发现过不少旧石器时代和细石器时代遗址，年代早于海岱地区其他古遗址。因此，这里应该是海岱地区考古学文化的发祥地，沂源也正是"夷源"。[2]

以上引文中所言的几条以"沂"命名的河流，与诸多的以"汶"命名的河流一样，均源自于鲁中南山区腹地，其源头均在蒙山和蒙阴、沂源、沂水丘陵（蒙阴岱崮地貌）地带，可见这一带即是"夷源"，其水为夷水，其山必为夷山。

蒙阴"四塞之崮"即"四绝孤立"之地。从蒙阴县的环境来看，南部有蒙山绵延东西，北部有岱崮崮群簇拥，中部是相对低洼的丘陵平地，正如蒙阴县志中所言"四塞之崮，舟车不通"。《蒙阴县志·形势》（清康熙十一年版、清康熙二十四年版）：

前据蒙山之险，后阻穆陵之固（见《山东通志》）。百流出其中，千峦环拱外，颇有四塞之崮，在所不争之区。黄草关，县东四十里。紫荆关，县东南四十里。九女关，县南三十里，系南北通路。白马关，县南三十五里。[3]

颛臾风国地处蒙山之阴，其地理环境为四面环山的"崆峒之野"，完

---

[1] 宋豫秦等著：《中国文明起源的人地关系简论》，北京：科学出版社，2002年，第100页。

[2] 王迅《东夷、淮夷文化对日本古文化的影响》，宋豫秦等著《中国文明起源的人地关系简论》，北京：科学出版社，2002年，第100页，

[3] 蒙阴县地方史志编纂委员会：《蒙阴县清志汇编》，北京：中华书局，1999年，第35页，第197—198页。

全符合《遁甲开山图》中关于伏羲生处、太昊之治的"四绝孤立"地形的
描述（见图4-23）。

图4-23 颛臾风国"四绝孤立"的地理环境

蒙山"九女关"或为"九夷关"。蒙山有三大关：紫荆关、白马关和九女关。
其中紫荆关因紫荆花而得名，"白马关"因颛顼而得名（详见第五章），而"九
女关"因何而得名，此前无人能够解释清楚。

笔者根据前面的论证，认为蒙山之阴是远古时期九夷的核心地域，蒙
山自然就是九夷所居之山，故称"九夷山"，后来误传为"仇夷山"。因"九
女关"之"女"字与"夷"字型相近，故"九女关"也是"九夷关"的误传，
如此环环相扣，都有了合理的解释。综上所述，蒙阴是九夷之中心，太皞（伏
羲氏，风姓）诞生在蒙阴，颛臾风国祭祀羲皇太皞就理所当然了。

（三）蒙阴"桑梓之地"是太皞之治

据典籍记载，太皞与句芒所司之处在东方，在日出之次、槫木之地、
青土树木之野。

《淮南子·时则训》：东至日出之次，槫木之地，青土树木之野，太皞、
句芒之所司者万二千里。【注释】青土：为东方国名、山名、泽名。王念孙《读

书杂志》王引之曰:"青土"当作"青丘"。①

太皞是东方木帝,句芒是辅佐太皞的春神,管理扶桑的木神。"青丘"即《山海经》记载的"君子之国"北面的"青丘国",也即"青丘之泽",显然太皞与句芒所司之处即前文中论证的"太皞之治,伏羲生处"。

木神句芒司颛臾"扶桑之木"。杨宽先生在《伯益考》一文中,根据《山海经》中关于句芒"鸟身人面"的记述,认为句芒是玄鸟之神,与鸟夷和秦之先祖伯益关系密切。

《山海经·海外东经》:君子国在其北……下有汤谷。汤谷上有扶桑。……东方句芒,鸟身人面,乘两龙。②

《史记·秦本纪》:大业取少典之子,曰女华,女华生大费,……佐舜调驯鸟兽,鸟兽多驯服。③

杨宽先生考证说:"玄鸟本东方民族所崇拜……《海外东经》云:'东方句芒,鸟身人面,乘两龙。'……句芒实亦玄鸟之神也。凤鸟既玄鸟,益则句芒,句芒亦即益耳。"④顾颉刚先生在《鸟夷族的图腾崇拜及其氏族的兴亡》一文中也赞同此观点。⑤

辅佐伏羲太皞的"句芒"与君子之国同出于《海外东经》之中,"君子之国"是伯益"主虞"驯鸟兽之地,是凤凰圣地、凤夷祖地,而句芒所司之处在东方,是管理扶桑神木的木神,又是鸟身人面,显然是以鸟为崇拜物部族之人,符合上述条件的部族只有居于颛臾凤国的凤族之人。

太皞之治在颛臾"榑木之地"。《淮南子》记载太皞所司之处是"榑木之地,青土树木之野","榑木"又称"榑桑",即东方神木"扶桑"。显然"榑木之地,青土树木之野"是指东方之桑野。

《山海经·大荒东经》:有谷曰温源谷。汤谷上有扶木,一日方至,

---

① 陈广忠译注:《淮南子》,北京:中华书局,2012 年,第 287 页。

② 方韬译注:《山海经》,北京:中华书局,2011 年,第 249—253 页。

③ 《史记》,北京:中华书局,2006 年,第 29 页。

④ 杨宽:《伯益考》,《齐鲁学报》1941 年第 1 期。

⑤ 顾颉刚:《鸟夷族的图腾崇拜及其氏族集团的兴亡》,《史前研究》2000 年。

一日方出，皆载于乌。①

《楚辞·天问》：（日）出自汤谷，次于蒙汜。自明及晦，所行几里？【注释】汤谷，或称旸谷，日出之处。蒙汜，或称"蒙谷"，日落之处。②

《淮南子·天文训》：日出于旸谷，浴于咸池，拂于扶桑，是谓晨明。登于拂桑，爰始将行，是谓朏明。……至于桑野，是谓晏食。【注释】旸谷，日所出之处。咸池，东方大泽。扶桑，也作扶木，榑木，东方神木，日所出之处。桑野，东方之地。③

在古代"扶桑"和"桑野"是非常著名的地理坐标，"扶桑"（扶木）是东方日出之地的神木，桑野是东方之地，扶桑、桑野都在东方，也就是太皞之治"东方榑木之地"，而扶桑和桑野具体在哪里呢？笔者通过典籍记载和学者的论述，发现"东方榑木之地"即蒙山之阴"桑泉水"流域（详见第一章第二节）。《淮南子》中所言的"东方之极""日出之次""榑木之地"就在东蒙，太皞所司之处也就是"太昊之治，伏羲生处"的蒙阴颛臾风国。

伏羲之所以称为太皞、大白、太昊，又称"东方之帝""木帝""岁星"，完全是因为诞生于蒙山之阴，观察太阳每天从蒙阴扶桑之野的"东方神木"升起，"東"字源于此景，故曰"东方木帝"。

"榑木之地"乃太皞"丝桑为瑟"之处。东方榑木之地是伏羲生处、太皞之治，有桑野和蜀山，为伏羲太皞利用"丝桑为瑟"创造了条件。

《拾遗记·春皇庖牺》：春皇者，庖牺之别号。……丝桑为瑟，灼土为埙，礼乐于是兴矣。④

伏羲化蚕为丝，教人们用蚕丝、植物纤维纺线、编网、织布、制衣着装。伏羲还发明陶埙、琴瑟等乐器，创作歌谣乐曲，将音乐带入人们的生活。由此可见，华夏民族桑蚕丝织始于伏羲太皞，源于东方榑木之地，在后来

---

① 方韬译注：《山海经》，北京：中华书局，2011年，第293页。
② 林家骊译注：《楚辞》，北京：中华书局，2010年，第81—82页。
③ 陈广忠译注：《淮南子》，北京：中华书局，2012年，第145—146页。
④ 王兴芬译注：《拾遗记》，北京：中华书局，2019年，第2—5页。

的历史长河之中留下了大量的印记，如黄帝之妻西陵之女为嫘祖（蚕神），昌意之妻蜀山氏女等（详见第五章），齐鲁一带盛产蚕丝也可见于《尚书》和《史记》之中。

《尚书·禹贡》：济、河惟兖州。九河既道，雷夏既泽，灉、沮会同。桑土既蚕，是降丘宅土。

海岱惟青州。嵎夷既略……莱夷作牧。厥篚檿丝（檿丝：蚕食檿桑叶所吐的丝，可供织作，制琴弦最佳）。浮于汶，达于济。

海岱及淮惟徐州。淮、沂其乂，蒙、羽其艺。……厥土赤埴，草木渐包。……厥篚玄纤、缟（玄纤：古代丝织品）。浮于淮、泗，达于河。①

从《禹贡》记载的各州出产进贡的物产来看，只有青、兖、徐三州盛产织丝、纤、缟、檿丝等，其他各州都没有类似的贡品，这充分说明鲁中南丘陵地区是榑木、桑蚕、檿丝的原产地。

蒙阴位于鲁中南山区腹地，处于青、兖、徐三州的中心，历史上不同时期蒙阴曾分别隶属于三州，这充分说明了蒙阴桑泉水流域是太皞之治——东方榑木之地的核心地域，也是华夏民族桑蚕业和丝织业的源头所在，以蒙阴为界的齐鲁之地以"齐纨鲁缟"举世闻名。

《史记·货殖传》：齐带山海，膏壤千里，宜桑麻。……而邹、鲁滨洙、泗，犹有周公遗风，……颇有桑麻之业，……沂、泗水以北，宜五谷桑麻六畜，地小人众，数备水旱之害，民好畜藏，故秦、夏、梁、鲁好农重民。②

从《史记·货殖传》中可以看出，齐鲁一带宜桑麻，尤其是沂（与泗水同源的小沂河）、泗水以北，也就是东蒙地区宜五谷桑麻六畜。"齐冠带衣履天下，海岱之间敛袂而往朝焉"③是太史公司马迁对齐地蚕桑丝织生产的称颂之词。

《列子·周穆王》："衣阿锡，曳齐纨。"张湛注："齐，名纨所出也。"④

---

① 王世舜、王翠叶译注：《尚书》，北京：中华书局，2012年，第58—63页。

② 《史记》，北京：中华书局，2006年，第754页。

③ 《史记》，北京：中华书局，2006年，第18页。

④ 叶蓓卿译注：《列子》，北京：中华书局，2011年，第71页。

《汉书·韩安国传》："冲风之衰,不能起毛羽;强弩之末,不能入鲁缟。"①

蒙阴"桑梓之地"是桑蚕原产地,因此也是"齐纨鲁缟"的发源地。古籍中有"伏羲化蚕""太昊伏羲氏化蚕桑为穗帛"的记载,伏羲是狩猎时代人物的化身,似乎当时桑蚕已经开始被人们驯化,并有了丝织品的利用。②

《春秋命历序》记载"人皇九头,出旸谷,分九河。"王献唐先生认为,人皇即伏羲,羲和亦疑伏羲之后,旸谷即在山东,人皇出于此,而上疏九河。③伏羲太皞即"人皇",伏羲生处是沂蒙山区腹地的颛臾风国,太皞之治的范围在蒙山、沂水和汤谷、蒙谷之间,也就是沂河支流东汶河、梓河流域的"桑梓之地"。

六、蒙阴盆地"河洛之滨"是伏羲始画八卦之处

《周易》经传的作者与创作时代是易学史上争论已久的问题,关于八卦的作者,《系辞下》以为是伏羲,前人多信而不疑。④

《易·系辞上》:是故"易"有太极,是生两仪。两仪生四象。四象生八卦。八卦定吉凶,吉凶生大业。……河出图,洛出书,圣人则之。⑤

《拾遗记》:伏羲为上古,观文于天,察理于地,俯仰二仪,经纬万象,至德备于冥昧,神化通于精粹。是以图书著其迹,河洛表其文。⑥

八卦是伏羲最重要的身份标志,无八卦便不成其伏羲,学者们普遍认为"河出图,洛出书"也即"八卦",笔者根据典籍记载、学者的论述,以及现代考古材料研究发现,认为泰安大汶口文化遗址出土的象牙梳图形即八卦的祖型,也就是所谓的"河图","河"是指"柴汶河"。所谓"洛书"就是伏羲、黄帝在"汶水"之滨,观鸟兽之文创制文字,"洛水"即

① 《汉书》,北京:中华书局,2007年,第533页。

② 蒋猷龙:《中日蚕桑业科技和文化的交流》,《农业考古》1983年第2期。

③ 王献唐:《炎黄氏族文化考》,青岛:青岛出版社,2006年,第340页。

④ 杨天才、张善文译注:《周易》,北京:中华书局,2011年,前言第1—3页。

⑤ 杨天才、张善文译注:《周易》,北京:中华书局,2011年,第595—596页。

⑥ 王兴芬译注:《拾遗记》,北京:中华书局,2019年,第12页。

黄帝之子降居的"若水"（蒙阴桑泉水），因"洛书"故称"汶水"。

（一）"河洛之滨"在"有吴之乡，有北之地"

河、洛在远古历史上是非常著名的两条河水的名称，秦汉以来，人们普遍认为"河"是指黄河，"洛"是指发源于陕西的"南洛河"或"北洛河"。笔者认为河、洛之名始源于东方，随着秦嬴西迁而将东方之帝伏羲及东方地名、水名带至陕西、甘肃一带。

《拾遗记》：帝尧在位，圣德光洽。河洛之滨，得玉版方尺，图天地之形。……乃命大禹，疏川潴泽。有吴之乡，有北之地，无有妖灾。沉翔之类，自相驯扰。幽州之墟，羽山之北，有善鸣之禽，人面鸟喙，八翼一足，毛色如雉，行不践地，名曰青，其声似钟磬笙竽也。《世语》曰："青翟鸣，时太平。"故盛明之世，翔鸣薮泽，音中律吕，飞而不行。至禹平水土，栖于山岳，所集之地，必有圣人出焉。……尧在位七十年，有鸾雏岁岁来集，麒麟游于薮泽，枭鸱逃于绝漠。有柢支之国献重明之鸟，一名"双睛"，言双睛在目，状如鸡，鸣似凤。①

"有吴之乡，有北之地"在何地？"有吴""有北"又是何意？古今学者没有深入研究，更没有给出答案。王兴芬译注《拾遗记》给出的解释是"有吴，即南方。吴在南。有北，即北方"。②笔者认为，"吴"和"北"是尧舜时期的地名，而非现代南、北方位，学者们的上述解读是因为不了解"吴"和"北"的出处，是误解了先民对历史记忆的传说。

"有吴之乡"很好理解，通过前面的论述，可知"有吴"即"有虞"，是指《山海经》中记载的君子国之神"天吴""天虞"，也就是蒙阴盆地中的曳虎寨山。然而"有北之地"的"有北"是何意呢，笔者通过对"昆仑之丘"的考证，发现《山海经》中众神所居的"昆仑之丘"就在诸帝的封君之地——东方君子之国，"丘"和"北"都是对君子之国北部特殊山丘的描述（详

---

① 王兴芬译注：《拾遗记》，北京：中华书局，2019年，第41页。
② 王兴芬译注：《拾遗记》，北京：中华书局，2019年，第42页。

见前文）。

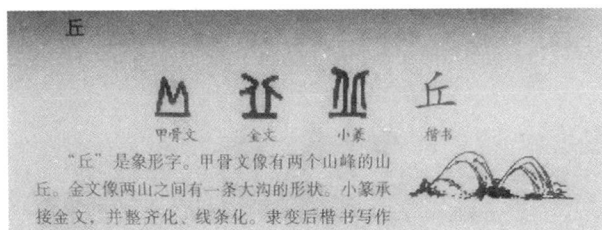

图 4-24 "丘"字的演变

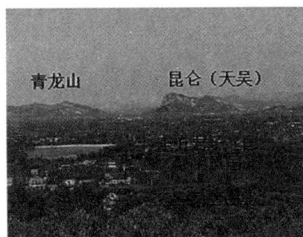

图 4-25 昆仑之丘

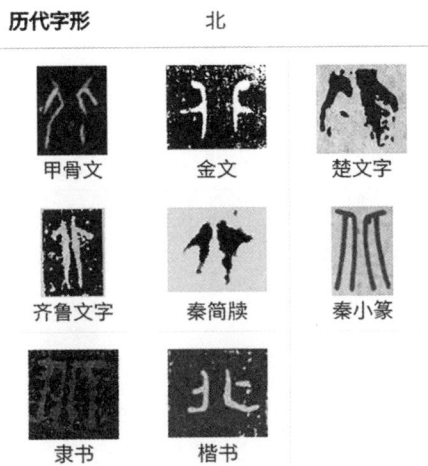

图 4-26 "北"字的演变

"有吴之乡，有北之地"是指蒙阴盆地，可见尧帝"得玉版方尺，图天地之形"的"河洛之滨"也在蒙阴盆地，也就是《山海经》记载的"朝阳之谷"，《淮南子》中记载的"青丘之泽"（位于君子国与青丘国之间），"河图洛书"的出处和伏羲始画八卦之处亦在蒙阴盆地之中。

（二）河、洛是指蒙阴盆地的柴汶河、东汶河

古籍记载"河出图，洛出书，圣人则之"，显而易见河、洛必在一处，都在大汶口文化的发祥地。前文中论证了"河洛之滨"在蒙阴盆地中的"有吴之乡，有北之地"，"河"是蒙阴盆地中的自东向西流的柴汶河，很显然"洛水"就是与柴汶河背道而驰的"东汶河"。

先秦典籍中有很多关于"河洛"的记载，但并没有说河水即黄河，洛水是渭河支流，汉代以后的《说文解字》《水经注》等才有洛水在陕西的说法。

《说文·水部》：洛，水。出左冯翊归德北夷界中，东南入渭。从水，各声。①

《水经注》：洛水出京兆上洛县讙举山，地理志曰：洛水出冢岭山。山海经曰：出上洛西山。又曰：讙举之山，洛水出焉。②

顾颉刚先生认为，渭河流域有"雍水""雍城""雍州"，"雍"即东方之水名"淮"，秦嬴西迁至渭水流域，于是本在东方的"淮（潍）水"一名西迁了，东方民族所崇拜的上帝和祖先神少皞也西迁了，甚至后起"凤翔"这个地名也很可能由于秦人"高祖少皞挚之立也，凤鸟适至"及"凤鸟氏，历正也"这些古老的传说而来。他说"这同是不忘其本的民族意识的一种深刻的表现"。③根据顾颉刚先生的论述，笔者认为渭水的支流"洛水"之名也是来源于秦嬴祖地的"洛水"。

《水经注》：沂水又南迳临沂县故城东，……有治水注之，水出泰山南武阳县之冠石山。地理志曰：冠石山，治水所出。应劭地理风俗记曰：武水出焉。盖水异名也。④【注释】治水，吴本、注笺本、项本、张本均作"洛水"。⑤

从《水经注》的注释中可知，很多版本的《水经注》都将发源于蒙山西麓"冠石山"的一条河流称为"洛水"，这一"洛水"是沂水的一条支流，石泉先生说古文献中的"江"即沂水。⑥笔者发现，《山海经》中所记载的"洛水"是一条注于"江"的水，而不是入"渭"的水，说明"洛水"是江的支流，

① 《说文解字》，沈阳：辽海出版社，2015年，第642页。
② 陈桥驿：《水经注校证》，北京：中华书局，2013年，第347页。
③ 顾颉刚：《鸟夷族的图腾崇拜及其氏族集团的兴亡——周公东征史事考证四之七》，《史前研究》2000年00期。
④ 陈桥驿：《水经注校证》，北京：中华书局，2013年，第580页。
⑤ 陈桥驿：《水经注校证》，北京：中华书局，2013年，第588页。
⑥ 石泉：《古文献中的"江"不是长江的专称》，《古代荆楚地理新探》，武汉：武汉大学出版社，1988年，第57—73页；景以恩《共工氏考》，《济宁师范专科学校学报》2000年第5期。

而非"渭"的支流。

《山海经·中次九经》：岷山之首，曰女几之山，……洛水出焉，东注于江……岷山，江水出焉，东北流注于海，其中多良龟，多鼍。[1]

古文献中"岷山"即"蒙山"，闻一多先生疏证引《纪年》："后桀伐岷山，岷山（进）女于桀二人……"岷山即蒙山，蒙、岷一声之转。[2] 顾颉刚先生同样认为"岷山"即"蒙山"，他说：

《楚辞·天问》："桀伐蒙山，何所得焉？"这蒙山就是《论语》里说的颛臾"昔者先王以为东蒙主"的蒙。……《古本纪年》，文云："后桀伐岷山……桀受二女……而弃其元妃于洛，……"这"岷山"并不是今四川的岷山，而只是"蒙"的声转。[3]

从闻一多、顾颉刚等人的论述中可知，岷山即颛臾风国之蒙山，从《古本纪年》的记载中可知，桀伐蒙山得二女之后，弃其元妃于"洛"，也说明"洛"即是蒙山一带的河流。另外，《山海经》记载出于岷山（蒙山）的洛水、江水"其中多良龟，多鼍"，"龟"是大汶口人的崇拜物（详见第一章），甲骨文卜辞中的"龟"地即在泰山东南汶水上游，而且与《诗经》《左传》中的"龟蒙""龟阴田"有关，[4] "鼍"是鳄鱼，即蒙阴盆地"雷泽"中的"雷神"（详见前文），因此可见洛水、江水在蒙山（龟蒙）一带。

《山海经》："岷山之首曰女几之山，……洛水出焉，东注于江。"也就是说"洛水"出自蒙山之首"女几之山"。笔者认为"女几之山"即蒙山西麓的"冠石山"，也就是《水经注》记载的蒙阴"桑泉水"所出的"五女山"。

《水经注》：桑泉水北出五女山，东南流，……桑泉水又东南迳蒙阴

[1] 方韬译注：《山海经》，北京：中华书局，2011年，第183页。
[2] 闻一多：《天问疏证》，上海：上海古籍出版社，1985年，第71页；又见于景以恩：《华夏文明起源于东方考》，《管子学刊》2013年第1期。
[3] 顾颉刚：《鸟夷族的图腾崇拜及斯氏族集团的兴亡》，《史前研究》2000年00期。
[4] 陈絜、田秋棉：《卜辞"龟"地与武丁时期的王室田猎区》，《故宫博物院刊》2018年第1期。

县故城北，王莽之蒙恩也。又东南与叟崮水合，水有二源双会，东导一川，俗谓之汶水也。①

《蒙阴县清志汇编》：五女山，此指西五女山，在保安社，距城西南五十五里，《水经注》桑泉水发源于此。②

吕思勉、王献唐等先生早有结论，所谓"若水"并非四川蜀地的"若水"，而是东夷地区、鲁国一带的"桑水"（详见第五章）。笔者认为，"若水"即颛顼之国——颛臾风国的"桑泉水"。"洛"与"若"读音相近，"桑泉水"（若水）又在伏羲故里颛臾风国，而且同样注入到"江水"——沂水之中，因此，"若水"要比"治水"更具备"洛水"的条件。

《山海经·中次四经》：甘水出下，而北注入洛，其中多泠石。……讙举之山。雒（洛）水出焉，而东北流注于玄扈之水。此二山者，洛间也。【注释】在讙举山与玄扈山之间，有一条洛水。③

《山海经·大荒东经》：东海之外大壑，少昊之国。少昊孺帝颛顼于此，弃其琴瑟。有甘山者，甘水出焉，生甘渊。……有东口之山。有君子之国，其人衣冠带剑。④

从《大荒东经》中的记载来看，甘山、甘水、甘渊即在少昊孺帝颛顼之处，也即在君子之国。笔者认为"甘水"即叟虎寨山（天吴）下的麦饭石矿泉水，"甘渊"也就是《山海经》中的"颛顼之池"，昆仑神话中的"醴泉""瑶池"（详见第三章），因此，《山海经·中次四经》所言"甘水出下，而北注入洛"就是《水经注》记载的桑泉水"又东南与叟崮水合，水有二源双会，东导一川，俗谓之汶水也。"也就是说"甘水"即叟崮水，汶水（桑泉水）即"洛水"。

《山海经·中次四经》中说"洛水"出讙举之山，注于玄扈之水。 笔者认为"讙"即《左传·定公十年》记载的"齐人来归郓、讙、龟阴之田"

---

① 陈桥驿：《水经注校证》，北京：中华书局，2013年，第580页。
② 蒙阴县地方史志编纂委员会：《蒙阴县清志汇编》，北京：中华书局，1999年，第469页。
③ 方韬译注：《山海经》，北京：中华书局，2011年，第146—150页。
④ 方韬译注：《山海经》，北京：中华书局，2011年，第286—289页。

中的"蘿"。① 而"玄扈"即黄帝所居的"玄扈石室"之"玄扈"，也即蒙阴叟虎寨山北面的"玄丘"（详见本章第一节）。《山海经·中次四经》所言蘿举山与玄扈山之间的"洛水"显然就是"汶水"。

"洛水"之名号除了笔者上面所言与"若水"音似之外，还可能与其发源地在日落之处有关，据《山海经》等古籍记载，位于汤谷之上的"扶桑"是"东方日出之神木"，而"若木"则是西方日落之木，"若水"发源于日落之处的"若木"，故称"洛水"。

《山海经·大荒北经》：大荒之中，……洞野之山，上有赤树，青叶、赤华，名曰若木。【注释】郭璞注："生昆仑西，附西极，其华赤下照地。"②

《山海经·海内经》：南海之内，黑水青水之间，有木名曰若木，若水出焉。③

《淮南子·地形训》：若木在建木西，末有十日，其华照下地。高诱注："若木端有十日，状如莲华，光照其下"。《文选·月赋》注引《山海经》："若木，日之所入处"。④

《史记·秦本纪》：秦之先，帝颛顼之苗裔……大费生二子：一曰大廉，实鸟俗氏；二曰若木，实费氏。⑤

根据前面的论述，蒙阴"桑泉水"即若水，"若水"的发源地在蒙阴城西南55里的"五女山"（冠石山），"若木"即是"五女山"上的桑树，《史记》记载大费（伯益）的儿子取名"若木""费氏"，也能证明"若木"在伯益"主虞"之地。吴晓东先生在《颛顼神及其在〈山海经〉里的记载》一文中说：

"若"字的读音以前应该与"日"同过音。郑张尚芳构拟的"日"上

① 杜预注：《左传》，上海：上海古籍出版社，2016年，第963页。
② 袁轲：《山海经校注》，北京：北京联合出版公司，2014年，第368页。
③ 袁轲：《山海经校注》，北京：北京联合出版公司，2014年，第376页。
④ 《文选》，北京：中华书局，1977年，第196—197页；袁珂：《中国神话传说词典》，北京：北京联合出版社，2013年，第190页。
⑤ 《史记》，北京：中华书局，2006年，第29页。

古音为（njig），目前湖南凤凰所说的方言依然把太阳叫（nji）。"匿"读ni，以"若"为声旁，"溺"读ni，其声旁"弱"与"若"同音，由此可见ni与ruo语音的演变关系，即"若"与"日"的演变关系。也就是说，若木在读音上曾经就是日木（太阳木），若水在读音上曾经就是日水（太阳河）。①

笔者认为，"若木"在昆仑西、建木西，是"日之所入处"，故发源于"若木"之水称为"洛水"，有洛水发源于太阳落山之地的意思。

《山海经·西山经》：南望昆仑，其光熊熊，其气魂魂。西望大泽，后稷所潜也；其中多玉，其阴多榣木之有若。……爰有淫水，其清洛洛。【注释】郭璞云："榣木，大木也；言其复生若木。"郝懿行云："洛洛本作落落，淫本作瑶。"②

根据《山海经》记载与古代学者的注释，笔者认为"昆仑"即蒙阴曳虎寨山，大泽即蒙阴盆地之"雷泽"，榣木即"若木"。"淫水"即"瑶水"，也即"瑶池"，"其清洛洛"本作"落落"，可见古文中"洛"与"落"相通，"洛水"之名即源于太阳落入"若木"，"洛水"即"若水"。

另外，《山海经》中还有一条最为关键的证据，前文中论证了昆仑之丘"弱水之渊环之"是指蒙阴曳虎寨山下《水经注》中所谓"曳崮水"，《山海经》中明确记载"弱水"入"洛"。

《山海经·西山经》：西次四经之首曰阴山……阴水出焉，西流入洛。北五十里，曰劳山，多茈草，弱水出焉，而西流入洛。③

"弱水"西流入"洛"就是《水经注》中曳崮水入"桑泉水"，汶水即若水，也即弱水、洛水。

综上所述，《山海经》记载的"洛水"出于"岷山之首，女几之山"，也就是《水经注》中记载的"洛水"出蒙山西首"冠石山"，也就是蒙阴"汶水"发源地"五女山"。《山海经》记载的洛水"东注于江"，就是"汶水"

---

① 吴晓东：《颛顼神及其在〈山海经〉里的记载》，《贵州民族大学学报》（哲学社会科学版）2020年第3期。

② 袁珂：《山海经校注》，北京：北京联合出版公司，2014年，第41—42页。

③ 袁珂：《山海经校注》，北京：北京联合出版公司，2014年，第52页。

东注于沂水。

总之，"洛水"即蒙阴"汶水"，"汶水"因"洛出书"而得名"汶水"。"汶水"与"河水"同在蒙阴盆地，即《山海经》记载的"君子之国"北面的"朝阳之谷"，故称"河洛之滨"，故有"河图洛书"之说。

（三）"八卦"源于"河图"，"洛书"出自"汶水"

从春秋战国直至汉代，河图、洛书作为较有影响的传说长期流行于世，后发展为汉代关于圣王河洛受命的新天命说模式。它具有政治上乃至文化上的重要意义。[①]

《论语·子罕》：子曰："凤鸟不至，河图不出，吾已矣夫。"[②]

《管子·小匡》："昔人之受命者，龙龟假，河出图，雒出书，地出乘黄。"[③]

《礼记·礼运》：河出马图，凤皇、麒麟皆在郊棷，龟、龙在宫沼，……先王能修礼以达义，体信以达顺，故此顺之实也。【注释】河出马图：孔疏："伏羲氏有天下，龙马负图出于河，遂法之画八卦。"《易·系辞上》："河出图，洛出书，圣人则之。"棷：通"薮"，泽。[④]

《随巢子》：姬氏之兴，河出绿图。……殷灭，周人受之，河出圆图也。[⑤]

《淮南子·俶真训》：古者至德之世，……洛出丹书，河出绿图。[⑥]

《汉书·晁错传》：臣闻五帝神圣，……河出图，洛出书，神龙至，凤鸟翔，德泽满天下，灵光施四海。[⑦]

从先秦和汉初的典籍记载中可以看出，河图、洛书与龟、龙、麒麟和凤凰有着密切的关联。前文中已经论证了"河""洛"即蒙阴盆地中的"柴

---

① 葛志毅：《河洛谶纬与刘歆》，《文哲史》2008 年第 3 期。
② 《论语》，北京：中华书局，2011 年，第 101—102 页。
③ 《管子》，北京：中华书局，2019 年，第 396 页。
④ 《礼记》，北京：中华书局，2017 年，第 440—441 页。
⑤ 参见孙诒让：《墨子间诂》后附《随巢子》佚文，北京：中华书局，1954 年，第 490 页。
⑥ 《淮南子》，北京：中华书局，2012 年，97—98 页。
⑦ 《汉书》，北京：中华书局，2007 年，第 504 页。

4-27 大汶口文化遗址出土的象牙梳

汶河"和"汶水",显然这里就是河图、洛书的出处。颛臾风国是大汶口人的"封君之地",更进一步证明了河图、洛书出自"东方君子之国"。

关于伏羲作八卦一事,司马迁在《史记·日者列传》中说:"自伏羲作八卦,周文王演三百八十四爻,而天下治。"①《易·系辞》和《说文解字》中则就伏羲如何创制八卦十分清楚地讲了出来。

《说文解字·叙》:古者庖牺氏之王天下也,仰则观象于天,伏则观法于地,观鸟兽之文,与地之宜,近取诸身,远取诸物,于是始作《易》八卦。②

太皡(伏羲氏,风姓)是大汶口人的部落首领,颛臾风国是太皡(伏羲氏,风姓)的祖国。显然,伏羲始作八卦之处即在颛臾风国。

《拾遗记》:帝尧在位,圣德光洽。河洛之滨,得玉版方尺,图天地之形。……乃命大禹,疏川潴泽。有吴之乡,有北之地,无有妖灾。③

《拾遗记》:禹凿龙关之山,亦谓之龙门。至一空岩,深数十里,幽暗不可复行,禹乃负火而进。……神即示禹八卦之图,列于金版之上。……蛇身之神,即羲皇也。④

闻一多先生根据《拾遗记》的上述记载,论证说:"禹平水土的方略乃是九河神女华胥的儿子——伏羲传授的。《封禅书》以夏为木德,有青龙之瑞,木德青龙都是伏羲,禹与伏羲、涂山氏与女娲的结合,或许因为

① 《史记》,北京:中华书局,2006年,第735页。
② 谦德书院注译:《说文解字》,北京:团结出版社,2020年,第1871页。
③ 王兴芬译注:《拾遗记》,北京:中华书局,2019年,第41页。
④ 王兴芬译注:《拾遗记》,北京:中华书局,2019年,第66—68页。

两方都出于龙图腾吧？"并论证说伏羲与禹都是风姓。①

从《拾遗记》上述两处记载中可见，帝尧在"河洛之滨，得玉版方尺，图天地之形"，就是禹治水来到龙门，在一空穴中遇见华胥之子示禹的"八卦之图"。

笔者前文中论证，青龙山即"龙"，"龙门"在青龙山西部、柴汶河下游的"大汶口"。可见，尧和禹所见"八卦之图"即在柴汶河下游的"大汶口"。1950年泰安大汶口墓地M26出土一件非常特殊又极精致的象牙梳，其上镂刻着特殊的图案。图案的中心部位，镂刻着由15个"三"组成的一个大"S"形（见图4-27）。

逄振镐先生认为，这把梳子上刻画的图案就是原始的八卦符号的源头，它与原始八卦、与伏羲"始作八卦"的传说和记载有关。八卦符号源于伏羲时代的先民观察天象地形，以摹画鸟兽足迹之文为鉴，摹画天地、星辰运行的轨迹，由此推衍出天、地的卦形，象牙梳上的"S"形和其中的"T"形视为阴阳太极图的祖形。象牙梳上的三个圆孔，象征天道运行的规律，两边的条孔是坤卦，象征地。上下相对的"T"形是天地的意思，古人观察天体运行，这是太阳从地面升起、落下的象征。大汶口墓地的M26，属大汶口文化的中期，这在时间上也是相符的。②逄振镐先生对于"上丅"两个符号的解读与《说文解字》段玉裁的注解基本一致。

《说文解字》："上，高也。此古文上，指事也。凡上之属皆从上。"【注释】段玉裁《说文解字注》："象形者实有其物。日月是也。指事者不泥其物，而言其事。上丅是也。天地为形。天在上、地在下。地在上、天在下。则皆为事。"③

笔者根据典籍记载和学者的论述，对大汶口出土的象牙梳解读如下：

1.此象牙梳图案就是典籍中记载的"河图"，是《拾遗记》中记载的

---

① 闻一多：《伏羲考》，上海：上海古籍出版社，2006年，第35页。

② 逄振镐：《东夷文化研究》，济南：齐鲁书社，2007年，第389—390页。

③ 谦德书院注译：《说文解字》，北京：团结出版社，2020年，第2—3页。

尧在"河洛之滨、有吴之乡、有北之地"所见"图天地之形"之玉版。也是禹龙门洞穴中所见的列于金版之上的"八卦之图"。

2.象牙梳上部的三个圆圈,代表太阳在赤道、北回归线、南回归线时从《大荒东经》三座"日月所出"之山上升起。

3.象牙梳的"⊥""丁"分别代表"东泰山"和"泰山"。

4.象牙梳的"S"是东泰山之阴的"洛"(东汶河),泰山之阳的"河"(柴汶河)。

笔者认为,"河图"即"八卦",而"洛书"则是指伏羲"观鸟兽之文"始创的文字,也是黄帝居洛水之上"玄扈石室",黄帝臣苍颉观鸟迹始创文字(详见第五章)。

(四)蒙阴有"四灵"镜像和乾卦、蒙卦景象

"四象"在中国早期文化中代指源于远古星宿信仰中的青龙、白虎、朱雀、玄武,也称四神、天之四灵,是中国古代天文学术语,用于星宿分野。

《礼记·礼运》:"何谓四灵?麟、凤、龟、龙,谓之四灵。"注:麒麟,毛虫之长。凤,凤凰,羽虫之长。龟,甲虫之长。龙,鳞虫之长。[1]

蒙阴地形地貌神奇而独特,北有凤凰所居的丹穴之山、西有青龙山、东有叟虎寨山、南有龟蒙顶,聚集了四灵、四神的形象,恰似四灵、四神生动逼真的镜像,上下对应,左右相对,这也不得不说是一种神秘巧合(见图4-28)。

蒙阴城西青龙山由大大小小几十座山丘组成,自西向东绵延起伏50多公里,从地貌上看形似一条尾在西、首在东,从卫星地形图上看形态更加逼真,一块块龙的脊椎清晰可见,象是一条卧在汶河边的巨龙。青龙山因此成为大汶口人记忆中的雷神、龙,君子之国的"工虫",华胥氏感应受孕的"青虹"。

蒙阴城西与青龙山相对的是叟虎寨山,由三个山头组成,东面和北面山势相对较为平缓,南面和西面是陡峭的悬崖,依次呈阶梯状,无论从哪

---

[1] 胡平生、张萌译注:《礼记》,北京:中华书局,2017年,第435页。

个方向看都似卧虎。

图 4-28 四灵地形

图 4-29 叟虎寨山

图 4-30 凤凰所出"丹穴之山""蒙汜之渚"

青龙山下的东汶河水系和上游大大小小的支流、水泽则构成了凤凰华丽的羽毛，呈现出"龙飞凤舞"的神秘景象。正如《拾遗记·少昊》所记载：

少昊以金德王。母曰皇娥……经历穷桑沧茫之浦。……有水屈曲亦如龙凤之状，有山盘纡亦如屈龙之势在，故有龙山、龟山、凤水之目也。①

蒙山之阴乃"四绝孤立"之地形，是伏羲时代以鸿蒙（蒙山）为景柱观察天象、以"历山"记录一年四季的最佳位置。因此，伏羲在此"仰观

---

① 王兴芬译注：《拾遗记》，北京：中华书局，2019 年，第 23—26 页。

象于天，俯观法于地"，以观察到的蒙山、青龙山、汶水等山水形态和天象变化为原型，以太昊为太极，龙、凤（伏羲氏、风姓）为两仪，以青龙山、汶河水、虎头崖、龟蒙顶为四象，根据柴汶河（河）、东汶河（洛）之间的气象变幻形态为蓝本"画八卦以通神明之德，以类万物之情"。

《周易》乾卦"九二，见龙在田，利见大人。九三，君子终日乾乾，夕惕若厉。"注："九二"以龙来象征大人，龙出现在田野之间时，就如同有道德、有作为的人来到民间，接近民众，体察民情。①

高亨先生将"见龙在田，利见大人"解释为"龙出现于田中，比喻大人活动于民间，人见之则有利"②"见龙在田，天下文明"出自《周易》的《文言》传，有学者认为"见龙在田"是龙星回天运行的一个新周期的开始，与"天下文明"相因果，体现了古人将天文视为文明之源的独特认识。③

笔者认为，"河图洛书"和伏羲八卦既然出于东方君子之国，其爻辞必然与颛臾风国的人文地理相关联。因此，"见龙在田，利见大人"和"见龙在田，天下文明"是说，青龙山卧于"龟阴田""汶阳川"之上，因此产生了"有圣德"的人文始祖太皞（伏羲氏，风姓）始作《易》八卦"来治理天下，天下从此开始文明。④

《周易》："蒙：匪我求童蒙，童蒙求我。《彖》曰：蒙，山下有险，险而止。《象》曰：山下出泉，蒙，君子以果行育德。"评析：《蒙》卦既有幼稚蒙昧之义，又有延师启蒙之象。《象传》说：山下流动着泉水，就如蒙昧渐渐开启。君子就是要以果决之行来培养美德。⑤

《淮南子·俶真训》："至德之世，……以鸿蒙为景柱，……至伏羲

---

① 杨天才、张善文译注：《周易》，北京：中华书局，2011年，第3页。

② 高亨：《周易大传今注》，济南：齐鲁书社，1980年，第57页。

③ 冯时：《见龙在田，天下文明——从西水坡宗教遗存论到上古时代的天文与人文》，《濮阳职业技术学院学报》2012年第3期。

④ 谦德书院注译：《说文解字》，团结出版社，2020年，第1871页。

⑤ 杨天才、张善文译注：《周易》，北京：中华书局，2011年，53—54页。

氏,……皆欲离其童蒙之心,而觉视于天地之间,是故其德烦而不能一。"①

从《淮南子·俶真训》的记载中可知,伏羲之前的至德之世,大汶口人是以鸿蒙为观测日月的景柱,笔者通过论证认为,鸿蒙即蒙山,也就是大汶口遗址出土的陶文刻符和《山海经》中记载的"日月山"。伏羲时代,大汶口人开始欲离童蒙之心,这就是《周易》蒙卦中的卦象,蒙卦既有童蒙之义,又有启蒙之象。

图 4-31 蒙卦图象

蒙卦形成的卦象与"蒙"字的含义结合起来,便是一副细雨濛濛、雾气腾腾的田园山水画卷。这种朦胧的景致,是天地初开,云行雨施造成的,于是它便有蒙昧初开的含义,也就是说即将走出蒙昧的状态。

七、蒙阴青龙山是伏羲、女娲的化身

前文中论证了蒙阴盆地"雷泽"是伏羲之母华胥氏履"大迹"感"青虹"而怀孕的地方,"成纪"是伏羲诞生之地,又论证了伏羲、女娲兄妹结婚的故事发生在蒙阴盆地"昆仑"之山,华胥、女娲、伏羲皆为风姓,颛臾风国即风姓祖国。笔者进而发现,典籍中记载的伏羲、女娲形象,以及汉代石画像中伏羲女娲交尾图像即源于蒙阴青龙山,蒙阴青龙山是伏羲、女娲的化身,君子之国"工虫各有两首"就是汉代伏羲、女娲交尾图的原型。

---

① 陈广忠译注:《淮南子》,北京:中华书局,2012 年,第 83—85 页、

（一）蒙阴青龙山是女娲之肠、伏羲化身

在诸多的典籍记载中，伏羲、女娲永远都是以蛇身人首，或龙身人首的形象出现（详见前文）。古今学者对此有诸多研究，但都不得要领，笔者认为，伏羲、女娲蛇（龙）身人首的形象源于青龙山，源于对《山海经》古图的理解。

《山海经·大荒西经》：有国名曰淑士，颛顼之子。有神十人，名曰女娲之肠，化为神，处栗广之野，横道而处。有人名曰石夷，来风曰韦，处西北隅以司日月之长短。【注释】袁轲案：女娲之名，首见于《楚辞·天问》，云："女娲有体，孰制匠之。"王逸注云："传言女娲人头蛇身，一日七十化，其体如此，谁所制匠而图之乎？"①

前文中论证了《大荒经》的中心观测点是"吴""昆仑"，也就是蒙阴叟虎寨山。《大荒西经》描述的是"吴"西的山、国、人物，伏羲、女娲的故事发生在昆仑山上，"女娲之肠"记载于《大荒西经》之中，"女娲之肠"前面记载的是颛顼之子，应当就是"颛顼生老童"之处的"吴"山下，后面记载的石夷"处西北隅以司日月之长短"，也就是《大荒西经》七座"日月所入"之山的西北方向，也就是蒙谷之中。

从蒙阴地形图上看，叟虎寨山西北是青龙山，青龙山在"蒙谷"之中，就是《大荒西经》所载的"大荒之中，有龙山，日月所入"之处，显然《大荒西经》所言"女娲之肠"有神十人，处栗广之野，横道而处，是指青龙山的十座山丘，横卧于野外。

对于伏羲之名的来历，古往今来的专家学者都没有给出明确的答案，唯一提及的只有《白虎通义》中的一句话。

《白虎通义·号篇》：伏羲仰观象于天，俯察法于地，因夫妇，正五行，始定人道，画八卦以治下，治下伏而化之，故谓之伏羲也。②

现代学者中有人认为，先秦诸子书皆以作者姓氏为名，如《老子》《庄

---

① 袁珂：《山海经校注》，北京：北京联合出版公司，2014年，第328—329页。

② 文渊阁《四库全书》子部杂家类杂考之属《白虎通义》卷上。

子》《孟子》皆是如此。按此推理，伏羲作"易"为蜥蜴（《说文》："易，蜥蜴也"），则伏羲氏应当是蜥蜴。蜥蜴有四肢，具"龙"体而微，较之无足的蛇更有资格作为"龙"的原形，所以作为伏羲图腾的"龙"之原形应当是蜥蜴。叶舒宪先生认为，古人的神龙观念，很可能包含着对早已经在地球上灭绝的侏罗纪巨型生物恐龙的某种追忆。其遗留下来的亲缘变种，如被国人称为"变色龙"的有足类爬行动物蜥蜴，被称作"小龙"的无足类爬行动物蛇，都是史前人类原始宗教所崇奉的圣物。再如关于中国著名古籍"易经"的由来，易学界就有"易的原型是蜥蜴"一说。现在看来显然不是空穴来风。① 国光红在《沂南汉墓伏羲、女娲画像的文化内涵》一文中说，《帝王世纪》："女娲氏……一名女希"，是女娲亦名"希"。伏羲、女娲俱名"希"，必是事出有因。上古希、虵二字同音，则伏羲、女娲之名"希"，虵也，蜥蜴也。② 又如范三畏在《伏羲之谜》一文中说：

汉代东方朔和宋代程颢认为蜥蜴是龙……伏羲始作八卦，今本《周易》以乾为首，《乾》卦爻辞七条几乎都以龙为意象，而"易"字《说文》释为"蜥易（蝎）"，则《周易》当以蜥蜴为龙。③

从上述典籍和学者的论述看，伏羲及与之相关的"周易"之"易"均与蜥蜴有关，伏羲当为蜥蜴。通过观察青龙山的形状，既是前面论述的"伏而化之"的扬子鳄，也如同"伏而化之"的蜥蜴，故称"伏羲"。

关于"伏羲"，也有学者认为是虎。刘尧汉先生的《中国文明源头新探——道家与彝族虎文化观》一书详证伏羲为虎。范三畏则认为伏羲是由虎渐化为龙蛇。他说，关于以"羲"为虎，在西南民族中亦有反映。他们称神为"西"，与"羲"对应，以祖先神为虎。祭"西"（虎）必歌舞娱乐，"娱"本字作"吴"，"吴"又是"虞"的本字，不过指虎神而已。④ 伏羲

---

① 叶舒宪：《红山文化鸮神崇拜与龙凤起源——兼评庞进〈凤图腾〉》，《文化学刊》2006年第1期。
② 国光红：《沂南汉墓伏羲、女娲画像的文化内涵》，《走向世界》1998年第1期。
③ 范三畏：《伏羲之谜》，《中国典籍与文化》1994年第4期。
④ 范三畏：《太昊伏羲氏源流考辨》，《西北民族学院学报》（哲学社会科学版）1995年第1期。

氏确有虎与龙蛇形的两类形象,《山海经》虎"天吴"当即其祖先图腾。①

综上所述,蒙阴曳虎寨山、青龙山所在的蒙阴盆地是伏羲的诞生地,也是伏羲、女娲故事的原型地,从《山海经》的记载中可以看出,青龙山早已被华夏先民视为"龙山"。青龙山由十余座山丘组成,被视为"女娲之肠"化为的神人,青龙山的头部既像鳄,又似蜥蜴,是"伏羲"和"易"的原型。也就是说,青龙山是伏羲、女娲的化身,是伏羲、女娲人首蛇(龙)身形象的原型。

(二)"虹虹"是伏羲、女娲人首蛇身交合的原型

关于汉代伏羲、女娲图像,目前仍是学界讨论的问题。王煜在《汉代伏羲、女娲图像研究》一文中考证说,清代冯云鹏、冯去鹝兄弟在其所著的《金石索·石索》中对武氏祠画像上人首蛇身持规、矩而交尾的二神考论云:"王文考《鲁灵光殿赋》:'伏羲鳞身,女娲蛇躯。'……彼图于殿,此刻于石,汉制一也。"即认为此神像为伏羲、女娲。后来,由于常任侠先生及闻一多先生的精辟论述,学界逐渐将汉代画像中的此类人首蛇身图像认可为伏羲、女娲。②

伏羲、女娲形象也存在一些差异,一些墓葬中出现了身生羽翅的伏羲、女娲像,在展现伏羲、女娲人首蛇(龙)身的同时,都是背上长满羽毛或羽翅。杨利慧等学者则认为伏羲女娲体生羽毛的现象并不是孤立的,羽化的现象同时发生在西王母、东王公身上。③有学者认为历史上西王母曾一度被捧到至上神的位置,所以在东汉画像石中也出现以伏羲、女娲作为陪衬的西王母构图。④

也有学者对山东滕县、微山县等出土的西王母与伏羲、女娲共同构图

---

① 普学旺:《试论殷人源于古羌人》,《中南民族学院学报》(社)1994 年第 1 期。

② 王煜:《汉代伏羲、女娲图像研究》,《考古》2018 年第 3 期。

③ 李丹阳:《伏羲女娲形象流变考》,《故宫博物院刊》2011 年第 2 期。

④ 参见汪小洋:《汉画像中西王母的至上神努力》,《寻根》2004 年第 5 期;郑先兴:《汉画中的西王母神话与西王母崇拜》,《古代文明》第 2008 年第 3 期;郑先兴:《汉画西王母配神图像"龙虎座"的原型分析》,《河南科技大学学报》2008 年第 4 期。

的汉画像进行分析认为，伏羲既然是民间信仰中的人文始祖、三皇之首，自古以来就有"羲皇"之称，伏羲又是华胥氏在"雷泽"履大人迹、青虹绕身而感应受孕所生，所以"西王母"是"羲王母"的讹传，"西王母"实际上就是伏羲、女娲的母亲华胥氏。[①]

在古文献中，伏羲女娲被记载为人首蛇尾，汉画像除了相应的形象之外，还有人首蜴（蜥）尾的形象。传说中作为人祖以及文化之祖的伏羲女娲，形象是怪异的人身蛇尾或蜥蜴尾，这一直困惑着学者们。这两种形象的形成，是因为羲与蛇、蜴古音相同，而义与羲、娲古音相同，是伏羲女娲交尾形象的缘由。[②]

在山东汉代画像石中，常见伏羲、女娲手执规矩的画像。如山东嘉祥武氏祠、费县潘家疃、沂南北寨汉墓等出土的伏羲女娲画像都是人首龙身的交尾图，伏羲身上有日轮而手执规，女娲身上有月轮而手执矩。伏羲女娲交尾画像是人类男女始祖媾合繁衍后代的象征，而手执规矩则表明其兼具"开天辟地"之神。牛天伟在《"伏羲女娲执规矩"画像之象征寓意浅探》一文中说：

> 规矩就是巫师通天地的"法器"，源自于古人测日影所使用的工具"圭表"。……古代传说中的"泰古二皇"伏羲、女娲自然而然成为古人心目中最早的大巫。相应地，测日影的"圭表"以及由"圭表"演化出的规矩就理所当然地成为伏羲女娲交通天地的神秘法器。[③]

刘宗迪先生认为，华夏图腾之龙脱胎于天上的龙星，古史传说中伏羲、女娲尽管头是人形，主体则为龙，在汉代造像中，伏羲、女娲图案就常常是出现于星象背景中，而且与白虎、朱雀、青龙、玄武四象，以及日、月、日中三足乌、月中蟾蜍等形象共同出现于同一画面中，足以彰显出其与原

---

① 陈金文：《东汉画像石中西王母与伏羲、女娲共同构图的解读》，《青海社会科学》2011年第1期。
② 吴晓东：《伏羲女娲蛇尾蜴尾考——兼谈嫦娥为什么也有尾巴》，《民族艺术》2017年第5期。
③ 牛天伟：《"伏羲女娲执规矩"画像之象征寓意浅探》，《大汉雄风——中国汉画学会第十一届年会论文集》2008年。

始天文历法之间的联系。[1]

1942年在长沙东郊出土的楚帛书是一幅略近长方形（47×38.7厘米）的丝织物，东西南北四边环绕绘有春夏秋冬四季十二月的彩色神像，并附有"题记"，在四边所画神像的中心，写有两篇配合的文章，一篇十三行，另一篇八行。楚帛书中八行一段讲的是创世神话。大意是说，在天地尚未形成，世界处于混沌状态之时，先有熊霾戏、女填二神，结为夫妇，生了四子。这四子后来成为代表四时的四神（见图4-32）。

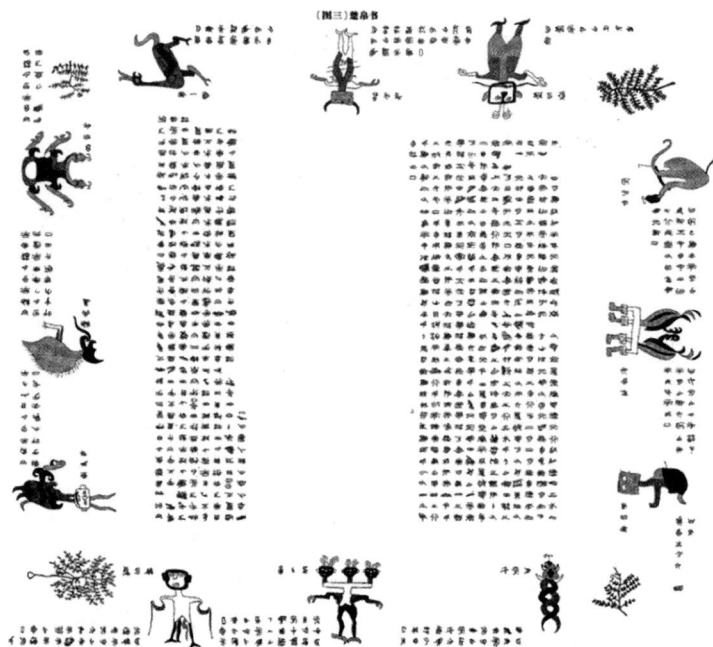

日故（古）熊霾戏，出自□雨走（震），居于唯□。厥□℩鱼℩鱼，□□□女。梦
梦墨墨，亡章弼弼。□每（晦）水□，风雨是於。乃取（娶）□□子之子，曰女填出，
是生子四。□是襄而土戈，是各（格）参化法□（度）。为禹为契，以司城襄，咎而步
廷。乃上下朕（腾）传（转），山陵丕疏。乃命山川四海，□（熏、阳）气百（绳、阴）
气，以为其疏，以涉山陵、泷、汩、益、厉。未有日月，四神相戈（代），乃步以为岁，
是惟四时：长曰青干，二曰朱四单，三曰白大木然，四曰□墨干。……

图4-32 楚帛书[2]

① 刘宗迪：《失落的天书〈山海经〉与古代华夏世界观》，北京：商务印书馆，2016年，第228页。

② 李丹阳：《伏羲女娲形象流变考》，《故宫博院刊》2011年第2期。

目前学界比较通行的观点是将首句释读为"熊噬戏",认为"噬戏"即伏羲,因楚人以熊为氏,故称"熊"。女填的释读仍存在很大争议。有的学者认为女填即是女娲,而有的学者则以为女填为女娲并无确证。但不管怎样,这八行文字被诸多学者看作是先秦时代中国完整创世神话的一个活标本,是楚地较早流传伏羲及其配偶神话的证据之一。[①]在帛画中有上身呈怪兽、下身呈两条缠绕的蛇(龙)躯体的形象。可以看作先秦伏羲及其配偶形象的蓝本。[②]

从以上学者们的研究成果来看,无论是伏羲、女娲画像的构图,还是伏羲、女娲手持的规矩,都说明其与天文观测有关。笔者认为,蒙阴叟虎寨山是大汶口文化早期伏羲氏仰观天文、俯察地理、始画八卦之处。因此,伏羲、女娲人首蛇(龙)身交尾、手执规矩的汉画形象的原型也是蒙阴青龙山。楚人的祖地在颛臾风国,楚帛书上的图案是伏羲、女娲交尾图的蓝本,进一步证明了笔者的上述观点。笔者认为伏羲、女娲交尾图更早的原型是君子之国北面的"虹虹"形象:

《山海经·海外东经》:虹虹在其北,各有两首。一曰在君子国北。【注释】袁珂案:虹霓之见,古人以为"阴阳交"(《古微书》辑《春秋元命苞》),《淮南子·说山篇》云:"天二气则成虹"是也。"两首"者,亦"交"之象也。[③]

根据袁珂先生的注释,"虹虹"两首具有"阴阳交"之象,笔者认为,伏羲、女娲人首蛇(龙)身交尾图形象即始源于君子之国北面的"虹虹,各有两首",也就是说蒙阴青龙山既是伏羲、女娲独立的化身,也是伏羲、女娲交尾图的原型,是伏羲、女娲兄妹结婚繁衍人类的象征,也是龙凤两族融合一体的象征。

综上所述,在大洪水背景之下,黄河中游裴李岗人或早期的仰韶人为躲避洪水深入到鲁中南山区西南侧,与土生土长的后李文化融合形成了考古

---

① 李丹阳:《伏羲女娲形象流变考》,《故宫博院刊》2011年第2期。

② 刘文锁:《伏羲女娲图考》,《艺术史研究》,中山大学出版社,2006年,第120页。

③ 袁珂:《山海经校注》,北京:北京联合出版公司,2014年,第227页。

学上的北辛文化。距今 6500 年前，海平面上升到了历史峰值，北辛人深入到鲁中南山区腹地的蒙阴盆地群（雷泽），与以凤为图腾的原始部落再次融合。这就是华夏民族创世神话中的华胥氏生伏羲，又生女娲，洪水过后伏羲、女娲兄妹结婚的故事的原型。

伏羲、女娲原本是兄妹，后因洪水结为夫妻。"这实际是先民由族内婚转变为族外婚的转折点，是先民在婚姻制度上的一次重大进步，对华夏民族的繁衍和发展，起到了不可估量的作用。"[①] 源自于黄河中游的北辛文化与黄河下游鲁中南山区的本土文化融合，实现了两个族群之间的基因交换，极大的提高了智力水平，从而创造了先进的大汶口文化，并由此产生了一位有"圣德"的部落首领太暤（伏羲氏，风姓）。

洪水消退时太暤率部落成年男性向西部平原地区迁徙，部落中的女性及幼子留守祖地——颛臾风国。颛臾风国优越、安全的地理环境，成为大汶口人一代代首领的诞生地、成长地和"封君之地"，从地形上看鲁中南山区犹如母体，沂蒙山区犹如母体之腹地，而沂蒙山区腹地的颛臾风国既是君主之子国，又是君主之母国。

---

① 曹定云：《伏羲、女娲图像探源——兼论伏羲、女娲氏族的发源地》，《海岱学刊》2016 年第 2 期。

第五章

"君子之国"是虞代诸帝"封君之地"

　　"五帝"是指夏代以前的五位帝王——黄帝、颛顼、帝喾、帝尧、帝舜。通过考古发现提供的资料，人们认识到古代文献中有关"五帝时代"的记载，并非凭空杜撰，空穴来风，而应该是一个真实存在的历史时代。

　　在先秦典籍中，经常将"虞夏商周"四代并称，并有"虞夏二千年"之说，也就是说中国历史进入夏王朝之前，还有一个"虞"朝。在文物考古方面，上海博物馆于 1994 年分两次购得（或获赠）共 1200 余支竹简，2002 年上海古籍出版社出版了《上海博物馆藏战国楚竹书（二）》，其内容包括《子羔》《容成氏》等。[①] 学者们对《容成氏》相关内容的研究表明，在尧舜之前还有一位帝王——"有虞迵"或"有吴迵"，[②] 也就证明早在帝尧之前就已经是"虞"。

　　五帝时代是一道历史难题，而解开它的关键是把五帝当作一个族群、或一个世系、或一个"朝代"符号来看。[③] 笔者根据传世文献、考古发现和学者的相关论述，认为"五帝"是大汶口文化族群的传说，"夏"代之前的"五帝"时代即"虞"代，五帝实际上是大汶口文化中晚期和龙山文化早期的帝王，"五帝"传说随着大汶口文化的扩散而传播，也随着苗民和秦嬴而迁徙。

---

① 单育辰著：《新出楚简〈容成氏〉研究》，北京：中华书局，"前言"第 1—3 页。

② 单育辰著：《新出楚简〈容成氏〉研究》，北京：中华书局，第 21 页。

③ 徐杰舜：《论汉民族的五帝时代》，《青海民族研究》2013 年第 4 期。

笔者通过田野调查发现，蒙阴境内的颛臾风国即《山海经》中记载的"君子之国"，是"五帝"的诞生地、封君之地，是"五帝"时期华夏民族的政治文化中心。

第一节 "五帝"同属"虞代"皆封于"君子之国"

先秦典籍中关于上古传说的记录，最早可追溯到春秋时期。其中《诗经》《尚书》与《论语》已有尧舜禅让及大禹治水的传说。而西周中期青铜器《遂公盨》上有"天命禹敷土，随山浚川"的记载，[1] 是今日所见流传最早的古史传说。整体来看，春秋时期典籍文献所记载的上古传说较为单纯，主要集中在尧舜禹三代，与儒家祖述尧舜的传统相互辉映。

战国时期，上古传说人物的记录如雨后春笋般出现，《周易·系辞传》于尧舜之上，增置了伏羲、神农和黄帝，并寓有文明演进的观念。《左传·昭公十七年》记郯子论以鸟名官，提及了少皞氏、黄帝氏、炎帝氏、共工氏、大皞氏与颛顼。《国语》则主要记有黄帝二十五子与少皞氏衰，九黎乱德，颛顼命重、黎绝地天通的上古传说。《国语》虽未言五帝，但已在尧舜禹之上记有黄帝、颛顼、帝喾的帝王事迹。黄彰健在《中国远古史研究》一书中指出，《左传》《国语》系依据西周、春秋的史料写成，反映出某个面向的远古史事。[2] 李学勤亦认为，《左传》是研究上古历史的重要基石。[3]

另外值得注意的是，《史记》引《管子·封禅书》有"封太山禅梁父者七十二家"之说，并记录了七十二位上古帝王中的十二位，首位增列无怀氏，而后分别为：虙羲、神农、炎帝、黄帝、颛顼、帝喾、尧、舜、禹、汤和周成王。[4]《管子》是管仲学派从春秋到战国时代积累的论文总集，是

---

[1] 参见李零：《论遂公盨发现的意义》，《中国历史文物》2002 年第 2 期。

[2] 黄彰健：《中国远古史研究》，第 1—2 页。参见陈嘉琪著：《南宋罗泌〈路史〉上古传说研究》，北京：中国社会科学出版社，2018 年，第 27 页。

[3] 李学勤：《〈左传〉是研究古代历史文化的基础》，《中国文化研究》2009 冬之卷。

[4] 《史记》，北京：中华书局，2006 年，第 165 页。

一部经邦治国的百科全书，具有包罗万象、宏博精深的鲜明特点，不但为我国历代学者所关注，也被世界各国学者重视。[①]

从《史记·封禅书》中可知，管仲所罗列的十二位上古帝王，已具备时代先后排列的概念，属炎黄传说系统的体现，是"五帝"世系形成的基础。

一、先秦典籍以"虞夏商周"并称

五帝之称始见于《周礼·春宫·外史》："掌三皇五帝之书。"《大戴礼记·五帝德》以黄帝、颛顼、帝喾、尧、舜为先后相承的五帝。司马迁《史记·五帝本纪》因之，是对后世影响最大的一种"五帝说"。

（一）五帝世系关系

五帝时代即指从黄帝至尧、舜的传说时代。

学者多称五帝，尚矣。然《尚书》独载尧以来，而百家言黄帝，其文不雅驯，荐绅先生难言之。孔子所传宰予问《五帝德》及《帝系姓》，儒者或不传。余尝西至空桐，北过涿鹿，东渐于海，南浮江淮矣，至长老皆各往往称黄帝、尧、舜之处，风教固殊焉，总之不离古文者近是。予观《春秋》《国语》，其发明《五帝德》《帝系姓》章矣。顾弟弗深考，其所表见皆不虚，《书》缺有间矣，其轶乃时时见于他说，非好学深思，心知其意，固难为浅见寡闻道也。余并论次，择其言尤雅者，故著本纪书首。[②]

从这段话中，得知在司马迁著作《史记》之前，以黄帝为首的"五帝"系统传说已经十分流行。司马迁根据《春秋》《国语》两部书的记载，通过游历调查发现各地都有黄帝、尧、舜的传说，因此采信《五帝德》《帝系姓》等文献的发明著作《五帝本纪》。曰：

黄帝者，少典之子，姓公孙，名曰轩辕……

黄帝居轩辕之丘，而娶于西陵之女，是为嫘祖。嫘祖为黄帝正妃，生二子，

---

① 池成兴：《管子研究》，北京：高等教育出版社，2004年，第7页。

② 《史记》，北京：中华书局，2006年，第5页。

其后皆有天下：其一日玄嚣，是为青阳，青阳降居江水；其二日昌意，降居若水。昌意娶蜀山氏女，日昌仆，生高阳，高阳有圣德焉。黄帝崩，葬桥山。其孙昌意之子高阳立，是为帝颛顼也。

……颛顼崩，而玄嚣之孙高辛立，是为帝喾。

……帝喾娶陈锋氏女，生放勋。娶娵訾氏女，生挚。帝喾崩，而挚代立。帝挚立，不善（崩），而弟放勋立，是为帝尧。

……尧立七十年得舜，二十年而老，令舜摄行天子之政，荐之于天。

虞舜者，名曰重华。重华父曰瞽叟，瞽叟父曰桥牛，桥牛父曰句望，句望父曰敬康，敬康父曰穷蝉，穷蝉父曰颛顼，颛顼父曰昌意：以至舜七世矣。自从穷蝉以至帝舜，皆微为庶人。[①]

关于黄帝世系的真伪，历来都有争论，但主流观点认为其是可信的。正如范文澜所言：

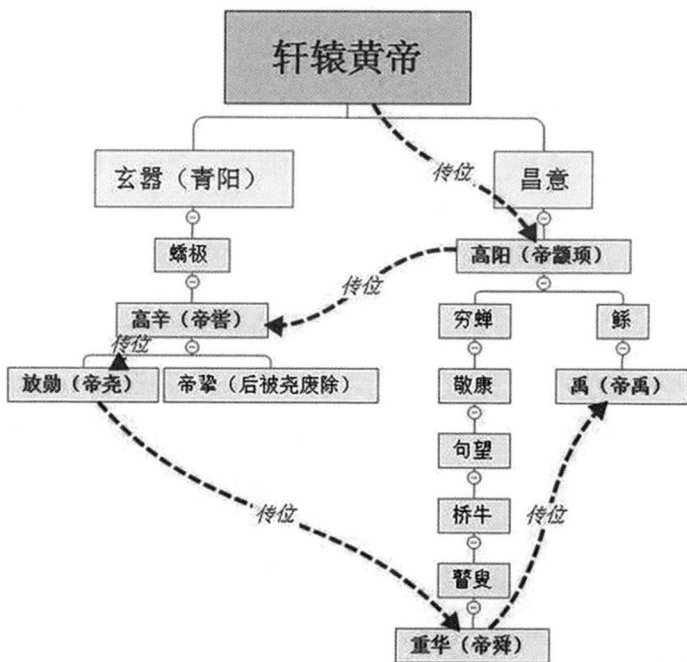

图5-1 五帝关系图

---

① 《史记》，北京：中华书局，2006年，第1—5页。

古代文献记载黄帝子孙世系，有《国语》《大戴记》《山海经》等书，虽然错乱脱略，疑问很多，但如全由后人伪造，何妨谱系井然，自圆其说。子孙尊礼祖先，记述名号，年久讹误，事所常有，至于重要祖先，决不会轻易忘记。古人祭祀，有"神不歆（受祭）非类，民不祀非族"，"鬼神非其族类，不歆其祀"的种族信念，黄帝世系，实不能视为毫无根据。[1]

根据司马迁《史记·五帝本纪》的记载，结合其他诸多典籍记载的相关内容，将五帝世系传承关系绘制如图5-1。

（二）"虞"是夏之前的一个朝代，与"夏商周"并称

司马迁在《史记》中将《五帝本纪》列于《夏本纪》之前，但从先秦文献的记载来看，夏代之前是虞代，虞夏两代共经历了2000余年。

《礼记·表记》：子曰："虞、夏之道，寡怨于民；殷、周之道，不胜其敝。"子曰："虞、夏之质，殷、周之文，至矣。"[2]

《礼记·祭义》：昔者，有虞氏贵德而尚齿，夏后氏贵爵而尚齿，殷人贵富而尚齿，周人贵亲而尚齿。虞、夏、商、周，天下之盛王也。[3]

《左传》：虞、夏、商、周皆有之。[4]

《韩非子·显学》：殷、周七百余岁，虞夏二千余岁，而不能定儒、墨之真。[5]

《国语·周语上》：昔我先王世后稷，以服事虞、夏。及夏之衰也，弃稷不务，我先王不窋用失其官，而自窜于戎、狄之间，不敢怠业，时序其德，纂修其绪，修其训典，朝夕恪勤，守以敦笃，奉以忠信，奕世载德，不忝前人。[6]

从上面诸多引文可知，虞是夏代之前的一个朝代，周人先君世代担任后稷之职，侍奉虞、夏两朝。到了夏朝衰落的时候，夏王废弃后稷农官，

---

① 范文澜：《中国通史简编》，上海：华东师范大学出版社，2014年，第7页。

② 胡平生、张萌译注：《礼记》，北京：中华书局，2017年，第1058页。

③ 胡平生、张萌译注：《礼记》，北京：中华书局，2017年，第918页。

④ 杜预注：《左传》，上海：上海古籍出版社，2016年，第132页。

⑤ 高华平等译注：《韩非子》，北京：中华书局，2010年，第725页。

⑥ 陈桐生译注：《国语》，北京：中华书局，2013年，第2—4页。

不再重视务农，周的先王因此失去后稷官职，只好自己隐匿到戎、狄之间，继承先人的事业，修整先王的教训典籍，恭敬勤劳，坚守敦厚，奉行忠信，为后世所称颂。也就是说周人自认为其先祖始源于虞夏时期的后稷，与司马迁在《五帝本纪》卷后所言一致。

（三）先秦典籍记载"虞幕"是虞舜的祖先

先秦典籍中还有一位远早于虞舜的伟大人物"虞幕"，说明"有虞氏"并非起始于虞舜，也并非只有虞舜这一位帝王。

《国语·郑语》：夫成天地之大功者，其子孙未尝不章，虞、夏、商、周是也。虞幕能听协风，以成乐物生者也。夏禹能单平水土，以品处庶类者也。【注释】：章，显。虞幕，虞舜先祖。①

这段话的译文是：凡是成就天地之大功的人，他的子孙没有不发迹显达的，虞、夏、商、周都是这样。虞幕能够辨听和风，以此成就万物生长各乐其生。夏禹能够殚精竭力平治水土，以此区分高下使万物各得其宜。

《左传·昭公八年》：自幕至于瞽瞍，无违命。舜重之以明德，寘德于遂，遂世守之。【注释】杜预注：幕，舜之先。瞽叟，舜父。从幕至瞽瞍间无违天命废绝者。遂，舜后，盖殷之兴，存舜之后而封遂，言舜德乃至于遂。②

《国语·鲁语》：故有虞氏禘黄帝而祖颛顼。……幕，能帅颛顼者也，有虞氏报焉。【译文】：有虞氏禘祭黄帝而祖祭颛顼。……幕，能够遵循颛顼事业，因此受到有虞氏的报祭。③

顾颉刚先生很早就注意到《帝系》《五帝本纪》所记有虞世系和较早的文献《左传》《国语》的区别。他在上世纪40年代末编定的笔记《浪口村随笔》中专门有《虞幕》一条讨论这个问题，他指出以《帝系》《五帝本纪》的相关记载"文字略有异同，似无何问题可言"，"然证之以《左传》与《国

---

① 陈桐生译注：《国语》，北京：中华书局，2013年，第570—571页。
② 杜预注：《左传》，上海：上海古籍出版社，2016年，第766—767页。
③ 陈桐生译注：《国语》，北京：中华书局，2013年，第175—176页。

语》而不能无疑",他说:

> 《左传》昭公八年晋史赵之言曰:"陈,颛顼之族也。……自幕至于瞽瞍无违命,舜重之以明德。"郑众、杜预作注,并云:"幕,舜之先。"……《鲁语》上记展禽之言曰:"幕,能帅颛顼者也,有虞氏报焉。……"……虞、夏、商、周是也。虞幕,能听协风以成乐物者也。……似幕亦以为虞之首一王。……幕在虞代功德之丰隆与其地位之重要则大可见,幕在舜前,一望可知。[1]

从上引顾氏根据《鲁语》《郑语》所指出的情况,学者们认为"虞幕"很有可能和禹、契、后稷三王是夏商周三代始祖一样,就是虞的始祖。这就是说,幕是一位曾经在位的有虞氏先祖。古史传说中舜以前的有虞世系很可能如顾颉刚先生早已指出的那样,应当分为两个系统叙述,一个是有虞氏的君王世系(颛顼—幕—舜),另一个则是舜的先祖世系(穷蝉—敬康——句芒—蟜牛—瞽叟—舜)。[2]

郭永秉博士在《楚地出土战国文献中的传说时代古帝王系统研究》一文中说:

> 根据《左传》《国语》等文献记载,虞幕当是远早于舜的君主。

> 我们可以肯定,幕的确是战国古史传说有虞氏一位重要作为的先王,这就是说幕是一位曾经在位的有虞氏先祖。[3]

从先秦典籍记载和学者们的论述中可知,"虞"并非始于五帝最后一位帝王"虞舜","虞幕"是远早于虞舜的帝王,虞幕继承了颛顼的事业,因此受到有虞氏的报祭。

二、黄帝至舜、禹皆同姓,《五帝本纪》即《虞本纪》

传统的上古史,就是20世纪初期以前中国人所写的上古史。根据经

---

[1]　顾颉刚:《虞幕》,《浪口村随笔》,沈阳:辽宁教育出版社,1998年,第130—131页。
[2]　郭永秉:《楚地出土战国文献中的传说时代古帝王系统研究》,复旦大学博士学位论文,2006年,第11—12页。
[3]　郭永秉:《楚地出土战国文献中的传说时代古帝王系统研究》,复旦大学博士学位论文,2006年,第12页。

书把上古史系统化，排成三皇五帝和夏商周三代这样一个顺序。这个顺序，从东汉到民国初年基本没有变化。民国初年"古史辨"这个学派，从资料和方法论两端夹攻传统的古史系统，使知识分子对它产生极端的怀疑。张真光先生因此说："传统的中国史学的先秦部分，自五四运动以来，便早已失去了它的权威性。这以后从事先秦史研究的学者，获得了一些新的资料和工具，其中主要的是田野考古学和古文字学。"① 通过"古史辨"派对古史的怀疑讨论和现代考古发现的新材料，可以复原先秦传说，重构上古帝王世系。

（一）现代一些学者认为"五帝"同属"虞代"

古史辨派的另外一位学者杨宽先生在《中国上古史导论》一书中，以王国维《殷卜辞所见先公先王考》和郭沫若《中国古代社会研究》《卜辞通纂》等著作的结论为基础，认为：

古史传说以颛顼、帝喾、帝尧、帝舜相次。《周语》云："……星与日辰之位皆在北维。颛顼之所建也，帝喾受之。"……颛顼之授位于帝喾，亦犹尧之授位于舜，帝喾与舜既为一帝之分化（详《舜篇》），则颛顼之与尧，亦必为一帝之分化矣。②

现代学者对尧舜同属虞代已经有了充分的认识，余太山先生曾经试图从语音上为尧舜同属虞代找到解释：

问题在于尧何故亦属虞代，似乎还没有人提出合理的解释。……盖"尧"[ngye] 与"虞"[ngiua] 音近，与"高阳""高辛"等也不妨视作同名异译，很可能一度也是"有天下之号"。尧继承的既是少昊、颛顼的"天下"，与其说尧为虞帝，不如说舜号"有虞氏"乃本尧之故号。③

---

① 张直光：《对中国先秦史新结构的一个建议》，臧振华编辑：《中国考古学与历史学之整合研究》（上册），"中央研究院"历史语言研究所会议论文集之四，1997年7月，第9页。

② 杨宽：《中国上古史导论》，《古史辨》第七册（上），上海：上海古籍出版社，1982年，第215页。

③ 余太山：《古族新考》，北京：中华书局，2000年，第47页。

童书业先生在《"帝尧陶唐氏"名号溯源》中曾指出："有虞大约本是个时代很长的国家(《韩非子》说:'虞夏二千年',可证古来的传说虞夏历年是很长的)"。[①]他经过排比传世文献中的大量可靠证据,认为尧舜其实应该都属于虞代,并主张当时有一种古史系统将颛顼、帝喾、尧、舜看作黄帝子孙,"五帝同属虞代"。[②]

1956年,杨向奎先生在《文史哲》上发表了《应当给"有虞氏"一个应有的历史地位》一文,认为司马迁在《史记》中没有单独为"有虞氏"列传,是一种缺憾。他说:

在中国古代史上,虞夏两代,还是应当大力来研究的对象。……总之,我以为研究中国古代史,有虞氏是不能忽略的一个历史时代,应当在中国史上给他一个应有的地位。在过去缺少太史公一个详细而独立的本纪,是造成后来容易忽视的原因,我们应当弥补这种缺憾!

有虞氏的系统,在太史公的《史记》中虽然有些记载,但没有完全综合起来,我们根据各种记载,可以知道有虞氏世系的大概情形。……虞舜是颛顼之后,颛顼之后有幕,有瞽瞍,有舜,有遂,有胡公。幕和瞽瞍也是传说中有名的人物。……有虞氏在种族上应当是东夷的一支,东夷在中国社会发展史上有过许多贡献……这些发明在社会发展史上全是重要的。[③]

杨向奎此文认为虞代已经是一个文明比较发达的朝代,故应给予足够的重视。今验之记载春秋史事的《左传》《国语》,发现在春秋时期即存在将虞夏商周并称的现象。[④]王树民先生在《夏商周之前还有一个虞朝》一文说:

① 童书业:《"帝尧陶唐氏"名号溯源》,载于吕思勉、童书业编著:《古史辨》第七册(下),上海:上海古籍出版社,1982年,第16页。

② 童书业:《"帝尧陶唐氏"名号溯源》,吕思勉、童书业:《古史辨》第七册(下),上海:上海古籍出版社,1982年,第1—30页。

③ 杨向奎:《应当给"有虞氏"一个应有的历史地位》,《文史哲》1956年第7期,第2567—2569页。

④ 张伟:《先秦两大文化系统视域下的古史书写——以〈左传〉〈国语〉所载古史为中心的考察》,《汉籍与汉学》2017年第1期。

我国古代历史上，世人通称的是夏、商、周三代，某些古籍或称虞、夏、商、周四代。……《韩非子·显学》说：'虞夏二千馀岁。'按照这种说法，有虞氏决非只有一代五十年。……可能有虞氏为出于颛顼系统中的一支，而在这一支中可知的名号，应以幕为最早。……有虞氏为共主的人可能较多，而舜只是其中最后的一个。这是古代历史上实际存在的一个时代，而且是很长的时代。其时可能已经有了瞽史，所以能够保存虞代的一些名号和事迹。韩非称'虞夏二千馀岁'，其根据应即为瞽史的传说，这也是一个有力的佐证。"①

罗琨先生在《"有虞氏"谱系探析》一文中，根据古籍记载和杨向奎、王树明两位先生的论述，梳理出有虞氏的世系为：昌意—颛顼—虞幕—敬康—句望—桥牛—瞽叟—虞舜—商均—虞思。并说"有虞氏"出自黄帝说，当与《国语·鲁语上》所说"有虞氏禘黄帝而祖颛顼"，"幕能帅颛顼者也，有虞氏报焉"同源。②

（二）上博简《容成氏》记载尧之前是"有虞迵"

"容成氏"是古帝名，见于《庄子·胠箧》中，是远古十二位帝王之首。

《庄子·胠箧》：昔者容成氏、大庭氏、伯皇氏、中央氏、栗陆氏、骊畜氏、轩辕氏、赫胥氏、尊卢氏、祝融氏、伏牺氏、神农氏，当是时也，民结绳而用之，甘食者，美其服，乐其俗，安其居，邻国相望，鸡狗之音相闻，民至老死而不相往来。③

容成氏传至黄帝时代时有"容成子"之称，《世本·作篇》（清张澍稡集补注本》："容成作调历。"宋衷注："容成，黄帝之臣。"《列仙传》卷上："容成公者自称黄帝师，见于周穆王，能善辅导之事。"④

《云笈七籤·轩辕本纪》：容成子，有道知律者，女娲之后，初为黄

---

① 王树民：《夏商周之前还有一个虞朝》，《河北学刊》2002年第1期。
② 罗琨：《"有虞氏"谱系探析》，《中原文物》2006年第1期。
③ 方勇译注：《庄子》，北京：中华书局，2010年，第154页。
④ 袁珂：《中国神话传说词典》，北京：北京联合出版公司，2013年，第270页。

帝造律历,元起辛卯,至此时造笙以象凤鸣。……帝以容成子为乐师,帝作云门大卷咸池之乐。[①]

"容成氏"不仅见于传世文献之中,而且得到了出土文物的证实。1994 年,上海博物馆从香港文物市场高价购得一批竹简,共 1200 多支。自 2001 年起,上海博物馆陆续公布了这批竹简。据《文艺报》介绍,这批楚简共有 80 余篇文章,现在已整理出版了 56 篇。[②]

由李零先生整理的上博简《容成氏》在《上海博物馆藏战国楚竹书(二)》中发表,关于《容成氏》的篇题,李零在《〈容成氏〉释文考释》认为是原书的篇题,应即《庄子·胠箧》所述上古帝王中的容成氏。邴尚白《〈容成氏〉的篇题及相关问题》(载《上博馆藏战国楚竹书研究续篇》,上海书店出版社,2004 年)不同意李零的看法,认为容成氏可能是黄帝臣,是传说中的史官。[③]

单育辰在《新出楚简〈容成氏〉研究》概述中说,李零首先对《容成氏》进行了排序,为进一步研究《容成氏》奠定了良好的基础。对《容成氏》的排序也作出很大贡献的是郭永秉博士,他的文章解决了《容成氏》中的几处重大疑难。[④] 郭永秉博士的主要贡献是释出了简 32 上的"又吴迵",并与简 5 的"又吴迵"相对比,从而得到了简 31+32 上 +4 下 +5 这样的编联组;把简 35 下与 43 上编联,他对简文编联的具体情况是:

> □□氏之有天下,厚爱而薄敛焉,身力以劳百姓,其政治而不
>
> 赏,官而不爵,无励于民,而治乱不共。故曰:贤及□□。
>
> ……于是乎始爵而行禄,以壤(让)于有虞迵,有虞迵曰:"德速衰(衰)
>
> □□于是乎不赏不罚,不刑不杀,邦无饥人,道路无殇死者。上下贵贱,各得其所。四海之外宾,四海之内贞。禽兽朝,鱼鳖献。有虞迵匡天下之政十有九年而王天下,三十七年而泯终。昔尧处于丹府与藋陵之间,尧……不劝

---

① 《云笈七签》,北京:中华书局,2003 年,第 2175—2176 页。

② 单育辰:《新出楚简〈容成氏〉研究》,北京:中华书局,2016 年,前言,第 1—2 页。

③ 孙飞燕:《〈容成氏〉研究综述》,《中国史研究动态》2010 年第 7 期。

④ 单育辰:《新出楚简〈容成氏〉研究》,北京:中华书局,2016 年,第 1—2 页。

而民力，不刑杀而无盗贼，甚缓而民服。[①]

郭永秉认为"又吴迵"即"有虞迵"，"有虞"即"有虞氏"，是尧舜之前的一个上古帝王名。"迵"为"有虞氏部族首领的名字"，是"在部族名称后加上部族首领私名"的例子。[②] 单育辰赞同郭永秉的观点，他说：

> 从简文中看，"又吴迵"这个帝王在本篇中花了很大篇幅来讲，但如郭永秉所释，于典籍皆无所徵考，这真不能不让人困惑。从简文上古帝王的排列顺序看，这个"又吴迵"在"尧"之前为王，典籍中处于相同位置的是"颛顼"或"喾"，"又吴迵"有没有可能是"颛顼"或"喾"的异名呢？这个问题现在解决不了，还有待以后新材料的发现。[③]

由于传世文献记载的缺陷，过去学者对"有虞"的含义理解是有局限的。比如，杨伯峻先生说："有虞，据云是虞舜之后一个部落国家。"[④] 这可以代表过去一般人对"有虞"历史的看法，但从出土文献所见的战国古史传说系统中，"有虞"并非舜之后才有的部落国家或者舜的后裔。上博简《子羔》叙述子羔问孔子舜的出身，孔子曰："有虞氏之乐正瞽瞍之子也。"[⑤] 这意味着至少在舜的父亲时代，有虞氏这个部族早已存在。

从《容成氏》的相关简文看，舜以前的传位过程是"有虞迵—尧—舜"，从有虞迵到同属于有虞部族的舜，中间只经过了尧这一位帝王，由于简文并没有强调尧建立了一个新的朝代，尧应是同样属于有虞一代的帝王。郭

---

① 单育辰：《新出楚简〈容成氏〉研究》，北京：中华书局，2016年，第1—2页，引郭永秉《从上博楚简〈容成氏〉的"有虞迵"说到唐虞史事的疑问》。

② 郭永秉：《上博简〈容成氏〉的"有虞迵"和虞代传说的研究》，《古文字与古文献论集》，上海：上海古籍出版社，2011年，第106—143页。

③ 单育辰：《新出楚简〈容成氏〉研究》，北京：中华书局，2016年，第293页。

④ 杨伯峻：《春秋左传注》，第1605页，参见《中国历史大辞典·先秦史卷》"有虞氏"条，上海：上海辞书出版社，1996年，第186页。

⑤ 裘锡圭：《谈谈上博简〈子羔〉篇的简序》，《中国出土文献十讲》。参见郭永秉：《楚地出土战国文献中的传说时代古帝王系统研究》，复旦大学2006年硕博论文集，2006年，第12页。

永秉博士认为"这对童说是一个积极的证据"。[①]

从上博简《容成氏》的记载与上述学者的论述看,早在尧舜之前,就有一位"有虞迵"也即"有吴迵"的帝王,他是一位不见于古书记载的统治天下的有虞部族酋长。由此可见,"虞"的出现必在尧帝之前,虞代历史很久,正如《韩非子》所言"虞夏二千年"。

郭永秉博士在《楚地出土战国文献中的传说时代古帝王系统研究》一文中说,近年对尧舜传说作出系统深入研究的著作当推陈泳超先生的《尧舜传说研究》一书。郭永秉博士根据陈泳超先生的整理,有虞氏的谱系依据不同的文献,可分为三种:

(1)颛顼……幕……瞽瞍—舜—商均…—箕伯、直柄、虞遂、伯戏…—虞阏—胡公满(据《左传》《国语》《史记·陈杞世家》等)

(2)黄帝—昌意—高阳(颛顼)—穷蝉—敬康—句芒(望)—蟜(桥)牛—瞽叟—舜(据《大戴礼记·五帝德》《帝系》《史记·五帝本纪》等)

(3)颛顼—幕—穷蝉—敬康—乔牛—瞽瞍—舜(刘耽《吕梁碑》)[②]

从现代学者对"有虞氏"的研究成果中不难看出,"有虞氏"可以溯源到颛顼、昌意,直至是黄帝。

(三)黄帝至舜、禹皆同姓,《五帝本纪》即《虞本纪》

阴阳家代表邹衍运用五行理论来彰释宇宙演变和历史兴衰,创立了"五德终始"之说。

《吕氏春秋·应同》:凡帝王者之将兴也,天必先见祥乎下民。

黄帝之时,天先见大螾大蝼。黄帝曰:"土气胜。"……及禹之时,天先见草木秋冬不杀。禹曰:"木气胜。"……及汤之时,天先见金刃生于水。汤曰:"金气胜。"……及文王之时,天先见火赤乌衔丹书集于周社,文王曰:

[①] 郭永秉:《楚地出土战国文献中的传说时代古帝王系统研究》,复旦大学博士学位论文,2006年,第22页。

[②] 郭永秉:《楚地出土战国文献中的传说时代古帝王系统研究》,复旦大学2006年硕博论文集,2006年,第11—12页。

"火气胜。"……①

《吕氏春秋·应同》记录的顺序是黄帝土德，禹木德，汤金德，周火德。裴锡圭先生指出，黄帝为土德、周为火德之说"也有可能在邹衍之前就存在"，顾颉刚、杨宽和童书业三位先生都曾指出，邹衍五德终始说将黄帝、尧、舜等视作一代（虞代），皆为土德。（见顾颉刚《五德终始说下的政治和历史》，《古史辨》第五册，第420页；杨宽《中国上古史导论》，《古史辨》第七册上，第247—248页；童书业《"帝尧陶唐氏"名号溯源》，《古史辨》第七册下，第15—16页）。②童书业先生分析说：

> 这里以黄帝为土德，禹为木德，汤为金德，文王为火德，禹、汤、文王都是一朝的始王，那么黄帝也就是一朝的始帝了；夏商周以前既是虞，那么黄帝当是虞的始帝了。大约当时已有一派人以五帝——黄帝、颛顼、帝喾、尧、舜——为一脉相承的系统，以颛顼、帝喾、尧、舜都是黄帝的子孙，都是虞朝的嗣帝，所以他们虽都是兴王，但都用不着改德了。③

从传世文献到出土文物，从战国时期邹衍的五德说到现代学者的论述，都能证明黄帝实际上是虞代的祖先，自然也就是有虞氏的祖先，所以《礼记·祭法》里说"有虞氏禘黄帝而郊喾，祖颛顼而宗尧"。对于黄帝之后的诸帝，杨冬荃先生在《周代家谱研究》一文中作了叙述：

> 作为系统记述我国古代统治集团血缘世系的《大戴礼记·帝系篇》，包含着丰富的中国古史信息：一，颛顼、帝喾、尧、舜、禹，都是黄帝的子孙，他们的禅位，不过是同族内从兄弟或叔侄之间的交替，究其实质，当时仍不过是家庭统治，统治权始终没有落到别的族团手中。二，启是夏的开创者，契是商的先祖，后稷是周的先祖，此三代统治权的更迭，也不过是统治权由同一家族间的一支转给另一支而已，仍然没有落入别的族团手中，因此，

---

① 陆玖译注：《吕氏春秋》，北京：中华书局，2011年，第375—376页。

② 郭永秉：《楚地出土战国文献中的传说时代古帝王系统研究》，复旦大学博士学位论文，2006年，第93页。

③ 童书业：《"帝尧陶唐氏"名号溯源》，吕思勉、童书业：《古史辨》第七册（下），上海：上海古籍出版社，1982年，第15—16页。

广而言之，夏、商、周三代所实行的仍然是泛家庭统治，商、周的革命不过是实现了统治权在家族内的转移。[①]

根据上述推断，有虞氏部落最早就是黄帝建立的，他和炎帝族本是从同一个大族中分化出来的两大支系，由于黄帝所处之地有"虞"，故黄帝之后称"有虞氏"。黄帝和炎帝这两个部落参与了部落之间的兼并和征服，最终黄帝胜出，成立了一个由众多部族组成的联盟式王朝，因为这个联盟的盟主就是"有虞氏"部族，所以这个王朝自然也就以"虞"名之。

黄帝等五帝是"有虞氏"之帝，司马迁虽然以《五帝本纪》记述黄帝、颛顼、帝喾、尧、舜和夏禹的事迹，但却在《五帝本纪》末尾暗示五帝和夏禹同属一个朝代。

自黄帝至舜、禹，皆同姓而异其国号，以章明德。故黄帝为有熊，帝颛顼为高阳，帝喾为高辛，帝尧为陶唐，帝舜为有虞。帝禹为夏后而别氏，姓姒氏。契为商，姓子氏。弃为周，姓姬氏。[②]

笔者认为，司马迁之所以没有将五帝历史冠名为《虞本纪》，是因为他只知"黄帝至舜、禹皆同姓"，却不知"虞"为何物，更不知"虞"与五帝的关系。

综上所述，从先秦文献和出土文物的记载到现代学者的论述，皆证明夏代之前是"虞代"，黄帝至舜、禹同属虞代帝王，《五帝本纪》本可作《虞本纪》。

（四）"虞代"处于大汶口文化后期和龙山文化时期

现代考古和历史研究成果表明，大汶口文化社会经历了从野蛮时代的低级阶段到高级鼎盛阶段的发展过程，族群内部阶级对立，族群间必定已经出现了高于部落的部落联盟，甚至可能已经出现数个部落联盟之间的松散的大联合，并已处于文明时代的门槛。这一阶段直到夏王朝建立以前的历史，

---

① 杨冬荃：《周代家谱研究》，北京：文化艺术出版社，1991年，第47—51页。

② 《史记》，北京：中华书局，2006年，第1—5页。

大致都会保留在人们的口碑传说中，历经夏、商、周三代史官及知识阶层的记录、整理，特别是春秋、战国诸子百家的加工，初步形成了"五帝系统"。西汉司马迁从众多纷繁的传说中，择其言尤雅者，集成而为《史记》之首的《五帝本纪》。从此，以黄帝、颛顼、帝喾、帝尧、帝舜一脉相承的"五帝时代"就成为中国成文历史的开篇。①

值得注意的是，《史记》于"封禅书"，"太史公自序"与"赵世家"等其他篇章中，屡屡提及伏羲与神农，由此可知，司马迁是以一种严谨的态度编写"五帝本纪"的，也反映了太史公虽以黄帝为"五帝本纪"的开端，却未必认为中国历史是从黄帝开始。从典籍记载中可知，太皞（伏羲氏，风姓）和"五帝"构成了一脉相承的三皇五帝世系表。②③ 这充分说明了中华民族的祖先同宗、同源，笔者认为太皞与五帝都是大汶口先民的传说，因为在华夏文明的前夜，大汶口文化处于领先水平和优势地位，故大汶口人关于祖先和祖地的记忆覆盖了其他文化族群的记忆，从而成为华夏民族共同的记忆（详见第一章）。

近百年来，由于甲骨文的收藏与破译，首先断定了甲骨文为殷代遗物，继之认识了甲骨文所列殷王世系与殷本纪所载大体不误，更有殷墟的发掘收获，从而确立了《史记·殷本纪》作为信史的地位。由此及彼，《史记·夏本纪》所载夏王朝的存在，也就被大多数历史学者所认可。④ 以此类推，先秦典籍中记载的"虞代"和《史记·五帝本纪》中的"五帝时代"也是可信的。

上世纪 70 年代以来出土的先秦秦汉文献，使得以李学勤先生为代表的学者"对于炎黄二帝的传说应该有新的理解"。李学勤先生认为：

古史传说从伏羲、神农到黄帝，表现了中华文明萌芽发展和形成的过程。《史记》一书沿用《大戴礼记》所收《五帝德》的观点，以黄帝为《五帝本纪》之首，可以说是中华文明形成的一种标志。……以炎黄二帝的传说作为中

---

① 高广仁、邵望平：《海岱文化与齐鲁文明》，南京：江苏教育出版社，2005 年，第 108—109 页。
② 《云笈七籖》，北京：中华书局，2003 年，第 2156 页。
③ 《史记》，北京：中华书局，2006 年，第 1—5 页。
④ 高广仁、邵望平：《海岱文化与齐鲁文明》，南京：江苏教育出版社，2005 年，第 169 页。

华文明的起源，并不是现代人创造的，乃是自古有之的说法。①

　　台湾学者陈嘉琪博士在《南宋罗泌〈路史〉上古传说研究》中说，中国大陆地区古史传说研究，始终重视出土考古与上古传说之间的印证，力求上溯信史年代。随着考古资料的累积，大陆地区以文明起源角度研究上古传说的热潮，缘起于 20 世纪 70 年代末。唐兰（1901—1979）《中国有六千年的文明史——论大汶口文化是少昊文化》（1978 年）针对大汶口文化陶器刻符进行研究，认为大汶口已有陶器文字，将中国信史上溯至黄帝时期。值得注意的是，唐兰推测太昊伏羲氏是中国历史上第一个国家，与罗泌《路史》的判断有不谋而合之处。②

　　太皞和黄帝为首的五帝时代所对应的年代，以典籍记载和考古发现进行对比确定。根据历史学家和考古学者的研究，大汶口文化、海岱龙山文化与夏朝存续的时间如下：

　　大汶口文化前期：约公元前 4300 年—前 3500 年。大汶口文化后期：约公元前 3500 年—前 2600 年。③

　　海岱龙山文化：约公元前 2600 年—前 2000 年。④

　　夏王朝：约公元前 2000 年—前 1500 年。⑤

　　根据《路史》记载和唐兰先生的判断，笔者认为太皞时期对应的是大汶口文化前期，即公元前 4300—前 3500 年。同样，考证以黄帝为首的"虞代"五帝时代的上限与下限，也可以根据传世文献与考古发现进行对比得出结论。

----

① 李学勤：《走出疑古时代》，沈阳：辽宁大学出版社，1994 年，第 41—42 页。
② 陈嘉琪：《南宋罗泌〈路史〉上古传说研究》，北京：中国社会科学出版社，2018 年，第 77 页。
③ 高广仁、邵望平：《海岱文化与齐鲁文明》，南京：江苏教育出版社，2005 年，第 59 页。引中国社会科学考古研究所：《中国考古学中碳十四年代数据集（1965—1991）》，北京：文物出版社，1991 年。
④ 高广仁、邵望平：《海岱文化与齐鲁文明》，南京：江苏教育出版社，2005 年，第 123 页。引中国社会科学考古研究所《中国考古学中碳十四年代数据集（1965—1991）》，北京：文物出版社，1991 年。
⑤ 高广仁、邵望平：《海岱文化与齐鲁文明》，南京：江苏教育出版社，2005 年，169 页。

《韩非子·显学》载"虞夏二千余岁",[1] 童书业先生据此断定虞夏历年很长。[2] 苏秉琦先生在《中国通史》的序言中说:"五帝的时代究竟相当于考古学上的哪个时代,现在虽然还无法论定,但也不是毫无边际。……五帝的时代的下限就应当是龙山时代。"[3]

笔者按照童书业、苏秉琦先生的论断,认为"五帝"(虞代)对应的考古学年代是大汶口文化后期和龙山文化时代:即公元前3500年—前2000年,共计1500年,加上夏王朝公元前2000年—前1500年的500年,虞、夏两代共历时2000年。黄帝等五帝同属虞代,其文化属性又是如何呢?刘宗迪先生在《失落的天书——〈山海经〉与古代华夏世界观》一书中说:

《大荒经》中的帝俊也就是古史传说中著名的舜。帝喾、帝舜与帝俊之同一关系,王国维、郭沫若、陈梦家等早有确论。杨宽《中国上古史导论》第七章《舜与帝俊、帝喾、大暤》综合王国维、郭沫若、陈梦家之说,举证尤详。……《大荒经》中提到的"帝"还有黄帝、少暤、颛顼、帝尧、帝舜等。……舜为东夷之人,当属毋庸置疑。而舜亦即帝俊,帝俊在《大荒经》中拥有至高无上的地位,帝俊或舜为东夷之人,表明《大荒经》实为东方文化之产物。[4]

刘宗迪还说:"文献学线索、考古学线索和昆仑、西王母神话的复原与溯源,皆表明《海经》与东夷文化的渊源关系,其文明源头可以上溯到大汶口文化晚期。"[5] 从刘宗迪先生的论证中可知,《大荒经》是东方文化之产物,因此,记载于《大荒经》中的黄帝等诸帝也即东方之帝,大汶口文化考古发现证实了《大荒经》中的传说,正如高广仁、栾丰实先生在《大

---

① 《韩非子》,北京:中华书局,2010年,第725页。

② 童书业:《"帝尧陶唐氏"名号溯源》,吕思勉、童书业:《古史辨》第七册(下)上海:上海古籍出版社,1982年,第16页。

③ 苏秉琦:《中国通史》第二卷《远古时代》,上海:上海人民出版社,1994年,第18页。

④ 刘宗迪:《失落的天书——〈山海经〉与古代华夏世界观》,北京:商务印书馆,2016年,第408—413页。

⑤ 刘宗迪:《失落的天书——〈山海经〉与古代华夏世界观》,北京:商务印书馆,2016年,第634页。

汶口文化》一书中所言：

目前已经有条件把大汶口文化的材料与先秦文献中的有关传说相结合来复原上古历史。[1]

顾颉刚先生在 70 年前就意识到出土文献对于研究古史传说的重要性，他在 1936 年为《三皇考》所写《自序》中说："将来如果能有大批的新材料出现，……解决了五帝的问题，那才是史学界的大快事呢！"[2]

从上述学者们的研究来看，以黄帝为首虞代五帝显然是大汶口文化晚期和龙山文化时期的帝王。笔者认为，无论是先秦文献记载还是考古学研究成果都表明，虞代即五帝时代，虞代的活动范围即以颛臾风国为中心的鲁中南山区及周边地区。

龙山文化后期对应的是大禹治之成功之后的夏代，考古发现这个时期华北平原南部和黄淮平原上才呈现了文化上的"突然"兴旺发达之势，[3]说明夏代中后期华夏民族的政治文化中心从鲁中南山区腹地转移到了中原地区。

三、"君子之国"是虞代五帝"封君之地"

颛臾风国是大汶口人的祖地，是大汶口人传说中的东方君子之国，是"伏羲生处，太皞之治"。从典籍的相关记载中可知，颛臾风国也是伏羲之子少典，少典之子黄帝及虞代诸帝的封君之地。

（一）少典君于颛臾、少典之子黄帝袭"封君之地"

据典籍记载，伏羲之子是少典，少典之子是黄帝，有虞氏五帝与伏羲太皞一脉相承。

《国语·晋语》：昔少典娶于有蟜氏女，生黄帝、炎帝。黄帝以姬水成，

---

① 高广仁、栾丰实：《大汶口文化》，北京：文物出版社，2004 年，第 202 页。

② 顾颉刚：《三皇考·自序》，吕思勉、童书业编著：《古史辨》第七册（中），上海：上海古籍出版社，1982 年，第 49 页。

③ 高广仁、栾丰实：《大汶口文化》，北京：文物出版社，2004 年，第 193—194 页。

炎帝以姜水成。①

《大戴礼记·五帝德》：孔子曰："黄帝，少典之子也，曰轩辕。"……孔子曰："颛顼，黄帝之孙，昌意之子也。"②

《史记·五帝本纪》："黄帝者，少典之子，姓公孙，名曰轩辕。"③

《轩辕本纪》：轩辕黄帝姓公孙。……有熊国君少典之次子也，伏羲生少典，少典生神农及黄帝，袭帝位，居有熊之封焉。……帝年十五，心虑无所不通，乃受有国于有熊，袭封君之地。④

《伏羲庙残碑》："东迁少典君于颛臾，以奉伏羲之祀。"⑤

由上可知，伏羲生少典，黄帝是有熊国君少典之次子。伏羲之子少典封君于颛臾，奉伏羲之祀。显然颛臾风国即少典之"有熊国"，也是黄帝"受国于有熊，袭封君之地"的地方（详见第二节）。

《史记·秦本纪》：秦之先，帝颛顼之苗裔孙曰女脩。女脩织，玄鸟陨卵，女脩吞之，生子大业。大业取少典之子，曰女华。女华生大费，与禹平水土。⑥

颛臾风国是伯益"主虞，驯鸟兽"之地，表明少典氏自少典东迁颛臾之后，一直居于颛臾风国。正如景以恩在《太阳神崇拜与华夏族的起源》一文中所言：

《伏羲庙残碑》记载了有关少典氏居颛臾的一条相当重要的历史。少典氏为炎黄同祖见于《国语·晋语》；少典氏为东方氏族，亦见于《史记·秦本纪》；该书称大业（即皋陶）娶于少典氏曰女华。少典之子曰女华，费县之华县有颛臾，为少典所居，知华县当即少典氏之华地也。⑦

少典东迁君于颛臾，以奉伏羲之祀，说明太暭一族已经西迁，少典为

---

① 陈桐生译注：《国语》，北京：中华书局，2013年，第392页。

② 黄怀信译注：《大戴礼记》，上海：上海古籍出版社，2019年，第162—163页。

③ 《史记》，北京：中华书局，2006年，第1页。

④ 《云笈七籤》，北京：中华书局，2003年，第2156—2157页。

⑤ 王献唐：《炎黄氏族文化考》，青岛：青岛出版社，2006年，第329页。

⑥ 《史记》，北京：中华书局，2006年，第29页。

⑦ 景以恩：《太阳神崇拜与华夏族的起源》，《学术月刊》1998年第7期。

太皞嫡系后裔，东迁至祖地任颛臾之君，奉伏羲之祀理所当然。在古代守祀或主持祭祀祖先的活动是长期的，甚至是嫡长子一生的职责，这也说明颛臾风国是少典及其后的君王嫡长子们长期生活、娶妻生子的地方，也就是虞代诸帝的诞生地和封君之地。

（二）"虞""姬"即《大荒经》中天枢之"吴姫"

华夏民族上古历史始于"虞代"，"虞"源自何物？又在何处呢？

《尚书·正义》：颛项以来，地为国号，而舜有天下，号曰"有虞氏"，是地名也。王肃云："虞，地名也。"①

《尚书·正义》中虽然说明"虞"是地名，但却不知"虞"源于何时何地，唐兰先生认为"虞为姬姓之虞"。②有学者认为伏羲氏最早的崇拜是"虎"。"伏羲"又作"虙戲"，二字從"虍"，因此说明虎就是伏羲氏族的图腾崇拜。范三畏在《太昊伏羲氏源流考辨》③一文中认为伏羲是由虎渐化为龙蛇。普学旺认为，伏羲氏确有虎与龙蛇形的两类形象，《山海经》虎"天吴"当即其祖先图腾。④

笔者认为，"虞"源于对虎的崇拜，这种崇拜并非对自然界中"虎"的崇拜，而是对伏羲太皞的诞生地"叟虎寨山"的崇拜。伏羲氏由虎图腾向龙蛇图腾的转化，是其离开祖地颛臾风国，沿青龙山向鲁西平原迁徙的过程中逐渐演化的。而伏羲之子少典东迁君于颛臾，世居于祖地叟虎寨山下的君子之国，故沿袭了对虎的崇拜，视人面虎身的叟虎寨山为"天吴"，"天虞"。"虞"便成为"虞"代的名称，也成为虞代的神山——人面虎身的"昆仑之丘"。

前文论述了《拾遗记》中记载的黄帝之子昌意所见北辰（天枢）"化为老叟"就是蒙阴叟虎寨山，论述了《大荒西经》记载的天枢之"吴"（天虞）也是蒙阴叟虎寨山。由此可见，黄帝之子昌意视叟虎寨山为天枢，到

---

① 《尚书正义》，上海：上海古籍出版社，2007年，第60页。
② 唐兰：《宜侯矢簋考释》，《考古学报》1956年第2期。
③ 范三畏：《太昊伏羲氏源流考辨》，《西北民族学院学报》（哲学社会科学版）1995年第1期。
④ 普学旺：《试论殷人源于古羌人》，《中南民族学院学报》1994年第1期。

黄帝之孙颛顼之时已经视叟虎寨山为"天虞"和"天吴"了。而"吴姬天门"中的"姬"在典籍中没有此字,在《藏经》中是"姬",说明"虞代"之"虞"和黄帝"姬"姓皆出于"天枢"之下(详见第二节)。

(三)黄帝之母"昊枢"(吴枢)源自天枢之"吴"

典籍中记载黄帝是少典氏之子,而黄帝之母名曰附宝,又名昊枢、吴枢,显然与少典所居之地的"天枢"有关。

《拾遗记·轩辕黄帝》:"轩辕出自有熊之国。母曰昊枢"【注释】昊枢:古代传说为黄帝之母。黄帝之母曰昊枢的说法仅见本书,与他本不同,不知何据。

《竹书纪年》卷上:黄帝轩辕氏,母曰附宝,见大电绕北斗枢星,光照郊野,感而孕。二十五月而生帝于寿丘。①

《帝王世纪》:黄帝有熊氏,少典之子,姬姓也,母曰附宝,其先即炎帝。母家有嬌氏之女,世与少典氏婚,故《国语》兼称焉。及神农氏之末,少典氏又取附宝,见大电光绕北斗枢星,照郊野,感附宝,孕二十五月,生黄帝于寿丘。……寿丘,在鲁城东门之北。②

《轩辕本纪》:轩辕黄帝姓公孙。……有熊国君少典之次子也,伏羲生少典,少典生神农及黄帝,袭帝位,居有熊之封焉。其母西乔氏女,名附宝,瞑见大电光绕北斗枢星,照于郊野,附宝感之而娠,以枢星降,又名曰天枢。怀之二十四月,生轩辕于寿丘。……长于姬水。帝年十五,心虑无所不通,乃受国于有熊,袭封君之地。③

何光岳先生在《先吴的来源和迁徙》一文中说:"吴枢乃吴氏族之女名枢,因以命名天上的枢星。而因雷电照亮了郊野,原始人信天神而以为天神通过雷电附宝于吴枢之身,而名附宝,与符宝、符葆同。枢应是人名,

---

① 《竹书纪年》,济南:齐鲁书社,2010年,第40页。
② 《帝王世纪》,济南:齐鲁书社,2010年,第5—9页。
③ 《云笈七籤》,北京:中华书局,2003年,第2156—2157页。

即是她发明了一种枢纽的枢而得名。"①

从《拾遗记》注"昊枢：古代传说为黄帝之母。……不知何据"，到何光岳先生对"吴枢"的解释，可以看出学者们并不知道黄帝之母"昊枢""吴枢"的真正来历，因此不知何据，或者给出令人无法信服的解说。

笔者前文论证了叟虎寨山是天枢北辰（北极星）和北斗枢星的化身，又以王献唐先生所引伏羲庙残碑"少典君于颛臾"记载为依据，得出黄帝之母"昊枢""吴枢"之名源自其所居之地的天枢"吴"，而大电光绕北斗枢星也就是绕叟虎寨山，因而感应受孕，也因此生黄帝于鲁东北之"寿丘"。

四、虞帝禅让帝位故称"衣冠带剑，好让不争"

《山海经》称君子国其人"衣冠带剑，食兽，使二大虎在旁，其人好让不争"，②透露出虞代禅让帝位和加冠封君的诸多信息，结合颛臾风国"冠石山""临乐山"等地名，可知其是虞代"封君之地"。

（一）"衣冠带剑"即虞代五帝冠礼形象

衣冠服饰是人类生活文明的重要象征，从最初保护身体的需要，进而演变为区分社会身份的标志。在中国礼仪传统里，服饰往往被称为"衣冠"，古代衣冠文化非常丰富，蔚为大观，所以国人往往称传统中国为"衣冠上国"。衣冠首先是在区分政治等级上发挥重要作用，衣冠的颜色、样式不同使得人们可以从直观上感受到等级的差异，从而对位高者产生敬畏之心。

《礼记·礼器》：礼有以文为贵者：天子龙衮，诸侯黼，大夫黻，士玄衣纁裳；天子之冕，朱绿藻，十有二旒，诸侯九，上大夫七，下大夫五，士三。③

在衣冠制度中，"冠"具有首要的地位，其次序更是意味着政治等级秩序，

① 何光岳：《先吴的来源和迁徙》，《宝鸡文理学院学报》（社会科学版）1995年第4期。
② 袁珂：《山海经校注》，北京：北京联合出版公司，2014年，第226页。
③ 胡平生、张萌译注：《礼记》，北京：中华书局，2017年，第451—452页。

不可混乱。与"冠"相关的"冠礼",作为一种仪式,也具有社会政治意味,

《礼记·玉藻》:"玄冠朱组缨,天子之冠也。缁布冠缋緌,诸侯之冠也。"①

这段引文的意思是:天子行冠礼,第一次加的冠是玄色的冠,用朱红色的丝带做帽带。诸侯行冠礼,第一次加的冠是缁布冠,用彩色的丝带做帽带。

《礼记·冠义》:故冠而后服备,服备而后容体正,颜色齐,辞令顺。故曰:"冠者,礼之始也。"是故古者圣王重冠。古者冠礼筮日、筮宾,所以敬冠事。敬冠事所以重礼,重礼所以为国本也。②

"冠礼"作为一个成年的礼仪,在人的生命中,是象征个体以独立人格来遵守礼的开始。"冠礼"之后,作为个体的人在容体、颜色、辞令上都会随之发生变化,所以,古代圣王都很重视冠礼。举行冠礼时,要先占筮以决定行礼的吉日与主持行礼的贵宾。重视礼仪乃是国家的根本,衣冠制度是中国礼乐文明的具体体现。

明清间学者董说在其所撰《七国考·秦器服》"带剑"下云:"剑有二:一佩剑,所谓衣冠带剑是也;一兵剑,持以相格杀者也。"是说古代的剑按其主要功用不同分为两类。所谓"衣冠带剑"除可防身自卫外,主要用于与礼仪有关的非杀战行为。贾谊云:

古者,天子二十而冠,带剑;诸侯三十而冠,带剑;大夫四十而冠,带剑。隶人不得冠,庶人有事得带剑,无事不得带剑。③

由此可见,"衣冠带剑"是天子、诸侯行冠礼时的标准形象。

(二)"好让不争"是虞代五帝禅让制度

中国古代政治生活中的王权转移和继承主要有两种方式:一是一般性的"世袭制",不管是父死子继、祖死孙继还是兄终弟及,夏商周三代普遍实行这一制度;二是革命性的改朝换代,如商汤、周武王分别推翻夏、

---

① 胡平生、张萌译注:《礼记》,北京:中华书局,2017年,第 573 页。
② 胡平生、张萌译注:《礼记》,北京:中华书局,2017年,第 1177 页。
③ 参见甄斋:《重释"繁阳之金"——兼议古人佩剑的人文内涵》,《商丘师范学院学报》,2002 年第 3 期。

商王朝被认为是革命的典范。此外，还有被理想化的"禅让制"，尧舜被认为是典范。先秦典籍和《史记》中记载的非常明确。

《庄子·逍遥游》：尧让天下于许由，曰："日月出矣，……请致天下。"许由曰："子治天下，天下既已治也，而我犹代子，吾将为名乎？"①

《荀子·成相》：请成相，道圣王，尧、舜尚贤身辞让。……尧授能，舜遇时，尚贤推德天下治。……舜授禹，以天下，尚德推贤不失序。②

《尚书·尧典》：帝曰"咨！四岳。朕在位七十载，汝能庸命巽朕位？"……师锡帝曰："有鳏在下，曰虞舜。"……厘降二女于妫汭，嫔于虞。……舜让于德，弗嗣。③

《史记·五帝本纪》：尧在位七十年得舜，二十年而老，令舜摄行天子之政，荐之于天。……尧知子丹朱不肖，不足授天下，于是乃权授舜。……尧崩，三年之丧毕，舜让辟丹朱于南河之南。……舜子不肖，舜乃豫荐禹于天。十七年而崩。三年丧毕，禹亦让舜子，如舜让尧子。诸侯归之，然后禹践天子位。④

《史记·夏本纪》：帝禹立而举皋陶臣子之，且授政焉，而皋陶卒。……而后举益，任之政。十年，帝禹东巡狩，至于会稽而崩。以天下授益。三年之丧毕，益让帝禹之子启，而辟居箕山之阳。⑤

上世纪以来出土文物郭店简《唐虞之道》，上博简《容成氏》《子羔》等佚文也证实了禅让制的存在。

郭店简《唐虞之道》：唐虞之道，禅而不专（传）。尧舜之王，利天下而弗利也。禅而不专（传），圣之盛也。利天下而弗利也，仁之至也。⑥

① 方勇译注：《庄子》，北京：中华书局，2010年，第8页。
② 王中江：《〈唐虞之道〉与王权转移的多重因素》，《陕西师范大学学报》（哲学社会科学版）2011年第4期。
③ 王世舜、王翠叶译注：《尚书》，北京：中华书局，2012年，第13—15页。
④ 《史记》，北京：中华书局，2006年，第3—5页
⑤ 《史记》，北京：中华书局，2006年，第10页。
⑥ 郭永秉：《楚地出土战国文献中的传说时代古帝王系统研究》，复旦大学博士学位论文，2006年，第28页。

《子羔》：孔子曰：昔者而弗世也，善与善相授也……尧见舜之德贤，故让之。子羔曰：尧之得舜也，舜之德则诚善欤？抑尧之德则甚明欤？孔子曰：均也。①

《容成氏》：尧乃老，视不明，听不聪。尧有子九人，不以其子为后，见舜之贤也，而欲以为后。舜乃五让以天下之贤者，不得已，然后敢受之。②

《唐虞之道》明确将"禅"与"传"看成是两种不同的权力转移方式。《子羔》没有"禅"与"传"的区分，它只是说"让"与"弗世"。"弗世"意为不世袭继承，亦即所说的"让与"。在《容成氏》中，"禅"与"传"是用"让贤""授贤"与"授子"来对比。裘锡圭先生《新出土先秦文献与古史传说》一文中指出：

《唐虞之道》《子羔》和《容成氏》都是竭力推崇禅让的。它们的作者还都认为，在夏代之前曾经相当普遍实行过禅让制。《容成氏》开头就说"……[尊]卢氏、赫胥氏、乔结氏、仓颉氏、轩辕氏、神农氏、□□氏之有天下也，皆不授其子而授贤。"后面又讲了尧让舜、舜让禹、禹让皋陶和益等事。……《唐虞之道》说："……孝，仁之冕（？）也。禅，义之至也。六帝兴于古，皆由此也。"③

郭永秉博士在《楚地出土战国文献中的传说时代古帝王系统研究》内容提要中说，从传世文献和楚竹书的记载看，尧舜禅让传说是战国以来学者有相当共识的古史传说，并非某一家派捏造出来的说法。④

郭永秉博士认为古史传说中的禅让模式是"有虞迵"（又吴迵）—尧—舜，⑤ 单育辰先生认为"有虞迵"（又吴迵）可能就是"颛顼"，童书业先

---

① 王中江：《〈唐虞之道〉与王权转移的多重因素》，《陕西师范大学学报（哲学社会科学版）》2011年第4期。

② 單育良著：《新出楚简〈容成氏〉研究》，北京：中华书局，2016年，第27页。

③ 裘锡圭：《中国出土古文献十讲》，复旦大学出版社，2004年，第31—33页。

④ 郭永秉：《楚地出土战国文献中的传说时代古帝王系统研究》，复旦大学博士学位论文，2006年，第28页。

⑤ 郭永秉：《楚地出土战国文献中的传说时代古帝王系统研究》，复旦大学博士学位论文，2006年。

生认为五帝同属于虞代。典籍记载和学者们的上述结论，可以看出禅让制是虞代基本的王权继承制度，颛臾风国"有虞"之地，即禅让传说的始源地，君子之国其人"好让不争"所指就是虞代禅让传说。

《史记·秦始皇本纪》：秦始皇"年十三岁，庄襄王死，政代立为秦王。……吕不韦为相，封十万户，号曰文信侯。李斯为舍人。蒙骜为将军。王年少，初即位，委国事大臣。……（九年）四月，上居雍，己酉，王冠，带剑。"①

嬴政为秦王时年仅 13 岁，"王年少，初即位，委国事大臣"，直至秦始皇九年四月，年满 22 岁时才在雍城"王冠，带剑"行"加冠"亲政之礼。关于"雍""雍水""雍州"和"凤翔"之名的来历，顾颉刚先生在《鸟夷族图腾崇拜及其氏族灭亡》一文中说：

因为秦德公元年（前 677 年）始都于雍，经历春秋、战国的漫长时期，成为我国西部的政治、经济和文化中心，所以山名"雍山"，水名"雍水"……"雍"即为"淮"，……为着东方民族大迁徙，于是本在东方的"淮水"之名西迁了，东方民族所崇奉的上帝和祖先神少皞也西迁了。②

顾颉刚先生全面论证了秦嬴西迁的过程，认为"雍"源自于"淮"，"雍水"即淮水。前文中论述了"淮"即"泗水"，其发源地即在蒙阴西南的"冠石山"。由此可见，雍城之"雍"源自于秦嬴故里，秦始皇嬴政"居雍，王剑，带冠"之礼是君子之国"衣冠带剑"封君之传统。

六、虞都"穷桑""姚墟"即昆仑之丘"帝之下都"

蒙山、汶水之中的颛臾风国是华夏民族自太皞到虞代五帝的诞生之地和封君之地，那么，颛臾风国的都城是何名称，其位置又在何处？笔者认为，颛臾风国都城即古籍记载的"穷桑"，也即虞都"姚墟"。其位置或在叟虎寨山下的"十二城子"，更有可能是考古发现的蒙阴吕家庄子大汶口、

---

① 《史记》，北京：中华书局，2006 年，第 41 页。
② 顾颉刚：《鸟夷族图腾崇拜及其氏族集团的兴亡》，《史前研究》2000 年。

龙山文化遗址。

（一）虞都"穷桑"因"穷山""桑野"而得名

"穷桑"又称"空桑"，是远古时期华夏民族的政治、文化中心。黄帝、少昊、颛顼等都曾在"穷桑"登帝位，颛顼"生于若水，实处穷桑"，帝喾则是继承了颛顼之虚，显然其登帝位之处也在"穷桑"。因此，笔者认为"穷桑"是虞代的都城。但是，"穷桑""空桑"到底在何处，至今仍然没有考古发现，也没有令人信服的论证答案。

《左传·昭公二十九年》：少皞氏有四叔，……世不失职，遂济穷桑，此其三祀也。颛顼氏有子曰犁，为祝融。【注释】杜预注："穷桑地在鲁北。"①

《吕氏春秋·古乐》：帝颛顼生自若水，实处空桑，乃登为帝。②

《帝王世纪》：黄帝自穷桑登帝位，后徙曲阜。颛顼始都于穷桑，徙商丘。穷桑在鲁北，或云穷桑即曲阜也。③

《淮南子·本经训》：舜之时，共工振滔洪水，以薄空桑。高诱注："空桑，地名，在鲁北。"④

《归藏·启筮》："空桑之苍苍，八极之既张，乃有夫羲和，是主日月出入，以为晦明。"又："瞻彼上天，一明一晦，有夫羲和之子，出于阳谷。"袁珂注：空桑，谓汤谷之上扶桑。⑤

从上面典籍记载和古代学者的注释看，"穷桑"即"空桑"都在鲁北，"空桑"是指山名、地名，也指"汤谷之上扶桑"。除了古代学者对穷桑、空桑的注释外，上世纪著名历史学家傅斯年、吕思勉、王献唐等都曾对"穷桑"有专门的论述：

《民族与中国古代史》：穷桑有穷，皆空桑一名之异称。所谓空桑者，

① 杜预注：《左传》，上海：上海古籍出版社，2016年，第910—911页。
② 陆玖译注：《吕氏春秋》，北京：中华书局，2011年，第150页。
③ 《帝王世纪》，济南：齐鲁书社，2010年，第9页。
④ 陈广忠译注：《淮南子》，北京：中华书局，2012年，第394—395页。
⑤ 袁珂：《中国神话传说词典》，北京：北京联合出版社，2013年，第206页。

在远古是一个极重要的地方。……古代东方宗教中心之太山，有虞氏及商人所居之商丘，商人之宗邑蒙亳，皆在空桑外环。这样看，空桑显然是东平原区之第一重心，政治的及文化的。①

《民族与古代中国史》：太皞与太昊为一辞，古经籍多谓即是伏羲氏，或作包牺氏。……太皞族姓之国部之分配，西至陈，东括鲁，北临济水，大致当今河南东隅，山东西南部之平原，兼包蒙峄山境，空桑在其中，雷泽在其域。古代共认太皞为东方之部族，乃分配于淮济间之族姓。②

《中国通史》：黄帝自穷桑登位，少昊氏邑于穷桑，颛顼始都于穷桑，后徙帝丘。……《吕览·古乐篇》说"帝颛顼生自若水，实处空桑，乃登为帝。"可见若水实与空桑相近，"若水"之"若"，仍系"桑"字。后人认为"若"字实误。《楚辞》中的若木，亦当作桑木，即神话中的扶桑，在日出之地。然则颛顼、帝喾，踪迹仍在东方了。③

《炎黄氏族文化考》：颛顼因生若水，若水即为桑水，于相近之空桑。因举地名呼为颛史。史项音通，亦作颛顼。④

以上学者虽然确认了"穷桑""空桑"在远古时期的政治、文化中心地位，明确了其与"若水"的关系，确定了其大体位置，但仍然没有给出"穷桑""空桑"的具体所指和含义。

笔者认为"穷桑""空桑"既然是黄帝、少昊、颛顼初登帝位之都，又在鲁北"若水"流域，必然就是君子之国颛史凤国的都城。"穷桑"或"空桑"之名是"穷山"和"空山"与蒙阴桑野、桑泉水（若水）的合称。

《山海经·海外西经》：轩辕之国在此穷山之际，其不寿者八百岁。在女子国北。人面蛇身，尾交首上。穷山在其北，不敢西射，畏轩辕之丘。在轩辕国北。……鸾鸟自歌，凤鸟自舞……。⑤

---

① 傅斯年：《民族与中国古代史》，上海：上海三联书店，2017年，第71页
② 傅斯年：《民族与古代中国史》，上海：上海三联书店，2017年，第50页。
③ 吕思勉：《中国通史》，南京：译林出版社，2015年，第284页。
④ 王献唐：《炎黄氏族文化考》，青岛：青岛出版社，2006年，第290—390页。
⑤ 袁珂：《山海经校注》，北京：北京联合出版公司，2014年，第202页。

《山海经·大荒西经》：有轩辕之台，射者不敢西向射，畏轩辕之台。大荒之中，有龙山，日月所入。有三泽水，名曰三淖，昆吾之所食也。……有女子之国。……有轩辕之国。……大荒之中，有山名曰日月山，天枢也。吴姬天门，日月所入。……有人反臂，名曰天虞。①

《海外西经》记载，"轩辕之国"与"轩辕之丘（台）"之间有"女子国"和"穷山"。《大荒西经》记载，"轩辕之台"与"轩辕之国"之间有"龙山""昆吾""女子之国"。两相对比就会发现，"穷山"即"龙山"，也即前文中论证的蒙阴青龙山，"昆吾"即昆仑之丘，也即蒙阴叟虎寨山。

从《海外西经》的记载来看，"穷山"一带呈现"鸾鸟自歌，凤鸟自舞"的景象，与凤凰"出于东方君子之国，又出丹穴之山"景象相符合。从《大荒西经》的记载来看，"龙山"（穷山）与"天吴""天虞"相近，"虹虹"和"天吴"都在君子之国的北面。"穷山"即"虹虹"。

《山海经·海外东经》：虹虹在其北，各有两首。一曰在君子国北。朝阳之谷，神曰天吴，是为水伯。②

"穷山"因处于蒙阴"桑野"和"桑泉水"流域之中，故称"穷桑"，也即《东山经》中的"空桑之山"。

《山海经·东山经》：东次二经之首，曰空桑之山，北临食水，东望沮吴，南望沙陵，西望湣泽。有兽焉，其状如牛而虎文。【注释】高诱注云："空桑，地名，在鲁也。"又《文通·思玄赋》旧注云："少皞金天氏居穷桑，在鲁北。"均即此。③

笔者认为，空桑之山"北临食水"即《大荒西经》所言龙山下、昆吾之所食的"三泽水"（即《水经注》所言桑泉水与叟崮水二水）；空桑之山"东望沮吴"，即青龙山对面的叟虎寨山（吴）；空桑之山"西望湣泽"是指日落之处的虞渊。由此可见，穷桑、空桑之山无疑就是指青龙山。

---

① 袁珂：《山海经校注》，北京：北京联合出版公司，2014年，第337—339页。

② 袁珂：《山海经校注》，北京：北京联合出版公司，2014年，第228—229页。

③ 袁珂：《山海经校注》，北京：北京联合出版公司，2014年，第96页。

　　然而因何称为"穷山"或"空桑之山"呢？笔者认为，因为其在《大荒经》古图中是"虹虹"的形状。

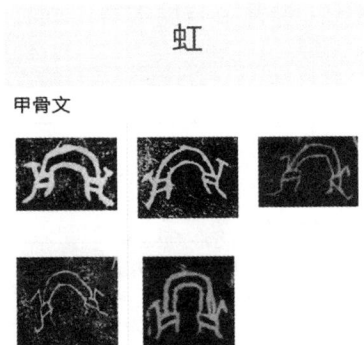

虹

甲骨文

图 5-2　"虹"字的演变

　　《说文》："穹，穷也，从穴弓声。"[1]

　　《正字通》：《尔雅》："穹，苍苍天也。"郭璞曰："天形穹隆，状高大也。"古有穹桑国，少昊邑于穹桑。穹桑，亦作空桑。[2]

　　从《说文》《正字通》等典籍的解释来看，"穷"即为"穹"，即"苍穹"的形状，《尔雅》则直接解释为"穹桑"。蒙阴颛臾风国北面的青龙山，由大大小小的十几个山丘组成，绵延数十里，连成一条似龙、似虫的"虹"状，《帝王世纪》云："黄帝时螾大如虹"，[3]螾是一种虫，大如虹，可能即与青龙山有关。笔者在前文中论证了青龙山《山海经》中君子之国北面的"虹虹"，青龙山似"虹"也似"穴"，故被古人称为"穹山""窮（穷）山""空桑之山"，因青龙山地处桑野和桑泉水流域，故其地称为"穷桑"或"空桑"。

　　另外，蒙阴曳虎寨山即昆仑之丘，在古人宇宙观和天地观中，昆仑之所以被视为世界的中心，与天之中心北极遥遥相对，是因为先王在昆仑之上进行天文观测，而北极作为天穹之中心，为天文观测之枢纽。刘宗迪先生说：

　　在古人的宇宙观中，昆仑还与北斗相关，《尚书纬》所谓"北斗居

---

① 参见北京师范大学"汉字研究与现代应用实验室"：《汉字全息资源应用系统》。

② 参见北京师范大学"汉字研究与现代应用实验室"：《汉字全息资源应用系统》。

③ 《帝王世纪》，济南：齐鲁书社，2010年，第8页。

天之中,当昆仑之上,运转所指,随二十四气,正十二辰,建十二月"是也。……北斗曰璇玑,亦即天盖的枢纽,故纬书谓中央之神曰"含枢纽"。[①]

叟虎寨山是天盖的枢纽,青龙山与叟虎寨山同在"天穹之中心",故称"穹山""空山"。

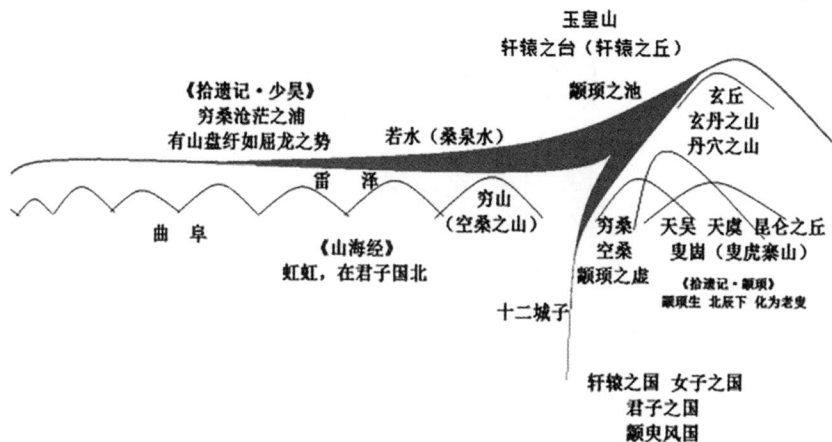

图 5-3

蒙阴青龙山与叟虎寨山之间有"大城子"等十二个古老的"城子",前文中论证了这十二个城子是伏羲、黄帝、颛顼时期用于纪年的"成纪",也即颛顼所建,帝喾受之的"颛顼之虚",笔者认为这些古老的城子分布在"穹山""桑泉水"之间,显然就是虞代早期的都城"穷桑"。

(二)曲阜因穷山"盘纡亦如屈龙之势"而得名

典籍中记载,黄帝、少昊、颛顼均登帝位于穷桑,黄帝、少昊后迁都于曲阜。

"曲阜"之名最早见于《礼记·明堂位》:"成王以周公为有勋劳于天下,是以封周公于曲阜,地方七百里,革车千乘。"[②]东汉应劭在解释"曲阜"

---

① 刘宗迪:《失落的天书——〈山海经〉与古代华夏世界观》,北京:商务印书馆,2016年,第517—518页。

② 胡平生、张萌译注:《礼记》,北京:中华书局,2017年,第604页。

之名的来历时说: "城东有阜, 委曲长七八里, 故名曲阜。"①曲英杰:《曲阜古城址变迁考述》一文中说, 曲阜, 地处鲁西平原东缘, 北望泰岱, 东接鲁中南丘陵, 有条带状的隆起自东而西缓缓向此委曲延伸, 古称曲阜。北、西两面有泗水绕过, 南面有沂水西流而注入泗水。周武王灭商后, 封其弟周公旦于鲁。周公不就封, 留佐武王, 而其子伯禽代就封于鲁。伯禽筑城为都, 称鲁城, 为今曲阜城营建之始。②

从古今学者关于"曲阜"的解释来看, 曲阜之名源自于曲阜以东一座委曲延伸的隆起。流经曲阜的两条河分别是泗水和沂水, 泗水发源于蒙阴西南、古卞县东北的冠石山, 而沂水之名又与发源于沂源、蒙阴一带的沂水重名, 可见曲阜的"沂水"之名源自于少昊降居之地"江水"(现在的沂河)。笔者据此认为"曲阜"之名也是西迁后的少昊后裔对于少昊诞生之地、初登帝位的"穷山""空桑之山"山形的记忆:

《拾遗记·少昊》: 少昊以金德王。母曰皇娥, ……经历穷桑沧茫之浦。……及皇娥生少昊, 号曰穷桑氏, 亦曰桑丘氏。……有山盘纡亦如屈龙之势, 故有龙山、龟山、凤水之目也。【译文】有山盘纡亦如屈龙之势: 有一座山回绕曲折也如苍龙屈曲的样子。③

应邵解释的"鲁城东有阜, 委曲长七八里, 故名曲阜", 笔者认为委曲长七八里的山常见, 没有独特之处, 不足以冠名"曲阜"。少昊(玄嚣)降居"江水", "江水"即发源于沂源的沂河, 蒙阴桑泉水是沂河上游的一条主要支流, 因此《拾遗记·少昊》所言少昊之母皇娥"经历穷桑沧茫之浦"就是蒙阴青龙山北面的桑泉水, 故少昊称穷桑氏、桑丘氏。而文中所言"有山盘纡亦如屈龙之势"就是指由东向西委曲延伸数十里的青龙山, 显然"曲阜"之名源于黄帝、少昊、颛顼始登帝位"穷桑"之"穷山"——青龙山。

---

① 郭克煜、李启谦:《鲁国建国前曲阜一带的历史考查》,《齐鲁学刊》1982年第1期。
② 曲英杰:《曲阜古城址变迁考述》,《中国历史地理论丛》1993年第2期。
③ 王兴芬译注:《拾遗记》, 北京: 中华书局, 2019年, 第23—28页。

（三）虞舜"姚姓"和虞都"姚墟"源于"桃墟"

"姚墟"与"穷桑"一样，也是一个古老的地名，典籍中有"虞舜生于姚墟"的记载如：

《帝王世纪》：舜，姚姓也，其先出自颛顼。……瞽叟，妻曰握登，见大虹意感而生舜于姚墟，故姓姚。[①]

《今本竹书纪年疏证》：帝舜有虞氏，母曰握登，见大虹意感，而生舜于姚墟。[②]

《帝王世纪》《竹书纪年》《孝经援神契》都认为"舜生于姚墟"。姚与洮、桃音近意通，姚墟或作桃墟、姚丘等。古代姚墟的地望，历来说法不一。主要分为越州说与濮州说，前说见诸文献记载，如《会稽旧记》云："舜上虞人，去虞三十里有姚丘，即舜所生也。"后说比较普遍，如《括地志》云："姚墟在濮州雷泽县东十三里。"[③]何光岳先生将"姚墟"定位于山东菏泽市境内，他说："菏泽南有桃园，古产桃，姚地即因产桃而得名。"[④]景以恩先生在《炎黄虞夏根在海岱新考》则说：

今蒙山以北，蒙阴县东南约25公里处有地名曰"桃墟"。顾祖禹《读史方舆纪要》说："桃墟"亦作"姚墟"，知此地本舜母握登生舜之姚墟也。[⑤]

笔者认为，景以恩先生所言极是。古今学者之所以对"虞舜生于姚墟"的地望没有定论，主要原因有三：一是不知道"虞"和"吴"的原型与出处，二是不知道与虞舜有关的"雷泽""历山"来历和所在地，三是没有理解"姚墟"的真实含义。

笔者认为，在古籍中"姚墟"又称"桃墟"，源于"虞渊"之桃林，因虞舜为桃墟之女所生，故为"姚姓"。姚墟（桃墟）即虞舜时期的都城，也就是神话传说中的"桃都"。

---

① 《帝王世纪》，济南：齐鲁书社，2010 年，第 16 页。

② 参见王国维：《今本竹书纪年疏证》，济南：齐鲁书社，2010 年，第 47 页。

③ 马世之：《濮水流域虞舜史迹探索》，《中州学刊》2001 年第 3 期。

④ 何光岳：《东夷源流史》，南昌：江西教育出版社，1990 年，第 168 页。

⑤ 景以恩：《炎黄虞夏根在海岱新考》，北京：中国文联出版社，第 117—118 页。

《玄中记》: "东南有桃都山, 上有大树, 名曰桃都。"①

《河图括地图》"桃都山有大桃树, 盘屈三千里。上有金鸡, 日照则鸣。"②

《神异记·东荒经》: 扶桑山有玉鸡。玉鸡鸣则金鸡鸣, 金鸡鸣则石鸡鸣, 石鸡鸣则天下鸡悉鸣, 潮水应之矣。③

有学者根据上面引文论证说"扶桑和桃都上的天鸡迎日的传说只是扶桑和若木载日的变异形态", "扶桑"与"桃都山"上的桃树都是迎接日出的神树, 金鸡就是太阳鸟凤凰。④《玄中记》所谓"东南有桃都山"是指相对于"昆仑之丘"(虞)而言的东南, 即《说文·丘》: "中邦之居, 在昆仑东南。"⑤ 也就是蒙阴叟虎寨山东南的"桃墟"。

(四) 陆吾所司 "帝之下都" 即 "穷桑" 或 "姚墟"

虞代五帝的都城"穷桑""姚墟"具体位置在何处呢? 笔者根据传世文献和考古材料, 利用王国维先生提出的"二重证据法"证实, 蒙山之阴、叟虎寨山东南、桃墟河发源地发现的大汶口、龙山文化都城遗址即为虞都"穷桑""姚墟"。

《山海经·海内西经》: 海内昆仑之虚, 在西北, 帝之下都⋯⋯门有开明兽守之, 百神之所在。⋯⋯开明兽身大类虎而九首, 皆人面, 东向立于昆仑上。【注释】郭璞云: "天帝都邑在其下者。"《穆天子传》卷二云: "吉日辛酉, 天子升于昆仑之丘, 以观黄帝之宫。"此天帝实黄帝也。⑥

《山海经·西山经》: 昆仑之丘, 是实惟帝之下都, 神陆吾司之。其神状虎身而九尾。人面而虎爪, 是神也, 司天之九部及帝之圃时。【注释】

① 袁珂: 《中国神话传说词典》, 北京: 北京联合出版社, 2013年, 第261页。
② 袁珂: 《中国神话传说词典》, 北京: 北京联合出版社, 2013年, 第261页。
③ 袁珂: 《中国神话传说词典》, 北京: 北京联合出版社, 2013年, 第204页。
④ 星舟: 《神桃五题——中国神话叙事结构研究之二》, 《华中理工大学学报》(社会科学版) 1994年第1期。《夸父追日的深层叙事原型》, 《云梦学刊》1994年第4期。
⑤ 《说文解字》, 沈阳: 辽海出版社, 2015年, 第44页。
⑥ 袁珂: 《山海经校注》, 北京: 北京联合出版公司, 2014年, 第258页。

郭璞注:"天帝即黄帝。"①

东向立于昆仑上的"开明兽"即"陆吾",其所司"帝之下都"显然就是"中邦之居"(君子之国)的都城——虞都"穷桑"或"姚墟"。从考古发现上讲,可能就是蒙阴叟虎寨山东南的吕家庄大汶口文化、龙山文化城遗址。

张学海在《试论山东地区的龙山文化城》一文中说,目前,在山东、河南、内蒙、湖北、湖南、浙江等地,已经发现数十座龙山时代的城,其中黄河中下游地区共发现 18 座,而黄河下游的山东地区占 14 座,以及蒙阴吕家庄、兖州吴寺、费县古城等龙山文化城遗址(见图 5-4)。② 从山东地区龙山城址分布图上看,大多集中在鲁中南山区周边的平原地带。而鲁中南山区腹地的丘陵地区却很少见,蒙阴吕家庄龙山城遗址是目前发现的唯一一处。究其原因,还是因为低洼之处的古城古迹因洪水而毁灭,也因洪水的淤积而得以保存下来。而丘陵之上的古城古迹能够躲避洪水而存在于当时,却无法避免风雨的侵蚀和人为的破坏,难以保留至今。

蒙阴吕家庄文化遗址位于叟虎寨山东南吕家庄村,南距蒙山 1 公里。据考古专家分析,这里有两个文化层,分属于大汶口文化和龙山文化类型,并有商周秦汉时期的文物出土。在遗址北首有一高 50 米,直径 20 米、文化层 40—60 公分的土台,其南断壁上发现大量的红烧土块及灰土、木炭,并有大量的龙山文化时期的陶片。据遗迹、遗物分析,土台是人工筑成,疑是古人为祭祀蒙山而设立,也可能是部族祭祀地。遗迹东南部吕家庄菜园内有一口古陶壁井,深 5 米,径 80 公分,井壁全是陶制,陶圈厚 3 公分。该遗址年代自大汶口文化、龙山文化时期,延续至商周、秦汉、唐宋时期,1991 年,被公布为省级重点文化物保护单位。③

---

① 袁珂:《山海经校注》,北京:北京联合出版公司,2014 年,第 43 页。

② 张学海:《试论山东地区的龙山文化城》,《文物》1996 年第 12 期。

③ 参见中共蒙阴县委宣传部、蒙阴县生态推进办编:《蒙阴县生态文明建设社会普及读本》,2019 年,第 33—34 页。

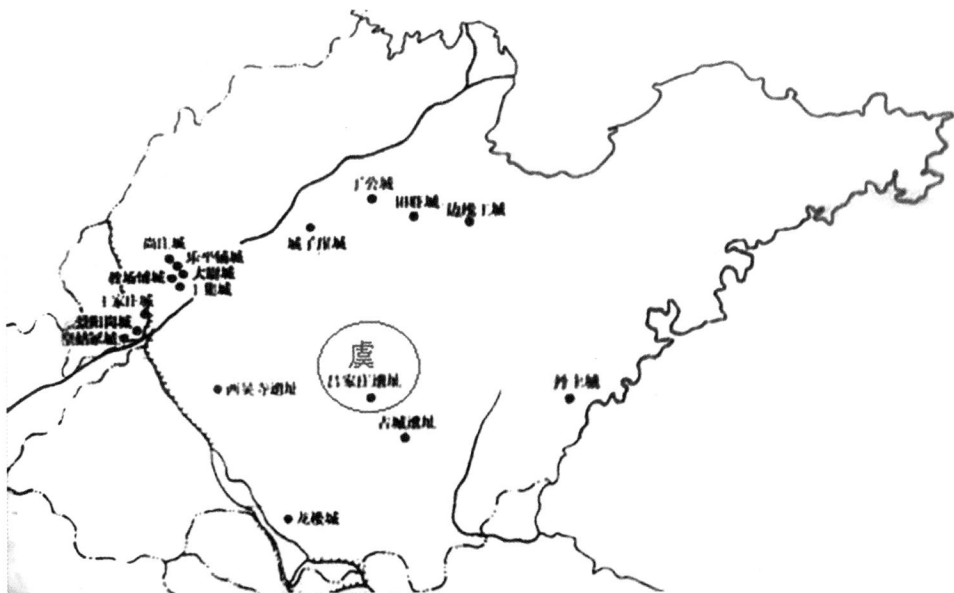

图 5-4　海岱龙山文化城址分布示意 [①]

　　尤其重要的是吕家庄遗址出土文物中包括有石钺。古代石钺是原始社会史前文明最高军事指挥权的代表之物，是皇权王者的象征，往往君王用钺象征征伐。这些文物证明，早在半耕半猎的大汶口文化时期，蒙山北麓先民已形成氏族部落，说明当时已经拥有部族领袖，所有猎、耕、制陶、防卫等社会活动，均在部落领袖领导下有组织进行。出土的鸟形鼎足、鸟形壶嘴及带有鸟形图案的陶器，证实该遗址属东夷文化。土城残迹证实在大汶口文化时期，这里已形成古城规模，"石钺"的出土更证明其为原始社会晚期蒙山北麓最早的政治、经济、文化中心。

　　吕家庄遗址"陶井"的发现，证实了"虞舜穿井"和"伯益作井"的传说：

　　《史记·五帝本纪》：舜耕历山，历山之人皆让畔；渔雷泽，雷泽之人皆让居；陶河滨，河滨器皆不苦窳。一年而所居成聚，二年成邑，三年成都。……后瞽叟又使舜穿井，舜穿井为匿空旁出。舜既入深，瞽叟与象

---

① 　高广仁、邵望平：《海岱文化与齐鲁文明》，南京：江苏教育出版社，2005 年，第 147 页。

共下土实井，舜从匿空出，去。[1]

《吕氏春秋·勿躬》："虞姁作舟，伯益作井。"[2]

《水经注》：泗水出鲁卞县北山，……水出下县东南，桃墟西北。……杜预曰：鲁国下县东南有桃墟，世谓之曰陶墟，舜所陶处也。井曰舜井。[3]

综上所述，蒙阴叟虎寨山下面的十二城子和叟虎寨山东南的吕家庄遗址，即虞都"穷桑""姚墟"，也即《山海经》中记载的昆仑之神陆吾所司的"帝之下都"。

第二节　虞代始帝黄帝生于寿丘、长于姬水、封于颛臾

关于黄帝的出生地、建都地和安葬地的记载，从先秦文献到司马迁《史记》，再到后来的一些历史文献，岐异之处颇多。人们依据不同文献，对这些问题进行研究，可能得出各自不同甚至相反的结论。关于黄帝的出生地，影响较大的有姬水说、有熊说和寿丘说，魏晋南北朝时期亦有轩辕谷说和轩辕丘说。黄帝的建都地，主要有有熊说、涿鹿说等。黄帝的安葬地，有桥山说、长沙说、平谷说、荆山说等。

随着现代考古研究发现，海岱地区旧石器和新石器文化一脉相承，尤其是大汶口文化遗址的出土，证实了东夷地区的新石器时期文化领先于西部文化，影响了整个中原地区。这些研究发现推翻了汉代以后一些学者对先秦古籍和《史记》的片面注释，还原了远古历史真相，合理的解释了先秦古籍和司马迁在《史记》中关于黄帝事迹的记载。白红菊在《近百年国内黄帝部落发祥地研究综述》[4]一文中对百年来学者的研究成果总结如下：

就近百年来学界关于黄帝部落发祥地的研究成果而言，"西北说"是20世纪初提出并影响至今的一种观点，但具体为陕西还是甘肃仍有分歧。

---

[1] 《史记》，北京：中华书局，2006年，第4页。

[2] 陆玖译注：《吕氏春秋》，北京：中华书局，2011年，第594页。

[3] 陈桥驿：《水经注校证》，北京：中华书局，2013年，第566页。

[4] 白红菊：《近百年国内黄帝部落发祥地研究综述》，《陇东学院学报》2019年第3期。

20世纪60年代"河南说"开始提出，其影响不断扩大……

"山东说"从20世纪80年代起影响逐渐扩大。黄帝部落与山东产生联系，较早见于晋皇甫谧《帝王世纪》，附宝"生黄帝于寿丘，寿丘在今鲁城东门之北……"20世纪初王国维《殷商制度论》中较早提出古帝东方说，"自上古以来，帝王之都皆在东方"。[1]20世纪80年代以来学者从图腾崇拜、考古学文化分期、古文明发祥等角度展开研究。认为黄帝族黾系图腾本为东夷人图腾，而提出"黄帝族当就是一支发祥于东方的中原古族。"[2]21世纪以来，学者根据山东龙山文化出土材料、崇龟习俗及古文明发祥地及古方国之分布进行研究，提出"黄帝族源于东夷"。[3]

笔者依据文献记载、考古资料和学者的相关论述，就黄帝诞生地、成长地、建都地和安葬地进行了考论。

一、黄帝生于"寿丘"是羽人所居的"丹丘""凡山"

黄帝生于寿丘说最早见于西晋皇甫谧《帝王世纪》，后世典籍《史记·五帝本纪索隐》《云笈七籤·轩辕本纪》《宋书·符瑞志上》等均有相同的记载。

（一）"寿丘"在"仁者寿，君子不死之国"

《帝王世纪》：黄帝有熊氏，少典之子，姬姓也。母曰附宝，其先即炎帝。母家有蟜氏之女，世与少典氏婚，故《国语》并称焉。及神农氏之末，少典氏又取附宝，见大电光绕北斗枢星，照于郊野，感附宝，孕二十五月，生黄帝于寿丘，长于姬水，因以为姓。……黄帝生于寿丘，在鲁城东门之北。居轩辕之丘。[4]

唐人李吉甫《元和郡县志》卷十《曲阜县》则明确记载了寿丘的地理方位："寿丘在（曲阜）县东北六里。皇甫谧以为，黄帝生于寿丘，在鲁城东门之北。"

① 王国维：《殷商制度考》，《王国维儒学论集》，成都：四川大学出版社，2010年，第241页。
② 王燕均：《黄帝名号与图腾新考》，《学术界》1989年第4期。
③ 张为民：《黄帝族源于东夷说》，《东方论坛》2001年第2期。
④ 《帝王世纪》，济南：齐鲁书社，2010年，第5—9页。

宋人乐史《太平寰宇记》卷二十一《曲阜县》对寿丘的地理方位亦有记载："寿丘高三丈,在县东北六里。按皇甫谧《帝王世纪》云:'黄帝生于寿丘,长于姬水,居轩辕之丘。'"由于《竹书纪年》和《帝王世纪》的深远影响,黄帝生于寿丘说在唐以后产生了较大影响。①

从上述典籍记载来看,最早记载"黄帝生于寿丘"的《帝王世纪》云"寿丘在鲁城东门之北",只是提供了一个方向,并没有说明寿丘的具体所在,后世唐、宋文人据此认为"寿丘"在曲阜县东北 6 里,显然缺乏足够的依据。《竹书纪年》《帝王世纪》《路史》等皆云"黄帝生于寿丘",那么"寿丘"在何处?皇甫谧说"寿丘在鲁城东门之北"必然有其依据,但也不能随便断言"寿丘"就在曲阜东北 6 里,必须正确分析理解"寿""丘"的含义和历史、人文、地理信息,才能得出正确的结论。"寿丘"之地名,所体现的特征除了"丘"字之外,更重要的内涵在"寿"字上。

胡厚宣说"古人为避洪水常依丘而居",②傅斯年先生在《民族与古代中国史》一书中说:"人类的住家不能不依自然形势,所以在东平原区中好择高出平地的地方住,因而古代东方地名多叫作丘。在西高地系中好择水流平坦地住,因而古代西方地名多叫作原。"③从傅斯年、胡厚宣等先生的论述中可知,"丘"是东方平原区的地貌名称。

张文哲、牛鹏志在《论"丘"及其蕴含的神话色彩》一文中说:"齐鲁东南方就是上古神话中重要地区甚或中心区域,是上古神话的一大源头。丘本为自然界之高山大丘,因神话色彩的渲染,而成为祭地降神之重要所在,时日浸久,后人遂将丘也看作祭拜的对象,作为东方文化中富有神话色彩和上古风情的一环,丘这个地理观念可能还有更多丰富的人文资源等待挖掘。"④

---

① 王绍生:《黄帝出生地、建都地、安葬地考辨》,《中原文化研究》2016 年第 6 期。
② 胡厚宣:《卜辞地名与古人居丘说》,参见于刘俊男:《黄帝史迹考》,《山东师范大学学报》2004 年第 2 期。
③ 傅斯年:《民族与古代中国史》,上海:上海三联书店,2017 年,第 67 页。
④ 张文哲、牛鹏志:《论"丘"及其蕴含的神话色彩》,《齐鲁师范学院学报》2013 年第 5 期。

《帝王世纪》：黄帝自穷桑登帝位，后徙曲阜……黄帝生于寿丘，在鲁城东门之北。居轩辕之丘。于《山海经》云："此地穷桑之际，西射之南"是也。①

"穷桑"是虞代黄帝、颛顼时期的虞都。那么，黄帝的出生地"寿丘"即虞舜"耕历山，陶河滨，渔雷泽，作什器于寿丘"之"寿丘"。"雷泽"在蒙阴盆地青龙山以北，河滨即柴汶河河滨（详见第三章），显然"寿丘"亦在颛臾风国。那么，"寿丘"因何而得名呢？

《后汉书·东夷列传》：王制云："东方曰夷。"夷者，柢也，言仁而好生，万物柢地而出，故天性柔顺，易以道御，至有君子、不死之国焉。夷有九种，曰畎夷，于夷，方夷，黄夷，白夷，赤夷，玄夷，风夷，阳夷。故孔子欲居九夷也。②

《说文解字注》：夷，东方之人也，从大从弓。……惟东夷从大。大人也。夷俗仁，仁者寿，有君子不死之国。③

由上可知，君子之国"仁者寿"，是"君子不死之国"，显然"寿丘"无论从地理环境、地理位置，还是历史文化上讲，都是位于鲁东北"君子之国"的丘陵，也是虞舜故里之"寿丘"（详见本章第三节）。

古人在表述地理方位时并不像现在这么准确，加之远古时期人烟稀少，百里之间都没有具体的地名可以参照。因此，古人所言"黄帝生于寿丘""寿丘在鲁城东北"并非是说黄帝准确无误的出生在鲁城东门附近的哪座小山丘，而是说黄帝一族生活在鲁城东门以北方向的一大片丘陵之中。现实是曲阜东门之北附近并没有成规模的丘陵地带，不足以支撑一个大部落的生存。沿着鲁城东北这个方向，将视野放远则会发现寿丘就在蒙山以北的鲁中丘陵区，也就是沂蒙腹地、蒙山以北蒙阴境内的颛臾之丘。明朝御史彭勖（江西永丰人）在《颛臾庙》诗中赋曰：

① 《帝王世纪》，济南：齐鲁书社，2010年，第9页。
② 《后汉书》，北京：中华书局，2007年，第826页。
③ 《说文解字注》，上海：上海古籍出版社，1981年，第493页。

蒙山突兀鲁城东，巨石如龟镇上峰。为问颛史今有祀，季孙空富过周公。①

由此可见，古人普遍认为蒙山在鲁城东，蒙阴则正是在鲁城东以北。蒙阴从地理位置上来看在鲁东北，从历史上来讲蒙阴也在鲁境内的东北位置。因此，所谓"寿丘在鲁城东门北"即指蒙阴一带的丘陵。

（二）"寿丘"是君子国北、青丘之泽的"桃丘"

李炳海先生在《黄帝孕育神话的生成根据及文化意蕴——兼论哲学理念对神话创造的制约》中说，青邱，亦作青丘，古代典籍经常提到它。黄帝生于青丘的说法见于纬书《河图稽命征》："附宝见大电光绕北斗枢星，照耀郊野，感而生黄帝于青邱。"李炳海先生认为，青丘，古代实有其地，位置就在东方。②笔者认为"青丘"就是君子之国北面、蒙阴盆地之中的"青丘之国""青丘之泽"。

《山海经·海外东经》：君子国"有薰华草，朝生夕死。朝阳之谷，神曰天吴。……青丘国在其北。"③

《山海经·大荒东经》：有君子之国，其人衣冠带剑。……有青丘之国。……有神人，八首人面，虎身十尾，名曰天吴。④

《淮南子·本经训》：尧乃使羿诛凿齿于寿华之野，杀九婴于凶水之上，缴大风于青丘之泽。⑤

《山海经·海外南经》：羿与凿齿战于寿华之野，羿射杀之。在昆仑虚东。⑥

"青丘国""青丘之国"在君子之国的北面，"青丘之泽"与"寿

---

① 蒙阴县地方史志编纂委员会：《蒙阴县清志汇编》，北京：中华书局，1999年，第408页。
② 李炳海：《黄帝孕育神话的生成根据及文化意蕴——兼论哲学理念对神话创造的制约》，《齐鲁学刊》2004年第5期。
③ 方韬译注：《山海经》，北京：中华书局，2011年，第249—250页。
④ 方韬译注：《山海经》，北京：中华书局，2011年，289—291页。
⑤ 陈广忠译注：《淮南子》，北京：中华书局，2012年，第393—394页。
⑥ 方韬译注：《山海经》，北京：中华书局，2011年，第226页。

华之野""凿齿""大风"同在一处，"大风"即凤凰，"凿齿"是大汶口先民的习俗（详见第二章），可见"青丘之泽"即在君子之国北面的蒙阴盆地之中。那么"寿华之野"的"寿华"又是指什么呢？

《吕氏春秋》："菜之美者，昆仑之蘋，寿木之华。"高诱注："寿木，昆仑山上木也；华，实也。食其实者不死，故曰寿木。"[1]

从高诱注释来看，"寿华"是指昆仑山上寿木之果实，食之不死，故曰寿木。袁轲先生认为，《山海经·海内西经》云："昆仑开明北有不死树。"寿木即不死树。[2] 徐北文先生认为："寿字古时读音为'桃'，或曰桃丘，当是陶丘之另一写法，盖陶、桃同音假借。"[3]

笔者认为，并非寿木本身是不死树，而是食寿木之华（果实）而不死。"昆仑之丘"即君子之国天文观象台"天吴"，也即"夸父之山"，《山海经·中山经》："夸父之山，……其北有林焉，名曰桃林。"桃以寿著称，因此寿木即桃木，"寿华"即桃之果实，"寿华之野"即以桃著称的蒙阴盆地，黄帝生于"青丘"也即"寿丘"，是蒙阴盆地中的"桃丘"。

（三）"寿丘"即羽人所居的"丹丘""凡山"

前文中论证了"丘"是山东丘陵、岱崮地貌。寿丘、青丘均在鲁城东门之北的君子之国。"寿丘"是指君子之国哪一座"丘"呢？

《史记·封禅书》：公玉带曰："黄帝时虽封泰山，然风后、封巨、岐伯令黄帝封东泰山，禅凡山，合符，然后不死焉。"天子既令设祠具，至东泰山，东泰山卑小，不称其声，乃令祠官礼之，而不封禅焉。[4]

从《封禅书》的记载来看，黄帝封东泰山，禅凡山，然后不死。说明东泰山、凡山即在"仁者寿，君子不死之国"，所谓不死也即羽化成仙。

---

[1]　陆玖译注：《吕氏春秋》，北京：中华书局，2011年，第418页；袁珂：《中国神话传说词典》，北京：北京联合出版公司，2013年，第154—155页。

[2]　袁珂：《中国神话传说词典》，北京：北京联合出版公司，2013年，第154—155页。

[3]　仝晰纲：《虞舜相关地名辨正》，《山东师范大学学报》2005年第6期。

[4]　《史记》，北京：中华书局，2006年，第178页。

由此可见，所谓"寿丘"就是"东泰山"或"凡山"，也就是蒙阴叟虎寨山和"丹丘""羽山"。

《楚辞·远游》：仍羽人于丹丘兮，留不死之旧乡。朝濯发于汤谷兮，夕晞余身兮九阳。[①]

笔者认为，羽人所居之山即《禹贡》中"蒙羽其艺"之"羽山"，以往学者不理解"羽山"的含义，因此对"羽山"地望的考证也就没有定论。从《楚辞·远游》中可知"羽山"即羽人所居的"丹丘"，是不死之旧乡。

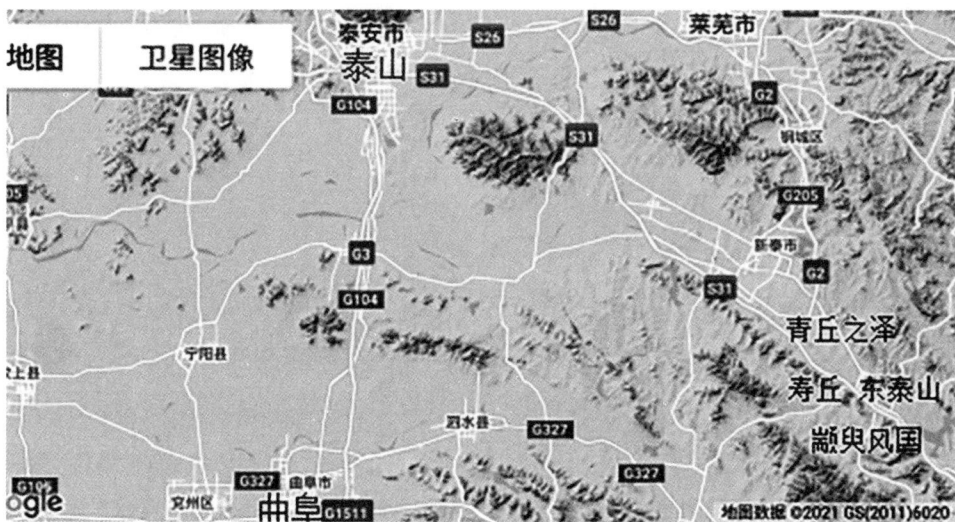

图5-5 "东泰山""凡山"在泰山东、曲阜东北

《山海经·海内经》：流沙之东，黑水之西，有朝云之国，司彘之国，黄帝妻雷祖，生昌意，昌意降居若水，生韩流，韩流……生帝颛顼。流沙之东，黑水之间，有山名不死之山。[②]

《海内经》上述记载明确无误的告诉我们，黄帝之子昌意降居之地，颛顼诞生之地"若水"有不死之山。"若水"即蒙阴桑泉水，颛顼之国即颛臾风国，因此"不死之山"显然就是前面论述的"羽山""丹丘"。

---

① 林家骊译注：《楚辞》，北京：中华书局，2010年，第173页。
② 袁珂：《山海经校注》，北京：北京联合出版公司，2014年，第373页。

　　综上所述,黄帝是少典之子,少典居于颛臾守太皞之祀,少典娶附宝(又名"吴枢")、"昊枢"),显然取名于天枢之"吴",附宝见大电光绕北斗枢星,就是指北斗枢星的化身蒙阴叟虎寨山,生黄帝于鲁东门北寿丘,就在黄帝"封东泰山,禅凡山,合符,然后不死"之处。鲁东门北、泰山东两个方向的汇集点就在蒙阴——君子不死之国,也就是"寿丘"。

二、黄帝所居"轩辕之丘"在颛臾风国"桑梓之地"

　　"轩辕"是黄帝诸多名号中较重要的一个。黄帝居于"轩辕之丘",名曰"轩辕氏",这是古代人所共知的常识。

　　"轩辕"代表着什么人文信息和历史秘密,"轩辕"又是因何而来,自古以来众说纷纭,也没有人去做深入研究。在没有弄清楚"轩辕之丘"真实含义的情况下,后世之人生硬地将"轩辕之丘"考证在这里或那里都是缺乏事实依据的,是"知其然而不知其所以然"。

　　目前学界围绕"轩辕"名号来源取得的研究成果,大致有四:第一,认为黄帝"轩辕"的由来与黄帝制作发明有关;第二,"人因地名"与"地因人名"两种对立的观点;第三,认为金文中"天鼋"即为"轩辕"的观点;第四,从音韵角度出发得出的其他观点。[①]笔者根据学者们这四个方面的研究成果,进一步研究发现,黄帝作为"虞代"始帝,其出生地在颛臾风国,其所居之地"轩辕之丘"也在颛臾风国。

　　(一)黄帝制作"轩辕""轩冕"于"桑梓之地"

　　因"轩""辕"二字的具体含义均与车有关系,且黄帝造车传说流传较广,认为"轩辕"来源于车的发明的观点很早便有。汉代即有学者持此观点。近现代也有学者从字义的角度出发,认为黄帝因其创作发明,而得"轩辕"之名。

　　《说文·车部》:轩,曲辀藩车。从车,干声。(轩,有穹隆曲上的辀辕、

―――――――――――――――

[①]　田成浩:《"轩辕"名号研究概述》,《重庆文理学院学报》(社会科学版)2014年第6期。

而箱后有围蔽的车。从车，干声。）①

《说文·车部》：辕，辀也。从车，袁声。（辕，大车上成对的直辕，从车，袁声。）②

《楚辞·远游》中有"轩辕不可攀援兮"一句，汉代王逸的解释为："轩辕以往，难引攀也。轩辕，黄帝号也。始作车服，天下号之为轩辕氏也"。③二十世纪三十年代，吴国泰认为："黄帝亦当以制轩冕车舆而号曰轩辕矣"。④姜蕴刚认为："轩辕氏的名称，与今日所谓'木匠''水泥匠'的称谓大约差不多，所以志其特能也。"⑤刘起釪认为："不少文献如《易·系辞》《世本·作篇》等盛称黄帝时期有各种发明创造。其反映生产方面的，有穿井、作杵臼、作弓矢、服牛、乘马、作驾、作舟等，其名号轩辕即反映制作了车辆。"⑥这部分学者多以黄帝制作发明的传说来对"轩辕"的由来进行解释。

除了"轩辕"一词之外，古代还有"轩冕"一词常见于各类典籍之中，"冕"即王冠，亦为黄帝所发明。

《说文》：古者黄帝初作冕。⑦

《庄子·胠箧》：虽有轩冕之赏弗能劝。⑧

《周易·系辞下》：黄帝尧舜垂衣裳而天下治。⑨

《拾遗记·轩辕黄帝》：出自有熊之国。母曰昊枢。……考定历纪，始造书契。服冕垂衣，故有衮龙之颂。⑩

黄帝之前是没有冕服的，包括衣和裳，王延寿的《鲁灵光殿赋》中有："黄

---

① 《说文解字》，沈阳：辽海出版社，2015 年，第 954 页。

② 《说文解字》，沈阳：辽海出版社，2015 年，第 964 页。

③ 黄灵庚：《楚辞章句疏证》，北京：中华书局，2007 年，第 2837 页。

④ 吴国泰：《史记解诂（上）》，北京：文史出版社，1997 年，第 38—42 页。

⑤ 姜蕴刚：《黄帝及其时代》，《东方杂志》1946 年第 3 期。

⑥ 刘起釪：《古史词条四则·古史续辨》，北京：中国社会科学出版社，1991 年，第 122 页。

⑦ 北京师范大学"汉字研究与现代应用实验室"：《汉字全息资源应用系统》。

⑧ 方勇译注：《庄子》，北京：中华书局，2010 年，第 150 页。

⑨ 《周易》：北京：中华书局，2011 年，第 610 页。

⑩ 王兴芬译注：《拾遗记》，北京：中华书局，2019 年，第 16 页。

帝唐虞,轩冕以庸,衣裳有殊。"甚至有人说黄帝"名曰轩辕"就是因为他"作轩冕之服"。[①]

黄帝始作"轩辕"离不开木工和木材,古代木工称为"梓人",成书于元初的《梓人遗制》和《考工记》一样,都把制车内容放在了篇首的位置,且比重较大。[②]黄帝始作"轩冕","垂衣裳而天下治",则离不开桑蚕丝织。

《尚书·梓材》孔颖达正义云:"梓,木名,木之善者,治之宜精,因以为木之工匠之名。"[③]

《孟子·尽心下》:梓、匠、轮、舆,能与人规矩,不能使人巧。赵岐注:"梓匠,木工也。"[④]

《尔雅·释木》:樉桑,山桑。《郭注》:"似桑。材中作弓及车辕。"[⑤]

笔者认为蒙阴桑梓之地具备黄帝始作"轩辕""轩冕""垂衣裳而治天下"的人文和自然条件,黄帝所居"轩辕之丘"就是其出生地"寿丘",或寿丘周边的"九丘""八台"。

《史记·五帝本纪》:黄帝居轩辕之丘,而娶于西陵之女,是为嫘母。嫘祖为黄帝正妃,生二子,其后皆有天下:其一曰玄嚣,是为青阳,青阳降居江水;其二曰昌意,降居若水。昌意娶蜀山氏女,曰昌仆,生高阳,高阳有圣德焉。黄帝崩,葬桥山。其孙昌意之子高阳立,是为帝颛顼也。[⑥]

《山海经·海内经》:流沙之东,黑水之西,有朝云之国、司彘之国。黄帝妻雷祖,生昌意,昌意降居若水,生韩流。韩流擢首、谨耳、人面、豕喙、麟身、渠股、豚止,取淖子曰阿女,生帝颛顼。【注释】袁轲注:雷祖即嫘祖。[⑦]

司马迁依据《山海经》《世本》等先秦时期的文献记载,并经过实地

① 陈传席:《释〈易经〉"黄帝尧舜垂衣裳而天下治"——兼说中国的画与绘及记载中绘画起源》,《美术研究》2011年第3期。

② 张万辉:《〈梓人遗制〉车制内容研究》,山西大学硕士论文,2017年。

③ 《十三经疏影印本》,北京:中华书局,1980年,第1965,2637,2156页。

④ 陈西平:《梓文化考略》,《北京林业大学学报》2010年第1期。

⑤ 谢美英:《从〈尔雅〉植物名词看中国古人的器物制造》,《百色学院学报》2010年第3期。

⑥ 《史记》,北京:中华书局,2006年,第1页。

⑦ 袁珂:《山海经校注》,北京:北京联合出版社,2014年,第372页。

考察与甄别,将嫘祖写进了《史记》。《隋书》载:"北周制,以一太宰亲祭,进尊先蚕西陵氏。"宋代罗泌《路史·后纪五》云:"西陵氏之女嫘祖为帝元妃,始教民育蚕,治丝茧,以供衣服 ……后世祀为先蚕。"嫘祖不仅是黄帝正妃,而且因为发明和推广桑蚕技术而被后世尊为蚕神。① 从《山海经》和《史记》记载来看,从黄帝所居"轩辕之丘",到"西陵之女""昌意降居若水"、娶"蜀山氏女"再到"颛顼"是相互关联、一脉相承的,都与桑蚕有密切的关系。

笔者根据王献唐、吕思勉等先生关于"若水"即"桑水"的论证,认为颛顼诞生地"若水"即颛臾风国之"桑泉水","西陵"即蒙阴桑泉水的发源地蒙阴西南的"五女山"(冠石山),蜀山也因"桑蚕"而得名(详见后文)。由此反推,黄帝所居"轩辕之丘"必在"西陵"的东面,其方位就在"寿丘"一带。

(二)"轩辕之丘(台、国)"在颛臾风国

先秦和秦汉时期的典籍中,以"轩辕"为地名,在《山海经》中最为多见,有"轩辕之丘""轩辕之山""轩辕之国""轩辕之台"等。除《山海经》外,《大戴礼记》《史记》中也提到过"轩辕之丘",并将黄帝与"轩辕之丘"联系起来,所谓"黄帝居轩辕之丘"。

除了上述黄帝始作"轩辕"故而得名之外,围绕"黄帝居轩辕之丘"这一问题,大致还有两种观点的争论:一种观点认为黄帝因居地而号"轩辕"。《水经·渭水注》中引汉代姚瞻的观点认为,"黄帝生于天水,在上邽城东七十里轩辕台。故号轩辕氏。"② 晋代皇甫谧在《帝王世纪》中认为黄帝:"受国于有熊,居轩辕之丘,故因以为名。"③ 按照姚瞻与皇甫谧的说法,黄帝之所以有"轩辕"这一名号,是由于其曾居住在以"轩辕"为名的地方,

---

① 郭超:《关于嫘祖及其"蚕神"问题的考辨》,《河南师范大学学报》2017 年第 6 期。
② 《水经注》,上海:商务印书馆,1936 年,第 246 页。
③ 徐宗元:《帝王世纪辑存》,北京:中华书局,1964 年,第 17 页。

人以地为名，故而有了这一名号。

相对于“人以地名”的观点，有学者认为应当是“地以人名”，即因号“轩辕”的人曾居于某地，某地才得“轩辕”之名。清代梁玉绳认为：“公孙非姓也，黄帝乃少典国君之后，故称公孙。轩辕是其号……司马贞《史记索隐》引皇甫谧《帝王世纪》言‘黄帝居轩辕之丘，因以为名’。殊妄。盖兹丘缘黄帝得名耳。”① 吴国泰的观点与其类似，他认为：“盖轩辕之丘者，因黄帝居此，后人因以名之耳，地以人名，而非人以地名也。”②

笔者认为“轩辕”之名始见于《山海经》中，因此要知“轩辕”所在地，也必然要从《山海经》中溯源。

《山海经·海外西经》：轩辕之国在此，穷山之际，其不寿者八百岁。在女子国北。人面蛇身，尾交首上。穷山在其北，不敢西射，畏轩辕之丘。在轩辕国北。其丘方，四蛇相绕。此诸沃之野鸾鸟自歌，凤鸟自舞。凤皇卵，民食之；甘露，民饮之，所欲自从也。百兽相与群居。在四蛇北。其人两手操卵食之，两鸟居前导之。【注释】袁轲案：“古天神多为人面蛇身，举其著者，如伏羲、女娲、共工、相柳、窫窳，或龙身人面，如雷神、烛龙、鼓等是矣，亦人面蛇身之同型也。此言轩辕国人面蛇身，固是神子之态，推而言之，古传黄帝或亦当作此形貌也。”郭璞云：“四蛇相绕盖是神蛇护卫此丘也。”③

从上述记载来看，轩辕之国“不寿者八百岁”，“人面蛇身”，“丘四方”，“鸾鸟自歌，凤鸟自舞”，其人文地理环境就是凤凰所出、仁且寿的“东方君子之国”，轩辕之国即在“人面蛇身”伏羲、女娲故事所在地——蒙阴青龙山下的“雷泽”，所谓“四蛇相绕”是指颛臾风国在形如蛇的群山环抱之中。

叶舒宪认为：“‘轩辕：轘辕’等合音又近于‘卷’或‘蜷’。这又

---

① 梁玉绳：《史记志疑》，北京：中华书局，1981 年，第 3 页。

② 吴国泰：《史记解诂（上）》，北京：文史出版社，1997 年，第 38—42 页。

③ 袁珂：《山海经校注》，北京：北京联合出版公司，2014 年，第 201—203 页。

使人想及龙蛇的蜷曲以及它在图饰上的再现。"① 何星亮也曾认为：轩辕可能是一种龙蛇的名称。② 张开焱认为：

> 轩辕二字真义当以音求之。这是因为，轩辕作为远古氏族的称号，其出现必早于文字的创制，后世"轩辕"二字，只表其音，不表其义。从音训上看，"轩辕"当作"旋圆"……旋圆与环圆、盘环、盘旋等义均可通，都是指盘环旋转状之物，这物就是龙蛇。故所谓轩辕丘，圆丘即蛇丘、龙丘……轩辕族团对自己的图腾物为什么不直接以龙蛇呼之……这根本的原因就在于初民图腾禁忌与避讳的习俗。③

笔者认为，学者们论证的"轩辕"即蛇丘、龙丘，即蒙阴青龙山，也就是《山海经·大荒西经》中记载的"龙山"。

《山海经·大荒西经》：有轩辕之台，射者不敢西射，畏轩辕之台。大荒之中，有龙山，日月所入。有三泽水，名曰三淖，昆吾之所食也。④

从《山海经·大荒西经》记载可知，"轩辕之台"在日月所出入的"龙山""昆吾""三泽水"附近，前文中论述了"龙山"即蒙阴青龙山，"昆吾"即蒙阴叟虎寨山，"三泽水"即叟虎寨山下的虞渊（现名"三道河"），可见轩辕之台就在蒙阴颛臾风国。

（三）"轩辕"即"天鼋"之说

"轩辕"为"天鼋"的观点于上世纪 30 年代由郭沫若提出。这一观点提出之后，影响较大，部分学者表示赞同，并且在此基础上做了进一步地探究。这一观点将出土的金文史料与传世文献结合来进行探究，其主要依据是《国语·周语下》中周景王与伶州鸠之间的一段对话：

> 王曰："七律者何？"对曰："昔武王伐殷，岁在鹑火，月在天驷，

---

① 叶舒宪：《山海经的文化寻踪——"想象地理学"与东西文化碰触（下）》，武汉：湖北人民出版社，2004 年，第 1024 页。

② 何星亮：《"华夏第一龙"探析》，《东南文化》1993 年第 3 期。

③ 张开焱：《轩辕之谜》，《广东民族学院学报》（社会科学版）1996 年第 3 期。

④ 袁珂：《山海经校注》，北京：北京联合出版公司，2014 年，第 337—341 页。

日在析木之津，辰在斗柄，星在天鼋，星与日辰之位，皆在北维。颛顼之所建也，帝喾受之。我姬氏出自天鼋，及析木者，有建星及牵牛焉，出我皇妣大姜之侄伯陵之后逄公之所凭神也。"①

郭沫若先生分析献侯鼎铭文时认为："轩辕二字原作天鼋。器铭多见，旧释为子孙。余谓当是天鼋，即轩辕也。《周语下》'我姬氏出自天鼋'，犹言出自黄帝。"②关于这一看法，杨向奎先生认为："这的确是最好的解释，出自天鼋即出自轩辕，而轩辕即黄帝，也就是姬氏出自黄帝。"③

"轩辕即天鼋"的观点出现之后，赞同此说的学者，多对"鼋"的涵义作进一步探讨。其观点基本上集中于龟鳖蛙蛇等水栖动物的崇拜上面。杨向奎认为："黄帝之称作'轩辕'（天鼋）实在是图腾崇拜，即水族动物龟蛇的崇拜。"④龚维英、王大有等人也都认同此说：

《国语·周语下》谓，周人自称"我姬氏出自天鼋"。天鼋即轩辕，音同字假。轩辕即黄帝（《史记·五帝本纪》）。黄帝的化身为天鼋。鼋属龟鳖之伦；天鼋，即神化（或图腾化）的大龟鳖……这样看来，周族先民所崇奉的图腾，便是具有神格的大龟鳖——天鼋了。⑤

天鼋又作玄鼋，状如蜥蜴，实为鼋龙古鳄……天鼋既为鼍龙，主雷电云雨，又为后宫之象，则有娇氏附宝一支，必是天鼋族支……称天鼋氏，又异字记音作轩辕氏。天鼋、玄鼋、鼍龙、鳖、龟等，皆从尾。⑥

刘桓认为"'天鼋'即十二次的玄枵，属于齐的分野。周人皇妣、大王（古公亶父）的后妃、王季之母大姜，是殷逄（按：《左传》作'逄'）

① 陈桐生译注：《国语》，北京：中华书局，2013年，第145页。
② 郭沫若：《两周金文辞大系图录考释3·献侯鼎》，《郭沫若全集·考古编第8卷》，北京：科学出版社，1982年，第31页。
③ 杨向奎：《宗周社会与礼乐文明》，北京：人民出版社，1997年，第18页。
④ 杨向奎：《宗周社会与礼乐文明》，北京：人民出版社，1997年，第19页。
⑤ 龚维英：《周族先民图腾崇拜考辨——兼说黄帝族、夏族的图腾信仰》，《人文 杂志》1983年第1期。
⑥ 王大有：《三皇五帝时代》，北京：中国社会科学出版社，2000年，第135—136页。

伯陵的后代、齐地之女。"① 景以恩在《炎黄虞夏根在海岱新考》一书中说：

> 据《辞海》，鼋即大鳖，或即大龟。天者大也。古天、大义通。今蒙山西北新泰市有龟、鳌二山，西山称龟山，东山称鳌山。《鲁颂》："奄有龟蒙，遂荒大东"之龟山，即此山也。龟、鳌皆龟鳖之属，亦即天鼋、轩辕。②

从学者们的上述论证中可知，传世文献中的"轩辕"即"天鼋"，"天鼋"属于齐的分野，"轩辕"即在蒙山（又称龟蒙）以北颛臾风国。

（四）"轩辕"即"昆仑"之说

丁山先生在《中国古代宗教与神话》一书中，通过考察梵语与日本吴音，认为：

> "轩辕""昆仑"，其音一也，不过汉字写法特异耳。Kuru 在中国古代还有一个重要的音译，就是轩辕。按日本的吴音，"轩辕"读为 ken-en，"昆仑"读为 kon-rin，显然都与 kuru 的语根相近。换言之，"轩辕""昆仑"，其音一也，不过汉字写法特异耳……战国诸子，尚知昆仑之丘本是黄帝的神宫。③

丁山的看法是"轩辕"即"昆仑"，而《山海经》中"昆仑"为黄帝的居地，黄帝因地名而得名"轩辕"。笔者通过对《山海经》的研读发现，君子国之神"天吴"和昆仑之神开明兽、陆吾皆为虎身人面，君子之国是虞代封君之地，而昆仑之丘又是众神所居之地，显然君子之国"天吴"即"昆仑之丘"，也即"寿丘""轩辕之丘"。

综上所述，笔者认为"轩辕之丘"即蒙阴叟虎寨山和东西"三山"。叟虎寨山与东西"三山"对应着北斗七星（北辰），北斗七星构成"轩辕"（车）的图形，《史记·天官书》云："斗为帝车，运于中央，临制四乡。"所谓黄帝居"轩辕之丘"实际上是指黄帝居北辰所化叟虎寨山和东西"三山"

---

① 刘桓：《商周金文族徽"天鼋"新释》，《历史研究》2010 年第 1 期。
② 景以恩：《炎黄虞夏根在海岱新考》，北京：中国文联出版社，2001 年，第 72 页。
③ 丁山：《中国古代宗教与神话》，上海：龙门书店，1961 年，第 417—418 页。

（第二章第二节），具体的讲黄帝居于北斗二星"天璇"对应的蒙阴"响石山，九名洞"（丹穴之山），也即"玄扈石室"（详见下文）。

三、黄帝居洛水之中"玄扈石室"和"洞庭之野"

前文中论述了黄帝生于"寿丘"、居"轩辕之丘"，在一些典籍中还记载黄帝"斋于中宫，坐于玄扈"见凤凰献图和黄帝"张咸池之乐于洞庭之野"的说法。

（一）"玄扈石室"是指"玄丹之山"上的"九名洞"

《帝王世纪》：黄帝服斋于中宫，坐于玄扈。洛上乃有大鸟，鸡头、燕喙、龟颈、龙形、麟翼、鱼尾，其状如鹤，体备五色，三文成字，首文曰顺德，背文曰信义，膺文曰仁智。不食生虫，不履生草，或止帝之东园，或集阿阁。其饮食也，必自歌舞，音如箫笙。[1]

《云笈七籤·轩辕本纪》：（黄帝）于洛水上坐玄扈石室，与容光等观。忽有大鸟衔图置于帝前，帝再拜受。……黄帝曰："是鸟遇乱则隐居九夷矣。出于东方君子之国，又出丹穴之山。"有臣沮颂苍颉观鸟跡以作文字，此文字之始也。[2]

《山海经·中次四经》：甘水出下，而北注入洛，其中多泠石。……谨举之山。雒（洛）水出焉，而东北流注于玄扈之水。此二山者，洛间也。【注释】在谨举山与玄扈山之间，有一条洛水。[3]

从以上引文可知，洛水流经玄扈山，前文已证"洛水"即蒙阴汶水，故"玄扈山"无疑就是蒙阴叟虎寨山北面的"玄丹之山""丹穴之山"。所谓"玄扈石室"就是指丹丘之上的洞穴。

古代典籍中有"有扈氏"的记载，学者们认为"有扈氏"是以鸟为图

---

[1] 《帝王世纪》，济南：齐鲁书社，2010年，第8页。
[2] 《云笈七籤》，北京：中华书局，2003年，第2160—2161页。
[3] 方韬译注：《山海经》，北京：中华书局，2011年，第146—150页。

腾的少昊或嬴姓后裔。因此，要研究"玄扈石室"除了要理解"玄扈"的含义之外，还可以从"有扈氏"的起源与迁徙过程入手。

《尔雅·释山》："卑而大，扈。"郭璞注："扈，广貌。"邢昺疏曰："山形卑下而大者，名扈。"①

肖华忠等在《有扈氏地望变迁考辨》一文中说，今山东省临沂地区尚有扈山之名，用"扈"字形容山东丘陵之地，亦恰如其义，其后"扈"字又有督农之义，可见有渐迁移到平原发展农业的轨迹。由此可见有扈氏曾经居于山东沂水上游之处，有扈氏的起源应在今山东省沂蒙山附近地区。②

"有扈氏"在夏朝初年政治变革中的地位很重要，它以反对夏启统治而闻名。王国维、郭沫若、顾颉刚等人通过对"有扈氏"在甲骨卜辞及其他传世文献的记载，论证有扈氏之姓氏和地望，认为有扈氏为东夷九扈部族，姓氏为嬴姓。③学者们认为有扈氏为东夷少昊嬴姓九农部族，其起源必与少昊活动地方相近。《史记·周本纪》云："封周公旦，于少昊之虚曲阜，是为鲁公。"少昊活动地域，诸书多有记载，当在今山东省泰山附近，故有扈氏的起源地也应该在泰山附近。④

《史记·夏本纪》：启遂即天子之位，是为夏后帝启。有扈氏不服，启伐之，大战于甘。……遂灭有扈氏。⑤

《淮南子·齐俗训》："昔有扈民为义而亡。"许慎注："有扈，夏启之庶兄也，以尧、舜举贤，禹独与子，故伐启，启亡之。"⑥

学者们认为有扈氏是嬴姓部族，有扈氏之所以反对夏启的统治，是因

---

① 邹德文：《尔雅注释》，郑州：中州古籍出版社，2013年，第368页。
② 肖华忠、陈晨、祝进：《有扈氏地望变迁考辨》，《江西师范大学学报》（哲学社会科学版）2016年第6期。
③ 肖华忠、陈晨、祝进：《有扈氏地望变迁考辨》，《江西师范大学学报》（哲学社会科学版）2016年第6期。
④ 肖华忠、陈晨、祝进：《有扈氏地望变迁考辨》，《江西师范大学学报》（哲学社会科学版）2016年第6期。
⑤ 《史记》，北京：中华书局，2006年，第10页。
⑥ 陈广忠译注：《淮南子》，北京：中华书局，2012年，第590—591页。

为夏启违背了尧舜确立的禅让制度，取代伯益成为天下共主，因此有扈氏起义反夏启，启伐有扈氏，大战于"甘"。肖华忠等人考证说《山海经》所言大壑者应为泰山之阳大谷，甘山、甘水、甘州，即有扈氏所居。[①]

《山海经·大荒东经》：东海之外大壑，少昊之国。少昊孺帝颛顼于此，弃其琴瑟。有甘山者，甘水出焉，生甘渊。……有君子之国，其人衣冠带剑。[②]

少昊孺帝颛顼之处有甘山、甘水、甘渊，有君子之国，君子之国即颛臾风国，君子之国"天吴"即蒙阴叟虎寨山，叟虎寨山及其周边的丘陵由麦饭石构成，麦饭石性"甘"，故山称"甘山"，水称"甘水"，叟虎寨山北面玄丘之下的水渊称"甘渊"（详见第三章），"有扈氏"发源地也即此，故黄帝之"玄扈石室"也在此。

《蒙阴县清志汇编·清康熙廿四年版》：仙人洞，在城南五里蒙阴山上，广容百余人，汉承宫隐此。为本县八景之一，曰南山仙洞。[③]

《蒙阴县清志汇编·清宣统三年版》：仙人洞，距城南五里，在蒙阴山顶，可容数百人，汉承宫栖隐于此。[④]

笔者认为，黄帝所居洛水之上"玄扈石室"，或为玄丹之山"九名洞"，也或为洛水（汶水）岸边与玄丹之山、叟虎寨山相邻的蒙阴山上的"仙人洞""南山仙洞"。

（二）黄帝张《咸池》之乐于"洞庭之野"

黄帝创建了中国礼乐体系，奠定了中国礼乐的思想基础，是先王之乐的集大成者。黄帝作《云门》《大卷》《咸池》三种乐舞，发明律吕，铸造乐钟，是中国礼乐的奠基人。

《庄子·天运》：北门成问于黄帝曰："帝张《咸池》之乐于洞庭之野。

---

① 肖华忠、陈晨、祝进：《有扈氏地望变迁考辨》，《江西师范大学学报》（哲学社会科学版）2016年第6期。

② 方韬译注：《山海经》，北京：中华书局，2011年，第286—287页。

③ 蒙阴县地方史志编纂委员会：《蒙阴县清志汇编》，北京：中华书局，1999年，第234页。

④ 蒙阴县地方史志编纂委员会：《蒙阴县清志汇编》，北京：中华书局，1999年，第474页。

吾始闻之惧，复闻之怠，卒闻之而惑，荡荡默默，乃不自得。"①

《庄子·天运》中说黄帝"张《咸池》之乐于洞庭之野"，"洞庭之野"是指何处呢？楚人曾将"洞庭"称为"云梦"，可见在楚人的记忆中"洞庭"与"云梦"是有关联的，黄帝"张咸池之乐于洞庭之野"与其《云门》之乐一样出自颛顼风国。

1. "洞庭"之名多见于楚地

《楚辞·湘君》："驾飞龙兮北征，邅吾道兮洞庭。"②《九歌·湘夫人》："袅袅兮秋风，洞庭波兮木叶下。"③《九章·哀郢》："将运舟而下浮兮，上洞庭而下江。"④张伟权在《屈赋"洞庭"与里耶秦简"洞庭"的解读》一文中说，历代楚辞学家中，很多人都把屈赋中的"洞庭"毫无疑问地注释成洞庭湖。但是，楚辞学家们却忽略了一个关键的问题，即先秦以前的洞庭不是今天的洞庭湖，而是另有所指。⑤"洞庭"与"云梦"一样多见于楚地，洞庭湖又曾名"云梦泽"，"洞庭"之名来源不明，笔者认为极有可能始源于楚人的祖地颛顼风国。

2. 黄帝令伶伦听凤皇之鸣作"咸池"之乐

《吕氏春秋》记载黄帝命伶伦听凤皇之鸣，以别十二律。《淮南子》中将乐、音、律与风、凤联系起来，可见凤皇与音乐的密切关联。

《吕氏春秋·古乐》：昔者黄帝令伶伦作律。伶伦自大夏之西，乃之阮隃之阴。……次制十二筒，以之阮隃之下，听凤皇之鸣，以别十二律。……命之曰《咸池》。【注释】阮隃：当是"昆仑"之讹。⑥

《淮南子·天文训》："律之初生也，写凤之音。"注：据《吕览·古

---

① 方勇译注：《庄子》，北京：中华书局，2010年，第228页。

② 林家骊译注：《楚辞》，北京：中华书局，2010年，第46页。

③ 林家骊译注：《楚辞》，北京：中华书局，2010年，第50页。

④ 林家骊译注：《楚辞》，北京：中华书局，2010年，第122页。

⑤ 张伟权：《屈赋"洞庭"与里耶秦简"洞庭"的解读》，《中国民族大学学报》2008年第5期。

⑥ 陆玖译注：《吕氏春秋》，北京：中华书局，2011年，第149页。

乐》载：黄帝乐官伶伦模仿凤凰鸣叫之音，而定十二律。[1]

《淮南子·主术训》：乐生于音，音生于律，律生于凤，此声之宗也。[2]

除上述典籍关于音律产生于凤凰的记载外，《史记·五帝本纪》有载"四海之内咸戴帝舜之功。于是禹乃兴《九招》之乐，致异物，凤皇来翔。天下明德皆自虞帝始。"[3]《尚书·皋陶谟》中载"笙镛以间，鸟兽跄跄；《箫韶》九成，凤凰来仪。夔曰：'於，予击石拊石，百兽率舞。'"[4]学者们认为"凤凰"是古时的"神鸟'，"百鸟之王"，是"有虞氏"的部落图腾，在《韶乐》中象征着统治者帝王，"百兽"则象征帝王的子民。[5]

笔者前文中论证了凤凰是"有虞氏"君子之国的神鸟，黄帝是虞代始帝，故黄帝令伶伦听凤皇之鸣作"咸池"之乐，"张咸池之乐于洞庭之野"必然是在颛臾风国，"洞庭"一名始源于颛臾风国。

3. 吕思勉、钱穆等学者关于"洞庭"的论述

吕思勉先生在《先秦史》一书中，将"洞庭"与颛顼后裔南迁为三苗联系起来，其论述如下：

三苗之国，世皆以为在南方。以《国策》《史记》，并谓其在洞庭、彭蠡之间也。近人钱穆，撰《古三苗疆域考》，曰：《魏策》云：三苗之居，左有彭蠡之波，右有洞庭之水，汶山在其南，衡山在其北。……《淮南子·地形训》：汝水出猛山。猛或即汶之声转。钱氏谓《楚辞·天问》，"桀伐蒙山"之蒙山，亦即此。然则洞庭、彭蠡，殆非今之洞庭、鄱阳。

《山海经·海内东经》云："湘水出舜葬东南陬，西环之，入洞庭下。"《注》云：洞庭，地穴也。在长沙巴陵。今吴县南大湖中有包山，下有洞庭。……《春秋》谓之夫椒山。有洞室，入地潜行，北通琅邪东武县。今山东诸城县。俗

---

[1] 陈广忠译注：《淮南子》，北京：中华书局，2012年，第155—156页。

[2] 陈广忠译注：《淮南子》，北京：中华书局，2012年，第467页。

[3] 《史记》，北京：中华书局，2006年，第5页。

[4] 王世舜、王翠叶译注：《尚书》，北京：中华书局，2012年，第50页。

[5] 王文君、廖小芒：《〈韶乐〉的政治伦理命意及当代价值》，《湖南科技大学学报》2016年第2期。

谓之洞庭。旁有青山，一名夏架山。山有洞穴，潜通洞庭。……盖古大河两岸，水泉伏涌，随地成泽，皆称洞庭。故《淮南》谓尧使羿射修蛇于洞庭。《庄子》亦谓黄帝张咸池之乐于洞庭之野也。[①]

吕思勉先生在这一段论述中，说明了"彭蠡"是指"水流急转回旋的地方"。列举了长沙巴陵、太湖包山、山东诸城等地的"洞庭"，说明水流经过"地穴""洞室""洞穴"即为"洞庭"，最后说古代河的两岸，水流从河里溢流出来，随着地势而形成湖泊，都可以称为"洞庭"。

笔者据此认为，"洞庭"最初的出处即指蒙阴叟虎寨山北面的"丹穴之山"（玄丘），其山上有 9 个洞穴，山下三河交汇，形成"虞渊"。

《山海经·中山经》：洞庭之山，……帝之二女居之，是常游于江渊。

【注释】郭璞云："天帝之二女而处江为神也。"袁轲案："尧之二女即天帝之二女也，盖古神话中尧亦天帝也。"[②]

《史记·五帝本纪》：舜年二十以孝闻。三十而帝尧问可用者，四岳咸荐虞舜，曰可。于是尧乃以二女妻舜以观其内。……舜耕历山，历山之人皆让畔；渔雷泽，雷泽之人皆让居；陶河滨，河滨器皆不苦窳。一年而所居成聚，二年成邑，三年成都。[③]

《淮南子·本经训》：羿"缴大风于青丘之泽，上射十日而下杀猰㺄，断修蛇于洞庭，禽封豨于桑林。"[④]

《山海经·海外东经》：君子国北。朝阳之谷，神曰天吴，是为水伯。在工虫北两水间，其为兽也，八首人面，八足八尾，北青黄。青丘国在其北。[⑤]

《山海经·大荒北经》：大荒之中，有衡石山、九阴山、洞野之山，上有赤树、青叶、赤华，名曰若木。[⑥]

① 吕思勉：《先秦史》，北京：中国文史出版社，2019 年，第 220—223 页。
② 袁轲：《山海经校注》，北京：北京联合出版公司，2014 年，第 165 页。
③ 《史记》，北京：中华书局，2006 年，第 4 页。
④ 陈广忠译注：《淮南子》，北京：中华书局，2012 年，第 393 页。
⑤ 方韬译注：《山海经》，北京：中华书局，2011 年，第 249—250 页。
⑥ 袁轲：《山海经校注》，北京：北京联合出版公司，2014 年，第 368 页。

对照《山海经》《史记》记载,可知"洞庭之山"即尧帝以二女妻虞舜之山。虞舜诞生于颛臾风国,舜耕"历山"即蒙阴叟虎寨山(详见本章第三节),"渔雷泽"即青丘之泽、陶河滨即柴汶河,皆在颛臾风国、蒙阴盆地,故洞庭之山即在蒙阴盆地。

对照《淮南子·本经训》和《山海经·海外东经》的记载更能说明问题:"洞庭"在青丘之泽,青丘国在君子国北。羿在青丘之泽缴"大风"即凤凰,"脩蛇"即指青龙山,"禽大封豨于桑林"即在蒙阴桑泉水流域的桑林中擒获大野猪。

综上所述,"洞庭"多见于楚地,是因为楚人的祖地在颛臾风国。"洞庭"位于青丘之泽,与前文中论证的黄帝坐于洛水之上"玄扈石室"同在一处,都是指蒙阴叟虎寨山(虞)北面"响石山,九名洞",这些洞穴的外形与甲骨文中"庭"极其相似(见图5-6),山下三河交汇的水泽即吕思勉先生所言"水泉伏涌,随地成泽"的洞庭,也即《山海经》中记载的"颛顼之池"。"洞庭之山"即《大荒北经》记载的若木所在的"洞野之山",故有黄帝张《咸池》之乐于洞庭之野。

图5-6 甲骨文中的"庭"与蒙阴"响石山"上的"玄扈石室"极其相似

图 5-6　三河交汇的洞庭——颛顼之池

四、黄帝所见"玄女""蒙氏女"是风姓、蒙氏之女

华夏远古历史经过数千年的口耳相传，演化成为神话传说，虽然在传说和演化的过程中，因为迁徙和认知范围的扩大，在时空上产生了错乱，但仔细探究仍然能够在记载这些传说的古籍中发现一些历史的碎片，将这些记忆的碎片串连起来，隐隐约约能够发现一些有价值的线索，再经过现代考古发现与研究，能够还原历史的真实。例如，黄帝在游于华胥国和昆仑之丘传说中的"蒙氏女"，黄帝与蚩尤交战时得到西王母授"符"和"风后""玄女"相助等，无不蕴含着颛臾风国蒙山、汶水相关诸多信息。

（一）黄帝所见"玄女"是颛臾风国凤族之女

在《轩辕本纪》记载的黄帝故事中，几乎所有的要素都在伏羲故里——蒙阴颛臾风国。如伏羲生少典，少典生黄帝；黄帝生于鲁东北的寿丘；得屠龙于东方；十五岁袭"封君之地"；坐洛水"玄扈石室"见凤凰献图等，在前文中分别已作论述。另外，从《轩辕本纪》记载的黄帝与蚩尤交战得玄女相助，以及黄帝遗玄珠蒙氏女的故事中，也能发现与蒙阴颛臾风国的关联。

《轩辕本纪》：帝乃战，未胜，归太山之阿，惨然而寐。梦见西王母遣道人披玄狐之衣，以符受帝……帝觉而思之，未悉其意，召风后告之。……天降一妇人,人首鸟身,帝见稽首,再拜而伏。妇人曰:"吾玄女也,有疑问之。"……玄女传阴符经三百言,帝观之十旬,讨伏蚩尤。[1]

上面引文中黄帝"归太山之阿"即泰山,然而学者们认为最初的"泰山"并非现在的泰山,而是《史记·封禅书》中所记的"东泰山"。[2]

《史记·封禅书》:黄帝时虽封泰山,然风后、封巨、岐伯令黄帝封东泰山,禅凡山,合符,然后不死焉。[3]

笔者认为,"东泰山"即蒙阴叟虎寨山,黄帝"归太山之阿"受西王母之"符"并告之风后,与风后令黄帝"封东泰山,禅凡山,合符",这两处所言之"符"是一致的。从引文可知,西王母和"人身鸟首"的"玄女"即凤族、风姓之女,与风后一样同属华胥、伏羲、女娲之风姓,同出于颛臾风国。

(二)黄帝遗"玄珠"是"玄丘"之"琅玕"

关于黄帝遗玄珠之事的记载始见于《庄子·天地》之中,后见于《轩辕本纪》。

《庄子·天地》:黄帝游乎赤水之北,登乎昆仑之丘而南望。还归,遗其玄珠。使知索之而不得,使离朱索之而不得,使喫诟索之而不得也。乃使象罔,象罔得之。黄帝曰:"异哉!象罔乃可以得之乎?"[4]

《山海经·海外南经》三珠树在厌火北,生赤水上,其为树如柏,叶皆为珠。一曰,其为树若彗。【注释】郝懿行云:"《庄子·天地篇》云,黄帝游乎赤水之北,遗其玄珠,盖此为说也。"或三珠树即所遗玄珠所生树,未可知也。[5]

《云笈七籤·轩辕本纪》:(黄帝)立台于沃人国西王母之山,名轩辕台,

---

[1]　《云笈七籤》,北京:中华书局,2003年,第2170—2171页。

[2]　刘宗迪:《失落的天书——〈山海经〉与古代华夏世界观》,北京:商务印书馆,2016年,第530页。

[3]　《史记》,北京:中华书局,2006年,第178页。

[4]　方勇译注:《庄子》,北京:中华书局,2010年,第182页。

[5]　袁珂:《中国神话传说词典》,北京:北京联合出版公司,2013年,第289页。

帝乃体于冥伯之丘、昆仑之墟。帝遊华胥国,此国神仙国也(伏羲生于此国,伏羲母此国人)。帝往天毒国居之,因名轩辕国。帝又西至穷山女子国北,又复遊于昆仑宫赤水北,及南望还而遗其玄珠,使明目人离娄求之不得,使罔象求而得之,后为蒙氏之女奇相氏窃窃其玄珠,沉海去为神。(玄珠喻道,蒙氏女得之为水神。)①

从《庄子》的记载中可知黄帝遗玄珠之处在昆仑之丘,从《轩辕本纪》的记载中可知黄帝遗玄珠之处在西王母之山、昆仑之墟、华胥国、轩辕台、穷山女子国等。华胥国即颛臾风国,轩辕之丘、昆仑之丘与西王母之山都在颛臾风国,显然黄帝遗玄珠之处即在蒙阴颛臾风国。而黄帝所遗玄珠,即出于黄帝所言凤凰"出于东方君子之国,又出玄丹之山"的玄圭,也即昆仑之丘(开明兽)北面的"琅玕",都是指蒙阴叟虎寨山北面"玄丘"之上似玉的卵石(详见第三章)。

黄帝玄珠失而复得,又被蒙氏之女窃去,蒙氏女得之为水神。据蒙氏族谱记载,蒙氏是太皞风姓、黄帝姬姓和颛顼高阳氏的后裔。②"蒙氏之女"显然是世居于蒙阴颛臾风国守太皞(伏羲氏、风姓)之祀的蒙氏族裔。

(三)"蒙氏女"是蒙山之女"江渎"之神

袁珂先生在《中国神话传说词典》一书中对《庄子·天地》记载的"黄帝遗珠"注解如下:

《蜀典·奇相》:《蜀祷杌》曰:"古史云:震蒙氏之女窃黄帝玄珠,沉江而死,化为奇相,即今江渎神也。"按《黄帝传》云:"象罔得之,后为蒙氏女奇相氏窃之,沉江去为神。"……《一统志》引《山海经》云:"神生汶川,马首龙身,禹导江,神实佐之。"③

根据袁珂先生所引典籍,"蒙氏女"又称"震蒙氏之女",典籍中"震"

---

① 《云笈七籤》,北京:中华书局,2003年,第2177页。

② 参见《姓纂》、《路史》,以及王献唐《炎黄氏族文化考》,《中华蒙氏渊源》等。

③ 袁珂:《中国神话传说词典》,北京:北京联合出版公司,2013年,第289页。

的解释是指东方。《正字通》："震，雷出震动尤物也。又卦名。《系辞》：'帝出乎震，震，东方也。'"①《帝王世纪》："太昊帝庖犧氏，风姓也。……帝出于震，未有所因，故位在东方主春。"②伏羲出于震，即出于东方颛臾风国，因此《蜀典》中记载的"震蒙氏之女"即为蒙阴蒙氏之女。《云笈七籤·轩辕本纪》中记载，蒙氏之女奇相氏窃窃其玄珠，沉海去为神，《蜀典》蒙氏女（震蒙氏之女）化为奇相，成为江渎之神。

"神生汶川，马首龙身，禹导江，神实佐之"。"汶川""蜀山"之名源于蒙阴之汶水、蜀山，因苗民、巴人南迁而带至巴蜀之地。因此，蒙氏女奇相生于汶川即是蒙阴汶水（东汶河），东汶河东流在"阳谷"汇入到"四渎"之一"东为江"的沂河，③故蒙氏女为"江渎之神"。

五、"姬水""姜水"是沂蒙山区的汶水、沂水

黄帝和炎帝的生长之地，最早的文献记述见于先秦典籍《国语·晋语四》，之后见于《帝王世纪》之中。

《国语·晋语》：昔少典娶于有蟜氏，生黄帝、炎帝。黄帝以姬水成，炎帝以姜水成。成而异德，故黄帝为姬，炎帝为姜。"④

《帝王世纪》：黄帝有熊氏，少典之子，姬姓也。母曰附宝，其先即炎帝。母家有蟜氏之女，世与少典氏婚，故《国语》兼称焉。⑤

《国语》中说黄帝以姬水成故为"姬"，炎帝以姜水成故为"姜"，但是，自古以来，学者们对于姬水、姜水在何地一直没有定论，因何称姬水、姜水更没有令人信服的结论。如王光镐先生在《黄帝地望诸说考》一文中说：

少典与有蟜氏联姻后诞生了黄帝、炎帝，黄帝成长于姬水，炎帝生长

① 北京师范大学"汉字研究与现代应用实验室"：《汉字全息资源应用系统》。
② 《帝王世纪》，济南：齐鲁书社，2010年，第2页。
③ 石泉：《古文献中的"江"不是长江的专称》，《古代荆楚地理新探》，武汉：武汉大学出版社，1988年，第57—73页；景以恩：《共工氏考》，《济宁师范专科学校学报》2000年第5期。
④ 陈桐生译注：《国语》，北京：中华书局，2013年，第392页。
⑤ 《帝王世纪》，济南，齐鲁书社，2010年，第5页。

于姜水,因此黄帝姬姓,炎帝姜姓。在其他古代文献中,历来不乏相同的记载……然而,索诸史实,无论是《国语》原文及韦昭注释,抑或在此后的历代文献中,皆未载明姬水之所在,由此在历史上留下了一个千古之谜。①

著名历史学家徐旭生先生在对古史传说资料做了全面整理和系统考察之后,也实事求是地指出:"至于姬水,不知道是现在的哪一条水。"② 由此可见,姜水、姬水究竟是指现在的哪两条河,尚无定论。

(一)"姜水"即发源盖、牟的"江水"(沂水)

炎帝神农氏生于姜水,而姜水在那里? 李仲操在《姜水辨》一文中说,《水经注》《宝鸡县志》《凤翔府志》等关于姜水的记载略有不同,但均为渭水的一条支流。③

《水经注》卷十八:渭水又东迳雍县南,雍水注之……南流迳胡城东,俗名也,盖秦惠公之故居。……雍有五畤祠,以上祠祀五帝。昔秦文公田于汧、渭之间,梦黄蛇自天下属地,其口止于鄜衍,以为上帝之神,于是作鄜畤祀白帝焉。秦宣公作密畤于渭南,祀青帝焉。灵公又于吴阳作上畤,祀黄帝;作下畤,祀炎帝焉。……又有凤台、凤女祠。……岐水又东迳姜氏城南为姜水,按世本:炎帝,姜姓。《帝王世纪》曰:炎帝,神农氏,姜姓。母女登游华阳,感神而生炎帝。长于姜水,是其地也。东注雍水。④

《史记·封禅书》:秦襄公攻戎救周,始列为诸侯。秦襄公既侯,居西垂,自以为主少皞之神,作西畤,祠白帝……文公梦黄蛇自天下属地,有口止于鄜畤。文公问史敦,敦曰:"此上帝之征,君其祠之。"于是作鄜畤,用三牲郊祭白帝焉。⑤

李仲操说,吴阳下畤是秦灵公祭祀炎帝的地方,而炎帝长于姜水,即

① 王光镐:《黄帝地望诸说考》,《首都博物馆丛刊》2003 年 00 期。
② 徐旭生:《中国古史的传说时代》,桂林:广西师范大学出版社,2003 年,第 48 页。
③ 李仲操:《姜水辨》,《文博》1989 年第 3 期。
④ 陈桥驿校证:《水经注校证》,北京:中华书局,2013 年,第 422 页。
⑤ 《史记》,北京:中华书局,2006 年,第 165 页。

時沟河下游。祀地与长地相合，知秦灵公选择的祭祀炎帝的地点，是有依据的。总之，宝鸡县南的水，历史上没有姜水之名，而姜水确在三時原雍水旁的時沟河下游，李仲操认为《水经注》的记述是可靠的。[①] 也有学者认为《水经注》乃北魏时郦道元所著，成书较晚，姜水的地望应该是炎黄族西迁后带过去的地名。

何幼琦先生在《〈海经〉新探》一文中认为，《山海经·海内经》记载的"炎帝之妻赤水之子听訞生炎居"，赤水就是现在的沂水。[②] 赵继春、欧阳宏飞在《炎黄族与山东关系考略》一文中根据何幼琦先生的上述结论，认为"姜水"即《山海经》中记载的"洋水"，他说：

炎帝之妻在沂水，在上古道路不通、交通不便的年代，炎帝的居住地必不会太远。《山海经》中虽没有姜水的记载，但有洋水的记载。《海内西经》云："洋水、黑水出西北隅，以东东行，又东北，南入海、羽民南。"甲骨文的姜字上羊下女，……因此可以判断洋水即姜水，为古姜姓族生活所在地水名。

关于洋水的地望，何幼琦先生在《〈海经〉新探》一文中认为是沭水，[③] 王宁先生在《昆仑七水考》一文中也持相同的观点。[④] 因此，赵继春、欧阳宏飞认为，"姜水"即现在的沭水。[⑤]

前文中论证了汧、渭之间的雍水、吴阳、凤翔、宝鸡等山名、水名与祭祀五帝的习俗是秦嬴自东方西迁之后的结果。[⑥] 也就是说"炎帝生于姜水"的传说也源自于秦嬴故里，"姜水"是秦嬴故里的一条河。

《山海经·海内经》：炎帝之妻，赤水之子听訞生炎居，炎居生节竝，节竝生戏器，戏器生祝融，祝融降处江水，生共工，共工生卫器，卫器生方颠，

① 李仲操：《姜水辨》，《文博》1989年第3期。
② 何幼琦：《〈海经〉新探》，《历史研究》1985年第2期。
③ 何幼琦：《〈海经〉新探》，《历史研究》1985年第2期。
④ 王宁：《昆仑七水考》，《枣庄学院学报》2007年第1期。
⑤ 赵继春、欧阳宏飞：《炎黄族与山东关系考略》，《泰山学院学报》2010年第5期。
⑥ 顾颉刚：《鸟夷族的图腾崇拜及其氏族集团的兴亡》，《史前研究》2000年00期。

是复土穰,以处江水。共工生后土,后土生噎鸣,噎鸣生岁十有二。【注释】袁珂案:"噎鸣,《大荒西经》云:'黎(后土)下地是生噎,处于西极,以行日月星辰之行次。'即此噎鸣,盖时间之神也。"

从《海内经》的上述记载中,明确得知炎帝一族活动于"江水"一带,显然"姜水"就是"四渎"之一的"东为江"——"沂水"。

炎帝之妻是"赤水"之子,笔者认为"赤水"就是沂水的支流蒙阴东汶河,东汶河流经《大荒西经》记载的天枢之"吴",也就是"黎下地是生噎,处于西极,以行日月星辰之行次"之处,所谓"赤水"就是因为流经"赤埌坟"(丹丘)而得名。

综上所述,所谓"炎帝以姜水成",就是指发源于沂源、沂水、蒙阴北部山区的沂水。沂水是"四渎"之一的"江水","江"与"姜"音同,"江水"即"姜水"。通过以下几个方面的论述,能够更好的说明这一问题。

1. 炎帝之母游于蒙阴汶河北岸之"华阳"

除了《国语·晋语》中关于炎帝、黄帝的记载之外,皇甫谧撰《帝王世纪》记载的更具体:

《世纪帝王》:神农氏,姜姓也。母曰任姒,有乔氏之女,名女登,为少典妃。游于华阳,有神农首感女登于常羊,生炎帝,人身牛首,长于姜水,因以氏焉。……炎帝神农,母曰任姒,有蟜氏女,名女登,少典妃。游华阳,有龙首感之,生神农于常羊山。《御览》百三十五。[1]

从上面的引文中可知,炎帝之母任姒游华阳、登常羊、感龙首,生人身牛首的炎帝。黄帝、炎帝同为少典之子,少典为伏羲之子,王献唐先生在《炎黄氏族文化考》中引《三皇庙残碑》的记载:"东迁少典君于颛顼,以奉伏羲之祀。"知神农与伏羲同族,而古帝颛顼,亦即颛臾,生长于此,以地为名者也。[2]说明神农炎帝的出生地应当就在颛臾风国及其周边地区。

前文中论述了蒙阴盆地青龙山下、东汶河河谷中的古湖泊即华胥之泽

---

① 《帝王世纪》,济南:齐鲁书社,2010 年,第 4 页。
② 王献唐:《炎黄氏族文化考》,青岛:青岛出版社,2009 年,第 329 页。

（雷泽），水之北为阳，故汶河北岸即"华阳"。正如景以恩先生所说：

"华"以华胥氏得名……考之古文献及古器物中"华"最早又作太阳讲，参考大汶口墓葬中出土的鸟形陶文与金文中的"华"十分接近，此陶文应读"华"，是汶泗流域华族的族徽，其含义指太阳神鸟，是"金乌"与太阳的复合体。……雷泽又称华泽。华泽北岸即称"华阳"（古水北为阳）。[①]

除了"华阳"之外，在蒙阴盆地之中还有"华阴山"，据上推断所谓华阴山，是因为其在华泽以南。

《水经注·沂水》：桑泉水又东南，右合蒙阴水，水出蒙山之阴，东北流，昔琅邪承宫，避乱此山，立性好仁，不与物竞，人有认其黍者，舍之而去。[②]

《东观汉记校注》：承宫，字少子，琅邪如幕人。……建武四年，将妻子之华阴山谷，耕种禾黍，临熟，人就认之，宫悉推与而去，由是显名。（校勘记：华阴山谷，姚本、聚珍本同，御览卷四二四、卷八二二引亦同，类聚卷八五引作"蒙阴山谷"，范晔《汉书》承宫传作"蒙阴山"。[③]

《汉书·地理志》：蒙阴，《禹贡》蒙山在西南，有祠。颛臾国在蒙山下，莽曰蒙恩。华，莽曰翼阴。[④]

从上述的记载来看，蒙阴山谷又称华阴山谷，西汉时刘邦置"华"县于蒙阴一带。华胥之渚即《山海经》中记载的"青丘之泽""雷泽"。"青丘"在君子之国北面，雷泽在"吴西"，华胥之泽即蒙阴叟虎寨山以西，青龙山以北，故"华阳"在汶河北岸、蒙阴北部丘陵地区。所谓"感神龙首"即指青龙山。

2. 炎帝姜姓和西羌源于蒙阴、莱芜一带

炎帝生于常羊，人身牛首，学者们因此认为炎帝已经进入到了畜牧时

---

① 景以恩：《华夏先王生、居于东方汶泗流域新证及与中原华夏文化比较研究》，《管子学刊》2011 年第 3 期。

② 陈桥驿：《水经注校证》，北京：中华书局，2013 年，第 580 页。

③ 《东观汉记校注》，北京：中华书局，2008 年，第 541—543 页；《后汉书》，北京：中华书局，2007 年，第 285 页。

④ 《汉书》，北京：中华书局，2007 年，第 291 页。

代，王献唐先生在《炎黄氏族文化考》第二篇《起于游牧时代之嬴奄族系》中说："嬴、奄俱出炎族，本为转音。一属氏名，一属地名。名之得音，必看其义，嬴、奄无义，以其属于转音。义在正音故也。正音为羊，羊变为羌。羌者，炎族之一。"[1] 其又在第五篇《起于渔业时期者》第一章《伏羲族系》中说：

> 畜牧时代之牲畜，当取其驯顺易牧者蓄之，羊为最，牛次之，故当时炎族有蓄羊者，亦有蓄牛者。契文牢字，从牛，亦从羊。即当时牛羊并蓄之证。……牛字元音有二：一读若咍，一读为牟。……牟国，今泰山牟县。牟族以牛名地，呼地为牟。

> 可知牛之牟音，实出炎帝牟族……若是，以牛鸣之牟声为牛，因而名地名族，亦有同类之他证乎？曰：有。即炎帝之芈族是也，《说文》："芈，羊鸣也，从羊，象声气上出，与牟同意。"……牟为东夷，芈为南蛮，皆炎帝支裔以率牧得名。……牟又音转为蒙，蒙为鲁邑。……蒙阴北界莱芜，可知莱芜、蒙阴一带，初皆牟族聚处之所。北族署牟、署芜，南族署蒙，实一事也。[2]

从典籍记载和王献唐先生的论述看，炎帝与牛、羊关系密切，东夷牟族和南蛮芈族皆出自炎帝，莱芜、蒙阴一带是牟族聚处之所，而"芈"族则是颛顼、吴回的后裔，自然也出自颛顼之国——颛臾风国，故莱芜、蒙阴一带当为炎帝诞生之地。

陈梦家先生以为甲骨文中的"羌可能与夏后氏为同族之姜姓之族"，[3] 刘起釪先生则认为"有蟜族即羌族"。[4] 景以恩先生在《华夏先王生、居于东方汶泗流域新证及与中原华夏文化比较研究》一文中引《山海经》《后汉书》记载和杨向奎先生的论述，认为炎帝姜姓、羌族、苗族出自一源，都在蒙山周围。

---

① 王献唐：《炎黄氏族文化考》，青岛：青岛出版社，2006 年，第 150—151 页。
② 王献唐：《炎黄氏族文化考》，青岛：青岛出版社，2006 年，第 290—296 页。
③ 陈梦家：《殷墟卜辞综述》，北京：中华书局，1988 年，第 282 页。
④ 刘起釪：《姬姜与氏羌的渊源关系》，《华夏文明》第二集，北京：北京大学出版社，1990 年。

《后汉书·西羌传》：西羌之本，出自三苗，羌姓之别也。其国近南岳。及舜流四凶，徙之三危，河关之西南羌地是也。……所居无常，依随水草，地少五谷，以产牧为业。……昔夏后氏太康失国，四夷背叛。及后相即位，乃征畎夷，七年然后来宾。……后桀之乱，畎夷人居邠岐之间，成汤既兴，伐而攘之。①

《后汉书》记载西羌出自三苗，而苗民又在何处呢？杨向奎先生考，蒙山本名苗山，或称茅山，后称会稽山或塗山，蒙、苗、茅皆一音转。②景以恩先生据此认为，苗民本出自颛顼，苗山（蒙山）周围居有苗民，因受到黄帝族政权征伐而被迫外迁。原居于东方炎帝姜姓后裔的三苗族西迁后为羌族，是知姜、羌本一族。③吕思勉先生在《先秦史》中论证了颛顼诞生之地"若水"及"蜀山"都在东方，昌意娶蜀山氏女而生颛顼，三苗九黎实颛顼之后，亦为姜姓。④

《山海经·大荒北经》：颛顼生骊头，骊头生苗民。⑤

《山海经·海内经》：有嬴民，鸟足。有封豕。有人曰苗民。……有鸾鸟自歌，凤鸟自舞……见则天下和。⑥

从《山海经·海内经》的描述来看，苗民就出在嬴民故里，凤凰所出的东方君子之国——颛顼风国。

从《后汉书·西羌传》记载来看，西羌是畎夷西迁居邠岐之间而形成的。张富祥先生在《商先与东夷的关系》一文中考证说：

仅据现有文献资料考察，"九夷"中较早西迁的是畎夷。畎夷原居地不详，《尚书·禹贡》载"岱畎丝、枲、铅、松、怪石"，"岱畎"指泰

① 《后汉书》，北京：中华书局，2007年，第846页。
② 杨向奎：《夏民族起于东方考》，《禹贡半月刊》（第七卷）。
③ 景以恩：《华夏先王生、居于东方汶泗流域新证及与中原华夏文化比较研究》，《管子学刊》2011年第3期。
④ 吕思勉著，李楠译著：《先秦史》，北京：中国文史出版社，2019年，第173、219页。
⑤ 袁珂：《山海經校注》，北京：北京联合出版公司，2014年，第368页。
⑥ 方韬译注：《山海经》，北京：中华书局，2011年，347—348页。

山之谷;又载"羽畎夏翟",同篇又有"蒙、羽其艺"句,蒙、羽指蒙山、羽山。……由此推测,畎夷大概很久以来即是活动在泰沂山区一带的土著夷人。……夏末后桀之乱,它长驱西迁至邠岐间。……西迁后的畎夷为后来犬戎之祖,其初都之地为犬丘。据研究犬丘的地名是随族而走的。……西部地区的犬丘,正可作为畎夷西迁的确证。①

从《后汉书》记载和学者的论述看,西羌的先祖是东方夷人九夷中的畎夷,畎夷原居于泰沂山区。畎夷西迁之后将"犬丘"地名带至西部。畎夷西迁西方为"西羌",商代东土则仍有"羌方"与"龙方"同在一处。南开大学历史学院、出土文献与中国古代文明研究协同创新中心陈絜等人通过对甲骨文卜辞的研究认为:

龙显然就是指龙方,据笔者的分析,实乃活跃于汶水流域的东土部落。……商末王步卜辞中明确记载,东土莱芜一带尚有一羌地。再据《合集》6630—6638诸卜辞,羌与龙一并受到有商势力的征伐,亦说明羌、龙二方临近。所以,若能放下成见,把羌方与东土羌地相联系,很多疑问与困惑便可迎刃而解。②

综上所述,姜姓和西羌源于牛、羊,是炎帝和颛顼的后裔,蒙阴、莱芜一带是炎帝姜姓和西羌的祖地。

3. 蒙阴以北牟、盖之地是姜水(江水)发源地

《国语》中说炎帝以姜水成故为姜,而从《帝王世纪》的记载来看,一会说炎帝长于姜水,一会又说炎帝神农氏长于"江水":

《世纪帝王》:神农氏,姜姓也。……长于姜水,因以氏焉。……炎帝神农氏长于江水,始教天下耕种五谷而食之,以省杀生。③

由此可见"姜水"即为"江水",即"东为江"——沂水。而沂水的发源地即在莱芜、沂源、沂水、蒙阴四地交界处的古"牟""盖"两邑。

---

① 张富祥:《商先与东夷的关系》,《殷都学刊》1997 年第 3 期。
② 陈絜:《卜辞中的紫祭与柴地》,《中原文化研究》2018 年第 2 期;陈絜、赵庆淼:《"泰山田猎区"与商末东土地理》,《历史研究》2015 年第 5 期。
③ 《帝王世纪》,济南:齐鲁书社,2010 年,第 4 页。

《汉书·地理志》："泰山郡，高帝置。……盖，临乐子山，……牟。蒙阴，禹贡蒙山在西南，有祠。颛臾国在蒙山下。"①

《水经注》：沂水出泰山盖县艾山，郑玄云：出沂山，亦或云临乐山。……沂水又东迳盖县故城南，东会连绵之水，水发连绵山，南流迳盖城东而南入沂。②

《蒙阴县清志汇编》：临乐山，距城北一百三十里，下有狗刨泉，沂水发源于此。……狗刨泉，在城北一百三十里沂源社，源出临乐山。世传王公善蓄犬，每出必与俱。值野火四起，主人醉卧草地，狗嗥吠不醒，遂刨地出泉，濡水救活主人，狗因力尽而毙。③

《蒙阴县志》："蒙阴县，西汉初建县，……东汉初，地属盖、牟二城。"④

前文中论证的"牟"与牛有关，而"盖"则与羊有关。"盖"在殷墟甲骨文中是一个从"羊"、从"皿"的字，孙海波在1934年出版的《甲骨文编》中，把它隶定作"盖"，近些年来新出版的甲骨文工具书，如《甲骨文字形表》⑤《新甲骨文编》⑥《甲骨文字编》⑦均收录在"盖"字下。卜辞中用作地名的"盖"字，存在争议最少，"盖"是商王的田猎地之一。⑧笔者认为，甲骨卜辞中的"盖"即《汉书》中的"盖"，是《史记》中伯益"主虞，驯鸟兽"和《山海经》昆仑之神陆吾所司"帝之囿"，都是古代帝王的田猎地。

以蒙阴为中心的牟、嬴、盖、费、奄是秦嬴西迁前的祖地（详见第三章），王献唐先生说"嬴、奄俱出炎族"，牟（牛）、芈（羊）皆为炎帝，神农氏之母任姒游于华阳，感于常羊，生炎帝，人身牛首，长于姜水，就是古

---

① 《汉书》，北京：中华书局，2007年，第291页。
② 陈桥驿校证：《水经注校证》，北京：中华书局，第579页。
③ 蒙阴县地方史志编纂委员会：《蒙阴县清志汇编》，北京：中华书局，1999年，第119、469、477页。
④ 陈桥驿：《水经注校证》，北京：中华书局，第579—580页。
⑤ 沈建华、曹锦炎编著：《甲骨文字形表》，上海：上海辞书出版社，2008年，第121页。
⑥ 刘钊主编：《新甲骨文编》（增订本），福州：福建人民出版社，2014年，第311—312页。
⑦ 李宗焜编著：《甲骨文字编》，北京：中华书局，2012年，第1014—1015页。
⑧ 张新俊：《殷墟甲骨文中的"盖"与相关之字》，《中国文字研究》2017年第2期。

代的江水，现在的沂水的上游一带。另外，《帝王世纪》中说炎帝又曰"连山氏"，[①]《水经注》中说"沂水又东迳盖县故城南，东会连绵之水，水发连绵山"，炎帝或因"连绵山"而称"连山氏"。

（二）"姬水"是"吴姬天门"之下的"蒙汜（沶）"

黄帝部落发祥地是学界争讼不一的学术问题，白红菊在《近百年国内黄帝部落发祥地研究综述》一文中总结为"西北说""山东说""河南说""京冀说""湘鄂说""宁蒙说"等6种观点。对于"姬水"的考证出现了甘肃临夏、甘肃天水、陕西以及河南新郑等多种说法，其实"姬水"究竟在何地，学者尚未达成共识，各家之说亦为一种可能，"姜水""空同""有熊""少典"等是其重要考察点，龟、云图腾等亦成为重要立论依据。[②]

姬水、姜水分别是黄帝、炎帝的生长地，炎、黄二帝均为少典和有蟜氏之子，显然姬水、姜水同源于一处。现代学者在古籍中查找不到关于"姬水"的任何信息，便以姜水为坐标，在黄帝部落发祥地寻找"姬水"。例如徐旭生先生说："至于姬水，不知道是现在的哪一条水，可是姬姓的周弃就住在邰。姬姓最初的祖先黄帝的坟墓相传在桥山。桥山，近代的书全说它在今黄陵县境内，实则北宋以前书全说它在汉阳周县境内。"[③]但"姬水"是现在的哪条水，徐旭生先生最终也没有给出答案。持黄帝部落"西北说"观点的学者，有的认为"姬水"与流经今甘肃姬家川之大夏河有密切关系，[④]也有的认为"姬水"之"姬"与"岐"音义相通，岐水（即今之漆水河）即"姬水"。

持黄帝部落"河南说"观点的学者，有的认为姬水之"姬"是熊的形象，姬水为熊水，今河南新郑境内的潩水为古姬水，其原因为巽与潩同音，

---

① 《帝王世纪》，济南：齐鲁书社，2010年，第4页。

② 白红菊：《近百年国内黄帝部落发祥地研究综述》，《陇东学院学报》2019年第3期。

③ 徐旭生：《中国古史的传说时代》，桂林：广西师范大学出版社，2003年，第48页。

④ 刘起釪：《我国古史传说时期综考》，中华书局编辑部辑：《文史》第二十九辑，北京：中华书局，1988年，第32页。

濰与姬音近。① 而也有的学者认为"濮水就是姬水"的结论不可信。②

持黄帝部落"山东说"的学者中，有的认为"姬水"是发源于蒙山西麓的"泗水"。③ 赵继春、欧阳宏飞在《炎黄族与山东关系考略》一文中，根据"姬"字的结构、读音，认为"姬水"即"蒙汜"，又根据"汜"的含义和《山东地形图》判定"蒙汜"之地在泗河、祊河、沂河所围绕的地方，因此断定"姬水"是发源于蒙山之阳的"祊河"。

《说文解字》解释："黄帝居姬水，以为姓。从女頤声。"后世以姬水地望没有考证。但《说文解字》中有"頤"字，解释为："水也。从水頤声。"姬、頤同声，地望必一致。《诗》曰："江有頤"。《康熙字典》释頤曰："按《诗》本作汜，则頤与汜同。"……《楚辞·天问》曰：出自汤谷，次于蒙汜。《说文》一曰汜，穷渎也。《尔雅·释丘》曰穷渎，汜。"

汜是一种回水其源的流水。从《山东地形图》上我们可以看到，泗河、祊河、沂河所围绕的一块高地在远古洪水泛滥之时，应呈回流之状。因此，可以判定此地即为"蒙汜"之地，据"江有頤"，沂水即江水，可知现在的祊河应为古文献中的"姬水"也。由此可见黄帝族应该是起源于山东汶泗流域。④

笔者赞同赵继春、欧阳宏飞两位学者关于姬与頤同、頤与汜同，汜即"蒙汜"，"江"即沂水的论述。但笔者认为"蒙汜"不在蒙山南面的祊河，而是在蒙阴盆地之中，凤凰遭回之"蒙汜之渚"。

《说文》：汜，水别复入水也。一曰汜，穷渎也。从水巳声。……前頤字音义同，盖或体也。⑤

① 刘文学：《黄帝所居"姬水"新观察——今新郑潩水可能是古有熊国之姬水》，《黄河科技大学学报》2012年第4期。
② 高强：《新郑黄帝故里说献疑》，《华夏文化》2015年第4期。
③ 景以恩：《炎黄虞夏根在海岱新考》，北京：中国文联出版社，2001年，第74页。
④ 赵继春、欧阳宏飞：《炎黄族与山东关系考略》，《泰山学院学报》2010年第5期。
⑤ 北京师范大学"汉字研究与现代应用实验室"：《汉字全息资源应用系统》。

《集韵》：汜，《说文》水别复入水也，一曰汜，穷渎也，或作洍。①

汜，一曰穷渎，或作洍。《说文》云："渎，沟也。从水卖声。一曰邑中沟。"② 笔者认为"穷渎"即"穷山之渎"，"穷山"即前文中所论述的蒙阴青龙山（君子之国北面的"虹虹"），"穷渎"即从叟虎寨山与青龙山中间的沟中流的"叟崮水"。

《水经注》：桑泉水又东南迳蒙阴县故城北，王莽之蒙恩也。又东南与叟崮水合，水有二源双会，东导一川，俗谓之汶水也。③

"桑泉水"是汶水主流，而"叟崮水"水势较弱，故"水别复入水"，在叟虎寨山下面形成水渊，也即蒙汜、虞渊。《诗经·江有汜》云："江有汜，江有渚。"因为"江"是指沂水，而汶水又是沂水上游的一条支流，故有"江有汜"，"江有渚"之说。

前文中已经论证了日落之处蒙汜、蒙谷、虞渊就在叟虎寨山（吴）以西，蒙汜即"蒙洍"，"吴"即"虞"，"姬"即"姬"，也是指"洍"，显然，叟虎寨山下面的汶水即"姬水"。另外，《山海经·大荒西经》记载"有巫山者……有人名曰黄姬之尸"袁珂案："姬，《藏经》本作姬。"④ "巫山"即众神所居之山，也即昆仑之丘，"黄姬"显然就是黄帝之"姬"。

（三）"姬水"是仓颉"观鸟迹以作文字"之汶水

笔者认为蒙阴"汶水"就是黄帝所居的"洛水"，也即"姬水"。之所以称"汶水""姬水"，是因为黄帝坐于洛水"玄扈石室"令臣仓颉观鸟迹始创文字。

《帝王世纪》：其史仓颉，又取象鸟迹，始作文字。史官之作，盖自此始。记其言行，策而藏之，名曰书契。……黄帝垂衣裳，仓颉造文字，然后书

---

① 北京师范大学"汉字研究与现代应用实验室"：《汉字全息资源应用系统》。
② 北京师范大学"汉字研究与现代应用实验室"：《汉字全息资源应用系统》。
③ 陈桥驿：《水经注校证》，北京：中华书局，2013年，第580页。
④ 袁珂：《山海经校注》，北京：北京联合出版公司，2014年，第343页。

契始作。①

《云笈七籤·轩辕本纪》：帝服斋于中宫，于洛水上坐玄扈石室，与容光等观。忽有大鸟衔图置于帝前。……黄帝曰："是鸟遇乱则去居九夷矣！出于东方君子之国，又出丹穴之山。"有臣沮颂、仓颉观鸟迹以作文字，此文字之始也。②

《说文解字·叙》：黄帝之史仓颉，见鸟兽蹄迒之迹，知分理之可相别异也，初造书契。……仓颉之初作书，盖依类象形，故谓之文。其后形声相益，即谓之字。③

关于黄帝臣仓颉"初造书契"一事，学者们普遍认为是可信的。党怀兴、陶生魁先生在《仓颉造字与汉字崇拜文化》一文中说，历代文献的记载大多弥漫着神秘的色彩，相比而言，汉代许慎的说法接近文字产生发展的实际。说仓颉知鸟迹而造文字是可信的，说仓颉天生能造字、四目，就是人的附会了。④王宁在《汉字应用通则》一书中认为，在"兽蹄鸟迹之道，交于中国"的时代，人们从鸟兽蹄迒之迹得到了"依类象形""分理别异"的启示，逐渐创造了文字。这个说法是可信的，是可以用汉字构形系统加以证明的。其次，许慎认为仓颉是黄帝的史官，也是有道理的。⑤裴锡圭先生在《文字学概要》一书中认为，仓颉出现的时代，应在原始汉字有了一定数量的积累阶段，也就是中华民族由蒙昧走向文明的初期。"文字的产生是需要一定的社会条件的……当一个社会发展到需要记录语言的时候，如果有关条件都已具备，文字就会出现。"⑥李学勤先生在《考古发现与中国文字起源》一文中指出：

---

① 《帝王世纪》，济南：齐鲁书社，2010年，第6—8页。
② 《云笈七籤》，北京，中华书局，2003年，第2161页。
③ 《说文解字》，北京：团结出版社，2020年，第1871—1872页。
④ 党怀兴、陶生魁：《仓颉造字与汉字崇拜文化》，《陕西师范大学学报》（哲学社会科学版）2011年第5期。
⑤ 王宁：《汉字应用通则》，沈阳：春风文艺出版社，1999年，第26—28页。
⑥ 裴锡圭：《文字学概要》，北京：商务印书馆，1988，第1—2页。

依文献记载推算,传说中的黄帝时代在公元前两千五六百年,而大汶口文化晚期大致相当于这样的时期,所以仓颉作书的传说可能也反映了一定的真实。①

从典籍记载和学者的论述来看,黄帝时期仓颉"见鸟兽蹄远之迹,知分理之可相别异也",因此"取象鸟迹"创造文字是可信的。笔者认为,蒙阴境内的颛臾风国是"东方君子之国",汶水之中的"丹穴之山"即黄帝所坐洛水之中的"玄扈石室"。黄帝在此说,凤凰"出于东方君子之国,又出丹穴之山",黄帝臣沮颂、仓颉在此"观鸟跡以作文字,此文字之始也",也就是《说文解字·叙》中所言:"仓颉之初作书,盖依类象形,故谓之文。"笔者认为,这就是所谓的"洛出书",故谓之文,"洛水"因此称为"汶水"。

(四)"姬"字源于雷泽"鸟脚类恐龙足迹化石"

仓颉"观鸟跡以作文字",或说"取象鸟迹,始作文字",也或说"见鸟兽蹄远之迹,初造书契",说明黄帝臣仓颉是受"鸟"的足迹启发而创造的文字。

闻一多先生认为"姬"亦可作"妌",从"正"与从"止"同。"止"为"趾"本字,古通称足为止,足迹亦为止。姬从臣犹从止,是姬姓犹言足迹所生。②龚维英在《周族先民图腾崇拜考辨——兼说黄帝族、夏族的图腾信仰》一文中则认为"大迹"是黄帝化身"天鼋"踩下的:

> 周族姓姬,正源于姜嫄履巨迹。姬,还可作"女止"(汉碑作"妌",从"正"与从"止"同)。周族之姓"妌"(姬),"女"指从高祖妣姜嫄之"感生"(履巨迹)得姓;"止"正"趾"的本字,即脚趾,乃径谓"巨迹"也。

《国语·周语下》谓:周人自称"我姬氏出自天鼋"。天鼋即轩辕,

---

① 李学勤:《考古发现与中国文字起源》,《中国文化研究集刊》,上海:复旦大学出版社,1985年,第147页。

② 参见王以宪:《中国原姓与感生神话》,《中国文化研究》2005年第4期。

音同字假。轩辕即黄帝,黄帝的化身为天鼋。鼋属龟鳖之伦;天鼋,即神化(或图腾化)的大龟鳖。姜嫄所履的巨迹,当是黄帝的化身天鼋"踩下"的。《史记·封禅书》便曾说过,那些"大人"留下的足迹,"甚大,类禽兽云"。①

闻一多先生之后,学者们皆认为"姬"字出自足迹,龚维英认为"姬"字所出的足迹既是华胥氏在雷泽所履"大迹",也是后稷母姜嫄所履"巨人迹",这些足迹是黄帝的化身天鼋"踩下"的。

笔者认为,《轩辕本纪》中连续描述黄帝居洛水"玄扈石室",黄帝臣仓颉"观鸟跡以作文字",充分说明仓颉所见"鸟跡"并非普通的"鸟跡",而是神鸟凤凰的"足跡",是前文中论证华胥氏"雷泽"所见"大迹",姜嫄出野所见"大迹",也就是蒙阴盆地中发现的"鸟脚类恐龙足迹化石"。这些足迹化石,被古人视为"圣迹"加以崇拜,于省吾先生说:"这样的'巨迹'以及相应的传说故事,在国外也多有所闻。"②

综上所述,蒙阴盆地中发现的"鸟脚类恐龙足迹化石",早在华胥、伏羲时代就被视为"圣迹"加以崇拜。黄帝时代,仓颉又"观鸟跡以作文字"初造书契,"鸟迹"成为"姬""姖"和"浘"的字源,故有"吴姖天门"和"蒙浘"。

(五)"姬氏"出自蒙阴之"天鼋"

"我姬氏出自天鼋"出自《国语·周语》周景王二十三年(前522年)周景王与乐官州鸠一段对话。

《国语·周语下》:王将铸无射,问律于伶州鸠。对曰:"律所以立均出度也。古之神瞽考中声而量之以制,度律均钟……。"

王曰:"七律者何?"对曰:"昔武王伐殷,岁在鹑火,月在天驷,日在析木之津,辰在斗柄,星在天鼋。星与日辰之位,皆在北维。颛顼之

---

① 龚维英:《周族先民图腾崇拜考辨——兼说黄帝族、夏族的图腾信仰》,《人文杂志》1983年第1期。
② 参见于省吾:《诗"履帝武敏歆"解》,《中华文史论丛》第六辑,1965年8月。

所建也，帝喾受之。我姬氏出自天鼋，及析木者，有建星及牵牛焉，则我皇妣大姜之侄伯陵之后逢公之所凭神也。岁之所在，则我有周之分野也。"①

考古学家迄今为止收集到了商周金文族徽"天鼋"的青铜器118件之多②。20世纪30年代，郭沫若提出了金文铭辞中的"天鼋"即是"轩辕"的观点，他考释说：

> 旧释为子孙，余谓当是天鼋，即轩辕也。《国语·周语下》"我姬氏出自天鼋"，犹言出自黄帝。十二岁之单阏，即十二次之天鼋，近年据余考知实当于十二宫之狮子座轩辕。由氏姓演为星名者，与商星同。③

对于郭沫若先生的这一看法，杨向奎先生认为："这的确是最好的解释，出自天鼋即出自轩辕，而轩辕即黄帝，也就是姬氏出自黄帝。"④ 同时，杨向奎认为"黄帝之称作'轩辕'（天鼋）实在是图腾崇拜，即水族动物龟蛇的崇拜"。⑤ 龚维英也认为："天鼋即轩辕，音同字假。黄帝的化身为天鼋。鼋属龟鳖之伦；天鼋，即神化（或图腾化）的大龟鳖……这样看来，周族先民所崇奉的图腾，便是具有神格的大龟鳖——天鼋了。"⑥

逄振镐先生在《东夷文化研究》一文中说，在古代龟是神灵之物，龟甲崇拜始源于大汶口文化。⑦ 温玉春先生在《黄帝氏族起于山东考》一文中说：

> 天鼋氏当是以龟为图腾的氏族。……殷商遗址中曾出土了许多占卜用的龟甲，周代也极重视龟占。考古发现表明，商周这种崇龟风俗乃是起源于东方，且多集中在泰山南侧、汶泗流域及苏北一带，最早可追溯到大汶口

---

① 陈桐生译注：《国语》，北京：中华书局，2013年，第145页。

② 参见曹淑琴、殷玮璋：《天鼋铜器群初探》，《中国考古学论丛》，北京：科学出版社，1993年；参见刘桓：《商周金文族徽"天鼋"新释》，《历史研究》2010年第1期。

③ 郭沫若：《两周金文辞大系图录考释3·献侯鼎》，《郭沫若全集》考古编第8卷，北京：科学出版社，1982年，第32页。

④ 杨向奎：《宗周社会与礼乐文明》，北京：人民出版社，1997年，第18页

⑤ 杨向奎：《宗周社会与礼乐文明》，北京：人民出版社，1997年，第19页

⑥ 龚维英：《周族先民图腾崇拜考辨——兼说黄帝族、夏族的图腾信仰》，《人文杂志》1983年第1期。

⑦ 逄振镐：《东夷文化研究》，济南：齐鲁书社，2007年，第335、609页。

文化早期甚至更早，……这说明当时这里有一支崇龟部族存在。而黄帝之黄，甲骨文和金文中正为人形而腰佩龟甲形象，^① "黄帝"就是龟族之为帝者之意。所以大汶口文化中的崇龟部族很可能就是"天鼋氏"。又有龟山，《诗经·鲁颂·閟宫》："奄有龟、蒙"，在蒙山山脉，东北距新泰40里，西南距泗水50里，盖因龟族得名，可为佐证。^②

南开大学历史学院出土文献与中国古代文明协同创新中心陈絜、田秋棉等学者认为，甲骨卜辞中的"龟"地与《诗经》《左传》等先秦文献所记载之"龟蒙""龟阴之田"有关，位于泰山东南方的汶水上游。^③

景以恩先生在《炎黄虞夏根在海岱新考》一书中认为，黄帝是他即位时的称谓，此前称为伯余。

《淮南子·泛论训》："伯余之初作衣也。"高诱注："伯余黄帝臣，一曰伯余黄帝。"……杨向奎先生认为：今蒙山即古涂山；涂的原始字作余。……黄帝氏之父族少典氏居地颛臾甚近，应是少典氏的一支。故早初黄帝始称伯余……郭沫若认为：天鼋即轩辕，陈梦家说："黄帝号轩辕，轩辕即天鼋。"据《辞海》，鼋即大鳖，或即大龟。天者大也，古天、大义通。今蒙山西北新泰市有龟、鳖二山。^④

从考古发现到学者论述，证明黄帝天鼋氏当是以龟为图腾的氏族，这种崇龟风俗"乃是起源于东方，且多集中在泰山南侧最早可追溯到大汶口文化早期甚至更早"，与龟蒙有着密切的关系。龟蒙即蒙山，或为龟山、蒙山的合称。地方志中新泰境内有龟山，蒙阴县志中也有"龟山"。

《蒙阴县清志汇编·清康熙二十四年版》：龟山，在城南五十里，山形似龟，孔子登东山而小鲁处，其碑尚存。孔子《龟山操》曰："予欲望鲁兮，

---

① 参见康殷：《文字源流浅说》，又见刘兴隆：《甲骨文集句简释》，郑州：中州古籍出版社，1986年，第82页。
② 温玉春：《黄帝氏族起于山东考》，《山东大学学报》（哲学社会科学版）1997年第1期。
③ 陈絜、田秋棉：《卜辞"龟"地与武丁时期的王室田猎区》，《故宫博物院院刊》2018年第1期。
④ 景以恩：《炎黄虞夏根在海岱新考》，北京：中国文联出版社，2001年，第71—72页。

龟山蔽之。"即此山。《鲁颂》:"奄有龟蒙",《春秋》"龟阴之田"即此山之阴也。①

《蒙阴县清志汇编·清康熙二十四年版·沿革》:蒙阴县在蒙山之阴,故名……周为颛臾国,风姓,伏羲之后……今蒙阴县西南八九里龟山下有古颛臾城。②

蒙阴不仅有"龟山",龟山下有古颛臾城,而且《山海经》中记载,洛水"多良龟,多蟲",《吕氏春秋·古乐》云"帝颛顼乃令蟲先为乐倡"(详见前文)。大汶口人崇拜龟甲,并将龟和蟲分别神化为"天黿"和"雷神",故有"我姬氏出自天黿"之说。

综上所述,炎、黄二帝皆出于伏羲和少典故里颛臾风国,姜水(江水)是沂水,姬水即汶水,姬氏出自"颛顼之所建也,帝喾受之"的颛臾风国。

六、黄帝"受国于有熊,袭封君之地"是颛臾风国

《史记》等诸多典籍记载,黄帝为"有熊"或"受国于有熊",黄帝"袭封君之地"或"初登帝位于穷桑",如:

《史记·五帝本纪》:黄帝者,少典之子……自黄帝至舜、禹,皆同姓而异其国号,以章明德。故黄帝为有熊。③

《帝王世纪》:黄帝自穷桑登帝位,后徙曲阜。颛顼始都于穷桑,徙商丘。穷桑在鲁北。黄帝生于寿丘,在鲁城东门之北,居轩辕之丘,于《山海经》云"此地穷桑之际,西射之南"是也。④

《云笈七籤·轩辕本纪》:(黄帝)年十五,心虑无所不通,乃受国于有熊,袭封君之地。⑤

除了《史记》云"故黄帝为有熊"之外,更早的记载还见于战国的《竹

---

① 蒙阴县地方史志编纂委员会编辑:《蒙阴县清志汇编》,北京:中华书局,1999年,第228页。
② 蒙阴县地方史志编纂委员会编辑:《蒙阴县清志汇编》,北京:中华书局,1999年,第194页。
③ 《史记》,北京:中华书局,2006年,第1—5页。
④ 《帝五世纪》,济南:齐鲁书社,2010年,第9页。
⑤ 《云笈七籤》,北京:中华书局,2003年,第2174—2175页。

书纪年》卷上："黄帝轩辕氏，元年帝即位，居有熊……"① 从《竹书纪年》到《史记》的黄帝事迹，都留下了后人无法解释的"有熊"之谜。叶舒宪先生在《"轩辕"和"有熊"——兼论人类学的中国话语及四重证据阐释》一文中说：

《太平御览》引《列子》曰："黄帝战于阪泉，帅熊驱虎为前驱。"这里的要点是两层关系：黄帝与猛兽（熊虎）的关系；猛兽之间的关系即熊与虎的关系。黄帝号有熊的问题，限于非常有限的文献记载，没有旁证，显得孤掌难鸣。孤单"有熊"的记述，不能告诉我们以熊为名号的所以然。仅靠传世文献资料无所求证，无从考察。也就使疑古派长期以来关于黄帝究竟有无其人的疑问，至今挥之不去。②

"有熊"在新郑的说法始见于西晋时期皇甫谧的《帝王世纪》，但同样在《帝王世纪》中，皇甫谧又说黄帝生于鲁城东门之北的"寿丘"，登帝位于鲁北的"穷桑"，后迁都于"曲阜"。显然与其所说的"黄帝都有熊，今河南新郑是也"是矛盾的，因此，皇甫谧只能以"或曰"表示疑问和不确定性。

《帝王世纪》黄帝都涿鹿，于《周官》幽州之域，在汉为上谷。而《世本》云"涿鹿在彭城"，今上谷有涿鹿县及蚩尤城，阪泉地又有黄帝祠，皆黄帝战蚩尤之处也。或曰：黄帝都有熊，今河南新郑是也。③

皇甫谧没有任何理由的"或曰：黄帝都有熊，今河南新郑是也"，成为后世学者论证黄帝部落发祥于河南新郑的主要依据，可见黄帝"河南说"观点是不可靠的。那么"有熊"或"有熊国"到底在何处呢？只要认真分析典籍中记载的与黄帝有关的信息，就会发现"有熊"或"有熊国"即颛臾风国。

首先，黄帝出生地"寿丘"在鲁东北，即笔者前面论述的颛臾风国叟虎寨山。登帝位之处"穷桑"在鲁北，是黄帝、颛顼时期颛臾风国的都城（详

---

① 《古本竹书纪年》，济南：齐鲁书社，2010年，第40页。
② 叶舒宪：《"轩辕"和"有熊"——兼论人类学的中国话语及四重证据阐释》，《广西民族大学学报》（哲学社会科学版）2008年第5期。
③ 《帝王世纪》，济南：齐鲁书社，2010年，第8页。

见前文）。

第二，从黄帝居轩辕之丘，娶妻、生子皆在颛臾风国的情况看，"有熊"即在颛臾风国（详见前文）。

第三，黄帝是少典之子，而少典东迁君于颛臾，少典是世居颛臾风国的著名氏族，故颛臾风国即黄帝"受有熊之国，袭封君之地"。

《帝王世本》：黄帝，号有熊者，以其本是有熊国君之子故也。亦号轩辕氏。黄帝娶于西陵氏之女，谓之嫘祖，产青阳及昌意。①

《竹书纪年》：黄帝轩辕氏，……帝即位，居有熊。《白虎通·爵篇》："黄帝有天下，号为有熊。"《史记·五帝本纪》集解："谯周曰：黄帝，有熊国君少典之子也。"②

《云笈七籤·轩辕本纪》：轩辕黄帝姓公孙，有熊国君少典之次子也。（伏羲生少典，少典生神农及黄帝，袭帝位，居有熊之封焉）帝年十五，心虑无所不通，乃受国于有熊，袭封君之地。③

作为先秦典籍的《世本》，记录了许多帝王的世系和氏姓，书中记载了少典是黄帝的父亲，还认为少典是有熊国的国君。可见黄帝是"少典之子"是有根据的，《史记》明显是采用了这里的观点。由此可见，只要证明"少典"之所在，就能确定"有熊国"之所在。

典籍中记载伏羲之子是少典，前文中论证了颛臾风国是伏羲氏风姓的宗子之国，显然少典氏应居于颛臾风国。关于少典东迁为君的事，王献唐先生在《炎黄氏族文化考》中也曾有提及：

《伏羲庙残碑》记载："东迁少典君于颛顼，以奉伏羲之祀。"少典奉祀伏羲，知为伏羲族裔，神农出于少典，知神农与伏羲同族。其后皋陶亦娶少典氏，则以异族女为妻。而古帝颛顼，亦即颛臾，生长于此，以地为名者也。"④

---

① 《帝王世本》，济南：齐鲁书社，2010 年，第 1 页。
② 《竹书纪年》，济南：齐鲁书社，2010 年，第 40 页。
③ 《云笈七籤》，北京：中华书局，2003 年，第 2174—2175 页。
④ 王献唐：《炎黄氏族文化考》，青岛：青岛出版社，2009 年，第 332—333 页。

王国维先生在《今本竹书纪年疏证》中说："黄帝，有熊国君少典之子也。"[1] 显然，颛臾风国即"有熊国"。

《轩辕本纪》进一步明确黄帝年十五乃"受国于有熊，袭封君之地"，说明"有熊国"就是"封君之地"，是专门用于封君的地方，显然这个"封君之地"就是少典东迁君于颛臾的"颛臾风国"，也就是"东方君子之国"。反之亦然，"君子之国"因"封君之地"而得名。

黄帝因何称"有熊"，学者们有不同的观点。周维英在《周族先民图腾崇拜考辨——兼说黄帝族、夏族的图腾信仰》一文中认为，"有熊"是"能"字下面加三点，而非四点。黄帝"有熊"即轩辕（天鼋）。

黄帝又号有熊氏。所以有的学者认为"黄帝之族以熊为图腾，而周族出于黄帝，因此说原始的周人也以熊为图腾"（孙作云：《周先祖以熊为图腾考》）。周族出于黄帝是不错的。但黄帝的有熊氏之"熊"字，很可能是能字下面三点的误字。……《尔雅·释鱼》："鳖三足，能"。足证"熊"乃"能"之误字无疑……故黄帝有熊氏应为"有能氏"，如此方可知天鼋（轩辕）合辙。在神话领域，大凡三足者均为神异，如日内三足鸟，月中三足蟾者是。天鼋或熊实为一物，又被先民们加以神化和图腾化。……而轩辕（天鼋）与三足鳖实乃毫无二致的图腾实体。夏族也渊源于黄帝族，为古华夏部族的重要组成部分。其图腾亦为"熊"（即龙的另一形态），故有鲧、禹多化龙（熊，讹作熊）传说。周族与夏族存在着血缘关系。[2]

前文中论证了轩辕（天鼋）在颛臾风国，显然黄帝"有熊"即源于颛臾风国的"天鼋"。

《史记·楚世家》：楚之先祖出自帝颛顼高阳。……吴回生陆终。陆终生子六人，……六曰季连，芈姓，楚其后也。……季连生附沮，附沮生穴熊。……周文王之时，季连之苗裔曰鬻熊。[3]

---

[1] 《竹书纪年》，济南：齐鲁书社，2010年，第40页。

[2] 龚维英：《周族先民图腾崇拜考辨——兼说黄帝族、夏族的图腾信仰》，《人文杂志》1983年第1期。

[3] 《史记》，北京：中华书局，2006年，第257页。

据学者们论述，黄帝号"有熊"或即为轩辕（天鼋），从《楚世家》的记载可知，楚国熊姓始祖于颛顼，因此"有熊"之国当为黄帝所受少典封君之地——颛臾凤国的祖国。

七、黄帝升仙于昆仑北"羽山""蟜山"

司马迁在《史记》中记载："黄帝崩，葬桥山。其孙昌意之子高阳立，是为帝颛顼也。"[1] 这是黄帝葬于桥山之说的始源，然而桥山到底在哪里，桥山之名又来源于何处，司马迁并无交待。给后世留下一个千古难解之谜。

曲辰在《桥山考辨》一文中说，见于中国历史和地理著作的桥山有5处，这些桥山地理位置不同，近者相距200里，远者相隔上千里。[2]据《社会科学报》载，桥山地名见于书载者有四：一是汉置阳周桥山；二是甘肃宁州"桥山"；三是河北涿鹿县西南有桥山；四是今陕西黄陵县之桥山。[3]张岂之等在《关于黄帝与黄帝陵的若干问题》一文中说，因为后世怀念黄帝对中华民族的贡献，或立主、建庙、置园而祭，或起土为陵而祀，使得陵、庙并不限于一地；还因为陵庙所在地政区变迁和文献记载失误，因而自汉代以后关于黄帝陵、庙的具体地点就众说纷纭，莫衷一是。[4]

（一）秦灵公作"吴阳上畤"始祭黄帝

陕甘一带祭祀伏羲太皞和五帝习俗始源于秦襄公作"鄜畤"，秦灵公"作吴阳上畤"专祭黄帝。

《史记·封禅书》：秦襄公攻戎救周，始列为诸侯。秦襄公既侯，居西垂，自以为主少皞之神，作西畤，祠白帝……其后十六年，秦文公猎汧渭之间，卜居之而吉。文公梦黄蛇自天下属地，其口止于鄜衍。文公问史敦，敦曰："此上帝之征，君其祠之。"于是作鄜畤，用三牲郊祭白帝焉。……

① 《史记》，北京：中华书局，2006年，第1页。
② 曲辰：《桥山考辨》，《河北北方学院学报》（社会科学版）2016年第1期。
③ 冯汉亭：《黄帝陵所在地数说》，《社会科学报》2000年10月5日。
④ 张岂之等：《关于黄帝与黄帝陵的若干问题》，《文博》1993年第1期。

作鄜畤后九年，文公获若石云，于陈仓北阪城祠之。其神或岁不至，或岁数来，来也常以夜，光辉若流星，从东南来集于祠城，则若雄鸡，其声殷云，野鸡夜雊。

作鄜畤后七十八年，秦穆公既立，卜居雍。"后子孙饮马于河"，遂都雍。雍之诸祠自此兴，用三百牢于鄜畤。

其后百余年，秦灵公作吴阳上畤，祭黄帝；作下畤，祭炎帝。^①

顾颉刚先生说"雍"和"凤翔"等地名源自东方，^②笔者认为"吴阳"之"吴"又称"吴岳"，源自秦嬴故里之"吴""虞"，因此秦襄公居西垂、作西畤，秦文公梦黄蛇、作鄜畤，秦穆公卜居雍、雍之诸祠自此兴，秦灵公作吴阳上畤、祭黄帝的文化源头都在其祖地——颛顼风国。

在我国浩瀚的古籍文献中，关于黄帝桥山较早且较详尽的记载当推西汉班固所著《汉书·地理志》和北魏郦道元所著《水经注》。

《汉书·地理志》：上郡，秦置、高帝元年更为翟国，七月复故。……阳周，桥山在南，有黄帝冢，莽曰上陵畤^③

《水经注·河水三》：奢延水又东，走马水注之。水出西南长城北阳周县故城南桥山，昔二世赐蒙恬死于此。王莽更名上陵畤，山上有黄帝冢故也。……（奢延水）东流，昔段颍追羌出桥门，至走马水，闻羌在奢延泽，即此处也，门即桥山之长城门也。^④

邵晶在《〈水经注〉中黄帝桥山考》一文中认为，郦道元的记载中，桥山与奢延水、走马水、阳周、长城、扶苏、蒙恬等河名、地名和人物相关，桥山大致在今陕西省北部的榆林地区。作为具体地名的阳周，最早见于《史记·蒙恬列传》，是秦始皇长子扶苏和大将蒙恬赐死之地。邵晶通过文献记载与实物相结合的方法得出以下认识：

1、作为黄帝葬地的桥山在两汉和北魏时期具体位置是明确的，与上郡

①　《史记》，北京：中华书局，2006年，第165—166页。

②　顾颉刚：《鸟夷族的图腾崇拜及其氏族集团的兴亡》，《史前研究》2000年。

③　《汉书》，北京：中华书局，2007年，第299页。

④　陈桥驿：《水经注校证》，北京：中华书局，2013年，第80页。

阳周县，即今榆林地区南部关系密切；

2、郦道元《水经注》中的描述是对黄帝桥山位置最为详尽且时代较早的珍贵记载；

3、至晚到北魏时期，人们所认识的桥山包括其周边的奢延水、走马水、长城、阳周、桥门等地理位置非常明确：桥山泛指今榆林白于山。

4、汉魏两际持续至唐代初年的长期战乱，使学界难以完成对前人记载的学术延续和实地考证，只能"退而求次"般将原本清晰的地理位置有意或无意地南迁至更易开展活动的地方，于是便有了今天的桥山黄帝陵。①

从《汉书·地理志》《水经注》的记载和学者的论述中可知，最初的"桥山"黄帝冢在"阳周"，也就是现在的陕西榆林一带，后来因为战乱和祭祀方便才将"桥山"之名和黄帝陵南迁至今天的黄陵县。笔者认为，值得注意的是阳周之桥山黄帝冢就在秦公子扶苏和蒙恬大将的驻军之地。

《史记·蒙恬列传》：秦已并天下，乃使蒙恬将三十万众北逐戎狄，收河南，筑长城，因制险塞，起临洮，至辽东，延袤万馀里。于是渡河，据阳山，逶蛇而北。暴师于外十馀年，居上郡。

始皇至沙丘崩，秘之，群臣莫知……遗使者以罪赐公子扶苏、蒙恬死……前已囚蒙恬于阳周……二世又遣使者之阳周，令蒙恬曰：'君之过多矣……'（蒙恬）乃吞药自杀。"②

另据《史记·秦始皇本纪》记载，秦始皇焚书坑儒，始皇长子扶苏劝谏之，始皇怒，使扶苏北监蒙恬于上郡。③秦始皇此举的主要目的是让扶苏在蒙恬军中历练成熟，在秦始皇的心目中扶苏是长子，是当然的太子。因此，在其病危时"乃为玺书赐公子扶苏曰：'与丧会咸阳而葬。'"④笔者据此认为，扶苏既然是秦始皇的长子，也是未来太子和秦王，除了在蒙恬军中历练之外，还有祭祀黄帝的义务，因此阳周之桥山黄帝冢，应当是扶苏和蒙恬祭祀黄

① 邵晶：《〈水经注〉中黄帝桥山考》，《文博》2018年第1期。
② 《史记》，北京：中华书局，2006年，第531页。
③ 《史记》，北京：中华书局，2006年，第48页，
④ 《史记》，北京：中华书局，2006年，第49页。

帝的衣冠墓，"桥山"之名或源自秦嬴、蒙恬故里。

赵世超先生认为，纪念性的黄帝陵庙可以分布于各地，但朝廷却只能选择其一作为官方祭祀场所。历代王朝为此都用颁诏的形式做出过规定。这不仅有助于规范祀典，更在客观上起到了加强政治统治和文化认同的作用。[①]陕西黄陵县作为官方祭祀黄帝的场所始于唐代。

《册府元龟》载"唐大历四年，鄜坊节度使臧希让上言：'坊州有轩辕黄帝陵，请置庙四时享祭，列于祀典'，从之。"[②]

黄陵县原称中部县，为雍州地，春秋为翟狄地，战国为秦国北地郡属地，唐武德元年为鄜州辖地，1944年由中部县呈请陕西省更名黄陵县至今。[③]赵世超先生在《黄帝陵所在地之我见》中说：

唐代宗于大历五年采纳臧希让的建议一事，应是鄜坊节度使所辖中部县桥山黄帝陵得到皇帝正式认可的开端。从此，这里的祭黄活动便从普通的宗教崇拜中脱颖而出，变成了官方文化和国家制度的一部分。[④]

从典籍记载和学者的论述中可知，陕西黄陵县黄帝陵作为官方祭祀黄帝之地始于唐代，黄陵县之名始于1944年。黄陵县黄帝陵及黄帝庙等建筑物经过历代王朝大兴土木才具有了现在的规模和地位。

（二）黄帝"封东泰山，禅凡山，然后不死"

陕甘一带虽然有诸多桥山黄帝陵，但并非真正的黄帝墓，而是黄帝的衣冠冢，此事《史记》记载的非常明确。

《史记·封禅书》：其秋，上（汉武帝）幸雍，且郊。……卿有札书曰："黄帝得宝鼎宛朐，问于鬼臾区。鬼臾区对曰：'帝得宝鼎神策……'……于是黄帝迎日推策，后率二十岁复朔旦冬至，凡二十推，三百八十年，黄帝仙登于天。……"

① 赵世超：《黄帝陵所在地之我见》，《长安大学学报》（社会科学版）2013年第2期。
② 参见常世荣：《黄帝陵在涿鹿桥山古黄帝庙遗址》，《河北北方学院学报》2016年第1期。
③ 参见常世荣：《黄帝陵在涿鹿桥山古黄帝庙遗址》，《河北北方学院学报》2016年第1期。
④ 赵世超：《黄帝陵所在地之我见》，《长安大学学报》（社会科学版）2013年第2期。

其来年冬，上（汉武帝）议曰："古者先振兵泽旅，然后封禅。"

乃遂北巡朔方，勒兵十馀万，还祭黄帝冢桥山，释兵须如。上曰"吾闻黄帝不死，今有冢，何也？"或对曰："黄帝已仙上天，群臣葬其衣冠。"①

《列仙传》：黄帝者，号轩辕。……自以为云师，有龙形。自择亡日，与群臣辞。至于卒，还葬桥山，山崩，柩空无尸，唯剑舄在焉。……假葬桥山，超升昊苍。②

《广黄帝本行记》：黄帝乘龙登天，"有臣左彻削木为黄帝像，率诸侯而朝奉之。臣僚追慕，取几杖立庙而祭之。取衣冠置墓而守之，于是有乔山之冢。③

关于黄帝葬于"桥山"之说，以及各地关于"桥山"之争，赵世超在《黄帝陵所在地之我见》如是说：

《尔雅》云："山锐而高曰桥也。"或曰：水从山底经过为桥。既然到处都可找到这样的地形，既然黄帝是普遍接受的崇拜对象，而较古的史书又说过"黄帝葬于桥山"的话，那么，在广大的地区内同时或先后出现若干个黄帝陵，以供大家拜祭，有什么不可能呢？……各地的陵庙都是因文化崇拜需要而形成的纪念性建筑，但纪念性的陵墓里却不一定真有圣人的尸骨。如果能够接受这一观点，则河南的黄帝故里、黄帝宫、黄帝陵，都可得到更加合理的解释。④

由上可知，学者们认为散布在全国各地的黄帝故里、黄帝宫、黄帝陵都是因为后人崇拜黄帝而建立的纪念性建筑。黄帝有没有真正的安葬之处呢？笔者认为，黄帝所葬之处也就是所谓的黄帝不死升仙之处。那么黄帝升仙之处又在哪里呢？实际上《史记·封禅书》中记载的也非常明确：

---

① 《史记》，北京：中华书局，2006年，第173—175页。
② 刘向：《列仙传》，北京：中华书局，2007年，第9页。
③ 王瓘：《广黄帝本行记》，北京：中华书局，1991年，第7页；参见赵世明：《魏晋南北朝时期轩辕故里之争及演进——轩辕文化研究系列之三》，《天水师范学院学报》2018年第4期。
④ 赵世超：《黄帝陵所在地之我见》，《长安大学学报》（社会科学版）2013年第2期。

《史记·封禅书》：公玉带曰："黄帝时虽封泰山，然风后、封巨、岐伯令黄帝封东泰山，禅凡山，合符，然后不死焉。"天子（汉武帝）既令设祠具，至东泰山，东泰山卑小，不称其声，乃令祠官礼之，而不封禅焉。①

前文中笔者论述了"东泰山"即蒙阴叟虎寨山，也是黄帝所建的昆仑之虚。而"凡山"就是叟虎寨山北面的"丹丘"，"丹丘"即《楚辞·远游》所载"仍羽人于丹丘兮，留不死之旧乡"，羽人所居的不死之乡，也就是黄帝诞生之地"寿丘"。华夏民族自古以来就有落叶归根的习俗，大汶口文化遗址的墓葬形式表明，即使不能归葬故里，也要将死者的头部朝向故土——沂蒙山区"桑梓之地"，黄帝作为大汶口文化中晚期的帝王"封东泰山，禅凡山，合符，然后不死"，说的正是黄帝在其出生地"寿丘"羽化"升仙"。《蒙阴县清志》中即有羽化成仙的记载：

《蒙阴县清志汇编》：九仙山，距城南三十五里，叟崮水出其下，昔有九仙羽化于此。②

笔者认为"羽山"在"昆仑之丘"的北面，是凤凰所出的"丹穴之山"，是"羽人"所居的"丹丘"，也是"桥山"。

（三）"桥山"是昆仑之虚北面的"蛴"山

关于"桥山"的问题，曲辰先生在《桥山考辨》一文中说，战国以前，中国无桥梁建造，因此，其时的中国字中就没有"桥"字。中国最早的一部辞类书《尔雅》中，就没有"桥"字；战国以前的所有古代典籍中也同样没有"桥"字，更不用说"桥山"这种历史记载了。远在战国时代以前2000多年前的历史上，怎么就会跑出"桥山"这样的历史地名来呢？曲辰先生考证说：

考之以商代祭黄帝的甲骨刻辞、《山海经》《楚辞》《春秋命历序》《隋书》等典籍，黄帝葬地原名穹山，《山海经》《楚辞》《春秋命历序》记作"穹山"，是太史公依汉代通用字记作"乔山"的。而汉以来其他典籍如《隋书》

① 《史记》，北京：中华书局，2006年，第178页。
② 蒙阴县地方史志编纂委员会：《蒙阴县清志汇编》，北京：中华书局，1999年，第468页。

《辽史》等，也都记作"乔山"。其地名演变过程为：穹山—穷山—乔山—桥山。如：

"戊戌卜，侑伐，父戊用牛于穹"，此为商王大戊之子卜问以父大戊陪祭穹山轩辕黄帝庙之刻辞。……"穹"指"穹山"，也就是《山海经》《楚辞》《春秋命历序》中所记载的"穷山"黄帝陵。又如："贞帝穹"，就是卜龟以问大禘穹山（穷山）黄帝陵的刻辞。"穹"字，其文刻作："𠓜"①

"穹"即为"穷"，《说文》："穹，窮也，从穴弓声。"《正字通》："古有穹桑国，少昊邑于穹桑。"②"穷"是形声兼会意字，《说文·穴部》："窮，极也。从穴，躬声。"会达到洞穴尽头之意，隶变后楷书写作"窮"，汉字简化后写作"穷"。③ 由此可见，穹山即为穷山，既为"穷桑""空桑之山"（详见前文）。

《周易·系辞下》：上古穴居而野处，后世圣人易之以宫室……古之葬者，厚衣之以薪，臧之中野，不封不树。④

《汉书》：黄帝葬于桥山，尧葬济阴，丘陇皆小，葬具甚微……殷汤无葬处，文、武、周公葬于毕，秦穆公葬于雍橐泉宫祈年馆下，樗里子葬于武库，皆无丘陇之处。⑤

从《周易》《汉书》等上述记载来看，上古之人在世时居于洞穴之中，去世后"臧之中野，不封不树"，在地表不留任何标志。古籍中虽然记载黄帝葬于"桥山"，但当时不会有大的丘陇，经过数千年的风雨侵蚀更不会留下任何的遗迹。要确定黄帝之葬处，只能考证桥山的原始出处。

穹山、穷山与空桑（穷桑）的穹、穷、空都与洞穴有关，笔者认为"桥山"之洞穴即前文所论述的黄帝居洛水之上的"洞庭""玄扈石室"，桥山即蒙阴曳虎寨山北面的"玄丘"。

---

① 曲辰：《桥山考辨》，《河北北方学院学报》（社会科学版）2016 年第 1 期。
② 北京师范大学"汉字研究与现代应用实验室"：《汉字全息资源应用系统》。
③ 《说文解字》，沈阳：辽海出版社，2015 年，第 985—986 页。
④ 杨天才，张善文译注：《周易》，北京：中华书局，2011 年，第 610 页。
⑤ 《汉书》，北京：中华书局，2007 年，第 402 页。

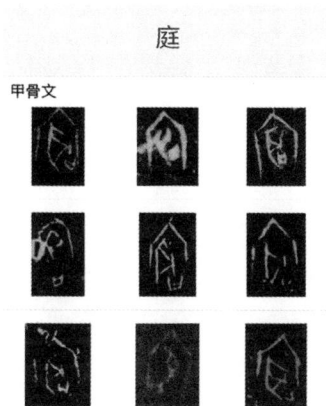

图 5-8 甲骨文中的"庭"与蒙阴"响石山"上的"玄扈石室"极其相似

除了上述学者关于桥山源于穹山、穷山之说外，还有学者认为"桥山"之"桥"源于"有蟜氏"（或有娇氏）之"蟜"，皆穷山、有穷氏之音变。[①]有蟜氏即有穷氏，而有穷氏即穷桑氏。[②]

《国语·晋语》：昔少典娶于有蟜氏，生黄帝、炎帝。[③]

典籍中虽然明确记载黄帝、炎帝是少典和有蟜氏之后，但是由于秦汉之后学者们本末倒置，误将陕甘一带视为黄帝的诞生地，所以在当地找不出先秦时期的相关证据，因此而迷惑不解，正如徐旭生先生所言：

有蟜氏大约是与少典氏互通婚姻的一个氏族，……皇甫谧又说："少典配附宝生黄帝于寿丘，寿丘在鲁东门之北。"这又似乎在山东的东南部。……有蟜氏从来无解释。所以少典和有蟜二氏族原来居住何处，我们无法知道，未便妄说。"[④]

学者们之所以无法确定少典和有蟜氏居住地，是因为没有将陕甘一带的黄帝传说与秦嬴西迁联系起来，没有发现祭祀黄帝始源于秦襄公"吴阳上畤"所致。秦嬴故里在伯益"主虞"之地，"吴山""吴阳"之名即源于"天

---

① 景以恩：《炎黄虞夏根在海岱新考》，北京：中国文联出版社，2001 年，第 95 页。
② 刘夫德：《"扶桑"考》，《社会科学战线》1985 年第 3 期。
③ 陈桐生译注：《国语》，北京：中华书局，2013 年，第 392 页。
④ 徐旭生：《中国古史的传说时代》，南宁：广西南宁师范大学出版社，2003 年，第 46—47 页。

吴",秦嬴西迁将祭祀黄帝的传统和"吴山"之名一并带至迁徙之地。

景以恩先生在《炎黄虞夏要在海岱新考》中说,从古籍记载和学者论述中可知,少典氏和有蟜氏是东方特有氏族,在西方是找不到的。①

陕西黄帝陵很可能是秦人的吴阳上畤,后即附会桥山于此,而且汉人明言是黄帝的衣冠冢,非真正的黄帝陵墓可知。

与陕西黄帝陵更近真实的是,山东也有一处黄帝陵,只是它没没无闻,并被历史湮灭了。《山东通志·古迹二》云:"黄丘在黄丘山北,相传为黄帝陵,宋元有碑,禁樵采,置守陵户,明嘉靖间毁。"……黄帝所生之寿丘,有古籍说为黄帝葬地。……黄帝所葬桥山之"桥"与"有蟜氏"之"蟜"当属一字,皆穷山、有穷氏之音变。穷、空古同音通用,穷山古读空山或空桐之山,亦即昆仑之山,也即今之泰山,是知黄帝本生于泰山附近,亦死葬于泰山附近。……总之,黄帝死葬于泰山附近地区为近乎实际的事实。②

杜预注《左传》云"穷桑在鲁北",景以恩据此认为穷桑之都即著名的大汶口遗址。③景以恩先生经过上述分析得出黄帝葬于泰山附近的结论,可以说已经接近历史事实,但如果进一步分析研究,就会发现黄帝实际上葬于泰山以东的"东泰山"附近。

《帝王世纪》:有蟜(乔)氏女,名女登。为少典妃,游华阳,有神龙首,感女登,生炎帝。……黄帝有熊氏,少典之子,姬姓也。母曰附宝,其先即炎帝。母家女蟜氏之女,世与少典氏婚。④

既然"有蟜氏"与"少典氏"世代通婚,说明这两个氏族自古以来就同在一地或不远的地方,只要找到"少典氏"所在地,便可知"有蟜氏"之所在。

《史记·秦本纪》:秦之先,帝颛顼之苗裔孙曰女脩。女脩织,玄鸟陨卵,女脩吞之,生子大业。大业取少典之子,曰女华。女华生大费。……

① 景以恩:《炎黄虞夏要在海岱新考》,北京:中国文联出版社,2001年,第63页。
② 景以恩:《炎黄虞夏根在海岱新考》,北京:中国文联出版社,2001年,第94—95页
③ 景以恩:《炎黄虞夏根在海岱新考》,北京:中国文联出版社,2001年,第67页。
④ 《帝王世纪》,济南:齐鲁书社,2010年,第4—5页。

是为柏翳（伯益）。舜赐嬴氏。①

前文中论证了秦嬴的祖地在颛臾风国，可见"少典"世居颛臾风国。王献唐先生引山东出土的一块《伏羲庙残碑》云："东迁少典君于颛顼，以奉伏羲之祀。"认为颛顼即颛臾，少典氏既奉祀伏羲，必为太昊伏羲后裔，可知少典氏即在颛臾。少典氏之女称女华，即华族女子，也即华胥氏之后，蒙山一带众多有关"华"的名称便是证据。②少典氏居于颛臾，"世与少典氏婚"的有蟜氏必然居于颛臾或相邻之地。

蔡运章在《论伏羲、女娲氏与少典、有蟜部族》一文中，根据司马贞《史记·三皇本纪》"炎帝神农氏，姜姓，母曰女登，有蟜氏之女为少典妃，感神龙而生炎帝"，认为"有蟜氏"亦可称为"有娲氏"，是女娲的后代。又根据《大戴礼记·帝系篇》"禹娶于涂山氏。涂山氏之子谓之女蟜氏，产启"的记载，认为"涂山氏女"为"有蟜氏"之后。③

通过学者们的论述，"有蟜氏"是"女娲氏"的后裔，"涂山氏"又是"有蟜氏"之后，"涂山"即为蒙山。④由此可见，"有蟜氏"与"少典氏"同为世居蒙山一带的两个氏族。

笔者通过研究发现，"蟜"字不仅出现在《国语》和《帝王世纪》中，还屡屡出现在《史记·五帝本纪》《大戴礼记》和《山海经》中，从这些典籍记载中，可以进一步确定"有蟜氏"和"蟜"的出处。

《史记·五帝本纪》：帝喾高辛者，黄帝之曾孙也。高辛父曰蟜极，蟜极父曰玄嚣，玄嚣父曰黄帝。⑤

《史记·五帝本纪》：虞舜者，名曰重华。重华父曰瞽叟，瞽叟父曰桥牛，

① 《史记》，北京：中华书局，2006年，第29页。
② 王献唐：《炎黄氏族文化考》，青岛：青岛出版社，2006年，第487页；景以恩：《炎黄虞夏要在海岱新考》，北京：中国文联出版社，2001年，第64页。
③ 蔡运章：《论伏羲、女娲氏与少典、有蟜部族》，《黄河科技大学学报》2007年第6期。
④ 杨向奎：《夏民族起于东方考》，《禹贡》七卷六、七期合刊，1937年。
⑤ 《史记》，北京：中华书局，2006年，第2页。

桥牛父曰句望，……。①

《大戴礼记·五帝德》：孔子曰："蟜牛之孙，瞽叟之子也，曰重华。②

从典籍记载来看，"蟜牛"又称"桥牛"，是虞舜之祖父，黄帝之子昌意的五世孙。其之所以名"蟜"，必然与黄帝母系氏族"有蟜氏"有关，虞舜祖父曰"蟜牛"，"蟜"显然在黄帝、虞舜之故里——颛臾风国。"蟜"在何处，通过《山海经》记载可以得知其准确位置。

《山海经·海内北经》：蟜，其为人虎文，胫有臂。在穷奇东。一曰，状如人。昆仑虚北所有。【注释】郭璞云："蟜音桥。"郝懿行云："《说文》云：'蟜，虫也'非此。"《广韵》"蟜"字注引此经云："野人身有兽文"。③

"昆仑"即君子之国"天吴"（虞），也就是蒙阴叟虎寨山（详见第五章），蟜"其为人虎文"在昆仑虚北，显然就是前文中论述的蒙阴叟虎寨山北面的"桥山"（丹穴之山）。

《史记·封禅书》记载，黄帝不死是"已仙上天"。《史记》记载黄帝"封东泰山，禅凡山，然后不死"，羽化成仙，显然"东泰山""凡山"是黄帝羽化成仙之处，准确的讲"东泰山"北面的"凡山"（丹丘），是羽人所居"不死之乡"，凡山即羽山，也即昆仑之虚北面的"蟜山"（桥山）。

古代黄帝形象经历过不少的演变，从神话中的神到五帝之首的帝，又成为道教神仙谱中的黄帝，又演变成为玉皇大帝，并取代东王公的地位与西王母相配对。④由此可见，黄帝就是中国神话中的玉皇大帝，巧合的是在蒙阴叟虎寨山北面除了"玄丘"之外，还有一座山名曰"玉皇山"，山上苍松翠柏、古树参天，笔者怀疑与黄帝有一定关联，或为黄帝之墓所在地"桥山"，因黄帝而名"玉皇山"。

《吕氏春秋·应同》：黄帝曰："土气胜"。土气胜，故其色尚黄，

---

① 《史记》，北京：中华书局，2006年，第3页。

② 黄怀信译注：《大戴礼记》，上海：上海古籍出版社，2019年，第167页。

③ 袁珂：《山海经校注》，北京：北京联合出版公司，2014年，第272页。

④ 陈子艾：《古代黄帝形象演变论析》，《北京师范大学学报》1993年第4期。

其事则土。[1]

《史记·五帝本纪》：（黄帝）有土德之瑞在，故号黄帝。[2]

王光镐先生在《黄帝地望诸说考》一文中引上述典籍和《史记索隐》"有土德之瑞，土色黄，故称黄帝"的记载，黄帝生于"陕西说"的一个时常被人提到的依据，即黄帝尚土，而土色黄，因此当源出陕西黄土地。其实蒙阴盆地汶河北岸以"玉皇山"为中心，向东、西两个方向延伸数十公里都是黄土层，有黄沟、黄土山、黄土岭、洪沟等以黄土相称的地名、山名，由此可以印证典籍中关于黄帝"有土德之瑞，土色黄，故称黄帝"的说法。

另外一种可能"桥山"即蒙阴叟虎寨山西北，蒙阴与新泰交界处的"呑山"，此"呑山"在蒙阴县志中记载为"嶅山"，现在改名为青云山。

《蒙阴县志·康熙廿四年版》："嶅山，距城西北三十五里，界新、蒙两邑。"（《蒙阴县清志汇编》，北京：中华书局，1999年，第482页。）

呑山和形状如同巨大的蚕虫，即《山海经·海内北经》中的昆仑虚以北的"蟜"，也是"有蟜氏"的"蟜"。"呑山"周边地名有呑山村、嶅山村、呑阳、呑阴等地名村名。

---

① 陆玖译注：《吕氏春秋》，北京：中华书局，2011年，第375页。
② 《史记》，北京：中华书局，2006年，第1页。

八、"西周之国姬姓，北齐之国姜姓"皆秦人语

最早记录"黄帝以姬水成，炎帝以姜水成"的是《国语·晋语四》，如果继续溯源的话可以从《山海经》中找到相关的信息：

《山海经·大荒西经》：有西周之国，姬姓，食谷。有人方耕，名曰叔均。帝俊生后稷，稷降以百谷。[1]

《山海经·大荒北经》：有北齐之国，姜姓，使虎、豹、熊、罴。[2]

秦嬴祖先是颛顼、伯益，蒙阴叟虎寨山是伯益"主虞"之地，故"黄帝以姬水成，炎帝以姜水成"是秦嬴传说，正如古代学者郝懿行所云："《大荒西经》有西周之国，姬姓，此（《大荒北经》）有北齐之国，姜姓，皆周秦人语也。"[3] 今人杨宽先生亦云：

旧传黄帝之后封于铸或祝，"铸""祝"乃声之转。……黄帝之传说初见于齐人之著作，所传黄帝后之铸亦在齐地，则黄帝传说必尝盛传于齐国，故其事多近于齐东野语耳。[4]

《史记·封禅书》称秦文公已祠黄帝，顾德荣、朱顺龙二先生认为："秦为嬴姓之族，传说是颛顼的后裔，其始祖大业是女修食了玄鸟卵而生。

---

[1] 袁珂：《山海经校注》，北京：北京联合出版公司，2014年，第331页。

[2] 袁珂：《山海經校注》，北京：北京联合出版公司，2014年，第356—357页。

[3] 袁珂：《山海經校注》，北京：北京联合出版公司，2014年，第356—357页。

[4] 杨宽：《中国上古史导论》，载于吕思勉、童书业编著：《古史辨》第七册（上），上海：上海古籍出版社，1982年，第193页。

这种传说与东方民族相似，可能其起源于东方。"①王宁先生在《"黄帝"考源》一文说：

盖秦为嬴姓，本出于东夷族，后迁西方，故其有祠黄帝之事固不足怪，然乃其族自东方携至西北，而非由西产东渐。……黄帝传说本起源于东方，原为上古三代时期黄河中下游地区特别是东夷诸部族共同尊奉的至上神兼宗祖神，而后随民族之迁徙而散播于四方。②

笔者认为，《大荒经》中心的观象台即蒙阴叟虎寨山，因此《大荒北经》中记载的姜姓"北齐之国"就在叟虎寨山以北，沂河（姜水、江水）之源，而《大荒西经》记载的姬姓"西周之国"就在叟虎寨山（吴）以西蒙阴盆地之中，也就是说以蒙阴叟虎寨山为中心的方圆百里的地方就是黄帝、炎帝的诞生地，是"姬水""姜水"的发源地，以"天吴"为神的君子之国即黄帝"封君之地"。

第三节 "君子之国"是虞代诸帝诞生和封君之地

黄帝是虞代始帝，诞生于颛臾风国之"寿丘"，成长于颛臾风国之"姬水"，娶于颛臾风国之西陵氏之女，封君于颛臾风国之"穷桑"，葬于颛臾风国之"桥山"，说明大汶口文化晚期"有虞氏"部落的活动中心仍在颛臾风国，颛臾风国也是黄帝之后虞代诸帝的诞生地和封君之地，是虞代"君子之国"。

一、黄帝之子少昊（玄嚣）降居"江水"都于"穷桑"

《史记·五帝本纪》称黄帝、颛顼、帝喾、尧、舜为五帝，而《吕氏春秋·十二纪》中的五帝组合是太昊、炎帝、黄帝、少昊、颛顼，把少昊列为黄帝与颛顼之间的古帝。典籍中的记载虽有不同，但五帝三王同宗共祖，

① 顾德荣、朱顺龙：《春秋史》，上海：上海人民出版社，2003年，第90页。
② 王宁：《"黄帝"考源》，《重庆文理学院学报》（社会科学版）2012年第2期。

是战国就有的说法，而且得到人们的认同。①

《史记·五帝本纪》说黄帝正妃嫘祖生二子，其一曰玄嚣，是为青阳。《帝王世纪》中则说黄帝之子少皞即青阳，《世本》说少皞、青阳、挚同为一人，而《帝王世纪》又说少昊、挚、青阳、玄嚣是一个人，是女节所生。关于少昊、青阳、玄嚣三者之间的关系，各说不一，但三者同为黄帝之子，其地望都在"江水"和"穷桑"。

（一）少昊、玄嚣降居之"江水"即沂水

前文中已经论证了"四渎"之一的"江水"是现在的沂水，②"江水"也即炎帝所居的"姜水"。除此之外，与"江水"关系最为密切的当属黄帝之子青阳、玄嚣或少昊。吕思勉先生在《中国通史》一书中说：

《史记·五帝本纪》说："黄帝正妃嫘祖生二子，其后皆有天下。其一曰玄嚣，是为青阳，青阳降居江水"，此即后人指为少昊的。……后人以今之金沙江释此文的江水，……此乃大误。故代南方之水皆称江。《史记·殷本纪》引《汤诰》，说"东为江，北为济，西为河，南为淮"，四渎既修，万民乃有居"。其所说的江，即明明不是长江。③

从上述学者的论述看，古文献中的"江"绝非现在的长江，最有可能是沂水。笔者根据典籍记载和学者的论述，认为"东为江"即今天之沂水，属淮河流域；"西为河"即柴汶河、大汶河，属黄河流域（详见第一章）。

蒙阴东汶河属于沂水上游的主要支流，东汶河与柴汶河的分水岭在蒙阴西部。东汶河是"洛水"，故《山海经》中说岷山（蒙山）"洛水出焉，

① 孙锡芳：《〈史记·五帝本纪〉五帝谱系合理性探究》，《云南民族大学学报（哲学社会科学版）》2006年第2期。
② 侯仰军：《考古发现与大禹治水真相》，《古籍整理研究学刊》2008年第2期；石泉：《古文献中的"江"不是长江的专称》，《文史》第六辑，北京：中华书局，1979年；杜金鹏：《先商济亳考略》，《殷者学刊》，1988年第3期。
③ 吕思勉：《中国通史》，南京：译林出版社，2015年，第284页。

东注于江……岷山，江水出焉，东北流注于海，其中多良龟，多鼍"。^① 由此可见，黄帝之子玄嚣、少昊降居"江水"，邑于"穷桑"的地望就在大汶口人的桑梓之地——蒙山、沂水之间。典籍记载和现代学者通过考古研究得出的结论也是如此：

《左传·昭公十七年》：秋，郯子来朝，公与之宴。昭子问焉，曰："少皞氏鸟名官，何故也？"郯子曰："吾祖也，我知之……"【注释】杜预注：少皞，金天氏，黄帝之子，己姓之祖也。太皞，伏牺氏，风姓之祖也。^②

顾颉刚先生在《鸟夷族的图腾崇拜及其氏族集团的兴亡》一文中引用《左传》的上述记载，认为根据现有的资料，知道郯国自说是少昊的子孙，鲁国又都于少昊氏之虚，少昊必然是东方民族的祖先神。他说：

少昊既因凤鸟至而以鸟名官，太昊一族又以凤为姓，可见他们两位同在鸟夷之中。为鸟夷人民所崇奉的大神。……颛史在今费县西北70里，是鸟夷族的一个中心地点，我们可以知道这些古国全在今山东南部，即古济水之南和沂蒙山区一带。^③

综上所述，黄帝之子玄嚣、少昊降居"江水"，邑于"穷桑"的地望就在大汶口人的桑梓之地——蒙山、沂水之间。

（二）少昊邑于"穷桑"在蒙阴盆地"华胥之渚"

据古籍记载，黄帝、少昊、颛顼均在"穷桑"初登帝位，少昊"邑于穷桑"，颛顼"实处穷桑"。

《左传·昭公二十九年》：少皞氏有四叔，曰重、曰该、曰修、曰熙，实能金木及水。使重为句芒，该为蓐收，修及熙为玄冥，世不失职，遂济穷桑，此其三祀也。杜预注曰："少皞，金天氏。穷桑，少皞之号也。穷桑地在鲁北。^④

---

① 方韬译注：《山海经》，北京：中华书局，2011年，第183页。
② 杜预注：《左传》，上海：上海古籍出版社，2016年，第823—824页。
③ 顾颉刚：《鸟夷族的图腾崇拜及其氏族集团的兴亡》，《史前研究》2000年。
④ 杜预注：《左传》，上海：上海古籍出版社，2016年。第910—911页。

《帝王世纪》：少昊帝，……降居江水，有圣德，邑于穷桑，以登帝位，都曲阜，故或谓之穷桑帝。……少昊氏自穷桑登位，故《春秋传》曰"世不失职，遂济穷桑"。登帝位在鲁北，后徙曲阜。于周为鲁，在《禹贡》徐州蒙羽之野，奎娄之次。①

通过上述典籍记载，我们可以知道少昊降生于江水，之后邑于穷桑，在穷桑登帝位之后迁都曲阜，这充分说明穷桑是曲阜之外的另外一地。杜预注穷桑"地在鲁北"，人们一般理解为穷桑在曲阜城北，其实应当理解为鲁国以北更接近事实。②吕思勉先生在《先秦史》一书中认为"穷桑"即《吕览·古乐》所言："帝颛顼生自若水，实处空桑"，也即《山海经·东山经》记载的"空桑之山"，若水、穷桑、空桑均在东方。③笔者认为"若水"即蒙阴桑泉水，"空桑之山"即蒙阴青龙山，"穷桑"即在青龙山下。

《轩辕本纪》：帝纳女节为妃，其后女节见大星如虹，下临华渚，女节感而接之，生少暤。……少昊名挚字青阳，即帝位号金天氏，黄帝之子也。"④

《轩辕本纪》中说黄帝纳女节为妃，女节见大星如虹，下临"华渚"，女节感而接之，生少暤。这段记载华胥氏在"雷泽"见大虹绕身而生太暤如出一辙。"华渚"即"雷泽"，是蒙阴青龙山北面的古湖泊，"大虹"即君子之国"工虫"，也即青龙山。

《拾遗记·少昊》：少昊以金德王。母曰皇娥，处璇宫而夜织，或乘桴木而昼游，经历穷桑沧茫之浦。时有神童，容貌绝俗，称为白帝之子，即太白之精，降乎水际，与皇娥宴戏……乃皇娥生少昊，号曰穷桑氏，亦曰桑丘氏。

少昊以主西方，一号金天氏，亦曰金穷氏。时有五凤，随方之色，集于帝庭，因曰凤鸟氏。金鸣于山，银涌于地。或如龟蛇之类，乍似人鬼之形，

① 《帝王世纪》，济南：齐鲁书社，2010年，第10页。
② 张德苏、齐宝江、姜玉杰等：《有穷后羿所迁"穷石"位置考辨》，《德州学院学报》2020年第5期。
③ 吕思勉：《先秦史》，北京：中国文史出版社，2019年，第171—174页。
④ 《云笈七籤》，北京：中华书局，2003年，第2162—2185页。

有水屈曲亦如龙凤之状，有山盘纡亦如屈龙之势，故有龙山、龟山、凤水之目也。亦因以为姓，末代为龙丘氏，出班固《艺文志》；蛇丘氏，出《西王母神异传》"①

将《拾遗记》关于少昊的记载与《轩辕本纪》对照，可知少昊之母经历的"穷桑沧茫之浦"即"华渚"（雷泽），也就是说"穷桑"即在蒙阴青龙山北面的蒙阴盆地之中。蒙阴盆地之中的君子之国、青丘之泽是凤凰圣地，故少昊出生是"时有五凤"，因而曰"穷桑氏""桑丘氏""凤鸟氏"。又因汶水"屈曲亦如龙凤之状"，青龙山"盘纡亦如屈龙之势，故有龙山、龟山、凤水之目也"，少昊之末代为"龙丘氏""蛇丘氏"。

（三）《山海经》中少昊所居之地在颛臾风国

"少昊"之名不仅记载于史籍之中，而且多次出现于《山海经》中，其中《西山经》一处，《大荒经》三处，《海内经》一处：

《山海经·西山经》：长留之山，其神白帝少昊居之。其兽皆文尾，其鸟皆文首，是多文玉石。②

《山海经·大荒东经》：东海之外大壑，少昊之国。少昊孺帝颛顼于此，弃其琴瑟。③

《山海经·大荒南经》：有缗渊。少昊生倍伐，倍伐降处缗渊。有水四方，名曰俊坛。④

刘宗迪先生在《失落的天书——〈山海经〉与古代华夏世界观》一书中说：值得注意的是，《大荒经》四方神和四方风所反映的物候历制度、"使四鸟"的记载，整体上与少昊渊源至深。⑤《大荒经》中四方风和四方神的记载也

---

① 王兴芬译注：《拾遗记》，北京：中华书局，2019年，第23—28页。
② 袁珂：《山海经校注》：北京：北京联合出版公司，2014年，第46页。
③ 袁珂：《山海经校注》：北京：北京联合出版公司，2014年，第289—290页。
④ 袁珂：《山海经校注》：北京：北京联合出版公司，2014年，第315页。
⑤ 刘宗迪：《失落的天书——〈山海经〉与古代华夏世界观》，北京：商务印书馆，2016年，第413—422页。

见于卜辞和《尧典》，这一制度的创立是少昊之族的功劳。

《拾遗记·少昊》：少昊以金德王。母曰皇娥……帝子与皇娥泛于海上，以桂枝为表，结薰茅为旌，刻玉为鸠，置于表端，言鸠知四时之候，故《春秋传》曰"司至"是也。今之相风，此之遗象也。【注释】表：直立于地面，用以观测日影的标杆。相风：古代观测风向的仪器。遗象：指前代事物流传下来的形状、式样。①

刘宗迪先生据此以为，测风之器相风传说是少昊之母皇娥发明的，《大荒经》中的四方神其实就是四时神，当与《左传》昭公十七年关于少昊"以鸟司时"的制度有关。② 考古学研究表明，少昊族活动的区域主要在泰山周围的大汶口文化地区。③ 少昊之族是东方民族，可谓有典可据。④

《大荒东经》所言"东海之外大壑，少昊之国"中的"大壑"，古人认为是黄海，仲大军先生则认为："大壑"是郯庐断裂带上横贯临沂南北的地震断裂沟。他说：

关于大壑，很多人认为大壑是大海。……直到2013年4月我去山东蒙山金伯利钻石博物馆参观，才发现大壑是早年横贯临沂南北的地震断裂沟。大约在六七千年或八九千年前，在山东的临沂地区发生过强烈的地震和地壳变动。这次地震造成了800里的马陵山及云台山的抬升，同时裂成了一个大深谷。……由此可以看出，《山海经》确实是一本宝书，它记载的一些地方确实是存在的。⑤

笔者认为，仲大军先生所言正是郯庐断裂带中段"沂沭断裂带"，《大

---

① 王兴芬译注：《拾遗记》，北京：中华书局，2019年，第24—25页。
② 刘宗迪：《失落的天书——〈山海经〉与古代华夏世界观》，北京：商务印书馆，2006年，第413—422页。
③ 栾丰实：《太昊和少昊传说的考古研究》，《中国史研究》2000年第2期。
④ 叶林生：《少皞考》，《苏州大学学报》1994年第3期；温玉春、曲惠敏：《少昊、高阳、高辛、陶唐、有虞诸氏族原居今山东考》，《管子学刊》1997年第4期；李玉洁：《少皋部族的活动与迁徙述论》，《河南大学学报》1999年第5期；栾丰实：《太昊和少昊传说的考古学研究》，《中国史研究》2000年第2期。
⑤ 仲大军：《破译〈山海经〉（之三）》，《社会科学论坛》2017年第4期。

荒东经》所谓"东海之外大壑，少昊之国"与典籍所言"少昊（玄嚣）降居江水（沂水）"完全相符。

《山海经·大荒南经》："有缗渊。少昊生倍伐，倍伐降处缗渊"，学者们认为，"有缗与蒙山音相通，当亦同指一事"。[1] 显然"缗渊"即蒙阴盆地之"蒙汜"，说明少昊生倍伐于蒙阴一带。

少昊时代从考古学角度上讲，当属大汶口文化中晚期，著名考古学家唐兰先生认为，大汶口文化是少昊文化，他说：

> 论中国古代史不应再限于夏后氏之世，而应该再上推二千多年，一直到少昊、炎帝、黄帝之世。如果按照华夏民族的看法，大汶口文化是东夷文化，那么，中华民族文化的形成，实际上是从东夷文化开始的。[2]

综上所述，少昊、玄嚣是黄帝之子，少昊一族的活动范围在沂水、曲阜、泰山三地之间，即顾颉刚先生所言"古济水之南和沂蒙山区一带"。[3] 其活动中心显然就在蒙阴颛臾风国，颛臾风国是"君子之国"，是黄帝、少昊、玄嚣、颛顼的"封君之地"，"穷桑"是黄帝、少昊、颛顼初登帝位之地，是大汶口文化时期的都城，也即颛臾风国（君子之国）的都城。

二、颛顼诞生于北辰（叟崮）之下的"若水"

颛顼，五帝之一，号高阳氏。相传为黄帝之孙，昌意之子，十岁佐少昊，十二岁而冠，二十岁登帝位，在位七十八年。颛顼的事迹在《山海经》《大戴礼记》《史记》和《帝王世纪》等典籍中均有记载。

颛顼是五帝中颇有影响、地位显赫、继往开来的一帝，颛顼时代乃是中国古代文明真正开始时期。他进行了"绝地天通"的宗教大改革，并把凤文化发展为全国规模的文化，成为整个中华民族文化的象征。颛顼在黄帝与少昊之后，从考古学角度上讲，颛顼时代为大汶口文化晚期或龙山文

---

① 廖群：《屈辞中的古史传说与先秦"说体"互证》，《历史文献研究》2016 年第 2 期。
② 唐兰：《论大汶口文化中的陶器》，《故宫博物院刊》1979 年第 2 期。
③ 顾颉刚：《鸟夷族的图腾崇拜及其氏族集团的兴亡》，《史前研究》2000 年 00 期。

化早期是可信的。[①]

（一）颛顼生于"若水"，北辰化为"老叟"

从典籍记载来看，颛顼是黄帝之孙、昌意之子，昌意降居"若水"非司马迁一家之私言，更非无根之臆说，实为先秦两汉之旧说，信史昭昭，固不容置疑。至于"若水"之具体位置，除了班固《汉书·地理志》和北魏郦道元的《水经注》外，历来史家罕有言及。

《汉书·地理志》：蒙山谿大渡水东南至南安入渽。……若水亦出徼外，南至大莋入绳。……汶江，渽水出徼外，南至南安，东入江。[②]

《水经注·若水》：青衣水出青衣县西蒙山，东与沫水合也。……桓水出蜀郡岷山，……若水出蜀郡旄牛徼外，东南至故关，为若水也。……黄帝长子昌意，德劣不足绍承大位，降居斯水，为诸侯焉。娶蜀山氏女，生颛顼于若水之野。……夷也，汶山曰夷，南中曰昆弥，蜀曰邛，汉嘉、越嶲曰莋。皆夷种也。

若水出僰道，又谓之马湖江。……沫水出方柔徼外，县有石纽乡，禹所生也。……又东南……出蒙山南。[③]

《水经注》《汉书·地理志》中有若水在"蜀郡"以及"蜀山氏"的记载，成为学者以若水必在四川的证据之一。姜亮夫先生据此而论：

（若水）即今雅砻江，源出巴颜喀拉山东，南流入金沙江。……是颛顼之为楚人先，而发祥自昆仑若水之间，了无疑义矣。[④]

学术界过去的说法，大都主张若水就是今之雅砻江。不过此说异议甚多。顾颉刚先生认为，"若水"如在四川，那是楚人把他们的"始祖"带进去的："推原他们所以如此拉拢的缘故，大概因为楚国出于颛顼和祝融，春秋时楚和

① 孙玮、孙海洲：《华夏文明起源的初步探索》，北京：中国文史出版社，2004年，第120—127页。
② 《汉书》，北京：中华书局，2007年，第295页。
③ 陈桥驿：《水经注校证》，北京：中华书局，2013年，第786—791页。
④ 姜亮夫：《说高阳》，载于《楚辞学论文集》，上海：上海古籍出版社，1984年。

巴的交往较密,把楚祖传了进去。"① 徐中舒先生也认为"严格地说,这些传说并出西汉以后,除牵合若水蜀山地名人名一二字外,并无其他史迹可据,其可信的条件并不具备。"② 吕思勉先生明确指出:"'昌意降居若水',后人以蜀地释之者实误。"③ 王献唐先生在《炎黄氏族文化考》中则断言:颛顼"与四川数千里外之若水,绝无干系也。"④ 若水既然不是雅砻江,那么它究竟是何地何水呢?

不少学者认为它就是今河南省境内的汝河。孙华先生以古音韵学考释认为,"昌意和颛顼所居的若水,即为古汝水。……若汝在上古音俱通。"⑤ 田昌五先生说:

> 若水即河南的汝水。汝、若,音同义通。从颛顼部落后来活动的地区看,断为汝水,是很合理的。这样,从汝水经豫中到濮阳一带地方,在初都属于颛顼部落。⑥

有的学者则说,《史记》虽载昌意娶蜀山氏之女,但并未明言蜀山就是蜀地之山。四川、河南、山东有很多相同的地名,如蜀。山东有蜀,《左传·宣公十八年》载"楚于是乎有蜀之役",杜预注"蜀,鲁地。泰山博县西北有蜀亭"。⑦ 近代以来,随着大汶口文化与龙山文化的考古发现,颛顼东方说开始流行起来。刘宗迪先生在《失落的天书——〈山海经〉与古华夏世界观》一书中所言:

> 若水出自空桑,当亦在鲁。……实际上,蜀山在鲁地,《山海经》提供了最直接的证据。《东山经》有"獩",其南三百里有"泰山",两山居于"东山首经"的末尾,其下紧接着"东次二经",起首就是"空桑之

① 顾颉刚:《论巴蜀文化》,成都:四川人民出版社,1981年,第40页。
② 徐仲舒:《论巴蜀文化》,成都:四川人民出版社,1981年,第3页。
③ 吕思勉:《少昊考》,《读史扎记》,上海:上海古籍出版社,1982年,第51页。
④ 王献唐:《炎黄氏族文化考》,青岛:青岛出版社,2006年,第332页。
⑤ 孙华:《蜀族起源考》,《民族论丛》1982年第2期。
⑥ 田昌五:《古代社会形态研究》,成都:四川人民出版社,1980年,第152页。
⑦ 杨名、桂珍明:《颛顼诞生地若水的历史地理考》,《重庆科技学院学报》(社会科学版) 2014年第5期。

山",可见獨山、泰山、空桑之山相距不远。……综上所述,颛顼与若水、蜀山之关系,正足以证明颛顼居东方。[1]

顾颉刚先生说"若水"如在四川,那是楚人把他们的"始祖"带进去的,而《史记》记载楚人的始祖是颛顼,秦嬴的始祖也是颛顼,当今学者普遍认为山东莱芜(古嬴县)和费县(古费邑)是秦嬴的祖地,显然昌意降居之"若水"应在嬴、费之间。

笔者认为,嬴、费之间蒙阴颛臾风国即颛顼之国,从《水经注·若水》的记载中发现,巴蜀之地的若水流域有诸多地名皆与蒙阴地名相同,诸如:蜀、西蒙山、岷山、羌、汶山、蒙山等,而且说:"夷也,汶山曰夷,南中曰昆弥,蜀曰邛,汉嘉、越巂曰莋。皆夷种也。"显然巴蜀之地的这些地名及传说,正如顾颉刚先生所言都是楚人从祖地带过去的。

若水即汝水之说,理由更不充分,除若、汝音近之外,就是因为与传说中的颛顼之虚、帝丘的所在地濮阳近,而笔者认为濮阳并非颛顼之虚,而是颛顼之后裔昆吾氏(卫氏)迁徙此地后建立的"昆吾之虚"(详见后文)。

总之,无论"四川若水说""河南若水说",都不同程度地体现了颛顼部族的变迁。但就帝颛顼诞生地的考证而言,《拾遗记》关于颛顼出生时的神话透露出了关键信息:

《拾遗记·颛顼》:帝颛顼高阳氏,黄帝孙,昌意之子。昌意出河滨,遇黑龙负玄玉图。时有一老叟谓昌意云:"生子必叶水德而王。"至十年,颛顼生,手有文如龙,亦有玉图之象。其夜昌意仰视天上,北辰下,化为老叟。[2]

笔者认为,《拾遗记》中的这段描述看似神话,实际上是对昌意降居、颛顼降生之地山川地貌的描述与传说。黑龙即蒙阴青龙山,而北辰飘落下来化为老叟,是指蒙阴"叟虎寨山"(《水经注》中又称"叟崮"),叟虎寨山似虎,山上有一山峰酷似老叟的面孔(见彩图),被神化人面虎身

---

[1] 刘宗迪:《失落的天书——〈山海经〉与古代华夏世界观》,北京:商务印书馆,2016年,第426页。

[2] 王兴芬译注:《拾遗记》,北京:中华书局,2019年,第28页。

的君子国和昆仑之神"天吴""陆吾"（详见第三章）。

（二）颛臾风国即"颛顼之国""君子之国"

《山经》中只字未提颛顼，"颛顼"之名主要记载于《大荒经》中。刘宗迪先生说《大荒经》所载诸帝，除帝俊、帝喾、舜、少暤之外，还有炎帝（1见）、黄帝（8见）、颛顼（15见）、祝融（2见）、尧（1见），其中，提及颛顼的次数比帝俊还多，他是许多方国的始祖。①

《山海经·大荒东经》：东海之外大壑，少昊之国。少昊孺帝颛顼于此，弃其琴瑟。②

《山海经·大荒南经》：有季禺之国，颛顼之子，食黍。有羽民之国，其民皆生毛羽，有卵民之国，其民皆生卵。③

《山海经·大荒北经》：东北海之外，大荒之中，河水之间，附禺之山，帝颛顼与九嫔葬焉。……丘方员三百里，丘南帝俊竹林在焉。……丘西有沉渊，颛顼所浴。④

刘宗迪先生通过对《海经》古图地域文化渊源的考索和对《海经》文本的学术源流的梳理，最后殊途同归，都指向华夏世界东方的东夷民族。⑤《大荒经》的文化渊源可以追溯到公元前2500年前后山东的大汶口文化地区，也就是文献中所说的东夷文化。⑥《大荒经》文化族属的确定，决定着对颛顼的定位，刘宗迪先生认为，颛顼是许多方国的始祖，是东方之神。⑦

---

① 刘宗迪：《失落的天书——〈山海经〉与古代华夏世界观》，北京：商务印书馆，2016年，第423页。

② 袁珂：《山海经校注》，北京：北京联合出版公司，2014年，第289页。

③ 袁珂：《山海经校注》，北京：北京联合出版公司，2014年，第313页。

④ 袁珂：《山海经校注》，北京：北京联合出版公司，2014年，第353页。

⑤ 刘宗迪：《失落的天书——〈山海经〉与古代华夏世界观》，北京：商务印书馆，2016年，第635页。

⑥ 刘宗迪：《失落的天书——〈山海经〉与古代华夏世界观》，北京：商务印书馆，2016年，第435—445页。

⑦ 刘宗迪：《失落的天书——〈山海经〉与古代华夏世界观》，北京：商务印书馆，2016年，第423—424页。

《大荒经》提及"颛顼"名称的条目中，有的是专门记述颛顼的，有的是在记述其他事项时涉及颛顼的。《大荒东经》记述的是"少昊之国，少昊孺颛顼于此"；《大荒北经》记述的是颛顼与九嫔葬地和颛顼之子所在"叔歜国"和"中輪国"；《大荒南经》记述的是"有国名曰颛顼"和颛顼之子所在的"季禺之国""羽民之国"等。但是，提及"颛顼"次数最多，记录最详细的当属《大荒西经》（6处，8见），下面一处关于颛顼的记载蕴含的信息最为关键：

《山海经·大荒西经》：大荒之中，有山名曰日月山，天枢也。吴姖天门，日月所入。有神，人面无臂，两足反属于头山，名曰嘘。颛顼生老童，老童生重及黎，帝令重献上天，令黎邛下地。下地是生噎，处于西极，以行日月星辰之行次。有人反臂，名曰天虞。……有玄丹之山。有五色之鸟……有池，名孟翼之攻颛顼之池。①

笔者发现，《大荒西经》中有天枢"日月山"，"吴姖天门"和"天虞"，而《大荒东经》和《海外东经》的君子之国北面有"天吴"，古今学者均认为"天吴"即"天虞"，那么"天吴""天虞"为何分别出现在《大荒西经》和《大荒东经》《海外东经》中呢？笔者认为，这一现象的发生就因为"吴"是天枢，处于《大荒经》的中间位置，所以《大荒经》在叙事过程中出现重叠现象。如：《大荒东经》《海外东经》记载，君子之国北面有"天吴"，《大荒西经》云"吴姖天门"。《大荒南经》记载的"有国名曰颛顼"即颛臾风国，也即《大荒东经》和《海外东经》中的"君子之国"，因为《海外东经》记载"天吴"在君子之国的北面。

《帝王世纪》：颛顼，生十年而佐少昊，十二年而冠，二十年而登帝位。……命南正重司天以属神，北正黎司地以属民，于是民神不杂，万物有序。始都穷桑。

《国语·楚语下》：及少皞之衰也，九黎乱德，民神杂糅，不可方物。……颛顼受之，乃命南正重司天以属神，命火正黎司地以属民，使复旧常，无

---

① 袁珂：《山海经校注》，北京：北京联合出版公司，2014年，第339—342页。

相侵渎，是谓绝地天通。"①。

王献唐先生在《炎黄氏族文化考》中论证说："古帝颛顼，亦即颛臾，生长于此，以地为名者也。"② 少昊（玄嚣）降居"江水"，始都"穷桑"，后迁都"曲阜"，可见少昊是自东向西迁徙发展的。

《山海经·大荒东经》开篇即说"少昊之国，少昊孺颛顼于此"，《帝王世纪》中说，颛顼十岁佐少昊，二十岁登帝位于"穷桑"，《国语》中说少皞之衰，颛顼受之。笔者认为，少昊西迁衰落之后，颛顼登帝位于"穷桑"，颛顼之国的位置在《大荒经》中心"吴"偏东南地域，包括《大荒西经》中的"吴"，《大荒南经》中的"颛顼之国"，《大荒东经》中的"君子之国"。

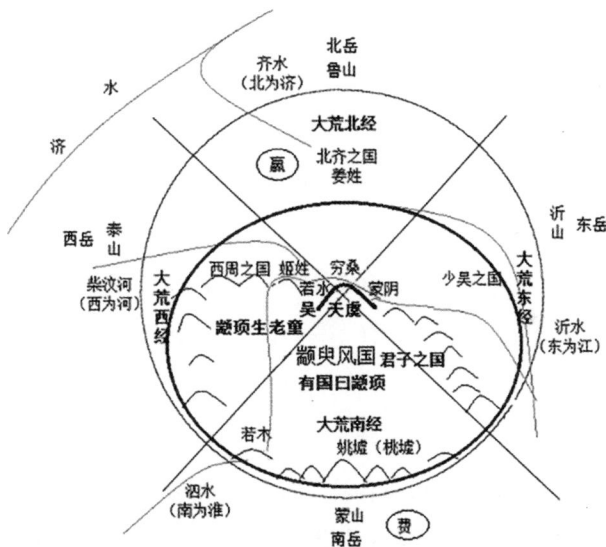

图 5-9

颛顼帝有"九嫔"，笔者在前文中论证了"九嫔"葬处在蒙阴叟虎寨山北面的"九名洞，响石山"（详见第四章），蒙阴境内与颛顼九嫔相关的还有"九女山""九仙山"和"九女关"。

《山海经·海外北经》：务隅之山，帝颛顼葬于阳，九嫔葬于阴。爰有熊、

---

① 陈桐生译注：《国语》，北京：中华书局，2013年，第623页。
② 王献唐：《炎黄氏族文化考》，青岛：青岛出版社，2006年，第329页。

羆、文虎……①

《山海经·大荒北经》：东北海之外，大荒之中，河水之间，附禺之山，帝颛顼与九嫔葬焉。②

《山海经·海内经》：黄帝生骆明，骆明生白马，白马是为鲧。③

《史记·夏本纪》：禹之父曰鲧，鲧之父曰颛顼，颛顼之父曰昌意，昌意之父曰黄帝。④

从《山海经》和《史记》的记载中可知，"白马"或为颛顼，或为颛顼之子鲧，蒙山"白马关"之名或源于"白马"。笔者发现，《山海经》中的"颛顼之国"，历史上遗存的"颛臾风国"，其地域就在以上诸多遗存地名之间。《蒙阴县清志汇编·康熙廿四年版》的相关记载如下：

百流出其中，千峦环其外，颇有四塞之固，在所不争之区。

九女关，县南三十里。

白马关，县西南三十五里。……接费县西北界。颛臾虽渺，用主明禋。汶水环映，漾以清泉。

九仙山，在城南三十五里，与蒙山连麓。世传昔有九仙羽化于此，因名。

三山，有二：一在城东南三里，一在城西南三里。……

九女山，在城东南十里，上有九女祠。……

桃墟河，在城东二十五里，源出蒙山，北流入汶河。⑤

从《蒙阴县清志·康熙廿四年版》所载地图中可以清晰的看出，九女山、女仙山、九女关、白马关、"三山"（九名洞、响石山）和汶水、桃墟河（"蟠木"）环绕的地方就是一处方圆不足百里、四面环山的蕞尔小国——颛臾风国（见图 5-10）。也就是这个蕞尔小国的乡土知识"播化为弥纶天地、光照千秋

---

① 袁珂：《山海经校注》，北京：北京联合出版公司，2014 年，第 220 页。

② 袁珂：《山海经校注》，北京：北京联合出版公司，2014 年，第 353 页。

③ 袁珂：《山海经校注》，北京：北京联合出版公司，2014 年，第 390 页。

④ 《史记》，北京：中华书局，2006 年，第 7 页。

⑤ 蒙阴县地方史志编纂委员会：《蒙阴县清志汇编》，北京：中华书局，1999 年，第 198—236 页。

的华夏知识原型，成为华夏民族宇宙观、历史观的基础。"①

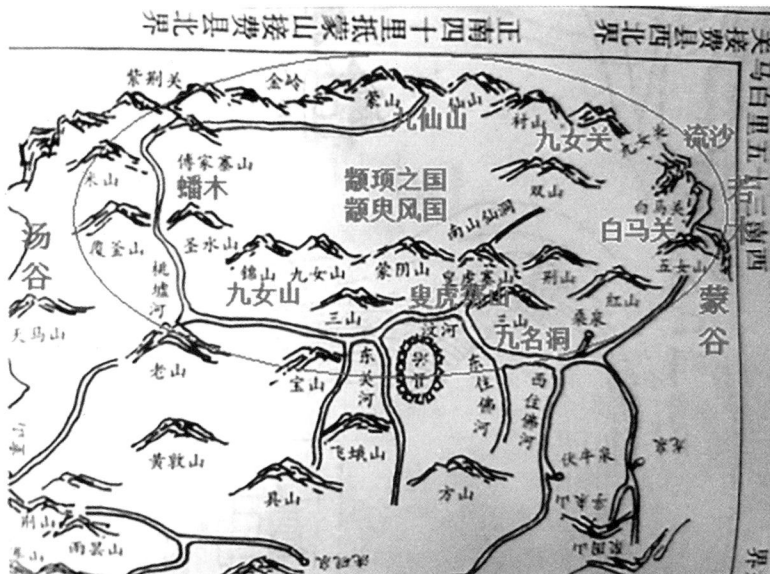

图 5-10　《蒙阴县清志汇编·康熙廿四年版》地图（此图上南下北）②

（三）"若水"发源于蒙阴西南之"若木"

《大荒经》全面而详细地记录了颛顼的出生、成长、安葬和复苏的全过程，记录了颛顼之子的所在地。吴晓东先生认为《大荒经》的中间有一个"观象台"，这个"观象台"的东南方向是颛顼的成长地，"观象台"的东北方向是颛顼的安葬地，"观象台"西南方向的"若木"是颛顼出生地"若水"的发源地。③

《大荒经》的东南西北四经只记载颛顼的少年生长地（东南角）、死亡埋葬地（东北角）和复苏地（西南角），没有记载颛顼的出生地。不过，在《海内经》又明确出现了一处关于颛顼出生地的记载：

---

① 刘宗迪：《失落的天书——〈山海经〉与古代华夏世界观》，北京：商务印书馆，2016 年，第 650 页。

② 蒙阴县地方史志编纂委员会：《蒙阴县清志汇编》，北京：中华书局，1999 年，第 195 页。

③ 吴晓东：《颛顼神及其在〈山海经〉里的记载》，《贵州民族大学学报》（哲学社会科学版）2020 年第 3 期。

《山海经·海内经》：西海之内……流沙之东，黑水之西，有朝云之国、司彘之国。黄帝妻雷祖，生昌意。昌意降处若水，生韩流。……取淖子曰阿女，生帝颛顼。①

吴晓东认为，颛顼的出生地是在"西海之内"，也就是西边的方位。黄帝生昌意，昌意生韩流，韩流生颛顼。韩流在哪里生颛顼呢？这里没有直说，但是明确说"昌意降处若水，生韩流。"便也默认为韩流是在若水"生帝颛顼"。那么这个若水发源于哪里呢？

《海内经》：南海之外，黑水青水之间，有木名曰若木，若水出焉。②

吴晓东先生认为，《海内经》把"生帝颛顼"放在"西海"部分来记述，所以地理位置在西边没有问题，但具体在西边的什么位置却没有明确记载。不过，若水与若木有关，从《海内经》对若木的记载来看，其地理位置应该是在西南。吴晓东先生还认为：

《大荒北经》也有关于若木的记述："大荒之中，有衡石山、九阴山、洞野之山，上有赤树，青叶赤华，名曰若木。"……目前流传的《山海经》版本中，《大荒南经》只有六座"大荒之中"定位山，而《大荒北经》却出现了八座，需要将其中的一座挪到《大荒南经》才能形成与二十八宿的对应。如果这一句挪到《大荒南经》的西南角，不仅能满足《大荒南经》也有七座"大荒之中"定位山，而且其"若木"的位置也才能够与《海内经》里的若木的位置吻合。另外，这句里的"衡石山"也才能与夜空中处于西南位置的衡石星座对应。可见，若木与若水的准确地理位置应是在西南隅。③

笔者根据《海内经》的记载和吴晓东先生的论述，认为吴晓东所言的"衡石山"，就是《汉书·地理志》中记载的"冠石山"，是"若木"所在地，也是"若水"发源地。这一结论从《史记》的记载和笔者的相关论述中也可得到印证。

---

① 袁珂：《山海经校注》，北京：北京联合出版公司，2014年，第372页。
② 袁珂：《山海经校注》，北京：北京联合出版公司，2014年，第376页。
③ 吴晓东：《颛顼神及其在〈山海经〉里的记载》，《贵州民族大学学报》（哲学社会科学版）2020年第3期。

《史记·秦本纪》：秦之先，帝颛顼之苗裔……大费（伯益）生子二人：一曰大廉，实鸟俗氏；二曰若木，实费氏。①

学者们认为伯益的北裔是"大廉，实鸟俗氏"，居于蒙阴以北，今莱芜境内的古"嬴"县；而伯益的南裔是"若木，实费氏"，居于蒙阴以南，今费县、平邑境内的古"费"邑。古人以地为名，可见"若木"在蒙阴南部。

（四）"若水"是蒙阴境内的"桑泉水"

前文中论证了"若木""若水"的出处、其所在方位和大体所在地，除此之外，"若水"本身又是何义呢？王献唐先生在《炎黄氏族文化考》中引经据典、长篇幅的论证了"桑"字与"若"字的历史演变过程，确认"桑"与"若"古时实为一字，桑就是若，桑木也即若木，那么桑水即为若水。②

吕思勉先生也持同样的观点，他在《先秦史》中认为，《山海经·海内经》中的"若木"，即《楚辞·离骚》中的"扶桑"，也是《说文·桑部》中"日初出东方汤谷所登榑桑"。他说：

若水实当作桑水。……空桑即穷桑，其地当近东海。……青阳降居江水，昌意降居若水，其地皆当在东。后人误蜀山氏之蜀为巴蜀之蜀，《水经》乃谓若水出旄牛徼外，至朱提为泸江矣。……《周书》谓阪泉氏徙居至于独鹿，独从蜀声，独蜀一字，蜀山实独鹿之山，亦即涿鹿之山。③

吕思勉先生认为"若水"和"蜀山"均不在巴蜀，《水经》的记载是错误的。王献唐先生在《炎黄氏族文化考》通过对"若"字与"桑"字字源的论述，根据"穷桑"在曲阜，鲁南多桑田的情况，认为"昌意降居若水"指鲁南地区的"泗水"。

《吕览》所言若水、穷桑似在一方，当为东地之水，不应为蜀。若在四川，先世降居于此，不能转处数千里外之曲阜也。穷桑以产桑而得名，古代桑

① 《史记》，北京：中华书局，2006年，第29页。
② 王献唐：《炎黄氏族文化考》，青岛：青岛出版社，2009年，第330—332页。
③ 吕思勉：《先秦史》，北京：中国文史出版社，2019年，第171—173页。

田多在鲁南曲阜、兖州一带，为羲族发明利用，其后随其族裔展转而东而西，东至海滨，西则散布于河南中部北部。迨至春秋，犹有桑田、桑中之说。而曲阜一带既有穷桑，即为桑区，其附近水流，以穷桑之故，亦取桑名为桑水。桑水即若水，以字形相近为讹。桑、泗音转，疑为今之泗水，泗水流经曲阜，与穷桑地域相合，（颛顼）生于泗水，正可处于穷桑。[①]

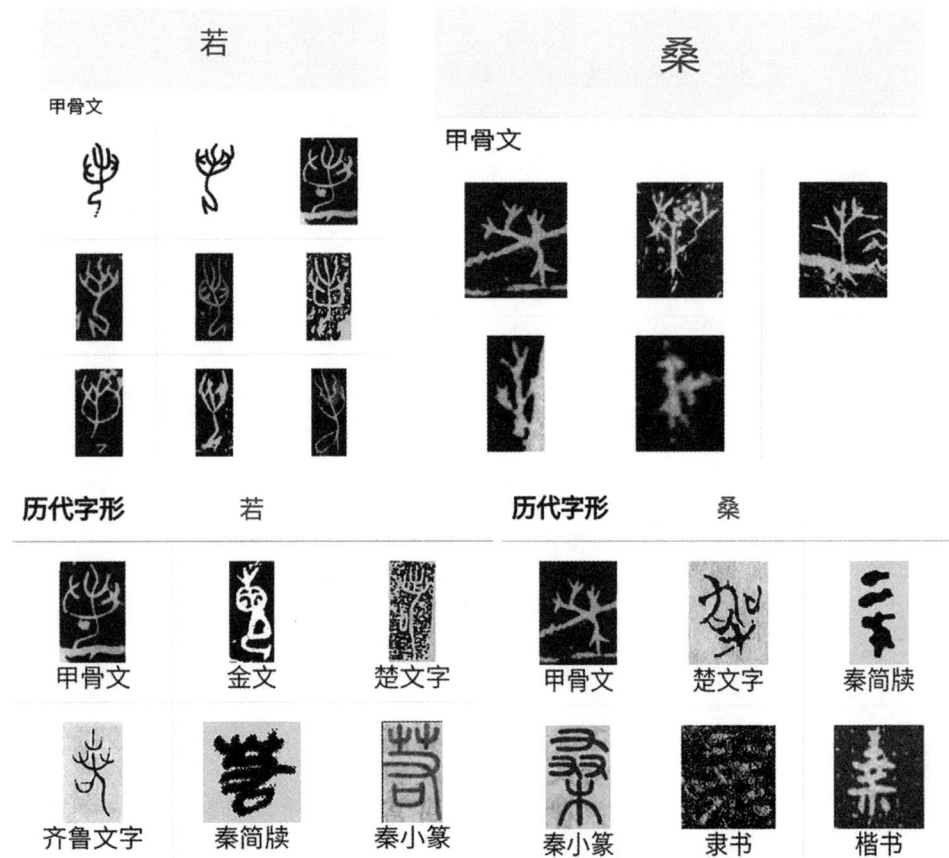

图5-11 "若""桑"的甲骨文及其演变过程[②]

然而，王献唐先生虽然推测颛顼的出生地"若水"疑为今泗水，但其主要佐证又是因为泗水与颛臾相近，故言颛顼生于泗水，颛顼即为颛臾。

---

① 王献唐：《炎黄氏族文化考》，青岛：青岛出版社，2006年，第330页。
② 截图于北京师范大学"汉字研究与现代应用实验室"：《汉字全息资源应用系统》。

颛顼因生桑水，桑水为泗故处，于相近之空桑……与四川数千里外之若水，绝无干系也。以其生长东方而在曲阜一带，其地有费县西北之颛臾正在区内，颛顼近居于此……因举地名呼为颛臾。臾顼音通，亦作颛顼，此颛顼一名之所由起，故史虽无明文，证以各方面之事实，固无可疑也。①

王献唐、吕思勉先生都是著名的历史学家，他们对于"若水"的研究结果和观点具有很高的可信度和权威性。但是，王献唐先生认为"若、泗音一声转"，"若水"疑为今泗水的理由却十分牵强，笔者认为，当时他可能不知道在颛臾风国境内就有一条现成的"桑水"可以考证，因此只好将"若水"疑为泗水。

《水经注》：沂水又南，桑泉水北出五女山，……桑泉水又东南迳蒙阴县故城北，王莽之蒙恩也。又东南与𩅟崮水合，水有二源双会，东导一川，俗谓之汶水也。②

《蒙阴县清志汇编·清宣统三年版》：五女山，此指西五女山，在保安社，距城西南五十五里，《水经注》桑泉水发源于此。③

《蒙阴县清志汇编·清宣统三年版》：桑泉，在城西南二十里，源出五女山，东南流到张疃庄巨围水入汶。④

从《水经注》和蒙阴县志的记载来看，"桑泉水"俗称"汶水"，是沂河上游的一大支流，发源于蒙阴县城西南55里的"五女山"，从典籍记载来看，桑泉水和汶水的名号非常古老而且相当著名，桑泉水流域（包括梓河）是大汶口人的桑梓之地，流域内的颛臾风国又是大汶口人的祖国，毋庸置疑就是昌意降居、颛顼诞生之"若水"。

颛顼生于若水并非蜀之若水，而是颛臾之地的桑泉水，显然昌意之妻、颛顼之母"蜀山氏女"，也并非是远在四川的蜀地之女，那么蜀山氏女又出于何处呢？我们还得从"蜀"字的含义中寻找答案：

① 王献唐：《炎黄氏族文化考》，青岛：青岛出版社，2006年，第332页。
② 陈桥驿：《水经注校证》，北京：中华书局，2013年，第579—580页。
③ 蒙阴县地方志编纂委员会编辑：《蒙阴县清志汇编》，北京：中华书局，1999年，第469页。
④ 蒙阴县地方志编纂委员会编辑：《蒙阴县清志汇编》，北京：中华书局，1999年，第477页。

《说文·虫部》：蜀，葵中蚕也。从虫，上目象蜀头形，中象其身蜎蜎。《诗》曰："蜎蜎者蜀。"①

从《说文解字》对"蜀"的解释看，其本义就是桑树上的蚕虫，而且其举《诗》："蜎蜎者蜀"说明。《诗》是指《诗经·豳风·东山》，说明"蜀"最早、最有影响的应用就在《东山》中，也可以说最初的"蜀"是在"东山"（详见第一章）。正如温玉春先生根据《穆天子传》推证该山很可能即今蒙山山脉的主峰龟蒙顶，蜀族即在这一带。②

那么，四川因何而称为"蜀"呢？这还要从远古时期太皞一族的迁徙经历说起。

《山海经·海内经》：西南有巴国。大皞生咸鸟，咸鸟生乘厘，乘厘生后照，后照是始为巴人。【注释】袁珂案：大皞，吴任臣、郝懿行注均以为即伏羲，是也。后照，《世本·氏姓篇》云：廪君之先，故出巫诞。巴郡南郡蛮，本有五姓，巴氏……即太皞伏羲氏之后也。③

《山海经·大荒北经》：颛顼生骓头，骓头生苗民，苗民厘姓，食肉。④

太皞之子乘厘，乘厘之子后照是巴人的祖先，而颛顼之子骓头是苗民的祖先，也是厘姓。可见太皞、颛顼是楚人苗民和巴蜀的祖先，太皞、颛顼之国即楚人和巴蜀之祖国（详见第一章和第三章相关论述）。

综上所述，黄帝之子昌意降居"若水"是发源于蒙阴西南"五女山"上的桑泉水，昌意娶蜀山氏之女即蒙山之女，生颛顼于颛臾风国之"若水"。西南地区的"若水""蜀山""汶水"等地名都源于蒙阴盆地之中，

（五）"颛顼之虚""帝丘"在颛臾风国

"颛顼之虚"和"帝丘"之名始见于《左传》，其后被广泛引用在秦汉之后的传世文献之中。

---

① 《说文解字》，沈阳：辽海出版社，2015年，第1035页。
② 温玉春：《古九州方位在泰沂山系一带——九州考》，《岱宗学刊》2000年第1期。
③ 袁珂：《山海经校注》，北京：北京联合出版公司，2014年，第380页。
④ 袁珂：《山海经校注》，北京：北京联合出版公司，2014年，第368页。

　　《左传·僖公三十一年》："狄围卫，十有二月，卫迁于帝丘。"杜预注："帝丘，今东郡濮阳县，故帝颛顼之虚。故曰帝丘。"①

　　《左传·昭公十七年》："卫，颛顼之虚也，故为帝丘。"杜预注："卫，今濮阳县，昔帝颛顼居之，其城内有颛顼冢。"②

　　《帝王世纪》：帝颛顼高阳氏，黄帝之孙，昌意之子，姬姓也。母曰景仆，蜀山氏女，为昌意正妃，谓之女枢。金天氏之末，瑶光之星贯月如虹，感女枢幽房之宫，生颛顼于若水……颛顼氏自穷桑徙商丘，于周为卫。……故《春秋传》曰："卫，颛顼之墟也，谓之帝丘。"③

　　按照《左传》记载和杜预注释，"卫"是颛顼之虚，故为"帝丘"。但关于"帝丘"的地望，历来争议较大。目前学界关于颛顼之虚和帝丘主要有四川某地说、内黄土山说、濮阳西水坡遗址说和濮阳高城遗址说。王景莲在《颛顼遗都帝丘初探》一文中，对前三种观点进行了榷疑剖析，认为它们都与"帝丘"无关，认为真正的颛顼遗都"帝丘"为濮阳高城遗址。④

　　从以上学者的论述来看，"帝丘"自古以来就没有定论，因此，"帝丘"之含义及其地望尚有商榷的余地。陈昌远先生说："'帝丘'这个地名的特点就是'本颛顼之墟'。"⑤"颛顼之虚"即"帝丘"，"帝"即颛顼，甚至是颛顼之前的黄帝，"虚"的本义即"丘"。

　　前文中论证了颛顼诞生于颛臾风国之"若水"，"实处空桑，乃登帝位"。"空桑"即"穷桑"在颛臾风国，《山海经》中的颛顼之国即颛臾风国，显然"颛顼之虚""帝丘"就应当在颛臾风国。《左传》及杜预关于颛顼之虚和帝丘的记载和注释是错误的。

　　首先，"帝丘"必然是"丘"，并非平原与高山；其次，"帝丘"必然是帝王所居之丘；第三，颛顼在帝喾、尧、舜、禹之前，还未到传说中

① 杜预注：《左传》，上海：上海古籍出版社，2016年，第247—248页。
② 杜预注：《左传》，上海：上海古籍出版社，2016年，第826页。
③ 《帝王世纪》，济南：齐鲁书社，2010年，第11页。
④ 王景莲：《颛顼遗址帝丘初探》，《中原文物》2016年第1期。
⑤ 陈昌远：《卫都帝丘与戚邑》，《中国历史地理论丛》1994年第3期。

的大禹治水时代，海平面还未降低，大洪水尚未消退，颛顼的活动范围仍局限于鲁中南山地、丘陵地区，"帝丘"必然是鲁中南山区的一个"丘"。笔者认为，"帝丘"即众神（众帝）所居的"昆仑之丘"，"昆仑之丘"是君子之国的天文观象台，"颛顼之虚"即在"帝丘"（天吴，天虞）之下。

笔者的这一结论，可以从吕思勉先生的相关论述中得到支持。吕思勉先生在《先秦史》一书中，对"颛顼之虚"和"帝丘"在卫的说法提出疑问，并给出了可信的答案：

> 《帝王世纪》曰："颛顼始都穷桑，徙商丘"……均不足据……谓自炎帝至颛顼，都邑皆近于鲁，则可信也。①

> 《帝王世纪》谓颛顼始都穷桑，后徙商丘，乃因《左氏》卫颛顼之虚云然，说不足信。《吕览·古乐》曰："帝颛顼生自若水，实处空桑，乃登为帝。"此言颛顼都邑最可信据者。②

吕思勉先生所引《吕氏春秋·古乐》旨在论述音乐发展历史，文中保存了许多传说，虽然大都富有神话的意味，但对于研究音乐的产生与发展的历史，仍是很有价值的。③吕思勉先生认为《吕氏》所记载最可信，那么我们来看一下其中的详细记载：

> 《吕氏春秋·古乐》：昔黄帝令伶伦为律。……帝颛顼生自若水，实处空桑，乃登为帝，惟天之合，正风乃行，其音若熙熙凄凄锵锵。帝颛顼好其音，乃令飞龙作，效八风之音，命之曰《承云》，以祭上帝。乃令鼍先为乐倡。鼍乃偃寝，以其尾鼓其腹，其音英英。……瞽叟乃拌五弦之瑟，作以为十五弦之瑟。【注释】鼍（tuo)，即鳄，皮可制鼓。瞽叟，舜的父亲。④

从《吕氏春秋》的记载来看，从黄帝到颛顼，再到虞舜的父亲瞽叟都为音乐的发展作出了杰出的贡献，甚至说"瞽叟"即乐祖。笔者由此联想到两个问题：

---

① 吕思勉著，李楠译著：《先秦史》，北京：中国文史出版社，2019年，第139—141页。
② 吕思勉著，李楠译著：《先秦史》，北京：中国文史出版社，2019年，第171—172页。
③ 陆玖译注：《吕氏春秋》，北京：中华书局，2011年，第146页。
④ 陆玖译注：《吕氏春秋》，北京：中华书局，2011年，第148—152页。

一是《山海经·海内东经》云"雷泽有雷神,龙身而人头,鼓其腹。在吴西",笔者前文中已经论证"雷泽"在蒙阴叟虎寨山(吴)以西,青龙山北面的蒙阴盆地之中。"雷神"即龙,龙的原型是蒙阴盆地古湖泊中的扬子鳄,也即形似扬子鳄和龙的青龙山。帝颛顼生于若水,在空桑登帝之后,令飞龙作八风之音,令鳄为乐师,鼓其腹,正与《山海经》记载相符合,显然颛顼之虚即在"吴"山下的颛臾风国。

二是《汉书·地理志》和蒙阴县志中,记载蒙阴北部有座山,名曰"临乐山"。

《汉书·地理志》:泰山郡,高帝置,属兖州。……柴,盖,临乐(于)(子)山,洙水所出,西北至盖入池水。①

《水经注》:沂水出泰山盖县艾山。郑玄云:出沂山,亦或云临乐山。②

《蒙阴县清志汇编》:临乐山,在城北一百三十里,狗刨泉出其下。《齐乘》以为沂水之源出此。③

笔者认为,所谓"临乐山"即临近音乐之地,故古代"律历"不分。显然颛臾风国是黄帝、颛顼、帝喾、尧、瞽叟、舜等创制音乐之地,也是"历象日月星辰"之地。由此可见,颛顼之虚即在颛臾风国,故周景王问"七律者何"时,州鸠答曰"颛顼之所建,帝喾受之。我姬氏出自天鼋"。④

笔者的这一观点,还可以从《山海经》的记载和学者对上博简《容成氏》简文的研究成果中得到证实:

《山海经·大荒西经》:大荒之中,有山名曰日月山,天枢也。吴姬天门,日月所入。有神,人面无臂,两足反属于头上,名曰嘘。颛顼生老童……有人反臂,名曰天虞。⑤

① 《汉书》,北京:中华书局,2007年,第291页。
② 陈桥驿:《水经注校证》,北京:中华书局,2013年,第579页。
③ 蒙阴县地方史志编纂委员会:《蒙阴县清志汇编》,北京:中华书局,1999年,第232页,第469页。
④ 陈桐生译注:《国语》,北京:中华书局,2013年,第145页。
⑤ 袁珂:《山海经校注》,北京:北京联合出版公司,2014年,第339页。

　　前文中已经论证了《山海经》的这段记载即颛顼所居之地——颛臾凤国，文中所言的"有神，名曰嘘"即"吴"，"天虞"，也即蒙阴叟虎寨山，其名"嘘"，即指叟虎寨山下的"颛顼之虚"。学者们对于上博简《容成氏》简 13 的研究成果证明了笔者的这一推断，《容成氏》简 13 的内容为：

　　堯為善興賢，而卒立之。昔 [者] 舜耕於 🀫（歷）丘，陶於河濱，漁於雷澤，孝養父母，以善其親，乃及 🀫丘 邦子。堯聞之。①

　　《容成氏》所记的舜耕之地写作 🀫丘，很值得注意。"丘"和"山"义近，李零先生认为"丘"字"可能是'山'字之误"，也有学者认为两者或是义近通用的关系。② 关于 🀫 字，陈剑先生认为：

　　"🀫"字从"臼"从"帝"，"帝"从"帝"得声。……故"🀫"字释读为"历山"之"历"确实是没有问题的。"🀫"从"帝"，大概也可以直接看作从"帝"。……但它字形中包含"帝"字，又跟"丘"字连在一起，很自然地让我们想起了传说为帝颛顼所都的"帝丘"。……由此看来，简文舜所耕的"历山"写作"🀫丘"，似乎确实跟颛顼所都的"帝丘"是存在某种联系的。③

　　"帝丘"即虞舜所耕之"历山"，"历山"顾名思义是黄帝、颛顼等帝王们"历象日月星辰"制定历法之山。吴晓东在专著《〈山海经〉语境重建与神话解读》中，详细论证了《大荒经》的叙事场景与叙事方式，即中间是一个观象台，观测者以目击到的四周最远处的山峦为参照点。④ 笔者认为，《大荒经》中间的这个"观象台"即"天枢也，吴姖天门"之"吴"，

---

① 马承源主编：《上海博物馆藏战国楚竹书（二）》，上海：上海古籍出版社，2002 年，图版第 105 页，释文考释第 259—260 页。
② 苏建洲：《〈容成氏〉译释》第 129 页，参见郭永秉：《楚地出土战国文献 中的传说时代古帝王系统研究》，复旦大学博士学位论文，2006 年。
③ 单育辰：《新出楚简〈容成氏〉研究》，北京：中华书局，2016 年，第 103 页。
④ 吴晓东：《颛顼神及其在〈山海经〉里的记载》，《贵州民族大学学报》（哲学社会科学版）2020 年第 3 期。

即"天虞",也即虞舜所耕之"历山",也即黄帝、颛顼等诸帝（诸神）所居的昆仑之丘——"帝丘"。

《左传》中之所以将"卫""颛顼之虚"和"帝丘"联系在一起，可能是因为"卫氏"是颛顼、昆吾的后代。故将颛顼之虚、帝丘记载于春秋时古国"卫"地。

《大戴礼记》：颛顼……产老童。老童……产重黎及吴回。吴回产陆终。陆终……产六子：其一曰樊，是为昆吾；其二曰惠连，是为参胡；……其六曰季连，是为芈姓。

……昆吾者，卫氏也；参胡者，韩氏也……季连者，楚氏也。【注释】卫氏、韩氏、彭氏、郑氏、邾氏、楚氏，皆指其始祖。[1]

《左传·哀公十七年》：卫侯梦于北宫，见人登昆吾之观，被发北面而噪曰："登此昆吾之虚，绵绵生之瓜。余为浑良夫，叫天无辜。"【注释】卫有观在古昆吾氏之虚，今濮阳城中。[2]

从上面引文中看，"昆吾"是颛顼、吴回的后裔，"昆吾者，卫氏也"，卫有"昆吾之观"，观在古昆吾氏之虚，在今濮阳城中。由此可见，在"卫"地的并不是"颛顼之虚"，而是颛顼的后裔"昆吾之虚"。也就是说，古"卫"国、今濮阳并不是颛顼所居之地，也不是"颛顼之虚"所在地，而是颛顼后裔昆吾氏（卫氏）的迁徙地。濮阳城中的"昆吾之虚"被误认为"颛顼之虚，故曰帝丘"，《左传》及杜预注释中的这一误解，进一步误导了秦汉之后的历代学者，认为颛顼的活动中心在濮阳。

笔者在学者们对上博馆楚简《容成氏》研究成果的基础上，结合传世文献的相关记载，从而还原了"帝丘"的真实所指，证实了"颛顼之虚"真实所在：颛顼之虚不在"卫"，"帝丘"既不是商丘，也不在濮阳，而是在卫侯的祖国——颛臾风国。"帝丘"即君子之国诸帝"历象日月星辰"的天文观象台——"天吴""昆吾"，也即众神（诸帝）所居的"昆仑之丘"。

---

① 黄怀信译注：《大戴礼记》，上海：上海古籍出版社，2019 年，第 174—177 页。

② 杜预注：《左传》，上海：上海古籍出版社，2016 年，第 1052—1053 页。

典籍中关于"虚"的解释如下:

《说文·丘部》云:"虚,大丘也。昆仑丘谓之昆仑虚。从丘,虍声。"①

《正字通》:墟,大丘也。……本从丘作虚。《说文》:虚,大丘也。篆作墟。②

《康熙字典》:墟,《说文》:大丘也。……《帝王世纪》瞍妻握登生舜于姚墟.故得姓姚氏。《左传·昭公七年》谢自迁桃。《注》鲁卞县东南有桃墟,世谓之陶墟,相传舜所陶处。③

"虚"又作"墟",从丘,虍声,又写作虗,又特别说明"昆仑丘"又谓之"昆仑虚"。显然"虚"字本身就是一座形似虎的大土丘,因此"颛顼之虚""帝丘"即昆仑丘、昆仑虚,"虚"字本身即源于颛顼之虚、昆仑之虚。

(六)颛顼所居"玄宫"即黄帝所居"玄扈石室"

帝颛顼主要的贡献是改革了原始宗教,完成了从多神崇拜到一神崇拜的过渡,从史籍中可找到相关的记载:

《山海经·大荒西经》:大荒之中,有山名曰日月山,天枢也,吴姬天门。……颛顼生老童,老童生重及黎,帝令重献上天,令黎邛下地。下地是生噎,处于西极,以行日月星辰之行次。④

《国语·楚语》:及少皞氏衰也,九黎乱德,民神杂糅,不可方物。夫人作享,家为巫史,无有要质。……颛顼受之,乃命南正重司天以属神,命火正黎司地以属民,使复旧常,无相侵渎,是谓绝地天通。⑤

《史记·楚世家》:楚之先祖出自帝颛顼高阳。高阳者,黄帝之孙,昌意之子也。高阳生称,称生卷章,卷章生重黎。重黎为帝喾高辛居火正,

---

① 《说文解字》,沈阳:辽海出版社,2015年,第1151页。
② 北京师范大学"汉字研究与现代应用实验室":《汉字全息资源应用系统》。
③ 北京师范大学"汉字研究与现代应用实验室":《汉字全息资源应用系统》。
④ 袁珂:《山海经校注》,北京:北京联合出版公司,2014年,第339页。
⑤ 陈桐生译注:《国语》,北京:中华书局,2013年,第643页。

甚有功，能光融天下，帝喾命曰祝融。共工氏作乱，帝喾使重黎诛之而不尽。帝乃以庚寅日诛重黎，而以其弟吴回为重黎后，复居火正，为祝融。①

颛顼改革原始宗教的主要内容是区分神事与民事。指派南正重"司天以属神"，又指派火正黎"司地以属民"，这样就断绝了地民与天神相通的道路，使通天成为少数人的特权，结束了过去人杂言庞使人无所适从的混乱局面，稳定了社会秩序，促进了部族的统一，也标志着国家权力和政府机构雏形的出现。据史书记载，颛顼观察天文，制定了新的历法《颛顼历》，因此后人将颛顼奉为"历宗"。

《庄子·大宗师》：臂吾得之，以处大山；黄帝得之，以登云天；颛顼得之，以处玄宫；禺强得之，立乎北极；西王母得之，坐乎少广，莫知其始，莫知其终；彭祖得之，上及有虞，下及五伯。②

颛顼在帝丘创造了远古最大的原始宗教圣地——玄宫，他的一系列重大举措，都是在"玄宫"完成的。关永琨在《颛顼与玄宫》一文中说：

玄宫虽然是宗教场所，同时也是颛顼的政治活动场所。处，即居住，"得之"，即得道成神。"玄宫"已故考古学家徐旭生先生认为："颛顼是一个宗教主，他死后，他所居住的帝丘大约还继续了很多年为宗教圣地。"这一说法，在文献中得到了印证。《墨子·非攻下》有一段记载："昔者三苗大乱，天命殛之……高阳乃命玄宫，禹亲把天之瑞令以征有苗。"……由此不难看出，玄宫作为宗教圣地，从颛顼到禹经历了几百年的时间。③

笔者认为，"颛顼之虚"在颛臾风国，"帝丘"即"昆仑之丘"，而"玄宫"显然就是叟虎寨山北面"玄丘"之上的洞穴，也即黄帝所居的"玄扈石室"。

颛臾风国是五帝"袭封君之地"，颛顼在颛臾风国封君成为颛臾之君王，故称颛顼。颛就是蒙，颛顼出自颛臾，而颛顼之顼是什么意思呢？经查字典

---

① 《史记》，北京：中华书局，2006 年，第 257 页。
② 方勇译注：《庄子》，北京：中华书局，2010 年，第 102—103 页。
③ 关永琨：《颛顼与玄宫》，《今日科苑》2008 年第 19 期。

可知：项，从玉从页，玉指"玉胜""玉冠"；"页"指人头。"玉"和"页"联合起来表示"头戴玉冠者"，代指古代君主帝王。因此，颛顼也可理解为"颛臾之项"或"颛臾之王"。

三、帝喾受"颛顼之虚"，浴"颛顼之池"

"帝喾"之名首见于《天问》和《山海经》中。在先秦典籍《国语》中，帝喾凡三见，两见于《鲁语》，一见于《周语下》。对帝喾讲得最详细的是《史记·五帝本纪》：

> 《史记·五帝本纪》：帝颛顼生子曰穷蝉。颛顼崩，而玄嚣之孙高辛立，是为帝喾。帝喾高辛者，黄帝之曾孙也。高辛父曰蟜极，蟜极父曰玄嚣，玄嚣父曰黄帝。自玄嚣与蟜极皆不得在位，到高辛即帝位。高辛于颛顼为族子。[1]

据《史记·五帝本纪》记载，帝喾是"五帝"之中继黄帝、颛顼之后的第三位帝王。除此之外，《帝王世纪》《古本竹书纪年》等也有一些相关帝喾的记载：

> 《帝王世纪》：帝喾高辛者，姬姓也。其母不见。生而神灵，自言其名曰"夋"。骈齿有圣德，能顺三辰。年十五而佐颛顼，三十登帝位，都亳。[2]

> 《古本竹书纪年》：帝喾高辛氏，生而骈齿，有圣德，初封辛侯，代高阳氏王天下。使瞽人拊鞞鼓，击钟鼓，凤凰鼓翼而舞。[3]

从上面记载的帝喾与黄帝、颛顼的世系关系中可以看出，帝喾是黄帝之子玄嚣的孙子，蟜极的儿子，颛顼之族子（侄子）。根据《史记》和其他典籍的记载，虞代帝位是在黄帝的两个儿子玄嚣、昌意的后代中交替继承的：先是昌意之子颛顼佐玄嚣（少昊）继承帝位，其后玄嚣曾孙帝喾又佐颛顼继承帝位，再到尧舜也是如此。

关于帝喾的出生地史无记载，而《帝王世纪》中说帝喾"年十五而佐

---

① 《史记》，北京：中华书局，2006 年，第 2 页。
② 《帝王世纪》，济南：齐鲁书社，2010 年，第 11 页。
③ 《古本竹书纪年》：济南：齐鲁书社，2010 年，第 43 页。

颛顼，三十登帝位，都亳"。笔者认为，帝喾"都亳"是受"颛顼之虚"在"卫"之说的误导，考《天问》《山海经》和《国语》等先秦典籍和《史记》中关于帝喾的相关记载，帝喾佐颛顼、登帝位、娶妻生子及其安葬地都应当在颛臾风国。

《拾遗记·高辛》：有丹丘之国，献玛瑙瓮，以盛甘露……丹丘之地，有夜叉驹跋之鬼……丹丘之野多鬼血，化为丹石，则玛瑙也。【注释】丹丘：传说中神仙所居之地。玛瑙，《稗海》本作"玛瑙"，一种似玉而次于玉的宝石。①

《拾遗记·高辛》中也反复记载有"丹丘之国""丹丘之地"和"丹丘之野"，显然就是前文中论证的叟虎寨山北面的"丹丘"。而"丹石""玛瑙"就是前文中论证的"琅玕"（玄丹色的卵石）。由此可见，蒙阴盆地就是帝喾高辛氏所在的"丹丘之国""丹丘之地""丹丘之野"。

（一）帝喾（帝俊）的活动中心在颛臾风国

《天问》中关于帝喾的记载只有简单的一句话。《山海经》中关于帝喾的记载有三处，全部出现在《海经》之中，两处讲帝喾之葬地，一处说帝喾台在昆仑东北，其它事迹一无所见。

《天问》：简狄在台，喾何宜？玄鸟致贻，女何喜？【注释】简狄：帝喾的妃子。喜：一作"嘉"，意即受孕而生子。②

《山海经·海外南经》：狄山，帝尧葬于阳，帝喾葬于阴。爰有熊、罴、文虎……一曰汤山。……其范林方三百里。南方祝融，兽身人面，乘两龙。【注释】郝懿行云："范林，《海内南经》作氾林，范、氾通。"袁珂案：《海内北经》云："昆仑西南所，有氾林方三百里。"③

《山海经·海内北经》：林氏国，有珍兽，大若虎，五采毕具、尾长于身，

---

① 王兴芬译注：《拾遗记》，北京：中华书局，2019年，第33—38页。
② 林家骊译注：《楚辞》，北京：中华书局，2010年，第94—95页。
③ 袁珂：《山海经校注》，北京：北京联合出版公司，2014年，第187—189页。

名曰骍吾，乘之日行千里。昆仑虚南所，有氾林方三百里。①

《山海经·大荒南经》：帝尧、帝喾、帝舜葬于岳山。②

《山海经·海内北经》：帝尧台、帝喾台、帝丹朱台、帝舜台，各二台，台四方，在昆仑东北。③

《天问》是楚人屈原之作，《山海经》古图出于秦嬴先祖伯益之手，楚人、秦人同源于颛顼，都是颛顼的后裔。故帝喾必然是东方之帝，准确地说帝喾的活动范围就在颛臾之地。

从《海外南经》中关于帝喾葬地的记载和学者的注释看，所言帝喾葬地之"范林"，也即《海内北经》中"骍吾"所在地，昆仑虚南所在地"氾林"。学者们认为"骍吾"即"骍虞"，也即"天虞""天吴"，也就是笔者论述的君子之国"天吴""昆仑之丘"，即蒙阴颛臾凤国叟虎寨山（详见第三章），故帝喾葬于阴是指蒙山之阴。《大荒南经》帝喾葬于岳山即"吴岳"，也就是蒙阴叟虎寨山。

史籍中关于帝喾的记载不多，但古代一些学者如郭璞、郝懿行等认为《山海经·大荒经》中多处出现的帝俊即帝喾，其主要依据有二：其一，《帝王世纪》记载帝喾"自言其名曰'夋'"；其二，《大戴礼记·帝系》和《史记·周本纪》均记载帝喾元妃姜嫄氏生后稷，④而《大荒经》中则说帝俊生后稷。帝俊在《大荒经》中出现的次数仅次于颛顼，故刘宗迪先生认为颛顼是诸国之祖，帝俊在《大荒经》中拥有至高无上的地位，从而表明《大荒经》实为东方文化之产物。⑤

《山海经·大荒东经》：有中容之国。帝俊生中容，中容人食兽、木实，

---

① 袁珂：《山海经校注》，北京：北京联合出版公司，2014 年，第 274 页。
② 袁珂：《山海经校注》，北京：北京联合出版公司，2014 年，第 312 页。
③ 袁珂：《山海经校注》，北京：北京联合出版公司，2014 年，第 272 页。
④ 黄怀信译注：《大戴礼记》，上海：上海古籍出版社，2019 年，第 176 页；《史记》，北京：中华书局，2006 年，第 17 页。
⑤ 刘宗迪：《失落的天书——〈山海经〉与古代华夏世界观》，北京：商务印书馆，2016 年，第 413 页。

使四鸟：豹、虎、熊、罴。【注释】郭璞云："俊亦舜字假借音也。"郝懿行云："《初学记》九卷引《帝王世纪》云：'帝喾生而神异，自言其名曰夋。'疑夋即俊也，古字通用。……《西荒经》又云：'帝俊生后稷。'《大戴礼·帝系篇》以后稷为帝喾所产，是帝俊即帝喾矣。"①

《大荒西经》：有西周之国，姬姓，食穀。有人方耕，名曰叔均。帝俊生后稷。【注释】郭璞云："俊宜为喾，喾第二妃生后稷也。"②

现代一些学者如郭沫若等，通过对甲骨文卜辞的研究，也认为《山海经》中的帝俊即帝喾，帝喾、帝舜、帝俊、高祖夒实为一人（神）之分化。③郭沫若先生在《卜辞的古代社会》一文中对此有比较详尽的论述，他说："知帝俊为帝喾又知帝俊为帝舜，则帝舜实即帝喾"。④持此观点的学者还有陈梦家等。⑤杨宽先生在《中国上古史导论》第七章《舜与帝俊、帝喾、大暤》综合王国维、郭沫若、陈梦家之说，举证尤详。⑥

值得注意的是，王国维先生通过考证认为，《山海经》中的帝俊，也就是帝喾，亦即卜辞中的"高祖夒"。但他不同意郭璞所言帝俊也是帝舜的说法。⑦笔者认为王国维先生的观点是正确的，毕竟史书中关于尧舜的记载比较详尽，舜是颛顼的六世孙，与帝喾继承颛顼的帝业相差很远，帝喾不可能是帝舜。

《大荒经》和《海内经》中颛顼与帝俊出现的次数最多，颛顼、帝俊之子均分布于《大荒经》四经和《海内经》中，显然帝俊是继承了颛顼的天下，

---

① 袁珂：《山海经校注》，北京：北京联合出版公司，2014年，第295页。

② 袁珂：《山海经校注》，北京：北京联合出版公司，2014年，第331页。

③ 郭沫若：《卜辞中的古代社会》，《郭沫若全集》（历史篇），北京：人民出版社，1982年，第225页。

④ 《卜辞通纂》，北京：科学出版社，1983年，第259片。

⑤ 陈梦家：《商代的神话与巫术》，《燕京学报》1936年第20期。

⑥ 参见杨宽：《中国上古史导论》，《古史辨》第七册（上），上海：上海古籍出版社，1982年，第228页。

⑦ 王国维：《殷卜辞中所见先公先王考》，《观堂集林》，北京：中华书局，1961年，第412—413页。

这与《史记》"颛顼崩,而玄嚣之孙高辛立,是为帝喾"的记载是一致的。从《大荒东经》和《大荒西经》的记载中,可知帝俊(帝喾)的活动范围就在颛臾风国及其周边地带:

《山海经·大荒东经》:东海之外大壑,少昊之国。少昊孺颛顼于此。……

大荒之中,有山名曰合虚,日月所出。

有中容之国。帝俊生中容,中容人食兽、木实,使四鸟:豹、虎、熊、罴。

有东口之山。有君子之国,其人衣冠带剑。

有司幽之国。帝俊生晏龙……

有白民之国,帝俊生帝鸿……

有青丘之国,有狐,九尾……

有黑齿之国,帝俊生黑齿……

有神人,八首人面,虎身十尾,名曰天吴。

大荒之中,有山名曰鞠陵于天、东极、離瞀,日月所出。名曰折丹——东方曰折,来风曰俊——处东极以出入风。

大荒之中,……上有扶木,……有谷曰温源谷。汤谷上有扶木。一日方至,一日方出,皆载于乌。……

有五采之鸟,相乡弃沙。惟帝俊下友。

东荒之中,有山名曰壑明俊疾,日月所出。有中容之国。[①]

从《大荒东经》的记载来看,帝俊的活动范围就在少昊之国、君子之国之间,也在天吴、汤谷之间。君子之国即颛臾风国,天吴即君子国之神,汤谷、温源谷蒙山东面的沂河河谷,帝俊(帝喾)继承颛顼之帝位之后,帝俊之子分布于这些地方。

综上所述,继颛顼帝位的帝喾即《山海经》之《大荒经》中的帝俊,其不仅是刘宗迪所说的东夷之人,而且其继承的就是位于颛臾风国的"颛顼之虚";蒙阴盆地之雷泽即是帝喾元妃姜嫄出野,履"巨人迹"生后稷之处;蒙阴叟虎寨山北面、"玄丘"之下的"颛顼之池"就是帝喾次妃简狄"三

---

① 袁珂:《山海经校注》,北京:北京联合出版公司,2014 年,第 294—297 页

人行浴，见玄鸟堕其卵，简狄取吞之，因孕生契"之处（详见后文）。

（二）帝喾所受"颛顼之虚"在"北辰"下

前文中论证了"颛顼之虚"不在"卫"，而在颛臾风国，又论证了帝喾（帝俊）的活动中心在颛臾风国。显然《史记》所言"颛顼崩，高辛立"和《国语》所言"颛顼之所建，帝喾受之"即在颛臾风国。笔者发现，帝喾所受"颛顼之虚"天文地理坐标就是上文引用的《拾遗记·颛顼》中所谓的"北辰下，化为老叟"。

《国语·周语下》：王曰："七律者何？"对曰："昔武王伐殷，岁在鹑火，月在天驷，日在析木之津，辰在斗柄，星在天鼋。星与日辰之位，皆在北维。颛顼之所建也，帝喾受之。我姬氏出自天鼋，及析木者，有建星及牵牛焉，则我皇妣大姜之侄伯陵之后逢公之所凭神也。岁之所在，则我有周之分野也。月之所在，辰马农祥也，我太祖后稷之所经纬也。"【注释】岁：岁星，即木星。辰：日月交会。斗柄：指北斗的第五至第七星。北维：北方水位。天鼋为齐分野。【译文】日月交会在北斗星的斗柄，辰星在天鼋星次，辰星与日月交会的位置，都在北方水位。对应的分野就是当年颛顼建国之处，后来由帝喾承受帝业。[1]

《左传·昭公十年》："今兹岁在颛顼之虚，姜氏、任氏实守其地。"杜预注："岁，岁星也。颛顼之虚谓玄枵。姜，齐姓。任，薛姓。齐、薛二国守玄枵之地。"[2]

从《国语》和《左传》的上述记载来看，北斗辰星、天鼋星次对应的分野在齐地，是当年颛顼建国，后来由帝喾承受帝业之处。刘桓先生在《商周金文族徽"天鼋"新释》一文中说："天鼋即十二次的玄枵，属于齐的分野。周人皇妣、大王（古公亶父）的后妃，王季之母大姜，是殷逢（《左传》作"逢"）伯陵的后代，齐地之女，由于周道起于大王，所以有'我姬氏出自天鼋'的

---

① 陈桐生译注：《国语》，北京：中华书局，2013年，第145—147页。
② 杜预注：《左传》，上海：上海古籍出版社，2016年，第772页。

说法。"①从典籍记载和学者论述看，颛顼之虚即玄枵，也即天鼋，都在齐地。

陈久金先生在《中国十二星次、二十八宿星名含义的系统解释》一文中说：

在诸家分野的文献中，尤其值得一提的是李淳风的《乙巳占》。李淳风是中国历史上最著名的天文学家和星占家之一。……其解释玄枵星次对应齐时说："玄枵，黄帝之适子也；颛顼，黄帝之孙，倡仆之子也。《尔雅》曰：'玄枵，虚也，颛顼之墟。'"他正确地指出了玄枵星次的含义，就是为了纪念黄帝适子玄嚣的。而玄枵星次对应的虚宿，也是为了纪念黄帝之孙颛顼的。虚即顼的借词。对于娵訾星次这个生僻的名词，《乙巳占》又指出："娵訾，古诸侯也。帝喾娶娵訾氏女，生挚。挚，尧兄也。一曰豕韦，夏后御龙氏之国也。"②

笔者在前文中根据郭沫若等学者的论述，证明"天鼋"即轩辕，也即颛臾风国之龟蒙，颛顼之虚即在颛臾风国，故帝喾继颛顼承受帝业之处也在颛臾风国，具体的讲颛顼之虚即在蒙阴叟虎寨山之下。

笔者的上述判断可以从《拾遗记·颛顼》记载的颛顼出生时，黄帝之子、颛顼之父昌意见到的异象中得到证实："其夜昌意仰视天，北辰下，化为老叟。"③意思是说在颛顼出生的夜晚，昌意仰望天空，看见北极星飘落下来，化成了一位老叟。由此可见，北极星对应的就是颛顼之虚，而且在颛顼之虚有北极星化成的老叟，显然这个老叟必然不会是真正的活人，而是指颛臾风国叟虎寨山上形似老叟的那座山峰（见彩图，详见后文）。

（三）帝喾（帝俊）妻妃行浴于"颛顼之池"

帝喾活动区域的中心在颛臾风国，继承颛顼帝业于叟虎寨山之"颛顼之虚"，显然其娶妻生子之处也在这一区域之内。《史记》《山海经》中

① 刘桓：《商周金文族徽"天鼋"新释》，《历史研究》2010 年第 1 期。
② 陈久金：《中国十二星次、二十八宿星名含义的系统解释》，《自然科学史研究》2012 年第 4 期。
③ 王兴芬译注：《拾遗记》，北京：中华书局，2019 年，第 28 页。

的相关记载证明了帝喾妻妃感应受孕的地点就在叟虎寨山之北、玄丘之西的"颛顼之池"和"雷泽"。

1. 帝喾次妃简狄行浴于"丘（玄丘）西"颛顼所浴"的"颛顼之池"

《天问》前面问答的是天文地理知识，其言："日月安属？列星安陈？出自汤谷，次于蒙汜。"后面问答的是历史知识，其言："桀伐蒙山，何所得焉？妹嬉何肆，汤何殛焉？……简狄在台，喾何宜？玄鸟致贻，女何喜。"① 从《天问》所言可见，其天文地理和历史知识始源《天问》作者楚人屈原的祖地，位于汤谷与蒙谷之间颛臾风国。其言"简狄在台""玄鸟致贻"说的就是帝喾次妃简狄吞玄鸟之卵感应受孕而生契的神话故事，玄鸟即蒙阴玄丘（丹穴之山）的雄鸡，故事发生地即在"玄丘"之西"颛顼之池"。

《史记·殷本纪》：殷契，母曰简狄，有娀氏之女，为帝喾次妃。三人行浴，见玄鸟堕其卵，简狄取吞之，因孕生契。②

从《史记》记载可知，简狄是帝喾次妃，其怀孕是因为在行浴时见玄鸟堕卵取而吞之。玄鸟也即凤凰，黄帝曰"出自东方君子之国，又出丹穴之山"，那么，简狄三人行浴之处又在哪里呢？从《山海经》的记载中可以证明，《史记》记载的帝喾次妃简狄行浴之处就是《大荒西经》记载的帝俊之妻常羲始浴之处：

《山海经·大荒西经》：大荒之中，有山名曰日月山，天枢也。吴姬天门……有人反臂，名曰天虞。有女子方浴月，帝俊妻常羲，生月十有二，此始浴之。有玄丹之山。有五色之鸟，人面有发。……有池曰孟翼之攻颛顼之池。③

《山海经·大荒北经》：东北海之外，大荒之中，河水之间，附禺之山，帝颛顼与九嫔葬焉。……丘西有沉渊，颛顼所浴。④

《山海经·海内经》：北海之内，有山，名曰幽都之山，黑水出焉。

---

① 林家骊译注：《楚辞》，北京：中华书局，2010年，第79—95页。

② 《史记》，北京：中华书局，2006年，第12页。

③ 袁珂：《山海经校注》，北京：北京联合出版公司，2014年，第339—342页。

④ 袁珂：《山海经校注》，北京：北京联合出版公司，2014年，第353页。

其上有玄鸟、玄蛇、玄虎、玄狐蓬尾。有大玄之山。有玄丘之民。[①]

从《大荒西经》的记载来看,颛顼生老童和帝俊妻常羲始浴的"颛顼之池"同在一处:吴、噓、天虞都是指君子之国"天吴"。"玄丹之山"就是《海内经》所言的"大玄之山",也即颛顼所居"玄丘""玄宫","五色之鸟"即凤凰、玄鸟。帝俊之妻常羲和帝喾次妃简狄行浴之处,就是《大荒西经》所言的"颛顼之池",也即《大荒北经》所言的"丘西有沉渊,颛顼所浴"之处。"丘西"即指玄丘之西,"沉渊"即《淮南子·天文训》中的"虞渊"。

蒙阴叟虎寨山(叟崮)以北、玄丘之西的这一大片水渊成为远古时期的一个著名的地理坐标,除了称为"沉渊""颛顼之池"和"蒙汜"之外,又因其水底布满从玄丘上滚落下来的,似玉的卵石而称为"瑶池",还因位于虞之下而称为"渊虞""虞渊",因在吴西和青龙山(雷神)下而称"雷泽"。

2.帝喾元妃姜原出野践"巨人迹"于"雷泽"

在华夏民族远古神话中,有两个是雷同的,一个是华胥氏在雷泽见"大迹",感应受孕而生伏羲;另一个是帝喾元妃姜原出野,见巨人迹,践之受孕而生后稷。

《史记·周本纪》:周后稷,名弃。其母有邰氏女,曰姜原。姜原为帝喾元妃。姜原出野,见巨人迹,心忻然说,欲践之,践之而身动如孕者。居期而生子……号曰后稷,别姓姬氏。[②]

《史记·周本纪》记载帝喾元妃生后稷,而《山海经·大荒西经》则说"帝俊生后稷",因此,古今学者均认为《山海经·大荒经》中的帝喾也即帝俊(详见前文)。

《山海经·大荒西经》:有西周之国,姬姓,食谷。有人方耕,名曰叔均。帝俊生后稷,稷降以百谷。稷之弟曰台玺,生叔均。【注释】郝懿行云:"《说文》云:'姬,黄帝居姬水,以为姓。'《史记·周本纪》云:'封弃于邰,号曰后稷,别姓姬氏。'……然则经言西周之国,盖谓此。"郭璞云:

---

① 袁珂:《山海经校注》,北京:北京联合出版公司,2014年,第388页。

② 《史记》,北京:中华书局,2006年,第17页。

"俊宜为喾，喾第二妃生后稷也。"郝懿行云："《大戴礼记·帝系篇》云：'帝喾上妃，有邰氏之女也，日姜原氏，产后稷。'《史记·周本纪》同。郭云喾第二妃，误也。"

前文中，论证了蒙阴盆地吴西之"雷泽"是华胥氏履"大迹"之处，也是帝喾元妃出野践"巨人迹"之处，也论述了"西周之国"在吴西。

《史记》记载黄帝之子玄嚣降居江水，生蟜极，蟜极生帝喾，帝喾是颛顼之族子。笔者认为，玄嚣或与"玄丘"有关，"蟜极"或与"有蟜氏"相关。前文中论证了玄嚣（少昊）的活动中心在颛臾风国，登帝位之处也在"穷桑"，显然帝喾的诞生地、成长地应当就在沂水（江水）上游主要支流东汶河流域的颛臾风国，故有自幼佐颛顼之说。

叟虎寨山（北辰）之下的颛顼之虚是"颛顼之所建，帝喾受之"，帝喾登帝位之处也必然是"穷桑"，故帝喾（帝俊）的妻妃行浴、感应受孕之处即叟虎寨山下的"颛顼之池"。

四、尧生于"丹陵"（丹丘）居"陶墟"而称"陶唐"

典籍中，通常以"尧舜"并称，关于尧舜的年代，多数学者同意其处于龙山文化阶段。关于尧的活动地域，学者们认为在"河北中南部、河南北部、山东西部和山西南部一带"。[1] 关于尧的出生地，分别有"江苏高邮说""江苏宝应说""山东说""山西绛县说"等不同观点。[2]

《大戴礼记·帝系》：帝喾卜其四妃之子，而皆有天下。上妃有邰氏之女也，日姜嫄氏，产后稷；次妃有娀氏之女也，日简狄，产契；次妃日陈丰氏，产帝尧；次妃陬訾氏，产帝挚。[3]

《史记·五帝本纪》：帝喾娶陈锋氏女，生放勋。娶娵訾氏女，生挚。帝喾崩，而挚代立。帝挚立，不善（崩），而弟放勋立，是为帝尧。[4]

① 薛晓蓉：《试论尧舜禹传说与农耕文化的关系》，《西安联合大学学报》2004 年第 1 期。
② 黄爱梅：《近二十年来唐尧研究成果综述》，《历史教学问题》2010 年第 2 期。
③ 黄怀信译注：《大戴礼记》，上海：上海古籍出版社，2019 年，第 176—177 页。
④ 《史记》，北京：中华书局，2006 年，第 2 页。

《世本》：帝喾卜其四妃之子，皆有天下。……次妃陈锋氏之女，曰庆都，生帝尧舜。①

笔者认为，既然典籍中记载尧是帝喾之子，尧的诞生地必然与帝喾妻妃的活动地有关，前文中论证了帝喾（帝俊）的妻妃出野于蒙阴盆地的"雷泽"，浴于丘西"颛顼之池"，说明帝喾之子尧的出生地也在蒙阴盆地，无论是典籍记载还是出土文物都证明了笔者的这一判断。

（一）帝尧出生地"丹陵"（丹府）即"丹丘"

关于帝尧生于"丹陵"的记载既出现在《帝王世纪》等传世文献之中，又见于《古本竹书纪年》：

《帝王世纪》：帝尧陶唐氏，伊祁姓也。母曰庆都，孕十四月而生尧于丹陵，名曰放勋。……年十五而佐帝挚，受封于唐，为诸侯。……尧取散宜氏女，曰女皇，生丹朱。②

王国维《今本竹书纪年疏证》：帝尧陶唐氏。母曰庆都，生于斗维之野，常有黄云覆其上。及长，观于三河，常有龙随之。……孕十四月而生尧于丹陵，其状如图。及长，身长十尺，有圣德，封于唐。……居冀。命羲和历象。③

从上面引文中可知，尧是帝喾之子，生于"丹陵"，居于"冀"，命"羲和历象"。显而易见，尧的出生地"丹陵"就在帝喾"丹丘之国"，"丹陵"即"丹丘"，尧的儿子"丹朱"也因"丹丘"而得名。

王国维《今本竹书纪年疏证》所言尧"元年丙子，即位，居冀"就是《史记》所言："舜，冀州之人也"的"冀"。景以恩先生认为"冀"的地望在泰山以南、曲阜以北、巨野泽以东、蒙山以西的广大地区。④笔者在前文中论证，"冀州"与"齐州"分别位于蒙阴曳虎寨山的南、北。"尧居冀"仍然是居于"颛顼所建、帝喾受之"的颛臾风国。

---

① 《帝王世本》，济南：齐鲁书社，2010年，第3页。

② 《帝王世纪》，济南：齐鲁书社，2010年，第13页。

③ 王国维：《今本竹书纪年疏证》，《古本竹书纪年》，济南：齐鲁书社，2010年，第43页。

④ 景以恩：《炎黄虞夏根在海岱新考》，北京：中国文联出版社，2001年，第84页。

现代学者对出土文物上博简《容成氏》的研究成果表明，在尧之前有一位"有虞（吴）迵"的帝王，"有虞（吴）迵"禅让帝位于尧。

《容成氏》：有吴（虞）迵匡天下之政十又九年，而王天下，三十有七年而殁终。昔尧处于丹府与藋陵之间"[1]

《容成氏》中所见的古史体系与传世文献所见的古史体系基本相合，不过《容成氏》有少部分内容与传世文献有异，有些与典籍记载有出入，可视为传闻异辞。如《容成氏》说尧舜处于丹府与藋陵之间，而传世文献多说成尧生于丹陵。[2] 从简文上看"又吴（虞）迵"是"尧"之前的帝王，其位置与典籍中的"颛顼"或"帝喾"相同，"又吴迵"可能就是"颛顼"或"帝喾"的异名。[3] 上博简《容成氏》所言"昔尧处于丹府与藋陵之间"，"丹府"即在"丹陵"。而"藋陵"的含义应当是：草木之中有"翟"（长尾羽的野鸡）的丘陵，实际上也是指凤凰所出的"丹穴之山"。

王国维先生在《今本竹书纪年疏证》中描述说，帝尧"母曰庆都，生于斗维之野，常有黄云覆其上。及长，观于三河，常有龙随之"。斗维即北斗、北维，其对应的即颛顼之虚、叟虎寨山，帝尧之母生于斗维，常有龙随之，实际表明了其出生地、成长地在颛臾风国叟虎寨山和青龙山一带。"尧居冀"说明帝尧时期的政治文化中心仍然是颛臾风国、君子之国。

（二）"陶唐"之名号源于"丹丘"和"天吴"

《史记》称"帝尧为陶唐"，其何以号为"陶唐氏"，自古以来对这一古史材料的阐释可谓"仁者见仁，智者见智"。关于尧的名号，学者们集中讨论的是尧与陶唐氏的关系。《夏书》云："唯彼陶唐。""陶唐"一词一般都认为指"唐尧"。由于"唐""庚"二字形近、声同，王迅推测"唐"是一种与"庚"相似的陶制鼓类镜花水乐器。[4] 何光岳在《陶唐氏的来源》

---

① 单育辰：《新出楚简〈容成氏〉研究》，北京：中华书局，2016年，第26页。

② 单育辰：《新出楚简〈容成氏〉研究》，北京：中华书局，2016年，第287页。

③ 单育辰：《新出楚简〈容成氏〉研究》，北京：中华书局，2016年，第293页。

④ 王迅：《陶唐·土鼓·陶寺遗存》，《中国文物报》1990年2月22日，第3版。

一文中说：

陶唐氏名称，一说"陶，古邑名，在今山东定陶县西北，相传尧初居此，故称陶唐"。一说"尧初居陶，后徙唐，故称。"也谓"年十二佐挚封植，受封于陶，十五改封于唐，又号陶唐氏。"以上这些说法很晚，主要是采自《史记集群》引韦昭注："陶唐皆国名，犹称殷商矣。"

其实，原始社会地名，往往以动植物、器物的产生和氏族图腾所在地命名，故陶唐地名也不应例外。按，陶字之义，乃以粘土制坯，置窑中烧成陶器。……尧为何连名陶唐氏？按唐字，……《说文》谓唐"大言也，从口庚声，古文从易声。"……①

近年来由于各地开始重视本地区古文化的发掘，围绕尧的地望所在又展开了一场声势浩大的论战，而其焦点主要集中在"陶唐"这一族号所能提供的地理信息上。或认为"陶"指山东定陶县，则把尧归于山东；或认为"唐"指山西南部的翼城，则把其地望定为山西。事实上这场争论只是对前人以地名推考"陶唐氏"作法的又一次延续。笔者认为，考证帝尧陶唐氏故里，需要从陶、唐的来历进行综合的分析论证。

《史记·五帝本纪》：舜，冀州之人也，舜耕历山，渔雷泽，陶河滨，作什器于寿丘。②

虞舜"陶河滨，作什器于寿丘"，简而言之就是河滨之"陶丘"。笔者前文中论证了"雷泽"是蒙阴叟虎寨山以西、青龙山以北的古湖泊，而"寿丘""历山"也都在蒙阴盆地之中，"陶河滨"即指作陶器于蒙阴盆地柴汶河之滨，"陶丘"即蒙阴盆地中的丘陵。笔者认为，所谓的"陶丘"是指蒙阴盆地的第四纪洪积红色黏土构成的丘陵。

"陶丘"即尧的出生地"丹陵""丹丘"，也就是分布于蒙阴盆地之中的六处"埴土可以为陶器"的"赤埴坟"（详见第四章）。蒙阴汶河北岸后佛峪、洪沟一带自古以来就是制陶之地，直到现在仍在生产陶器，开

---

① 何光岳：《陶唐氏的来源》，《河北学刊》1985年第2期。
② 《史记》，北京：中华书局，2006年，第3页。

采陶土，说明"埴土可以为陶器"和"陶河滨"之说并非空穴来风，而是真实历史的记载与传说。

《水经注》：泗水出鲁东北，……水出卞县故城东南，桃墟西北。春秋昭公七年，谢息纳季孙之言，以孟氏成邑与晋而迁于桃。杜预曰："鲁国卞县东南有桃墟，世谓之曰陶墟，舜所陶处也。"[1]

杜预所言卞县东南有桃墟，世谓之曰陶墟，说的就是蒙阴桃墟、陶墟。墟即虚，也即丘，因此古人认为"陶丘"即在蒙阴。对于这一结论，还可以从东夷大首领"皋陶"之名与地望中得到佐证。葛志毅在《东夷考论》一文中言"皋陶的'皋'乃是太皞、少皞的'皞'"[2]。李修松在《涂山汇考》一文中说：

涂山氏与皋陶所处的时代，均在虞夏之际，涂山氏为禹之妻族，而皋陶与禹共辅虞舜。伯益是皋陶之子。皋陶涂山氏的故乡在今山东，山东之蒙山（在蒙阴县南，接费县界）即最初之会稽山或涂山。[3]

根据上述学者的论述，皋陶一族的地望在蒙山一带，笔者认为，皋陶之"陶"也因地而名，说明"陶丘"在蒙阴。尧帝陶唐氏之"陶"在蒙阴，那么"陶唐"之"唐"又是何来历呢？笔者认为"唐"与"吴"同义，"唐"是"虞"的变形。

《说文》："唐，大言也。从口，庚部。"唐是会意字，甲骨文中从口。[4]

《说文》："吴，一曰：大言也，从矢，从口。"吴是会意字，从口，从矢。[5]

从《说文》的解释来看，"唐""吴"同义，"唐"即是"吴"，也即"虞"，唐、虞出于一地。除了陶、唐之外，蒙阴还有"尧山"和相传甚久的尧舜传说（详见后文）。

---

[1] 陈桥驿校证：《水经注校证》，北京：中华书局，2013年1月，第566页。

[2] 葛志毅：《东夷考论》，《古代文明》2012年第1期。

[3] 李修松：《涂山汇考》，《中国史研究》1999年第2期。

[4] 《说文解字》，沈阳：辽海出版社，2015年，第249页。

[5] 《说文解字》，沈阳：辽海出版社，2015年，第544页。

《蒙阴县清志汇编·康熙廿四年版》：尧山，在城东三十里，山有碧霞元君祠。俗传尧东巡于此，故名。山阴泉涌飞瀑，松柏苍翠。[①]

综上所述，"陶丘"是指蒙阴盆地汶河岸边可以为陶的赤埴坟，也就是"玄丘""丹陵"，"唐"是"虞"和"吴"的演变，尧生于此，居于此，故称"陶唐"。后来随着部落的西迁，陶、唐之地名也随之西迁。

五、"瞽叟"得名于"叟崮"，虞舜诞生于"桃墟"

关于舜的族属，学者们的意见大体可以分为两种：一种认为舜属于黄帝族，一种认为舜属于东夷族。关于虞舜的活动地域，历来就有不同的说法，归纳诸说，主要有以下几种：（1）活动于今晋南地区；（2）活动于今豫东鲁西地区；（3）活动于今湖南零陵地区；（4）活动于今浙江会稽地区；（5）活动于陕南汉中地区。关于虞舜的葬地，历来说法不一，主要归纳结为两种观点：一是湖南宁远九疑山，二是山西运城。虽然众学者对虞舜史迹的探讨分歧较大，但大多认识到：

上古时期，有虞氏部族与其他部族一样，为了生存频繁迁徙，造成了"名随族迁"的现象，这是给后世学者的研究造成极大困扰的根源所在。[②]

笔者认为，虞舜史迹虽然遍布于各地，并非说明虞舜走遍了东南西北，而是虞舜的后裔或虞舜传说散布到了这些地方。虞舜时期是龙山文化时代，虞舜是海岱龙山文化的帝王，其活动范围仍然在大汶口文化的核心区域内。学术界之所以对虞舜的中心活动区存有争议，其症结在于对"虞"的来源不清楚，对诸冯、负夏、鸣条、冀州、历山、雷泽、河滨、寿丘、姚墟等与虞舜有关的古地名存在不同的理解。

笔者通过田野调查，找到了"虞"的原型，确定了历山、雷泽、河滨、寿丘、姚墟等虞舜出生地和活动地的位置，从而确定了虞舜诞生于"有虞氏"

---

① 蒙阴县地方史志编纂委员会：《蒙阴县清志汇编》，北京：中华书局，1999年，第39页。
② 白国红：《全国虞舜文化学术研讨会暨中国先秦史学会第八届年会综述》，《中国史研究动态》2006年第2期。

的祖地——颛臾风国,其父瞽叟之名源于颛臾风国青龙山和叟崮,其母握登所见大虹就是君子之国北面的"虹虹"。

(一)舜父因"叟崮"而名、舜母见"大虹"而孕

瞽叟是虞舜的父亲,虽然未登帝位,但《史记》等典籍中关于他的记载却非常详细。

《尚书·尧典》:帝曰:"咨!四岳。朕在位七十载,汝能庸命巽朕位?"……师锡帝曰:"有鳏在下,曰虞舜。"帝曰:"俞!予闻,如何?"岳曰:"瞽子。父顽,母嚚,象傲。克谐,以孝烝烝,乂不格奸。"帝曰:"我其试哉!"女于时,观厥刑于二女。厘降二女于妫汭,嫔于虞。帝曰:"钦哉!"①

《史记·五帝本纪》:虞舜者,名曰重华,重华父曰瞽叟,瞽叟父曰桥牛,桥牛父曰句望,句望父曰敬康,敬康父曰穷蝉,穷蝉父曰帝颛顼,颛顼父曰昌意:以至舜七世矣。自从穷蝉以至帝舜,皆微为庶人。

舜父瞽叟盲,而舜母死,瞽叟更娶妻而生象,象傲。瞽叟爱后妻子,常欲杀舜,舜避逃;及有小过,则受罪。顺事父及后母与弟,日以笃谨,匪有解。

……舜父瞽叟顽,母嚚,弟象傲,皆欲杀舜。舜顺适不失子道,兄弟孝慈。欲杀,不可得;即求,尝在侧。②

《尚书》是中国最早的文化典籍之一,其中所言"瞽子"不等同于盲者之子。而《史记·五帝本纪》中对于瞽叟的描述占了很大的篇幅,说瞽叟是盲人。其实,从先秦典籍中可知,瞽更准确的讲是古代的乐师,而非特指盲人。

《国语·周语上》:"先时五日,瞽告有协风至。"【注释】瞽:无目曰瞽。古代乐师多由盲人担任。③

---

① 王世舜、王翠叶译注:《尚书》,北京:中华书局,2012年,第13—14页。
② 《史记》,北京:中华书局,2006年,第3—4页。
③ 陈桐生译注:《国语》,北京:中华书局,2013年,第10—11页。

《国语·周语下》："吾非瞽史，焉知天道。"【注释】瞽史：西周初年的一种史官，其源头当为乐师瞽，瞽能听风协律而观季，以知天时，并能诵远古歌谣史事，西周初年即设立瞽史，掌天道、记事。①

《国语·周语下》："古之神瞽考中声而量之以制。"【注释】神瞽：上古乐正，死后被尊为乐祖。②

《国语·郑语》："虞幕能听协风，以成乐舞生者也。"【注释】虞幕：虞舜的先祖。③

从《国语》上述记载来看，瞽能听协风，是乐师。而虞舜的祖先虞幕能听协风，应当也是乐师。如果说瞽是盲人的话，不可能"有虞氏"祖祖辈辈都是盲人。翟满桂、蔡自新在《舜父瞽叟非盲者议》一文中说，《吕氏春秋》中的记载比较明确地讲到了瞽叟为帝尧的乐师，进一步说，瞽叟可能不是盲者。舜父子瞽叟无论从其家世，还是相关的一些记载中来看，都不是一个盲者，而是一个乐师。④

笔者认为《左传·昭公八年》所言："自幕至于瞽瞍，无违命。"是说有虞氏自虞幕到瞽瞍，皆世居祖地，世代为"历官"和"乐师"。

《吕氏春秋·仲夏纪·古乐》：帝颛顼生自若水，实处空桑，乃登帝位。……乃令鼍先为乐倡。鼍乃偃寝，以其尾鼓其腹，其音英英。……帝尧立，乃命质为乐……瞽叟乃拌五弦之瑟。……舜立，命延，乃拌瞽叟之所以为瑟……。【注释】鼍：即鳄，皮可制鼓。倡：始。古代奏乐始于击鼓，鼍司击鼓，所以说鼍先为乐始。瞽叟，舜的父亲。⑤

《吕氏春秋·古乐》记载了颛顼时代"鼍"（鳄）皮可制鼓，鼍先是乐的始祖，鼍"以其尾鼓其腹，其音英英"。对照《山海经·海内东经》"雷泽有雷神，龙身而人头，鼓其腹。在吴西"的记载，可以发现其中的关联。

---

① 陈桐生译注：《国语》，北京：中华书局，2013年，第99页。
② 陈桐生译注：《国语》，北京：中华书局，2013年，第141—142页。
③ 陈桐生译注：《国语》，北京：中华书局，2013年，第570页。
④ 翟满桂、蔡自新：《舜父瞽叟非盲者议》，《船山学刊》2007年第2期。
⑤ 陆玖译注：《吕氏春秋》，北京：中华书局，2011年，第150—152页。

《古本竹书纪年》:帝舜有虞氏,母曰握登,见大虹意感,而生舜于姚墟。目重瞳子。故名重华。①

《帝王世纪》《古本竹书纪年》等诸多典籍中均记载了舜之母握登怀孕时的情景:"见大虹意感而生舜于姚墟,故姓姚"。此情景与华胥氏怀孕生伏羲,皇娥怀孕生少昊时的情景如出一辙,都有见大虹、青虹而感应受孕的说法。笔者认为这些相似的情景都来源于一个地方,那就是蒙阴颛臾风国的青龙山。远古时期没有文字,先是经过口耳相传,后来又经过图画符号表达祖先出生地青龙山,后来将其解读为"大虹""青虹"。因此,舜帝之母所见"大虹"应当就是《山海经》所载君子之国北面的"虹虹"。

综上所述,"有虞氏"世居于颛臾风国,虞舜之父"瞽叟"得名于"叟崮",而虞舜之母所见"大虹"就是叟崮对面的青龙山。

(二)虞舜生于"姚墟"即蒙阴"虞"下之"桃墟"

典籍中关于虞舜事迹的记载很多,《尚书·虞书·尧典》详细记载了尧舜的事迹,其中主要是关于舜的事迹。②《史记·五帝本纪》记述了尧舜禅让的经过和虞舜的活动轨迹。③《大戴礼记·五帝德》则借孔子之言讲述了虞舜的德行。④笔者仅就涉及虞舜诞生和活动地点相关的内容列举如下:

《孟子·离娄章句下》:舜生于诸冯,迁于负夏,卒于鸣条,东夷之人也。⑤

《史记·五帝本纪》称:舜。冀州之人也,舜耕历山,渔雷泽,陶河滨,作什器于寿丘,就时于负夏。⑥

《帝王世纪》:舜,姚姓也,其先出自颛顼。颛顼生穷蝉,穷蝉有子曰敬康,敬康生勾芒,勾芒有子曰桥牛,桥牛生瞽叟,妻曰握登,见大虹

① 《竹书纪年》,济南:齐鲁书社,2010年,第47页。
② 王世舜、王翠叶译注:《尚书》,北京:中华书局,2012年,第13—31页。
③ 《史记》,北京:中华书局,2006年,第3—5页。
④ 黄怀信译注:《大戴礼记》,上海:上海古籍出版社,2019年,第167—168页。
⑤ 杨伯峻译注:《孟子译注》,北京:中华书局,2008年,第201页。
⑥ 《史记》,北京:中华书局,2006年,第3页。

意感而生舜于姚墟，故姓姚。目重瞳，故名重华。①

从上述典籍的记载来看，虞舜的出生地是"诸冯"或"姚墟"，确定了虞舜的出生地，就可以进一步确定虞舜的活动范围。关于舜生于"诸冯"，始见于《孟子·离娄章句下》，但没有说明诸冯在今何处。笔者认为所谓"舜生于诸冯"，是《大荒东经》和《大荒西经》的七对"日月出入之山"，"诸冯"是"诸峰"的误写。

对于舜生姚墟，文献记载基本一致。姚墟位于今天的何地，汉代应劭在注《汉书》时说："姚墟于雷泽近，后世称为姚城。"《括地志》曰："姚墟在濮州雷泽县东十三里。"清《曹州府志》："姚墟在濮州东南九十里。"《太平御览》引《拾遗记》曰："濮州姚墟有三井，是舜井也。以物投一井，即二井水皆动，耕于历山，渔雷泽即此也。"由此可见，雷泽是确定姚墟地理方位的主要参考坐标。②

"雷泽"是虞舜出生地"姚墟"的参考坐标，《山海经》中说"雷泽在吴西"，"吴"又是"雷泽"的参考坐标。古代学者因时代的局限性，不知"吴""虞"源于何地，原型为何物，故无法对"雷泽"和"姚墟"进行准确的定位。当代学者又以古人的注释考证虞舜的出生地，仍然无法得到真实的结果。笔者通过前文的论述，找到了"吴"和"虞"原型与出处，确定了"雷泽"在蒙阴盆地之中，进而确定了与雷泽近的"姚墟"也在蒙阴。姚墟即虞（吴）之下的桃墟（桃丘），也就是杜预注《左传》和《水经注》中所说的卞县东南之桃墟。

《左传·昭公七年》："晋人来治杞田，季孙将以成与之。……季孙曰：'……吾与子桃，成反，谁敢有之？是得二成也。鲁无忧而孟孙益邑，子何病焉？'辞以无山，与之莱、柞，乃迁于桃。"杜预注："鲁国卞县东南，有桃墟。"③

---

① 《帝王世纪》，济南：齐鲁书社，2010年，第16页。
② 仝晰纲：《虞舜相关地名辨正》，《山东师范大学学报》（社会科学版）2005年第6期。
③ 杜预注：《左传》，上海：上海古籍出版社，2016年，第753—754页。

《左传·襄公十七年》："秋,齐侯伐我北鄙,围桃。高厚帅师伐我北鄙,围防。"杜预注:"弁县东南有桃墟。"①

《水经注》:泗水出鲁卞县北山,……水出卞县故城东南,桃墟西北。春秋昭公七年,谢息纳季孙之言,以孟氏成邑与晋而迁于桃。杜预注曰:鲁国卞县东南有桃墟,世谓之曰陶墟,舜所陶处也。②

从上面引文中可知,"鲁国卞县东南有桃墟",而且这个桃墟与虞舜有关,是古代学者普遍的认知。那么卞县和桃墟分别在哪里呢? 王献唐先生在《炎黄氏族文化考》一书中考证说:

《春秋·僖公十七年》:鲁之卞邑,在今泗水县东五十里。……

《国语》:范无宇曰:"鲁有弁、费。"韦昭注:"弁,即卞也。"弁、卞音通。……奉颛顼之祀。③

王献唐先生引《左传》和《国语》的相关记载,考证了卞邑源于颛顼的曾孙卞明,其封地在今泗水县东50里,于其地"奉颛顼之祀"。何浩先生在《鲁季氏立费国及其相关的问题》一文中说:"颛臾在费北偏西、卞东偏南,介于费卞之间。"④ 根据典籍的记载和学者们的论述,笔者认为卞县东南之桃墟与颛臾同在一地,就是蒙阴境内的"桃墟"(见图5-12)。

另外,从考察泗水的源头也可确定"桃墟"的地理方位。郦道元说泗水"出卞县故城东南桃墟西北",从现代地图上看,泗水发源于蒙山西麓、蒙阴西南白马关西侧,与《水经注》中蒙阴桑泉水同源,也就是说泗水发源于蒙阴西南部的"五女山"。笔者认为蒙阴西南"五女山"即《汉书·地理志》中的南武阳"冠石山",⑤ 泗水发源于冠石山,冠石山东南就是"桃墟"。

---

① 杜预注:《左传》,上海:上海古籍出版社,2016年,第559、560页。

② 陈桥驿:《水经注校证》,北京:中华书局,2013年,第566页。

③ 王献唐:《炎黄氏族文化考》,青岛:青岛出版社,2009年,第327页。

④ 何浩:《鲁季氏立费国及其相关的问题》,《史林》1987年第2期。

⑤ 《汉书》,北京:中华书局,2007年,第291页。

图 5-12　卞、费和桃墟的位置

图 5-13　秦朝时卞邑与蒙邑的位置

　　综上所述,先秦典籍《左传》中记载的"桃"即西晋时杜预所言的"桃墟",也是《水经注》中的桃墟,其所指都是现在蒙阴境内的"桃墟",

其根源就是《山海经》中"虞"（夸父之山）下的桃丘。

　　从全国现存的地名来看，蒙阴"桃墟"不仅独一无二，而且历史悠久，桃在古文中读音和字义与寿、姚、陶相通，故桃墟也称寿丘、姚丘、姚墟、陶墟。除此之外，蒙阴叟虎寨山下面还有"姚沟"和十二城子之一的"姚家城子"、桃花峪等带有历史印记的地名、村名（见图5-14），包含着相同的历史信息。

图 5-14

　　笔者在查阅清代地图时发现，蒙阴现今的桃墟地清代地图中标注为"姚墟"（见图5-15），说明桃墟即姚墟自古有之。

　　《说文》：虞舜居姚虚，因以为姓。从女兆声。

　　《集韵》：阙人名，《春秋传》周有頯叔姚子，通作桃。

　　《正字通》：姚，帝舜之后在夏为姚。《左传》少康逃奔有虞，虞思妻之以二姚。《水经》：鲁国卞县东南有姚墟。《说文》舜居姚墟因以为姓。又美好貌。《荀子》美丽姚冶。①

---

①　北京师范大学"汉字研究与现代应用实验室"：《汉字全息资源应用系统》。

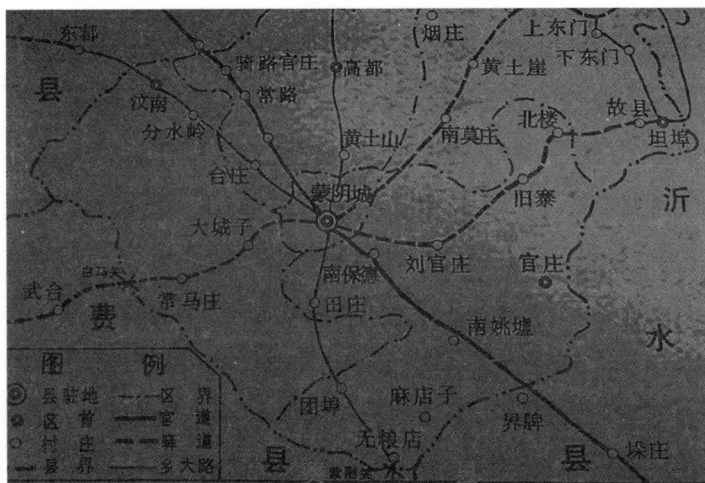

图 5-15　清朝蒙阴县地图

　　《说文》中称姚专指虞舜之姓，《集韵》中称姚"通作桃"，《正字通》又称鲁国卞县东南有"姚墟"。可见虞舜生于"姚墟"即蒙阴之桃墟。何光岳先生考证说：

　　　　舜的行迹所在也多与桃、姚相关联，《史记·五帝本纪》《正义》云："越州余姚县，顾野王云舜后支庶所封之地，舜姚姓，故云余姚。"《左传·庄公七年》云："以孟氏城邑与晋而迁于桃。"杜预注："鲁国卞东南有桃墟，世谓之陶墟，舜所陶也。"湖南汨罗县有黄陵庙及二妃墓，韩愈《黄陵庙记》云："湖旁有庙曰黄陵，自前古立以祠尧之二女舜之二妃者"，附近有地名称"桃林"。[1]

　　可见，随着虞舜之后大禹治水的成功，"有虞氏"（包括夏禹）走出鲁中南山区向外迁徙，名随族迁将虞舜传说和桃、姚之地名带至各地，落地生根。

　　何光岳先生还认为，桃是女姓生殖崇拜的象征物，姓从"女生"故为"姚"。舜之姓姚，即是说"桃所生也"。舜族又从对桃的生殖崇拜演变到鸟图腾崇拜，所以古人常将帝舜与帝俊混而为一。帝俊以俊鸟为图腾，其形似凤有光彩，

---

[1]　何光岳：《东夷源流史》，第 193 页；参见王以宪《中国原姓与感生神话》，《中国文化研究》2005 年第 4 期。

又称鶹明，亦名桃虫、桃雀，"正因为（帝）俊姚姓，桃即姚氏神树，故俊鸟又叫桃虫"。①《太平御览》卷81引《风土记》佚文云："舜，东夷之人，生于桃丘妫水之汭。"②从学者们的观点看，虞舜姚姓源于桃，姚墟亦称桃丘。

关于"桃丘""桃墟"的来历，笔者认为源于"夸父之山"下的"桃林"。《山海经·中山经》中说夸父之山"北有桃林"，"夸父之山"即叟虎寨山，北有桃林即蒙阴盆地中遍布桃林（详见第三章）。陈絜在《卜辞中的祡祭与柴地》一文中，通过对卜辞的研究认为，"龙囿""桃""柴"地望均在柴汶河上游一线。③柴汶河上游即在蒙阴叟虎寨山（吴）之西。

《述异记》：武陵源在吴中，山无他木，尽生桃李，俗呼为桃李源。上有石洞，洞中有乳水，世传秦末丧乱，吴中人于此避难，食桃李实者皆得仙。④

笔者通过考证认为，陶渊明《桃花源记》的原型地是蒙阴，"桃花源"中人是避难于武陵的秦朝大将蒙恬的后人和蒙阴蒙氏族人。而任昉在《述异记》则明言"武陵源在吴中，山无他木，尽生桃李。"任昉所说的"吴中"即蒙阴之"吴"⑤。由此可见，颛臾风国最显著的地理坐标是"虞"，最著名的物产是"桃"。"有虞氏"世居于桃地，颛顼之虚（墟）因此也称"姚墟"，颛顼六世孙虞舜生于"姚墟"，故姚姓。

（三）"有虞氏，姚姓"之女即蒙阴"姚姓玉女"

"姚姓玉女"屡见于典籍之中，究其渊源皆与有虞氏有关，也与有虞

① 何光岳：《东夷源流史》第193页；参见王以宪：《中国原姓与感生神话》，《中国文化研究》2005年第4期。
② 参见刘俊男、易桂花：《黄帝及尧、舜、禹三支后裔的地望及主要史迹研究（下）》，《重庆文理学院学报》（社会科学版）2015年第6期。
③ 陈絜：《卜辞中的祡祭与柴地》，《中原文化研究》2018年第2期。
④ 任昉：《述异记》，长春：吉林出版集团有限责任公司，2005年，第15页。
⑤ 武纪东、武凯旋：《凤隐于林——桃花源考论》，北京：中国人民大学出版社，2020年，第214—221页。

氏的祖地有关。

《史记·秦本纪》：（帝舜）乃妻之姚姓之玉女。大费拜受，佐舜调驯鸟兽，鸟兽多驯服，是为柏翳。舜赐姓嬴氏。"①

《史记·秦本纪》记载，伯益因协助大禹治水有功，虞舜"乃妻之姚姓之玉女"，并赐姓嬴氏。颛臾是颛顼、虞舜的诞生地，是"有虞氏、姚姓"的发源地。因此，姚姓之玉女显然出自蒙阴，是颛顼、虞舜的姚族女子。关于虞氏姚女的记载还出现在《左传》之中：

《左传·哀公元年》：昔有过浇杀斟灌以伐斟寻，灭夏后相。后缗方娠，逃出自窦，归于有仍，生少康焉，为仍牧正。惎浇，能戒之。浇使椒求之，逃奔有虞，为之庖正，以除其害。虞思于是妻之二姚，而邑诸纶。②

笔者认为，有虞氏在夏时仍世居祖地，《左传》中记载少康逃奔有虞，虞思妻之二姚，说明夏代有虞氏、姚姓虽非王女，但仍然保留着玉女的身份，直至夏桀伐蒙山仍然是为了玉女：

《楚辞·天问》：桀伐蒙山，何所得焉？妹嬉何肆，汤何殛焉？舜闵在家，父何以鳏？尧不姚告，二女何亲？③

《古本竹书纪年》：后桀伐岷山，岷山女于桀二人，曰琬、琰。桀受二女，无子，刻其名于苕华之玉，苕是琬，华是琰。④

岷山即蒙山，岷山女于桀二人琬、琰，琬、琰本身即玉，又刻其名于苕华之玉，说明此时"玉女"仍然特指蒙山之女。

在先秦典籍中，"玉女"的基本解释有多种：一是对他人之女的美称，如《礼记·祭统》云："故国君取夫人之辞曰：'请君之玉女与寡人共有敝邑，事宗庙、社稷。'"郑玄注："言玉女者，美言之也。君子於玉比德焉。"⑤二是指美女，如《吕氏春秋》中言："惠公即位二年，淫色暴慢，

---

① 《史记》，北京：中华书局，2006年，第29页。
② 杜预注：《左传》，上海：上海古籍出版社，2016年，第983页。
③ 《楚辞》，北京：中华书局，2010年，第88页。
④ 《竹书纪年》，济南：齐鲁书社，2010年，第5页。
⑤ 胡平生、张萌译注：《礼记》，北京：中华书局，2017年，第928—929页。

身好玉女。"高诱注："玉女，美女也。"① 三是指仙女，如《神异经·东荒经》记载："（东王公）恒与一玉女投壶。"《神异经·中荒经》：昆仑之山有"九府玉童玉女"等。② 司马相如的游仙之作《大人赋》云："排阊阖而入帝宫兮，载玉女而与之归。"③ 天帝之宫，是玉女的居所。扬雄《甘泉赋》云："想西王母忽然而上寿兮，屏玉女而却虙妃。玉女无所眺其清卢兮，虙妃曾不得施其蛾眉。"④《离骚》中主人公两次至昆仑神境求女，未遂，"吾令丰隆乘云兮，求宓妃之所在"。

　　以上关于"玉女"的解释，除了前两种之外，第三种解释中宓妃、玉女为同类形象，都居于昆仑之丘。笔者论证"昆仑之丘"即君子之国"天吴"，显然宓妃、玉女即颛臾风国凤族之女。更值得研究的是"玉女"的另外一种解释，即草名"女萝"，又称"蒙"。

　　《说文·艸部》：蒙，王女也。从艸，冡声。⑤

　　《说文解字注》：蒙，王女也。王或作玉。又云唐蒙。⑥

　　《类篇》：蒙，艸名。《说文》玉女也。⑦

　　"蒙"在现代汉语中有诸多意思，但在古代典籍中却很少有别的解释。《说文》中只有"王女"这一种含义，"王女"或作"玉女"。虽然《说文》等典籍中说"蒙"一种草名，但又以"王女""玉女"相称，实在让人难以理解。但是如果将其与蒙阴"君子之国"联系在一起，与虞舜生于蒙阴，有虞氏之女"姚姓玉女"联系在一起，再与黄帝母系部落凤夷等全部联系起来，就不难看出，蒙阴是君主帝王和玉女、王女、仙女、美女的诞生地，"君子之国"有不死草，这种草因此称为"蒙"，并以王女或玉女代称。周郢在《从

---

① 陆玖：《吕氏春秋》，北京：中华书局，2011年，第856页。

② 《汉魏六朝笔记小说大观》，上海：上海古籍出版社，1999年，第49、57页。

③ 《汉书》，北京：中华书局，1962年，第2596页。

④ 《汉书》，北京：中华书局，1962年，第3531页。

⑤ 《说文解字》，沈阳：辽海出版社，2015年，第503页。

⑥ [汉]许慎撰，[清]段玉裁注：《说文解字注》，上海：上海世纪出版股份有限公司，1988年，第46页。

⑦ 北京师范大学"汉字研究与现代应用实验室：《汉字全息资源应用系统》。

巫山神女到泰山玉女》一文中,认为《高唐赋·序》中神女所居的"巫山"
之名源于山东:

《高唐赋·序》:昔者先王(楚怀王)尝游高唐,怠而昼寝,梦见一妇人曰:
"妾巫山之女也,为高唐之客。"又云:"妾在巫山之阳,高丘之阻。旦
为朝云,暮为行雨。"这一朝云暮雨之巫山,后世多以巴东三峡之巫山当之。
不过若追溯其名之源,却还有更早的出典——《左传·襄公十八年》:"齐
侯登巫山以望晋师。"这便是最早见于经籍的"巫山"之名。那这座巫山
落处何地呢?晋杜预注云:"巫山,在卢县东北。"又《水经注·济水注》:
京相璠曰:"巫山在平阴东北,昔齐侯登望晋军,畏众而归。"光绪《山
东通志》卷二十三《疆域志第三·山川》备引诸说云:"巫山,在(肥城)
县西北六十里。《左传·襄公十八年》:齐侯登巫山以望晋师。注:山在
卢县东北。《水经注》:巫山在平阴东北。"[1]

孙作云先生认为:"楚民族源起于东方,其最初的巫山应在山东而不
在湖北。"[2] "巫山神女传说的内容,又大似泰山玉女的传说:二神女皆在
大山之上,行时皆有风雨,二神女皆为人先,皆有灵石,皆有坛,皆受帝
王的崇敬,显见两个传说同出一源,换句话说,太山玉女即巫山神女。"[3]
刘宗迪先生则认为,最初的泰山是东泰山,因观天通神而为神山、泰山。[4]
笔者认为,楚民族的祖地是颛臾风国,泰山的前身"东泰山"即蒙阴叟虎
寨山——昆仑之丘,因其为虞代观天通神的神山,而称"巫山",故"巫山"
神女即"有虞氏,姚姓玉女(王女)"。

综上所述,"姚姓玉女"即蒙阴"有虞氏,姚姓"之女,《山海经》中的"君
子之国"即"女子之国",故以"蒙"代指王女、玉女。

---

① 周郢:《从巫山神女到泰山玉女》,《管子学刊》2012年第2期。
② 孙作云:《孙作云文集》第4卷,开封:河南大学出版社,2003年,第736—737页。
③ 孙作云:《孙作云文集》第4卷,开封:河南大学出版社,2003年,第729页。
④ 刘宗迪:《失落的天书——〈山海经〉与古代华夏世界观》,北京:商务印书馆,2016年,
第530页。

（四）舜居"冀州"是昆仑东南"中邦之居"

司马迁在《史记·五帝本纪》中称"舜，冀州之人也"，冀州之名始于东周，战国时期稷下学者们应大一统理想的需要，构绘出海内九州和海外九州，人为地把天下划分为九个地域范围。《禹贡》则正式提出九州说，冀州被划分在中央。

全晰纲先生在《虞舜中心活动区的文献学考查》一文中说，由于"冀州"带有中心、中央的意味，因此，随着政治中心和经济中心的变化，冀州之所指也在变化。从某种意义上讲，早期的冀州是一个动态的概念。正因为如此，才有许多地方称为冀州。由于舜及其以前的东夷人所在的今山东中西部是文化发达的地区，故有"冀州"之称。[①]

徐北文先生在《泰山崇拜与封禅大典》一文中说，《淮南子·地形训》："正中冀州曰中土。"高诱注曰："冀，大也。四方之主，故曰中土也。"又云："中央之美者，有岱岳，以生五谷、桑麻，鱼盐出焉。"海岱之间是东夷人的生活聚居区。因此，中土冀州是东夷居住区，这与舜"东夷之人"正好相对应。《尔雅·释山》称岱是五岳之中岳，这是因为"古人以为东夷腹地泰山在大地中央，后来视野扩大了才改称泰山为东岳。"[②]

景以恩先生在《炎黄虞夏根在海岱新考》一书中说，九州之说来源甚古。楚史倚相能读"九丘"之书，九丘即九州。古州、丘同义。冀州有两个，一是山东中部地区，属《淮南子》九州中的中心之州；二是山西汾水流域，属《禹贡》九州中心之州。山西冀州并非虞夏时的冀州，夏之冀州当在东方。泰山既为华夏族中心之山，那么，作为山东中心之州的冀州当指以泰山为中心的南北地区，特别是泰山之南与曲阜之北、蒙山之西与大野泽以东地区。今长清、费县等地曾发现带有"冀"字族徽的商代青铜器，其字作"𦥑"，丁山、郭沫若先生释为"冀"。冀是东方嬴姓之祖，后来可能名随族迁于

---

① 全晰纲：《虞舜中心活动区的文献学考查》，《东岳论丛》2015年第9期。
② 徐北文：《泰山崇拜与封禅大典》，《徐北文文集》，济南出版社，1996年；参见全晰纲：《虞舜中心活动区的文献学考查》，《东岳论丛》2015年第9期。

山西后，建立了冀国而有新的冀州。①

温玉春先生认为，"五帝"和夏禹都起源于山东，夏代中晚期才渐西迁到河南。那么根据茫茫禹迹所画的九州（数量是虚指）自然就只能限于山东。后来（战国初期）九州具体化的过程中，如果明白大禹治水时的范围和真相的话，学者仍会将它限于山东，在山东境内寻找要确定为州名的地名，据此认为古九州即在泰沂山系一带。"正西弇州"即兖州，"正东阳州"即蒙山以东沂南县的古"阳国"，由此可见"中央冀州"或"中土冀州"即在这两者之间，蒙山到泰山一带。②

从上面学者的论述可知，司马迁所言"舜，冀州之人也"指的非《禹贡》所记的冀州，而是《淮南子·地形训》所说的"正中冀州曰中土"，其地望在"东夷人所在的今山东中西部是文化发达的地区"（全晰纲语），"东夷腹地泰山在大地中央"（徐北文语），"蒙山到泰山一带"（温玉春语），"泰山之南与曲阜之北、蒙山之西与大野泽以东地区"（景以恩语）。笔者认为，既然《淮南子·地形训》的"九州"在泰沂山系一带，那么"冀州"的范围不会超过方圆百里。笔者在上述学者论述的基础上，进一步认定《淮南子》中所谓的"正中冀州曰中土"正是《说文·丘部》所言昆仑丘东南的"中邦之居"，也即蒙阴颛臾风国。

《山海经·大荒北经》：夸父不量力，欲追日景，逮之于禺谷。……应龙已杀蚩尤，又杀夸父。……蚩尤作兵伐黄帝，黄帝使应龙攻冀州之野。……遂杀蚩尤。【注释】郭懿行云："禺渊，日所入也，今作虞。"郭璞云："冀州，中土也。"③

《初学记》卷九引《归藏·启筮》：蚩尤……出自羊水，八肱八趾疏首，

① 景以恩：《炎黄虞夏根在海岱新考》，北京：中国文联出版社，2001年，第43—47页。
② 温玉春：《黄帝氏族起于山东考》，《山东大学学报》1997年第1期；温玉春：《少昊、高阳、高辛、陶唐、有虞诸氏族原居今山东考》，《管子学刊》1997年第4期；温玉春：《古九州方位在泰沂山系一带——九州考》，《岱宗学刊》2000年第1期。
③ 袁珂：《山海经校注》，北京：北京联合出版公司，第360—363页。

登九淖以伐空桑，黄帝杀之于青丘。①

　　从上面引文可知，黄帝杀蚩尤、夸父之处在空桑（穷桑）、禺谷（虞）、青丘、冀州之野。前文已证穷桑、虞、夸父之山、青丘（在君子国北）在蒙阴一带，显然"冀州之野"也在此处。

　　《说文解字》：丘，土之高也，非人所为也。从北，从一。一，地也，人居在丘南，故从北。中邦之居，在昆仑东南。一曰：四方高，中央下为丘。象形。凡丘之属皆从丘。②

　　《说文解字》：虚，大丘也。昆仑丘谓之昆仑虚。从丘，虍声。③

　　"丘"，从北，从一。丘，即虚，最初是指昆仑丘，也谓昆仑虚。笔者考证昆仑之丘即颛顼之虚、帝丘（详见前文），"丘"从北是说丘在中邦之居的北面，而"丘"的字形正是颛臾风国西北叟虎寨山和青龙山构成的形状，也是"北"字的字源（详见第四章）。

　　对比"丘"甲骨文形状和"冀"的金文形状（见图5-16），不难看出"冀州"的北面即叟虎寨山、青龙山，《淮南子·地形训》所言"正中冀州曰中土"即《说文解字》所言的昆仑之丘东南的"中邦之居"，即颛臾风国（君子之国）。

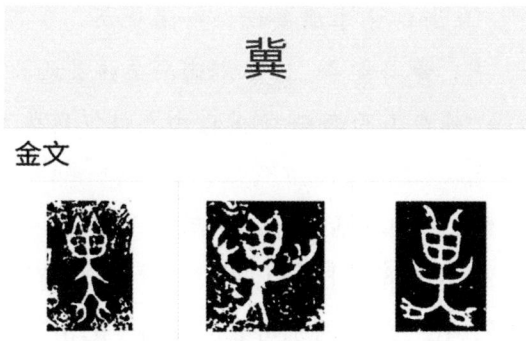

图5-16　金文中的"冀"

---

①　袁珂：《山海经校注》，北京：北京联合出版公司，第364页
②　《说文解字》，沈阳：辽海出版社，2015年，第44—45页。
③　《说文解字》，沈阳：辽海出版社，2015年，第1151页。

（五）舜耕"历山"即"昆仑之丘""帝丘"

舜的传说很多，其中舜耕历山是虞舜传说的核心，古籍中对于"舜耕历山"的记载是一致的，除了《史记》两次提到舜耕历山之外，先秦典籍中也有同样的记载，如《墨子·尚贤中》云："古者舜耕历山，陶河滨，渔雷泽。尧得之服泽之阳，举以为天子。"《韩非子》云"历山之农者侵畔，舜往耕焉"等。传说中的"舜耕历山"中的"历山"究竟在哪里？数千年来众说纷纭。对于舜耕历山的研究，历代学者大多集中在历山的地望所在，而没有深入研究"历山"的真正含义，从而让世人困惑了几千年的问题，至今没有准确的答案。

赵建斌在《"舜耕历山"在山西考辨》一文中，列举了《辞海》中记载的较为著名的七处历山：1.在山东省济南市东南有舜耕山，又名千佛山。《水经·济水注》："山上有舜祠，山下有大穴，谓之舜井。"2.在山东菏泽东北，《水经·瓠子河注》："雷泽西南十许里有小山，孤立峻上，亭亭杰峙，谓之历山，有陶墟，为舜耕所在。"3.在山西垣曲东北，为中条山主峰之一，山上有舜王坪。4.在山西省永济县东南，《水经·河水注》："历山谓之历观，舜所耕处也。"《括地志》："雷首山亦名历山。"5.在浙江余姚县西北，相传舜后裔居此。6.在浙江省永康县南，一名釜历山，圆峰屹立，状如覆釜。山巅有田、井、潭，皆以舜名。7.在湖南省桑植县西北，澧水发源于此。赵建斌认为舜耕历山，确在山西南部。①其理由也仅仅列举了《水经注》和《地方志》中的记载。

全晰纲先生在《虞舜中心活动区的文献学考查》一文中说，在众多舜所耕的"历山"中，以山东济南市、山西永济县、山东菏泽市3处影响较大。全晰纲先生的观点是，在"没有特别可靠的理由"的情况下，还是维持汉代人的说法为好，即舜耕历山，在河东兖州，在济阴成阳，即今山东菏泽一带。②

董治安在《关于"舜耕历山"的一些查考》一文中，根据舆地之作乃

---

① 赵建斌：《"舜耕历山"在山西考辨》，《文物世界》2010年第2期。
② 全晰纲：《虞舜中心活动区的文献学考查》，《东岳论丛》2015年第9期。

至方志之类的文献，将"历山"其地的注释资料粗为整辑为："历山"在河东、在蒲州说；"历山"在潘城说；"历山"在济阴、在濮州、在曹州说；"历山"在越州说。董治安认为，"舜耕历山在济南历城"确乎是一个相当古老的地方传说，它一直前后迭相承袭，迄今至少流传近2000年了。他说：

我们一方面倾向于承认"历山"在济南历城一说的合理性，另一方面并不否认"舜耕历山"史实的科学考定尚有所待。①

除了上述在全国著名的历山之外，还有一些见于沂蒙山区地方志中的历山。如泗水有历山，费县西北有历山，蒙阴县境内也有历山（见下文）等。

古往今来的学者在论证"历山"时，仅以舜命名的祠、庙、水、井等为证，忽视了"历山"所包含的真实意义，因此以上所有的"历山"都缺乏令人信服的理由，不能自圆其说，更无法还原历史真相。

何为"历山"？通过对"历"字的解读，可以得知，历山之"历"为历法之历，历象之历。北京师范大学"汉字研究与现代应用实验室"《汉字全息资源应用系统》②中诸多典籍关于"历"的解释如下：

《说文》：曆，厤象也。从日厤声。《史记》通用歷。

《正字通》：歷。與歷日之曆同。《漢書》律歷志：黄帝造歷。

《广韵》：經歷。又次也，數也，近也，行也，過也。又歷日。《續漢書·律歷志》云："黄帝造歷。"《世本》曰："容成造歷。"《尸子》曰："羲和造歷。"或作"曆"。

《玉篇》：曆。象星辰，分節序四時之逆从也。數也。本作歷。古文作厤。

"历"，推算年、月、日和节气的方法，记录年、月、日和节气的书、表、册等。远古时期没有记录年、月、日和节气的书、表、册，所以只能用太阳升起和落下的山来标定和记录，因此称"历山"。现代学者已经发现"历山"这一名称极为特殊，可解释为历法之山，如尹荣方说："历山

---

① 董治安：《关于"舜耕历山"的一些查考》，《济南教育学院学报》1999年第2期。
② 北京师范大学"汉字研究与现代应用实验室"：《汉字全息资源应用系统》。

不就是产生历法的山的意思吗？"① 学者们通过研究发现了《大荒经》中日月出入之山与古代历法的密切关系，也提出了"历山"即历法之山的观点，却没有进一步的考察历山的确切位置。

《尚书·虞书·尧典》：虞舜"岁二月，东巡守，至于岱宗，柴，望秩于山川。肆觐东后，协时月正日，同律度量衡。"②

从《尚书·虞书·尧典》的这段记载中可以得知，舜在祭祀了岱宗泰山之后，又依次祭祀东面的山川，并觐见了东方的国君，首先根据对天象的观察，使月日纪时，使其与自然运行情况相符合。

笔者在前文论证的基础上，分析这段文字并得出如下结论："柴"是祭祀的礼节，泰山与蒙山之间的"柴汶河"因此而得名。虞舜觐见"东后""协时月正日"修订历法，与黄帝举"风后"制订历法如出一辙，显然都是泰山以东、蒙山以北的颛臾风国的国君，"风后""东后"都是颛臾风国之君主，因此，"历山"就在颛臾风国境内，就是刘宗迪先生所言的天文观象台"东泰山"，也是吴晓东先生所言《大荒经》中间的"观象台"。③

《山海经·大荒西经》：大荒之中，有山名曰日月山，天枢也。吴姖天门，日月所入。有神，人面无臂，两足反属于头山，名曰噓。颛顼生老童，老童生重及黎，帝令重献上天，令黎邛下地，下地是生噎，处于西极，以行日月星辰之行次。有人反臂，名曰天虞。④

笔者认为，《大荒西经》上述记载就是在天文观象台"吴"（天虞）之上观测"日月星辰之行次"，因而称"历山"。

《郭店楚墓竹简·穷达以时》简2–简3云："舜耕于 ▨ 山，陶拍于河浦，立为天子，遇尧也。"⑤《上海博物馆战国楚竹书（二）·容成氏》简13云：

① 尹荣方：《社与中国上古神话》，上海：上海古籍出版社，2012年，第68页。
② 王世舜、王翠叶译注：《尚书》，北京：中华书局，2012年，第18—19页。
③ 吴晓东：《颛顼神及其在〈山海经〉里的记载》，《贵州民族大学学报》（哲学社会科学版）2020年第3期。
④ 袁珂：《山海经校注》，北京：北京联合出版公司，2014年，第339—340页。
⑤ 《郭店楚墓竹简》，北京：文物出版社，1998年，图版第27页，释文第145页。

"昔者舜耕于▢丘，陶于河滨，渔于雷泽……"。[1] 显然"▢山"就是"▢丘"，无疑就是文献中所见的"舜耕历山"之"历山"。

笔者联想到《拾遗记·颛顼》所载颛顼出生时"昌意仰视天北辰下，化为老叟"，认为所谓老叟就是形似老叟的颛臾风国▢虎寨山（▢崮）。《说文》云："虚，大丘也。昆仑丘谓之昆仑虚。从丘虍声"，笔者认为颛顼之"虚"即虎形之丘，就是颛臾风国▢虎寨山，也就是"帝丘"。从字形上看，"▢""▢""▢"都包含"▢"的形状。蒙阴▢虎寨山即"历山""颛顼之虚""帝丘"，即虎身人面的君子国之神"天吴"、昆仑之神"陆吾"是确定无疑的。

前文论证了冀州、姚墟、历山、雷泽、陶丘、寿丘均在颛臾风国，典籍中记载的其他与虞舜有关的地点也理应在颛臾风国及其周边区域。

《孟子·离娄下》：舜生于诸冯，迁于负夏，卒于鸣条，东夷之人也。【注释】诸冯、负夏、鸣条——舜是传说中的人物，此三处地名更无法确指。依《孟子》文意，当在东方，则鸣条未必是《书序》所谓"遂与桀战于鸣条之野"的"鸣条"。诸冯，传说在今山东菏泽市南五十里。[2]

仝晰纲先生在《虞舜相关地名辨》一文对于"诸冯"的几种说法进行了分析：山东诸城说，见于焦循《孟子正义》引《温故录》曰："其地有所谓冯山、冯村，盖自古相传，就疑近是。"这一持怀疑态度的材料显然不能成为诸冯诸城说的可靠证据。山西永济说，见于清《永济县志》，其卷一《图考》有《诸冯》图，图上标有舜庙、诸冯村、帝祖茔、饮马道、黄河等名称。孟子在说了"舜生于诸冯"之后，又特别强调舜是"东夷之人"。山西永济距东夷之地相去太远，故山西永济说很难服人。仝晰纲先生认为：

诸冯应在今山东菏泽一带。诸是商代方国，春秋时为鲁邑。《左传·庄

---

① 马承源主编：《上海博物馆藏战国楚竹书（二）》，上海：上海古籍出版社，2002 年，图版第 105 页，释文考释第 259—260 页。
② 杨伯峻译注：《孟子译注》，北京：中华书局，2008 年，第 201 页。

公二十九年》有："城诸及防"的记载，诸与防应相去不远。《左传·隐公九年》："冬，公会齐侯于防，谋伐宋也。"防既是鲁隐公与齐侯所会之地，当在鲁。……晋杜预注《春秋》说："防，鲁地，在琅邪县东南。"……从杜预注看，这些地名的地理方位都在今鲁西地区……即今山东菏泽一带。诸冯，系诸地河伯冯夷所居之地而得名。①

杨伯峻先生在注释《孟子》上述记载时说诸冯、负夏、鸣条皆在东方，但无法考证其具体所指。"诸冯"和"姚墟"都是虞舜的出生地，现代学者们在考证"诸冯"地望时，往往以某地有"诸村""冯村"或"诸冯"等地名，就牵强附会地认定此地为虞舜的出生地。

笔者认为，考证"诸冯"地望要与"姚墟"地望的考证相结合，还要从"历山"含义寻找线索。笔者认为，"诸冯"是"诸峰"之误，所谓"诸峰"则是以"历山"为中心，做为日月所出标志物的诸多山峰，也就是《大荒经》中以"吴"为中心的东西两侧七对日月出入之山的合称。

所谓"负夏"，笔者认为出自《左传》所言"颛臾，风姓也，实司太皞和有济之祀，以服事诸夏"，"负夏"是颛臾"服事诸夏"的简称。"负夏"地名原在颛臾风国，后随着颛顼后裔"昆吾氏"西迁居"卫"而成为"卫"地的一个地名：

《礼记·檀弓上》：曾子吊于负夏。【注释】负夏，卫国地名。②

典籍中记载"颛顼之虚""帝丘"在"卫"，笔者论证其真实地望在颛臾风国，因此"负夏"也随"颛顼之虚""帝丘"一起名随族迁至"卫"地。

（六）山西"历山"与浙江"历山"渊源之考辨

《水经注·河水四》：（河水）又南过蒲坂县西，地理志曰：县，故蒲也。……皇甫谧曰：舜所都也。……今城中有舜庙。魏秦州刺史治。太和迁都罢州，置河东郡。……郡南有历山，谓之历观，舜所耕处也。有舜井，

---

① 仝晰纲：《虞舜相关地名辨正》，《山东师范大学学报》（社会科学版）2005 年第 6 期。
② 胡平生，张萌译注：《礼记》，北京：中华书局，2017 年，第 135—136 页。

妫、汭二水出焉。南曰妫水，北曰汭水，西迳历山下，上有舜庙。

周处风土记曰：旧说，舜葬上虞。又记云：耕于历山。而始宁、剡二县界，舜所耕田，于山下多柞树，吴、越之间，名柞为枥，故曰历山。余按周处此志为不近情，传疑则可，证实非矣。安可假木异名，附山殊称？

……河水南迳雷首山西，山临大河，北去蒲坂三十里，尚书所谓壶口雷首者也。俗亦谓尧山，山上有故城，世又曰尧城。阚骃曰：蒲坂，尧都。按地理志曰：县有尧山、首山祠，雷首山在南。事有似而非，非而似，千载眇邈，非所详耳。①

上述关于"舜耕历山"的记载涉及两处：一是山西蒲坂"舜都"和"历山""尧山"和"尧都"，郦道元认为"事有似而非，非而似，千载眇邈，非所详耳"。二是浙江余姚"上虞"之"历山"，郦道元称其"假木为名"，"传疑则可，证实非矣"。

今人任振河先生在《舜居妫汭与妫汭舜都所在地名考》一文中对与虞舜有关的地名进行了考证。其引《括地志》云："蒲州河东雷首山，一名中条山，亦名历山，……亦名吴山。"其称：

雷泽，因雷首山泉水出谷，经妫汭二水西流汇聚成水泽而故名。……《尚书·禹贡》曰："导河积石，至于龙门"。龙门山凿开后，黄河洪水一泻千里，冲毁了数千亩大的雷泽西部，使雷泽从此不复存在。……雷泽失传后，有人把吴西震泽（太湖）误为雷泽。如《山海经·海内东经》云："雷泽中有雷神，龙身而人头，鼓其腹，在吴西"。在其后加"在吴西"，这是明显的混抄和误传。②

笔者反其道而证之，认为郦道元所记这两处古代有影响的"历山"皆是"有虞氏"迁徙至此，名随族迁所致。浙江余姚上虞之"历山"，笔者认为余姚、上虞、历山皆为"有虞氏"南迁所致。而任振河先生所引《括地志》载蒲州雷首山既称"历山"，又称"吴山"，恰恰保留了"吴山"就是"历

---

① 陈桥驿：《水经注校证》，北京：中华书局，2013年，第100—101页。
② 任振河：《舜居妫汭与妫汭舜都所在地名考》，《太原理工大学学报》（社会科学版）2006年第4期。

山"的远古记忆,而且"雷首山"确实与"雷泽"有一定关系:

《山海经·海外东经》:虹虹在其北,各有两首,一曰在君子国北。朝阳之谷,神曰天吴,是为水伯。①

前文中已经论证了"虹虹"即"雷神",也即叟虎寨山(天吴、吴)西面的的青龙山。虹虹各有两首,其东面之首即指"叟虎寨山"(吴),"雷首山"之名即源于此,故又称"历山""吴山"。

刘宗迪先生在《三星在天:夏墟地理与传说考辨》的相关论证,证实了笔者的这一观点,他认为:山西河东"夏墟"之说,本自《左传》晋祖叔虞封于夏墟的记载,而为汉晋间学者所祖述,至今犹为考古史者引为典据,深信不疑。然而,详考此说源流,其中实隐藏一巨大的误解,而前人俱未留意。

《左传·昭公元年》:子产曰:"昔高辛氏有二子,伯曰阏伯,季曰实沈,成于旷林,不相能也。日寻干戈,以相征讨。后帝不臧,迁阏伯于商丘,主辰。商人是因,故辰为商星。迁实沈于大夏,主参。唐人是因,以服事夏、商,其季世曰唐叔虞。当武王邑姜方震大叔,梦帝谓己:'余命而子曰虞,将与之唐,属诸参,而蕃育其子孙。'及生,有文在其手曰'虞',遂以命之。及成王灭唐,而封大叔焉,故参为晋星。"②

《左传·定公四年》:子鱼曰:"……分唐叔以大路、密须之鼓、阙巩、沽洗,怀九宗,职官五正。命以《唐诰》,而封于夏虚,启以夏政,疆以戎索。"③

刘宗迪先生引《左传》上述记载后认为,尧舜禹都于河东之说,本自《左传》,出自子产、祝佗(子鱼)之口。前人一味在河东晋国封域寻求唐叔所封和夏墟,他们都忽视了一个可能性,即唐叔所封与后来晋国所封,可能根本就不是一个地方,唐叔封地可能根本就不在河东。他说:

实际上,晋国早期确有迁封之举。《今本竹书纪年》,(成王八年)"冬十月,王师灭唐,迁其民于杜",叔虞封唐当即在此时。《今本竹书纪年》

---

① 袁珂:《山海经校注》,北京:北京联合出版公司,2014年,第227—228页。
② 杜预注:《左传》,上海:上海古籍出版社,2016年,第702页。
③ 杜预注:《左传》,上海:上海古籍出版社,第933—934页。

又载,康王九年,"唐迁于晋,作宫而美,王使人让之"①据此可知,晋人在叔虞封唐不久即由唐迁于晋。晋国在早期曾经由唐迁晋,有出土文献为证。香港私人收藏一件青铜簋,簋腹内部有铭文四行22字,朱凤瀚释为:"尧公作妻姚簋,遘于王命唐伯侯于晋,唯王廿又八祀。"②朱凤瀚断定簋铭所称"侯于晋"的唐伯即为叔虞之子,并认为"王命唐伯侯于晋"一语意为周王将唐伯由旧封地改封于晋地。

刘宗迪认为,在《春秋》《左传》记载了众多古地名,却从无提及晋境有名"唐"之地。《春秋》《左传》中提到的"唐"地,共有4处:其一是成周之唐,其二是楚地之唐,其三是鲁西之唐,其四是齐境之唐。四唐之中,成周、楚地、齐境之唐,都不可能是唐叔初封之唐。……然则成王所灭以封叔虞之唐国,很可能为鲁西之唐。

随着唐国、夏墟以及叔虞初封被从鲁西误置于河东,很多与之相关的古史人物、地理和事迹也被先后安插到了河东。于是,尧都在平阳,舜都在蒲坂,禹都在安邑,尧、舜、禹禅让的历史都是发生在山西,甚至连只能发生于黄河下游的洪水传说也被搬到了山西,禹为宣泄洪水而凿开的龙门、辟的吕梁、通的大夏、疏的底柱,都一一被安置到了山西周边的黄河,而全不管山西黄河根本就没有发生洪水传说的地理条件,与此同时,这些历史掌故中所蕴含的古老而真实的历史记忆则遭到了埋没。③

笔者发现,《左传·昭公元年》关于"唐叔虞"出生时的故事非常神奇,蕴含着关键的信息:"梦帝谓己:'余命而子曰虞,将与之唐,属诸参,而蕃育其子孙。'及生,有文在其手曰'虞',遂以命之。"唐叔虞之名"虞"源于梦,封于"唐",笔者认为皆与颛顼风国之"虞"有关,虞即为"天吴","吴""唐"的字义相同(详见前文)。余太山先生解释说:

问题在于尧何故亦属于虞代,似乎还没有人提出合理的解释。……盖

---

① 王国维:《今本竹书纪年疏证》卷下,沈阳:辽宁教育出版社,1997年,第82、85页。

② 朱凤瀚:《尧公簋与唐伯侯于晋》,《考古》2007年第3期。

③ 刘宗迪:《三星在天:夏墟地理与传说考辨》,《文哲史》2020年第6期。

"尧"与"虞"音近，与"高阳""高辛"等也不妨视作同名异译，很可能一度也是"有天下之号"。尧继承的既是少昊、颛顼的"天下"，与其说尧为虞帝，不如说舜号"有虞氏"乃本是尧之故号。①

笔者由此断定，唐叔虞的出生地和初封地可能不在鲁西，而是更往东一些的颛臾风国。故山西"历山""尧都"及尧舜禹传说均源于唐叔虞初封之地，可能就是伯益后裔西迁至所致。

（七）蒙阴自古就有"历山""尧山"和尧舜传说

关于尧舜传说和尧舜相关的地名随着"有虞氏"后裔的迁徙而遍布于各地，其知名度或大或小，影响或远或近，学者的论述或多或少，认可程度或高或低。随着时间的推移，"虞"的原型地和"有虞氏"的祖地反而被人们所淡忘。仅留的一些传说和记忆反而不被学者们所重视和认可，如记载于《水经注》的相关内容就被郦道元所怀疑，当地学者也没有足够的证据和信心可以认真的论证：

《蒙阴县清志汇编·清康熙十一年版》：历山，在城北一百一十里，上有舜皇庙，今有历山社。舜水河发源于此。"②

《蒙阴县清志》所载"历山"虽然与笔者对"历山"的定位不同，但说明蒙阴一带自古以来就有"舜耕历山"的传说，关于蒙阴县志所载"历山"及舜迹，清代邑人王运升志曰：

世传县北一百一十里之历山为舜耕处，上有舜皇庙，下有历山社，有舜圣社，今曰顺圣。又以坡里古井为舜井。以沂源即河滨为陶处，西南至雷泽仅八十里为渔处。又以县东尧山为尧东巡处，故名尧山。诸书不载，毋以蒙地偏小，独遗之耶！按《一统志》，历山一在山西蒲州，一在济南历城，一在东昌濮州，皆称舜耕处。宋曾巩谓在濮者是。元罗泌《历山辩》云："洛城西南有潘城，城西北亦有历山，形如覆釜，下有舜、瞽瞍二祠，

---

① 余太山：《古族新考》，北京：中华书局，2000年，第47页。
② 蒙阴县地方史志编纂委员会：《蒙阴县清志汇编》，北京：中华书局，1999年，第228、471页。

云是舜居。偃师西北有舜庙、舜井、妫水、汭水。齐之历城有历山，上有舜祠，县东有舜井。康成谓历山在河东，雷泽在济阴。按《九域志》，济南、濮阳、河中皆有历山，而今秦地、池阳、澧阳、始宁、吴县、上虞、无锡亦皆有之。《苏氏演义》云：历山有四：一河中，二齐之历，陶阳县三，冀州四。濮之雷泽即此为是。"然历山何止四哉？《环宇记》：雷泽在雷泽县东十三里，历山在县西北十六里。今濮之雷泽西北六十里，有小山孤立，谓之历山。山北有小阜，属池，因称姚墟池。之建德东十里，更有姚城山，县南三十有尧城、尧祠，云梁武于此立太原府。县北二十为舜城，有舜井，有历山，上有尧、舜二祠。周处记始宁界有舜所耕田，一山多柞，谓历山。以具区为雷泽，以其中有大小雷山也。祝阿故县又有泺水，水原山上有尧祠，下开大穴为舜井。兖之泗源又有陶墟、舜井。其西阜为亭山，山下一漏泽，方十五里，指为帝之所渔。又《水经注》，上虞一曰虞宾。《环宇》引《尚书》释言，谓在震泽。蓝山更有舜水、舜乡。莫不以为虞帝之居，岂尽信耶？诸说纷纷，不知乡俗之言虽不足据，然亦确有可指者在。

凡志地理者，莫不于其地之有形似者，从而附会之，今古之同情也。今蒙阴之历山，升既生此地，闻此说，又尝考罗氏之辩，历山虽多，终无定迹。于乎，天下事有两是者乎！一说是则众说皆非，是者存则非者可删。升不敢与一是者同是，略敢与众非者同非。如必以升言为谬为创，然则山之所由名，庙之所由建，社之所由起，岂自今日始哉？况彼舆志诸书，讵能遍履寰宇，谅亦得之一方之乡言耳。夫以名山大川之所在，尚不能遍为足蹈，半误于耳闻，则蒙里之僻狭，著书者或未之及可知矣。兹乡之言历山者，今昔相传已不知几千百年。纵曰非也，彼众说之非者既不可删，则兹说之非似亦可存。故敢据此向诸说置喙，以补所遗，以博一笑。

邑人王运升志。[1]

王运升为蒙阴当时、当地之文人，但对典籍和各地方志关于"历山"的记载掌握的非常全面。他认为各地的"历山"虽多，但都是"附会之"，

---

[1] 蒙阴县地方史志编纂委员会：《蒙阴县清志汇编》，北京：中华书局，1999年，第37—39页。

历山终无定迹。蒙阴有尧山、历山、舜井等，虽然"不敢与一是者同是，略敢与众非者同非"。

综上所述，笔者认为虞舜生于蒙阴虞谷（禹谷）之姚墟（桃墟），耕于蒙阴之"历山"（天吴、天虞），渔于"吴西之雷泽"，陶于汶河之"河滨"，作什器于"寿丘"（天吴），完全可以做到"一说是则众说皆非，是者存则非者可删"。

（八）舜居"妫汭"指汶水与"叟崮二水"之汭

《史记·五帝本纪》：于是尧乃以二女妻舜以观其内，使九男与处以观其外。舜居妫汭，内行弥谨。……一年而所居成聚，二年成邑，三年成都。……舜入于大麓，烈风雷雨不迷，尧乃知舜之足授天下。……舜曰："谁能驯予上下草木鸟兽？"皆曰益可。于是以益为朕虞。[1]

《尚书·尧典》：帝曰："咨！四岳。朕在位七十载，汝能庸命巽朕位？"……师锡帝曰："有鳏在下，曰虞舜。"……厘降二女于妫汭，嫔于虞。[2]

从《尚书·尧典》和《史记》的记载来看，尧帝将二女妻舜，居于"妫汭"。"妫汭"是何意？在何处？自古以来众说纷纭，没有正解。一般认为"妫"是指"妫水"，而汭则是指"妫水之汭"。

《尚书正义》：汭，水之内也。杜预注《左传》云："水之隈曲曰汭。"……颛顼以来，地为国号，而舜有天下，号曰有虞氏，是地名也。王肃云："虞，地名也。"……虞与妫汭为一地。[3]

笔者认为，以上说法代表了古代学者的普遍看法："妫汭"在"虞"地。但他们却不知"虞"的原型地在哪里，误将"妫汭"记在了山西河东郡。

《水经注·河水四》：（河水）又过蒲坂县西，……郡南有历山，谓之历观，舜所耕处也。有舜井，妫、汭二水出焉。南曰妫水，北曰汭水，西迳历山下，

---

① 《史记》，北京：中华书局，2006年，第3—5页。
② 王世舜、王翠叶译注：《尚书》，北京：中华书局，2012年，第14页。
③ 《尚书正义》，上海：上海古籍出版社，2007年，第58—63页。

上有舜庙。……尚书所谓厘降二女于妫汭也。孔安国曰：居妫水之内。王肃曰：妫汭，虞地名。皇甫谧曰：纳二女于妫水之汭。马季长曰：水所出曰汭，然则，汭似非水名，而今见有二水异源同归，浑流西注入于河。①

显然，郦道元在《水经注》中不能断定舜所耕"历山"，所居"妫汭"就在河东。

笔者前文中论证了河东之"历山"源于"唐叔虞"由鲁迁晋，名随族迁，故河东之"妫汭"也是源于鲁地，郦道元在《水经注·泗水注》中也有相关记载：

《水经注·泗水》：泗水出鲁卞县北山，……《水经注》曰："泗水出鲁东北。"……水出卞县故城东南，桃墟西北。《春秋》昭公七年，谢息纳季孙之言，以孟氏成邑与晋而迁于桃。杜预曰：鲁国卞县东南有桃墟，世谓之曰陶墟，舜所陶处也。井曰舜井，皆为非也。墟有漏泽，方十五里，渌水澄渟，三丈如减，泽西际阜，俗谓之妫亭山，盖有陶墟、舜井之言，因复有妫亭之名矣。②

郦道元在《水经注》中数次提及与尧舜有关的地名、水名，但都未予以肯定，此处提及"妫亭山"亦说"盖有陶墟、舜井之言"，才有"妫亭山"之名。殊不知，此处之"桃墟""舜井""妫亭山"的可信程度远高于其他，因为"虞"的原型就是此地，正如《尚书正义》所言"虞和妫汭为一地"。

《水经注》中说卞县东南桃墟有"妫亭山"，而《太平御览》卷八十一引《风土记》佚文中也云："舜，东夷之人，生于桃丘妫水之汭。"③可见发源于桃墟（丘）"妫亭山"之水即为"妫水"。

"桃墟"在卞县东南，蒙山之阴。发源于桃墟的河流众多，"妫水"是哪条水呢？笔者认为"妫水"即《水经注》中所记"曳崮水"，因为其源于"桃墟"而流经"曳崮"（虞）汇入汶河，符合典籍中关于"汭"的解释：

① 陈桥驿：《水经注校证》北京：中华书局，2013年，第100—101页。
② 陈桥驿：《水经注校证》，北京：中华书局，2013年，第566页。
③ 参见刘俊男、易桂花：《黄帝及尧、舜、禹三支后裔的地望及主要史迹研究（下）》，《重庆文理学院学报》（社会科学版）2015年第6期。

《说文》：汭。水相入也。从水从内，内亦声。

《广韵》：汭。水曲。说文曰："水相入儿。"

《集韵》：汭。食之已而复吐之，小水入大水也。

《类篇》：汭。《说文》：水相入也。小水入大水也。水北也。

孔安国注《禹贡》曰：水北曰汭。杜预注《左传》曰：隈曲曰汭。又曰水曲流为汭。[1]

从上述典籍关于"汭"的解释看，"汭"有三种特征：水曲，小水入大水，水入复出。这三种特征符合蒙阴桑泉水与叟崮水汇集之处的形态，也符合蒙汜之"汜"的解释：

《水经注》：桑泉水又东南迳蒙阴县故城北，王莽之蒙恩也。又东南与𡵋崮水合，水有二源双会，东导一川，俗谓之汶水也。[2]

《说文》：汜，水别复入水也。一曰汜，穷渎也。[3]

《淮南子·览冥训》：凤凰之翔至德也，……翱翔于四海之外，过昆仑之疏圃，饮砥柱之湍濑，遭回蒙汜之渚，尚佯冀州之际，径蹑都广，入日抑节，羽翼弱水，暮宿风穴。[4]

《淮南子》所记述的凤凰所在的昆仑、蒙汜、冀州、弱水、风穴看似多地，实际上都在一处——蒙阴盆地颛臾风国（详见本文相关论述）。"蒙汜"即在"虞"（𡵋崮）之下，其"水别复入水"之形态正是"汭"的形态。故虞舜与二女居"妫汭"之间，实际上就在蒙阴叟虎寨山（虞）南面的桃墟"妫亭山"和"𡵋崮水"之间。

郝仰宁在《虞舜之墟在永济—舜帝历史文化遗迹考略》一文中说，史学界把舜居之所称为"妫墟"，并认为"妫墟"在河东郡。其文中说：

---

① 以上典籍解释皆见于北京师范大学"汉字研究与现代应用实验室"：《汉字全息资源应用系统》。

② 陈桥驿校证：《水经注校证》，北京：中华书局，2013 年，第 580 页。

③ 北京师范大学"汉字研究与现代应用实验室"：《汉字全息资源应用系统》。

④ 陈广忠译注：《淮南子》，北京：中华书局，2012 年，第 318 页。

关于"妫墟"还有另一种说法，认为在北京怀来县一带，即古妫州为妫墟。《路史·国名纪丁》说："潘，故县属上谷，本北燕州，贞观改曰妫州，今妫之怀戎，亦曰妫墟。"《括地志》记载："妫州有妫水，源出城中。耆旧传云即舜厘降二女于妫汭之所。"王北辰在《妫水河名考》中认为，妫州妫水是后来之名，非舜始居之地。何光岳在《东夷源流史》中则称："山西永济之妫水，乃舜移居后而产生的移植地名。"在我国，与舜有关的山川之名，往往会在多处出现。其实，这是后人或舜裔流迁过程中，敬仰和怀慕先祖舜帝，将舜始居之地山川之名冠于迁居之所的结果。①

笔者认为，王北辰所言"妫州妫水是后来之名"，何光岳所言"山西永济之妫水，乃舜移居后而产生的移植地名"是正确的，郝仰宁关于"与舜有关的山川之名，往往会在多处出现"的原因分析也是正确的。但笔者认为，"妫墟"既不在北京，也不在山西，而是在"虞"的原型地和"有虞氏"的祖地——颛臾风国，"妫墟"即"姚墟"。

《史记》中记载虞舜与尧之二女居于"妫汭"，"舜耕历山，历山之人皆让畔；渔雷泽，雷泽之人皆让居；陶河滨，河滨器皆不苦窳。一年成聚，二年成邑，三年成都。"关于聚、邑、都的形成，高广仁、邵望平在《海岱文化与齐鲁文明》一书中说：

> 早在大汶口文化后期就已经出现的高居于一般聚落的中心聚落（或称为"邑"）群中，王的部落所在，就崛起为"都"，成为政治的、军事的、宗教的和经济消费的中心，成了社会金字塔的顶尖。……也就是说，早期的国家具有以王都为中心，在不大范围内包括几个"邑"和若干"聚"的三级基本结构，这些在考古学上已得到初步证明。②

虞舜生于姚墟、诸冯，成于妫汭，活动于历山、雷泽、陶丘（赤殖坟）。这些地点全部都在蒙阴盆地，经济发展与文化进步使原来众多的"聚"，

---

① 郝仰宁：《虞舜之墟在永济——舜帝历史文化遗迹考略》，《山西师大学报》（社会科学版）1996年第2期。

② 高广仁、邵望平：《海岱文化与齐鲁文明》，南京：江苏教育出版社，2005年，第147页。

发展成为"邑",又在此基础上崛起为"都"。成为当时政治、军事、经济、文化、宗教中心,蒙阴叟虎寨山下包括大城子在内的十二城子由此而产生。遗迹虽已荡然无存,但地名却遗存至现在。

六、颛臾风国是鲧、禹、启的祖国

近百年来,由于甲骨文的收藏与破译,首先断定了甲骨文为殷代遗物,继之认识了甲骨文所列殷王世系与殷本纪所载大体不误,更有殷墟的发掘收获,从而确立了《史记·殷本纪》作为信史的地位。由此及彼,《史记·夏本纪》所载夏王朝的存在,也就被大多数历史学者所认可。[①] 笔者认为,由夏可再及彼,由于"虞"的原型及与之相关的地理坐标和文字原型的发现,虞代也应当成为信史。

鲧、禹、启是黄帝后裔,分别是颛顼之子、孙和曾孙,颛臾风国是鲧、禹、启的祖国,禹既是"有虞氏"的最后一位帝王,又是夏王朝的始帝。据典籍记载,尧、舜、禹皆居"冀","冀"为中土,就是笔者论述的昆仑之丘东南的"中邦之居"——君子之国,因此,颛臾风国也即禹的封君之地。

(一)鲧(白马)生于蒙山,殛于蒙阴"羽山"(丹丘)

鲧,《史记》等典籍中记载为黄帝之曾孙,颛顼之子。除此之外,《山海经》《楚辞·天问》等先秦著作中也有大同小异的记载。

《史记·夏本纪》:夏禹,名曰文命。禹之父曰鲧,鲧之父曰帝颛顼。……当尧之时鸿水滔天,浩浩怀山襄陵,下民其忧。……舜登用,摄行天子之政,巡狩,行视鲧之治水无状,乃殛鲧于羽山以死。天下皆以舜之诛为是。于是舜举鲧子禹,而使续鲧之业。[②]

《山海经·海内经》黄帝妻雷祖,生昌意,昌意降处若水,生韩流……(韩流)生帝颛顼。……黄帝生骆明,骆明生白马,白马是为鲧。……洪水滔

---

① 高广仁、邵望平:《海岱文化与齐鲁文明》,南京:江苏教育出版社,2005年,第169—171页。

② 《史记》,北京:中华书局,2006年,第7页。

天。鲧窃帝之息壤以堙洪水，不待帝命。帝令祝融杀鲧于羽郊。鲧复生禹。帝乃命禹卒布以定九州。①

《楚辞·天问》：不任汩鸿，师何以尚之？佥曰何忧？何不课而行之？鸱龟曳衔，鲧何听焉？顺欲成功，帝何刑焉？永遏在羽山，夫何三年不施？伯禹愎鲧，夫何以变化？……②

1.蒙山有"白马关"是颛顼之子鲧（白马）的诞生地

《史记》等典籍记载，黄帝之子昌意降居若水，生颛顼，鲧是颛顼之子。前文已经论证"若水"即蒙阴桑泉水，颛臾风国即颛顼之国，显然颛顼之子鲧最有可能诞生于颛臾风国。

《海内经》记载"白马"（鲧）是黄帝之孙，似乎与颛顼的位置相同，与《史记》等典籍记载的世系相违背，但"白马是为鲧"却透露出鲧的诞生地就在蒙山一带。

《蒙阴县清志汇编·康熙廿四年版》：白马关，县西南三十五里。……颛臾虽渺，用主明禋。③

"白马关"是蒙山三关之一，位于蒙阴与泗水、平邑之间，笔者认为"白马关"之名与颛顼、鲧关系密切。王献唐先生在《炎黄氏族文化考》中也有相关的论述：

先是颛顼子骆明生白马、白犬，尧封白马子鲧为崇伯。（见《国语》。按：鲧之世系，《山海经》《史记》《汉书》诸书，多有异同，姑依大系言之。）《寰宇记》："垞城，古崇国。"在泗上，国于其地，奉颛顼之祀。……治东南七十里有白马山，东北与历山相接，白马之义，当亦因此，尤为可证。④

王献唐先生在认定"若水"是"泗水"的基础之上，又以颛臾风国和泗水"白马山"作为证据，认为泗上古崇国是鲧的封地。笔者认为"若水"是蒙阴桑泉水，"白马关"是著名的蒙山三关之一，而颛臾风国又在蒙阴，

---

① 袁珂：《山海经校注》，北京：北京联合出版公司，第372—395页。

② 林家骊译注：《楚辞》，北京：中华书局，2010年，第85—86页。

③ 蒙阴县地方史志编纂委员会：《蒙阴县清志汇编》，北京：中华书局，1999年，第198页。

④ 王献唐：《炎黄氏族文化考》，青岛：青岛出版社，2006年，第327—328页。

因此"鲧"（白马）显然就诞生于颛臾风国。

《国语·周语下》：其在有虞，有崇伯鲧……尧用殛之于羽山。【注释】有虞：舜。崇：鲧的封国。伯：鲧为伯爵。①

笔者认为"其在有虞，有崇伯鲧"更为准确的注释应当是指鲧的封地在"有虞"之地，尧用殛之于羽山，显然就有虞之地的羽山。

2. 殛鲧于"羽山"是羽人所居的"丹丘"

"殛鲧于羽山"是古代广泛流传的神话。《史记·夏本纪》记载，舜"殛鲧于羽山以死"，《山海经·海内经》记载："帝令祝融杀鲧于羽郊"。古今学者普遍以为"殛鲧于羽山"即《尚书·禹贡》所记"蒙、羽其艺"之"羽山"，而"羽郊"显然是"羽山之郊"。

《尚书·禹贡》记载：海岱及淮惟徐州。淮、沂其乂，蒙、羽其艺。【注释】蒙：蒙山，在蒙阴西南。羽：羽山，在江苏赣榆西南。②

"蒙"毫无疑问是指蒙阴之蒙山，而"羽山"在赣榆之说则无充分的证据，古代学者早就对此说提出怀疑。《海内经》郭璞注云：

今东海祝其县西有羽山，即鲧所殛处，计其道里不相应，似非也。"是羽山古传在东裔，然而神话传说中地名，往往亦非可以实指也。羽山疑即《淮南子·墬形篇》所说委羽之山。《墬形篇》云："北方曰积冰，曰委羽。"又云："烛龙在雁门北，蔽于委羽之山，不见日。"高诱注："龙衔烛以照太阴。"是委羽乃在北极阴黯之地。而《墨子·尚贤篇》云："昔者伯鲧，帝之元子，废帝之德庸，既乃刑之于羽郊，乃热照无有及也。帝亦不爱。""热照无有及"即"日照无有及"，正是委羽山"不见日"景象。故云羽山即是委羽之山。③

现代学者顾颉刚、刘起釪先生以为，"羽山"是神话中流放鲧并死在那里的地方，当然也无确址可言的。④又云："由神话地点变为历史地点，

① 陈桐生译注：《国语》，北京：中华书局，2013年，第112页。
② 王世舜、王翠叶译注：《尚书》，北京：中华书局，2012年，第63页。
③ 袁珂：《山海经校注》，北京：北京联合出版公司，2014年，第396页。
④ 顾颉刚、刘起釪：《尚书校释译论》第一册，北京：中华书局，2005年，第184页。

不易实定。"① 综合古代文献和学术界的观点来看，主要有两种：较为普遍的观点是在沂州之东南，海州之西北，江苏赣榆西南，郯城之东北。还有一说是羽山在今山东蓬莱境内。孔安国《舜典传》云："羽山东裔在海中，今登州府蓬莱县有羽山。"《齐乘》云："九目山东北二十里有龙山，又北即羽山。"② 这些记载之中是否包含若干可信的历史线索，由于缺乏相关的佐证资料，未敢轻易定论。③

从古今学者的论述看，"羽山"之地望尚无定论。《禹贡》记载"蒙、羽其艺"，说明蒙山、羽山相邻，而且相距不远。郭璞云"羽山"即《淮南子》和《墨子》中记载的"委羽之山"，"委羽之山"在"烛龙"北，"烛龙"即蒙阴青龙山（详见第四章第二节）。显然，"羽山"即在蒙阴青龙山的北面。具体而言，"羽山"即《山海经》和《楚辞》中记载的羽人所居、不死之乡"丹丘"（详见第四章）。

《左传·昭公七年》：昔尧殛鲧于羽山。其神化为黄熊，以入于羽渊。实为夏郊，三代祀之。④

《国语·晋语八》：昔者鲧违帝命，殛之于羽山，化为黄能，以入于羽渊，实为夏郊，三代举之。⑤

《吕氏春秋·行论》：尧以天下让舜，鲧为诸侯，……召之不来，仿佯于野以患帝，舜于是殛之于羽山，副之以吴刀。⑥

《山海经·海内经》：洪水滔天。鲧窃帝之息壤以堙洪水，不待帝命。帝令祝融杀鲧于羽郊。鲧复生禹。【注释】郭璞云：《归藏·启筮》曰："鲧死三岁不腐，剖之以吴刀，化为黄龙。"⑦

① 顾颉刚、刘起釪：《尚书校释译论》第二册，北京：中华书局，2005年，第60页。
② 【清】胡渭著，邹逸麟整理：《禹贡锥指》，上海：上海古籍出版社，2006年，第121页。
③ 周书灿：《民族认同与高密境内的鲧、禹传说》，《苏州科技学院学报》（社会科学版）2009年第4期。
④ 杜预注：《左传》，上海：上海古籍出版社，2016年，第754页。
⑤ 陈桐生译注：《国语》，北京：中华书局，第2013年，第532—533页。
⑥ 陆玖译注：《吕氏春秋》，北京：中华书局，2011年，第768页。
⑦ 袁珂：《山海经校注》，北京：北京联合出版公司，2014年，第396页。

从上面引文记载可知，羽山下有羽渊，殛鲧于羽山，其神入羽渊化为黄熊、黄能或黄龙。笔者认为，所谓"羽渊"即"虞渊"，而鲧所化为何呢？袁珂在《山海经》注中说：

> 要以古说黄龙为近正也。……《楚辞·天问》："应龙何画"王逸注云："禹治洪水时，有神龙，以尾画地，导水所注，当决者因而治之也。"应龙，吾人已知乃黄帝神龙，曾以"杀蚩尤与夸父"（《大荒东经》）立大功者，今乃助禹治水，则亦当为黄帝之任命也。《拾遗记》卷二云："禹尽力沟洫，导川夷岳，黄龙曳尾于前，玄龟负青泥于后。""黄龙曳尾"，自即是"应龙画地"也。[1]

笔者认为，《山海经》的上述描写，也是根据远古时期的传说或图画文字对于鲧的葬身地情形进行的描述。"化为黄龙"实际上是图画文字中的一条似龙的山脉，后人解读这一图画文字时将其误认为是鲧变成了一条龙。这条龙实际上就是颛臾之地的青龙山，青龙山一年四季颜色不同，夏秋时是青色无疑，而冬春时因草木没有返青，所以看上去似黄龙。青龙、黄龙的描述差异，还有一种可能是原始图画文字的颜色不同造成的。

"剖之以吴刀"。"吴刀"例同《海外东经》说："朝阳之谷，神曰天吴。"天吴是劈开天地门户的神灵，可以让太阳、月亮、星辰从海面上升起来。据此，"吴刀"是劈开天地门户的神刀。[2]"吴刀"也应当是吴（虎头崖）当地的一种刀的称呼，笔者认为"吴"即"昆吾"（详见第五章），"吴刀"即切玉之"昆吾刀"，极有可能是蒙阴蕴含金钢石的金伯利岩制作的石刀，其硬度可以雕琢玉器。

从上述资料上看，颛顼生于颛臾风国之"若水"，颛顼之子鲧生"若阳"，死后葬于蒙阴之"羽山"。"鲧"是部族首领，祖地又在颛臾风国，故死后必然要归葬故里"桑梓之地"，其他部族成员虽不能归葬故里，但

---

① 袁珂：《山海经校注》，北京：北京联合出版公司，2014年，第396—397页。
② 陆思贤《以天文历法为主体的宇宙框架——〈山海经〉18篇新探》，《内蒙古大学学报》（哲学社会科学版）1998年第5期。

从大汶口文化遗址的考古发现可知,其头部全部朝向沂蒙山区"桑梓之地",①
有魂归故里之意。

（二）禹、启皆生于颛臾风国

从《史记》的上述记载看,鲧的父亲是颛顼,颛顼的父亲是昌意。昌
意和鲧都不得帝位,不可能成为带领部族向西迁徙的首领,只能留在故地
繁衍生子。鲧生于"若阳",居于"天穆之阳",葬于蒙阴"羽山",因
此鲧之子禹极有可能也诞生于颛臾风国。

《史记·夏本纪》:禹之父曰鲧,鲧之父曰帝颛顼,颛顼之父曰昌意,
昌意之父曰黄帝。②

《山海经·海内经》:黄帝生骆明,骆明生白马,白马是为鲧。③

《山海经·海内经》:黄帝妻雷祖,生昌意,昌意降处若水,生韩
流。……取淖子曰阿女,生帝颛顼。④

从《史记》记载看,鲧是黄帝之曾孙,而《海内经》的两处记载则相互矛盾:
前面一条鲧称为"白马",是黄帝之孙;而后面一条则颛顼是黄帝之孙。
即使《史记》《海内经》记载的从黄帝到颛顼、鲧、禹世系有所差异,但鲧、
禹是黄帝、颛顼的后裔,世居于颛臾风国之"若水"是毫无疑问的。

《山海经·海内经》:祝融降处江水,生共工,……共工生后土,后
土生噎鸣,噎鸣生岁十有二。……帝令祝融杀鲧于羽郊。鲧复生禹。帝乃命
禹卒布土以定九州。【注释】郭璞云:《归藏·启筮》曰:"鲧死三岁不腐,
剖之以吴刀,化为黄龙。"⑤

《海内经》记载"祝融杀鲧于羽郊。鲧复生禹"之地有"噎鸣",此"噎
鸣"即《大荒西经》中的"嘘""噎",所谓"噎鸣生岁十有二"就是《大

---

① 吴汝祚:《大汶口文化的墓葬》,《考古学刊》1990 年第 1 期。
② 《史记》,北京:中华书局,2006 年,第 7 页。
③ 袁珂:《山海经校注》,北京:北京联合出版公司,2014 年,第 390 页。
④ 袁珂:《山海经校注》,北京:北京联合出版公司,2014 年,第 372 页。
⑤ 袁珂:《山海经校注》,北京:北京联合出版公司,2014 年,第 394—396 页。

荒西经》中的"噎，处于西极，以行日月星辰之行次"，与颛臾风国"十二城子"纪岁有关（详见第四章）。"黄龙"即《大荒西经》中的"龙山"，也就是蒙阴青龙山。鲧化为黄龙，"鲧复生禹"，说明"禹"诞生于颛臾风国之"龙山"。

20 世纪 30 年代卫聚贤就已经提出龙是夏族图腾的说法，他在《古史研究》一书中系统论述了这一观点，并提出"禹为夏龙氏族的图腾"，"夏人祀龙"。又说"夏以二龙为图腾"，"龙即鳄鱼"等等。[①]40 年代闻一多进一步指出"龙是原始夏人的图腾"，"夏为龙族"。[②]后来支持此说的学者甚多，如丁山先生即言："民族宗神，由古代社会学言，即氏族之图腾，或为部族之先祖。""夏后氏祖禹而姓姒，当演自以蛇为图腾之神话"。[③]

《帝王世纪》：伯禹，夏后氏，姒姓也。其先出颛顼。颛顼生鲧，尧封为崇伯，纳有莘氏女，曰志，是为修己。山行，见流星贯昴，梦接意感，又吞神珠薏苡，胸坼而生禹于石纽。[④]

吕思勉、童书业在《鲧禹的传说》中说："禹启父子之生都与石发生关系，这是一件奇巧的事：这大约本是社神的传说吧。"[⑤]李学勤先生《禹生石纽的历史背景》则认为禹生石纽说"有着相当深远的历史背景"，"禹生石纽绝不是偶然发生的传说"。最近又根据"景云碑"的记载，推证出禹生石纽"这个传说一定是先秦的"。[⑥]杨宽先生亦言："禹之传说，最怪者莫若生于石之说……此等怪说之来，疑亦出于社神之神话。……疑石纽石夷之说即由禹生于石之说推演而出。"[⑦]

《大荒西经》：有神十人，名曰女娲之肠，化为神，处栗广之野，横

---

① 卫聚贤：《古史研究》，北京：商务印书馆，1936 年，第 221—232 页。
② 闻一多：《伏羲考》，上海：上海古籍出版社，2006 年，第 33 页。
③ 丁山：《禹平水土本事考》，《文史》第 34 辑，北京：中华书局，1992 年，第 16 页。
④ 《帝王世纪》：济南：齐鲁书社，2010 年，第 21 页。
⑤ 吕思勉、童书业：《古史辨》第 7 册下，上海：上海古籍出版社，1982 年，第 152—155 页。
⑥ 李学勤：《在全国大禹文化学术研讨会上的演讲》，《大禹文化》2008 年第 1 期，第 9 页。
⑦ 杨宽：《中国上古史导论》《古史辨》第 7 册上，上海：上海古籍出版社，1982 年，第 360 页。

道而处。有人名曰石夷，来风曰韦，处西北隅以司日月之长短。有五采之鸟，有冠。①

《大荒西经》记载的"女娲之肠"是青龙山，"石夷"与"女娲之肠"同在一处，"石夷"或为"禹"。笔者根据古籍记载和以上学者的论述认为，从大禹是虫，到"禹生于石"，再到夏后氏以龙、蛇为图腾，足以见得与其出生地的景物有关，这就是其祖父颛顼所在的"颛臾"之地的青龙山。青龙山是一座石山，形状似蛇、似龙、似鳄鱼，因此称"禹"，以龙为图腾。无论是"禹生于石"，还是"禹生昆石"都是指其祖地颛臾之地的青龙山和叟虎寨山，叟虎寨山即昆吾、昆仑，因此有"禹生昆石"之说。

（三）柴汶河、汶水是夏禹"导川夷岳"之地

蒙阴盆地之中的"雷泽"在远古时期曾经长期存在，为华胥氏部落（凤夷）提供了良好的生存条件，但是暴雨成灾时，蒙阴盆地东汶河流域会洪水泛滥，大量积水不能及时排出。因此，在尧舜时期，鲧、禹父子先后受使治水。鲧采取堵的办法没有成功，大禹则用疏的办法，解决了水患问题。

《拾遗记·夏禹》：禹尽力沟洫，导川夷岳，黄龙曳尾于前，玄龟负青泥于后。……禹凿龙关之山，亦谓之龙门。……神即示禹八卦之图，……禹曰："华胥生圣子，是汝耶？"……蛇身之神，即羲皇也。②

古籍记载大禹治水，得到了一条神龙和一只神龟的帮助。大禹施工的时候，龙在前面，用它那大尾巴画地，它的尾巴画到哪里，禹就在哪里劈山开渠，遇到河堤决口，就从龟背上取土把洪水挡住。古籍记载的黄龙与玄龟帮助大禹治水看似神话，但从大禹治水在鲁中南山区（详见第二章）的背景看，所谓黄龙和玄龟实际是文字发明前用图画表示的两座山形。从《拾遗记》的记载来看，禹治水之处就是蒙阴盆地"华胥之洲"，"龙"就是青龙山，"龙门"就在青龙山西部（详见前文），"龟山"即蒙阴盆地中形似龟的山丘（蒙

---

① 袁珂：《山海经校注》，北京：北京联合出版公司，2014 年，第 329—331 页。
② 王兴芬译注：《拾遗记》，北京：中华书局，2019 年，第 66—67 页。

阴、新泰境内都有"龟山")。

《山海经·海内经》：洪水滔天。鲧窃帝之息壤以堙洪水，不待帝命。帝令祝融杀鲧于羽郊。鲧复生禹。【注释】郭璞云："息壤者，言土自长息无限，故可以塞洪水也。《开筮》曰：'滔滔洪水，无所止极，伯鲧乃以息石息壤以填洪水。'"①

《淮南子·地形训》：禹乃以息土填洪水以为名山，掘昆仑虚以下地。②

从《海内经》和《地形训》记载来看，"息石""息土"就是蒙阴叟虎寨山（昆仑虚）北面"蒙汜之渚""玄丹之山"上的土、石。因为这些山丘地位非常特殊，所以鲧"不待帝命"就动用这些山丘上的息土，故帝令祝融杀鲧于羽郊。

综上所述，颛顼的儿子鲧和孙子夏禹都出生于祖地颛臾，都受命在青龙山下的"雷夏泽"（华胥之泽）一带治理水患，无论是鲧死葬羽山化为黄龙，还是夏禹治水时黄龙在前，玄龟在后，都是大汶口人记忆或图画文字中记载治水之地的青龙山和羽山。青龙山即甲骨卜辞和先秦古籍中记载的"龙""龙囿"。青龙山下的东汶河、柴汶河河谷即"雷神"所在的"雷泽"，"雷神"也是指"龙"（详见前文）。因此，大禹治水中所谓的"龙门""龙口"显然就是青龙山西部、柴汶河下游的大汶口。

（四）颛臾风国是夏禹时期的政治文化中心

颛臾风国是夏禹的诞生之地和治水的中心区域，是夏禹时期的政治、经济和文化中心，是夏王朝的祖地，对于夏朝有着举足轻重的作用。

《史记》：帝舜荐禹于天，为嗣。十七年而帝舜崩。三年丧毕，禹辞辟舜之子商均于阳城。天下诸侯皆去商均而朝禹。禹于是遂即天子位，南面朝天下，国号曰夏后，姓姒氏。③

---

① 袁珂：《山海经校注》，北京：北京联合出版公司，2014年，第395页。
② 陈广忠译注：《淮南子》，北京：中华书局，2012年，第200页。
③ 《史记》，北京，中华书局，2006年，第10页。

大禹治水成功，虞舜便"荐禹于天，为嗣"。《古本竹书纪年》载"禹居阳城"。《孟子·万章上》载"禹避舜之子于阳城"等。关于阳城的地望历来众说纷纭，至今没有定论。有河南登封告成、河南陈留浚仪、山西濩泽、山西翼城四种说法，以及新近有人提出的禹都阳城即濮阳之说。①

颛臾风国既是虞舜的诞生之地，也是虞都"穷桑"所在之地。"禹辞辟舜之子商均于阳城"，就是说禹离开虞都"穷桑"来到"阳城"辞辟天子位于商均。笔者认为，"穷桑"在蒙山之阴，"阳城"必然是指蒙山东南一带，这一带是日出之处的"阳谷"，也就是现在沂南、临沂一带，古称"阳都""阳城""开阳"的地方。景以恩先生在《太阳神崇拜与华夏族的起源》一文中说：

今本《竹书》称：夏启即位于夏邑。春秋时今临沂市北有国曰"鄅"，鄅又称启阳、开阳，鄅即禹邑，启阳、开阳即夏后启或夏后开之都也。中国历史上第一个国家——夏朝正于此始建夏都。临沂一带古多夏地名。如据《沂州府志》：其地古有康王池与康王射箭台。康王即禹孙太康或少康也。蒙山据杨向奎说，即禹会诸侯之会稽山，或称塗山，禹子启即生于塗山；临沂北春秋时之"阳"城即禹都阳城（见《世本》）。其后至太康时即迁都于今潍坊市之斟鄩。②

禹既然辟虞舜之子商均于蒙山以南的阳城，说明商均即在虞朝封君之地，蒙山之阴的虞都"穷桑"。因为禹德高望重，故诸侯都不去蒙山之阴的"穷桑"朝拜商均，而是去蒙山之阳的"阳城"朝拜禹，故禹即天子之位。据学者考证，蒙山既是夏禹会群神之处，又是夏禹"至于会稽而崩"之处。

《史记》：十年，帝禹东巡狩，至于会稽而崩。以天下授益。三年之丧毕，益让帝禹之子启，而辟居箕山之阳。禹子启贤，天下属意焉。及禹崩，虽授益，益之佐禹日浅，天下未洽。故诸侯皆去益而朝启，曰"吾君帝禹之子也"。于是启遂即天子之位，是为夏后帝启。夏后帝启，禹之子，其母涂山氏之女也。③

---

① 沈长云：《禹都阳城即濮阳说》，《中国史研究》1977 年第 2 期。
② 景以恩：《太阳神崇拜与华夏族的起源》，《学术月刊》1998 年第 7 期。
③ 《史记》，北京，中华书局，2006 年，第 10 页

据学者论述，蒙山即涂山，夏禹娶涂山氏女而生启（详见第二章），由此可见，蒙山一带既是夏禹诞生之地，也是夏禹治水的中心地带，这与蒙阴一带是鲁中南山区分水岭的地形地貌是分不开的。

七、虞代五帝和夏禹均归葬于颛臾风国"桑梓之地"

笔者发现，《山海经》等典籍记载的"虞代"五帝安葬之地都在大汶口人的"桑梓之地"。从黄帝到颛顼，再到帝喾、帝尧、帝舜的诞生之地、封君之地和安葬地均在颛臾风国"天吴"和"玄丘"南北两侧。前文中已经论证了《史记·五帝本纪》记载的"黄帝崩，葬桥山"，即黄帝"封东泰山，禅凡山，然后不死"，也即叟虎寨山北面的"丹丘"。下面简要论述颛顼、帝喾、尧、舜和夏禹的安葬之地。

（一）颛顼与九嫔葬于蒙阴"响石山，九名洞"

《大荒经》中颛顼出现的次数最多，分别见于《大荒经》四篇和《海内经》中。吴晓东先生研究发现，《大荒经》中心观象台的东南方向是颛顼少年生长地，西南方向是颛顼的诞生地、复苏地，东北角是颛顼的死亡埋葬地。

在观象台的东北角方向，有颛顼与他九个嫔妃的坟墓，并有各种祭品。在坟丘的西边有一个水潭，传说是颛顼洗澡的地方。《海外经》与《大荒经》是一本书的两个不同版本，比如顾颉刚就认为《大荒经》与《海外经》所讲的内容基本一致，"这两组的记载是大略相同的，它们共就一种图画作为说明书，所以可以说是一件东西的两本记载。"[1]……关于颛顼坟墓的条文出现在《大荒北经》，在《海外北经》里也有一条关于颛顼与其嫔妃埋藏的文献记载"务隅之山，帝颛顼葬于阳，九嫔葬于阴。一曰爰有熊、罴、文虎、离朱、（丘鸟）久、视肉。"显然这里的"务隅之山"即《大荒北经》

---

① 顾颉刚：《中国上古史研究讲义》，北京：中华书局，2002年，第27页。

里的"附禺之山",是颛顼与其嫔妃埋葬的地方。①

笔者认为,吴晓东先生所说的"观象台"即蒙阴叟虎寨山,观象台东北角"附禺之山"即"丹丘",也就是蒙阴叟虎寨山东北"响石山,九名洞",丘西的水渊即"颛顼之池"(详见第四章)。

(二)帝尧葬于(狄山)阳,帝喾葬于(狄山)阴

关于尧的葬地,《吕氏春秋》中说:"尧葬谷林,通树之",②皇甫谧说:"穀林即城阳。尧都平阳,于《诗》为唐国"。笔者认为《吕氏春秋》所言"尧葬谷林",实际上是指"蒙谷""朝阳之谷"之林,也就是《山海经》中所言的"范(氾)林"。

《山海经·海外南经》:狄山,帝尧葬于阳,帝喾葬于阴。爰有熊、罴、文虎……其范林方三百里。【注释】郝懿行云:"范林,《海内南经》作氾林,范、氾通。"袁珂案:《海内北经》亦作"氾林"。③

《山海经·海内北经》:林氏国,有珍兽,大若虎,五采毕具、尾长于身,名曰驺吾,乘之日行千里。昆仑虚南所,有氾林方三百里。④

比较上面两处记载,可知狄山、驺吾(驺虞)、昆仑虚、氾林皆在一地。《正字通》言:"狄,又与翟同。"⑤如《尚书·禹贡》记载"羽畎夏翟",⑥而《史记》和《汉书》中均作"羽畎夏狄",可知"狄"与"翟"为假借字。⑦由此可见,所谓"狄山"实际上就是凤凰所出的"丹穴之山",可见尧诞生地"丹陵"、所处之地"藿陵"和所葬之地"狄山"实为一地,都是蒙阴叟虎寨山北面的"玄

---

① 吴晓东:《颛顼神及其在〈山海经〉里的记载》,《贵州民族大学学报》(哲学社会科学版)2020年第3期。

② 陆玖译注:《吕氏春秋》,北京:中华书局,2011年,第293页。

③ 袁珂:《山海经校注》,北京:北京联合出版公司,2014年,第187—189页。

④ 袁珂:《山海经校注》,北京:北京联合出版公司,2014年,第274页。

⑤ 北京师范大学"汉字研究与现代应用实验室":《汉字全息资源应用系统》。

⑥ 王世舜、王翠叶译注:《尚书》,北京:中华书局,2012年,第63页。

⑦ 《史记》,北京:中华书局,2006年,第8页;《汉书》,北京:中华书局,2007年,第279页。

丘",尧是帝喾之子,故帝尧和帝喾葬于一地。

(三)帝舜葬于苍梧之野,帝禹崩于会稽之山

关于虞舜的葬地,《山海经》《礼记·檀弓上》《大戴礼记·五帝德》中均有记载。

《山海经·海内经》:南方苍梧之丘,苍梧之渊,其中有九嶷山,舜之所葬,在长沙零陵界中。[1]

《礼记·檀弓上》:舜葬于苍梧之野,盖三妃未之从也。[2]

《大戴礼记·五帝德》:舜……五十乃死,葬于苍梧之野。[3]

《史记·五帝本纪》:舜……践帝位三十九年,南巡狩,崩于苍梧之野。葬于江南零陵。[4]

"苍梧"出现在《大荒南经》和《海内南经》,又因《大荒经》的地域被后人无限扩大,从而误导了司马迁等后代学者,将"苍梧"地名放到了江南之地。对此,刘宗迪先生专门作出了论证。

《逸周书·王会》之"仓吾"即"苍梧"……苍者,青也,《大荒南经》"苍梧之野"之得名,盖因图中此处绘有青色之树木,也就是说,"苍梧之野"只是缘图以为名。所谓"苍梧",即给绘于古图之东南隅的青木。长沙子弹库帛的东南隅(春夏之间)即绘有高大的青木,可谓《大荒经》苍梧之旁证。

总之,"苍梧"指称南方长沙零陵之地,只是汉武帝妄案图书、张冠李戴的结果,与《大荒南经》中的"苍梧之野"原本风马牛不相及,因此,就不应因《大荒经》中出现"苍梧"之名,骤断《大荒经》世界远涉荆楚之地。[5]

刘宗迪先生的意思是说,《海经》古图描述的是东夷地区一个方圆百

---

[1] 袁珂:《山海经校注》,北京:北京联合出版公司,2014年,第385页。

[2] 胡平生、张萌译注:《礼记》,北京:中华书局,2017年,第117页。

[3] 黄怀信译注:《大戴礼记》,上海:上海古籍出版社,2019年,第168页。

[4] 《史记》,北京:中华书局,2006年,第5页。

[5] 刘宗迪:《失落的天书——〈山海经〉与古代华夏世界观》,北京:商务印书馆,第396—397页。

里的地方，"苍梧"是这一古图东南隅的青木。笔者据此认为，《海内南经》记载的"苍梧之山"居"弱水中"，古籍中又有"仓吾"的记载，因此，"仓吾"或为"驺吾"，也即"弱水"之中的"昆仑之丘"（陆吾）。

《山海经·海内南经》：苍梧之山，帝舜葬于阳，帝丹朱葬于阴。氾林方三百里，有狌狌东。……窫窳龙首，居弱水中，在狌狌知人名之西，其状如龙首，食人。①

《山海经·海内北经》：林氏国，有珍兽，大若虎，五采毕具、尾长于身，名曰驺吾，乘之日行千里。昆仑虚南所，有氾林方三百里。

对比《山海经》上述记载，可知"苍梧之山，帝舜葬于阳，丹朱葬于阴，有氾林方三百里"，而大若虎的"驺吾"以及"昆仑虚南所"也有"氾林方三百里"，显然"苍梧之山"即"昆仑之丘"。

《山海经·大荒南经》：赤水之东，有苍梧之野，舜与叔均之所葬也。②

《山海经·海内经》：帝俊生三身……后稷是播百谷。稷之孙曰叔均……赤水之子听訞生炎居……后土生噎鸣，噎鸣生岁十有二。③

《大荒南经》和《海内经》的上述记载中，均有叔均、赤水的记载，可知描述的是同一个地方。《大荒南经》中有"苍梧之野"，而《海内经》中记载"噎鸣生岁十有二"，"噎鸣"即《大荒西经》天枢之"吴"的"噎"，说明"苍梧之野，舜与叔均之所葬"就是"天吴"之野，"苍梧"即"天吴"，"苍梧之山"即"昆仑之丘"。舜葬于"昆仑之丘"之阳，丹朱葬于"昆仑之丘"之阴，丹朱是尧的儿子，尧的葬地在"昆仑之丘"北、"狄山"之南，也有"范（氾）林方三百里"（见前文）。

王国维：《今本竹书纪年疏证》：四十九年，（舜）帝居于鸣条。……鸣条有苍梧之野，帝崩，遂葬焉。④

---

①　袁珂：《山海经校注》，北京：北京联合出版公司，2014年，第243—245页。

②　袁珂：《山海经校注》，北京：北京联合出版公司，2014年，第310页。

③　袁珂：《山海经校注》，北京：北京联合出版公司，2014年，第393—394页。

④　《竹书纪年》，济南：齐鲁书社，2010年，第49页。

《上海博物馆藏战国楚竹书（二）·容成氏》简 40 云：桀乃逃■山氏，汤或从而攻之，降自鸣条之遂，以伐高神之门。①

郭永秉先生认为，郭店简《唐虞之道》所述舜耕之地"■山"和上博简《容成氏》所记桀受汤逼而逃亡之地"■山氏"的写法完全相同，无疑都应该读为文献中所见的"历山"，"李零先生将舜耕之历山和桀所逃的历山氏看作一地，是非常正确的。②最近发表的《上海博物馆藏战国楚竹书（五）·鬼神之明》有"桀折于鬲山"之语，可以说明这一点。③从上述典籍记载和出土文物释读看出，"鸣条"即在"历山"，"鸣条"又有"苍梧之野"，可见，"苍梧"就是指"历山"。

《国语·鲁语》：昔禹致群神于会稽之山，防风氏后至，禹杀而戮之……。【注释】韦昭注："主山川之君。为群神之主，故谓之神。"④

《史记·夏本纪》：十年，帝东巡狩，至于会稽而崩。……夏后帝启，禹之子，其母涂山氏之女也。⑤

杨向奎 在《夏本纪及越王勾践世家地理考实》一文中说："山东之蒙山（在蒙阴县南，接费县界）即最初之会稽山或涂山。"⑥李修松先生在《涂山会考》一文中说，"山东之茅山（实即蒙山），由此进一步证明了涂山氏山岳崇拜的源头在山东"。⑦景以恩在《齐地炎黄虞夏史迹钩沉》一文中说：

《左传·哀公七年》："禹合诸侯于涂山。"《国语·鲁语》："禹致群神于会稽之山。"学界一致认为会稽山即涂山。《尚书·皋陶谟》："禹娶于涂山，生子启。"《墨子·节葬》：禹死"葬会稽之山。"禹在蒙山

① 《上海博物馆藏战国楚竹书（二）》，图版第 132 页，释文考释 281—282 页。

② 李零：《〈容成氏〉释文考释》，《上海博物馆藏战国楚竹书（二）》，第 260 页，第 281 页。

③ 马承源主编：《上海博物馆藏战国楚竹书（五）》，上海：上海古籍出版社，2005 年，图版第 152 页。

④ 陈桐生译注：《国语》，北京：中华书局，2013 年，第 227—228 页。

⑤ 《史记》，北京：中华书局，2006 年，第 10 页。

⑥ 杨向奎：《夏民族起于东方考》，《禹贡》七卷六、七期合刊，1937 年。

⑦ 李修松：《涂山会考》，《中国史研究》1999 年第 2 期。

娶妻生子、会诸侯，死后又葬于蒙山，可知蒙山确为禹根据地也。[①]

综上所述，帝颛顼、帝喾、帝尧、帝舜、夏禹，包括帝尧的儿子丹朱，另外还有叔均，都葬于"昆仑之丘"的南北。故《山海经·大荒南经》中说："帝尧、帝喾、帝舜葬于岳山。"[②]"岳山"即指"四岳"之中的"吴岳"，最初的"岳山"。

总之，虞代五帝和夏禹皆诞生于"君子之国"，封君于"君子之国"，归葬于"桑梓之地"。

---

① 景以恩：《齐地炎黄虞夏史迹钩沉》，《管子学刊》1999 年第 4 期。

② 袁珂：《山海经校注》，北京：北京联合出版公司，2014 年，第 322 页。

结　语

凤出东方，翱翔四海，见则天下大安宁

地处沂蒙山区腹地的"君子之国"是大汶口人的祖国，也是华夏民族记忆忆中的"东方君子之国"，是华夏民族龙凤图腾的原型地，是华夏民族祖先华胥、伏羲、女娲风姓祖国，也是"有虞氏"五帝的诞生地、封君之地。"昆仑之丘"是"君子之国"的天文观象台，是华夏民族众神所居之地。

《说文》：凤，神鸟也。天老曰："凤之象也，……五色备举。出于东方君子之国，翱翔四海之外，过昆仑，饮砥柱，濯羽弱水，暮宿风穴。见则天下大安宁。

凤凰出于"东方君子之国，翱翔四海之外"，蕴含着华夏民族和华夏文明起源于东方君子之国，扩散到四海之外的历史进程。这一进程已经通过传世文献记载和大汶口文化、龙山文化的考古发现所证实，也可以从"华夏"和"中国"之名的溯源中得到进一步证明。

一、"华夏"之名始源于凤凰圣地"东方君子之国"

"华夏"又称"诸夏"，是中华民族的源头，这是一个不争的历史事实。现今的中国人称"炎黄子孙""华夏儿女"，海外中国人亦称"华人"，这些都与华夏族密不可分。然而，华夏族来自何方？华夏族是怎样形成的？最初又是如何组合形成的，这些都是十分复杂的千古之谜。时至今日，关于华夏的来源，依然众说纷纭，难有确论。

　　现代学者有一种观点以为，早期文献或传说中与"华"有关的名称，实际都与花有关。比如西岳华山就因其诸峰像一朵莲花而得名，故《水经注》也称其"远望之又若华状"，可见是取"花"义。古有华胥氏，相传是伏羲之母，即华夏族的太始祖母，其"华"也被认为与早期花崇拜有关。因此，"华"本义为花当没有疑问。①

　　刘宗迪在《华夏名义考》②中认为，"华夏"之名源自于舞蹈之名。华夏族的舞蹈被称为"夏舞"，之所以称为"夏舞"，是因为此舞为执"夏"而舞，"夏"是舞蹈所执的羽毛饰物。"华"字的初文亦象征此种羽葆之形。"华"字与"皇"字和"仪"字相通，而"皇"和"仪"本义皆为舞蹈之羽饰。凤凰之"凰"，先秦典籍多作"皇"，"皇"与"华"字相通，本义谓羽冠和冠皇之舞。古人舞蹈装扮，就便取材，长尾雉鸡的尾羽是最佳装扮物，因此成为华夏民族的图腾动物，具有与生俱来的禀赋神性。

　　通过学者们的论述，可以对华夏的来历有个大概的认知：（1）华胥氏是华夏的始祖；（2）"华"与"花"有关；（3）"华""夏"都与长尾雉鸡的尾羽有关；（4）"华"即为"皇"即凤凰；（5）"华""夏"的初文与大汶口文化遗址出土的陶文刻符相似；（6）卜辞中发现，商人非常重视祭"华"和"河"。

　　笔者发现，学者们的这些论证都明确的指向了一个地方，那就是前面论述的华胥氏与伏羲、女娲故事发生地——东方君子之国。"华夏"之"华"出自蒙山，"华族"是指崇拜凤凰的华胥氏、女娲部落；"华夏"之"夏"出自蒙阴青龙山下之"雷夏泽"。

（一）"华夏"之"华"源于"君子之国"

　　笔者认为，"华"字源于"花"，华夏族源自于华胥氏的观点是可信的，但秦汉以来，世人普遍认为"华"是陕西之华山，华胥氏亦起源于陕西之华山，

---

① 黄怀信：《华夏本义考》，《中原文化研究》2013 年第 2 期。
② 刘宗迪：《华夏名义考》，《民族研究》2000 年第 5 期。

这种观点始自于秦，归根到底还是因为秦嬴西迁，将传说、习俗、山川地名随族而迁所致。

大汶口文化考古发现印证了先秦时期的典籍记载和传说，因此大部分学者逐渐改变了秦汉以来形成的传统认识，越来越多人开始接受了华胥氏、伏羲女娲和"五帝"传说起源于东方的观点。笔者前文中根据考古发现和学者论述，论证了华胥之渚和龙凤图腾圣地在蒙阴盆地、颛臾风国。显然，华夏之"华"、华胥氏之"华"即出自"东方君子之国"。

《山海经》中关于"君子国"的记载有多处，反复交待了"君子国"的人文地理情况，构建了完整的地理坐标，如前文所属青龙山（工虫）在君子国北面，叟虎寨山（天吴）是君子国之神在两水之间，凤凰出于东方君子之国"丹穴之山"。准确地界定了东方君子之国就在蒙阴盆地之中。除此之外，"君子国"还有一个独特的标志物"薰华草"和"舜华"。

古人解释"薰华草""舜华"为木槿花只是依据其植物性，如果单纯从这一个方面去理解，显然是不够的。因为木槿花分布范围极大，并非君子国所特有。因此，君子国这种朝生夕死的"薰华草"应当另有所指。联系大汶口文化遗址出土地的树形陶文刻符，以及刘宗迪关于"华夏"名义的考证，笔者认为，君子国朝生夕死的"薰华草"，就是大汶口人用于观察日影的"表木"，也就是《山海经》记载的"建木""扶木""若木"。

《山海经·海内经》：有九丘，以水络之：……有木，青叶紫茎，玄华黄实，名曰建木。……大皥爰过，黄帝所为。[1]

大量的文献与考古发现证明，我国远古时期有着弘大繁盛的礼乐文明的存在，这个文明的核心是社。"国中之神，莫贵于社"，是对当时社祀之重的准确描述。在《诗经》《楚辞》的诗句中，亦分明可见出社歌、社舞和社乐的盛况。

卜键在《建木与建鼓》[2]一文中认为，建木与建鼓是两种出现频数很高

---

[1] 袁珂：《山海经校注》，北京：北京联合出版公司，2014年，第377页。

[2] 卜键：《建木与建鼓——对先秦典籍中一个人类文化学命题的考索》，《文献》2000年第4期。

的名物，两者颇有些神秘意蕴，又都与社和社祭相关。建鼓是一种装饰华丽的置鼓，建木即社树，是为社树的一种神格化形象，被初民视为沟通天地的圣物。建木的"建"字又有着天文学的内涵，最早当为初民们竖于高山之巅，欲求连接天地之物。建木为神木与神树，略如龙凤之为神兽与神鸟，都经历了先民们一代代地增饰渲染，意象的意义原也大过实物的寻觅。作为社木的建木当是一种雕满动植物纹样的图腾柱，其宫廷化且流传至今的形式或是华表。卜键的上述观点与刘宗迪的观点略同。

《山海经》中说建木居于天地之中，作为社木，其重要作用是供天神缘以上下，也就是做天梯。《吕氏春秋·有始》："白民之南，建木之下，日中无影，呼而无响，盖天地之中也。"《淮南子·地形训》对此描述的更加准确，并将建木与"扶木""若木"的位置做了阐明。

《淮南子·地形训》：扶木在阳州，日之所曊。建木在都广，众帝所自上下，日中无景，呼而无响，盖天地之中也。若木在建木西。若木在建木西，末有十日，其华照下地。①

前文中论证了"扶木"即扶桑，在蒙山东麓，是日出之处。"若木"即桑木，在蒙山西麓，蒙阴桑泉水的发源地，是日落之处。《淮南子》所言"扶木在阳州"即蒙山以东的沂南，即前文笔者论证的位于"汤谷""阳谷""旸谷"之中的古阳国、阳州、阳都。根据《淮南子》的描述，"建木"东有扶木，西有若木，显然"建木"即在蒙山以北正中位置。笔者发现，"建木"的具体位置就在《淮南子·天文训》记录的太阳正午所处的"昆吾"之上，因为太阳直射，所以说"日中无影""日中无景"。笔者认为，"昆吾"即君子国之"天吴"，也即众神所居的"昆仑"。

"华"的初文是大汶口文化遗址中的"社树"，李学勤先生称其为"封"，是《山海经》所言昆仑之上的建木，其原始意义上作用是测量日影，用于"历象日月星辰"的表木，其竖立于天枢"日月山"据守天门的"天吴"之上，被远古人类视为能够通天、获得天文知识的天梯，成为华夏民族的图腾柱，

---

① 陈广忠译注：《淮南子》，北京：中华书局，2012年，第204页。

最后演变为现在故宫中的华表。

"华"源自于"东方君子之国"天吴"之上的表木、建木和社树,是远古时期君主们通天达地的天梯。"国中之神,莫贵于社",颛臾风国的这种地位自远古起一直延续到春秋战国时期。因此,孔子说颛臾风国是先王封的"东蒙主",而且是"社稷之臣"。[①]

笔者通过引用现代考古学研究成果和专家学者的论述,已经从不同的侧面反复论证了华夏民族和华夏文明的起源地在东方君子之国,"华族"与"华"字也起源于东方君子之国。那么"华山"最初是否也在东方君子之国呢?答案是肯定的。

如果说因为山形像"花"而得华山之名,蒙山称为"华山"是再合适不过的了。蒙山的诸峰组成了莲花状,大汶口文化中的陶文刻符"日月山",实际上就可直观的视为一朵盛开的花朵。可以推测,这个刻符是远古时期以蒙山为景柱描绘的太阳经过诸峰的图像,后来成为太昊和少昊的称号。再到后来,人们将其误认为是"花"山,认为是东方君子之国特有的一种花"薰华"或"舜华"。

蒙山周围有诸多以"华"命名的地名,汉代有"华县",蒙阴城南与叟虎寨山相邻的一座山现称"蒙阴山",古称"华阴山"。顾名思义,此山位于蒙山(华山)以北故称"蒙阴山""华阴山"。《汉书·地理志》记载"华"就在蒙阴一带,"华"是古华县,王莽时改为"翼阴",也就是说蒙阴在蒙山的正北称"蒙阴","华"在蒙山的侧翼之阴故称"翼阴"。

《水经注》:桑泉水出五女山,……桑泉水又东南迳蒙阴县故城北,王莽之蒙恩县也。……桑泉水又东南,右合蒙阴水,水出蒙山之阴,东北流,昔琅琊承宫,避乱此山,立性好仁,不与物竞。人有认其黍者,舍之而去。[②]

《东观汉记·承宫》:承宫,字少子,琅邪姑幕人。……承宫遭王莽篡位,天下扰攘,……建武四年,将妻子之华阴山谷,耕种禾黍,临熟,人就认之,

---

① 陈晓芬、徐儒宗译注:《论语》,北京:中华书局,2011 年,第 197 页。

② 陈桥驿:《水经注校证》,北京:中华书局,2013 年,第 580 页。

宫悉推与而去，由是显名。【注释】："华阴山谷，范晔《后汉书·承宫传》作蒙阴山，蒙阴为泰山郡属县，境内有蒙山。"①

《水经注》由后魏郦道元撰写，清朝杨守敬纂疏，熊会贞参疏。上面一段《水经注疏》引文中描述了蒙阴东汶河（桑泉水）流经蒙阴县城一带的情况，并记载了东汉时期名士琅琊人承宫与妻子避乱于蒙阴的故事，《东观汉记》中称蒙阴山为"华盖""华阴山谷"。

詹鄞鑫说"华"字在卜辞中是作为商人的重要祭祀对象，其地位与"河"相当，"'华'的祭祀频率和规模仅次于'河'，而且常常与河一同受祭祀"。②商人经常祈雨、祈年、宁风、宁雨、告秋于"华"，③很难想象商人把如此重要的"华"祭置于远在西部边陲的西岳华山，④也很难理解商人在国畿祭祀完黄河之后再不远千里跑到西陲去祭祀华山。⑤

前文中笔者论证了蒙阴叟虎寨山是"昆仑之丘"。商人祈雨、祈年、宁风、宁雨、告秋于"华"，经常祭祀的"华"，必然是在蒙阴，这就解决了专家学者的上述疑问，甲骨卜辞中"华"与"河"一同受祭祀，并非黄河和华山，而是君子之国的神山和发源于君子之国、昆仑之丘的柴汶河。

如果从"华"的初文为建木、表木来看，华山应当是观测日月星辰的"天吴""昆吾"，也就是昆仑之丘；如果从山的形状像"花"而言，华山又是大汶口陶文刻符中的"日月山"，这两座山一个是作为日月星辰运行的参照物，一个是作为观察日月星辰运行的观测点。所以历山、华山似乎在这两者之间难以确定和选择。这种情况也反映在秦汉以来"吴山"郊祀和"吴山"与"华山"名号的更迁上。

吴山，又称吴岳、岳山，位于今陕西省宝鸡市陈仓区。吴山郊祀肇始于秦，

① 《东观汉记校注》，北京：中华书局，2008 年，第 541—542 页。
② 詹鄞鑫：《神灵与祭祀》，南京：江苏古籍出版社，1992 年，第 67 页。
③ 参见陈梦家：《殷虚卜辞综述》，北京：中华书局，1988 年版，第 347—360 页。
④ 顾颉刚、王树民：《"夏"和"中国"》，《中国历史地理论丛》第 1 辑，西安：陕西人民出版社，1981 年，第 13 页。
⑤ 参见刘宗迪：《华夏名义考》，《民族研究》2000 年第 5 期。

刘邦称帝后，在汉承秦制的背景下，吴山郊祀得以继续存在。郊祀制度正式确立是在西周建立以后，一直是国家祭天的最高仪式。最早关于秦国雍地郊祀记载的是《史书·封禅书》："吴阳武畤，雍东好畤。"关于"吴阳"这个地名，《史记索隐》中记载"吴阳，地名，盖在岳之南"，这里的"岳"指的应是吴岳。① 郑玄注《周礼·大司乐》"岳在雍州"，此处的"岳山"即吴山，周迁都洛阳之后，华山被立为西岳，吴山岳号被夺。中唐时期，吴山从华山那里夺得了"西岳"的称号，甚至连"华山"本身的名称也一度赐予了吴山。《旧唐书》卷二四记载"及上元二年（761 年），圣躬不康，术士请改吴山为华山，华山为泰山，华州为泰州，华阴县为泰阴县。宝应元年（762 年）复旧"。吴山在当地社会影响重大，吴山神即祖籍蒙阴的蒙恬。吴山神蒙恬的来历，显示吴山信仰的背后，有着非常真实的历史情境。②

西周甚至更早之前，西迁的大汶口人便将祖地的"吴山""华山"之名带到了西部，目的就是便于祭祀。虽然有史料记载的吴山郊祀肇始于秦，这里所说的秦是秦国而非秦朝。显然，西周时期便确立了吴山郊祭制度，这正对应了周先王封颛臾为"东蒙主"祭祀蒙山的记载。也就是说周天子和秦国因不能返回东方祭祀祖山，因此将祖山之名按在当地进行祭祀，而在祖地又专门封颛臾为东蒙主代行祭祀祖山之职责。

综上所述，"华"字源于蒙山及"建木"，华胥氏因居于蒙阴（华阴）而得名，华族则是华胥氏的后裔。正如景以恩在《华夏文明崛起于东方考》③一文中说："究其源，华族是以太昊母族华胥氏得名，故华胥后裔皆称华族。"又如他在《太阳神崇拜与华夏族的起源》一文中所说：

华、夏、昊、皇或太昊帝、少昊帝、炎帝、黄帝，无不是太阳或太阳大帝的称谓。……"华"亦指日。西汉以前，"华"是太阳的专称。……今山东费县附近古有华县，见于《汉书·地理志》。华县为太昊四国之一的颛臾

---

① 王琪：《西汉吴山郊祀述略》，《陇东学院学报》2019 年第 1 期。
② 沈寿程：《隋唐时期的吴山信仰》，《南方文物》2019 年第 3 期。
③ 景以恩：《华夏文明崛起于东方考》，《管子学刊》2013 年第 1 期。

居地。王献唐引山东出土的《伏羲庙残碑》云："东迁少典君于颛顼，以奉伏羲之祀。"并认为颛顼即颛臾。此碑虽不会早于汉代，却记载了有关少典氏居颛臾的一条相当重要的历史信息。少典氏为炎黄同祖见于《国语·晋语》，少典氏为东方氏族，亦见于《史记·秦本纪》……少典之子曰女华，即华族少典氏的女子。古女子称族姓，男称族氏。费县之华县有颛臾，少典所居，知华县当即少典氏之华地也。①

（二）"华夏"之"夏"源于"君子之国"

夏商周断代工程首席学者、清华大学历史系教授李学勤先生在《夏商周与山东》②一文，着重指出"研究夏代，不能忽视山东"，"山东与夏代的关系值得进一步探索"。在中国古史传说中，大禹是一位举足轻重的人物，一位在中国文明史上具有关键作用和里程碑意义的人物。中国古史的问题，夏代和夏文化的问题，中国国家与文明的形成等问题，莫不同禹息息相关。禹开创了中国历史上第一个王朝夏王朝，即如孔子所说"唐虞禅，夏后殷周继"。③"唐虞禅"是指"五帝"时期部落首领的推选制，"夏后殷周继"是指夏开始殷周代相继承的君长世袭制，一禅一继，分清了禅让制到世袭制两个不同的历史时代。禹所开创的夏王朝标志着以此为代表的中国文明的形成。

通过前面的论述，基本确定了夏禹的活动范围在鲁中南山区及周边平原地区，从《中国历史地图集》④中夏朝遗址和活动轨迹来看，夏朝也是以鲁中南山区为基础，随着大禹治水的成功（主要是海平面的降低，洪水的消退），"桑土既蚕，于是民得下丘居土"，⑤逐步从丘陵向中原一带发展扩大的。结合历史文献、考古发现和以此为基础的学者论述，完全否定了

---

① 景以恩：《太阳神崇拜与华夏族的起源》，《学术月刊》1998 年第 7 期。

② 李学勤：《夏商周与山东》，《烟台大学学报》（哲学社会科学）2002 年第 3 期。

③ 《孟子·万章上》引孔子语。

④ 参见谭其骧主编：《中国历史地图集》，北京：中国地图出版社，1982 年，第 9—10 页。

⑤ 《史记》，北京：中华书局，2006 年，第 7 页。

夏禹诞生于西羌，也就是四川汶川的说法。

那么夏禹诞生于哪里呢？从《史记》记载来看，"禹者，黄帝之玄孙而帝颛顼之孙也"，黄帝、颛顼均诞生于鲁城东北的寿丘、穷桑、轩辕之丘，这些地方都在颛臾风国，因此，夏禹显然诞生于祖地颛臾，"华夏"之"夏"以及"夏族"显然也出自颛臾之地。

《说文解字》：夷，东方之人也，从大从弓。……唯东夷从大。大人也。夷俗仁。仁者寿。有君子不死之国。①

《尔雅》：夏，大也。②

《广韵》：夏，大也，又诸夏。③

从上述古籍中可以得知："夷"和"夏"都从"大"，大人和夏人都指东方之大人。"东方君子之国"因为地处山区丘陵盆地，自然条件和环境优越，因此古籍中称"其人寿""大人国"。学者称"夏"为大国，实际上是指长寿国、大人国，也就是"东方君子之国"。

前文中，已经论证华胥氏在蒙阴盆地的"雷泽"感应受孕而生伏羲。"雷泽"即《禹贡》中所言的"雷夏既泽"，又称"雷夏泽"，蒙羽一带盛产长尾雉鸡，称为"夏狄"，由此可见，蒙阴一带不但人称"夏"，而且"泽"和"狄"也称"夏"。

"雷夏泽"即"雷泽"，"雷泽有雷神"，"雷神"即龙，说的就是蒙阴盆地中的青龙山，是伏羲的原型。闻一多在《伏羲考》一书中说：

夏为龙族，可用下列七事来证明。（1）传说禹自身是龙，……《列子·黄帝篇》说夏后氏也是"人面蛇身"。应龙画地成河实即禹疏凿江河。（2）传说多言夏后氏有龙瑞。《史记·封禅书》："夏得木德，青龙止于郊。"……（3）夏人的器物多以龙为饰。……（4）传说夏后氏诸王多乘龙。……（5）夏人的姓和禹的名，其字都与龙有关。……（6）禹的后裔多属龙族。……（7）禹与伏羲

---

① [汉] 许慎撰 [清] 段玉裁注：《说文解字注》，上海：上海古籍出版社，1988年，第493页。
② 北京师范大学"汉字研究与现代应用实验室"：《汉字全息资源应用系统》。
③ 北京师范大学"汉字研究与现代应用实验室"：《汉字全息资源应用系统》。

同姓。禹妻涂山氏，《史记·夏本纪》索隐引《世本》曰："涂山氏名女娲。"①

　　闻一多还说"禹"字从"虫"，伏羲本是风姓，"風"也从"虫"，禹与伏羲原是一家人。为此他列举了《拾遗记》关于"禹凿龙关之山"，遇神人的故事。认为禹平水土的方略是九河神女华胥的儿子——伏羲传授的，"禹与伏羲原是一家人"。②

　　古代学者受当时地理认知条件所限，又无地下考古发现可以佐证，以为"河"即为黄河，"龙门"是黄河之龙门。通过现代大汶口文化考古发现与研究，笔者认为，大汶口人最初认知的"河"并非黄河，而是大汶河源流"柴汶河"，华夏民族包括虞、夏、商最初所"柴"（祭祀）的"河"即"柴汶河"和蒙山（华山）。

　　通过上述简要叙述，可以得知夏禹诞生于蒙阴盆地、颛臾风国，是伏羲后裔，更是黄帝之玄孙、颛顼之孙。学者论证禹娶涂山氏女，禹会群神于会稽山，葬于会稽山，涂山、会稽山即蒙山。③下面从文字学方面分析"夏"字的来历。"夏"是象形字。甲骨文像一个手持斧钺、高壮威武的武士。金文上为头，中间为躯干，两边是手，下为足，仍然像一个高大的人，后来引申指"中国之人"。

　　《说文解字》：夏，中国之人也。从夊，从页，从臼。臼，两手；夊，两足也。④

　　"夏"的甲骨文像一个高大的武士手持"斧钺"，在原始社会时期，钺是成年男子的象征，更是权力的象征。笔者认为，"夏"是指东夷、东方君子之国的"大人"，而且可具体成为君子国人"衣冠带剑，食兽、使两大虎"的形象。

---

① 闻一多：《伏羲考》，上海：上海古籍出版社，2006年，第33—35页。
② 闻一多：《伏羲考》，上海：上海古籍出版社，2006年，第33—35页。
③ 杨向奎：《夏民族起于东方考》，《禹贡》七卷六、七期合刊，1937年；景以恩：《华夏族源于东方新探》，《复旦学报》1999年1期；《炎黄虞夏要有海岱新考》，《管子学刊》1997年3期。
④ 《说文解字》，沈阳：辽海出版社，2015年，第689页。

《山海经·大荒东经》：有夏州之国。有盖余之国。有神人，八首人面，虎身十尾，名曰天吴。【注释】天吴：郭璞云："水伯。"袁珂案：天吴已见《海外东经》。①

《山海经·大荒东经》记载了"夏州之国"就在虎身人面的"天吴"神的附近，此"天吴"肯定就是《海外东经》记载的君子之国北面的"天吴"，因此"夏州之国"显然就是"君子之国"，或君子之国西北的邻国，其位置就在蒙阴盆地、青龙山下。

"夏"又称"诸夏"，夷有九种称为"九夷"，可见诸夏即为九夷。《左传》："颛臾，风姓也，实司太皞之祀，以服事诸夏。"闻一多在《伏羲考》中考证说，夏禹之"禹"从虫，伏羲风姓之"凤"亦从虫，伏羲和夏禹都出于龙图腾，原本就是一家人。②颛臾风国是太皞（伏羲氏，风姓）之祖国，也是夏禹之祖国，因此颛臾既祭祀太皞又"服事诸夏"。蒙阴境内现有"诸夏"古村，历史悠久，或为远古时期的历史遗存。

"华夏"之名均源于"君子之国"，柳诒徵先生在《中国文化史》中引《中华民国解》（章炳麟）：

诸华之名，因其民族初至之地而言。世言昆仑为华国者，特以他事比拟得之，中国前皇曾都昆仑与否，史无明征，不足引以为质。……"华"本国名（按此亦未确），非种族之号，然今世已为通语。世称山东人为"侉子"，"侉"即"华"之遗言也。宜就"夏"称，《说文》云："夏，中国之人也。"或言远因大夏，此亦与昆仑、华国同类。……建"华"名以为国，而种族之义亦在。此"中华民国"之所以谥也。③

由此可见，中华民族、中华人民共和国之"中华"始源于东方君子之国。正如景以恩先生所言，"文字是语言的载体，因此华族、华语与华字起源于山东是当之无愧的"。④华夏民族和华夏文明起源于"东方君子之国"，"华

---

① 袁珂：《山海经校注》，北京：北京联合出版公司，2014年，第297页。
② 闻一多：《伏羲考》，上海：上海古籍出版社，2006年，第35页。
③ 柳诒徵：《中国文化史》，长春：吉林人民出版社，2013年，第42—43页。
④ 景以恩：《华夏文明崛起于东方考》，《管子学刊》2013年第1期。

夏"之名理所当然始源于"君子之国"。

二、"中国"之名始源于昆仑之丘东南"中邦之居"

一般而言，"中国"指中原之国，但这只是华夏民族兴盛于中原之后的概念，最初的"中国"并非指中原之中国，而是指虞代之"中国"，也就是虞代封君之地——东方君子之国。

（一）"中"字之本义

"中"是象形字。甲骨文像一面直立的旗帜，居中的"口"表示"中间"之意。《说文》："中，内也。从口；丨，上下通。""中"的本义为内、里，由内、里引申为中间，一定范围内部适中的位置。如"居中"。[①]

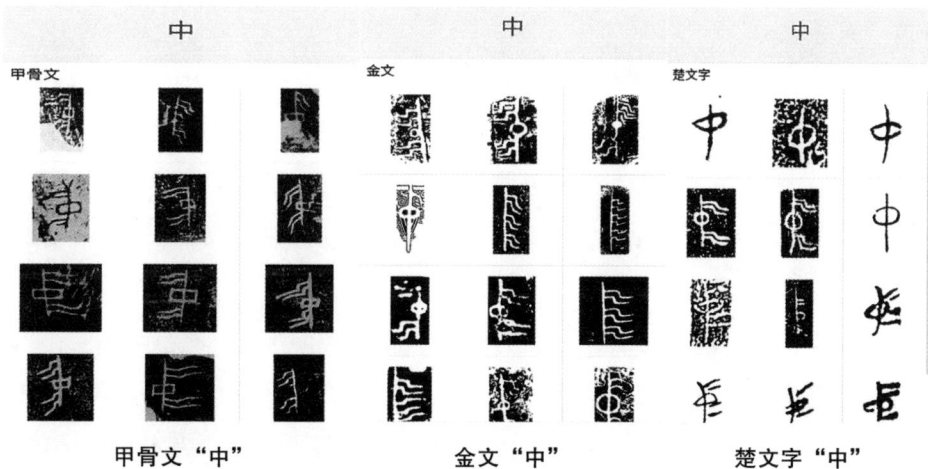

甲骨文"中"　　　　金文"中"　　　　楚文字"中"

刘宗迪先生在《失落的天书——〈山海经〉与古代华夏世界观》一书中认为，"中"是见于先秦典籍的殷墟卜辞的神器"中"。

《论语·尧曰》记尧、舜禅让之言云："咨！尔舜，天之历数在尔躬，允执其中，四海困穷，天禄永终。"用的正是"中"字的本义。……卜辞中有"中立"之辞：

---

① 《说文解字》，沈阳：辽海出版社，2015年，第28—29页。

癸酉卜，宾贞，翌丙子，其立中，亡风？

丙子，立中，允亡风。

萧良琼在《卜辞中的"立中"与商代的晷表测影》一文根据对甲骨文"中"字字形和用法以及文献中立表测影记载的分析，指出："卜辞'中立'，就是商人树立测量日影的'中'（相当于《周礼》上所记载的'圭表测影'的'表'）时进行的一种占卜祭祀活动。"

甲骨文"中"字作 ，正足以表明"中"兼具测影与候风的双重功能。此字象征立于方形台上的表杆及其倒影之形，造字者之所以刻意强调其投影，正为了表明它是用来测量日影的日表。姜亮夫在《三楚所传古史与齐、鲁、晋异同辨》一文中指出："中者，日当午则旌影正，故作 ，上为旌，下则旌之影也。"而其上随风飘动的旗旌，则正是用以测风的羽毛或《拾遗记》所谓"薰茅之旌"。①

前文中，笔者论述了蒙阴叟虎寨山位于《大荒经》的中心，既是天枢之"吴"，又是天下之中的"昆吾""昆仑"。

《淮南子·天文训》：日出于旸谷，浴于咸池，拂于扶桑，是谓晨明。……至于昆吾，是谓正中。……至于虞渊，是为谓黄昏。至于蒙谷，是谓定昏。②

《淮南子》明确记载太阳到达"昆吾"是谓"正中"。前文中论证了"昆吾"（昆仑）之上有"建木"，"建木"东边是"扶木"（扶桑），"建木"以西是"若木"都是"测日之表"。"扶桑"是观测日出的"表木"，"若木"是观测日落的"表木"，昆吾（昆仑）之上的"建木"则是观测日中的"表木"。古籍中说建木"日中无景，呼之无响，盖天地之中也"，由此可见，"中"字源自于昆仑之丘"建木"上的"旗旌"。

---

① 刘宗迪：《失落的天书——〈山海经〉与古代华夏世界观》，北京：商务印书馆，2016 年，第 117—120 页。

② 陈广忠译注：《淮南子》，北京：中华书局，2012 年，第 145 页。

（二）"中国"之缘起

柳诒徵先生在《中国文化史》一书中说："吾国之名'中国'，始见于《禹贡》。"

（1）《禹贡》："中邦锡土姓。"《史记》："中国锡土姓。"……是《禹贡》"邦"字，当从《史记》作"国"。

（2）《孟子》："尧崩，三年之丧毕，舜避尧之子于南河之南，天下诸侯朝觐者，不之尧之子而之舜；讼狱者，不之尧之子而之舜；讴歌者，不讴歌尧之子而讴歌舜，夫然后之中国，践天子位焉。"①

柳诒徵先生认为《史记》中的"中国"，就是《禹贡》中的"中邦"，"中国"之名始于虞舜。

中国社会科学院考古研究所何驽研究员在《最初"中国"的考古探索简析》一文中说：

最初的"中国"的形成与确立必须具备两个要素，一是国家社会，二是"中土"或"地中"政治意识形态。……从精神文化考古的角度对最早"中国"的探索，最核心的问题是"地中"意识形态的形成。②

从学者们的论述中可知，"中国"的形成与确立最核心的问题是"地中"意识的形成。关于"地中"之所在，吕思勉先生在《中国通史》③中说：

《尔雅·释言》说："齐，中也。"《释地》说："自齐州以南戴日为丹穴，北戴斗极为空同，东至日所出为大平，西至日所入为大蒙。""齐"即今之"脐"字，本有"中央"之义。古代的民族，总是以自己所居之地为中心的，齐州为汉族发祥之地，可无疑义了。然则齐州在何处呢？我们固不敢断言其即后来的齐国，然亦必然与之相近。又《尔雅·释地》说："中有岱岳"，而泰山为古代祭天之处，亦必和我民族起源之地有关。④

---

① 柳诒徵：《中国文化史》，长春：吉林人民出版社，2013 年，第 39、40 页。

② 张致政等：《"文化上'早期中国'的形成和发展学术研讨会"纪要》，《早期中国研究》2013 年。

③ 吕思勉：《中国通史》，南京：译林出版社，2015 年，第 276 页。

④ 吕思勉：《中国通史》，南京：译林出版社，2015 年，第 276 页。

从典籍记载和学者们的论述中可知，"中国"始源于"中邦"，核心问题是"中土""地中"。笔者前文中论述了蒙阴叟虎寨山位于"齐州"和"中土冀州"的中间，是《拾遗记》中记载的天枢"北辰"的化身，也即《山海经》中的天枢之"吴"和天下之中"昆仑之丘"。显然，"中国"的概念就始源于"昆仑之丘"东南的"中邦之居"。

《说文·丘部》：丘，土之高也，非人所为也。从北，从一。一，地也，人居在丘南，故从北。中邦之居，在昆仑东南。【译文】：丘，高高的土堆，不是人力堆造的。由北、由一会意。一，表示地。人们住在丘的南面，所以由"北"字会意。中国的集居之处，在昆仑山的东南。①

前文中论证的"丘"和"北"的字形是蒙阴叟虎寨山、青龙山的象形。叟虎寨山即"吴""昆仑之丘"，是天之中枢、地之中央。《说文》中言"人居在丘南"，"中邦之居"在"昆仑东南"。前文中论证的"中邦之居"即"君子之国"。"君子之国"是虞代封君之地，显然"中邦之居"就是虞代之"中国"，也即"中国"之始源。

刘宗迪先生认为，《山海经》古图描述的原本是古东夷地区一个方圆百里"蕞尔小国"的天文历法知识，前文已证这个"蕞尔小国"就是颛臾风国。

这样一种土生土长、乡里乡气的乡土知识，竟播化为弥纶天地、光照千秋的华夏知识原型，成为华夏民族宇宙观、历史观的基础，这确实是一个令人着迷的文化史和学术史话题，……这种地方性的实用知识和方术之学出息为一种笼罩整个华夏知识、思想、文化和历史的形而上学和精神律。②

更为神奇的是，在"中邦之居"蒙山深处，有一酷似现代中国版图的巨型崖壁，蒙山瀑布挂于此崖壁之上，称为蒙山"中国瀑布"。笔者发现，不仅虞代"中邦之居"颛臾风国的天文历法知识播化成为光照千秋的华夏知识原型，而且中国的版图也由虞代方圆百里中邦之居的"蕞尔小国"，

---

① 《说文解字》，沈阳：辽海出版社，2015年，第44—45页。
② 刘宗迪：《失落的天书——〈山海经〉与古代华夏世界观》，北京：商务印书馆，2016年，第650页。

最终形成版图如雄鸡的泱泱大国。

鲁中南山区形如华夏大地上的母体，颛臾风国位于鲁中南山区腹地，在"齐州"之南，"齐"即"脐"，颛臾风国在"齐"之下，是孕育华夏民族的"君子之国"。华夏民族两大图腾龙、凤原型均在颛臾风国，蒙阴青龙山既是伏羲、女娲的化身，也呈现龙、凤一体的景象（青龙山头部从地上看是鳄鱼形状，从卫星图上看是凤凰形状），颛臾风国恰如其分就是伏羲、女娲结婚繁衍人类和"女娲造人"的地方，大自然神工鬼斧也早就将中国版图刻画在了蒙山崖壁之上，所有这些都为"君子之国""昆仑之丘"蒙上一层更加神秘的面纱。

三、君子之国、昆仑之丘是华夏民族宗教神话中心

就华夏民族远古历史而言，"东方君子之国"是华夏民族人文始祖的诞生地和封君之地，就华夏远古神话而言，华夏民族"三皇五帝"等人文祖先都是居于"昆仑之丘"的诸神，因此，君子之国、昆仑之丘不仅是华夏民族和华夏文明的起源地，而且是华夏民族名符其实的宗教神话中心。

（一）"君子之国"即"神州赤县"

"赤县神州"的命名人是战国时代的齐国人邹衍。"中国名曰赤县神州"，或者也称"神州赤县"，有时还分开来用，或称中国为"赤县"，或称中国为"神州"。那么，"赤县神州"到底是什么意思呢？

所谓"神州"，顾名思义是众"神"所居之"州"，而"州"的本义则是"水中可居者曰州"。

《说文》：州，水中可居曰州，周绕其旁，从重川。昔尧遭洪水，民居水中高土，或曰九州。[1]

由此可见，"州"的原义仅指环绕在水中，可供居住的高地，如同"弱水之渊环之"的昆仑之丘一样。有学者说"神州"直接翻译过来，就是"神

---

[1]　《说文解字》，沈阳：辽海出版社，2015年，第55页。

奇的陆地"的意思。① 笔者认为"神州"更为确切的含义应当是指"众神所居的、有水环绕的陆地或丘陵",最初的九州应当就是《山海经·海内经》中所言的"九丘":

> 有九丘,以水络之:名曰陶唐之丘、有叔得之丘、孟盈之丘、昆吾之丘、黑白之丘、赤望之丘、参卫之丘、武夫之丘、神民之丘。有木,青叶紫茎,玄华黄实,名曰建木,……大皞爰过,黄帝所为。②

"有九丘,以水络之"而且这九丘都是众帝居住的地方,众帝即众神,所以称为"神州"。

《说文·丘部》:"丘,土之高也,非人所为也,从北,从一。一,地也,人居在丘南,故从北。中邦之居,在昆仑东南。"也就是说,《山海经·海内经》中所言的"九丘"是众神所居的"九州",其核心"中邦之居"。

"赤县"因何而得名,专家学者们都感觉解释起来有些麻烦。有学者认为,"赤"代表方位,指的是广义的南方。其实"赤"的本义是火,代表夏天,颜色是赤色,按照今天的说法就是红色。"县"代表国土,指的是天子直接管理的地方。"县"的繁体字写作"縣",右边是个"系"字,左边是"首"字的倒写。《说文解字》就说:縣,"从系持首",所以"縣"字的本义是"首之所系""首之所在",于是天子所在的京都,被称为"县",又因为天子住在京都统治天下,所以天子也被称为"县官",比如三国时期成书的《广雅·释诂》里就说:"县,国也。"③

笔者认为,"赤县"更准确的解释应当是"赤埴坟"和"昆仑县圃"。"赤"代表"赤埴坟"的颜色,"赤埴坟"就是蒙阴盆地中的"玄丘""丹丘""玄丹之山""丹穴之山"。《山海经》中的"赤水"就是蒙阴盆地流经"赤埴坟"的汶水。"县圃",传说是神侧居处,在昆仑山顶。亦泛指仙境。

《楚辞·天问》:昆仑县圃,其居安在?增城九重,其高几里?四方之门,

① 胡阿祥:《赤县神州:邹衍的海陆世界》,《唯实》2016年10期。
② 袁珂:《山海经校注》,北京:北京联合出版公司,2014年,第377页。
③ 胡阿祥:《赤县神州:邹衍的海陆世界》,《唯实》2016年10期。

其谁从焉？①

　　《楚辞·离骚》：朝发轫于苍梧兮，夕余至乎县圃。【注释】玄圃：又作玄圃、悬圃，传说中神仙居处，在昆仑山顶。②

　　《淮南子·地形训》：掘昆仑虚以下地。……北门开以内不周之风。倾宫、旋室、县圃、凉风、樊桐，在昆仑阊阖之中，是其疏圃。……昆仑之丘，或上倍之，是谓凉风之山，登之而不死；或上倍之，是谓县圃，登之乃灵，能使风雨；或上倍之，乃维上天，登之乃神，是谓太帝之居。③

　　县圃，又作玄圃，传说是神仙居处，在昆仑之上，登之而不死、乃灵、乃神。笔者认为，神仙所居的"赤县"就是指羽人所居的"丹丘"（"赤埴坟"）和昆仑之上的"县圃"的合称。

　　《淮南子·地形训》记载："东南神州，曰农土"，④《说文·丘部》云："中邦之居，在昆仑东南"，"君子之国"也在天枢"吴"的东南，显然，"神州赤县"就是"中邦之居""君子之国"。

（二）"昆仑之丘"是华夏民族的宗教神话中心

　　顾颉刚先生说，昆仑在《山海经》中是一个有特殊地位的神话中心，也是一个民族的宗教中心，在宗教史上有它永恒的价值。⑤

　　前文中论证了沂蒙山区是盘古开天地的鸿蒙之野，蒙阴盆地是华胥、伏羲、女娲故事发生地，颛臾风国是虞代诸地诞生地和封君之地，昆仑之丘是伏羲太皞和虞代诸帝"历象日月星辰"的天文观象台。笔者研究发现典籍中记载的华夏民族三皇五帝等诸多帝王，就是《山海经》中的众神，华夏民族几乎所有的神话传说都与君子之国、昆仑之丘有关，除上所述之外，还有女娲造人、女娲补天、共工怒撞不周山、夸父追日、后羿射日、嫦娥奔月，

---

① 林家骊译注：《楚辞》，北京：中华书局，2010年，第83页。
② 林家骊译注：《楚辞》，北京：中华书局，2010年，20页。
③ 陈广忠译注：《淮南子》，北京：中华书局，2012年，第200—204页。
④ 陈广忠译注：《淮南子》，北京：中华书局，2012年，第194页。
⑤ 顾颉刚：《古史辨自序》，石家庄：河北教育出版社，2000年，第734页。

包括牛郎织女等民间传说也都发生在这片神奇的土地上，《山海经》和《楚辞》无疑是华夏民族历史和神话最初的载体，也是后世诸多历史和宗教神话典籍的基础。君子之国、昆仑之丘毫无疑问就是华夏民族宗教神话中心。

《山海经·海内经》：有鸾鸟自歌，凤鸟自舞。凤鸟首文曰德，翼文曰顺，膺文曰仁，背文曰义，见则天下和。

总而言之，《说文》中所言"东方君子之国"也就是《山海经》中记载的"君子之国"。《山海经·海内经》所描述"鸾鸟自歌，凤鸟自舞，灵寿实华，草木所聚。爰有百兽，相群爰处"之地，就是以君子之国、昆仑之丘为中心的大汶口先民的"桑梓之地"，是华夏民族最初的融合地，华夏文明的发祥地，也是华夏民族龙凤图腾圣地，华夏民族永恒的精神家园、世外桃园，更是亟需保护华夏民族历史文化遗产。

附录一：
《论语·季氏将伐颛臾》①

　　冉有、季路见于孔子曰："季氏将有事于颛臾。"

　　孔子曰："求！无乃尔是过与？夫颛臾，昔者先王以为东蒙主，且在邦域之中矣，是社稷之臣也。何以伐为？"

　　冉有曰："夫子欲之，吾二臣者皆不欲也。"

　　孔子曰："求！周任有言曰：'陈力就列，不能者止。'危而不持，颠而不扶，则将焉用彼相矣？且尔言过矣，虎兕出于柙，龟玉毁于椟中，是谁之过与？"

　　冉有曰："今夫颛臾，固而近于费，今不取，后世必为子孙忧。"

　　孔子曰："求！君子疾夫舍曰欲之而必为之辞。丘也闻有国有家者，不患贫而患不均，不患寡而患不安。盖均无贫，和无寡，安无倾。夫如是，故远人不服，则修文德以来之。既来之，则安之。今由与求也，相夫子，远人不服，而不能来也；邦分崩离析，而不能守也；而谋动干戈于邦内。吾恐季孙之忧，不在颛臾，而在萧墙之内也。"

---

① 陈晓芬、徐儒宗译注：《论语》，北京：中华书局，2011 年，第 197-199 页。

附录二：

《重修颛臾庙碑记》二则

《重修颛臾庙碑记》①

（清 乙沛恩②）

　　余摄蒙篆，下车谒庙，无所谓颛臾庙也。祀曲载之，访土人，邑西南十数里，邻接十二连城，有庙已剥落。春秋致祭，久以僚属代。窃欲有所变通，以肃秩祀，尚未之及。兹本年谷顺成，政通人和，致力于神其宜矣。冬月，类家城子等庄绅董，以重修颛臾庙请，并呈明万历壬辰岁蒲坂张君创修碑记。爰率僚佐捐白镪，有绅董又勉为记，不得不有以应，今非族之祀多矣，神其歆之乎？颛臾庙其然哉！风姓伏羲之后，周先王封国子爵，附庸于鲁，与任、宿、须句祀太皞暨有济。夫有国之君，即其国山川土地人民主。考《地志》，颛臾主泰山南武阳县东北，又谓在费县西北，此有名山，所谓东蒙。龟蒙为鲁所奄有，蒙阴当为颛臾故国。孔子曰："昔者先王以为东蒙主。"殆省文也。名宦乡贤之祀，国家并重，伏羲为五帝首后裔可求，先王封以国，使奉祀者，可屈指数。颛臾聚国族于斯，终春秋世，其国犹存。蒙阴之民受其庇荫者，不知几历年所。况奉祀太皞，而灵爽实式凭之。宜乎孔门问答，圣人历言所以。然岂敢干大典以取戾。群言淆乱，衷诸圣颛臾庙之修，

---

① 蒙阴县志编纂委员会办公室：《蒙阴县志》，济南：齐鲁书社，1992年，第634页。

② 乙沛恩，附贡，江苏海州人，光绪十九年代理蒙阴知县。

较名宦乡贤等祠为尤重。此之重修，可谓知本。然后以此载祀典，洵犹五典之在天壤也。特聪明正直为神，愿后宰是邑者，与绅民勉为正直之行，庶为神所歆享而锡之以福，讵谓颛臾庙云尔哉。时光绪十九年。

重修颛臾庙记①

顺治十三年春日记。前朝奉直大夫王询撰。

《礼》曰："诸侯祭名山大川之在其地者。"我夫子亦有言曰："夫颛臾，昔者先王以为东蒙主。"按世系，颛臾为颛顼之裔，封于周，附庸于鲁，而祠墓松柏郁郁苍苍，城子旧村岿然在望焉。今乃庙貌倾圮，金碧剥蚀，委顿于凄风苦雨、寒烟衰草之间。过而睨之者，无不凭吊兴叹曰："是古颛臾祠也，何以崩颓若是也！"邑诸生类儒琏与居民边环礼，环堵而居其侧，怵惕日久。因年稍顺成，遂请于四方士君子，与凡居蒙之麓，日取材于山者，各捐赀力，以图修复，而故殿轮奂一新，亦斯民美报之盛举也。然又有说焉，考之掌故，凡境内有古先帝王、圣贤、功臣、节义者，皆得春秋致祭。姑以山左论，如闵子骞之在东莞，王休征之在琅琊，颜鲁公之在费，高堂生、羊太傅之在平阳，固皆宜然。况颛臾系神圣之后，又载在圣言，煌煌可据。倘有上告礼官而请于朝，载在祀典，或亦考礼者之不废也。即不然，

为之主者，令一二文学耆老，春秋备牢醴馈奠，为山灵生色，为斯民祈福，亦礼失而求诸野之遗意也。故因叙述而并属望焉。

顺治十三年春日记。

---

① 蒙阴县地方史志编纂委员会：《蒙阴县清志汇编》，北京：中华书局，1999年，第133页。

后记（一）

2017年清明前一天，我和哥哥回老家祭祖，在父亲的坟前，哥哥说我写了个东西，你给看看。我不以为意，心想无非是十页八页的散文吧？回到家，我拿出稿子，才发现是厚厚的一摞书稿，足足有500多页，竟是一本考证中华民族中华文明起源的著作。我大吃一惊的同时，又不免疑惑：哥哥学的是理科，干了一辈子行政工作，怎么突然之间就能够著书立说了？细细一想，也就释然，因为哥哥本来就是一个学霸。

我们家在沂河边上，祖上耕读传家，颇有些家业。父亲上过几年私塾，那个年代算得上村里有文化的人；母亲心灵手巧，也识得些字，十分重视儿女教育。我们兄弟姐妹六人，大姐、二姐遭逢大跃进和三年自然灾害，耽误了上学，自幼帮助父母操持生活，挣工养家。靠着父母和大姐二姐的辛勤劳动，我们小姐弟四个得以顺利完成学业。"七七"、"七八"年高考，先是四姐，然后是三姐和哥哥两届联科登榜，一时轰动了十里八乡。后来我也考上大学，一家姐弟四人连续跳出农门，凭自己的努力改变了命运，引起乡邻们的艳羡和效仿，村里尚学重教风气愈加盛行。

哥哥天资聪明，善于动脑，酷爱读书，小时候与伙伴们藏猫猫，不管到谁家，只要见到书就忘了游戏。哥哥为人秉性纯良，守正端方，为人诚实，重信守诺。他目标专一，学习专心，做事专注用功，上学期间各科成绩都是遥遥领先。一九七八年高考，他的成绩名列同年级全县第一，被省城一所名校录取。毕业分配时，因品学兼优学校让他留校任教，他遵从父母之命主动要求回原籍，却阴差阳错被分配到相邻的蒙阴县。一个刚满18岁书生气十足的农家青年，独自来到举目无亲的异乡，工作生活不可能顺心如意。

境遇的改变是在遇到嫂子之后。嫂子祖籍掖县（莱州）顾家村，籍贯青岛，出身书香门第，大户人家。曾祖父辈上与掖县著名的西杜家村杜氏商业家族联姻、联营，在青岛中山路经营以掖县草编和皮草为主的出口贸易，鼎盛时期在南京、上海亦有分号。父辈取名振邦、振中、振国、振家，名字之中彰显家国情怀。20世纪三四十年代国家危难之时，兄弟姊妹均投身到抗日救国事业，其中大伯在北京上完大学之后参军，后来随四野南下至今杳无音信。父亲1958年从省直机关下放到蒙阴旧寨供销社，在缺医少药的农村利用早年学到的中医针灸和推拿医术为村民无偿治病。母亲年轻漂亮，心地善良，待人和气，乐于助人，在同事和当地群众中有口皆碑。嫂子生于蒙阴梓河之畔的旧寨，成长于梓河、桑泉水交汇的重山，天生丽质，性情恬静。姐弟三人取名向群、向民、向农，名字之中虽然具有那个时代特征，但也体现出父母对人民群众的感情。

嫂子幼时随父母下放来到沂水县的姥姥家，与我们村中间相隔沂河，期间父母带她去姨家时曾数次从我家门前路过。1981年5月，嫂子曾因牙疾回青岛就医，在其大姑家小住数月，听大姑讲述家族的兴衰往事。此时哥哥也恰巧去青岛毕业实习，俩人住的地方相距不远。两次时间和地点上的交集，哥哥和嫂子或曾有缘相遇而不相识吧。哥哥嫂子虽然是"红娘"介绍认识的，但却似曾相识，一见钟情。听哥哥说，嫂子高中时最要好的同学是哥哥所在单位耿师傅的女儿。千里姻缘一线牵，哥哥和嫂子的缘分或许命运早就做了安排。

嫂子初次到我家，对未来破旧贫寒的婆家没有丝毫的嫌弃，没要彩礼，也没有提任何的条件。我家西园里有一间土屋子，是父亲织布、堆放农具的地方，满地灰土。里面有一盘土炕，早年大姐二姐曾在里面住过，嫂子进去看了说用那间屋子结婚就好，母亲当然不会答应。哥哥是全家人的骄傲，婚事自然要办的体面一点。父亲向村里申请了一块宅基地，忙了整整半年的时间，自己推土垫天井、挖地基、凿石砌墙。我晚上放学回家，每每看到母亲在院子里就着昏暗的灯光，绑扎做屋笆的秫秸。周末假期，父亲也让我挎个篮子，到村外去拾碎石做嵌墙缝的填石。直到把墙砌到窗台高的时候，父亲才请来匠人帮忙，盖起来三间宽敞的房子。哥哥的婚期临近了，已经重病在身的大姐和母亲一道剪了大红喜字和各种美丽的剪纸贴在窗上墙上和天棚上，把新房装点得喜气洋洋。我还专门去书店买了一张《花好月圆》贴画贴在床头，借以表达对哥哥嫂子的祝福。父亲把早年植下的两棵梧桐树伐了，截成几段让哥哥拉回去做家具，母亲把哥哥积攒了4年多的工资900元钱交给了嫂子，这是我家给予嫂子的全部家当。结婚那天，一大早大街上、胡同里就挤满了看热闹的人。大约十点多钟，一辆乳白色华沙牌轿车缓缓驶来停在了胡同口，哥哥和身着盛装、漂亮娇美的嫂子下车来，我们家的人簇拥着哥嫂和嫂子的大舅、小姨来到新房。婚礼热闹而简朴，没有现在那么繁复的仪式。那时候农村娶媳妇还用小推车，好一点的用自行车或拖拉机，嫂子是第一个用小轿车迎娶来的新娘，让村里大姑娘小媳妇好生羡慕。

嫂子的父母虽然都是机关干部，但很熟悉农村生活，对农村很有感情，深知农家人劳作的辛苦。每年麦收和秋收秋种时候，嫂子和父母就催促哥哥回家帮助种地收庄稼，这个任务哥哥一直坚持了十几年，直到父亲不再种地了才罢。嫂子聪明贤惠，知性明理，具有"君子比玉，凤凰有德"的人格魅力，是哥哥的贤内助。她孝顺尊让，和我们一家人关系处得十分融洽，除了逢年过节、父母生日之外，每隔个月二十天都和哥哥一起回老家探亲，与我们全家人相聚。嫂子是单位的主管会计，她勤奋好学，取得了大学学历并成为当时全县最年轻的会计师。20世纪90年代初，嫂子所在的单位不景气，她不愿依赖哥哥生活，主动辞职自谋职业，先是受聘于一个全国知名的民营公司做财务，后来又与从棉麻公司副经理任上辞职下海的妹妹一起自主创业，经营过服装和妇女儿童用品商店，开过饭店和百货店，虽然辛苦，但也充实，为全家生活、学习解除了经济上的后顾之忧。嫂子给自己经营的店都取名"绿叶"，生活中她也是甘当绿叶，陪伴着哥哥和两个女儿，为他们工作进步、学业有成默默无闻地奉献着。

哥哥嫂子刚认识的时候，嫂子曾出题《论水滴穿石》考验哥哥文笔，哥哥的文章赢得了嫂子的芳心。哥哥嫂子对中外名著、历史典籍和文学、时尚杂志有着共同的兴趣，经常就一些历史、文学问题研究探讨，寻常无心之举，日积月累的，竟然为哥哥今天的研究创作奠定了厚实的基础。三十年的人生风雨中，他们相濡以沫，相敬如宾，志趣相投，日子过得和睦甜美，以致有多次外调升迁的机会，哥哥都放弃了。1985 年 9 月 1 日，热恋中的哥哥曾做过一个奇怪的梦，梦见在汶河岸边遇见嫂子，两人仿佛都有要紧的事情去做，嫂子手执一支桃花匆匆离他而去，消失在汶河对岸的山洞里，哥哥紧追不舍，却被倾泻下来的冷水冲了出来。巨大的失落感让哥哥刻骨铭心，久久不忘，就在 1985 年 9 月 7 日的日记中记了下来。

哥哥这份平静幸福的生活在 2016 年 5 月 14 日戛然而止。那天是周六，农历的四月初八，哥哥嫂子应临沂一中的邀请参加小女儿的高中毕业典礼，她因成绩优异成为八名上台接受校长颁发毕业证的毕业生代表之一。本来打算毕业典礼之后去麦德隆超市购物晚饭后返回，因单位临时通知加班，在返回蒙阴的路上突遇车祸，嫂子不幸去世，哥哥和小女儿则安然无恙。现在回想起来，似乎嫂子完成了作为女儿、妻子、母亲的人间使命悄然离去，未竟之业需要哥哥和女儿来留下来完成吧。

嫂子的墓地在汶河南岸的青龙山上。青龙山由十多个山头组成，侧看是龙，俯察为凤。青龙山的东面是由三座山丘组成的"虎头崖"，从两个侧面看就像两只相背而卧的大虎，形象逼真，惟妙惟肖，令人称奇。南面那个虎头的正面酷似老叟的形象。这座奇特的山体引起了哥哥的好奇，通过查找资料，得知这座山在《蒙阴县志》中称为"叟虎寨山"，在《水经注》中称为"叟崮"。哥哥联想起早年的梦境，在梦境的启示下，哥哥查找历史资料和古今学者的论述，惊奇地发现虎头崖、青龙山，以及山下的"十二联城""桃墟"和山北面的"三山子"、汶河竟然大有来历。通过研究考证，蒙阴盆地汶河（桑、梓河）流域原来就是中华民族的"桑梓之地"，蒙阴境内的颛臾风国就是史籍记载的太昊之治、君子之国，是孔子心目中的社稷之臣、椟中龟玉，也是陶渊明笔下"桃花源"的原型地。人面虎身的叟虎寨山既是君子国之神"天吴",也是君子之国的天文观象台"昆仑之丘",还是先秦典籍中记载的"虞夏商周"四代之首的"虞"的原型。哥哥从此重新振作精神,废寝忘食投入到对这一课题的研究考证上来,用了近一年的时间,写完了初稿。

哥哥把自己的发现跟县里有关领导作了汇报,县领导十分重视,将这一课题纳入乡村振兴的研究范畴,让他停下其他工作,专心研究。从那时起,哥哥让我和妻子也加入进来,协助他查找资料,研究修订文稿。哥哥不断增益补充,写完了就带回来让我们修改,改好了他再拿回去断续完善补充。四年多的时间里,他天天写到凌晨,我日日改到深夜,如此反反复复大约有二三十遍,才终于定下稿来。

嫂子也曾向哥哥讲述他做的一个梦,那是在小女儿刚出生不久,梦中嫂子问小女儿叫什么名字,小女儿自言其名说"就叫天文吧",小女儿由此得名。小女儿自幼爱做梦、喜读书,上学之后学习成绩优异,初中时跳级一年,各科成绩仍然名列前茅,尤其是物理更具天赋,中考时还获得了满分的成绩。高二转入临沂一中国际部,毕业前已经收获美国多所名校录取通知书。嫂子离世三个月之后,不满16岁的小女儿便独自一人来到万里之外的异国他乡求学。正如嫂子所梦,小女最终选择了天文物理专业。2020年新冠疫情肆虐全球,小女儿在美国威斯康星大学(麦迪逊)公寓封闭4个月,历经十数次预订的回国航班取消之后,最后辗转日本东京、马来西亚吉隆坡,一路上穿着隔离服,戴N95口罩和护目镜,历时三天两夜经过四十多个小时的航程回到上海,在上海隔离14天后才回到家中。此后的一年里,小女儿在家中通过网络上天文课并进行相关的课题研究,哥哥则逐步深入到古代华夏天文观象台昆仑之丘、夸父之山的研究中,常常通宵达旦。小女儿现已以全优成绩毕业于美国威斯康星大学天文物理专业,收获了美国西北大学天文学硕士录取通知书。对此她仍不甘心,继续参加天体物理的课题研究,为进入更好的学校攻读博士做准备。

经过五年多的努力,《凤隐于林——"桃花源"考论》已经由中国人民大学出版社出版,《凤出东方——古代华夏"君子之国""昆仑之丘"考论》也即将付梓。回顾哥哥的人生经历和著作经过,感到有许多神秘巧合的地方。

或许世界上有的人天生就负有一定使命和担当吧！在最终的结果揭晓之前，所有的经历都是铺垫，所有的情节都是为了揭示答案而预设。"蓬山此去无多路，青鸟殷勤为探看。"嫂子用一生的相爱相知相守，给了哥哥完成使命的协助和引领。

忽有故人心上过，回首山河已是秋。一个家族就像是生长于故土老家的一棵树，每个人都是这棵树上的一片叶子。一阵突如其来的风雨，会让一片片绿叶离开枝头归于尘土。绿叶虽然渺小，但只要她曾用自己的生命装点了天空，温暖了别人，曾为别人遮挡过风雨，她的生命就是有价值的，令人敬佩，令人感怀难忘。每个普通人的生命都是如此，那些以自己的勤劳智慧、奋斗拼搏引领国家、民族向前发展的生命尤其如此。

水流千里不忘其源，树高千尺不忘其根。研究探寻中华民族的历史进程，为中华文明的起源正本清源，讲好中国故事，弘扬民族文化，用祖先的智慧之光照亮民族前行的路，这就是作者写这本书的意义所在。此书付梓之际，吾兄拟诗两首回顾往事、总结全篇，现一并收录于此，聊以为记。

一

学业初成入世艰，幸缘贤内助登攀。

水滴穿石书同趣，人面桃花梦不还。

一片痴心寻圣迹，数年苦志览群篇。

三皇五帝千古事，两卷书成正本源。

二

开天盘古汶阳川，景柱鸿蒙龟阴田。

凤出丹穴翔四海，龙生雷泽传万年。

羲皇虞帝颛叟国，历象封神叟虎山。

华夏文明桑梓地，大同世界桃花源。

武凯旋

二〇二一年九月于沂水

后记（二）

习近平总书记指出："我国是世界四大文明古国之一，中华民族有着悠久的历史和灿烂的文化，为人类文明进步作出了巨大贡献。"考古工作者应当"将埋藏于地下的古代遗存发掘出土，将尘封的历史揭示出来，将对它们的解读和认识转化为新的历史知识"。

华夏民族与华夏文明源于何时、何地，是无数中华儿女孜孜以求的大问题。武纪东先生幼年时期，常听父亲讲述古代历史和神话故事，上学后一直对历史课兴趣浓厚。1978年高考之后，我们来到省城济南成为同班同学，他当时只有15岁，是我们班上年龄最小的同学之一。我们那个年代的青年学子，大都以中华民族屹立于世界之林和祖国的四个现代化建设为己任，晨曦中校园的小树林，夜色中灯光下的教室里都是同学们自习的身影。我们虽然学的是理工专业，但武纪东与贺宗仪等几位年纪较轻、志趣相投的同学经常在课余时间探讨交流历史、文学和诗歌创作问题。毕业分配时他因品学兼优，学校拟让他留校工作，但他却遵父母之命让我陪他去找班主任要求回了原籍。毕业典礼之后，同学们在校园广播《年轻的朋友来相会》的歌声中恋恋不舍离开了校园，踌躇满志地走向工作岗位。

武纪东先生在蒙阴县汽车运输公司从事技术工作后，难以融入的社会世俗打破了他的憧憬和梦想，工作之余则闭门读书，试图三年后再通过考试回到他热爱的校园生活。期间，他多次写信向我倾诉他的境遇和烦恼，要我从学校图书馆代借或从省城新华书店购买所需的书籍。两年后的1983年7月，武纪东与蒙阴姑娘顾向群有缘相识且一见钟情，并以一篇《论滴水穿石》文章博取了她的芳心。同年8月，随着工作的调动从此走出逆境，虽然因此放弃了继续求学的打算，但对历史文学的兴趣依然如初。武纪东与顾向群志趣相投，相恋两年有余，最终喜结连理，生育了两位漂亮可爱的千金，相濡以沫走过了恩爱幸福的三十余个春秋。

我在济南工作期间，曾多次出差路过蒙阴与武顾夫妇相见，最早的一次是在1986年，他的爱人给我留下的印象是温柔贤淑，大方端庄。后来，每次同学们返回母校聚会，顾都陪武一同参加。我呢，每逢去蒙阴他俩都热情接待，言谈举止之中可知顾是上得厅堂，下得厨房，尤其是重视子女教育的贤妻良母，同时，也感受到武纪东对爱人的眷恋和依赖。后来，我又认识了武纪东的妻弟顾向东，他是20世纪80年代山东省和华东六省一市步枪射击项目冠军，全国青少年运动会亚军，后因脊柱伤病退役后担任省体育局射击和自行车运动管理中心教练、领队。俗话说"外甥随舅"，武纪东的大女儿人如其名，方正端庄，亭亭玉立，在山东警察学院毕业考核中警用手枪射击成绩名列全年级第一。顾向东曾说，大姐从小就对他百般呵护，在他与队友王建玲结成伉俪之后，大姐仍然时常照顾接济他们并且非常疼爱她的侄子，大姐为弟弟事业上小有成就和家庭和睦美满而感到欣慰和自豪。正是在贤惠妻子的支持和感召下，武纪东先生全身心投入到工作中，从创建省级青年文明号到荣获全国十佳车管所，在不同的岗位创造出一个又一个佳绩，分管工作走在了全省乃至全国前列，全国二十多个省市同行前来蒙阴参观。武本人不仅屡屡受到上级表彰，还多次参与部局、省厅组织的工作调研、文件起草和明察暗访活动，应邀在全省车管所长会议和青岛市车管领导和业务骨干培训班上授课。除此之外，武纪东同志在担任政协蒙阴县第七届、第八届委员期间，特别关注经济社会发展、群体利益和生态环境保护，积极建言献策，年年被评为优秀政协委员或优秀政协提案。这些成绩的取得是爱妻默默奉献和全力支持的结果，也是爱妻最期望、最愿意看到的结果。

《孟子》曰："天将降大任于斯人也，必先苦其心志，劳其筋骨，饿其体肤,空乏其身,行拂乱其所为,所以动心忍性,曾益其所不能。"五年前,爱妻突遇车祸仙逝,武纪东万念俱灰、悲痛欲绝之后,全身心投入到研究华夏民族和华夏文明起源中。在研读先秦典籍和专家学者著作的基础上,经过田野调查,历经 5 年冥思苦索与分析论证,终于发现了蕴含在先秦典籍和神话传说中有关华夏民族和华夏文明起源的秘密,在其妻弟、妻妹的大力支持下,与其从事教育工作的胞弟武凯旋、弟妹刘岚一起撰写出两本共计 89 万字的专著:《凤隐于林——"桃花源"考论》和《凤出东方——古代华夏"君子之国""昆仑之丘"考论》。两部著作的主要结论是:

一是明确了华夏民族、华夏文明的源头就是古时坐落在沂蒙山区腹地古汶水(桑、梓河)流域的"颛臾风国"。颛臾风国既是《山海经》中记载的"君子之国""颛顼之国",也是《说文解字》中记载的"东方君子之国"和"昆仑之丘"东南的"中邦之居","君子之国"就是《轩辕本纪》中记载的黄帝袭"封君之地"。华夏民族的世界观、历史观形成于颛臾风国。此观点与著名学者王国维、吕思勉、顾颉刚、傅斯年、李济、杨向奎、王献唐、唐兰、吴汝祚等研究方向契合;也与高广仁、邵望平、栾丰实、刘宗迪、石朝江、郭永秉、陈絜、徐凤先、吴晓东等专家教授不同侧面的研究结论相符。如果说学者们的研究成果犹如大大小小落玉盘的珍珠,那么,武纪东先生则以独特发现形成的金线将这颗颗珍珠穿在一起,展示给世人的是光彩夺目挂在祖国母亲项上的珍珠项链。

二是蒙阴"叟虎寨山"是君子之国的主要地理坐标"天吴",也是先秦典籍中记载的"虞夏商周"四代之首"虞"的原型,是《山海经》古图描述的中心,也是君子之国的天文观象台——昆仑之丘。"叟虎寨山"因其虎身叟首,《水经注》称为"叟崮",与其相对的"青龙山"则是君子之国北面的"虹虹",是《山海经》中的"龙山",也是甲骨文中的"龙",叟虎寨山以西、青龙山北面蒙阴盆地中的"古湖泊"就是古籍中记载的"雷泽"。

三是蒙阴盆地中的第四纪赤色山丘即凤凰所出、羽人所居的"丹丘",也是黄帝降生的"寿丘",黄帝所居的"轩辕之丘"。叟虎寨山北面的"丹丘"

之上有洞穴，因此又称"丹穴之山"，"丹穴之山"上赤色卵石被古人视赤玉"璇""瑶"，叟虎寨山、丹穴之山下面的水渊即"虞渊""颛顼之池""瑶池"。

四是明确了华夏民族的融合与文化源头问题。在史前大洪水背景之下，早期仰韶文化的一支东迁，与鲁中南山区本土文化融合形成北辛文化，继而形成大汶口文化，之后形成影响扩散到黄河、长江中下游地区的龙山文化。由此产生了华胥氏在"雷泽"履"大迹"感应受孕生伏羲于"成纪"，伏羲、女娲兄妹在昆仑之丘结婚繁衍人类的神话传说。"颛臾风国"即华胥、伏羲、女娲风姓祖国，是华夏民族记忆中的"桑梓之地"。大汶口文化陶文刻符是甲骨文的源头，华夏文明的源头即在颛臾风国，因此发源于此地的河称"汶水"，坐落于此地的叟虎寨山称为昆仑之神"开明兽"。

五是明确了"华夏"之名源于"东方君子之国"。"中国"之名始源于"昆仑之丘"东南的"中邦之居"，亦即颛臾风国。中国版图也从方圆百里的"蕞尔小国"历经虞、夏、商、周四代逐步扩大到整个中原地区，继而扩大到黄河、长江流域，之后历经秦、汉成为天下一统的中国。

六是明确了陶渊明笔下的"桃花源"原型就是陶渊明自喻的"羲皇上人"和秦国大将蒙恬的祖国——颛臾风国，"桃源中人"即秦二世时受胡亥、赵高、李斯等人迫害避难于武陵的蒙氏后人。

武纪东先生上述惊世结论，让《山海经》《尚书》《史记》等典籍中扑朔迷离的历史记载得到了印证，让古今学者众说纷纭、莫衷一是的研究猜度有了答案，武纪东先生当为揭开华夏民族与华夏文明起源地面纱的第一人。

弘扬和传承中华民族优秀文化，增强文化自信，讲好中国故事，是实现中华民族伟大复兴和中国梦的必然要求。蒙阴颛臾风国"丹穴之山"是凤凰的出处，是华胥、伏羲、女娲母系氏族社会时代的"文物"；蒙阴"叟虎寨山"是华夏先民的"天文观象台"，是被历史遗忘了的"虞代"的文物；而蒙阴"青龙山"既是伏羲、女娲时代的文物，也是"大禹治水"时代的文物。历经数千上万年的风雨剥蚀和人类活动仍然基本保持着它们本来的面目，但是却经受不起近几十年的人为损毁，部分山体严重破坏，有些已经面目全非。因此，作者大声疾呼，要抢抓蒙阴被中央确定为"绿水青山就是金山银山"实践创新试点县、国家生态文明建设和乡村振兴示范县的机遇，建议将沂蒙山区腹地确定为"华夏文明与生态保护特区"，全力保护好"君子之国、社稷之臣"的珍贵遗存，努力打造现实版的世外桃源，尽早赋予其祭祀中华民族人文始祖之职能，使其成为弘扬中华民族优秀传统文化的有形载体。

同时，武纪东先生也一直关注当代历史文化及当地的文物保护问题。他根据住房和城乡建设部《关于在实施城市更新行动中防止大拆大建问题的通知》（建科 2021 年 63 号）"全力保留城市记忆，不随意迁移、拆除历史建筑和具有保护价值的老建筑"的要求，提出在蒙阴县城旧城改造过程中保留老影剧院、县委大礼堂、县供销社礼堂、办公楼，县粮食局院落、办公楼、百年老窖酒厂等具有 20 世纪新中国建设、共产主义实践、实施计划经济和改革开放历史背景的典型建筑物，建设"二十世纪历史文化广场"，与其研究的古代华夏君子之国和桃花源原型地历史文化主题相呼应的建议，使蒙阴成为国人、海外华人和爱好中华文明的国际友人向往的梦想之地、理想之城。

武纪东、刘岚、武凯旋等人的研究著作，有着重要的历史意义和现实意义。武纪东先生的建议，体现了保护中华文化遗产的深邃思考和独特眼光。作为武纪东先生的同窗好友，我对他勇于探索、刻苦钻研的求学精神由衷敬佩，为他取得的研究成果感到振奋和欣慰，更为他热爱家乡、热爱祖国历史文化的家国情怀所感动。我陪他实地考察古文明遗存，多方联系有关学者教授，走访省市有关部门领导，以便为他的研究成果得到认可和"文物"保护受到重视而尽绵薄之力。期间，欣闻沂蒙山区域成功入围全国山水林田湖草沙一体化保护和修复工程项目，获得中央和省财政补贴资金；蒙阴县委书记在 7 月 12 日"2021 年生态文明贵阳国际论坛"上作典型发言；8 月 31 日沂蒙山区域山水林田湖草沙一体化保护和修复工程推进会在蒙阴县召开；9 月 18 日全省"黄河流域生态保护和高质量发展现场推进会"临沂分会场就设在蒙阴叟虎寨山以北、丹穴之山以西汶河岸边，等等。中央和省市县这些重大举措，恰如《尚书·虞书·尧典》和《史记·五帝本纪》中记载的虞舜"以益朕虞""益主虞，山泽辟""驯予上下草木鸟兽"之举。生态与人文在这里交集，历史和现实在这里融合，期盼对自然生态保护和修复发挥作用，更能对华夏文明起源地地理坐标保护和历史文化赓续传承。此记之。

徐大义

2021 年 9 月于泉城